21 世纪高等院校财经管理系列实用规划教材

商务谈判(第2版)

主　编　郭秀君
副主编　李荣华

北京大学出版社
PEKING UNIVERSITY PRESS

内 容 简 介

本书全面系统地介绍了商务谈判的理论与实务,全书共分10章,内容包括商务谈判的概述、商务谈判的准备、商务谈判的过程、商务谈判的心理、商务谈判的理念与方法、商务谈判的策略与技巧、商务谈判的沟通、商务谈判的礼仪、商务谈判的风格、商务谈判的后续工作。

本书提供了大量的与商务谈判有关的导入案例、应用实例、知识链接、人物介绍和形式多样的习题,以供读者阅读、训练使用,便于学生对所学知识的巩固,以及培养学生的谈判能力。本书在实用性和操作性方面都具有很强的指导作用。

本书可作为高等院校经济管理类专业的本科生教材,也可作为企业和社会培训谈判人员的参考用书。

图书在版编目(CIP)数据

商务谈判/郭秀君主编. —2版. —北京:北京大学出版社,2012.1
(21世纪高等院校财经管理系列实用规划教材)
ISBN 978-7-301-20048-3

Ⅰ.①商… Ⅱ.①郭… Ⅲ.①商务谈判—高等学校—教材 Ⅳ.①F715.4

中国版本图书馆CIP数据核字(2012)第001504号

书　　名:	商务谈判(第2版)
著作责任者:	郭秀君　主编
策划编辑:	李　虎　王显超
责任编辑:	王显超
标准书号:	ISBN 978-7-301-20048-3/C·0729
出 版 者:	北京大学出版社
地　　址:	北京市海淀区成府路205号　100871
网　　址:	http://www.pup.cn　http://www.pup6.cn
电　　话:	邮购部 010-62752015　发行部 010-62750672　编辑部 010-62750667　出版部 010-62754962
电子邮箱:	pup_6@163.com
印 刷 者:	北京虎彩文化传播有限公司
发 行 者:	北京大学出版社
经 销 者:	新华书店
	787毫米×1092毫米　16开本　27.5印张　639千字
	2008年3月第1版　2011年12月第2版　2022年1月第6次印刷
定　　价:	69.00元

未经许可,不得以任何方式复制或抄袭本书之部分或全部内容。
版权所有,侵权必究　　举报电话: 010-62752024
　　　　　　　　　　　电子邮箱: fd@pup.pku.edu.cn

第2版前言

本书自2008年3月第1版出版以来，在全国高校产生了一定的影响，许多院校将其作为经济、管理、贸易类专业的本科教材或辅助参考书。自我国加入世界贸易组织后，虽然经历了自2008年下半年以来的全球金融危机，我国经济与其他国家相比仍然保持了较快的发展速度，并已成为世界经济保持活力的一个重要因素。在此期间，我国各类（对外）商务实践活动不断增加和深入发展。目前，我国的对外贸易飞速发展并成为全球第二大贸易大国，对外直接投资额迅速增长，并保持持续增长的势头。同时，随着信息技术、网络技术和通信技术的变革性的发展，使得国际商务活动的形式发生了新的变化，出现了消费者在网上购物，商户之间在网上交易等电子商务活动。对外商务实践活动的新变化，为商务谈判的研究提供了相应的实践条件和变革机会，丰富了商务谈判的理论内容。针对上述对外商务谈判环境和形式的新发展，我们感到非常有必要对第1版进行修订，以反映商务谈判理论与实践的新发展。

本书的修订，具体体现在以下几个方面。

第一，在保持原有的教材框架基础上，对个别章节的内容进行了调整。对第8章商务谈判的礼仪部分，调整了该章节的顺序，如互相介绍的礼仪提前，而招待宴请的礼仪、参观游览的礼仪、赠送礼物的礼仪调后，以便更好地反映出商务谈判礼仪的内在逻辑顺序。另外，全书各章均增加了【关键术语】、【习题】等内容。

第二，对书中的一些章节进行了较大的调整。例如，对第7章中有效沟通的途径——语言沟通进行重新撰写，修改后有助于学生更好地了解、掌握语言沟通的系统知识与技巧。

第三，对书中的一些章节内容进行了较大的补充。例如，考虑到商务谈判形式的新变化，在第1章中增加了网络谈判的内容。在第2章中增加了组织谈判小组的原则、谈判组成员的配备、谈判方式的选择，扩充了模拟谈判的内容。在第4章中增加了"商务谈判心理概述"一节，以便学生对商务谈判心理从理论上有一个总的认识；增加了"知觉与谈判"、"心理挫折与谈判"、"成功心理与谈判"三节内容，从而使学生对商务谈判心理有一个全面系统的认识。在第8章中增加了礼仪的含义及作用，以便学生对礼仪从理论上有一个总的认识。在第9章中增加了韩国商人的谈判风格、中国商人的谈判风格、俄罗斯商人的谈判风格。此外，在每一章中，都增加了新的应用实例和知识链接。

第四，在附录中增加了谈判者气质类型测试和谈判者行为类型测试。但出于本书篇幅的考虑，整个附录不再出现在本书内容当中，而是以电子版的形式提供给上课师生，其电子版下载网址为：www.pup6.cn。

本书由郭秀君担任主编并负责总纂，李荣华担任副主编。修订工作分工如下：第1、3、9、10章由郭秀君负责修订，第2、4、5、6、7、8章由李荣华负责修订。

由于编者水平有限，本书难免存在不足和疏漏之处，敬请广大读者批评指正。

编　者
2011年12月

第1版前言

本书是为满足我国高等院校经济、管理类专业本科生的专业学习以及从事贸易、金融、投资等商务活动的行业的谈判工作而编写出版的。

随着我国经济体制改革、对外开放政策的实施和全球经济一体化、贸易投资自由化程度的不断加深，我国企业(公司)和个人所开展的各种商务活动越来越多样，同时与国外客商进行的各种商务合作活动越来越频繁，因此商务谈判已成为达成各种交易、获取经济利益的重要媒介和手段，在国内外经济贸易活动中发挥着重要的作用。

谈判作为人类的一种社会行为，古今中外普遍存在。曹操在统一北方后，于公元208年率军南下准备实现全国统一。于是，刘备派诸葛亮去见孙权，商讨联合抗曹大计。随后孙刘组成联军共同迎击曹军，打破了曹操统一全国的企图，进而奠定了天下三分的格局。这是发生在我国古代史上的一次军事谈判。抗日战争胜利结束后，为了实现全国的统一，由毛泽东、周恩来、王若飞等人组成的中共代表团飞抵重庆与蒋介石举行会谈。这是发生在我国现代史上的一次政治谈判。鉴于当时苏联国内急需大量食品，于1923年5月被任命为苏联驻挪威全权贸易代表的柯伦泰，奉命与挪威商人洽谈购买鲱鱼的生意。由于双方距离较大，谈判陷入僵局。后来，由于柯伦泰的忠诚和才干，不仅赢得了这场鲱鱼谈判的胜利，而且也赢得了苏联政府和人民的赞扬。这是发生在外国现代史上的一次经济谈判。美国谈判学会会长、著名律师杰勒德·I·尼尔伦伯格曾在其《谈判的艺术》一书中说道："在一个计算机已经使许多工作都变得过时无用的时代里，谈判者的作用日益重要起来。因为，我们大家都成了谈判者。"事实上，在现实社会生活中，在政治、经济、文化、军事、外交等领域里，谈判活动无处不在，谈判活动无时不有。

自20世纪60年代以来，许多国家特别是美国、英国等一些经济发达国家都很重视对谈判理论、原则和技巧的研究，先后成立了专门的研究机构，出版了大量相关的论著。谈判研究者运用现代科学的研究方法，使谈判上升为科学理论，逐步建立起谈判学这一门新兴学科，并在一些高等学校开设谈判学课程。在西方现代管理教育中，谈判学是一门重要的课程，而且越来越受到人们的重视。与此相适应，鉴于长期以来我国缺乏对谈判，特别是商务谈判的系统的理论研究，以及我国改革开放的日益深入和大力发展对外经贸的需要，自20世纪80年代以来，我国先后翻译出版了不少有关谈判和商务谈判的国外学者的论著，一些高等学校也相继开设了谈判方面的课程，如对外经济贸易大学、中国人民大学、上海交通大学、湖北大学等。

根据专家预测，我国加入世界贸易组织以后，商务谈判人才是"供不应求"人才中的重要一类，因此，培养既具有谈判理论基础又善于谈判实践的高素质人才是本书所要达到的主要目的。为此，本书以国际、国内商务活动为对象，立足于商务活动的实践，较为全面、深刻地阐释了商务谈判的理论知识和实务操作。

本书共分10章。第1章主要介绍商务谈判的概念与特点、主体与客体、类型、原则和形式，旨在阐释什么是商务谈判这一主题；第2、3、10章主要介绍商务谈判的准备、过程和后续工作,旨在说明商务谈判是一个连续进行的完整的过程这一主题;第 4 章主要介绍商务谈判的心理,旨在阐释商务谈判活动要受谈判人员各种心理因素影响这一主题;第 5 章主要介绍商务谈判的理念与方法,旨在说明谈判者进行商务谈判的指导思想和方法这一主题;第 6、7、8 章主要介绍商务谈判的策略与技巧、沟通、礼仪,旨在说明在商务谈判中,为获得谈判的成功,谈判人员需要运用谈判策略与技巧、注重谈判双方的沟通和注意谈判礼仪这一主题;第 9 章主要介绍商务谈判的风格,旨在说明不同文化背景所形成的不同商务谈判风格对商务谈判活动的影响这一主题。书中提供了与商务谈判有关的大量生动案例(包括导读案例、阅读案例和分析案例三种类型)、专栏资料、人物介绍和形式多样的思考与练习题供读者阅读、训练使用,便于巩固学生所学知识,培养学生的谈判能力。总之,本书的特点是全面系统、实践性和应用性较强。

本书的编写特点如下。

(1) 根据本课程实践性和应用性较强的特点,书中提供三大类型共一百多个案例供学习者分析、研读,同时给出专栏资料、人物介绍等相关阅读内容,以便加深和拓展学习者的视野,提供形式多样的思考与练习题,以便学习者巩固、运用所学商务谈判理论和实务。因此,本书内容体系不同于以往的同类教材。

(2) 紧密结合本课程教学基本要求,教材内容完整系统,重点突出,所用资料力求更新、准确解读问题点。该书在注重商务谈判理论知识的同时将实训内容结合在一起,强调知识的应用性,具有较强的针对性。

本书由郭秀君(北京林业大学经济管理学院)负责全书结构的设计、草拟写作提纲、组织编写工作和最后统稿定稿。各章具体分工如下:第 1、3、9、10 章由郭秀君编写,第 5、6 章由梁青玉(兰州理工大学经济学院)编写,第 4、7 章由龚关(河南理工大学经济管理学院)编写,第 2、8 章由吴克胜(河南理工大学经济管理学院)编写。

本书在编写过程中,参考了有关书籍和资料,在此向其作者表示衷心的感谢!本书在出版过程中,得到北京大学出版社李虎先生的大力支持,在此一并表示由衷的感谢!

由于作者水平所限,书中难免存在不足和疏漏之处,敬请读者批评指正。

郭秀君

2007 年 12 月

本书课程思政元素

本书课程思政元素从"格物、致知、诚意、正心、修身、齐家、治国、平天下"的中国传统文化角度着眼,再结合社会主义核心价值观"富强、民主、文明、和谐、自由、平等、公正、法治、爱国、敬业、诚信、友善"设计出课程思政的主题,然后紧紧围绕"价值塑造、能力培养、知识传授"三位一体的课程建设目标,在课程内容中寻找相关的落脚点,通过案例、知识点等教学素材的设计运用,以润物细无声的方式将正确的价值追求有效地传递给读者,以期培养大学生的理想信念、价值取向、政治信仰、社会责任,全面提高大学生缘事析理、明辨是非的能力,把学生培养成为德才兼备、全面发展的人才。

每个课程思政元素的教学活动过程都包括内容导引、展开研讨、总结分析等环节。在课程思政教学过程,老师和学生共同参与其中。在课堂教学中教师可结合下表中的内容导引,针对相关的知识点或案例,引导学生进行思考或展开讨论。

章节	内容导引	思考问题	课程思政元素
第1章	谈判的概念	1. 谈判的含义是什么? 2. 交流讨论对谈判的认识和理解。	文化自信 和谐关系
第1章	商务谈判的主体	1. 什么是谈判主体资格? 2. 如何理解谈判主体资格、谈判主体地位的重要性?	爱祖国 逻辑思维 辩证思想
第1章	商务谈判的原则	1. 商务谈判包括哪些原则? 2. 讨论平等互利原则的重要性。	平等 大局意识 共同体意识
第2章	商务谈判的准备	1. 商务谈判的准备工作包括哪些内容? 2. 如何正确理解商务谈判准备工作的重要性?	自主学习 务实 职业精神 文化传承
第2章	谈判目标的确定	1. 谈判目标有哪些类型? 2. 讨论谈判目标的制定是否重要。	职业规划 奋发图强
第2章	与商务活动有关的政策法规信息	1. 如何正确认识政策法规信息与谈判顺利进行之间的关系? 2. 如何进行政策法规信息的收集?	自主学习 法律意识 专业能力
第2章	谈判组织的建立	1. 谈判组织建立的原则有哪些? 2. 如何全面认识谈判组织?	专业与国家 责任与使命 爱国热情

续表

章节	内容导引	思考问题	课程思政元素
第2章	谈判人员的素质要求	1. 谈判人员应具备哪些素质？ 2. 如何成为全球治理人才？	努力学习 个人成长 全面发展 国际视野 全球竞争力
第2章	谈判小组成员的分工与配合	1. 如何进行谈判小组成员的分工？ 2. 如何保证谈判小组成员的有效配合？	团队合作 沟通协作 集体主义
第2章	谈判计划的制定	1. 谈判计划的含义是什么？ 2. 谈判计划包括哪些内容？	努力学习 专业能力 责任与使命
第3章	磋商	1. 讨价还价的含义是什么？ 2. 如何进行讨价还价？	个人成长 信念坚定 勇于奋斗
第3章	签订合同	1. 合同的主要条款有哪些？ 2. 签订合同时应注意哪些方面的问题？	诚信 规范与道德 法律意识
第6章	商务谈判策略与技巧	1. 商务谈判策略的含义是什么？ 2. 商务谈判有哪些技巧？	自主学习 专业能力 实战能力
第7章	沟通的作用	1. 沟通的内涵是什么？ 2. 如何正确认识沟通的作用？	沟通协作 和谐人际关系
第7章	树立良好的第一印象	1. 如何看待第一印象的重要性？ 2. 如何给对方留下良好的第一印象？	爱祖国 责任与使命 文化自信 民族自豪感 中国梦
第8章	礼仪	1. 礼仪的含义是什么？ 2. 浅谈对中华礼仪文化的认识。	文化自信 文化传承
第8章	礼仪的作用	1. 礼仪在人们日常交往中的作用有哪些？ 2. 礼仪在商务谈判中的作用有哪些？	辩证思想 尊重 纪律 个人管理
第8章	招待宴请的礼仪	1. 招待宴请的种类有哪些？ 2. 如何做好招待宴请工作？	文化自信 民族自豪感 传统文化 中西结合

续表

章节	内容导引	思考问题	课程思政元素
第8章	参观游览的礼仪	1. 参观游览的地点如何选取？ 2. 安排参观游览活动应注意哪些问题？	爱祖国 民族自豪感 专业能力
第9章	各国人员谈判风格与文化背景	1. 什么是谈判风格？ 2. 讨论谈判风格的形成受哪些因素的影响。	努力学习 世界文化 国际视野
第9章	中国商人的谈判风格	1. 我国商人一般表现出哪些谈判风格？ 2. 如何在谈判中坚持原则？	专业与国家 理想信念 职业精神

目　　录

第1章　商务谈判的概述 1

1.1 商务谈判的概念与特点 3
1.1.1 谈判的概念与特点 3
1.1.2 商务谈判的概念与特点 9

1.2 商务谈判的主体与客体 11
1.2.1 商务谈判的主体 11
1.2.2 商务谈判的客体 12

1.3 商务谈判的类型 13
1.3.1 按谈判时间划分 13
1.3.2 按谈判地点划分 13
1.3.3 按谈判层次划分 14
1.3.4 按谈判参加方数目划分 14
1.3.5 按谈判参与人数划分 14
1.3.6 按谈判规模划分 14
1.3.7 按谈判内容划分 15
1.3.8 按谈判议题方式划分 16
1.3.9 按谈判透明程度划分 16
1.3.10 按谈判者态度划分 16
1.3.11 按谈判性质划分 17

1.4 商务谈判的原则 17
1.4.1 平等互利原则 17
1.4.2 友好协商原则 18
1.4.3 依法办事原则 18
1.4.4 统一对外原则 19
1.4.5 不卑不亢原则 19

1.5 商务谈判的形式 20
1.5.1 口头谈判 20
1.5.2 书面谈判 21
1.5.3 网络谈判 22

1.6 学习商务谈判的意义及方法 23
1.6.1 学习商务谈判的意义 23
1.6.2 学习商务谈判的方法 25

本章小结 26
习题 27

第2章　商务谈判的准备 29

2.1 谈判目标的确定 32
2.1.1 企业总目标 32
2.1.2 谈判目标 32
2.1.3 谈判目标的保密 36

2.2 谈判资料的收集 38
2.2.1 与商务活动有关的资料的收集与分析 38
2.2.2 与谈判对手有关的资料的收集与分析 41
2.2.3 与谈判环境有关的资料的收集与分析 48

2.3 谈判组织的建立 54
2.3.1 组织谈判小组的原则 54
2.3.2 谈判人员的素质要求 56
2.3.3 谈判负责人的选择 63
2.3.4 谈判组成员的配备 65
2.3.5 谈判小组成员的分工与配合 ... 69

2.4 谈判计划的制订 74
2.4.1 谈判议程的安排 74
2.4.2 谈判地点的选择与现场布置 ... 77

2.5 谈判方式的选择 81
2.5.1 直接谈判和间接谈判 81
2.5.2 横向谈判和纵向谈判 82

2.6 模拟谈判的进行 82
2.6.1 模拟谈判的作用 83
2.6.2 模拟谈判的假设条件拟定 83
2.6.3 模拟谈判的人员选择 84
2.6.4 模拟谈判的方法 84
2.6.5 模拟谈判的总结 85

本章小结 86
习题 87

第3章 商务谈判的过程 90

3.1 摸底阶段 92
- 3.1.1 建立良好的谈判气氛 92
- 3.1.2 交换意见 99

3.2 报价阶段 101
- 3.2.1 报价的形式 102
- 3.2.2 报价的起点 103
- 3.2.3 报价的方法 104
- 3.2.4 报价的顺序 104
- 3.2.5 对对方报价的反应 105

3.3 磋商阶段 106
- 3.3.1 讨价还价的含义 106
- 3.3.2 讨价 108
- 3.3.3 还价 111
- 3.3.4 讨价还价的原则 115
- 3.3.5 讨价还价的技巧 117
- 3.3.6 谈判冲突的两种方式 118

3.4 成交阶段 119
- 3.4.1 成交阶段的最后一次报价 119
- 3.4.2 达成协议的两种方法 120
- 3.4.3 签订合同 121

本章小结 133
习题 134

第4章 商务谈判的心理 137

4.1 商务谈判心理概述 139
- 4.1.1 商务谈判心理的特点 139
- 4.1.2 研究和掌握商务谈判心理的意义 140
- 4.1.3 商务谈判的心理机制 142

4.2 需要、动机与谈判 146
- 4.2.1 需要与谈判 146
- 4.2.2 动机与谈判 156

4.3 性格、气质与谈判 159
- 4.3.1 性格与谈判 159
- 4.3.2 气质与谈判 164

4.4 情绪、情感与谈判 167
- 4.4.1 情绪与情感的概念 167
- 4.4.2 情感的类型 168
- 4.4.3 情绪、情感在谈判中的运用与控制 169

4.5 知觉与谈判 175
- 4.5.1 首要印象 175
- 4.5.2 晕轮效应 175
- 4.5.3 先入为主 175

4.6 心理挫折与谈判 176
- 4.6.1 心理挫折 176
- 4.6.2 心理挫折对行为的影响 176
- 4.6.3 心理挫折在商务谈判中的表现 177

4.7 成功心理与谈判 179
- 4.7.1 商务谈判中的成功心理 179
- 4.7.2 谈判成功的行为标准 181
- 4.7.3 谈判者追求的成功目标 183

本章小结 185
习题 185

第5章 商务谈判的理念与方法 189

5.1 商务谈判理念 192
- 5.1.1 一个中心 192
- 5.1.2 两种利益 194
- 5.1.3 三种方针 196
- 5.1.4 四项原则 197
- 5.1.5 五种风格 201
- 5.1.6 六种战略 204
- 5.1.7 七种逻辑 214
- 5.1.8 八种力量 215

5.2 商务谈判的方法 217
- 5.2.1 硬式谈判法 217
- 5.2.2 软式谈判法 218
- 5.2.3 原则式谈判法 219
- 5.2.4 利益焦点谈判法 220
- 5.2.5 柔道谈判法 221
- 5.2.6 隔离谈判法 222
- 5.2.7 克制诡计谈判法 223
- 5.2.8 反击谈判法 225
- 5.2.9 商务谈判的成功模式 227

本章小结 230
习题 230

目录

第6章 商务谈判的策略与技巧 232

6.1 商务谈判策略与技巧概述 234
- 6.1.1 商务谈判策略的概述 234
- 6.1.2 商务谈判策略构成要素 235
- 6.1.3 商务谈判策略的特征 235
- 6.1.4 商务谈判策略的作用 237
- 6.1.5 商务谈判策略的类型 238
- 6.1.6 商务谈判技巧 242

6.2 谈判开局策略与技巧 243
- 6.2.1 谈判开局策略 243
- 6.2.2 谈判开局技巧 245

6.3 价格谈判策略与技巧 249
- 6.3.1 价格谈判策略 249
- 6.3.2 价格谈判技巧 253

6.4 妥协让步策略与技巧 256
- 6.4.1 让步的形态 256
- 6.4.2 让步的策略与技巧 257

6.5 僵局处理策略与技巧 259
- 6.5.1 僵局的种类和起因 259
- 6.5.2 突破僵局的策略 263
- 6.5.3 突破僵局的技巧 269

6.6 交锋中的攻防技巧 275
- 6.6.1 先发制人 275
- 6.6.2 后发制人 276
- 6.6.3 避实就虚 277
- 6.6.4 围魏救赵 277
- 6.6.5 不开先例 278
- 6.6.6 最后通牒 279
- 6.6.7 出其不意 280
- 6.6.8 浑水摸鱼 281

6.7 签约策略与技巧 282
- 6.7.1 先入为主 282
- 6.7.2 请君入瓮 283
- 6.7.3 金蝉脱壳 283

本章小结 284
习题 285

第7章 商务谈判的沟通 287

7.1 沟通与有效沟通 288
- 7.1.1 沟通的含义与作用 288
- 7.1.2 沟通的过程 291
- 7.1.3 有效沟通的特征 293
- 7.1.4 有效沟通的原则 294

7.2 有效沟通的途径 296
- 7.2.1 语言沟通 296
- 7.2.2 行为沟通 333
- 7.2.3 书面沟通 343

本章小结 346
习题 346

第8章 商务谈判的礼仪 349

8.1 礼仪的含义及作用 351
- 8.1.1 礼仪的含义 351
- 8.1.2 礼仪的作用 351
- 8.1.3 交往中的一般礼仪 352

8.2 迎送客人的礼仪 357
- 8.2.1 确定迎送规格 357
- 8.2.2 掌握抵离时间 357
- 8.2.3 做好准备工作 358
- 8.2.4 迎送礼仪中有关事宜 358

8.3 互相介绍的礼仪 359
- 8.3.1 介绍的顺序 359
- 8.3.2 介绍的称谓 359
- 8.3.3 介绍的其他礼节 360

8.4 名片使用的礼仪 361
- 8.4.1 名片的规格 361
- 8.4.2 名片的使用 362
- 8.4.3 名片的递接 362

8.5 双方约会的礼仪 362
- 8.5.1 约会 362
- 8.5.2 应约 363
- 8.5.3 拒绝约会 363

8.6 招待宴请的礼仪 363
- 8.6.1 宴请的种类 363
- 8.6.2 宴会活动组织安排 364
- 8.6.3 宴会程序 366
- 8.6.4 赴宴礼仪 366

8.7 参观游览的礼仪 370

XI

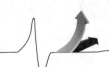

	8.7.1 参观游览形式	370
	8.7.2 安排参观游览应注意的问题	372
8.8	赠送礼物的礼仪	372
	8.8.1 馈赠礼品	372
	8.8.2 接受礼品	374
8.9	签字仪式的礼仪	374
	8.9.1 签字前的准备	374
	8.9.2 签字人的选择	374
	8.9.3 参加人的确定	375
	8.9.4 签字仪式的安排	375
本章小结	375
习题	376

第9章 商务谈判的风格 … 379

- 9.1 亚洲商人的谈判风格 … 381
  - 9.1.1 日本商人的谈判风格 … 381
  - 9.1.2 韩国商人的谈判风格 … 384
  - 9.1.3 中国商人的谈判风格 … 385
  - 9.1.4 越南商人的谈判风格 … 388
  - 9.1.5 新加坡商人的谈判风格 … 388
  - 9.1.6 印度尼西亚商人的谈判风格 … 389
  - 9.1.7 泰国商人的谈判风格 … 389
  - 9.1.8 菲律宾商人的谈判风格 … 390
  - 9.1.9 印度商人的谈判风格 … 390
  - 9.1.10 阿拉伯诸国商人的谈判风格 … 391
- 9.2 欧洲商人的谈判风格 … 394
  - 9.2.1 俄罗斯商人的谈判风格 … 394
  - 9.2.2 英国商人的谈判风格 … 395
  - 9.2.3 法国商人的谈判风格 … 396
  - 9.2.4 德国商人的谈判风格 … 396
  - 9.2.5 意大利商人的谈判风格 … 397
  - 9.2.6 葡萄牙商人的谈判风格 … 397
  - 9.2.7 西班牙商人的谈判风格 … 398
  - 9.2.8 奥地利商人的谈判风格 … 398
  - 9.2.9 瑞士商人的谈判风格 … 399
  - 9.2.10 北欧诸国商人的谈判风格 … 399
- 9.3 美洲商人的谈判风格 … 401
  - 9.3.1 美国商人的谈判风格 … 401
  - 9.3.2 加拿大商人的谈判风格 … 402
  - 9.3.3 南美洲诸国商人的谈判风格 … 403
- 9.4 大洋洲商人的谈判风格 … 403
  - 9.4.1 澳大利亚商人的谈判风格 … 403
  - 9.4.2 新西兰商人的谈判风格 … 404
- 9.5 非洲商人的谈判风格 … 405
  - 9.5.1 东部三国商人的谈判风格 … 405
  - 9.5.2 尼日利亚商人的谈判风格 … 405
  - 9.5.3 刚果(金)商人的谈判风格 … 405
  - 9.5.4 南非商人的谈判风格 … 405
- 9.6 东西方国家商人的谈判风格比较 … 406
- 本章小结 … 409
- 习题 … 409

第10章 商务谈判的后续工作 … 412

- 10.1 合同的履行与管理 … 415
  - 10.1.1 合同的履行 … 415
  - 10.1.2 合同的管理 … 415
- 10.2 争议的处理 … 418
  - 10.2.1 争议的含义及产生原因 … 418
  - 10.2.2 解决争议的方法 … 418
- 10.3 谈判的总结 … 421
  - 10.3.1 谈判总结的内容 … 421
  - 10.3.2 谈判总结的步骤 … 422
- 本章小结 … 422
- 习题 … 423

参考文献 … 425

商务谈判的概述

本章教学要点

知识要点	掌握程度	相关知识
商务谈判的概念与特点	了解、掌握	谈判的概念及特点，商务谈判的概念及特点
商务谈判的主体与客体	了解、掌握	谈判主体与客体的基本内容
商务谈判的类型	了解、掌握	不同类型商务谈判的基本内容
商务谈判的原则	熟悉、掌握	商务谈判原则的基本内容
商务谈判的形式	熟悉、掌握	口头谈判和书面谈判的基本内容

本章技能要点

技能要点	掌握程度	应用方向
能够深刻认识谈判、商务谈判的概念及特点	了解、掌握	拟进行商务谈判
能够深刻认识商务谈判的主体与客体	了解、掌握	确定对方的谈判主体资格，明确谈判客体
能够按一定标准划分商务谈判的类型	了解、掌握	选择商务谈判的类型
能够把一定的谈判原则贯穿到谈判实践活动中	重点掌握	拟进行商务谈判
在谈判实践活动中科学运用商务谈判的形式	重点掌握	选择商务谈判的形式

■ 导入案例

琼文和苏卡的一天

琼文和苏卡是一对年轻的夫妻。一大早，他们就起来了。他们家的热水器制热效果不好，昨天已经修过了，换了两个零件，共花去413元，但制热效果还是不好。于是琼文拿着更换下来的零件去做鉴定，结果是零件并未损坏。琼文知道上了当，还好零件在自己手里，明天维修人员才过来取零件。琼文心里明白，明天要讨回413元可能需要一场艰难的谈判，必要时还可能需要采取一些诸如情绪爆发的谈判策略。

琼文是一家制造厂设计组的负责人。他在办公室门口遇到了采购部经理艾笛。艾笛提醒琼文，他必须解决一个问题，那就是在琼文主管的部门中，工程师们没有通过采购部而直接与供应商进行了联系。琼文知道，采购部希望所有与供应商的接触都通过他们进行，但他也知道他的工程师们为更快完成设计，需要第一时间获得技术信息，而等着从采购部反馈信息将大大延长设计过程。琼文与艾笛都意识到了上司希望他们部门经理之间不存在分歧。如果这个问题被提交到总经理那里，那么对他们双方来说都没有好处。看来，琼文得准备和艾笛进行一次内部谈判，以解决艾笛提出的问题。

临近中午时，琼文接到一个汽车销售商打来的电话。琼文想买一辆好车，但怕苏卡不同意花钱太多。琼文对销售商的报价很满意，但他认为他能让销售商的价格再优惠一些，因此他把他的顾虑告诉销售商，希望给销售商增加压力，从而压低车价。

琼文下午的大部分时间被一个年度预算会议所占用。在会上，财务部门随意将各部的预算都削减30%，会议上所有的部门经理都不得不进行无休止的争论，以努力恢复他们在一些新项目的预算。琼文已经确定了所能退让的限度（即谈判的底线），而且决定一旦这个限度被超过，他就要进行抗争。

傍晚时苏卡和琼文去逛商店。他们看到一件新潮大衣，标价是590元。苏卡反复看了这件大衣后，对店主说："能不能便宜点？"店主说："那你给个价吧。"苏卡想了一下说："480元，怎么样？"店主二话没说，取下大衣往苏卡手里一送："衣服归你了，付钱吧。"苏卡犹豫了，她想走。店主很生气："你给的价格怎能不要，你今天一定得要。"苏卡也要有一场艰难的谈判。

资料来源：龚荒.商务谈判——理论·策略·实训.北京：清华大学出版社；
北京交通大学出版社，2010.

松下公司与飞利浦公司关于技术转让的谈判

第二次世界大战后，日本经济经历了快速的发展阶段，被当时国际社会看作是一个经济奇迹。在战后经济扩张中迅速成长起来的公司中，松下电器公司的成功是一个典型的代表。松下公司成立于1918年3月，它从一个家庭式的小企业成长起来，逐渐发展成为一个享誉世界的电器制造厂商，名列世界500强前20位。松下公司的成功得益于它的创始人松下幸之助。松下幸之助的经营理念和他在公司处于困难时期的作出决策，使松下公司顺利度过了其发展的关键时期，而逐步发展壮大起来，拥有了今天的规模。一个最好的例子就是松下公司与飞利浦公司的一次技术转让谈判，一场关系到松下公司前途命运的谈判。

20世纪50年代初期，松下公司开始了企业的经营扩张，但是经营规模的扩张需要技术的支持才能实现。荷兰飞利浦公司当时已是世界知名的电器生产大企业，拥有先进的技术和雄厚的财力。松下公司认为飞利浦公司的技术将是帮助企业实现腾飞的目标，因此，决定寻求与飞利浦公司的合作。一场技术转让谈判即在这样的背景下展开。

第1章 商务谈判的概述

显而易见,松下公司与飞利浦公司之间在谈判力上存在着巨大的差异。松下公司是一个发展中的小公司,而飞利浦公司早已是世界电器制造业中的巨人,松下公司不得不依赖飞利浦公司以得到它急需的技术。谈判一开始,飞利浦公司充分利用它的优势,展开咄咄逼人的攻势,提出了许多苛刻的条件,如对松下公司的技术援助费要达到松下公司销售额的7%,专利转让费的要价是55万美元,并且必须一次付清。其他草拟的条款也明显有利于飞利浦公司。例如,条款规定松下公司若违反合同或在执行合同时出现纰漏,就要受到某种处罚,甚至被没收机器等。而对飞利浦公司的违约责任则含糊不清。

经过艰苦的谈判,松下公司成功地将技术援助费从7%降到了4.5%,但是,飞利浦公司坚决不肯在专利转让费上做任何让步。松下幸之助面临着巨大的挑战和两难的抉择:如果答应对方的条件就意味着将他本人和公司置于巨大的风险之中,因为,当时松下公司的资产总额不过5亿日元,而55万美元的专利转让费相当于2亿日元,几乎是松下公司全部资产的一半,一旦有什么意外发生就意味着公司的破产。然而,如果松下公司不同意对方的要求,则会导致谈判破裂,公司将失去一次宝贵的机遇和一个重要的合作伙伴。

松下幸之助权衡再三,特别是分析了公司的当前利益和长远利益之后,毅然决定冒此风险。他认为,飞利浦公司的研究机构力量十分雄厚,拥有3 000名研究人员和先进的设备,如果能够达成协议,松下公司就可以充分利用这些它急需的技术资源。而这些技术资源的价值是无法用55万美元来衡量的。牺牲眼前的利益和冒一定的风险意味着今后更长远的利益,因此,冒此风险是值得的。

松下公司之后的发展充分证明这一决定是十分正确的。松下公司在20世纪50年代搭建的坚实的技术平台奠定了公司日后迅速发展的基础。

资料来源:白远. 国际商务谈判——理论案例分析与实践. 北京:中国人民大学出版社,2002.

"谈判"一词对于人们来说并不陌生,自有人类社会以来,各种形式的谈判就存在于人类社会活动之中。在人们的日常生活与工作中,在企业之间的货物买卖、引进与输出技术、利用外资与对外投资等国际经济合作活动中,各种商务谈判活动无时无刻不在进行着。谈判成为人们日常交往、解决矛盾纠纷、进行各种经贸活动交往的媒介、手段,它构成人们生活与工作以及商务活动的一个极其重要的方面。

1.1 商务谈判的概念与特点

谈判(Negotiation)无论是作为一个概念,还是作为一种行为活动的实践,都是人们研究商务谈判(Business Negotiation)的基础或前提,因此,有必要首先加以探讨。

1.1.1 谈判的概念与特点

从前述案例中不难看出,谈判存在于人们生活和工作的各个层面,是每个人无法回避的现实。世界谈判大师赫伯·柯恩曾说:"人生就是一大张谈判桌,不管喜不喜欢,你已经置身其中了","就像在生活中一样,你在商务上或工作上不见得能得到你所要的,你靠谈判能得到你所要的。"

1. 谈判的概念

为了更好地认识谈判和提高实际谈判的效率,人们首先需要搞清楚什么是谈判。该问题同时也是谈判研究者们需要回答的第一个问题或基本问题。纵览有关谈判的重要文献可以发现,对谈判的定义可谓是众说纷纭而又各具特色。

美国谈判协会会长、著名律师杰勒德·I·尼尔伦伯格(Gerard. I. Nierenberg)在《谈判的艺术》(The Art of Negotiating)一书中指出："谈判的定义最为简单，而涉及的范围却最为广泛，每一个要求满足的愿望和每一次要求满足的需要，至少都是诱发人们展开谈判过程的潜因。只要人们为了改变相互关系而交换观点，只要人们为了取得一致而磋商协议，他们就是在进行谈判。"

美国哈佛大学法学院教授罗杰·费希尔和谈判专家威廉·尤瑞在其合著的《谈判成功之道》一书中把谈判定义为：谈判是从别人那里得到你所需要的东西的一个基本手段。当你和谈判双方之间有共同利害关系时，为达成协议，双方需要一来一往地交换意见，这就是谈判。

美国谈判专家C·威恩·巴罗和格莱德·P·艾森在其合著的《谈判技巧》一书中指出：谈判是一种在双方都致力于说服对方接受其要求时所运用的一种交换意见的技能。其最终目的就是要达成一项对双方都有利的协议。

美国哈佛大学谈判培训中心的负责人、美苏等16个国家合办的国际系统分析研究所的第一任所长霍华德·雷法在《谈判的艺术与科学》一书中认为：谈判包括艺术和科学两个方面。这里，所谓"科学"的基本含义是指，为了解决问题所进行的有系统的分析。所谓"艺术"，它包括社交技巧，信赖别人和为人所信服的能力，巧妙地应用各种讨价还价的能力以及知道何时和怎样使用以上能力的智慧。

英国谈判专家P. D. V.马什(P. D. V. Marsh)在他的《谈判合同手册》一书中从经济贸易角度给谈判下了个定义：所谓谈判(或称交易磋商)是指有关贸易双方为了各自的目的，就一项涉及双方利益的标的物在一起进行洽商，通过调整各自提出的条件，最终达成一项双方满意的协议，这样一个不断协调的过程。

英国谈判专家比尔·斯科特(Bill Scott)在他的《贸易洽谈技巧》一书中认为：贸易谈判是双方面对面会谈的一种形式。它所涉及的双方，即为我方和你方。

法国谈判学家克里斯托夫·杜邦在他的《谈判的行为、理论与应用》一书中，从社会关系的角度对谈判提出如下定义：谈判是使两个或数个角色处于面对面位置的一项活动。各角色因持有分歧而相互对立，但他们彼此又互为依存。他们选择谋求达成协议的实际态度，以便终止分歧，并在他们之间(即使是暂时性地)创造、维持、发展某种关系。

拉尔夫·约翰逊(Ralgh Johnson)在《谈判基础——概念、技巧与练习》一书中则认为，谈判是个人或组织通过与他人达成协议来寻求实现自身的某些目标的过程。

拉克斯和塞宾纽斯(Lax and Sebenius)在《作为谈判者的管理者》一书中提出的观点是，谈判是存在着明显冲突的双方或多方，通过共同决策而不是其他行动来谋求更好结果的潜在的相互作用的过程。

香港中文大学企管系邓东滨教授认为：广义地说，谈判是指人类为满足各自的需要而进行的交易。

我国经济法律工作者杜玉庆从法律角度分析：经济谈判中的"谈"，如用法律用语讲就是"要约"和"承诺"。它是双方用国家规定的法律、政策和道德，论证自己的观点，反驳对方的观点，说服对方，最终形成统一的意见。用文字将这些统一的意见记录下来，再通过履行一定的手续形成协议。所以谈判的实质实际上是订协议。经济谈判的过程，实际上是订立经济协议的过程。

第1章　商务谈判的概述

李品媛编著的《现代商务谈判》中把谈判定义为：参与各方出于某种需要，在一定的时空条件下，采取协调行为的过程。

张隆华、王荣生编著的《经济谈判》中把谈判定义为：所谓谈判，是指在物质力量、人格、地位等方面具有相对独立或对等资格的双方，由于在观点、基本利益和行为方式等方面存在着既相互联系又相互冲突或差别现象、并且双方各自都企图说服对方或理解或允许或接受自己的观点、基本利益和行为方式，从而在双方之间展开的一个借助于思维——语言链来传递和交换信息的过程，这是争取实现双方的协调一致的一种社会现象。

由此可见，到目前为止，国内外尚无关于谈判的统一和权威的定义，各位谈判专家和学者分别从各个不同角度解释了谈判的概念，阐明了对谈判的观点。虽然在表述上各个见解有所不同，但在本质上是相同的。因此，可以将谈判概念归纳为：所谓谈判，是指人们基于某种需求，彼此进行信息交流，磋商协议，旨在协调其相互关系，赢得或维护各自利益的行为过程。

谈判作为协调各方关系和获得各自利益的重要手段，广泛应用于人们的社会生活，如政治、经济、军事、外交、科技等各个领域。由于在各领域中进行谈判时，谈判的主体、客体、谈判的议题、法则等有所不同，这样就形成了如政治谈判、外交谈判、军事谈判、商务谈判、公关谈判、人际谈判、劳资谈判等各种不同类型的谈判，而本书只对其中的商务谈判进行系统分析和研究。

2．谈判的特点

谈判作为人类的一种行为，具有以下4个特点。

1) 谈判是"给"与"取"兼而有之的一种互惠过程

在谈判中，谈判双方既从对方有所得又要对对方有所给予，做到互惠互利。但是，如果只是单方面的"给"或单方面的"取"，不管这种给或取是自愿的还是被动的，都不能被看作是谈判。

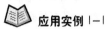 应用实例 1—1

20世纪70年代末，可口可乐公司和百事可乐公司先后与印度政府谈判，想到该国设厂，扩大它们的饮料生产和销售业务。谈判初期，印度政府出于对本国饮料工业的保护，拒绝它们进入。双方谈判都陷入僵局。但是上述两家美国饮料公司并未气馁，而是继续寻机谈判，以求抓住对方。后来印度政府提出：如欲进入印度，必须规定今后生产的产品要有相当的份额出口到其他国家，而且要接受印度政府的监督，使用当地的原料，雇用当地的劳力，按印度的有关规定汇出利润……出现了又一个僵持的局面。要是过去，看了这些苛刻的规定，百事可乐公司很可能一走了之。但是现在它却一改高傲态度，抢在可口可乐公司前面向印度政府提出了三项保证。

(1) 百事可乐公司无论是在印度开设分厂，还是合资企业，保证就地取材，每年按比例收购11万吨水果和蔬菜(其中8万吨用于饮料生产)、2.5万吨土豆(用于加工成薯片)、5 000吨粮食(用于加工成其他产品)。

(2) 百事可乐公司开设的分厂，将全部雇佣当地工人或农民。如允许工厂扩大规模，则相应增加劳动力的雇佣。

(3) 百事可乐公司在印度兴办的饮料和食品加工厂的50%的产品将出口外销。

这一系列保证有利于印度农副产品的销售，并能增加印度的就业机会，提高印度职工的技术水平和管理能力，促进印度国民经济的发展，从而满足经济相当落后、刚刚实行开放、困难重重的印度的需求和欲望。从表面上看,百事可乐公司让步太多。但是从深层次看,百事可乐公司从此不仅打入印度这个蕴藏巨大潜力的饮料市场,而且能向印度输入自己的特有技术,能利用印度的廉价劳动力和原料生产产品向印度及其周边国家销售,并在印度人心目中建立起了一个慷慨无私、互利合作的世界性公司的形象,在与可口可乐公司的竞争中赢得了一个新的筹码,从而在印度这块饮料市场阵地上成为一个无与伦比的主动竞争者。

资料来源:龚荒. 商务谈判——理论·策略·实训. 北京:清华大学出版社;
北京交通大学出版社,2010.

2) 谈判是"合作"与"冲突"兼而有之的一种互动过程

谈判一般是建立在双方有某种需求而又期望得到实现的基础上。例如,买方希望卖方提供货物以满足消费等需求,而卖方则需要出售货物以满足对货币的需求。因此,为了达成协议,谈判双方在谈判过程中必须具备一定程度的合作性。同时,谈判双方又都希望达成的协议对自己更为有利,即希望能在对自己有利的条件下满足自己的需要。这样谈判的双方在谈判中又存在着一定的利益冲突。一般情况下,在不同的谈判场合中,由于存在着影响双方合作与冲突程度的因素,所以这种合作与冲突的程度各不相同。但是,有一点可以肯定,任何一种谈判都具有一定程度的合作与一定程度的冲突。

 应用实例 1—2

20 世纪 60 年代初期,美欧之间发生的"肉鸡战争"就是一个有名的例子。当时的美国掌握了新的饲养技术,肉禽生产得到迅速发展,对欧共体的肉鸡出口从 1958 年的约 0.1 亿磅猛增到 1962 年的 1.6 亿磅,欧共体极为不安。当时德国为保护欧共体的肉鸡生产,联合欧洲大陆的盟友,对从美国进口的肉鸡征收 3 倍以上的从价税,即从 15% 增加到 50%。对此,美国人非常气愤。他们一方面向贸易协定的法庭进行控告,对欧共体向美国出口的商品征收惩罚性税金;另一方面对欧洲出口由全鸡改为鸡块出口,并开始一年四季向欧洲出口火鸡(过去只是在复活节和圣诞节前才出口)。待欧洲对美国的切割鸡块和火鸡也征收从价税时,美国商家又改向欧洲出口加料腌制的肉禽。总之,美国人想方设法要继续保持在欧共体的肉禽市场份额。与此同时,欧共体加强了在肉禽生产方面的技术研究,使得肉禽生产快速发展起来,并大力向其邻国,特别是瑞士、奥地利等国销售,用补贴出口的办法挤掉美国在那些国家的部分市场份额。美欧之间在肉鸡市场上的分歧因此愈来愈深。但是美欧双方在政治上是盟友,在经济上又互有需求,保持分歧或扩大矛盾对双方都没有好处。在此情况下,美欧双方又回到了谈判桌上,在东京回合谈判中,经过多轮讨价还价,美国同意欧共体可对美国不加作料的整禽及加作料的肉鸡征收差价税,并以此为条件,换取欧共体对其他美国产品的让步。欧共体则同意对美国加作料的火鸡块实行免税,同时停止对可能挤占美国在欧洲市场的出口品给予补贴,以此为条件,换取美国将欧洲卡车、大众牌大篷车、马铃薯、淀粉和每加仑超过 9 美元的白兰地的征税率恢复到 1962 年的水平。美欧双方从谈判中都得到了好处。

资料来源:汤秀莲. 国际商务谈判. 天津:南开大学出版社,2003.

决定谈判合作与冲突程度的因素很多,其中比较主要的有以下几种。

(1) 谈判各方所需要取得的谈判成果总和越是固定,则谈判越具有冲突性。例如,定额的盈余越多,则分配越具有冲突性。

(2) 单一的谈判主题要比多项的谈判主题更具有冲突性。例如,交易双方单独针对价格条款进行谈判,则谈判冲突性较高。因为对卖方越有利的价格,必定对买方越不利。但是,如果双方同时针对价格条款、付款条件、交货条件、售后服务等方面进行谈判,则谈判的冲突性被减少,因为交易双方对一些问题所产生的分歧,可以由其他问题的谈判予以缓和。例如,当买方要求降低价格时,卖方可要求买方以现金付款等,从而提高了谈判的合作性。

(3) 谈判双方的依赖度越高,则谈判越具有合作性。例如,买卖双方有较为长久的贸易合作往来关系,那么,他们在谈判时都不得不考虑对方的利益和意愿,从而保持长期的友好的合作关系。

 应用实例 1-3

1995年6月,中国土产畜产湖南茶叶进出口公司的业务人员吕智才与一位法国客商洽谈一笔300多吨特级珍眉绿茶,金额60多万美元。因近年来国际茶叶市场一直疲软,所以此茶叶库存较大。在收到客商询盘之后,我方立即报价如下: 12.80 法郎/kg CIF Marseille, L/C 45天,客户第二天还价为12.00法郎/kg CIF Marseille, L/C 45天,实在使我方无法接受,若继续僵持,不但无助于问题的解决,而且可能给其他口岸造成可乘之机。于是我方从长期贸易关系出发,采取了让步的姿态和折中技巧,将价格调至12.50法郎/kg CIF Marseille, L/C 30天,同时承诺进一步改进包装、选择最佳运输线等,客户仍没马上成交。后几经舌战,讨价还价,终于以12.40 法郎/kg CIF Marseille, L/C 30天成交,另外客户答应追加100Mt 订单。

资料来源:张利. 国际经贸谈判面面观. 北京:经济科学出版社,1995.

(4) 谈判者的性格对谈判的合作与冲突程度的影响。例如,理智型的谈判者能使谈判具有合作性,而巧取豪夺的人则使谈判具有冲突性。

(5) 谈判各方的实力对谈判的合作与冲突程度的影响。例如,谈判实力相差悬殊时,实力较强的一方往往以倚强凌弱的姿态进行谈判,从而使谈判具有冲突性;反之,当谈判双方势均力敌时,则谈判较具有合作性。谈判双方实力对比如表1-1所列。

表1-1 甲乙双方的谈判实力对比

序号	事项	甲方实力	乙方实力
1	甲方登门联系一项对甲乙双方均有利可图的业务	弱	强
2	甲方急于想谈成业务	弱	强
3	甲方对乙方提出的某些问题不够了解	弱	强
4	甲方一直受到乙方的推崇	弱	强
5	对甲方的某些要求,乙方模棱两可	弱	强
6	甲方待人热情大方,但对谈判却有些吹毛求疵	弱	强
7	甲方坐着,乙方站着	弱	强
8	甲方请乙方进房间	强	弱
9	甲方人员权力较大,乙方人员则常请示上级	强	弱
10	甲方衣着整洁,乙方衣着脏乱	强	弱
11	甲方对谈判业务很感兴趣,愿意亲自跑腿	弱	强
12	甲方在与乙方谈判时,又与第三方谈判同一项目	强	弱
13	甲方人员私下请求或贿赂乙方人员	弱	强
14	甲方的贿赂被乙方人员接受	强	弱
15	甲方论证问题时资料充足,乙方人员一时难辨真伪	强	弱
16	甲方对谈判的成败不关心或表现兴趣不大	强	弱
17	甲方在一项协议达成时总愿意主动给乙方一些甜头	强	弱
18	甲方人员对乙方的谈话总是多听、多记、多问,少表态	强	弱

资料来源:贾书章. 现代商务谈判理论与实务. 武汉:武汉理工大学出版社,2007.

(6) 谈判各方所能运用的谈判时间。如果谈判各方所能运用的谈判时间越长，则越容易达成协议，此时谈判较具有合作性；反之，谈判各方所能运用的时间越短，则在时限的压力下，谈判较具有冲突性。

3) 谈判的结果是绝对的不平等和相对的平等

谈判的结果是绝对的不平等，是指谈判双方可能一方获利多些，另一方获利少些。导致谈判结果不平等的因素很多，但最主要的两个因素是谈判双方各自拥有的实力和所掌握的谈判技巧。

同时，谈判的结果又是相对的平等。在谈判过程中，双方对对方均有所需求，各自为了取得有利于己方的条件而相互角逐、讨价还价以维护己方的利益。但是，如果双方只为自己的利益着想或双方都太贪心，使谈判变成非互惠的，那么谈判将不能进行下去。因此，成功的谈判，双方都是胜者，因为谈判不是比赛。令人满意的谈判目标是双方达成协议，互惠互利，而不是一方独得胜利。在谈判过程中，即使谈判一方不得不做出重大让步，整个谈判格局也应该是双方各有所得。总之，通过双方的共同努力，选择最佳解决问题的方案，从而得到最佳的互惠互利的谈判结果。

4) 谈判是公平的

谈判的结果一般来说可能是不平等的，但是不管这个谈判结果是多么的不平等，只要谈判双方对谈判结果都具有否决权，则谈判便是公平的。

3. 谈判的存在前提

为了更好地理解与把握谈判的内涵与外延，人们有必要了解谈判存在的基础，即谈判的存在前提。

1) 客观需要

谈判的直接原因是谈判各方都有自己的需要，即需要是谈判的内在动力。为满足需要，人们可以采取多种方式加以获得，如自产自用、强取豪夺、行政命令、不正当竞争、谈判等手段。可见，谈判是人们满足需要的众多方式之一。鉴于满足需要的难易性和资源消耗方面来考虑，谈判是能够比较好地满足人们需要的方式。没有需要，就没有谈判。谈判各方都必须有需要，然后才有可能产生谈判。

2) 可谈判性

所谓可谈判性，是指谈判各方的需要即谈判的标的物是可交换的，具有让步与妥协的余地和可能性。当各方需要之间存在着某种形式的妥协余地和交换的可能性时，谈判才可能发生，即参与谈判的各方均有意愿通过谈判的方式来达成一致意见，从而满足彼此的需要。否则，谈判就很可能不会发生或在谈判过程中出现僵局或中止情况。

3) 谈判环境

谈判总是在一定的社会环境中进行，谈判的事项要受到诸如各国或国际组织的政策、法律、道德等方面的制约。例如，在我国，私自协商买卖国家文物是违法行为，而贩卖毒品，则构成犯罪。因此谈判事项是否符合一定的社会环境的政策、法律、道德规范等要求，是决定谈判能否进行的前提。可见，谈判环境是满足各方需要进行交换或妥协的外在客观条件。谈判环境既能自然存在，也可以通过人为的作用形成。

第 1 章 商务谈判的概述

 应用实例 1—4

三源公司的经营已连续两年亏损,目前财务状况资不抵债,最大债主是荣欣公司,全公司所剩资产正好相当于对荣欣公司的负债,债务利息更无着落,为此两家公司进行了多次谈判,仍无解决办法。

最近,三源公司进行了改组,新任总经理决心改变经营方向。他们与生化研究所联系,提出对研究所的一些实用性强的研究专利进行生产开发。但研究所对这些专利索价 800 万元,这是三源公司难以承受的,况且正式开展生产,三源公司还缺少一笔估计为 100 万元的启动资金。

新任总经理召开领导班子会议,研究分析"二企一所"之间的关系与各自的需要。三源公司要还债、要起死回生改变经营方向,需要资金,包括购买专利的资金和启动资金;荣欣公司要讨还债款和利息;生化研究所要出让专利。经过详细的探讨,在这个会议上形成了一个既满足自身需要又满足对方需要的计划。

新任总经理首先与生化研究所谈判,诚恳说明己方的开发计划和能力,希望对方能以 500 万元的价格出让专利,并以参股形式将此笔款项作为投资。显然研究专利关在研究所里是不会产生效益的,对研究所来说,以专利作投资可以获得长期稳定的收益,是一种有吸引力的理想方式,但 500 万元的价格偏低,经过磋商,谈定专利的价格为 620 万元。

接着三源公司总经理又找荣欣公司谈判,把他的计划及与生化研究所的谈判作了详细介绍,着重说明新的经营方向的美好前景,提出延期偿还债务,同时为实现此项生产,向荣欣公司增借 100 万元启动资金,希望能得到荣欣公司的理解和支持。事实上,如果一定要三源立刻偿清以前的债务,那三源公司只好倒闭,其资产的账面价值虽与债务数额相当,但若通过拍卖将这些资产变现,可能还不足以抵偿债务数额的 1/3,而生化专利项目的发展前景确实看好,研究所不是也以入股方式作了投资吗?荣欣公司经过对风险和收益的认真调查,终于同意三源公司的计划。他们与三源公司详细研究了启动所需的资金,经过又一轮磋商,确定新增贷款 80 万元。至此,谈判取得了圆满成功,这是一个漂亮的、三赢的结局。

资料来源:龚荒. 商务谈判——理论·策略·实训. 北京:清华大学出版社,
北京交通大学出版社,2010.

1.1.2 商务谈判的概念与特点

1. 商务谈判的概念

所谓商务谈判,是指在经济领域中,参与各方为了协调、改善彼此的经济关系,满足交易或合作的需求,围绕标的物的交易或合作条件,彼此通过信息交流、磋商协议达到交易或合作目的的行为过程。这是市场经济条件下流通领域最普遍、最大量的活动。

为了更好地理解和把握商务谈判的概念,人们有必要分析商务谈判的内涵与外延。从商务谈判的概念,我们不难看出,商务谈判的实质就是交易或合作双方为达到互惠互利的目的而进行的协商过程。在这个过程中,交易或合作双方就共同关心或感兴趣的问题(主要指交易或合作条件)进行磋商,调整各自的利益,谋求在某一问题或多个问题上进行妥协并取得一致,从而达成满足双方利益的协议。交易或合作双方之所以要谈判,原因在于都要从对方那里获得一种或几种需要的满足。双方都要有所给予,从而使双方的需要相互得到满足。谈判的目的是为了协调双方利益冲突,最终实现共同利益。因此,谈判结果一般都是要争取互惠互利、皆大欢喜。

商务谈判概念的外延随着商品经济的不断发展,商品范畴的不断扩大,经贸活动内容的不断丰富,商务谈判的范围日益扩大,具体包括商品买卖谈判、技术贸易谈判、投资谈判、劳务输出谈判、工程承包谈判等。

2. 商务谈判的特点

商务谈判作为谈判的一种类型，不仅具有一般谈判的特点，而且又具有其特殊性。主要体现在以下 3 个方面。

1）商务谈判是以获得经济利益为目的

不同的谈判者参加谈判的目的是不同的，外交谈判涉及的是国家利益；政治谈判关心的是政党、团体的根本利益；军事谈判主要是关系敌对双方的安全利益。虽然这些谈判都不可避免地涉及经济利益，但是常常是围绕着某一种基本利益进行的，其重点不一定是经济利益。而商务谈判则十分明确，谈判者以获取经济利益为基本目的，在满足经济利益的前提下才涉及其他非经济利益。虽然，在商务谈判过程中，谈判者可以调动和运用各种因素，而各种非经济利益的因素，也会影响谈判的结果，但其最终目标仍是经济利益。与其他谈判相比，商务谈判更加重视谈判的经济效益。所以，人们通常以获取经济效益的好坏来评价一项商务谈判的成功与否，不讲求经济效益的商务谈判就失去了价值和意义。

 应用实例 1-5

某外商和某中国企业洽谈合资事宜，当他谈起当地环境时，认为当地饮水质量差，空气污染严重，中方人员认为这些无关痛痒，也就随意附和。谁知到了议论外方派驻中国的人员的待遇时，外方提出，为了他们驻外人员的健康，饮用水必须从国外进口，费用应该由合资企业承担。到这时，中方人员才明白，表面上与经济利益无关的议题，其实也是和经济利益密切相关的。

资料来源：林逸仙，等. 商务谈判. 上海：上海财经大学出版社，2004.

2）商务谈判是以价值谈判为核心的

商务谈判涉及的因素很多，谈判者的需求和利益表现在众多方面，但价值则几乎是所有商务谈判的核心内容。这是因为在商务谈判中价值的表现形式——价格最直接地反映了谈判双方的利益。谈判双方在其他利益上的得与失，在很多情况下或多或少都可以折算为一定的价格，并通过价格升降而得到体现。需要指出的是，在商务谈判中，人们一方面要以价格为中心，坚持自己的利益，另一方面又不能仅仅局限于价格，应该拓宽思路，设法从其他利益因素上争取应得的利益。因为，与其在价格上与对手争执不休，还不如在其他利益因素上使对方在不知不觉中让步。这是从事商务谈判的人需要注意的。

 应用实例 1-6

刘进是某一项专利技术的拥有者。他想把这项技术出让给恒大公司，但在转让价格上，双方差距很大，互相谈不拢。刘进了解到恒大公司不是不想要这项技术，而是吃不准这项专利技术能给企业带来多少效益，害怕吃亏，因此他们需要有一个对此项专利技术的市场效益进行考察的过程。

根据恒大公司的这种需要，刘进采取了为恒大公司着想的办法。他建议分两期付清转让费，先付 1 万元，这是恒大公司最初同意的开价，作为转让费的第一部分，然后在 1 年以后，核算该项专利技术所产生的效益，再按效益的 20% 给予转让费。由于这个方法满足了对方通过市场认识这个专利价值的需要，恒大公司很快同意了这个方案，与刘进达成了技术转让协议。

资料来源：周琼，吴再芳. 商务谈判与推销技术. 北京：机械工业出版社，2005.

3) 商务谈判注重合同条款的严密性与准确性

商务谈判的结果是由双方协商一致的协议或合同来体现的。合同条款实质上反映了各方的权利和义务,合同条款的严密性与准确性是保障谈判者获得各种利益的重要前提。有些谈判者在商务谈判中花了很大气力,好不容易为自己获得了较有利的结果,对方为了得到合同,也迫不得已作了许多让步,这时谈判者似乎已经获得了这场谈判的胜利,但如果在拟订合同条款时,掉以轻心,不注意合同条款的完整、严密、准确、合理、合法,其结果会被谈判对手在条款措辞或表述技巧上,引诱你掉进陷阱,这不仅会把到手的利益丧失殆尽,而且还要为此付出惨重的代价,这种例子在商务谈判中屡见不鲜。因此,在商务谈判活动中,谈判者不仅要重视口头上的承诺,更要重视合同条款的准确性和严密性。

 应用实例 1-7

某化肥厂的教训

某化肥厂从日本引进一套化肥设备,合同中有这样一条:"××管线采用不锈钢材料"。没有具体指明管线应包括阀门、弯管、接头等。结果,在合同履行中,日方认为管线只指管子,我方则认为包括其他,但由于合同没写明,也无从交涉,只能吃哑巴亏。

资料来源:周琼,吴再芳. 商务谈判与推销技术. 北京:机械工业出版社,2005.

1.2 商务谈判的主体与客体

1.2.1 商务谈判的主体

商务谈判的主体是商务谈判活动的主要因素。任何一种商务谈判都是在人与人之间进行的协商,商务谈判活动不可能离开人而进行。因此,参加商务谈判的人员构成商务谈判的主体。作为商务谈判的主体可以是一个人,也可以是由两人或两人以上组成的谈判小组。商务谈判的成果与效率在很大程度上决定于商务谈判主体的主观能动性和创造性。

1. 主体资格

在商务谈判活动进行之前,谈判一方应对谈判另一方的主体资格进行审查,从而使各自所进行的谈判活动从一开始就建立在一个有合法保证的基础之上。

谈判者的主体资格,是指能够以自己的名义参与谈判并承担谈判后果的能力。与此相对应,谈判主体不合格,是指谈判者本身不具有参与谈判的主体资格,既不享有谈判的权利,又不能履行谈判的义务,更不能承担谈判的后果。具体而言,谈判主体不合格的情况大致有以下几种。

(1) 不具有某些谈判的特定法人资格。例如,不具备出口代理商的法人资格。

(2) 不具有谈判所必需的行为能力。如没有相应的经济实力,或经营范围不相符,以及有精神障碍等。

(3) 没有代理权或超越代理权,是指谈判行为主体未得到谈判关系主体的相应授权或超越了其授权范围。

应用实例 1-8

　　某享有盛誉的药厂与该市经济开发区一家公司签订了代理出口中药酒至日本的合同,由于谈判活动进行之前,药厂没有审查对方能否按照合同的内容承担履行的义务,结果大批产品被海关扣押,使双方遭到经济损失,而且造成日本商人前来索赔的恶果。这一事例说明,代理出口的一方,本无此项权利,不具有代为出口的谈判主体资格,无法承担谈判规定的义务。因此,这一谈判从一开始就没有建立在一个合法保证的基础之上。所以为了避免因谈判主体不合格而导致谈判失败和遭受损失,在谈判之前应当通过直接或间接的途径,审查对方的主体资格。最简单的方法就是要求对方主动提供所必须具备的证件和材料,如自然人方面的证件、法人资格方面的证件、资信方面的证件等。另外,也可以委托其他一些部门进行考察,例如,涉外商务谈判中,可以委托中国国际信托投资公司进行了解。

资料来源:甘华鸣,许立东. 谈判. 北京:中国国际广播出版社,2001.

2. 主体地位

　　主体地位如何,直接影响谈判双方在谈判中的主被动态势和谈判的效率与结果。居于谈判的主导与强势地位的谈判方,往往在谈判中盛气凌人,掌控谈判的进程与结果。反之,居于谈判的被动与弱势地位的谈判方,一般在谈判中则表现为唯唯诺诺,受人摆布,听之任之,难以主宰谈判的进程与结果,更多的是接受对方的提议。当然,谈判的弱者在特定的情况下或认清谈判形势后,或反戈一击,扭住谈判的弱势地位;或干脆退出谈判。因此,谈判者在谈判之前、之中,要结合谈判对方情况,预计或重新审视彼此的主体地位情况,以便采取相应的谈判策略与技巧,实现预定的谈判目标。

 应用实例 1-9

　　1841年1月26日,英国军队强行登上香港岛,举行升旗仪式,单方宣布香港岛归英国所有。1842年8月29日,英国政府强迫清政府签订了令中国人屈辱的《南京条约》。从此中国的香港区域沦为英国的殖民地。1984年12月19日,中英两国政府在经过22轮的谈判后,以邓小平的"一国两制"构想解决了香港问题,双方签署了《中华人民共和国政府和大不列颠及北爱尔兰联合王国政府关于香港问题的联合声明》,1997年7月1日,中国政府对香港正式恢复行使主权,结束了英国的殖民统治。

资料来源:杨群祥. 商务谈判. 大连:东北财经大学出版社,2001.

1.2.2　商务谈判的客体

　　商务谈判的客体包括参加谈判的人员和谈判议题,这是商务谈判活动必要的因素。

　　商务谈判的第一类客体是指参加商务谈判的人员。商务谈判是为了达成某笔交易或合作,实现一定经济目的的谈判活动,是人与人之间的经济关系的一种特殊现象。在谈判活动中,商务谈判主体总是试图通过某种影响去说服对方,促使对方能够理解或允许或接受自己的观点、基本利益和行为方式,从而达到自己所确定的谈判目标。作为商务谈判的客体,可以是一个人,也可以是由两人或两人以上组成的谈判组。在谈判活动中,商务谈判客体的最大特点就是具有可说服性和一定程度的被动性。

　　商务谈判的主体和商务谈判的客体是相对而言的。在商务谈判中,谈判双方都力争使己方成为谈判主体,去影响和说服对方,从而把对方作为谈判客体。但在实际商务谈判中,谈判一方既要了解、影响和说服对方,同时又要被谈判对方所了解、影响和说服。因此,谈判双方在不同的时间、不同的问题既是谈判的主体又是谈判的客体。

商务谈判的第二类客体是指谈判议题。所谓议题，就是指商务谈判双方共同关心并希望解决的问题。不同种类的商务谈判有不同内容的谈判议题。例如，商品进出口谈判所涉及的谈判议题包括价格术语、支付条件、品质、数量、运输、保险、索赔、不可抗力等；工程项目谈判所涉及的谈判议题包括规格、检验、管理、价格、交货、付款方式；金融谈判所涉及的谈判议题包括货币、利率、贷款期限、担保、还款时间、宽限期等。谈判议题的最大特点在于双方认识的一致性，即谈判双方通过对谈判议题的相互协商最后达成一致意见。如果不具有这一特点，就无法作为谈判议题构成商务谈判客体。

尽管在理论上商务谈判的客体包括人和议题两种不同类型，但实际上二者是不可分割，缺一不可，它们作为一个具有内在联系的有机整体同商务谈判主体发生联系和作用。任何一个成功的商务谈判主体，都要把它们当作一个相互影响、相互制约的系统看待。在商务谈判中，要坚持做到把人与问题分开，着眼于利益而不是立场。要知道，谈判是在向对方兜售你方的建议，而不是在攻击对方。

例如，买方购进了一台机械设备，在安装试运行中发生故障。尽管卖方维修了几次，但是效果均不理想。这时买方可能会指责、抱怨卖方："你们卖给我们的设备有问题，技术不过关。""你们交付这种已经淘汰的陈旧设备，维修服务也不负责，我们要求退货和赔偿。"指责别人是人们遇到问题最容易采取的方式，特别是当人们觉得对方确实应承担责任时更是如此。但是，我们的目的不是批评指责对方，而是怎样才能更好地解决问题。如果你仅仅是指责对方，发泄怨气和不满，对方在你的攻击下很可能会采取防卫行为，或者为自己的行为辩护，千方百计推卸责任；或者采取消极怠工的战术，干脆置之不理。当他们感到个人感情、面子受到伤害时，就会把怨气发泄到双方要解决的问题上，而不是理智地解决你的问题。

1.3 商务谈判的类型

商务谈判的类型繁多，按照不同的划分标准，有不同类型的商务谈判。

1.3.1 按谈判时间划分

按谈判时间划分，商务谈判可分为长期商务谈判、中期商务谈判和短期商务谈判。

对于一次性的商务谈判则为短期商务谈判。由于商务谈判主要由经济效益所决定，因此一般而言，商务谈判主要是短期商务谈判。只有那些非商务性质的谈判才是中期和长期的。

1.3.2 按谈判地点划分

按谈判地点划分，商务谈判可分为国内商务谈判和国外商务谈判。

就谈判主体的一方而言，谈判者如果与谈判对方(与该谈判者不在同一个国家)约定在己方国家某个地点进行商务谈判，这种商务谈判就属于国内商务谈判。反之，如果谈判者与谈判对方(与该谈判者不在同一个国家)约定在对方国家某个地点进行商务谈判，这种商务谈判就属于国外商务谈判。

1.3.3 按谈判层次划分

按谈判层次划分,商务谈判可分为个人间商务谈判、组织间商务谈判和国家间商务谈判。例如,李小姐为买风衣,去了北京动物园服装批发市场。接下来李小姐和卖风衣的店主就风衣的价格进行讨价还价,他们之间进行的谈判就属于个人间商务谈判。又如,日本松下电器公司与荷兰飞利浦公司之间进行的技术转让谈判就属于组织间商务谈判。再如,中国和美国之间进行的知识产权谈判就属于国家间商务谈判。

1.3.4 按谈判参加方数目划分

按谈判参加方数目划分,商务谈判可分为双边商务谈判和多边商务谈判。

双边商务谈判只涉及彼此双方。多边商务谈判即谈判的主体涉及三方或三方以上。很显然,双边谈判利益关系比较明确具体,也比较简单,因而比较容易达成一致意见。相比之下,多边谈判的利益关系则要复杂得多,难以协调一致。例如,在建立中外合资经营企业的谈判中,如果只是涉及中方和外方两家企业就合资建厂事宜进行谈判,两家企业之间的意见就比较容易协调。相反,如果中方和外方均有几家企业共同进行合资经营谈判,谈判将比前者困难得多。这是因为中方几家企业之间存在着利益上的不一致,需要事先进行协商;同样,外商几家企业之间也存在利益上的矛盾,也需要事先进行谈判,然后才能再在中外企业之间进行协商谈判。这样就大大增加了谈判中矛盾的点和面,关系也更为复杂。

1.3.5 按谈判参与人数划分

按谈判参与人数划分,商务谈判可分为一对一商务谈判和小组商务谈判。

一对一商务谈判也称单人商务谈判,是指谈判各方只派一名代表出席的商务谈判。这类谈判的优势是:①谈判规模小,所以在谈判工作的准备、地点、时间安排上,都可以灵活变通;②谈判方式可以灵活选择,气氛也比较和谐随便;③全权代表,可克服小组谈判中成员之间相互配合不利的状况;④谈判双方既有利于沟通,也有利于封锁信息和保密。同时,这类谈判也存在相应的不足:①一人要同时对付多方面的问题,尤其是一些复杂的谈判,谈判者会感到力不从心;②要单独做出决策,谈判者面临的压力较大;③无法使用小组谈判的某些策略。

小组商务谈判也称团队商务谈判,是指谈判各方派两名或两名以上代表参加的商务谈判。这类谈判的优势是:①可以集思广益,寻找更多、更好的对策方案;②可以运用各种谈判战略战术,发挥团队优势;③小组成员分工负责,取长补短;④分散谈判对手的注意力,使之不将矛头全部对准一个人,从而可以大大减轻个人的压力。同时,这类谈判也存在相应的不足:①成立谈判小组本身就有一定的难度;②谈判过程中谈判成员彼此的协调更难。

1.3.6 按谈判规模划分

按谈判规模划分,商务谈判可分为大型商务谈判、中型商务谈判和小型商务谈判。

在一些大型工程项目、成套设备的引进谈判中,由于涉及人员范围较广,谈判内容复杂，耗资或成交额巨大，这类谈判多为大型谈判。英国谈判专家比尔·斯科特曾就贸易洽谈提出过划分的方式。他认为，通常的情况下，谈判项目较多，内容复杂，各方参与人数超过 12 人时，即可称为大型谈判。如果各方参与人数在 4～12 人之间，即可称为中型谈判。如果各方参与人数在 4 人以下时，则称为小型谈判。

1.3.7 按谈判内容划分

由于企业经济活动的内容多种多样，因此商务谈判的内容也复杂而广泛。按谈判内容划分，商务谈判可分为货物买卖谈判、技术贸易谈判、劳务买卖谈判、投资谈判、租赁谈判、"三来一补"谈判、损害及违约赔偿谈判。

货物买卖谈判即一般商品的买卖谈判。它主要是买卖双方就买卖货物本身的有关内容，如质量、数量、货物的转移方式和时间、买卖的价格条件与支付方式等交易过程中双方的权利、责任和义务等问题所进行的谈判。货物买卖谈判是商务谈判中数量最多的一种谈判，在企业商务谈判中占有很重要的地位。

技术贸易谈判是指技术的接受方与技术的转让方就转让技术的形式、内容、质量规定、使用范围、价格条件、支付方式等双方在转让中的一些权利、责任、义务关系问题所进行的谈判。技术本身的特点使得技术贸易谈判与一般商品货物谈判有着较大的差别。

劳务买卖谈判是劳务买卖双方就劳务提供的形式、内容、时间、劳务的价格、计算方法及劳务费的支付方式等有关买卖双方的权利、责任、义务关系所进行的谈判。由于劳务本身不是物质商品，而是通过人的特殊劳动，来满足人们一定需要的劳动过程。因此，劳务买卖谈判与一般商品买卖谈判是有所不同的。

投资谈判是指谈判的双方就双方共同参与或涉及的某项投资活动，对该投资活动所要涉及的有关投资的周期、投资的方向、投资方式、投资的内容与条件、投资项目的经营与管理以及投资者在投资活动中的权利、义务、责任和相互之间的关系所进行的谈判。

租赁谈判是指我国的企业就从国外租用机器和设备而进行的谈判。其主要涉及机器设备的选定、交货、维修保养、到期后的处理、租金的计算及支付方式，在租赁期内租赁公司与承租企业双方的责任、权利、义务关系等问题。

"三来一补"谈判中的"三来"是指从国外来料加工、来样加工和来件装配业务，这方面的谈判内容主要包括来料、来件的时间、质量认定，加工标准，成品的交货时间及质量认定，原材料的损耗率的确定，加工费的计算及支付方式等。"一补"是指补偿贸易。补偿贸易的谈判主要涉及技术设备的作价、质量保证、补偿产品的选定及作价、补偿时间、支付方式等方面的问题。

损害及违约赔偿谈判中的损害是指在商务活动中，由于一方当事人的过失给另一方造成的名誉损害、人身伤害和财产损失。违约是指在商务活动中，非不可抗力引起的合同一方的当事人不履行或违反合同的行为。在上述两种情况下，负有责任的一方都要向另一方赔偿经济损失。损害及违约赔偿谈判与前面几种类型的商务谈判相比，是一种较为特殊类型的谈判。其特殊性表现在：在这类谈判中，首先必须根据事实和合同规定分清责任的归属，这是讨论其他事项的前提。在分清责任归属和大小的基础上，才能再根据损害的程度，协商谈判赔偿的范围和金额以及某些善后工作的处理。

1.3.8 按谈判议题方式划分

按谈判议题方式划分,商务谈判可分为横向商务谈判和纵向商务谈判。

横向谈判方式,就是谈判者把几个要谈的议题同时进行讨论,并同时取得进展。随着讨论的进一步深入来推动整个谈判的进程。换而言之,就是把问题全面铺开,而不是只局限谈一个问题。例如,洽谈一笔出口生意,双方先谈这样一些条款,即价格、术语、金额、品质、运输、保险、索赔和不可抗力等。其次,双方先开始谈其中一个条款,稍有进展再谈第二个条款,等每一个问题都轮流谈到后,再回过头来进一步谈第一个问题、第二个问题……以此类推。

纵向谈判方式,就是谈判者只集中讨论和解决某一个问题。只有对这一个问题做深入、细致、全面的讨论以后,再来讨论另外一个或第二个问题。换而言之,每次谈判只能讨论一个议题,按问题的先后次序或轻重缓急,一个一个地来讨论和解决。例如,同样是上述那笔出口生意,在纵向谈判方式下,谈判者就会首先把价格确定下来。如果价格问题确定不了,他就不会谈金额、运输等其他问题。

1.3.9 按谈判透明程度划分

按谈判透明程度划分,商务谈判可分为公开商务谈判和秘密商务谈判。

一般而言,采取秘密谈判的情况是:①谈判信息和结果会对谈判双方或其中一方的现状和利益构成冲击或引起混乱时;②谈判双方对谈判过程和结果感到比较难于把握,为避免万一谈判失败失去交易时;③谈判信息和结果会影响与其他交易伙伴的关系时。

事实上,公开商务谈判与秘密商务谈判是相对而言的。公开商务谈判不是指没有秘密的谈判,尤其不是指谈判各方均不保留各自秘密的谈判。秘密商务谈判的保密也是相对的,在时机适当、条件成熟时,秘密谈判的情形特别是结果通常也会公开。而且,公开谈判和秘密谈判经常为谈判者交叉使用。谈判各方有可能在前期通过秘密谈判解决某些关键问题,进而转为公开谈判,达成某些公开的协议。谈判各方面也可能借助于秘密谈判解决公开谈判中所碰到的某些棘手问题。

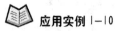

应用实例 1-10

20世纪70年代末,香港资本家李嘉诚先生与包玉刚先生就曾经为互相转让九龙仓股票和汇丰银行股票举行秘密磋商。结果,李嘉诚先生获利5 000多万港元,包玉刚先生则登上九龙仓董事局主席的宝座,并创造了华资公司以少胜多战胜英资公司的奇迹,成为当年轰动香港的头条新闻。

资料来源:杨群祥. 商务谈判. 大连:东北财经大学出版社,2001.

1.3.10 按谈判者态度划分

按谈判者态度划分,商务谈判可分为合作型商务谈判和竞争型商务谈判。

合作型商务谈判,是指谈判者在刚开始谈判时都竭力建立一种活跃、认真、诚挚与合作的谈判气氛,谈判的双方都具有达成协议的诚意,都不想支配对方,在谈判过程中都采取合作的态度。

第1章 商务谈判的概述

竞争型商务谈判，是指谈判者在建立活跃、认真的谈判气氛的同时，试图增强己方的实力，削弱对方的力量，都竭力为己方谋求最大利益，为一系列问题争执不下，过早地把谈判引入争执的领域，都希望先讨论有可能使对方让步的议题，而把自己可能让步的议题安排在后面，最后以一方做出让步而告终，这样的谈判是富有对抗性的和易于破坏谈判双方的关系的谈判。

一般在谈判开始几分钟后，根据谈判双方采取的语言、行动即可表明谈判是合作型的还是竞争型的。

1.3.11 按谈判性质划分

按谈判性质划分，商务谈判可分为正式商务谈判和非正式商务谈判。

正式商务谈判是指一般参与谈判的各方代表有相应的身份与级别，如官方或企业某一层次的代表，并对谈判的议题和内容事前有较充分的准备与酝酿，对所涉及的谈判内容持积极的关切态度。在比较严肃的气氛下，双方就贸易、资本、技术等商务活动相关问题进行实质性的磋商洽谈。而且，双方经磋商达成一致意见所签订的协议受法律约束。

非正式商务谈判是指在不确定的条件下，谈判双方就相关议题进行广泛的讨论、交换意见。这类谈判不一定要求谈判者对谈判的内容或议题做较充分的准备，只是诸如解释立场，通报情况，沟通关系。这类谈判为正式谈判探索前景，探听虚实，摸清情况，扫除障碍，或者因条件不成熟或者因形势不适合举行正式谈判时采用。

1.4 商务谈判的原则

商务谈判是在经贸活动中普遍存在的解决谈判双方不可避免的矛盾冲突，实现共同利益的一种必不可少的手段。如何解决这些矛盾和冲突，正是谈判人员所要承担的主要任务，这就要求参加谈判的人员要注重商务谈判中的原则性和灵活性。

根据我国对外商务活动的一贯政策，在商务谈判中谈判者应遵循以下5个原则。

1.4.1 平等互利原则

平等互利是我国对外政策的一项重要原则。平等互利，是指国家不分大小，不论贫富强弱，在相互关系中一律平等。遵守平等互利原则，要求谈判双方处于平等的地位，根据双方的需要和可能，按照公平合理的价格达成交易，从而达到互通有无的目的。在谈判中，既不强加于人，也不接受不平等的条件。在谈判结束时所签订的合同中，谈判双方的权利与义务应符合对等的原则。同时又要做好合同的履行工作，坚持重合同，守信用，这些都体现了平等互利的原则。

应用实例 1—11

有一次，在北京长城饭店，我国某企业与加拿大的客商洽谈一个项目。当谈到双方相互考察时，外商问我方怎样安排考察。我方人员回答："按照对等的原则，双方各自安排5个人，你们负担我们什么费用，我们也负担贵方什么费用。"加拿大客商听了很不高兴，说："这不是对等，加拿大费用高，你们中国费用低。"我方人员又一次申辩："双方人员数量和考察时间是一样的，这就是对等，符合国际惯例。具体到负

17

担接待费用的多少,各国的情况不一样,就像你们吃西餐我们吃中餐,不好用价格来平衡,不能说对等不对等。"这时,加拿大客商忽地站了起来,我方人员以为他要不欢而散地离去,便也站了起来。没想到这位"老外"一下子把我方人员紧紧抱住,并伸出大拇指表示"OK",据翻译小姐说,他这是佩服我方人员坚持对等原则不让步的劲头。协议就这样达成了。

资料来源:张恒杰,等. 国际商务谈判要略. 北京:东方出版社,1994.

1.4.2 友好协商原则

在谈判中,如果双方发生了争议,应该采取友好协商的方式加以解决。但是,有些谈判者甚至使用虚张声势、瞒天过海、故布疑阵、怒而扰之、逢场作戏、疲劳轰炸等手段来对付谈判对手,这些均不是解决问题的好办法。无论对方有无诚意,还是在谈判中出现了僵局,只要有一线希望,友好协商总会促使谈判向好的方向发展。谈判往往是在冲突中实现共同的目标,切忌草率中止谈判和强制要挟对方。

  应用实例 1-12

我国某电池厂从国外引进一条生产线,并与外商签订了合同。合同订明:由外方派人安装,预定期限10个月,由中方考核验收。但期满后,生产线仍不能正常运转,而外方代表却要如期回国。这时,中方有两种意见:一是诉讼;二是谈判。后来,中方坚持先礼后兵的原则,向对方表明:虽然合同到期,但生产线仍不能正常运转,应视为外方未能履约。如果外方代表坚持回国,中方就有理由提出索赔。这样一来,外方为了自身的利益,也不得不尊重中方的利益,坚持到生产线调试成功。

这一案例充分说明谈判双方之间一旦出现了矛盾,就应首先坚持友好协商的谈判原则,以调节双方的关系,维护和获取我方的利益。

1.4.3 依法办事原则

谈判不仅关系到双方的利益,有时还涉及国家、集体利益。只有依法办事,谈判双方的权益才能受到保护。在商务谈判中及合同的签订都要遵守我国的法律政策、国际法则和对方国家的有关法律规定。例如,由于谈判双方所签订的贸易合同具有法律效力,因此在签订合同时,文字的运用一定要法律化,具有合法的内涵,必要时还要对用语的法定含义做出具体、明确的规定和解释,以避免执行合同时出现争议。此外,谈判负责人的重要发言,特别是协议文书,必须经由熟悉国际经济法、国际惯例和涉外经济法规的律师负责进行详细的审定。

  应用实例 1-13

1985年,Y市某单位与一位港商签订了一份有损Y方利益的合资经营饭店的合同。双方签字后,港商即要求履行合同,否则就要委托律师前来诉讼,要求赔偿损失。Y方请律师反复审查合同,经集体研究,拟定出一套保护Y方利益的谈判方案。其内容是:①依法说服港商息诉;②告诉港商在大陆诉讼要适应中国法律。律师与港商谈判依据4点:①原合同签字人未经单位法人代表授权,系超越权限代理,应视为无效;②合同内容显失公平(港方既要按双方投资比例分享利润,又不承担任何风险,反要求合资企业在五年内还本付息),违反平等互利的合同原则;③合同签订后未依据我国法律主管部门批准,不能生效;④在大陆兴建合资企业要适用大陆法律。据此,港商依据香港法律向Y方索赔损失不能成立。港商在律师依法的说服下,息诉返回了。

1.4.4 统一对外原则

我国的对外贸易是社会主义性质的，国家对对外贸易实行管制，这就要求我国的对外贸易活动坚持统一政策、统一对外的原则。只有遵循统一对外原则，才能使我国的外贸企业能够相互配合；谈判人员密切合作、统一对外，才有可能取得有利于我方的谈判结果。否则，多头对外就会造成对内高价竞购、对外低价竞销以致肥水流入外人田的局面。因此只有遵循统一对外的原则，才能使我国的对外贸易符合国家和人民的利益，为社会主义现代化建设服务。尤其是在国际市场上竞争激烈的情况下，外贸企业遵守这一原则显得更加必要。

 应用实例 1-14

从 1980 年起，日本这个筷子进口大国，长期利用中国箸业生产企业急于推销产品，创造外汇，竞相降价，争夺客户的盲目混乱竞销状态，在中国筷子工厂之间假造信息，让他们各逞心机，互相猜疑，一再降低出口价格，使本来就处于不公平贸易中的中国箸业雪上加霜，日本进口商则从中年年获取巨额利润。

在总结经验和教训的基础上，中国筷子生产厂家和出口公司意识到，再也不能像一盘散沙各自为战，不计成本地让日本商家牵着鼻子走了，而必须联合起来，拟定出公平合理的价格，同心协力，一致对外，并派出训练有素的谈判者应对日商的策略和压力。1996 年 2 月 5 日，中国北方箸业协会代表辽宁、吉林、黑龙江及内蒙古自治区的三百多家箸业厂商正式通知到访的日本箸贩商社，中国卫生筷子对日本出口价格自即日起提价 20%，同时把提价的原因做了科学而合理的说明。

日本箸商对此半信半疑，他们企图沿用老手法与中国筷子生产厂家一个个私下接触，在他们中间评头品足，制造假象，并想以小恩小惠打开缺口。然而每个中国筷子生产厂家和出口公司都告诉对方：涨价 20%既合情合理，又能保证日商有利可图，因此不能再行议价。二十多位日本商社的代表如雷轰顶，难以接受 15 年来从未出现过的挑战，想尽各种办法进行分化和反击，并拟以暂停筷子进口相威胁，但在中国三百多家厂商的整体坚韧和顽强对答面前，他们已认识到在联合起来的中国商家之间已无隙可乘，只好接受新的价格，承诺从 1996 年 3 月 1 日起按新的条件开展筷子进口业务。

中国北方箸业协会顾问、大连新德(集团)总经理估算，此次提价，将使中国箸业增加收入 2 500 万美元，让制约中国箸业发展多年的老问题得以解决，使数百家生产厂家转亏为盈。

1.4.5 不卑不亢原则

在商务谈判中，对外商既要予以尊重、热情招待、周到服务，又要讲究国格、人格，落落大方，绝不能卑躬屈膝，更不能靠贿赂来联系感情。凡涉及我国对外商务活动的政策法令及国家根本利益的原则问题时，要寸步不让。但又要避免简单粗暴，一定要以不卑不亢的态度，从实际出发，耐心反复说明立场，以争取对方接受。对某些非原则性问题，则可以在不损害我方根本利益的前提下，必要时做出某些让步。

 应用实例 1-15

某年我国烟台市食品进出口公司向国外出口商品。一位客商对我方所运至的商品提出部分退货要求，称我方所发商品到货后，其中有一部分经检验发现有变质现象，要求将变质部分退回我方，并寄来照片。经调查了解，由于国内供货厂方不负责任和我方验货人员的疏忽，确实存在上述问题。我们当即与客户协商，首先承认我方货物存在质量问题，对给对方造成的麻烦表示歉意，希望对方考虑到多年的合作关系，将存在质量问题的部分不要退货。我们同时表示今后将加强质量管理,尽量避免质量问题的发生。而此客商态度强硬,坚持退货。并以如我方不接受退货,今后难以合作相威胁。实际上此批货物,当时的市场价格已比成交价格每吨高出600美元。我方心中有底,态度也强硬了起来,当即回复客户:既然贵方对我们不予理解和合作,我方只好同意贵方的退货意见,但不是其中的一部分,我方要求退回全部的货物。此答复使客户始料不及,目瞪口呆,只得撤回了退货的要求。

资料来源:张利. 国际经贸谈判面面观. 北京:经济科学出版社,1995.

1.5 商务谈判的形式

为了正确选择和运用谈判形式,促使交易顺利进行和最终达成交易,有必要对商务谈判的形式加以分析研究。

1.5.1 口头谈判

口头谈判,是指谈判各方面对面地用语言谈判,或者用电话商谈。这种谈判形式在实际工作中,一般表现为交易或合作双方的谈判人员在约定的某个地点进行谈判,或者在某一方所在企业或公司进行谈判。

在口头谈判中,双方面对面地洽谈交易或合作,双方提出的条件和各种不同的意见都可详尽地做出说明,便于双方考虑是否成交,而且便于双方彼此察言观色,掌握心理,施展谈判技巧。不难看出,口头谈判便于交易或合作双方更好地进行交流磋商。但是,口头谈判又有些不利之处。口头谈判一般要在谈判期限内做出成交或合作与否的决定,没有充分的时间进行思考,从而要求谈判人员有较高的决策水平。如果决策失误,会使本企业遭受损失或失去成交、合作的机会。此外,派出谈判人员登门谈判,需要支付往返差旅费和礼节性的招待费,费用开支较大。通常口头谈判比较适用于首次交易或合作谈判、长期谈判、大宗交易或贵重商品的谈判。

近年来,各外贸企业进行口头谈判,一般采取"走出去"或"请进来"的形式,或利用企业驻外代表处组织起推销网络,遍布世界各地、登门寻找客户。这种形式对实现企业外销任务,开拓销售渠道,及时调整产品的适应性都起到了较好的作用。但是,有时由于管理不利又会带来一系列问题。例如,外出谈判人员过多,大大增加了费用开支;到处盲目奔走,对客户情况掌握不清,往往吃"闭门羹",徒劳一场;路线长,周期长,信息反馈不及时,难以综合汇总情况,也不利于全面提高谈判人员素质。因此,不要把"走出去"这种口头谈判形式作为唯一的形式,而应与其他形式结合起来使用。

目前,交易会(包括广交会、小交会和各种国际博览会)被广大企业认为是一种比较好的口头谈判形式。交易会通常由商务部或几个公司(企业)联合邀请若干客商,一起进行谈判成交。交易会可以定期,也可以不定期举行,有专业性交易,也有综合性交易。在交易会上,卖方一般备有现货或样品,买方可以通过观赏、评鉴实物与卖方直接面谈。这种谈判方式具有客户众多,可以当面就货物进行谈判的特点,因此,它最能发挥口头谈判的优点。

1.5.2 书面谈判

书面谈判,是指谈判各方利用信函、电报、电传、传真、电子邮件、手机短信等通信工具在异地之间进行的谈判。

书面谈判要求交易或合作的一方以函件、电报、电传、传真等为载体,将交易或合作要求和条件通知对方,一般要规定对方答复的有效期限。通过书面形式进行谈判,双方可以有比较充足的时间进行考虑,又可以同自己的助手和企业领导及决策机构进行充分的分析研究,有利于做出正确决策。书面谈判,一般不需要外出谈判,只是进行发出、收回、分析函电的工作,因此通常只支出通信费用,不用支出差旅费和招待费,因而谈判费用开支一般比口头谈判少。但是,书面谈判也有一些不足之处。例如,双方发出的信函、电报、电传、传真,文字表达内容比较精练,除有意玩弄文字以诓骗对方外,有时还会出现文不达意的情况,使对方花费时间揣摩,一旦双方认知和解释不同,还会引起争议和纠纷。此外,由于双方谈判人员不见面,就无法通过观察对方的言谈举止、面部表情来掌握对方的心理,从而难以运用行为、语言技巧。又如,书面谈判所使用的信函、电报等,在传递过程中有时会出现耽搁或遗失,这就会影响交易双方的联系以及交易或合作的顺利进行。书面谈判形式是目前国际商务活动中使用最多的一种形式。

 应用实例 1-16

1975年我国某公司应荷兰某商号请求,报出C514某初级产品200公吨,价格为每公吨CIF鹿特丹人民币1 950元,即期装运的实盘,但对方接到我报盘,未作还盘,而一再请求我方增加数量,降低价格,并延长有效期。后来我方曾将数量增到300公吨,价格降至每公吨CIF鹿特丹人民币1 900元。并延长了有效期。当我方接到对方还盘电报时,才发现因巴西受冻灾而影响了该产品的产量,国际市场价格猛涨,从而我方拒绝成交,并复电说:"由于世界市场的变化,货物在收到电报前已售出"。但对方不同意这一说法。认为他们是在发盘有效期限内接受,坚持要按发盘的条件执行合同,并提出要么执行合同,要么赔偿差价损失人民币23万余元,否则提交仲裁解决。这项纠纷经过电报往返近十个回合,争论十分激烈,最后以我国某公司执行合同而告终。

资料来源:蒋春堂.谈判学.武汉:武汉测绘科技大学出版社,1994.

为了充分发挥书面谈判的作用,有利于对方了解自己的交易或合作要求,作为卖方或合作的一方,可以把事先印好的、具有一定格式的表单(如报价单、商品目录、合作条件等)寄给客户或合作对方。表单上比较详细地载明卖方商品的名称、规格、价格、包装、装运等条件,可以使客户对卖方的交易意图有一个全面清楚的了解,以避免纯粹因文字表达而引起的误解。特别是进行商品规格复杂、花色品种繁多的商品以及大型机器设备交易谈判,采用这种办法显得更有效果。如果在谈判过程中,双方对某方面的意见不一致或要补充进行洽谈,此时,书面谈判能既有针对性,又简单明了。此外,要认真、迅速、妥善处理客户回函和来函,对于能达成的交易或合作要迅速通知对方,不要贻误了时机;对于不能达成的生意或合作,也要做出婉转的答复,从而搞好与客户或合作对方的关系。书面谈判最忌讳的是函电处理拖沓,也忌讳有求于人时丧失企业的品格和人格,而人求我时又冷眼相待,这不仅关系到企业今后业务活动的开展,而且关系到企业的经营作风和商业信誉。

1.5.3 网络谈判

1. 网络谈判的定义

网络谈判,是指借助于Internet进行协商、对话的一种谈判活动。随着电子商务的出现和迅猛发展,网络谈判方式逐渐被企业、个人所重视。

从本质上看,网络谈判属于书面谈判方式,与函电谈判一样,其谈判程序也包含着询盘、发盘、还盘、接受和签订合同5个步骤。这种借助于Internet的新的商务谈判方式,关键不在于更好地提供信息,而在于建立起与客户、合作伙伴之间的新的关系和沟通方式。

应用实例 1-17

某单位欲购进计算机500台,为产生批量效益,先打出求购100台的采购广告,商家纷纷而至。该单位将面谈的情况和网上查询的信息进行综合分析,得到一个很重要的提示:近期内市场行情可能处于价格下滑期,延期采购可能更为有利,这就为进一步了解市场提供了时间保障。

接着,该单位采用电子商务业务,利用网络优势展开深入的市场调查,并将规模采购分为100台、300台、500台3个批量,要求供应商将各批量的优惠价格、供货时间、分期付款的承诺情况、保修期限等关键条款以电子邮件的形式传送过来,从中挑选出3位供应商来单位面谈,最后以低于市场价15%的优惠和两年内分3次等量等期付款的分期付款方式承诺签订了500台计算机的采购合同。

资料来源:孙绍年. 商务谈判理论与实务. 北京:清华大学出版社,北京交通大学出版社,2007.

2. 网络谈判的利弊

网络谈判的有利之处主要体现在以下几个方面。

(1) 有利于加强信息交流。过去商务谈判函件要几天才能收到,并且有可能迟到、遗失,现在通过Internet几分钟,甚至几秒钟就能收到,并且准确无误。而且,网络谈判兼具电话谈判快速、联系广泛,又有函电内容全面丰富、可以备查之特点,可使企业、客户掌握他们需要的最新信息。

(2) 有利于慎重决策。网络谈判是以书面形式提供议事日程和谈判内容,又能几秒钟抵达,使得谈判双方既能仔细考虑本企业所提出的要点,特别是那些谈判双方可能不清楚的条件能以书面传递,事先说明,又能使谈判双方有时间同自己的助手或企业领导及决策机构进行充分的讨论和分析,甚至可以在必要时向那些不参加谈判的专家请教,有利于慎重地决策。

(3) 有利于降低谈判成本。采用网络谈判方式,谈判者无需外出,就可向国内外许多企业发出E-mail,分析比较不同客户的回函,从中选出自己最有利的协议条件,从而令企业大大降低了人员开销、差旅费、招待费以及管理费等,甚至比一般通信费用还要省得多,降低了谈判成本。

(4) 有利于改善与客户的关系。降低谈判成本还不是商务谈判的主要目的和收获,改善与客户的关系才是最大的收获,这样才能获取丰厚的回报。网络谈判所提供的是一年365天,每天24小时的全天候沟通方式。

(5) 有利于增强企业的竞争力。任何企业,无论大小,在网站上都是一个页面,面对相同的市场,都处于平等的竞争条件。Internet有助于消除中小企业较之大企业在信息程度化方面的弱势，从而提高中小企业的竞争力。

(6) 有利于提高谈判效率。网络谈判，由于具体的谈判人员不见面，他们互相代表的是本企业，双方可以不考虑谈判人员的身份，不必揣摩对方的性格，而把主要精力集中在己方条件的洽谈上，从而避免因谈判者的级别、身份不对等而影响谈判的开展和交易的达成。

当然，网络谈判也有其不利之处，主要体现在：一是商务信息公开化，导致竞争对手的加入；二是 Internet 的故障、病毒等会影响商务谈判的开展。

3．网络谈判的注意事项

为了更好地利用网络谈判的有利之处，谈判主体应注意以下几个方面。

(1) 加速网络谈判人才的培养。实行网络谈判方式，需要谈判人员既有商务知识与谈判技巧，又有 IT 技术。而目前是往往善于从事商务谈判，但缺乏 IT 技术，或者有 IT 技术，而对商务谈判知识与技巧又偏少了解。所以，面对电子商务的快速发展，要加速网络谈判人才的培养。

(2) 加强与客户关系的维系。由于互联网络属于公开的大众媒体，使用网络谈判也就意味着你与客户、合作伙伴之间的关系公开化。竞争对手可以通过 Internet 随时了解到你的报价、技术指标以及你的客户、合作伙伴的需求，甚至你与客户、合作伙伴之间存在的分歧等。通过这些资料的分析，竞争对手有可能抢去了你的客户。所以，借助于 Internet 进行商务谈判，还应注意情感的担心，提高服务水准，以更好地维系与客户、合作伙伴的关系。

(3) 加强资料的存档保管工作。Internet 容易受病毒侵害，甚至遭到黑客的入侵。由于网络谈判所使用的 E-mail 需要利用 Internet 进行传递，一旦网络发生故障或病毒，往往就会影响谈判双方的联系，甚至会丧失合作机会，无法实施谈判方案。因此，商务谈判过程中的发盘、还盘、确认等资料要及时下载，打印成文字，以备存查。

(4) 必须签订书面合同。网络谈判达成的成交，一经确认或接受，一般即认为合约成立，交易双方均受其约束，不得任意改变。但为了明确各自的权利与义务，加强责任心，双方必须签订正式的书面合同，促使双方按照合同办事。

1.6 学习商务谈判的意义及方法

商务谈判既是一门科学又是一门艺术，同时商务谈判也是一门新兴的边缘学科。因此，学习商务谈判具有重要的意义，同时也要重视学习商务谈判的方法。

1.6.1 学习商务谈判的意义

学习商务谈判的理论知识与技巧对于实际的商务谈判活动具有重大的理论指导意义，具体表现为以下几个方面。

1．学习商务谈判有利于提高谈判能力

尽管商务谈判活动在经常地进行着，但有些谈判人员缺乏必要的同国内外客商谈判的知识与经验。因此，在谈判时常常不能获得成功。事实上，世界各国不乏精通商务谈判的专家，也不乏成功的商务谈判实例。然而，即使是从事多年商务谈判的经验丰富者也常常会出现失误,涉足商务谈判工作时间短的人更觉得商务谈判的高深复杂、难以把握。究其原因在于没有把握商务谈判的规律性。根据大量的商务谈判实践及成功的实例,可以总结出一套普遍适用的理论、方法和技巧,找出它的运动规律,以指导人们的谈判活动。商务谈判是一种具有高度说服力的艺术,其实践性和应用性很强。因此,人们长期总结得到的一般理论、方法和技巧只能作为人们谈判活动的指南。商务谈判人员还需要做到理论联系实际,经过多方面的训练和无数次亲身实践,才能逐步真正地掌握商务谈判的规律、方法和技巧,从而逐步地提高自己的商务谈判水平与能力。

2. 学习商务谈判有利于处理好商务谈判事务以及人际关系

只有学好商务谈判知识,掌握商务谈判方法、技巧,了解涉外礼仪及各种风土人情,掌握商务谈判心理学,才能灵活地处理谈判中出现的各种问题,才能很好地与谈判对方沟通交流,从而在谈判中做到游刃有余,取得令人满意的谈判成果。正如美国谈判学家杰勒德·I·尼尔伦伯格在《谈判艺术》中所说的那样,"你将发现,因为随时采用本书所述的各种方法而增强了自己的生命力,使你不再为各种不可克服的困难所压垮。你还将发现,因为运用这些方法,使你所参加的一切谈判,将比以往任何时候都更加容易把握,更加富有乐趣和更加得益无穷"。

3. 学习商务谈判有利于促进我国经济贸易的发展

当今的世界是开放的世界,因此当今的商务活动,是在国际间进行的。任何一个国家,无论是发达国家还是落后国家,只依靠各自的资源、生产能力、科学技术是不能满足国内需求的。随着社会生产的不断发展,都要吸收其他国家的科学技术、资金、人力、管理经验等。目前,我国进一步实行改革开放政策,加速现代化建设进程,必须要进一步扩大我国的对外贸易和对外投资,更多更好地吸引外资,引进国外先进技术设备,增强我国的生产能力,以促进经济发展和满足人民生活需要。在商务活动中,各种交易或合作都是通过口头谈判和书面谈判来完成的。

多年来,我国一些类型的对外商务活动发展得不够快和缺乏效益,原因之一在于我们对商务谈判不够重视,缺乏一支高水平的谈判人员队伍,而现有的谈判人员又缺乏必备的商务谈判知识,缺乏系统的、专门的训练。近年来,随着从事国内外商务活动的企业、公司的不断增加,越发缺乏训练有素的谈判人员。因此,要加强商务谈判理论、方法和技巧的学习,训练一批商务谈判人员,以满足商务谈判工作的需要。

应用实例 1-18

河南省平顶山尼龙66盐厂是国务院批准的重点工程,总投资23.1亿元人民币,仅进口设备和材料价值就高达近1亿美元。河南商检局对此项目十分重视,局领导多次带领检验员现场实施检验,与该厂共同组建了专业检验领导小组,并与化工部培训中心一道对该厂的检验人员进行了专门培训,扎扎实实地做好了检验前期的准备工作。

从1995年下半年开始,平顶山尼龙66盐厂引进的设备陆续到货。商检人员认真按全流程检验管理的工作方案,从接货、开箱、清点、记录、取证、设备入库、资料收集、情况汇总等方面入手,通过检验发现问题,消除隐患。

1996年5月,商检人员经检验发现整个66盐厂生产工艺中的核心设备——第一、第二加氢反应器和

关键术语

谈判、商务谈判、谈判主体、谈判客体、谈判议题、口头谈判、书面谈判、网络谈判

习 题

1. 选择题

(1) 买卖双方洽谈一笔交易,经过讨价还价后达成交易,这体现了谈判的(　　)特点。
　　A. 合作性　　　　　B. 原则性　　　　　C. 灵活性　　　　　D. 冲突性
(2) 按谈判议题的方式划分,商务谈判可分为(　　)。
　　A. 横向谈判　　　　B. 公开谈判　　　　C. 纵向谈判　　　　D. 秘密谈判
(3) 按谈判者态度划分,商务谈判可分为(　　)。
　　A. 合作型谈判　　　B. 复合型谈判　　　C. 单一型谈判　　　D. 竞争型谈判
(4) 商务谈判的两种基本形式包括(　　)。
　　A. 口头谈判　　　　B. 电话谈判　　　　C. 书面谈判　　　　D. 传真谈判
(5) 商务谈判的议题至少包括(　　)。
　　A. 价格　　　　　　B. 品质　　　　　　C. 数量　　　　　　D. 支付条件

2. 判断题(对的打√,错的打×)

(1) 谈判活动可以脱离一定的社会环境而存在或进行。　　　　　　　　　　　　(　)
(2) 谈判的种类繁多,按层次可分为国内谈判和国外谈判。　　　　　　　　　　(　)
(3) 按谈判透明程度划分,商务谈判可分为公开商务谈判和秘密商务谈判。　　　(　)
(4) 商务谈判是以获得经济利益为目的的。　　　　　　　　　　　　　　　　　(　)
(5) 商务谈判的客体包括参加谈判的人员和谈判议题。　　　　　　　　　　　　(　)

3. 简答题

(1) 什么是谈判? 其特点是什么?
(2) 商务谈判的含义及特点是什么?
(3) 国际商务谈判的主要类型有哪些?
(4) 商务谈判的基本原则有哪些? 如何应用?
(5) 如何正确选择和运用口头谈判与书面谈判这两种谈判形式?

4. 思考题

你是一位世界闻名的巴黎时装设计师,一年一度的时装新作表演将在本周末举行。就在这时,时装模特儿和所有临时雇用的演员等都来找你,要求立刻增加他们的佣金,你采取什么做法为好?
　　A. 把他们当作一个团体进行会谈
　　B. 把他们的领导人物请到你的办公室内商谈
　　C. 一个一个地和他们在工作间进行交谈
　　D. 稍后,约请他们一个一个地到你家中交谈

案例分析

合作谈判中的平衡艺术

中国上海工业仪表公司(SIIC)和美国福克斯波罗公司之间所进行的合作谈判,从20世纪80年代初期开始,1982年4月12日双方在北京签订了为期20年的合资协议。上海福克斯波罗有限公司(SFCL)作为这一谈判的成功结晶,成为美国和中国最早成立的技术转让合资企业之一。而且更值得一提的是,它是首家涉及高技术转让的美中合资企业。

应该说,这场谈判从一开始,双方实力与地位的差距是悬殊的。美国福克斯波罗公司创建于1908年,到1985年它已成为在各种型号和不同复杂程度的气动和电子操纵仪器以及计算机控制系统方面领先的全球供应商。1984年福克斯波罗公司销售额超过5亿美元,业务范围涉及全球100多个国家,是一家规模巨大的跨国公司,在世界生产过程——控制设备市场拥有最大份额。而20世纪80年代初期的中国,刚刚走上改革开放的道路,市场机制还很不健全,在高新技术机械产品领域尚处在落后状态。而且,由于这一谈判涉及极为敏感的高技术转让,美国出口管理部门严格限制福克斯波罗公司向中国转让的产品和技术的种类。因此,对于中方谈判者来说,谈判对手的实力是强大的,谈判中所存在的阻力与障碍又将使谈判的进行困难重重,要想取得谈判的成功是非常不容易的。

为了将谈判一步步向成功的方向引导,中方谈判者在充分了解对手和分析对手需要的基础上,首先向美方抛出了第一个"香饵":中国国家仪表和自动化局和美方进行初步接触并向美方发出邀请,请他们组成代表团到中国进行实地考察。在考察过程中,中国方面巧妙地利用各种方式向美方展示了中国机械和汽车产品领域的光辉前景。中国力求使美方确信,双方如果合作成功,将使福克斯波罗公司顺利占据这一世界上最后一个,同时也是最大一个在电子操纵设备和计算机控制系统等业务方面尚未被开发的市场,而这一点则是福克斯波罗公司所迫切需要的。通过考察,他们已被这一诱人的"香饵"深深吸引。紧接着,中方谈判者又不失时机地抛出了第二个"香饵":为了表示合作的诚意,中方为美方特意选择了一个最佳的合资伙伴——上海仪表工业公司。这使美方既省去了进行选择的成本费用,又深感满意。随着谈判进入到实质性磋商阶段,中方谈判者又拿出了第三个"香饵":根据中国法律,合资公司将享受最优惠的税收减免待遇。正是这一系列"香饵"的作用,才使中方逐渐扭转谈判中期的被动局面,并把这一历史性的谈判一步步推向成功。付出了"香饵",得到了"大鱼":通过成立合资公司,中方获得了先进的过程——控制仪器生产技术。这将使中国在高技术机械产品方面达到一个新的水平,从而缩短赶超世界先进水平的过程。

如果从谈判对手——美国福克斯波罗公司的角度出发,再来考察这一谈判,就会发现,美方在谈判中也同样巧妙地采用了这一策略。在双方刚刚接触的时候,美国福克斯波罗公司也不是没有竞争者。当时的霍尼韦尔(Honeywell)、费舍尔(Fisher)控制公司以及其他同行业的跨国公司也正在虎视眈眈地盯着中国市场,其原因一方面当然是由于该公司在技术方面的领先地位和丰富的专业化管理经验,另一方面是由于该公司抛出了诱人的"香饵":美国福克斯波罗公司使中方确信,美方将保证使合资企业获得最先进的数字技术(而这恰恰是中方所梦寐以求的),并且美方向合资企业提供的"学习产品"(即最初转让的产品)是投入应用仅九年且仍旧处于更新换代中的先进产品——电子模拟生产线200型。正是这些针对中方迫切需要的诱人"香饵",才使美国福克斯波罗公司最终甩开了其他竞争对手,获得了中国这一富有潜力的巨大市场,为公司的长远发展开辟了道路。

资料来源:樊建廷.商务谈判.大连:东北财经大学出版社,2001.

根据以上案例所提供的资料,试分析:

(1) 这次合作谈判成功的原因是什么?

(2) 中方是如何把握谈判进程,一步一步变被动为主动的?

(3) 谈判双方应该是一种什么关系?

第 2 章 商务谈判的准备

本章教学要点

知识要点	掌握程度	相关知识
谈判目标的确定	了解不同层次的谈判目标	最优期望目标、实际需求目标、可接受目标、最低目标、谈判目标的保密
谈判资料的收集	了解、掌握收集谈判所需资料的内容与方法	对与商务活动有关的资料的收集、对与谈判对手有关的资料的收集、对与谈判环境有关的资料的收集
谈判组织的建立	重点掌握如何建立精干、协调、高效的谈判小组	组织谈判小组的原则、谈判人员的素质要求、谈判负责人的职责、能力与素质要求、谈判组成员的配备、谈判班子成员的分工与合作
谈判计划的制定	掌握谈判计划制定的内容与方法	谈判议程的确定、谈判地点的选择与现场布置
谈判方式的选择	了解不同的谈判方式	直接谈判与间接谈判、横向谈判与纵向谈判
模拟谈判的进行	了解模拟谈判的作用和方法	模拟谈判的作用、模拟谈判的假设条件拟定、模拟谈判的人员选择、模拟谈判的方法

本章技能要点

技能要点	掌握程度	应用方向
谈判目标的确立	能够制定不同层次的谈判目标	确定谈判目标
谈判资料的收集	能够收集充分的谈判所需资料	准备谈判资料
谈判组织的建立	能够建立精干、协调、高效的谈判小组	建立谈判组织
谈判计划的制定	能够制定简明扼要、具体、灵活的谈判计划	制定谈判计划
谈判方式的选择	能够选择恰当的谈判方式	选择谈判方式
模拟谈判的进行	能够进行有效的模拟谈判	组织模拟谈判

导入案例

宁波电容器总厂技术引进谈判

1. 引进前的概况

宁波电容器总厂的前身是一个生产交流电容器的集体企业,主要为洗衣机、风扇、空调等家用电器配套服务。随着家用电器的迅速发展,用户对该厂原生产的箔式油浸纸介电容器的质量和使用寿命要求越来越高。该厂经过市场调查和分析,预测箔式油浸纸介电容器必将被自愈性能好、体积小、成本低的金属化聚丙烯交流电容器所代替。但是,在该厂试制这种换代新产品的过程中发现,要达到IEC国际标准和向日本的JIS标准看齐,国内的设备条件还不具备。主要是铝蒸发设备效率低、石墨坩锅寿命短、缺乏专用的喷金设备以及卷线机的质量和效率达不到要求等。根据这些情况,该厂决定进行技术改造,从国外引进14台关键设备。方向看准了,就全力以赴,前后经过两年多的时间,顺利地完成了这一改造项目。

2. 谈判前的充分准备

1) 大量的调查研究

进行技术改造和引进关键设备,可以有多种不同方案,也可以与不同国家的不同厂商谈判引进。这里需要做好充分的可行性研究工作,包括了解引进对方的技术、设备、质量和服务状况,本厂能否消化吸收,而且要询价和分析引进后的经济效益,进行财务评价。在这些方面,该厂在厂长领导下做了大量的准备工作。

为了确定技术改造方向,该厂在国内调查了41家用户,访问了3家研究所和两所大专院校,着重了解用户的需求、发展前景和技改情况。在明确了生产金属化聚丙烯交流电容器后,为了确定引进哪家厂商的设备,又从上海和北京的科技情报所收集了大量关于意大利、日本、德国三国的设备样本、说明书等资料,并与三国的厂商进行接触、询价和报价,然后按性能价格比等进行分析比较。并实地考察了国内引进的同类型设备,如参观了太原电解铜厂引进并已投产的日产 WED-1050 型铝真空蒸发装置,详细了解他们引进中的经验教训和存在的问题。

为了做到心中有底,该厂广泛向国内外专家请教,专门邀请沈阳金属材料研究所韩耀文副教授为技术顾问,请他详细介绍参加阜新无线电元件二厂订购日本 EWC-060 型铝真空蒸发装置的成交情况,以及谈判中的技术关键和细节问题。

该厂在掌握了大量信息资料和具体情况的基础上,初步确定日本真空株式会社、德国LH公司和日本后腾电容器制作所为进一步了解谈判的对象,然后分别制订了回收期等静态与动态经济指标。结论是这一项目在技术上先进可行,在经济上合理有效,对宁波电容器总厂的发展会起到极大的促进作用。

2) 技术交流和谈判准备

在项目建议书和可行性研究报告先后经上级批准的前提下,该厂采取了多种方式进行了技术交流。

例如,邀请日本后腾电容器制作所技术课长永山信彦来厂,就金属化聚丙烯交流电容器生产的关键设备、专用设备、仪器等的性能特点进行了两天的交流。后来,聘请他为该厂技术顾问,每年来厂一次,进行指导。永山信彦实际上就是后腾电容器制作所的老板之一,他对中国比较友好,主动提出每年接受3名宁波电容器厂员工到他们日本的厂里免费培训3个月。

又如,该厂在上海、北京与日本、德国的专家多次交流关于真空镀膜机的有关事宜。通过交流弄清楚了该厂新产品试制过程中遇到问题的症结所在,也明确了德国LH公司和日本真空株式会社生产的大型真空镀膜机的许多技术问题,以及报价中所含水分情况和可能让步的幅度,为以后与日本真空株式会社等进一步的正式谈判提供了依据。

第 2 章　商务谈判的准备

除了以上准备以外，该厂对外商在正式谈判中可能提出的要求和条件也做了充分的估计和准备，包括从与日方谈判过的沈阳真空技术研究所所长那儿详细了解了日本真空株式会社谈判负责人小西忠一的履历、性格和脾气，与其谈判中应注意的事项和采取的策略等；通过技术顾问韩耀文副教授了解到阜新无线电元件二厂 EWC-060 型设备成交价格为 60 万美元及其谈判中的关键技术问题。

然后，该厂组织了以中国电子技术进出口公司上海分公司进口部业务员为主谈人，该厂厂长为副主谈人，有关技术方面负责人和翻译共 5 个人组成的谈判班子。并且制定了几个可行的谈判方案。包括确定己方可以接受的谈判条件；在哪些情况下，可以做出适当的让步以及让步的幅度和界限；在哪些情况下，绝对不能让步等。

3. 正式谈判

准备工作做得充分后，心中踏实，谈判中就容易做到有理、有利、有节。该厂与日方前后进行了 5 轮会谈，最后取得了谈判的成功。这里以 EWC-060 型设备的加工谈判为例，说明如下。

日方第一轮关于银真空蒸发设备报价为 84 万美元，比不久前给阜新无线电元件二厂的同样设备高出 40%。中方认为价格太高，在进入第三轮谈判时，日方报价降至 79 万美元(下降 6%)。在第四轮谈判中，中方就阜新元件二厂与日方的成交价格以及我方与德国公司谈判的进展情况，阐明了己方的观点，而后日方提出要求 66 万美元(下降 21.4%)。在第五轮谈判中，中方坚持按低于阜新元件二厂价格的 1%的意见，即 59.4 万美元(下降 29.3%)，最后获得了日方的同意，比谈判前预期的下降幅度 25%，又下降了 43%，取得了较大的利益。

对于其他引进设备，如大型真空镀膜机、自动卷绕机、切膜机、喷金机、环氧自动浇注机、自动平衡西林电桥等都经过类似的谈判，均取得了成功。不仅是价格合理，而且技术上要比国内同类设备先进得多。如该厂引进的大型真空镀膜机达到了国际上 20 世纪 70 年代后期的水平(该厂引进时为 1984 年)，蒸发层厚度有横向和纵向自动控制，蒸发源采用高频感应式加热，蒸发层均匀性好，功效比国产设备高 23 倍。而且这些引进设备的工艺过程均不存在环境污染问题，完全符合环境保护要求，安全卫生设施齐全。

谈判结束，双方签订合同后，该厂抓紧实施，使技术改造项目早日运行。该厂及时做好设备安装的前期工作，及时完成了国内配套设备、动力设备、管道系统的布局及埋设等。

在引进设备到港前，他们就做好了准备，设备卸下就及时装运回厂。当时正值春节前夕，厂长亲自到上海港负责组织抢运，春节期间也不休息。

从设备到货、拆箱、安装、调试、试生产，直到正式投产，他们抓紧每一环节，制定措施方案，一环紧扣一环，保证质量和进度，这些都为以后的顺利投产创造了条件，而且赢得了时间。

最后经过验收，全部达到合同规定的要求，形成年产金属化聚丙烯交流电容器 CBB60 型和 CBB61 型各 180 万只的生产能力。

4. 效益显著——谈判成功的重要标志

宁波电容器总厂引进设备后，投产不到一年，已经收到了显著的经济效益，达到当年引进、当年验收、当年投产、当年见效、当年还贷的预期目标。

该厂技术改造项目固定资产总投资金额为 404.4 万元，其中引进部分为 344.4 万元，国内配套部分 60 万元。

按各年利润计算，投资回收期仅 1.8 年，比原计划提前还清贷款，并由于产品质量提高，亦为产品出口创造了条件。

资料来源：刘园. 国际商务谈判——理论·实务·案例. 北京：中国商务出版社，2005.

"知己知彼，百战不殆""凡事预则立，不预则废""不打无准备之仗"，这些至理名言揭示了准备工作的重要性。直接关系企业经济利益的商务谈判，其成功在很大程度上取决于准备工作的充分与否。谈判准备工作做得充分可靠，可以使己方增强自信，从容应对

31

谈判过程中出现的各种问题，甚至掌握主动权，尤其在缺少经验的情况下，可以弥补经验和技巧的不足。

商务谈判的准备工作包括谈判目标的确定、谈判资料的收集、谈判组织的建立、谈判计划的制订、谈判方式的选择和模拟谈判的进行等项任务。

2.1 谈判目标的确定

谈判目标的确定，是指对谈判所要达到的结果的设定，是谈判的期望水平。谈判目标是商务谈判的核心。在整个谈判过程中，从谈判策略选择到策略实施以及其他工作，都是围绕谈判目标进行的，也都是为谈判目标服务的。从战略角度来讲，目标可以分为企业总目标、谈判目标、谈判某一阶段的具体目标。另外，谈判目标一旦被对方知晓，就容易使己方处于不利局面。所以在谈判准备工作中，首先要确定谈判目标，其次要做好谈判目标的保密工作。

2.1.1 企业总目标

任何企业的生产经营活动都离不开目标体系，如企业发展的长期目标、中短期目标、企业总体目标、部门目标等。目标在企业的生产经营活动中具有重要意义，决定着企业在一定时期内的生产经营方向和奋斗目标。它是企业目的和任务的转化、分解。企业主要是根据各个不同的具体目标进行生产经营活动。

谈判目标是企业生产经营活动的一部分，必须要服从和维护企业的总体目标，这就要求在制定谈判目标时以企业的总目标为标准。例如，为了保证企业在 2011 年开工率达 100%，就要确保得到总数为 500 万元的订单，这里，得到总数为 500 万元的订单并不是一次谈判所要达到的目标，但是，每次谈判都要考虑到这一总体目标，总体目标的实现依赖于每个部分目标的完成。500 万元的订单，如果需要 5 次交易实现的话，那么，每次谈判至少要实现 100 万元的分目标，所以，总目标是确定分目标的依据和标准。总目标确定后，谈判人员就可以明确在每次谈判中的目标和责任，明确自己所处的地位及谈判成功的意义，从而采取相应的谈判策略和技巧，以保证实现企业的总目标。

2.1.2 谈判目标

谈判目标，这是指每次谈判所要达到的目标。它是谈判活动的总目标，对企业生产经营活动来讲，它又是分目标、具体目标。分目标的实现对完成总目标有极其重要的意义，也是谈判成功的标志。

谈判目标，即分目标的确定，既要考虑企业的总体目标，也要考虑企业的实际状况、谈判对手的实力、双方力量对比以及市场供求变化因素。例如，企业 2007 年的总目标是确保得到 500 万元的订单，在市场需求稳定的情况下，谈判的对方又是老客户，关系较好，而企业目前又迫切需要得到订单，以保证生产的连续性。这样在第一季度中，就可以把谈判的总目标定为 150 万元。必要时，可以在其他方面给对方一定的让步或优惠，如提前交货等，以确保目标的实现。

谈判目标的确定极为重要，它关系到企业总体目标的实现，又决定了在谈判中每一阶段具体目标的制定，以及在谈判中所采取的策略。因此，在确定谈判目标时需要十分谨慎，要在综合多方信息、资料的基础上，反复研究确定。确定谈判目标一般包括以下几个要素，即交易额、价格、支付方式、交货条件、运输、产品规格、质量、服务标准等。

但是，仅仅列出单一的谈判目标还是不够的，它只是具体的指标，还要从总体上综合考虑谈判可能出现的结果，并制定相应的目标，这就是谈判的最优期望目标、实际需求目标、可接受目标和最低目标。因为在实际谈判中，谈判的双方都会遇到这样的问题：我方应该首先报价吗？如果首先报价，开价是多少？如果是对方首先报价，我方应还价多少？倘若双方就价格争执不下，那么，在什么条件下我方可接受对方的条件？在什么情况下，我方必须坚守最后防线？要更好地解决这些问题，就必须认真研究、制定谈判的最优期望目标、实际需求目标、可接受目标和最低目标。

1. 最优期望目标

最优期望目标即最高目标，是对谈判者最有利的目标，实现这个目标，可以最大化满足自己的利益，当然也是对方所能忍受的最高限度。它是在满足某方实际需求利益之外，还有一个"额外的增加值"。最优期望目标是一个点，超过这个点，则往往要冒着谈判破裂的危险。在实践中，最优期望目标一般是可想不可及的理想目标，往往难以实现。因为商务谈判是各方进行利益分割的过程，没有哪一方心甘情愿地把利益全部让给他人。同样，任何一个谈判者也不可能指望在每次谈判中都大获全胜。尽管如此，确立最优期望目标还是很有必要的，一则可以激励谈判人员尽最大努力争取尽可能多的利益，清楚谈判结果与最终目标存在的差距；二则在谈判开始时，以最优期望目标为报价起点，有利于在讨价还价中处于主动地位。

例如，在资金供求谈判中，需方可能实际只想得到 200 万元，但谈判一开始，需方可能报价 250 万元。这 250 万元就是需方的最优期望目标。这个数字比其实际需要的 200 万元多 50 万元。用一简式表达，即

$$E = Y + \Delta Y$$

式中：

Y——需方的实际需求资金数额；

ΔY——报价的增量；

E——需方的最优目标。

但是，供方绝不会做提供 250 万元资金的慷慨之事。根据己方了解的信息(如偿还能力、经济效益和利率等情况)，供方明知对方实际只需要 200 万元，为了使谈判深入下去，使主动权掌握在自己手中，却故意压低对方的报价，只同意提供 150 万元。如此这般，几经交锋，双方列举各种理由予以论证，谈判结果可能既不是 250 万元也不是 150 万元，而是略低于或高于 200 万元。

如果一开始需方不提出 250 万元，或供方不提出 150 万元，谈判就无法进行。为什么在谈判中形成这种习惯，其原因极为复杂，涉及心理、信誉、利益，乃至历史成见等诸多因素。需要说明的是最优期望目标不是绝对达不到的。一个信誉度极高的企业和一家资金雄厚、信誉良好的银行之间的谈判，达到最优期望目标的机会是完全可能存在的。

2. 实际需求目标

实际需求目标是谈判各方根据主客观因素，综合考虑各方面情况，经过科学论证、预测和核算后，纳入谈判计划的谈判目标。它是谈判者调动各方面的积极性，使用各种谈判手段努力要达到的目标。实际需求目标也是一个点，上述例子中提到的 200 万元就是实际需求目标。这个层次目标具有如下特点。

（1）它是秘而不宣的内部机密，一般只在进入谈判过程中的某个微妙阶段后才提出的。

（2）它是谈判者坚守的防线。如果达不到这一目标，谈判可能会陷入僵局或暂停，以便谈判者的单位或小组内部讨论对策。

（3）这一目标一般由谈判对手挑明，而己方则见好就收或顺台阶而下。

（4）该目标关系着谈判一方的主要或全部经济利益。如企业得不到 200 万元资金，就无法引进设备，从而不能提高生产率、扩大生产。这一目标对谈判者有着强烈的驱动力。

3. 可接受目标

可接受目标是指在谈判中可争取或做出让步的范围。它能满足谈判方的部分需求，实现部分利益。在上述例子中，资金供方由于某种原因，只能提供 150 万元，没有满足需方的全部实际需求，这种情况是经常发生的。谈判者在谈判前制定谈判方案时，应充分考虑到这种情况的出现并制定相应的措施。对于可接受目标，谈判方应采取两种态度，一是现实态度，即树立"只要能得到部分资金就是谈判成功"的观念，不要硬充好汉，抱着"谈不成出口气"的态度，这样可能连可接受目标也无法实现；二是抱着多交朋友的思想，为长期合作打下基础。

4. 最低目标

最低目标是商务谈判必须实现的目标，是做出让步后必须保证实现的最基本的目标。最低目标是一个点，是谈判的界点，如果不能实现，宁愿谈判破裂也不降低这一标准。因此，最低目标是一个限度目标，是谈判者必须坚守的最后一道防线。当然也是谈判者最不愿接受的目标。最低目标与最高目标有着内在的必然联系。在商务谈判中，表面上开始报价很高，提出最高目标，但它是一种策略，保护着最低目标、可接受目标和实际需求目标，这样做的实际效果往往超出谈判者最低需求目标或至少可以保住这一目标，然后通过讨价还价，最终达成一个超过最低目标的目标。如果没有最低目标作为心理安慰，一味追求最高目标，往往会带来僵化的谈判策略，不利于谈判的推进。

一般来说，最低目标低于可接受目标。可接受目标在实际需求目标与最低目标之间选择，是一个随机值。最低目标是谈判一方依据多种因素，特别是其拟实现的最低利益而明确划定的界限。如上述例子中，如果最低目标设定为 120 万元，可接受目标便是 120 万～200 万元之间。

最低目标的确定主要应考虑到以下几点因素。

1）价格水平

价格水平的高低是谈判双方最敏感的一个问题，是双方磋商的焦点。其直接关系到获利的多少或谈判的成败。影响价格的因素有主观与客观之分。主观因素包括营销的策略、谈判的技巧等可以由谈判方决定或受谈判方影响的因素，而影响价格的客观因素主要有以下几点。

(1) 成本因素。这里的成本主要是指"市场成本"，一般是指产品从生产到交货的一切费用。具体来说，它包括生产该产品所需的原材料、劳动和管理费用以及为购销该商品所耗费的调研、运输、广告费和关税、保险费、中间商的佣金等费用。

(2) 需求因素。需求因素对价格水平的影响主要通过需求弹性加以体现。需求弹性与市场的供需状况、同类产品的市场价格等因素相关联，从而合理确定价格策略是必要的。

(3) 竞争因素。决定价格下限的是商品成本，决定价格上限的则是顾客的需求程度。在上限和下限之间所定的价格的高低，则由竞争来决定。也就是说，价格的确定不以个别成本为依据，而是取决于既定需求条件下同类商品的竞争状态，取决于由竞争形成的社会平均成本和平均利润。一方面，主要是注意竞争者的数量，竞争者越多，说明竞争越激烈，价格的变化也就越大。另一方面，要注意竞争的激烈程度，在不同的市场下，竞争的激烈程度也就有所不同，在谈判中就要充分注意这一点。

(4) 产品因素。针对不同性质和特征的产品，买方的购买习惯也就有所不同。一般来说，消费品价格的灵活性大，而工业品的价格灵活性小。此外，人们对于不同产品的利润率存在不同的期望，也就导致谈判者的不同价格目标。

(5) 环境因素。谈判需要天时、地利、人和，而环境是指三者的统一体，当环境对谈判某一方有利时，其希望通过价格得到的利益也就更大些，买方可能会进一步要求降价，而卖方则可能会要求提价。因此，应该善于把握机会，使环境向有利于己方的方向发展。

2) 支付方式

不同的支付方式通过价格对谈判的预期利润会造成不同的影响。现款交易与赊款交易就会存在不同的风险性，如果直接付款可以在价格上进行适当的优惠，但如果赊款的话，就不能在价格上有所退让，力争将由于时间带来的资金损失降到最小，而且赊款带来的债务人不付款或扣款的现象也普遍存在。

特别是在进出口贸易中卖方常会遇到不利的支付条件。在国际贸易中的跟单托收支付方式、付款交单和承兑交单对出口方的影响大不相同，除了收汇风险不同之外还间接影响交易商品的单位价格。例如，同一售价为100万美元的商品，若采用付款交单方式，售价为100万美元；若采取承兑交单支付方式，售价为102万美元。即便如此，对卖方来说前者也是更为有利的货款支付方式。因为从表面看，前者比后者少收2万美元，但由于后者付款时间靠后，卖方会承受利息损失，并且在买方承兑交单后卖方就须交单，卖方承担的风险更大，因此，实际上承兑交单这种付款方式对卖方是不利的。

3) 交货期限及罚金

在货物买卖中，交货的期限对双方都有利害关系。在商务合同中，交货期限作为根本条款或是重要条款常常有明确的规定，一方若未按时交货就要赔偿对方的经济损失。一般情况下，卖方总是希望迟交货，而买方总是希望卖方能早交货。按照国际惯例，卖方报价中的交货期一般为签约后两个月。若买方提出要在签约后一个月交货，否则卖方就需交纳迟交罚金。买方就要根据卖方提出的要求，对各方面因素进行综合考虑，可以提出交货条件方面的最低可接受限度，即如果不增加额外罚金的话，可以同意对方提出的提前交货要求。

4) 保证期的长短

保证期是卖方将货物卖出后的担保期限。担保的范围主要包括货物的品质和适用性等。关于保证期限的长短，从来都是商务谈判中双方据理力争的焦点问题之一。卖方一般会尽力缩短保证期，因为保证期越长，卖方承担的风险越大，可能花费的成本也就越大，买方总是希望保证期越长越好，因为保证期越长，买方获得的保障程度越高。但是，由于保证期的长短事关卖方信誉及竞争能力，事关交易能否做成和怎样做成的问题，因此卖方在通常情况下是会仔细考虑保证期问题的。通常卖方根据出现的情况，可以确定关于保证期的最低可接受条件，如果自己能确认在保证期内风险不大，可以答应对方延长保证期的要求。

上述4个层次的目标，共同构成一个整体，但各有各的作用，需要在谈判前根据实际情况认真规划设计。

谈判目标的确定是一个非常关键性的工作，在确定目标时要注意以下4个方面的问题。

(1) 应具有实用性，即制定的目标可以谈和能够谈。谈判双方要根据自己的经济能力和条件进行谈判，离开这一点，任何谈判结果都不可能实现。

(2) 应具有弹性。定出上、中、下限目标，根据实际情况随机应变，调整目标。

(3) 应具有合法性，即谈判目标符合一定法律准则和道德规范。

(4) 优化目标次序。当谈判中存在多重目标时，应根据其重要性加以排序，抓住最重要目标努力实现，其他次要目标可做让步，降低要求。

2.1.3 谈判目标的保密

谈判目标的实现依赖于各方谈判实力的强弱和谈判策略的有效性，谈判实力在短期内难以改变，而谈判策略的有效性取决于谈判对方信息掌握的完备程度，特别是对谈判对方谈判目标的准确掌握。因此，谈判目标的保密显得格外重要。否则，在谈判前或谈判中由于谈判人员的言行不当而向谈判对方泄露了谈判目标，就会对己方谈判造成不利的影响。

 应用实例 2-1

在某涉外钢铁买卖谈判中，就是因为中方代表无意中向外方透露了我国将大量进口钢材的信息，致使外方借故中断谈判，然后串通几个国家的钢材生产商，合谋抬价，使我国蒙受上千万的经济损失。

资料来源：王守锦. 警惕技术失密. 科学学与科学技术管理，1992:8.

做好谈判目标的保密工作，可从以下两个方面入手。

(1) 尽量缩小谈判目标知晓范围。知晓的人越多，有意或无意泄密的可能性就越大，就越容易被对方获悉。

(2) 提高谈判人员的保密意识，减少无意识泄密的可能性。

具体地说，谈判目标及谈判信息资料保密的一般措施包括以下几点。

(1) 不要给对方造成窃密机会，如文件调阅、保管、复印、打字等。

(2) 不要随便托人代发电报、电传等。

(3) 不要随意乱放文件，有关谈判目标的文件资料要收藏好。

(4) 废弃无用的文件资料尽可能销毁，不要让其成为泄密的根源。

(5) 不要在公共场所，如餐厅、机舱、车厢、过道等地方谈论有关谈判业务问题。

(6) 不要过分信任临时代理人或服务人员。

(7) 最后的底牌只能让关键人物知道。

(8) 在谈判达成协议前，谈判目标不应对外公布。

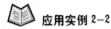 应用实例2-2

对饲料价格信息的保密

甲方：掌握有关商品信息的中方业务员；乙方：打算收集有关信息的商人

乙方：我们来自新加坡××公司，是30年前从祖国大陆出去的华侨。

甲方：找我们有什么事吗？

乙方：我们公司是经营饲料的公司，主要是豆饼、豆粕、玉米、高粱、麸皮、棉籽饼粕、菜籽饼粕。

甲方：我们在新加坡有几家老客户，没听说贵公司的名字。

乙方：他们的货多数卖给我们，我们过去不直接从中国购买。

甲方：您买这些饲料是卖给饲料厂还是再转口？

乙方：有些是卖给饲料厂，有些是转口。

甲方：您这次找我们的目的是……想直接进口？

乙方：不是，我们是想了解一些贵公司出口的饲料价格。

甲方：噢！要核实一下你们买价的真实性？还是作为对外转口时参考？

乙方：这两种目的都有，您能告诉我们吗？

甲方：好，您过去是从哪几家公司购买中国的饲料产品？

乙方：啊，啊，我也说不好，过去我本人没有与他们直接联系过。

甲方：您认识H公司的人吗？

乙方：(犹豫)应该是认识的。

甲方：这家公司是新加坡颇具规模的饲料经营公司。

乙方：对，对，我们同他们有业务的联系。

甲方：按您刚才介绍的，H公司的货肯定也是卖到贵公司了。

乙方：是这样的。

甲方：还有新N公司，您认识吗？

乙方：认识，认识，也有业务联系。

甲方：据我们了解，H公司也好，新N公司也好，经常把合同卖给你们(事实上，甲方知道这两个公司都是新加坡有影响的直接同加工厂联系的公司)。

乙方：是的，他们总是把合同转卖给我们，我们收取佣金。

甲方：这么说来，您对我们的成交价格了如指掌，我再告诉您，就是多此一举了。

乙方：那是过去的价格，我是问目前的。

甲方：我们已有相当长一段时间没卖货了，哪有什么目前的价格。H公司卖给您的合同价格，恐怕就是最新的价格了。

资料来源：蒋春堂.经济谈判案例精选评析.武汉：武汉测绘科技大学出版社，1998.

2.2 谈判资料的收集

在商务谈判中，全面准确及时的信息是谈判者的可靠助手，是选择和确定谈判对象的基础和前提，是谈判双方沟通的纽带，是制定谈判战略的依据，是控制谈判过程、掌握谈判主动权和确定报价水准的保证。所以，谈判资料的收集对谈判的重要意义是不言而喻的，否则谈判者就是"盲人骑瞎马，夜半临深渊"。

谈判资料收集的主要内容包括与商务活动有关的资料、与谈判对手有关的资料和与谈判环境有关的资料。

2.2.1 与商务活动有关的资料的收集与分析

与商务活动有关的资料是影响商务活动效果的直接因素，是制定谈判策略依据，甚至构成谈判议题。与商务活动有关的资料主要包括市场信息、技术信息、金融信息、政策法规信息等。

1. 市场信息

市场信息是反映市场经济活动特征及其发展变化的各种消息、资料、数据、情报的统称。市场信息内容很多，主要包括以下几个方面。

(1) 市场细分信息。市场细分信息，主要是指市场的分布情况、地理位置、运输条件、政治经济条件、市场潜力和容量、某一市场与其他市场的经济联系等。掌握市场细分情况，有助于谈判目标的确立。

(2) 市场需求信息。市场需求信息主要包括：消费者的数量及构成，消费者家庭收入及购买力，潜在需求量及其消费趋势，消费者对产品的态度，本企业产品的市场覆盖率以及市场竞争形势等。

应用实例 2-3

1959年9月26日，中国在黑龙江松嫩平原打出第一口油井，取名大庆油田。然而，由于当时国际环境复杂多变，中国并没有向外界公布大庆油田的地理位置和产量。到了20世纪70年代，随着中日关系正常化，日本商家深知中国开发石油需要大量石油设备，极欲与中国达成有关石油设备的贸易协议，但苦于信息不足，善于收集资料的日本人就广泛收集中国的有关报刊、杂志来分析中国的石油生产状况。他们从刊登在《人民画报》封面上的"大庆创业者王铁人"的照片分析，依据王铁人身穿的大棉袄和漫天大雪的背景，判断大庆油田必定在中国东北地区；又从《王进喜进了马家窑》的报道中推断出大庆油田所在的大体位置；又从《创业》电影分析出大庆油田附近有铁路并且道路泥泞；又根据《人民日报》刊登的一副钻井机的照片推算出油井直径的大小，再根据中国政府工作报告计算出油田的大致产量；又将王进喜的照片放大至与本人1∶1的比例(通过王进喜与毛泽东、周恩来等国家领导人的合影)判断身高，然后对照片中王进喜身后的井架进行分析，判断出井架的高度、井架间的密度，据此进一步推测中国对石油设备的需求。日本人把这些陆续收集到的资料信息进行综合整理分析之后，勾勒出中国石油开采的发展势头及其对设备、技术的必然需求，并着手进行各种必要的设计和生产准备工作。后来在中日石油设备交易谈判中，只有日本的设备符合大庆油田质量、日产量等要求，日方因此获得较大主动权，获得了丰厚的利润。

(3) 产品销售信息。产品销售信息主要包括市场销售量、产品销售价格、产品的发展趋势及市场周期、拥有该产品的家庭比率、消费者对该类产品的需求状况、购买该产品频率等。通过对产品销售方面的调查,可以使谈判者大体掌握市场容量、销售量,有助于确定未来的谈判对象及产品的销售或购买数量、价格等。

应用实例 2-4

荷兰某精密仪器生产厂与中国某企业拟签订该种精密仪器的购销合同,双方就仪器的价格专门进行了谈判。谈判从荷兰方开出的 4 000 美元开始,最终中荷双方各让一步,以 2 700 美元成交。

开始前中方进行了信息收集,了解到:①市场价格最高约为 3 000 美元;②只有中国厂家有购买意向,可解荷兰厂家燃眉之急。

谈判中,荷方夸大其产品性能、优势、国际知名度以及市场潜力,报出一台仪器的售价应该在 4 000 美元。中方将所知道的市场价格信息告知对方,没有提出报价,静观对方的反应。荷方愣住了。在中方掌握的准确市场行情面前,只好降低报价至 3 000 美元。随后,中方根据自己掌握的信息,提出报价 2 500 美元,荷方代表听后十分不悦:"我们宁可终止谈判!"而中方代表依然神色从容:"既然如此,我们很遗憾。"

中方人员根据已经掌握的资料,相信荷方肯定不会真的终止谈判,还会再来找中方。最后谈判终于以中方价格成交。

资料来源:冯砚,丁立. 商务谈判. 北京:中国商务出版社,2010.

(4) 市场竞争信息。这类信息主要包括竞争对手的数量,竞争对手的经济实力,竞争对手的营销实力,竞争对手的产品数量、种类、质量、价格及其知名度、信誉度,消费者偏爱的品牌与价格水平,竞争产品的性能与设计,各主要竞争对手所能提供的售后服务方式等。通过对市场竞争情况的调查,使谈判者能够掌握己方同类产品竞争者情况,寻找他们的弱点,有利于在谈判中争取主动。

应用实例 2-5

20 世纪 90 年代初,韩国汉城(今首尔)一家公司与美国达拉斯一家公司同时参与两项计算机项目的投标。当时两家公司的实力可谓旗鼓相当。但在正式投标前,韩国公司搜集到美国公司的价格信息。于是它及时改变了原先较高报价的投标方案,而用比后者略低的价格竞投,结果中标,使美国公司在这场特殊形式的谈判中不得不承认失败。

资料来源:汤秀莲. 国际商务谈判. 天津:南开大学出版社,2003.

(5) 分销渠道信息。主要包括主要对手采用何种经销路线;各类型的经销商情况如何;各主要批发商与零售商的数量;各种促销、售后服务和仓储功能,哪些由制造商承担,哪些由批发商和零售商承担等。

2. 技术信息

在技术方面,主要收集的资料有该产品生命周期的竞争能力以及该产品与其他产品相比在性能、质地、标准、规格等方面的优缺点等方面的资料,同类产品在专利转让或应用方面的资料,该产品生产单位的工人素质、技术力量及其设备状态方面的资料,该产品的配套设备和零部件的生产与供给状况及售后服务方面的资料,该产品开发前景和开发费用方面的资料,该产品的品质或性能鉴定的重要数据或指标及其各种鉴定方法的资料,导致该产品发生技术问题的各种潜在因素的资料。

应用实例2-6

　　1986年秋,我国一家仪表公司同德国仪表行业的一家颇有名气的公司进行一项技术引进谈判。对方报价40万美元向我方转让时间继电器的生产技术。德方倚仗技术实力与名牌,在转让价格上不肯让步,谈判陷入僵局。我方要求德方分项报价,以找到突破口。通过对德商分项报价的研究,我方获悉德商提供的技术明细表中包括一种时间继电器元件石英振子技术,而这一技术国内厂家已引进并消化吸收,完全可以不必再引进。在下一步谈判中,我方提出不再引进石英振子技术,将技术转让费由40万美元降至25万美元。这样,靠一条技术信息,我方避免了重复引进并节省了15万美元。

　　3. 金融信息

　　国内商务谈判主要收集的金融信息有政府货币政策、银行利率、支付方式的规定及其费用等资料。

　　国际商务谈判主要收集的金融信息有各种主要货币的汇率及其浮动现状和发展趋势,进出口银行的运营情况,进出口地主要银行对开证、议付、承兑赎单或托收等方面的规定,进出口地外汇管制措施等方面的资料。

 应用实例2-7

　　内地某厂与香港一家公司谈判签订了一项合同,合同规定使用香港汇丰银行最优惠的贷款利率计算,厂方提出月利率按8.7%计算,这个项目才能上。对方虽表示同意,但却提出在合同上写明按香港汇丰银行的最优惠贷款利率计算。由于厂方有关谈判者对专业知识不了解,缺乏对香港银行利率变化的分析,也就答应了。后来,港方公司拿来了汇丰银行的最优惠贷款利率,一连七八个月都在20%以上。按照这个标准,我方企业很难办下去。为此,厂方要求修改合同,按月利率8.7%计算,但港方以合同已生效为由拒绝修改。几经交涉没有结果,该企业终因负债累累而倒闭。这个教训是何等的深刻。

　　　　　　　　　　　　　　　　　　资料来源:关兰馨.第一流的商务谈判.北京:中国发展出版社,1998.

　　4. 政策法规信息

　　在谈判开始前,应当详细了解有关法律法规,以免在谈判时因不熟悉法律法规而出现失误。如果是国内商务谈判,要按照国家法律法规和政策办事。商务谈判人员不但要掌握有关现行税制,还要熟知经济法规,以便在进行各项经济交往时做到有法可依。如果是国际商务谈判,除了要了解本国和对方所在的国家或地区的法律法规外,还要了解相关国际条约、国际惯例。

 **应用实例2-8**

　　中国某一国有纺织企业为改变技术落后的局面,拟从美国弗雷森公司引进成套纺织生产线。弗雷森公司行政副总裁哈顿率领谈判小组和中方进行谈判。

　　谈判中,哈顿始终坚持该生产线的最低要价为300万美元。哈顿的理由在于美国最近重新审定五年对华纺织品进口配额指标体系,这个配额指标体系从数量上是优于前期的,但在纺织品的技术含量上的要求明显高于前期的规定,而中方的生产线已远不能满足这种要求。而该配额指标体系的附加条件之一就是促成纺织业生产资料,包括设备的对华输出。所以,这个价格是合理的。

　　中方代表进退两难,一方面引进生产线已迫在眉睫,另一方面这个价格的确太高,原来,中方的假设价格是在200万～240万美元。现在看来,差额高达60万～100万美元。

在这关键时刻,我国驻美国洛杉矶商务办事处的一位商务秘书得知这一谈判消息,于是应该企业请求迅速在办事处的商务交易系统中检索,这位商务秘书突然发现,加利福尼亚州雷蒙公司在三个月前曾以215万美元的价格向印尼李文华兄弟公司出售同类纺织生产线。

这个信息太重要了!在重新进行的谈判中,中方代表干净利索地向哈顿出示了自洛杉矶中国驻美商务办事处发回的传真。哈顿顿时哑口无语。

最后,哈顿和中方代表达成的价格是230万美元。

资料来源:方百寿. 贸易口才. 沈阳:辽宁大学出版社,1996.

2.2.2 与谈判对手有关的资料的收集与分析

1. 贸易界客商的几种情况

为了更好地研究和分析谈判对手,首先应对贸易界客商的情况有所了解,以便判定对手的归属情况,从而更深刻具体地了解对方。

目前,贸易界的客商,基本上可以归纳为以下几种情况。

1) 世界上享有声望和信誉的跨国公司

这类公司资本比较雄厚,往往有财团作为自己的后台支柱力量。像美国著名的通用汽车公司、德国的西门子电器公司、日本的松下电器公司等,都是社会上的知名企业。这类公司或企业的机构十分健全,通常都有自己的技术咨询公司,并聘请法律顾问,专门从事国际市场行情和金融商情的研究和预测,以及研究技术咨询的论证工作,为企业老板提供、运筹和选择最佳方案。正因为如此,在与这类谈判对手进行业务洽谈时会明显感到对手很讲信誉、办事情讲原则、工作效率高、对商情掌握得比较准确;在要求我方提供技术数据时,往往要求准确、先进和完整;由于对手各方面要求的水准较高,往往在谈判中提出的问题比较尖锐。因此,如果进行业务洽谈的对手属于此类,那么一定事先做好充分的准备,才能有备无患。

2) 享有一定知名度的客商

这类客商资本也比较雄厚,产品在国内外有一定的销售量。许多靠引进技术,通过改进创新发展起来的该类客商,其产品在国际市场上具有一定的竞争能力。在与这类对手进行业务洽谈时会明显感到对手比较讲信誉,占领我国市场的心情较为迫切,技术服务及培训工作比较好,对于我方在技术方面的要求比较易于接受,对于技术转让和合作生产的条件要求较为优惠。

3) 没有任何知名度,却能够提供公证书,以证明其注册资本、法定营业场所、董事会成员等的客商

通过这些可以确认客商的基本情况,以及前来参与业务洽谈的谈判者的身份。日本的某些客商往往通过这种方式来证明自己,有些也是我们很好的合作选择对象。

4) 专门从事交易中介的客商

这类客商俗称中间商,也称为"皮包商",这类客商无法人资格,因而无权签署合同,他们只是为了收取佣金而为交易双方牵线搭桥。比如像没有注册资本的贸易行、商行、洋行等,他们仅有营业证明,不能提供法人资格、注册资本及法人地址等的公证书,而只能提供标有公司名称、职务及通讯地址的个人名片。这类客商在东南亚和我国香港地区较为多见,美国、日本等也有一些。

5) "借树乘凉"的客商

这类客商实属知名母公司的下属子公司,其母公司往往具有较高的知名度,而且资本雄厚,但其子公司可能刚刚起步,资本比较薄弱,又无注册资本和法人资格。但这种客商常常打着其母公司的招牌专门做些大生意,因而对这类客商应当持慎重的态度,在识破其本来面目的情况下,应主动要求与其母公司进行业务洽谈,也可要求对方出示母公司准予洽谈业务并且承担一切风险的授权书,否则,母公司与子公司完全是两个自负盈亏的经济实体,根本无任何连带责任关系,一旦没有把好这一关,这类客商就真的达到了"借树乘凉"的目的。

6) 利用本人身份搞非其所在公司及非经营贸易业务的客商

这类客商往往在某公司任职,但他往往是以个人身份进行活动,关键时刻打出其所在公司的招牌,干着纯属自己私人的买卖,以谋求暴利或巨额佣金。这类客商在国内外都有,必须严加提防,否则一旦上当,恐怕追悔莫及。

7) 实属骗子的"客商"

目前这类"客商"几乎是呈上升趋势,他们自己私刻公章,搞假证明、假名片、假地址来从事欺骗活动。他们可以一身数职,今天是这个公司的经理,明天又是另一家公司的董事长,甚至今天的名片是李先生,明天又变成了王先生。这类人往往无固定职业,专门利用关系,采取攀亲戚、交朋友、行贿赂、请客送礼等手段,先给受骗者一个"好感",然后再骗取其利益,一走了之。他们的活动范围往往是我国经济发展较为缓慢的偏远地区。对于这类"客商",我们应保持冷静的头脑,辨别其本来面目,谨防上当。

从以上几种情况不难得出结论,在举行国内外技术、商务业务洽谈之前,必须对客商的资格、信誉、注册资本、法定营业地点和谈判者本人等情况进行审核,并请客商出示公证书来加以证明。我们知道,客商的资本、信誉情况、法定营业地址、洽谈人员的身份,以及经营活动范围等都是进行谈判的基础,因此应予以审查或取得旁证,而后再考虑开始谈判。反之,在许多问题尚未弄清之前即开始谈判,其结果势必给工作带来麻烦乃至经济损失。

2. 谈判对手资信情况

对谈判对手资信情况的审查是谈判前准备工作的重要环节,是决定谈判的前提条件。所谓资信审查就是指对谈判对手的资信状况进行审核,确认其资信是否符合我方要求。对洽谈对手资信情况的审查包括两个方面的内容,一是对手的合法资格;二是客商的资本、信用和履约能力。

1) 对客商合法资格的审查

对客商合法资格的审查应从两个方面进行,一是对客商的法人资格进行审查;二是对前来谈判的客商代表的资格及其签约资格进行审查。

(1) 对客商法人资格的审查。在民法或商法中,法人作为权利义务的主体,在许多方面享有与自然人相同或类似的权利。比如,法人有自己的名称、自己的住所或称营业场所,有拥有财产的权利、有参与各种经济活动的权利、有起诉他人的权利,也可被他人起诉。总之,法人在法律上被作为"人"来看待,是法律上创造的"人",因而法人可以自己的名义从事各种经济活动,参与社会的经济生活。

要想成为法人是必须符合一定条件的,否则不能称为法人。法人应具备以下三个条件,一是法人必须有自己的组织机构、名称与固定的营业场所,组织机构是决定和执行法人各项事务的主体;二是法人必须有自己的财产,这是法人参加经济活动的物质基础与保证;三是法人必须具有权利能力和行为能力,权利能力是指法人可以享受权利和承担义务,而行为能力则是指法人可以通过自己的行为享有权利和承担义务。满足了这三方面的条件后,在某个国家进行注册登记,即成为该国的法人。

对对手法人资格的审查可以通过要求对方提供有关的文件,比如法人成立地注册登记证明、法人所属资格证明。在取得这些证明文件后,首先应通过一定的手段和途径验证其真伪性,在确认其真实之后,再查清以下几方面的问题,一是要弄清客商法人的组织性质,因为公司的组织性质不同,其所承担的责任是不一样的;二是要弄清对方的法定名称、管理中心地点及其主要的营业场所,有些公司注册地点与实际营业地点完全不同,发生经济纠纷时可能找不到对方的行踪,这是有前车之鉴的;三是要确认其法人的国籍,即其应受哪一个国家的法律所管辖,这同样涉及事后发生矛盾时,应该运用哪国法律来约束对方。

(2) 对前来谈判的客商的代表资格或签约资格进行审查。一般来讲,前来洽谈的客商可能是公司的董事长、总经理,但更多的情况下则是公司内部的某一部门的负责人。如果来者是该公司内部某一部门的负责人,那么就存在一个代表资格或签约资格的问题。事实上,并非一家公司或企业中的任何人都可以代表该公司或企业对外进行谈判和签约。从法律的角度来讲,只有董事长和总经理才能代表其公司或企业对外签约。而公司或企业对其工作人员超越授权范围或根本没有授权而对外所应承担的义务是根本不负任何责任的,这就全靠我们自己严把审查关,防患于未然。

在国际上经常有某一公司或企业的职员以其公司或企业的名义,到处招摇撞骗,洽谈业务并签订协议,从中谋利,却不履行的现象。因此,在洽谈签约之前,一定要求对方出示法定代表资格的文件,如授权书、委托书等证明材料,以证明其确实是合法的代表人。

2) 对谈判对手资本、信用和履约能力的审查

对客商资本、信用和履约能力的审查是资信审查的重要环节。对客商资本状况的审查主要是审查客商的注册资本、资产负债表、收支状况、销售状况和资金状况等有关文件,这些文件既可以是由公共会计组织审计的年度报告,如会计师事务所出示的审计报告等,也可以是由银行、资信征询机构出示的证明材料等。

通过对客商商业信誉与履约能力的审查,可以弄清客商在以往经营活动中的表现,包括公司的经营历史、经营作风、产品的市场声誉、与金融机构的财务状况,以及与其他公司或企业之间的交易关系等。但由于商务活动内容的广泛性,以及其不同活动项目的重要性和意义千差万别,相应的资信审查的内容、重点、繁简和程度也各不相同,因此,要具体问题具体分析。

 应用实例 2—9

我国一家国际投资公司在海外投资房地产,与国外一位商人谈判,将房子建在他的地产上,建成后按一定比例分享房地产利益。谈判一开始,该商人出示了地产证明,谈判进行得相当顺利。当房子造好时,这位商人的妻子找到我国公司,说我们侵权。理由是我方把房子建在属于她的土地上,并出具了合法证明(原来地产证已转到该商人的夫人的名义下,而该公司在签约时对此未作进一步核对)。由此,她提出了两

个解决方案，一是房子造好后，除了她丈夫应得的部分外，再给她若干套房子；二是现在就从她的地产上撤走。这就使那家投资公司傻了眼，煮熟的鸭子飞走了。由于在签约时，没有验明土地的产权证明，结果陷入了相当被动的境地。这家公司实在不甘心，于是聘请律师打官司。这场官司打了三年多，结果不仅要承担昂贵的律师费，而且由于错过出售房子的时机，房地产价格大跌，导致这家公司最终损失惨重。

资料来源：林逸仙，蔡峥，赵勤．商务谈判．上海：上海财经大学出版社，2004．

3. 谈判双方的谈判实力

通过对客商资信情况进行审查，确认合乎我方的要求，接下来的工作就是对双方在谈判中的实力进行评价和判定，这是制定谈判方针、目标和行动方案的前提。

这里所讲的谈判实力与一般意义上的企业实力既有区别又有联系。谈判实力是指影响双方在谈判过程中的相互关系、地位和谈判的最终结果的各种因素的总和以及这些因素对谈判各方的有利程度。企业实力则是指一个企业从总体上看其企业规模、技术水平、人员素质、市场占有率等方面均处于何种水平。企业实力是形成谈判实力的潜在基础，并不一定构成谈判实力。比如，如果谈判的内容正好是某一个从一般意义上看实力很强的企业的薄弱之处，那么，这个企业的谈判实力是弱而不是强。就一般情况而言，企业实力强会有利于形成和强化其谈判实力，相反，谈判实力较强的企业也不一定就说明企业实力一定强。通常情况下，影响谈判实力的因素取决于以下几个方面的内容。

1) 看交易内容对双方的重要程度

商务谈判的成功标志着谈判双方都得到了一定的好处，但这并不说明交易内容本身对各方的重要程度相同。实际上，交易内容本身对双方来讲，其重要程度往往各不相同，这就决定了双方谈判实力上的差异。一般情况而言，交易对某一方越是重要，也就是说该方越希望成交，那么该方在谈判中的实力就越弱，反之则越强。比如，在货物买卖业务洽谈过程当中，若卖方的产品较为紧俏，而买主又急于购买此产品，这时，对于卖方来讲其谈判实力就强，因为卖方不愁卖不掉货，反而买方怕买不到产品而着急，显然买方的谈判实力弱。

2) 看双方对交易内容与交易条件的满足程度

商务谈判双方对交易内容与交易条件的满足程度是存在差异的。某一方对交易内容与交易条件满足的程度越高，那么该方在谈判中就比较占优势，也就是说该方的谈判实力越强。比如在货物买卖谈判中，如果卖方对其货物的质量、数量、交货时间等内容的要求越能够满足买方，那么卖方的谈判实力就越强，因为买方在这种情况下无法提出一些寻求对方让步的借口，所以是卖方谈判实力强，买方谈判实力弱。

3) 看双方竞争的形势

在业务往来过程中，很少出现一个卖主对应一个买主的一对一现象，经常是存在多个买主对应多个卖主的情况。很显然，如果多个卖主对应较少的买主时，即形成了买方市场，这时无疑是买主谈判实力强，而卖主谈判实力弱；反之，如果多个买主对应较少的卖主时，即形成了卖方市场状况，这种情况下，显然卖方谈判实力强，而买方谈判实力弱。

4) 看双方对商业行情的了解程度

谈判的某一方如果对交易本身的商业行情了解得越多，越详细，那么该方在谈判中就越是处于有利地位，也就相应地提高了自身的谈判实力；反之，如果对商业行情了解甚少，其谈判实力显然较弱。我们知道,商业行情是极为宝贵的资源,它可以转化为财富,这在业务洽谈过程中是非常明显的。换而言之,我们只有在掌握了充分的市场信息行情的前提下,才有可能制定出有针对性的谈判战略和战术。

5) 看双方所在企业的信誉和实力

从企业的信誉角度来看,企业的商业信誉越高,社会影响越大,则该企业的谈判实力越强。特别是如果当支持和影响谈判的因素越强时,该方的谈判实力也就越强。在消费生活中,大型零售商尽管其经营的商品可能在价格上高于其他小型零售商,但消费者还是乐于光顾,这完全是因为大型零售商名气大、牌子响、讲信誉,从而得到消费者的厚爱与信赖。

另外,从实践来看,实力强的企业拥有和掌握比较多的人力、物力和财力资源,能够承受得住旷日持久的磋商谈判,而且一旦发生经济纠纷,也能承受得住法律诉讼,因而这类企业比一般性企业的谈判实力要强。

4. 谈判对手的需要及个性

谈判最终目的是满足双方的需要,而需要又与对手的个性紧密相关,因此,准确掌握谈判对手的实际需要及其个性成为对谈判对手资料收集的首要内容。

1) 谈判主体的需要和谈判者个人的需要

在商务谈判中,谈判的实际需要往往是谈判主体的需要和谈判者个人需要的混合体。谈判主体的需要,指的是谈判人员所依托机构的实际需要。这种需要可能是基于企业经营目标、经营理念产生的,也可能是基于企业生产状况、财务状况产生的,甚至是基于竞争对手而产生的。谈判主体需要的固定性较大,改变的可能性不大,对谈判结果有着决定性作用。对谈判主体需要的分析,主要是分析谈判对手企业情况,如对方企业产品的生产、销售、财务、营销等情况。

谈判个人需要,指的是在商务谈判过程中,谈判者个人的需要。谈判者个人需要的灵活性较大,甚至有时候表现得可有可无,但它是谈判顺利进行的关键。对谈判者个人需要的分析,主要从谈判人员的一些基本情况入手,如对方的性格、年龄、兴趣爱好、文化背景等。

 应用实例 2-10

阿尼是谈判大师夏派罗在外地的一个朋友。那时夏派罗在巴尔的摩开律师事务所。

一天,接到客户电话说想卖出他三年前花 200 万美元买下的一处位于巴尔的摩和华盛顿之间的地产。他刚买下,房地产也就开始下滑。税费、保险费还有其他费用又花了 60 万美元,简直是雪上加霜。这块地皮很久都无人问津,最近有人对那块地感兴趣。客户要求夏派罗帮他谈成这笔生意。

夏派罗开始了解情况,包括那块地皮周边类似地产的价格,附近地区地价涨落的趋势等。客户给他地产的定价是 320 万美元,底线是 260 万美元。

买家是 GG 建筑材料公司,是一家上市公司。夏派罗立即找到它的相关信息——季报、半年报、年报、损益表、新闻报道、相关文章。得知他们刚刚上市几个月,手中有大量的通过出售股票募集的现金。还调查了 GG 建筑材料公司的营业范围。他们在芝加哥、得克萨斯、密西西比及佛罗里达都有销售中心,其业务已拓展到全国。据他们的宣传材料上讲,还要继续扩展到中部大西洋地区。这对夏派罗来说是个好消息,因为客户的地产正位于这一带的中部。

渐渐地,夏派罗获得的信息越来越多。就在那时,想到了他的朋友阿尼,他在那个地方经营一家电视台。估计电视台的老板应该认识当地不少人。于是,打电话给阿尼,问他是否了解 GG 建筑材料公司。阿尼说 GG 建筑材料公司没有在电视台做广告,不是他的客户。"不过,在一次商会的招待会上,GG 建筑材料公司的副总经理对我说:'你是巴尔的摩人,能不能给我介绍几个当地的房地产经纪人?'"夏派罗由此推断 GG 建筑材料公司要在巴尔的摩建立分公司,他们对房地产有迫切的需求。

谈判开始时,对方反复说夏派罗定价离谱,说他们公司可能会集中精力拓展南部业务。而关注这个地区只是他们的谈判策略。这种说法显然不太诚实。他们说的与夏派罗了解的情况不一致。

最后,夏派罗说尊重他们的意见。还说:"我们还有其他的选择需要考虑,比如说把这块地分割开出售(事实上也确实如此)。万一以后你决定在我们这个地区开展业务而我们还没有把这块地卖出去,请再和我们联系。"

这时,夏派罗的客户狠狠地捏了一下他的腿。很显然他有点沉不住气了,认为夏派罗太冒险。

这位客户度日如年。这么多年来他这块地都无人问津,现在终于有人感兴趣了,希望谈判千万不能破灭。等到第十天 GG 建筑材料公司打来电话,不同意 320 万美元的价格,说想再谈谈。经过讨价还价,最终以 270 万美元成交。

资料来源:龚荒. 商务谈判——理论·策略·实训. 北京:清华大学出版社;
北京交通大学出版社,2010

2) 谈判对手的个性

英国著名的哲学家弗朗西斯·培根在《谈判论》一文中说:与人谋事,则需知其习性,以引导之;明其目的,以劝诱之;谙其弱点,以威吓之;察其优势,以钳制之。当年,肯尼迪为了前往维也纳同赫鲁晓夫举行首次会谈做准备,曾研究了赫鲁晓夫的全部演说和声明,还研究了能获得的有关这位部长会议主席的其他全部资料,甚至包括他的早餐嗜好和音乐欣赏情趣。当然,绝大多数商务谈判用不着对对方做如此细致的研究。但是,了解得充分总比一无所知好。

一般情况而言,谈判主体在谈判目标的制定上,都会赋予谈判人员一定的灵活性。如何利用谈判者个性特点,有效影响对方谈判人员,使其降低原来的目标,就显得非常重要。

了解谈判者个性特点,可以从其基本情况入手,包括其年龄、家庭情况、个人简历、知识层次、收入水平、业余爱好和兴趣等。通过这些基本情况的分析,可以大体上考察谈判人员的个性特点,然后制定相应的对策。

 应用实例 2-11

纽约的迪巴诺面包公司,远近闻名。他们的面包在各地畅销,可是附近一家大饭店却没有向这家公司买过一个面包。公司经理及创始人迪巴诺希望打开一个局面,因此每周都去拜见这家饭店的经理,已坚持了 4 年多了,真可谓穷追不舍。迪巴诺绞尽脑汁做了种种努力,如参加饭店主持的各种活动,以客人的身份住进饭店等,可是即使如此,一次又一次的推销面包的谈判都以失败而告终。

迪巴诺意识到问题的关键是找到实现谈判目的技巧。他一改过去的做法,开始对饭店经理本人非常关注起来。他调查了饭店经理的爱好和热衷的事物。他了解到饭店经理热衷于美国饭店协会的事业,是协会的会长。他一直坚持参加协会的每一届会议,不论会议的时间、地点。于是迪巴诺下工夫对该协会做了较透彻的研究。他再去拜访该饭店经理时闭口不谈面包的事,而是以协会为话题,大谈特谈,这果然引起了饭店经理的共鸣。他神采飞扬,兴趣浓厚,和迪巴诺谈了 35 分钟有关协会的事项,而且还热情地请迪巴诺加入该协会。这次"谈判"结束以后,没有几天工夫,迪巴诺就接到了该饭店采购部门打来的电话,请

第 2 章 商务谈判的准备

他把面包的样品送去。这个消息着实让迪巴诺惊喜万分。饭店的采购人员也好奇对迪巴诺说:"我真猜不透你使出什么绝招,使我的领导赏识你。"迪巴诺庆幸他终于醒悟,明智地找到了打动饭店经理的策略,否则的话,恐怕他仍跟在饭店经理身后穷追不舍,而且这种持久战不知要打多久。

迪巴诺的谈判成功之术在于仅仅对饭店经理所关心的事情表示了关心和热情,通过这种热情,再加上长时间的宣传推销,达到了二者沟通的目的,最终使谈判大获全胜。

5. 谈判对手的时限

谈判时限是指谈判者完成特定的谈判任务所拥有的时间。谈判时限与谈判任务量、谈判策略、谈判结果有重要关系。

谈判者需要在一定的时间内完成特定谈判任务,可供谈判时间的长短与谈判者的技能发挥状况成正比。时间越短,对谈判者而言,用于完成谈判任务的选择机会就越少;时间越长,则选择机会就越多。了解对方谈判时限,就可以了解对方在谈判中会采取何种态度、何种策略,己方就可以制定相应的策略。在大多数谈判中,绝大部分的进展和让步都会到接近最后期限的时候发生。因为只有到接近期限的时候,才有足够的压力逼迫谈判者做出让步。

因此,对谈判者而言,一方面,可以采取各种方法尽可能地分析或知晓谈判对方的谈判时限,在谈判议程上能够控制对方,从而使己方在谈判中处于优势地位;另一方面,最好不要让对方知道自己的谈判期限,否则,他们就可以很轻易地操纵你的情绪,使你不安,使你渴求协议,甚至接受对方不合理的要求。

 应用实例2-12

某新建企业到国外引进设备,中方谈判人员告诉对方,我们厂房已经建好,就等着设备开工。外方一听,马上报出一个比国际市场价高100%的价格。结果,经过艰苦的讨价还价,终于以高出国际市场价30%的价格成交。

资料来源:林逸仙,蔡峥,赵勤. 商务谈判. 上海:上海财经大学出版社,2004.

6. 谈判对手的权限

谈判权限,是指谈判主体和谈判者在谈判中拥有决策权的大小。谈判权限分谈判主体的谈判权限和谈判代表的谈判权限。

1) 谈判主体的谈判权限

分析谈判对手的权限,最主要是看其是否具有谈判主体的资格。谈判主体的资格,是指能够进行谈判,享有谈判的权利和履行谈判义务的能力。如果谈判对手具有谈判主体的资格,其权限就可以承担谈判的后果,有完成谈判的能力;如果谈判主体不合格,将直接导致谈判无法进行,或者使已经完成的谈判归于无效。

为避免因谈判主体不合格而导致谈判的失败,谈判之前应通过直接(或间接)的途径,审查对方的谈判主体资格。要求对方提供谈判必须具备的证件和材料,包括自然人身份证件、法人资格方面的证件、资信方面的证件、代理权方面的证件等。

2) 谈判代表的谈判权限

谈判的目的是为了解决一系列问题,达成一系列交易。因此,商务谈判遵循的一个重要原则就是不与没有谈判决策权的人进行谈判。

47

从法律角度讲，公司或企业中不是任何人都可以代表该公司或企业对外进行谈判和签约，只有董事长和总经理才能代表其公司对外签约。公司对其工作人员超越授权范围，或根本没有授权而签订的协议，是不负任何责任的。这就要求在谈判中要严格审查，了解对方的组织结构，弄清对方决策权限的分配状况和权力范围，看谈判者或签约代表是否有足够的权限。

 应用实例 2—13

某人花了数百美元登广告，寻找豪华轿车的买主，结果有 3 位先生上门。A 先生出价 13 500 美元，B 先生出价 14 500 美元，C 先生出价 15 500 美元。于是，卖主决定和 C 先生交易，他们约定 3 天后交钱提车。

3 天后，C 先生如约前来，但他说："很抱歉，恐怕我们的这笔生意要做不成了，因为我的合伙人认为我开价太高，他只同意出 13 200 美元，您看怎么办？"买主的变卦令卖主大吃一惊，他考虑到又要花钱登广告，又要花时间等待其他买主上门等，就决定接受对方的要求。

资料来源：林逸仙，蔡峥，赵勤．商务谈判．上海：上海财经大学出版社，2004.

 知识链接 2—1

收集谈判对手的信息资料有以下两条途径：

1. 国内
(1) 商务部。
(2) 对外经济贸易促进委员会及其各地的分支机构。
(3) 银行的咨询机构。
(4) 已与该谈判对手有过业务往来的国内企业和单位。
(5) 有关的报刊、杂志、新闻广播。

2. 国外
(1) 我国驻当地的大使馆、领事馆、特使等。
(2) 国内银行在当地的分行。
(3) 本公司或本行业集团在当地开设的营业机构。
(4) 国内其他公司在当地的办事处。
(5) 本公司的代理人。
(6) 当地的报刊、杂志。

2.2.3 与谈判环境有关的资料的收集与分析

商务谈判是在一定的政治、经济、法律、文化等环境中进行的，这些环境因素会直接或间接地影响着谈判。商务谈判人员必须对谈判国家的上述环境因素进行全面系统的调研与分析评估，才能制定出相应的谈判方针和策略。

1. 政治状况因素

1) 经济体制

经济体制是组织和管理经济的一整套具体制度和形式。经济体制不同，企业决策机制就不同，谈判交易内容和执行情况就不同。如果是计划经济体制，则企业间的交易往来就要看有没有列入国家计划，列入国家计划的企业就是说已争取到了计划指标，可以按计划

第 2 章　商务谈判的准备

与其他企业进行交易谈判。如果没有计划指标，谈判就不会有结果。在市场经济条件下，企业逐步建立起现代企业制度，企业有较充分的自主权，可以决定谈判对象、谈判内容，以及交易本身的取舍。

2) 国家对企业的管理程度

这主要涉及企业自主权的大小问题。如果国家对企业管理的程度越高，则谈判过程中政府就会干预谈判内容及进程，谈判的一些关键性问题是由政府部门的人员做出的。因此，谈判的成败不取决于企业本身，而主要在于政府的有关部门。相反，如果国家对企业管理的程度较低，也就是说企业有较为充分的自主权，这时谈判的成败则完全取决于企业。这种谈判是完全由谈判主体来掌握自己的命运，完全能够看出谈判技艺的高低。

3) 政局稳定性程度

在谈判项目履行期间，谈判国政府局势是否稳定？总统大选的日子是否在谈判协议履行期间？总统大选是否与所谈项目有关？谈判对方与邻国的关系如何？是否处于较为紧张的敌对状态？有无战争爆发的可能？这些政治因素都将影响谈判。

4) 对方国家对该谈判项目是否有政治目的

通常情况下，业务往来谈判是纯经济目的的，但有的时候如果有政府或政党的政治目的参与其中，那么这种情况下，谈判的影响因素就复杂多了。在这方面的例子真是数不胜数，发达国家对发展中国家的贸易往来常有这种情况。在多数情况下，如果有政府或政党的政治目的参与谈判，那么这场谈判的最终结果，则主要取决于政治因素的影响，而不是商务或技术方面的因素。在一些较为落后的发展中国家，其集权程度较高，在与这些国家进行业务洽谈时，其谈判项目的决定及洽谈结果，往往取决于该国家领导人的政治地位和权力。

5) 政府与买卖双方之间的政治关系

如果 A 国家政府与 B 国家政府有政治矛盾，而 B 国家与 C 国家是很好的贸易伙伴，那么 A 国家就有可能不愿与 C 国家做生意。比如，阿拉伯国家有时就会拒绝同那些与以色列有政治经济关系的国家及其企业进行商务往来。

6) 对方国家有没有将一些军事性手段运用到商业竞争中的情况

在国际、国内商务竞争较为激烈的今天，有些国家在国际间的商务谈判中，往往利用一些军事性手段，例如，在客人房间里安装窃听器、偷听客人电话、暗录谈话内容以及用男女关系来诬陷某些人等。

2. 宗教信仰因素

1) 该国家占主导地位的宗教信仰

众所周知，宗教对人们的思想行为是有直接影响的。信仰宗教的人与不信仰宗教的人思想行为不同、信基督教的人与信佛教的人也不同……总之，宗教信仰对人们思想行为因素的影响是客观存在的，是环境因素分析中的重要环节。

2) 该宗教信仰是否对下列事物产生重大影响

(1) 政治事务。比如该国的党政方针、国内政治形势等，是否受该国宗教信仰的影响。

(2) 法律制度。比如在某些受宗教影响很大的国家，其法律制度的制定必须依据宗教教义。一般情况下，人们的行为如果符合法律原则与规定，就能够被认可，而受宗教影响较大的国家，人们行为的认可，要看是否符合该国家宗教的精神。

(3) 国别政策。由于宗教信仰的不同，某些国家依据本国的外交政策，在经济贸易上制定带有歧视性或差别性的国别政策，以便对某些国家即企业给予方便与优惠，而对另外一些国家即企业则设置种种限制与不便。

(4) 社会交往与个人行为。存在宗教信仰的国家，同那些没有宗教信仰的国家相比，在社会交往与个人行为方面存在着差别。

(5) 节假日与工作时间。宗教活动往往有固定的活动项目，而且不同的国家其工作时间也各有差别，这在制订具体谈判计划及日程的安排时必须考虑到。

3．法律制度因素

1) 该国家的法律制度

该国是依据何种法律体系指定的？包括哪些内容？

2) 实际生活中，该国家法律的执行情况

现实当中，有的国家是因为本身法律制度不健全，而出现无法可依的情况；有的国家是法律制度较为健全，且执行情况尚可；有的国家是有法可依，但在执法过程中，不完全是依法治国办事，而是取决于当权者，即当权者的关系如何将直接影响法律制度的执行。

3) 该国法院与司法部门是否独立

业务洽谈对司法部门的影响程度如何？现实生活中，许多发达国家都实行三权分立，法院、司法部门是各自独立的，不受行政等的影响，但却允许进行院外活动。在美国，每年达几百亿美元的收支就是来自一个庞大的院外活动集团。这里所说的院外活动，就是进行交易的公司或企业，可以通过各种关系，对政府的各个部门，主要是指那些影响交易的部门进行游说，以帮助自己达成交易，或做出有利于自己的决定。

4) 该国法院受理案件的时间长短

法院受理案件时间的长短直接影响业务洽谈双方的经济利益。当谈判双方在交易过程中及事后的合同履行过程中发生争议，经过调解无效，递交法院，就要由法院来审理。如果法院受理案件的速度很快，那么对交易双方的经营运作情况影响可能不大；如果拖的时间很长，甚至一拖就是几年，这无疑对双方的经济、精力等方面来讲都是难以承担和忍受的。

5) 该国在执行其他国家的法律进行仲裁时的程序

因为对于跨国商务洽谈活动而言，一旦发生纠纷，并诉诸法律，就自然会涉及国家之间的法律适用问题。因此必须弄清，在某一国家裁决的纠纷，拿到对方国家是否具有同等的法律效力，如果不具有同等法律效力，或者干脆无效，那么需要什么样的条件和程序才能生效且具有同等法律效力。

 应用实例 2-14

不了解国外法律法规的代价

一家法国电子产品集团在芝加哥以收购的方式投资建立了一个公司，生产军用电子产品设备。直到收购结束后该公司才知道美国有一条法令为《购买美国货法》，该法令规定美国政府只能购买外国公司生产的军事零部件,禁止美国政府购买外国公司生产的军事设备,而该公司计划生产的主要是整套军事设备,并且美国政府是主要的买家。这个法令意味着该公司生产的产品将无人问津,因此该公司不得不从美国撤出并为此遭受了巨大的损失。

中国某工程承包公司在加蓬承包了一项工程任务。当工程的主体建筑完工之后,中方由于不再需要大量的劳动力,便将从当地雇用的大批临时工解雇,谁知此举导致了被解雇工人持续40天的大罢工。中方不得不同当地工人举行了艰苦的谈判,被解雇的工人代表提出让中方按照当地的法律赔偿被解雇工人一大笔损失费,此时中方人员才意识到他们对加蓬的法律太无知了。根据加蓬的劳动法,一个临时工如果持续工作一周以上而未被解雇则自动转成长期工,作为一个长期工,他有权获得足够维持两个妻子和三个孩子的工资,此外,还有交通费和失业补贴等费用。一个非熟练工人如果连续工作一个月以上则自动转成熟练工人,如果连续工作三个月以上则提升为技术工人。工人的工资也应随着他们的提升而提高。而我国公司的管理人员按照国内形成的对临时工、长期工、非熟练工、熟练工以及技工的理解来处理加蓬的情况,结果为自己招来了如此大的麻烦。谈判结果是可想而知的,公司不得不向被解雇的工人支付了一大笔失业补贴,总数相当于已向工人支付的工资数额,而且这笔费用由于属于意外支出,并未包括在工程的预算中,全部损失都得由公司自行支付。

资料来源:白远. 国际商务谈判——理论案例分析与实践. 北京:中国人民大学出版社,2002.

4. 商业习惯因素

1) 该国家企业的决策程序

美国企业的决策程序是只要高级主管拍板即可,而日本企业的决策必须向上下左右沟通,达成一致意见后再由高级主管拍板。因此,必须弄清谈判对手所在国家企业的决策程序,决策程序的差异决定了在决策时间与谈判风格上都有所不同,这是首先应了解的商业习惯。

2) 该国文字的重要性

是否做任何事情必须见诸文字?合同具有何等重要的意义?文字协议的约束力如何?有些国家习惯上以个人的信誉与承诺为准,而另外有些国家则只以合同文字为准,其他形式的承诺一概无效,这也是必须了解的商业习惯。

3) 该国家在洽谈和签订协议过程当中律师的作用

美国人在参与业务洽谈时,总要有律师在场,当洽谈进入签订合同阶段时,由在场律师全面审核整个合同的合法性,并在审核完毕后有律师签字。这是美国人的习惯做法,而其他一些国家则有另外的做法,是必须弄清楚的。

4) 在正式的洽谈场合,双方领导及陪同人员的讲话次序

如果陪同成员只有在问及具体问题时才能讲话,则说明双方的高级领导人已介入谈判之中,否则,陪同成员的职权就会很大,说明此正式场合并非专为双方领导所安排。

5) 该国家企业在进行业务洽谈的同时有无商业间谍活动

如果确信该国在业务洽谈的同时有商业间谍活动,则应该研究如何保存机密文件以及其他的防范措施。

6) 该国家在商业活动中是否存在贿赂现象

如果确定该国家在商业活动中存在贿赂现象,那么方式如何?条件如何?在我们国家,坚决反对通过行贿来做生意,但是对于与之谈判的另一方,我们必须了解有关这些方面的情况。因为在某些国家的交易中,行贿和受贿被认为是违法行为,并有严格的配套法律对

此予以严格追究;相反,在另外有些国家,认为在交易中的行贿受贿属于正常现象,不行贿就难以做成生意。正因为如此,有些人认为行贿是交易的润滑剂,是必不可少的。因此,我们一定要弄清楚洽谈对手有关这方面的商业做法,以便采取对策。

7) 该国家是否允许洽谈中同时选择几家公司作为对手进行谈判,以便从中选择最优惠的条件达成协议

如果确信可以的话,那么保证交易成功的关键性因素是什么?要弄清是否仅仅是价格这一个因素。

当几家公司同时竞争同一笔生意时,这种谈判就复杂得多,艰难得多,因而必须紧紧抓住影响交易成功的关键性因素,围绕关键性因素来展开洽谈工作,方有可能取得成功。

8) 该国业务洽谈的常用语种

如果作为客场谈判而使用当地语言,有没有安全可靠的翻译?合同文件能否用两国文字表示?如果可以用两国文字表示,那么两种语言是否具有同等的法律效力?

商务谈判离不开语言的交流,用书面语言交流,对谈判双方来讲都是很重要的。因此,必须选择好合适的交流语言。如果在签订合同时使用双方文字,那么应该具有同等的法律效力。如果为了防止可能产生的争议,而使用第三国文字来签订协议,那么对洽谈双方来讲都是公平的。这是我们必须很好掌握的商业习惯,以便洽谈工作的顺利进行。

5. 社会习俗因素

一个国家或地区有着不同的社会习俗,这些习俗会自然或不自然地影响着业务洽谈活动。与商务谈判有关的社会习俗主要包括:①当地的节日习俗;②符合当地礼仪规范的衣着、饮食与称呼礼仪;③赠礼的礼仪及回赠的礼仪;④对荣誉、名声、面子的不同理解;⑤朋友的标准;⑥基本价值观;⑦时间的价值与效率;⑧友情与金钱的取舍等。

 应用实例 2-15

20 世纪 80 年代末,我国某公司曾向德国出口一批核桃,在谈判中双方商定交货日期在 11 月中旬,提前交货和延后交货都有奖罚条款。但我方由于某种客观原因,推迟了交货日期,这批货于第 2 年 1 月中旬才到达德国,错过了销售的黄金时期,德方进口核桃是供应圣诞节的。结果,核桃大量积压,对方要求赔偿包括核桃储藏费在内的所有损失,其赔偿费远远超过了核桃成本。如果我方了解到德国人有圣诞节消费核桃的习俗,恐怕就会对核桃的交货期限格外留心,如实在不能按期发货,至少可以采取一些亡羊补牢的措施。

资料来源:李爽. 商务谈判. 北京:清华大学出版社,2007.

6. 财政金融因素

商务谈判的结果是使得洽谈双方的资产形成流动,对于涉外业务活动,则要形成资产跨国流动。这种流动是与洽谈双方财政金融状况密切相关的。一个国家或地区,与业务洽谈有关的财政金融状况因素主要有以下几个方面。

1) 该国家的外债情况

如果该国家的外债过高,虽然双方有可能很快达成协议,但在协议履行过程中,有可能因为对方外债紧张而无能力支付本次交易的款项,这便会直接造成双方人际关系的紧张。因而,对该国外债情况的了解是很重要的一个方面。

2) 该国家的外汇储备情况

如果外汇储备较多，则表明该国家有较强的对外支付能力。相反，如果外汇储备较少，则说明该国家的对外支付存在困难。

另外，还要看该国家的出口产品的结构如何。因为一个国家的外汇储备与该国家出口产品的结构有着密切的关系。通常情况下，如果出口产品以机电产品为主，这类产品具有较高的附加价值，因而具有较强的换汇能力。如果出口产品以农副产品及矿产品原材料等为主，这些产品属于初级产品，其附加价值是很低的，因而换汇能力就比较差。通过分析这些，可以很好地把握与该国所谈项目的大小，防止由于对方支付能力局限，而造成大项目不能顺利完成的经济损失。

3) 该国家货币是否可以自由兑换

如果不能自由兑换，有什么条件限制？汇率变动情况及其趋势如何？这些问题多是交易双方的敏感话题。很显然，如果交易双方国家之间的货币不能自由兑换，那么就要涉及如何完成兑换问题，同时还要涉及选择什么样的币种来实现支付等。汇率变化对交易双方都存在一定的风险，如何将汇率风险降为最低，需经双方协商而定。

4) 在国际大市场中，该国家支付方面的信誉

该国家是否有延期支付的情况？原因何在？了解这些问题，可以帮助我们掌握对方的信誉情况，便于在谈判中采取适当的对策。如果对方信誉不佳，就要考虑用何种手段控制对方，以免对方延期支付。

5) 在国际大市场中，该国家支付方式如何

要取得外汇付款，需经过哪些手续和环节？这些问题会涉及商务交易中支付能否顺利实现，怎样避免不必要的障碍。

6) 该国家适用的税法

该国家是依据什么法规进行征税的？征税的种类和方式如何？有否签订过避免双重征税的协议？如果签订过是哪些国家？这些问题都会直接影响到双方最终实际获利大小的问题。

7) 该国家对外汇出境外是否有限制？有什么规定？

弄清楚这些问题可使交易双方资产形成跨国间顺利流动，保证双方经济利益不受损失或少受损失。

7. 基础设施与后勤供应系统因素

该国家或地区的基础设施与后勤供应状况因素也会影响业务洽谈活动。例如，该国的人力资源情况如何？包括该国人力方面必要的熟练工人和非熟练工人、专业技术人员情况如何？该国的物力方面建筑材料、建筑设备、维修设备情况如何？在财力方面有无资金雄厚、实力相当的分包商？在聘用外籍工人、进口原材料、引进设备等方面有无限制？当地的运输条件如何？这些也都需要加以考虑。

8. 气候因素

气候因素对谈判也会产生多方面的影响。例如，该国家雨季的长短及雨量的大小、全年平均气温状况、冬季的冰雪霜冻情况、夏季的高温情况、潮湿度情况，以及台风、风沙、地震等情况，都是气候状况因素。

应用实例 2—16

忽视当地气候的代价

我国某公司在泰国承包了一个工程项目,由于不了解施工时期是泰国的雨季,运过去的轮胎式机械在泥泞的施工场地上根本无法施展身手,只得重新再组织履带式机械。因为耽搁了采购、报关、运输时间,以致延误了工期,于是对方提出了索赔。如果当初我们多懂一点世界地理知识,知道泰国的气候特点,或主动向专家了解一些在泰国施工可能遇到的困难,那么后来最终蒙受的经济损失和信誉就会得以避免。

资料来源:刘园,李志群. 国际商务谈判理论、实务、案例. 北京:中国对外经济贸易出版社,2001.

2.3 谈判组织的建立

2.3.1 组织谈判小组的原则

为了保证商务谈判取得预期的效果,应根据以下几项原则来选派不同的人员,组成不同的谈判小组。

1. 依据项目的大小和难易来确定谈判小组的阵容

在确定谈判小组阵容时,应着重考虑谈判主题的大小、难易程度等因素,据此来决定派选的人员。如果是一对一的谈判,那么对于参与谈判的人来讲要求是很高的,因为当单独谈判时,其实质是在代表着一个小组和整个谈判的某一方。所以,谈判人员应促使自己训练成为多方面的专家。至于要成为哪些方面的专家,应根据自己的职业、性格、业务需求等方面来决定,一旦谈判项目需要一人上阵,即可发挥作用。

如果当项目很大,靠一个人的力量难以完成谈判任务时,就要考虑选派一个小组来参加谈判。小组谈判的好处在于可以由许多有不同知识背景的人参加谈判,能够集思广益,使对方感到有更多的对立面。一般情况而言,关系重大而又比较复杂的谈判大多是小组谈判。

谈判小组的阵容及其参加人员的多少及成分,可因谈判项目的不同而定。通常情况下,有关商品交易的谈判,可由主管该项目的业务人员参加,如果是重要的交易应由总经理主谈。

2. 依据项目的重要程度组织谈判小组

一些大型的、内容复杂的交易,比如大宗涉外业务项目等,必须组织一个坚强有力的谈判小组负责进行谈判。通常情况下,过多的人参加或单独谈判对于重大项目来讲都较为不利,更有利的应是组成一个人数适中的小组参加谈判。因为在谈判过程中,往往要进行很多活动,每个成员承担一至两项活动,再经过内部统一协调即可完成谈判任务。

3. 依据对手的特点配备谈判人员

通常,客商的谈判成员是由雇主聘请技术咨询顾问,负责审查欲购商品的质量、性能指标并提出修改意见,以满足其特殊要求,即聘请法律顾问洽谈商务条件,然后运筹出最

第2章 商务谈判的准备

佳方案提交雇主裁定。己方配备的谈判人员必须与之匹配，聘请精通专业技术的工程技术人员和精通国际贸易商务条款的专业人员负责运筹技术、商务和法律方面的业务。对于专业化谈判小组的成员来讲，必须懂技术、精通国际贸易、并能用英语直接与客商谈判。同时，谈判小组应既有善于灵活成交的能力，又有善于巧妙地拒绝"有损我方条款"的本领，做到积极主动，运筹得当。

 应用实例2-17

大型项目谈判组织

1992年4月，国家启动了"全国××专项工程"。该项目是国家为了避免重复引进，在电子行业中第一次采用集中11个整机工厂的人力、物力，集中由国家投资建立一个A产品关键件工厂，以填补国内的生产空白。同时按照以市场换技术的原则，用三年的产品进口换取对方全部技术。整个项目投资金额巨大，政策性强，由政府主管部门直接组织项目的实施。政府指定中国××进出口总公司作为项目的进口代理，负责项目所有的对外商务工作，并明确要求在5月31日前完成全部商务谈判，6月15日签订合同。

1992年4月底，对外引进谈判工作正式开始。外方来自两个国家的4家公司，此前分别与中方11个整机工厂已有接触，得到中方邀请，共派出近120人的谈判队伍参加谈判。中方11家企业按照各自的目标对象分成4个大组，派出了200多人的谈判队伍；中方代理公司也抽调了20多名业务骨干(包括业务、法律和运输等方面的专门人才)组成商务谈判组，下设4个小组，分别分配到4个大组中。中方在北京的一家园林式涉外饭店包了一栋楼和所有的会议室作为谈判地点，双方将在此用一个月的时间完成所有的技术和商务洽谈，并从4家外商中选出一家签约。

如此大规模的谈判，对双方来说都是头一次，如何组织是中方面对的一个重大课题。在谈判预备会上，中方分析了整个态势，将谈判任务归纳为三点，即保证时间进度、保证合同数量、保证合同质量。保进度就是必须在1个月内完成所有工作；保数量指的是合同总数，按照引进标的和政府的要求，要谈判完成的合同文件包括合作总协议、4种关键件的制造技术和成套设备引进合同、3个开发中心的引进合同以及合资合同，合计每家7个合同1个协议，总共32个合同文件；保质量就是所有完成的合同文件都必须完整、准确、符合国家要求和审批标准。根据以上情况，中方针对性地制定了如下谈判组织方案。

(1) 为了争取时间，保证进度，与4家外商的谈判同时开始。商务部分按照引进和合资两类合同来分组，技术部分按照双方专家匹配的数量和翻译数量来分组，尽可能同步开始。

(2) 在力量调配上，中方按照外方公司数量分为A、B、C、D 4个大组，每个大组下设综合、技术和商务3个组，组下面再根据需要和双方人员的可能性，分成更多的小组就不同的问题进行直接谈判。技术组负责所有技术附件的起草和谈判；商务组负责合同文本和商务附件的谈判；综合组人员不固定，由各方面的负责人组成，重大问题或基层谈判解决不了的问题，由综合组与对方高层协调或洽谈。大组和组设正副组长，小组指定负责人，各负其责，分头把关。

(3) 为了保证合同质量，坚持以中方的合同草案为基础进行谈判。

(4) 为了保证技术谈判和商务谈判不脱节，在技术组中派出商务联络员，商务组中派出技术联络员进行沟通，并分别对自己负责的条款表态。

谈判原则确定后，整个谈判计划开始启动运转。谈判开始3天后，中方发现谈判出现了极大的混乱，几百人同时上阵，简直像骡马大会，11家企业各自按照自己的想法与自己的目标合作对象谈判。有的大组集中全部力量谈合资，引进合同没有人管；有的大组一心一意谈技术，对于如何形成附件却没有考虑；有的大组技术附件和商务文本同时开始，由于附件没有形成，给商务文本谈判带来困难；有的大组几个厂各谈各的。最重要的是各组都希望自己的合作对象能取胜，谈判中只注意在合同文件中突出自己的特点，对合同的完整性和统一性未予注意。为了摆脱混乱局面，中方连续召开了几次协调会，调整谈判秩序，并先后采取了几项措施。合同文件按商务组提供的统一框架来起草；在谈判顺序上，以引进合同为主，合资合同单独安排；合同谈判中，先谈合同框架，再进行实质性谈判；技术谈判先开始，边谈边形成技术附件；商务文本的实质性谈判延后10天后开始；最后进行价格谈判。

对于各大组的技术人员，打破企业建制按专业统一编组，统一对外口径。同时建立了信息交换和汇总制度，每天谈判结束后，分组进行小结，逐层汇报谈判进展情况和取得的成果，最后举行大组联席会进行汇总，并据此决定第2天的谈判方案。再逐层反馈回去，连夜进行准备。调整措施实施后，谈判秩序规范起来让整个谈判节奏开始统一。

在谈判即将完成时，中方突然发现，由于整个合同文件是由几百人多个小组分别形成的，在文本衔接上出现大量错误和矛盾。因此，在谈判的最后3天，组织各大组对合同进行了综合衔接。首先对商务文本和技术附件分别进行自查；然后，对商务文本和技术附件进行衔接检查，发现前后矛盾、正文和附件不一致或条款引用有误的立刻与外商协商更正。这一衔接工作避免了大量低级错误，保证了合同的最终质量。

经过双方谈判代表团的共同努力，所有的谈判都按期完成，中方经过比较，选择了一家外商进行了最终谈判，于6月15日如期签订合同，圆满完成了专项工程谈判签约工作。

资料来源：王海云. 商务谈判. 北京：北京航空航天大学出版社，2007.

2.3.2 谈判人员的素质要求

商务谈判是谈判人员之间知识、智慧、心理、能力、经验和应变能力较量的过程，是一种思维要求极高、专业性极强的社会活动。谈判人员的素质如何，直接影响整个谈判的进展，影响谈判的成功与否，最终影响双方的利益。弗雷斯·查尔斯·艾克尔在《国家如何进行谈判》中指出："一个合格的谈判家，应该心智机敏，有无限的耐心。能巧言掩饰，但不欺诈行骗；能取信于人，但不轻信于人；能谦恭节制，但又刚毅果敢；能施展魅力，但不为他人所惑；能拥有巨富，藏娇妻，但不为钱财和女色所动。"美国谈判大师嘉洛斯(Karrass，Chester Louis)经过调查分析，把谈判人员列前五位的素质概括为：准备和筹划的技巧、谈判将要涉及的知识、在遇到压力和不确定事件时保持思路清晰和敏捷的能力、善用语言表达想法的能力、听取陈述的能力。可见，对谈判人员的素质有很高的要求。一般来说，谈判人员的素质包括三个方面，即基本素质、知识结构和能力结构。

1. 基本素质

谈判人员的基本素质泛指谈判者个人综合素质，它是由谈判者的政治素质、业务素质、心理素质、文化素质、身体素质等构成，它是谈判者所具有的内在的特质。

1) 政治素质

政治素质包括思想觉悟、道德水平、价值观和法律意识。

在商务谈判中，谈判人员应具有爱国心，坚决维护国家、企业利益，不能损公肥私甚至与人合伙损害国家、企业利益；谈判人员应为人正直、廉洁奉公、不谋私利、尊重别人、平等待人，具有谦虚、协作、敢于承担责任的品德；谈判人员应以维护国家和企业利益为荣，具有高度原则性、责任感和纪律性；谈判人员应具有较强的法律意识，尊重法律和社会公德。

第2章 商务谈判的准备

 应用实例2-18

1991年初,一港商主动找到某公司,想购买对虾100吨,并请负责这方面的业务员单独会谈,要求价格能按国家最低限价执行,并许诺事后以彩电、录像机、佣金等酬谢,而当时的市场价与限价每吨相差200美元。我们的业务人员当即婉言拒绝,并向港商申明了自己的观点:"我们作为国家的外贸人员,不以谋取私利为目的,不能以损害国家的利益而中饱私囊。这样的生意也不会长久。先生若想买虾只能以现在的行情,不买也不勉强。"这样,港商只好按市场价签了合同。由此可见,谈判是一种竞争,是为国家、集体、企业谋取最大利益的一种手段,因此谈判必须树立正确的思想意识。不为他人所惑,不为钱财所动,是一个谈判人员应有的素质。

资料来源:张利. 国际经贸谈判面面观. 北京:经济科学出版社,1995.

2) 业务素质

业务素质包括基础知识、专业知识、语言表达、判断分析、谈判策略运用等能力。

谈判人员应该具备较高的学历和相当广泛的阅历,有较强的求知欲和获取新知识的能力。谈判人员应具备相关的专业知识,熟悉本专业领域的科学、技术及经营管理的知识,能够担当专业性较强的谈判任务;谈判者应能够熟练运用口头、书面、动作等语言和非语言表达方式准确地向对手表明自己的意图,达到说服和感染对方的目的;谈判者应善于观察对手,及时捕捉对方信息,发掘其价值,冷静预见其谈判前景,并适时调整己方的谈判策略,促使谈判成功。

 应用实例2-19

中国某钢铁基地要引进十几亿美元的先进设备,委托中技公司的专家代理谈判。经过艰苦的谈判,技术和贸易上的问题都较好地解决了,但中方人员还是不松懈。当时这笔交易,我方要使用外方70%的贷款,利率是7%,是当时最低的利率。但谈判结束后,到还贷还有两年时间,这两年里,利率是否会下调呢?经过认真研究,我方决定利用国际惯例,追加一条附加条款,即如果我国财政允许,在还款期限前,我方一次性还清全部贷款,不算利息,没有其他附加条件。

又经过一番较量,外方同意我方要求。

到1987年还款前,国际市场的利率果然下调。我方乘机借了一笔5.4%利率的贷款,还掉即将到期的7%利率的贷款。

由于谈判人员认真负责,用自己的经验和能力,为国家节省了一大笔资金。

资料来源:林逸仙,等. 商务谈判. 上海:上海财经大学出版社,2004.

3) 心理素质

心理素质包括工作责任心、自控能力、协调能力。

谈判人员只有具有较强的工作责任心、事业进取心,才能在竞争性极强的商务谈判中既坚持原则又充分发挥自己的能力;谈判人员的自控能力表现在谈判人员在激烈的谈判中控制、调整情绪,克服心理障碍,维护组织利益的能力。在谈判过程中,谈判人员应尽可能保持稳定的心理状态,避免忽喜忽忧或言行过激;谈判人员应善于同己方人员相处,并善于同来自不同文化背景的谈判对手交往,善于协调各方面的关系。

应用实例 2-20

上海第三毛纺厂前厂长王德义在与客户谈判时,曾为了增加每米 5 美分的卖价,夜以继日、通宵达旦地与美方谈判,直到对方同意为止。按照他的话说,"我有挣外国人钱的瘾",其工作精神可嘉。

资料来源:唐齐千. 谈判艺术与礼仪. 北京:民主与建设出版社,1998:16、17.

4) 文化素质

谈判者应该具有比较高雅的情趣,注重以文化艺术陶冶自己的情操,注重礼仪礼节和形象。因为谈判人员的言行举止,不仅是个人道德修养高低的反映,更代表了国家的文明程度与民族风貌,关系着国家的声誉和民族威望。

 应用实例 2-21

一次,我国某医疗机械厂厂长就引进"大输液管"生产线问题与英国客商约翰先生进行谈判。经过艰难的谈判,双方握手言欢,约定第二天正式签约。该厂长大喜之余,力邀对方至车间一游,看看车间现有的生产状况。车间里秩序井然,工人们忙忙碌碌,各类药品不断从流水线的输送带上滚落瓶内,英商连连点颔首肯,兴致勃勃地四处观看,并提出了一系列合理化建议。热心好客的厂长更谈兴更浓,滔滔不绝地介绍这个介绍那,兴奋之余,他觉得喉咙有些痒痒,便转过身去,猛咳一声,向水磨地面上吐了一口浓痰。对方惊诧地盯着厂长,只见他正用鞋底在地上擦去痰渍。至此英商约翰先生愕然了,半晌,最终掉头而去,丝毫不顾张厂长面带尴尬的邀请。

第二天早晨,翻译拿着一封信函,找到了焦急难耐的张厂长,告之约翰先生已经离开了这座城市,踏上了归国的班机,并将信递给了张厂长。信中写道:"尊敬的张先生,请恕我不告而别。你的豪爽与精干,令我十分钦佩。但您在车间里吐痰的那一幕却使我无法接受。如果连厂长都这般不讲卫生,那工人的素质更是可想而知。况且我们合资的企业是生产药品的,它关系到人类的生老病死,卫生环境更是必须保证。因此,我必须撤销投资意向,我不能当贵国的罪人。否则,上帝会惩罚我的……"

张厂长懵了,彻底懵了,一屁股坐在了沙发上。

5) 身体素质

谈判人员身体要好,经得起连续的谈判、算账和长途跋涉。由于谈判是一项比较艰苦的工作,这就需要谈判人员有一个良好的身体素质。只有这样,谈判者在谈判中才能保证精力充沛,充满信心,适应性强。否则,谈判就会因为谈判人员身体疲劳而出现失误,进而造成不应有的损失。

 应用实例 2-22

甲公司欲销售其一条生产线给乙公司。甲方多次到乙方所在地交流、谈判,也请乙方到甲方工厂参观考察,双方决意合作。不过,乙方留了两个议题,即甲方的条件与成交的时间。对此,甲方认为不应成问题。于是,双方约定到乙方所在地谈判。

双方在乙方公司的办公楼连续谈判了 4 天,进度不快也不慢,关键是甲方谈判的 8 位成员谨慎细致,对各种条件把得很紧,离乙方的要求仍有相当差距。

乙方看到进度和条件均不尽人意,于是提出了批评意见:"贵方谈判是否有问题,4 天过去了不见进展。有些条件本来是明显的,也被贵方专家搞复杂了。这么下去什么时候能谈完?"

甲方:"时间进度我们不会耽误,不把问题都谈清楚也不行。"

乙方:"事情当然要谈清楚,但何时能达成一致呢?"

甲方:"这是双方的责任,希望贵方也努力。"

乙方:"我方可以配合贵方,充分利用贵方来访的时间。"

甲方:"只要贵方有这个态度,我相信能很快谈完。"

这么一交锋后,果然进度快了不少,关键是双方态度都做了调整,配合默契多了。到了星期六,谈判进展很大。

星期六是周末,对于谈判手来说也存在一种期盼——能否结束谈判呢?上午和下午的谈判,双方人员似乎上足了发条,全力向前推进。然而在关键问题——最后的设备价格上,谈判陷入了僵局。下午散会时,甲方问乙方:"什么时候再谈?"乙方说:"今天是周末,下周一再谈吧。"甲方又问:"不知贵方愿意不愿意今天继续谈判,趁热打铁或许会有奇迹出现。"此话正合乙方之意,于是乙方说:"贵方是客,我方可以陪你们继续谈,不过不希望像下午谈判那样——僵着,不前进。"甲方说:"谢谢贵方配合,我方也希望向前进,僵着对谁都没有意义。"乙方又说:"晚上办公楼可能没有人服务,人多了有所不便。""那可以到我们住的饭店来谈判。"甲方说。

晚饭后,双方人员在甲方住的饭店继续谈判。这是一个套房,有床有沙发,还有个大圆桌,喝水也较方便,大家认为条件还不错。谈判围绕最后的分歧——设备价格进行,一会儿评、一会儿议、一会儿对某些设备价格做调整,但价格差距仍没有明显缩小。甲方于是让乙方改变设备构成,取消部分外购设备,改由乙方内购。乙方对此予以反击,认为技术水平难以保证;乙方反过来批评甲方不做努力。尽管如此,甲方还是改善了价格,乙方也做了部分设备的调整,或外购改内购。时间就这么一点一点地过去,直到次日凌晨4点,双方终于走到一起,握手成交。当这一刻到来时,甲方人员感到精疲力竭,全都躺在沙发上睡觉了。而乙方人员在主谈人的带领下,清点资料,核对成交结果,发现己方所需的内容(指降价)均在,而己方同意去掉的部分设备并未去掉。于是,全体谈判人员欣喜地离开饭店回家。此时,已是清晨5点多了。

按约定,一个月后该签合同了。签订合同后,三个月内乙方开始付第一笔款,甲方开始交付第一批货。交付时,甲方通知乙方:"合同内容有问题。原来双方同意去掉的十几台设备,计20多万美元,没有从清单中抹去。"乙方问:"为什么?"甲方回答:"由于当时很疲劳,成交后没有复核设备清单。"乙方说:"不可能。贵方成交时因极度困倦而未核清单,那么签约时也在睡觉吗?我方认为不存在遗忘问题,而是讨价还价的结果。"双方在互通函电后又派人面谈交涉该问题。甲方坚持"是遗忘造成的",乙方强调"合同已生效,不能随便改"。面对这个争议,双方最后只得妥协,以使合同安全执行。乙方说:"考虑到双方合作,我们可以让一步,减少一半,即10多万美元的设备,其他不能动。"甲方说:"谢谢,我方只好接受贵方建议。"

资料来源:冯砚,丁立. 商务谈判,北京:中国商务出版社,2010.

2. 知识结构

谈判人员应具备良好的知识结构。谈判人员必须具备丰富的知识,不仅要有广博的知识面,而且还要有较深的专业知识。具体地说,商务谈判人员要掌握各种商务业务知识及与其有关的知识,如金融知识、市场知识、技术知识、法律知识等,还要掌握一到两门外语,以便在谈判中应变自如。

1) 商务知识

谈判人员应系统掌握商务知识,如市场营销、国际贸易、国际金融、商检海关、国际商法等方面的知识。

2) 技术知识

谈判人员应掌握与谈判密切相关的专业技术知识,如商品学、工程技术、各类工业材料、计量标准、食品检验等知识。

应用实例2-23

　　一日商与我国烟台市食品进出口公司就一笔海产品生意进行洽商,合同的各项条款基本上达成一致,日商提出验货后再签合同。在验货中日商提出所验货物有风干及泛油现象,是否再取一部分检验一下。我方业务人员由于经验不足,专业知识不牢固,不能正确解答所出现问题的原因,而对客户讲我们的货物都是这样,没必要再验。由此使客户丧失信心,此笔生意未能成交。

　　而同是一批货物,在与另一日商的谈判验货中,客户提出了同样的问题,而另一经验较丰富、专业知识较好的业务人员,向日商做了耐心详细的解释,告诉日商此批货物的风干现象是塑料封闭不严和存放时间稍长所致,出现风干的部位是在冻块的边沿,其余部分均为冰被所覆盖,并不影响商品的质量;泛油现象是在商品加工、冷冻过程中,由于低温所致出现的物理现象,也不影响商品的质量,如对方不相信,可以化冻检验。日商接受了我方的建议,进行了化冻检验,认为质量没有问题,双方愉快地签订了合同。

　　　　　　　　　　　　资料来源:张利.国际经贸谈判面面观.北京:经济科学出版社,1995.

　　3) 人文知识

　　谈判人员应掌握心理学、社会学、民俗学、语言学、行为学等知识,要了解对方的风俗习惯、宗教信仰、商务传统和语言习惯等。

 应用实例2-24

　　众所周知,法国盛产葡萄酒,外国的葡萄酒想打入法国市场是很困难的,然而四川农学院留法研究生李华博士经过几年的努力,终于使中国的葡萄酒奇迹般地打入了法国市场。可是,葡萄酒在香港转口时却遇到了麻烦。按照土酒征80%关税、洋酒征300%关税的规定,内地的葡萄酒要按洋酒征税。面对这一问题,李华在谈判中吟出了一句唐诗:"葡萄美酒夜光杯,欲饮琵琶马上催。"并解释说:这说明中国唐朝就能生产葡萄酒了。唐朝距今已有1300多年了,英国和法国生产葡萄酒的历史,要比中国晚几个世纪,怎么能说葡萄酒是洋酒呢?一席话驳得有关人员哑口无言,只好将葡萄酒按土酒征税。

　　　　　　　　　　　　资料来源:关兰馨.第一流的商务谈判.北京:中国发展出版社,1998.

　　3. 能力结构

　　谈判人员除具备基本的知识结构外,还要有将知识转换成能力,具备较强的运用知识的能力。知识和能力是密切相关的,只有掌握了一定的知识,并能灵活运用,才能使知识转变为能力。商务谈判人员应具备以下几种能力。

　　1) 协调能力

　　谈判是一项需要密切配合的集体活动,要求每个成员在发挥出自己作用的同时还要相互协调关系,从而把个人的力量凝结起来,以形成更强大的战斗力。

　　2) 表达能力

　　谈判人员应该具有较强的口头表达和文字表达能力,善于运用言语有理、有利、有力、有节地表达自己的观点;同时要精通与谈判相关的各种公文、合同、报告的写作以及电脑技术的掌握。

 应用实例2-25

　　有一次,日本新日铁公司给我国宝山钢铁公司寄来一箱技术资料。清单上注明有六份资料,但开箱清点时只有五份,双方发生纠纷。日方说:"我方提供资料时,经过几次检查,不可能漏装。"我方人员说:

第 2 章 商务谈判的准备

"我们开箱时有多人在场,开箱后又清点几遍,是在确实判定材料缺少后才向你们提出的。"双方各执一词,交涉相持不下,后来我方人员进行了充分的准备再与对方谈判。这一次,我方人员首先列举了资料缺少的三种可能性,一是日方漏装;二是运输途中散失;三是我方开箱后丢失。接着又指出如果是在运输途中散失,木箱肯定有破损,可木箱并未破损;如果资料是我方开箱后丢失,那么,木箱上所印的净重就会大于现有五份材料的重量,而现在两者恰好相等;可见,资料既不可能是途中散失,也不可能是我方开箱后丢失的。既然一共有三种可能,而被否定其中的两种,那就得到可靠的结论便是资料缺少是由于日方漏装。

资料来源:蒋春堂. 谈判学. 武汉:武汉测绘科技大学出版社,1994.

3) 判断能力

在谈判过程中,谈判者既要"谈",又要"判"。由于对方往往掩盖自己的真实意图或做出种种假象,这就需要谈判者迅速根据掌握的信息和对手的言谈举止加以分析综合,做出及时的、合理的和正确的判断。从而掌握谈判的主动权,取得谈判的成功。

 应用实例 2-26

1985 年国内某家公司从日本进口了一条生产线,因暂时缺少日元外汇,所以设备一直压在东京。在谈判时,日方竟一反国际惯例,不要积压占地的罚款,表示什么时候有外汇什么时候运过来。对方的"宽宏大量"马上引起我方人员的警觉,他们判断一定有问题。找有关部门调查后才知道原来是日元近期要升值,日元升值后,尽管不要占地罚款,日方也还是占了便宜。我方马上想办法将设备运回,避免了国家损失。可见,良好的判断能力在谈判中具有重要作用。

资料来源:蒋春堂. 谈判学. 武汉:武汉测绘科技大学出版社,1994.

4) 应变能力

谈判中会发生许多意想不到的事情和变化,谈判人员应能准确地分析、冷静地思考,迅速采取措施,机敏地由被动变为主动。

 应用实例 2-27

1954 年,日内瓦会议开了近两个月仍未解决任何问题。这时,大会主席、英国外交大臣艾登突然宣布闭会,这是美英代表事先商量好了的。对于突然出现的情况,中国代表团没有惊慌,团长周恩来当场提出继续进行协商另定会议时间的建议,得到许多国家代表支持,把美英停止会议的预谋打乱了,使美国代表及其追随者陷入混乱境地。会议由此继续下去,最后达成了重要协议。周总理为什么能做到处惊不乱呢?一方面,因为他本身就具备沉着冷静的应变能力;另一方面,中国代表团会前就对谈判中可能出现的种种情况做了设想并制定相应措施。这就使我方始终处于谈判的主动地位。

资料来源:蒋春堂. 谈判学. 武汉:武汉测绘科技大学出版社,1994.

5) 决策能力

及时正确的决策,是人们采取有效行动达到预期目标的前提。在谈判中,决策不仅仅关系到谈判的方向、效率,而且直接影响到谈判的成败。一场谈判的成功与否,同谈判者适时做出决策有直接的关系。决策正确导致谈判成功和获益,否则就会失利。这就要求谈判人员具有较强的决策能力。

应用实例 2-28

　　1987 年湖北医药工业研究所研制出一种胃药冲剂，经专家鉴定具有 20 世纪 80 年代国际先进水平。当时，武汉第四制药厂提出购买这项专利技术，医工所提出：谁提供一台制剂干燥设备，谁即可获得生产权。围绕这台价值 3 万元人民币的设备，双方讨价还价。制药厂决策人犹豫不决，内部意见也不统一，关键时刻不能果断决策，最后谈判破裂。

　　1990 年，珠海市丽珠制药厂获知此信息，厂领导赶到武汉与医工所展开谈判。当即拍板成交，丽珠制药厂以 40 万元转让费获得专利技术，取名"丽珠得乐"。1991 年，"丽珠得乐"以强劲攻势打入包括武汉在内的全国各地医药二级站，实现年产值 1.2 亿元，利税 3 000 万元。

　　1990 年 6 月，面临困境的武汉第四制药厂怀着复杂的心情与医工所重新谈判，以 8 万元转让费成交。在"丽珠"占领市场 9 个月之后，生产出它的孪生兄弟"胃康得乐"。然而良机已失，到 1991 年年底产品严重积压，连近水楼台的武汉市小块市场也未能保住。

　　"丽珠得乐"作为科研成果，诞生在武汉，却给珠海创造了巨大经济效益，留给武汉一枚难吞的苦果。关键在于武汉第四制药厂谈判人员犹豫不决，而珠海丽珠制药厂领导在谈判中则眼光敏锐，果断决策。同是谈判人员，两种不同的决策能力，导致两种不同的谈判结果，导致两种不同的经济效益。

　　　　　　　　　　　　　　　　　资料来源：蒋春堂. 谈判学. 武汉：武汉测绘科技大学出版社，1994.

　6) 创新能力

　　谈判人员应有丰富的想象力和创造力，勇于开拓进取，不断创新，拓展商务谈判的新思路、新模式和新方法，以提高谈判的效率和获得谈判的成功。

 应用实例 2-29

　　1992 年，承德露露还只是一家小企业。经中国机械进出口公司联系，决定和俄罗斯一家饮料公司合资在俄成立露露的俄罗斯分公司。

　　合作的初步构想是这样的：露露为技术提供方，俄方提供土地、厂房及运作和销售环节中所需的俄方人员。俄方合作者对露露的一整套生产工艺，包括严格的多重消毒环节都很满意。

　　中方露露也派人赶在谈判日之前去俄罗斯考察了俄方提供的地皮。

　　前序工作一切进行完毕，中国机械进出口公司带领俄方来到承德，开始谈判。

　　饮料的生产流水线复杂，需要相当大的厂房。俄方提供的两块地皮，一个位于郊区，靠近俄罗斯人周末必去的别墅地，面积足够大，价格也便宜；另一处则在繁华的市区，虽然是市民主要生活消费地区，场地面积却小很多，建立生产线以后几乎没有办公室的空间了，而且地价相对贵得多。

　　谈判桌上，俄方想尽办法说服露露选择郊区位置。但是考虑到市民们一周内只有一两天在别墅度过，非常不利于打开饮料市场。虽然办公室会非常狭小，可露露决定坚持选择市区的位置，谈判陷入了僵局。

　　谈判第三天，中国机械进出口公司提出了一个方案，即先在市区建厂，迈出有利的第一步。等到三年之后成本收回，由中国机械进出口公司出面为露露集团联系在郊区建一个分厂，达到生产在郊区，经营、销售在市区的最终目标。俄方、中方对此方案均表示认可，谈判成功了。作为中国第一家打入俄罗斯市场的饮料企业，露露的跨国发展是成功的一例。

　　在此例子中，中方提出的方案是将双方的场地要求分开考虑，中方的场地要求在于打开市场，俄方的场地要求在于长远的大发展，因此提出了不同阶段场地选择的发展计划，双方在此点上相互支持，满足了双方的要求。

　　　　　　　　　　　　　　　　　　　　　　资料来源：杨晶. 商务谈判. 北京：清华大学出版社，2005.

7) 社交能力

谈判实质上是人与人之间思想观念、意愿感情的交流过程，是重要社交活动。谈判人员应善于与不同的人打交道，也要善于应付各种社交场合。这就要求谈判人员塑造良好的个人形象，掌握各种社交技巧，熟悉各种社交礼仪知识。

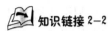知识链接 2-2

理想的商务谈判人员应具有的特质

商务谈判人员需要具备多方面的素质，包括文化、身体、业务以及临场应对的机敏性等。一般情况而言，理想的商务谈判人员应该具有如下特质。

(1) 有能力和自己公司里的人商谈，并且赢得他们的信任。
(2) 愿意并且善于做周详谈判计划，熟悉本企业产品的性能、技术性能等，了解谈判对手的基本情况，同时寻找出其他可供选择的途径，勇于思索及复查所得到的资料。
(3) 具有良好的商业判断力，能够洞悉问题的细枝末节和症结所在。
(4) 有忍受冲突和面对责难或暧昧字句的耐力。
(5) 有胆识去冒险争取更好的目标。
(6) 有智慧和耐力等待事情真相的揭晓。
(7) 认识对方及其公司里的人，并和他们交往，以助交易的进行。
(8) 品格正直，并且能使交易双方都有好处。
(9) 能够敞开胸怀，听取各方面的意见。
(10) 商谈时具有洞悉对方的观察力，并且能够注意到可影响双方的潜在因素。
(11) 拥有丰富的学识、良好的计划以及公司对他的信任。
(12) 稳健，即必须能够克制自己，不轻易放弃，并且不急于讨别人的喜欢。
(13) 愿意请专家和顾问帮助谈判的进行。
(14) 能和谈判代表团的其他成员密切合作。

资料来源：王永年，宋念杰. 商战韬略. 北京：北京师范大学出版社，1992.

2.3.3 谈判负责人的选择

谈判负责人也称谈判主谈人，是指谈判组的领导人或首席代表，代表己方利益的主要发言人，是谈判组的核心，在谈判组中具有无可替代的作用。谈判负责人能力的高低，直接关系到谈判的成败。

1. 谈判负责人的职责

谈判负责人主要担负如下职责。

1) 谈判指挥

作为谈判组的主导人员，负责人在谈判中最主要的职责是谈判指挥，具体内容包括人员调度、任务安排、总结成果等。

(1) 人员调度，是指负责人在商务谈判的不同场次确定并调度不同的谈判人员上场的责任。由于不同场次讨论的主题不同，对谈判人员的要求也不同，负责人要安排最合适的人员上场。

(2) 任务安排，是指负责人根据谈判的需要以及每个成员的个人专长和特点，为每个成员安排特定任务的职责。统筹安排好谈判组每个人的任务，有利于各司其职，有条不紊地合作完成整个谈判组的任务。任务安排的职责对负责人的统筹安排能力要求较高。

(3) 总结成果，是指每一场谈判以及每个谈判阶段结束时，由负责人组织谈判组成员对上一场或上一阶段的工作成果进行小结的职责。及时对工作进行总结，有利于认清当时的谈判局势，并指导下一阶段工作的具体展开。负责人应该尽到主要总结人的职责，并征求所有人的意见。

2) 决策拍板

负责人是谈判组的主导人员，也是主要的决策者。在谈判讨论最后，一般由负责人进行总结，并决定最后讨论结果。在遇到一些重大问题，如最终报价、额外的让步、接受对方的条件等，谈判组其他成员的意见不统一或者力不从心的时候，往往需要负责人拍板定夺。

执行最后决策的职责，要求负责人具有良好的大局观和一锤定音的魄力，无论是盲目武断还是优柔寡断都是不可取的。如果负责人在权限和能力范围内无法做出决策时，则应及时请示上级，以求迅速解决问题。

3) 联结纽带

负责人的联结纽带作用，主要表现为上情下达与下情上达。上情下达是指负责人把上级领导对谈判的各种指示性意见和要求，在理解基础上，及时传达给谈判组成员。下情上达是指负责人负责收集谈判组成员的意见并汇集谈判的各种信息，及时向上级汇报以获得指示。

4) 信息接口

负责人信息接口的作用，是指负责人负有作为己方与对方交换信息通道的责任。在谈判过程中，双方的谈判条件和要求，都是通过负责人来传达的。负责人在发挥信息接口作用的时候，一定要出言谨慎。否则，就会损害到己方组织的信誉。因为，在很多时候，负责人代表着整个谈判组织甚至整个上级组织，其观点往往被理解为己方组织的观点。所以，负责人一旦出言不慎，很难收回。

2. 负责人的素质和能力要求

因为负责人在商务谈判中起着关键性作用，负责人的工作直接关系到谈判的成败。所以，对负责人的素质和能力要求极高。

1) 素质要求

作为负责人，应该具备一个优秀谈判人才所必需的基本素质，包括极强的责任心、充足的自信心、足够的威望、坚韧的性格、良好的大局观以及健康的身体。

2) 能力要求

相对于作为前提的素质要求，能力要求便是对负责人在谈判能力方面的要求，包括良好的表达和沟通能力、分析及总结能力、组织协调能力。另外，还要求负责人对谈判涉及的各方面知识都有所了解。

第 2 章 商务谈判的准备

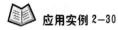

谈判人员的自信心

1992年底,N国Y公司一代表团抵达我国X公司。X公司主要领导均有要事在身,李先生被指定负责接待和第一阶段的谈判。原以为像往年一样,只是就服务上的细小问题交换一下意见,探讨来年如何改进服务,加强合作。未料,该代表团并不是为沟通感情而做的礼节性访问,谈判一开始就进入实质性阶段。

双方代表坐定没寒暄几句,对方的一位亚太地区经理就开宗明义地说:"我们此行只有一个目的,修改代理协议,降低分成比例。"接着他陈述了这样做的理由:"合作几年来,我公司发到贵公司的货物有几千吨了,并且我们的海外分公司也常向贵公司发货,而贵公司几乎没给过我们什么货。我们之间签订的看似平等互利的代理协议,实际上只对贵公司一方有利,这是不合理的。"

听了这话,李先生顿时语塞,原有的自信荡然无存。因为他十分清楚,代理协议的终止或修改将给X公司的业务带来重大损失,最好能继续维持原协议。另一方面,又觉得对方修改协议的理由很充足:"Y公司是跨国集团公司,实力雄厚,运输网络遍布世界各地,这些都非X公司所能比。X公司发给Y公司的货物,确实不及Y公司给X公司货物的十分之一,并且这种状况在可以预见的将来也不会有太大的改观。"由于底气不足,在对方居高临下等待答复时,李先生他们只能唯唯诺诺,一味地说明他们的困难和修改协议可能对他们造成的损失,恳请对方不要急于修改协议。在整个谈判中,X公司始终处于被动地位,在对方凌厉的攻势面前,连招架之功都没有,更谈不上还手之力了。

第一轮谈判后,李先生向总经理详细汇报了情况。总经理对他们在谈判中的表现很不满意,指出自己一方在谈判中陷于被动的主要原因是心理素质差,缺乏应有的自信心,同时为李先生他们找到了心理支点:"首先,我国对N国的出口额(尤其是空运出口)本来就低于N国对我国的出口额,这是我国实行对外开放政策,不搞贸易保护主义的结果,而现在要求双方发给对方的货物基本相等是不合情理的。其次,Y公司发到X公司的货物尽管是从N国的出口商手中承揽的,但有相当一部分是FOB货物,运费实际上是我国的进口公司支付的,只是我国的进口公司放弃了运输指定权而已,希望Y公司把货运业务放到两国贸易关系的大局上来考虑。"

遵照总经理指示的谈判要点,李先生他们在第二轮谈判时不卑不亢,有理有节,既承认他们在服务和推销方面有欠缺,同时陈述了不能修改代理协议的理由。Y公司代表经过冷静的思考后表示完全理解。

这次谈判以维持原协议而告结束,不仅没有破坏两个公司的业务合作,反而加深了理解,促进了合作。李先生也从中真正明白了,要使谈判取得成功,必须不卑不亢,而要做到这一点,首先必须找到心理的支点。在缺乏自信,失去平衡的心态下,靠恳切的请求是不可能得到你所期盼的一切的。通过这次谈判,李先生也进一步领悟出,如果自己面对的是实力雄厚的外国大公司,自愧自己的实力和各方面的条件都不如对方时,首先要想到自己的国家,她是强大的后盾,是我们心理的支点。

资料来源:杨晶. 商务谈判. 北京:清华大学出版社,2005.

2.3.4 谈判组成员的配备

1. 单人谈判与小组谈判

1) 单人谈判

在商务谈判实际运作中,有不少的单项采购或推销的谈判。谈判的内容一般都比较单纯,牵涉商品交易金额不算大;或者是在谈判双方相当熟悉,并且曾经有过全面深入的交流的情况下进行的。这时往往采用单个的业务员与对方谈判成交并签约。采用这种谈判形式大多是基于以下原因。

(1) 供需双方有着长期的合作关系，谈判双方都比较熟悉，对贸易的条款、内容也都比较明确。

(2) 推销员或采购员拜访客户。

(3) 续签合同的谈判。由于具体内容及条款在以往的谈判中都已明确，只需在个别地方进行调整与修改，所以，谈判内容简单、明确。

(4) 在许多重要的、大型谈判过程中，对于某些具体细节的讨论，不需要所有人都参加谈判；或者是从更好地解决问题的角度出发，双方主要代表单独接触比较好，也会采取一对一的谈判形式。

单人谈判的优势表现在：可以迅速形成决断，使对方无法以攻击我方谈判实力较弱的人员来作为缺口。

但单人谈判毕竟还有其不足的一面：既要陈述自己的交易条件，又要观察对方的反应；倾听对方的回答，并做好笔录；边筹划边回答对方的问题；及时衡量各种交易条件对我方的利害得失，并做好相应的对策；明确各项交易条件，签约成交；进行整个谈判的记录；为对方行贿提供了机会。

2) 小组谈判

小组谈判是指每一方都是由两个以上的人员参加协商的谈判形式。小组谈判可用于大多数正式谈判，特别是内容重要、复杂的谈判。

小组谈判与单人谈判相比较，具有如下优点。

(1) 每个人由于经验、能力、精力多种客观条件的限制，不可能具备谈判中所需要的一切知识与技能，因此，需要小组其他成员的补充与配合。

(2) 集体的智慧与力量是取得谈判成功的保证。这在谈判双方人员对等的情况下，表现可能不太明显；但如果双方人数有差别，人多的一方就很可能在气势上占了上风；人少的一方可能寡不敌众，甚至自己丧失了自信心，败下阵来。

(3) 采用小组谈判方式，可以更好地运用谈判谋略和技巧，更好地发挥谈判人员的创造性、灵活性。

(4) 小组谈判有利于谈判人员采用灵活的形式消除谈判中遇到的障碍。如小组某一成员可以担当谈判中间人或调节人的角色，提出一些建议，缓和谈判气氛；也可以采用小组人员相互磋商的办法，寻找其他的解决途径，避免一对一的谈判中要么"不"，要么"是"的尴尬局面。

(5) 经小组谈判达成的协议或合同具有更高的履约率，因为双方认为这是集体协商的结果。集体的决定会对其成员有更大的约束力。经由集体讨论产生的协议具有极大的合理性，因此，没有理由不执行。

由此可见，小组谈判最大的优点是发挥了集体的智慧。所以，正确选配谈判小组成员是十分重要的，如小组领导人的选配，主要成员与专业人员的选配等。

2. 谈判群体的配备原则

一场成功的谈判往往可以归结于谈判人员所具有的良好个人素质，然而单纯凭个人高

第 2 章　商务谈判的准备

超的谈判技巧并不总能保证谈判获得预期的结果。一场商务谈判要达到预期目标，需要谈判群体的功能互补与合作。因此在进行了商务谈判的准备工作以后，就要落实具体的谈判群体。要考虑安排派遣哪些方面的专家参加本项目的谈判，谁是首席谈判代表最合适的人选。这些问题始终关系到谈判过程的成败。可以说，商务谈判群体的构成是谈判的关键环节。谈判群体的构成要遵循以下原则。

1) 目标性原则

所谓目标性原则，是指谈判组织中人员的质量、数量及结构必须由谈判的目标决定。谈判目标决定谈判的形式、内容，谈判的相关活动都是围绕一定的目标开展的，作为谈判主体的人员，应围绕目标的实现而组成。如果谈判项目关系重大，必须配备训练有素的人员参加；如果是一般性质谈判，可以让一些谈判新手锻炼一下。

2) 互补性原则

所谓互补性原则，是指通过科学的配备和组合，使谈判小组各成员之间在素质上相互补充，在整体上符合谈判的综合要求，达到最佳的结构状态。不同的人有不同的优势和不足，要使谈判群体发挥最大的能量，必须按照科学的方法组织谈判群体，使不同的人员之间取长补短、各尽所长。谈判小组的每一个成员，包括翻译人员的挑选都应该是十分谨慎的，他们不仅要符合一定的素质要求，而且还要能形成各方面互补的结构。谈判小组中的谈判人员性格要互补协调，将不同性格的人的优势发挥出来，互相弥补其不足，才能发挥出整体队伍的最大优势。一般情况而言，首席谈判代表要责任心强、心胸开阔、目标坚定、知识广博、精通商务与其他有关业务、经验丰富、有娴熟的策略技能、思维敏捷、善于随机应变；同时又富有创造能力和组织协调能力，具有上通下达的信息渠道和能力，善于发挥谈判队伍的整体力量，最终实现预期的谈判目标。而谈判小组的其他人员则应在各有专长的基础上，善于从思想上、行动上紧密结合，确保内部协调一致。

3) 对等性原则

所谓对等性原则，是指谈判队伍的组成以及分工使谈判人员的能力、特长与其在谈判中的角色、地位以及对方队伍的组成相适应，分工明确，权责分明，使他们的才能得到充分的发挥。谈判小组每一个人都要有明确的分工，担任不同的角色。每个人都有自己特殊的任务，不能工作越位，角色混淆。遇到争论不能七嘴八舌争先恐后发言，该谁讲谁讲，要有主角和配角，要有中心和外围，要有台上和台下。谈判队伍要分工明确、纪律严明。当然，分工明确的同时要注意大家都要为一个共同的目标而通力合作。

4) 有效性原则

所谓有效性原则，是指在组织谈判队伍时，应该以效率为目标，通过科学的配备组合，保证谈判高效地完成预期目标。过于庞杂和精简的群体都不符合有效性原则。谈判队伍的组成应该利益至上，摒弃各种庸俗关系。以下几种人员不宜充当谈判人员，即正好没事干的人、专业不对口的人和各种庸俗关系的照顾对象等。

3. 谈判成员的人员构成

谈判者个体不但要有良好的政治、心理、业务等方面的素质，而且要恰如其分地发挥各自的优势，互相配合，以整体的力量征服谈判对手。谈判人员的配备直接关系着谈判的成功，是谈判谋略中技术性很强的学问。

在一般的商务谈判中,所需的知识大体上可以概括为以下几个方面。

(1) 有关技术方面的知识。

(2) 有关价格、交货、支付条件等商务方面的知识。

(3) 有关合同法律方面的知识。

(4) 语言翻译方面的知识。

根据谈判对知识方面的要求,谈判组应配备相应的技术精湛的专业人员、业务熟练的经济人员、精通经济法的法律人员、熟悉业务的翻译人员。

从实际出发,谈判组应配备一名有身份、有地位的负责人组织协调整个谈判组的工作,一般由单位副职领导兼任,称为首席代表,另外还应配备一名记录人员。

这样,由不同类型和专业的人员就组成了一个分工协作、各负其责的谈判组织群体,其群体结构如图2.1所示。

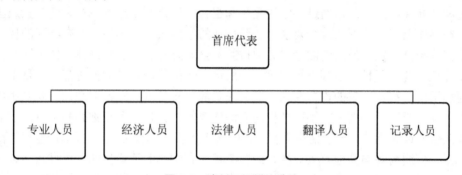

图 2.1 谈判组织群体结构

在这个群体内部,每位成员都有自己分工明确的职责。

1) 首席代表

首席代表是指那些对谈判负领导责任的高层次谈判人员,他们在谈判中主要的任务是领导谈判组织的工作,这就决定了他们除应具备一般谈判人员必要的素养外,还应阅历丰富、目光远大,具有审时度势、随机应变、当机立断的能力,并且具有善于控制与协调谈判小组成员的能力。因此,无论从什么角度来认识他们,都应该是富有经验的谈判高手。其主要职责如下。

(1) 监督谈判程序。

(2) 掌握谈判进程。

(3) 听取专业人员的建议、说明。

(4) 协调谈判组成员的意见。

(5) 决定谈判过程中的重要事项。

(6) 代表单位签约。

(7) 汇报谈判工作。

2) 专业人员

专业人员是谈判组织的主要成员之一,其基本职责如下。

(1) 阐明己方参加谈判的愿望、条件。

(2) 弄清楚对方的意图、条件。

(3) 找出双方的分歧或差距。
(4) 同对方进行专业细节方面的磋商。
(5) 修改草拟谈判文书的有关条款。
(6) 向首席代表提出解决专业问题的建议。
(7) 为最后决策提供专业方面的论证。

3) 经济人员

经济人员也称商务人员,是谈判组中的重要成员。其具体职责如下。
(1) 掌握该项谈判总的财务情况。
(2) 了解谈判对手在项目利益方面的预期指标。
(3) 分析、计算修改中的谈判方案所带来的收益变动。
(4) 为首席代表提供财务方面的意见、建议。
(5) 在正式签约前提供合同或协议的财务分析表。

4) 法律人员

法律人员是一项重要谈判项目的必然成员,如果谈判小组中有一位精通法律的专家,将会非常有利于谈判所涉及的法律问题的顺利解决。其主要职责如下。
(1) 确认谈判对方经济组织的法人地位。
(2) 监督谈判在法律许可范围内进行。
(3) 检查法律文件的准确性和完整性。

5) 翻译人员

翻译人员在谈判中占有特殊的地位,他们常常是谈判双方进行沟通的桥梁。翻译的职责在于准确地传递谈判双方的意见、立场和态度。一个出色的翻译人员,不仅能起到语言沟通的作用,而且必须能够洞察对方的心理和发言的实质。既能改变谈判气氛,又能挽救谈判失误,增进谈判双方的了解、合作和友谊,因此,对翻译人员同样有很高的素质要求。

在谈判双方都具有运用对方语言进行交流能力的情况下,是否还需配备翻译人员呢?现实谈判中往往是配备的。因为利用翻译人员提供的重复机会,可争取更多的思考时间。谈判中使用的翻译人员,可利用翻译重述谈判内容的时间,密切观察对方的反应,迅速捕捉信息,考虑回应对方的战术。

6) 记录人员

记录人员在谈判中也是必不可少的。一份完整的谈判记录即是一份重要的资料,也是进一步谈判的依据。为了出色地完成谈判的记录工作,要求记录人员要有熟练的文字记录能力,并具有一定的专业基础知识。其具体职责是准确、完整、及时地记录谈判内容。

2.3.5 谈判小组成员的分工与配合

当挑选出合适的人员组成谈判小组以后,就必须在成员之间做出适当的分工,也就是根据谈判内容和每个人的专长做适当的分工,明确各自的职责。组员在进入自己的角色,发挥自己的特长与能动性的同时,还必须按照谈判的目标和具体的方案与他人彼此呼应,相互协调和配合,真正演好谈判这一台集体的戏。这就是谈判人员的配合。分工和配合是一个事物的两个方面,没有分工,就没有良好的配合;没有有机的配合,分工也失去了其目的性和存在的基础。

1. 商务谈判中的主谈人与辅谈人

所谓主谈是指在谈判的某一阶段，或针对某些方面的议题的主要发言人，也称谈判首席代表；除主谈人以外，小组其他成员处于辅助配合的位置上，故称为辅谈人或陪谈人。

主谈人是谈判工作能否达到预期目标的关键性人物，主谈人可以说是谈判小组与对方进行谈判的意志、力量和素质的代表者。因此主谈人水平的高低，直接关系到谈判的成效。他既应有企业家的敏锐眼光和决策能力，又应有宣传家的口才和思维逻辑。具体地说，主谈人如果能够具备以下条件，即可做到与辅谈人的有机配合，实现谈判的目标。

(1) 明确党和国家的方针、政策，尤其是对对外开放政策和经济改革政策以及引进技术和设备的经贸政策等都应有比较深刻的理解，并且能够在谈判中贯彻和执行。

(2) 对本行业的现状和长远发展规划、措施有一定的了解，特别是对需要引进技术和设备的我方企业的现状和长远发展规划有较为详尽的了解。

(3) 专业技术知识和技能熟练，知识面比较广阔，不仅了解设备的原理、结构、性能和优缺点，而且还具有一定的实践经验，同时对相关专业技术知识有一定的了解。

(4) 了解国内外市场状况，尤其对引进某种技术或设备的国内外现状、技术先进水平和市场状况有比较全面的了解。

(5) 有一定的处事活动经验，在谈判中能表现出落落大方和彬彬有礼，思维敏捷、口齿清楚、语言简练并具有一定的表达能力和应变能力。

(6) 具有一定的外语水平，在必要时可直接与外商谈某些技术难度较大的问题。

(7) 能与谈判小组的其他成员团结协作，配合默契。

具备了以上这些条件即可称得上是合格的主谈人。

2. 主谈人与辅谈人的分工与配合

主谈人必须与辅谈人密切配合才能真正发挥主谈人的作用。在谈判中己方一切重要的观点和意见都应主要由主谈人表达。尤其是一些关键的评价和结论更得由主谈人表述，辅谈人绝不能随意表达个人观点或表达与主谈人不一致的言论。在主谈人发言时，主谈人自始至终都应得到所有辅谈人的支持。这可通过口头语言和动作姿态语言来表示赞同，并随时为主谈人提供有利的说明。辅谈人做出赞同的姿势，会大大增强主谈说话的力量和可信程度；相反，若辅谈人看着天花板，无疑会影响主谈人的自信心，影响其讲话的力度，对我方整体形象是个破坏。当谈判对方设局，使主谈人陷入困境时，辅谈人应设法使主谈人摆脱困境，以加强主谈人的谈判实力。当主谈人需要修改已表达的观点而无法开口时，辅谈人可以作为过错的承担者，维护主谈人的声誉。

 应用实例 2-3

国际谈判圈中长期流传着这样一个真实而有趣的故事：1959 年，苏共中央第一书记、苏联部长会议主席赫鲁晓夫与美国总统艾森豪威尔参加一次首脑会议。喜好辩论的赫鲁晓夫不时向美国总统提出一些问题。但是军人出身的艾森豪威尔每被问及时，并不马上回答他的对手，而是看着他的国务卿杜勒斯，等后者把一张张便条递过来之后，他才开始作答。反之，当艾森豪威尔向赫鲁晓夫询问一些问题时，赫鲁晓夫却不假思索像演员背诵台词一样口不打奔儿地回答对方。赫鲁晓夫对自己的脑瓜儿和口才非常得意。他在后来撰写的回忆录中认为，他既然是大国苏联的领袖，理所当然地应当知道所有问题的答案，不需要旁人

第 2 章 商务谈判的准备

指点他如何回答和回答些什么。赫鲁晓夫同时不无讽刺地问道:"究竟谁是(美国)真正的最高领袖?是杜勒斯还是艾森豪威尔?"

然而国际谈判圈中对此却另有评价:艾森豪威尔作为美国代表团团长事事要听助手的主意才敢作答当然不足为训,但是在个人弱点和国家利益之间却表现了他的睿智和严肃。艾森豪威尔显然明白,他虽然是第二次世界大战战场上的赫赫英雄,又贵为当时美国最高的行政首脑,但在外交谈判桌上,他的经验毕竟不如久经外事沙场的国务卿杜勒斯,更何况他所面对的是另一个超级大国的一位能言善辩、集党政大权于一身的领袖人物。艾森豪威尔在谈判桌上听取自己部下的意见,既表现了他求实认真、沉着稳重的统帅作风,也为他争取了思考问题的时间,避免了回答上的差错。

资料来源:夏国政. 经贸谈判指南. 北京:世界知识出版社,1999.

在大型项目谈判中,主谈人又可分为技术主谈人和商务主谈人。

谈判技术条款时,技术人员应主持发言,要对条款的完整性和准确性负责。这时,商务主谈人和其他谈判人员处于辅谈人地位。技术人员在把好技术关的同时,一定要注意与其他人员的配合,尤其是注意与商务主谈人的密切配合。在技术条件变动大时,一定要向商务主谈人或法律人员通报一下想法,为以后的商务法律条款谈判创造条件。"技术与价格"要切实地挂起钩来,商务主谈人和其他人员则应起好"参谋"与"卫士"的作用。

谈判商务条款时,要以商务主谈人主持发言,技术人员和其他人则处于辅谈地位。商务人员是整个价格谈判的组织者。评价对方价格,商务和技术人员可联合进行,还价和讨价应由商务主谈人提出,而技术人员从技术的角度给予支持。谈判中一定要保持只有一个"价格权威",一个口子对外,否则会出差错。总的来看,技术主谈人可多作评论,商务主谈人重在结论,两者密切配合。即使事前总体方案是共同制定或技术主谈人谈判能力强,这时也只能是起辅助作用,必须表现为对商务主谈人的强有力的支持和"价格权威"的维护。

3. "台上"与"台下"的分工与配合

在比较复杂的谈判中,为了提高谈判的效果,可组织"台上"和"台下"两套班子。台上人员是直接在谈判桌上谈判的人员,台下人员是不直接与谈判对方面对面地谈判,而是为台上谈判人员出谋划策或准备各种必需的资料和证据的人员。台下人员主要是负责该项谈判业务的主管企业、公司或部门领导,具体专业领域的专家,如经济法专家、国际商法专家、技术专家等。台下人员主要是参谋职能,台上人员有权对其意见进行取舍与选择。台下班子可指导和监督台上人员按既定目标和准则行事。但在有些情况下,台下人员还可能具有指挥的职责,即幕后操纵者,只在关键时刻才公开亮相。这时台上人员虽然在大的原则上和总体目标上接受台下班子的指挥,但在现场谈判上仍然是应该获得一些随机应变的权力,以便能充分发挥主观能动性,创造性地及时处置一些问题,争取能更好地实现谈判的目标。

 应用实例 2-32

卖方为长春×化工厂,出售其×化工原料;买方为日本×公司,购买×化工原料。这两家为老客户,买家对卖家的产品很满意,双方的领导均很熟悉。这次,买家来到卖家的所在地长春,一方面了解生产状况,一方面讨论新的订货。上年度订货价每吨离岸价为 1 600 美元/吨,这次买方想多压价,目标在降价幅度 100～300 美元。由于该产品较为独特,可比性差,卖方价格空间较大。

谈判组织:买方来了一名采购部经理和一名产品专家,卖方由销售科的负责人和翻译负责谈判。地点就在工厂的会议室。

谈判经过:买卖双方先是一番寒暄,旋即转入正题,讨论今年的生产情况和销售计划。买方说:"由于日本经济困难,产品价格下滑,原料进口价格也要下降。此外,市场供应尚未缩小,供应量可以维持,甚至还可增加一点。最后,世界航运市场价格上扬,进口成本加大,所以希望卖方降价。"卖方认为:"该产品品质极佳,要保证质量,必须用好的原料,目前配套厂的供应价在上涨,影响成本。另外,过去供给日方的产品价位就不高。至于采购量的增加确实会带来一些好处,但若亏本出售反而会造成财务压力。"双方的理由似乎均不足以说服对方,由于是老朋友,卖方要求买方开门见山说出真实想法。

买方希望以 1 200 美元/吨订合同。卖方大吃一惊,认为买方的压价幅度太大,只同意降 3%,即降 48 美元/吨。双方反复陈述以上主要理由均未能说服对方,最后建议会后商量,第二天再谈。

次日早 10 点,双方在工厂会议室继续谈判。卖方问买方:"有何新建议?"买方讲:"至少也应降 200 美元,即 1 400 美元/吨。"卖方讲:"贵方的理由没有那么充分吧!"买方问:"您认为应值多少?""最多还能降 2%,即降 32 美元/吨。"卖方应道。

于是双方又从关系、市场、长远订单、原料价、人工成本等方面论述各自的理由,谈判直到中午也没有结果。买方回饭店用餐,意欲去商量。卖方也对最后条件予以测算。

下午 2 点复会,由于是老产品、老合同关系,大家心里都明白,以什么价成交取决于双方的决心。所以,下午的谈判,大家讲话愈加干脆:"老朋友,不欺瞒","不会勉强朋友","不可能有力不使"等话语相继出现,气氛变得紧张起来,回旋余地更小。纠缠了两个小时,谈判毫无进展。这时,买方熬不住了,提出:"贵方的 1 520 美元/吨的价,不可能被我方接受。我方最后出价 1 450 美元/吨。"卖方说:"像贵我双方这样的买卖关系,还需这么费力讨价还价吗?作为我负责的范围,我希望多卖产品、多签合同,但不能把产品亏本卖呀!真切希望您能原谅我对您的要求的拒绝。不过,为表示诚意,我还是同意每吨再降 20 美元,即以 1 500 美元/吨成交。"买方迟疑了一会,说:"贵方的话很让我感动,虽然您拒绝了我方的要求,但也做了努力,这次就这么定吧!希望在适当的时候,贵方还能考虑我方的请求。"双方约定准备于次日早签约,下午买方回国。买方提出晚上回请卖方谈判人员及其领导。

晚上,大家吃的是日本餐,喝的是日本清酒。双方领导对谈判予以高度评价。不成想,买方在酒过三巡之后顺着卖方工厂领导的话说道:"这次我们是迫不得已接受了贵方价格的。"卖方领导听到此话"很不舒服",问道:"您与我的助手是老朋友了,怎么会有此说?"买方说:"我们讲了许多道理欲让您的助手理解,没想到他的理由比我还多,反过来让我去理解他。"卖方领导问:"彼此理解不正是成交的基础吗?"买方说:"是呀!在感情上是理解了,但在结果上就不是这么回事了。"卖方领导问:"此话怎讲?"买方说:"我方最后价格为 1 450 美元/吨,而贵方坚持 1 520 美元/吨,好不容易才同意 1 500 美元/吨。就这样,还是逼我方向贵方再次靠拢。"卖方领导说:"啊,原来是这样。我们是老朋友,你们又是我厂的长期用户,我不愿看到我的用户勉强与我们做生意。这样吧,就按贵方的 1 450 美元/吨签合同!"销售负责人瞪大了眼睛,看着他的领导,心里涌起一种无名的感觉……

资料来源:丁建忠.商务谈判教学案例.北京:中国人民大学出版社,2005.

4. 谈判组中不同性格的人员的配合

不同性格的人,思维方式和行为特征不同。在配备谈判人员时,若条件允许的话,应兼顾不同性格上人的相互补充,以补充发挥每个人的特长和发挥整体配合的优势。人的性格大致分为 4 类。

1) 暴躁型

这类人员的特征是头脑灵活,处事果断,行事大胆,争强好胜,给人以敢作敢为、直爽的感觉。但这类人员由于暴躁,一旦遇到对方的强烈刺激,难以冷静,考虑问题欠周到,容易在愤怒中失去理智。

2) 忧郁型

这类人员责任心强,遇事沉着冷静,办事心细,严守秘密,办事不容易失误。但这类人员过于拘谨,头脑转弯慢,一旦受到冲击,常常难以应付和解决。

3) 活泼型

这类人思维敏捷,亲切随和,在受到冲击和困境时常常能以巧妙的方式解脱,但这类人员缺乏责任心。

4) 黏液型

这类人员处于暴躁和活泼之间,给人印象既亲切随和,又坚定倔强;既有较严谨的逻辑思维,又容易受感情支配;既有敏锐观察力,又表现出优柔寡断。

总之,上述 4 种性格的人各有其优缺点,若能在一个谈判组的人员配备中分别照顾到各种性格的人,将起到互补的作用。诸如负责人由黏液型性格的人充当;活泼型性格的人主要充当调和者,暴躁型性格的人主要充当"黑脸者",记录者由忧郁型性格的人充当比较合适。当然,在配备各种类型性格的谈判组员时,还必须根据对方人员的性格有的放矢,才更能收到效果。比如,若对方人员中多数属暴躁型性格的话,我方则应适当地增强黏液型性格人员的比例,易收到"以柔克刚"的效果。反之,若对方人员活泼型性格的人较多时,我方则须增加暴躁型和黏液型性格的人,做到双管齐下;若对方忧郁型性格的人占多数时,则须增加暴躁型和活泼型的人数,使对方在压力面前自动让步,当然此时应特别顾全对方的面子,否则可能导致对方不辞而别,使谈判前功尽弃。总之,在配备谈判的人员时,不但要顾及个人的专业能力,还应在有条件的情况下考虑组员之间的性格组合。若是有的放矢地做好组员的性格组合,就能收到明显的效果。

例如,某公司的谈判小组由如下人员组成。

王先生:销售部经理;李先生:工程技术部工程师;张先生:法律顾问;吴先生:公司会计师;赵小姐:经理助理。

谈判人员的分工如下。

王先生:该项谈判的负责人和主谈人;李先生:负责所有工程和生产方面的谈判;张先生:负责谈判中涉及的所有法律问题;吴先生:负责该项谈判过程中涉及的财务问题;赵小姐:负责谈判的记录工作。

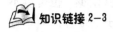

形成团队创造性表现的七个要素

(1) 良好的理解平台:当团队的每一个成员都彼此理解和尊重他人的观点时,会产生强有力的凝聚力。

(2) 共有的视野:所有成员都能把承担责任化为共有的视野,激励和支持团队的进步。

(3) 创造性的氛围:成功和革新变化的标志。

(4) 思想的拥有:创意的想法是那些清楚地被团队的成员察觉到的想法,像对发起人一样的公开,这样可以减少思想与行动意向的差距。

(5) 面对挫折的复原力：在任何情况下，反应应该是灵活的。
(6) 网络的激活剂：团队中的一些成员称为"网络激活剂"，特别善于同团队内外的重要人物进行合作。
(7) 从经验中学习：富于效率地学习。

资料来源：图德·里卡德、苏珊·莫杰．创造性团队领导手册．北京：商务印书馆国际有限公司，1999．

2.4 谈判计划的制订

谈判计划是指在开始谈判前对谈判目标、议程、地点、策略等预先所做的安排，是在对谈判信息进行全面分析、研究的基础上，根据双方的实力对比为本次谈判制定的总体设想和具体实施步骤，是指导谈判人员的行动纲领。谈判计划要简明扼要、具体、灵活。鉴于谈判目标、谈判策略在其他章节介绍，下面主要介绍谈判议程与地点和现场的布置。

2.4.1 谈判议程的安排

谈判议程的安排对谈判双方非常需要，议程本身就是一种谈判策略，必须高度重视这项工作。

1. 谈判议题的确定

确定议题的第一步，应将与本谈判有关的所有问题罗列出来，尽可能不要遗漏。因为在上述每一个问题上，都可能存在谈判双方的利益冲突，而在谈判中问题与问题之间往往是相互联系的。第二步，根据对本方利益是有利还是不利这一标准，将所列出的问题进行分类。第三步，尽可能将对本方有利的问题列入谈判的议题，而将对本方不利的问题排除在谈判的议题外；或者，只选择那些对本方不利但危害不大的列入议题，而将危害大的问题排除在外。这样做的目的，是使谈判的议题安排有利于自己。比如，在技术转让谈判中，有时，转让方把接受方在技术上的使用、产品的销售与技术转让费的支付等方面的问题一一列入谈判议题。这些方面显然都属于接受方的责任和义务，将之列入议题，无疑是对转让方有利的；但同时技术转让方却竭力避免将其应承担的责任，如技术保证条款及内容列入谈判的议题，目的是在谈判中逃避责任。

议题与时间安排的结合。将对本方有利、本方想要得到而对方又有可能做出让步的议题排在前面讨论；而将对本方不利，或本方要做出让步的议题放在后面讨论。对前面一种议题安排尽可能多的时间，而对后一种议题则给予较少的时间。这样做实际上是以对方的让步作为谈判继续和我方让步的前提和条件，对方做了让步，我方也可以让步，也可以不让步。总之，这样做，一开始就使对方的较弱之处暴露出来，处于受攻击的地位；而本方的薄弱之处则深藏不露。

2. 谈判议题的顺序安排

谈判议题的顺序有先易后难、先难后易和混合型等几种安排方式。可根据具体情况加以选择。所谓先易后难，即先讨论容易解决的问题，以创造良好的洽谈气氛，为讨论困难的问题打好基础；所谓先难后易，是指先集中精力和时间讨论重要的问题，待重要的问题得以解决之后，再以主带次，推动其他问题的解决；所谓混合型，即不分主次先后，把所有要解决的问题都提出来进行讨论，经过一段时间以后，再把所有要讨论的问题归纳起来，并以统一的意见予以明确，再对尚未解决的问题进行讨论，以求取得一致的意见。

有经验的谈判者，在谈判前便能估计到，哪些问题双方不会产生分歧意见，较容易达成协议，哪些问题可能有争议。有争议的问题最好不要放在开头，它会影响以后的谈判，因为它既有可能要占用较多的时间，也有可能影响双方的情绪。一开始就"卡了壳"，对整个谈判是十分不利的。有争议的问题也不要放到最后，放在最后可能时间不够充分，而且在谈判结束前还会给双方都留下一个不好的印象。有争议的问题，最好放在谈成几个问题之后和再谈最后一两个问题之前，也就是说在谈判的中间阶段解决较难的问题。谈判结束之前最好谈一两个双方都满意的问题，以便在谈判结束时创造良好的气氛，给双方留下美好的回忆。

3．通则议程与细则议程的内容

1）通则议程

通则议程是谈判双方共同遵照使用的日程安排。在通则议程中，通常应解决以下问题。

(1) 双方谈判讨论的中心问题，尤其是第一阶段谈判的安排。

(2) 列入谈判范围的有哪些事项？哪些问题不讨论？问题讨论的顺序是什么？

(3) 讨论中心问题及细节问题的人员安排。

(4) 总体及各分阶段谈判的时间安排。

通则议程可由一方提出，或双方同时提出，经双方审议同意后方能正式生效。

2）细则议程

细则议程是己方审议同意后的具体策略的具体安排，具有保密性，供己方使用。其内容一般有以下几点。

(1) 对外口径的统一，包括文件、资料、证据和观点等。

(2) 谈判过程中各种可能性的估计及其对策安排。

(3) 谈判的顺序，何时提出问题，提什么问题，向何人提出这些问题，由何人来补充，在什么时候要求暂停讨论等。

(4) 谈判人员更换的预先安排。

需要指出的是，谈判的议程不是由谈判的某一方单方面定下来的，往往要由双方协商而定。但是，如果本方事先对议程有一个安排，并争取在本方拟订的议程基础上进行协商，这无疑是有利的。

4．谈判时间的安排

谈判时间的安排，即确定谈判在何时举行，时间长短，如果是分阶段的谈判还需确定分为几个阶段，每个阶段所花的时间大约多少等。谈判时间的安排是议程中的重要环节。

在谈判过程中，有无时间限制，对参加谈判人员所造成的心理影响是不同的。如果有严格的时间限制，即要求谈判必须在某段时间内完成，这会给谈判人员造成很大的心理压力，那么就要针对紧张时间来安排谈判人员，选择谈判策略；如果时间安排得很仓促，准备不充分，仓促上阵，会使己方心浮气躁，不能沉着冷静应对谈判中出现的问题；如果时间安排得拖沓，不仅会耗费时间和精力，还会增加谈判成本。

谈判中的时间因素还有另一个重要的含义，即谈判者对时机的选择与把握。时机把握得好，有利于在谈判中把握主动权；相反，时机选择不当，则会丧失原有的优势，甚至会在一手好牌的情况下落败。

1) 谈判议程中的时间策略

(1) 合理安排好己方各谈判人员发言的顺序和时间，尤其是关键人物的重要问题的提出，应选择最佳时机，使己方掌握主动权。当然也要给对方人员留出足够的时间以表达意向和提出问题。

(2) 对于谈判中双方容易达成一致意见的议题，尽量在较短的时间达成协议，以避免浪费时间和无谓的争辩。

(3) 对于主要议题或争执较大的议题，最好安排在谈判期限的五分之三时提出来，这样双方可以充分协商、交换意见，有利于问题解决。

(4) 在时间安排上，要留有机动余地，以防意外情况发生。

(5) 适当安排一些文艺活动，以活跃气氛。

2) 确定谈判时间应注意的问题

谈判时间适当与否，对谈判结果有很大影响。因此，对该问题应予以足够的重视。当你具有选择谈判时间的自由时，你要选择能使自己获得最佳谈判效果的任何时间。为此，谈判者要考虑到下列情况。

(1) 谈判准备程度。如果没有做好充分准备，不宜匆忙开始谈判。

(2) 谈判人员的身体和情绪状况。谈判人员的身体、精神状态对谈判的影响很大，谈判者要注意自己的生理时钟和身体状况，避免在身心处于低潮和身体不适时谈判。

应用实例 2-33

一位厂长说起到美国去谈判的经历：他们一行在早晨到达美国芝加哥，而那个时间在国内正是晚上。这位厂长和他的谈判小组成员坐了很长时间的飞机，头脑昏昏沉沉的。到了宾馆，马上与当地公司的人接触，参加公司安排的欢迎仪式，一天也没有休息。到了晚上躺在床上却怎么也睡不着，因为在国内这正是上班的时间。好不容易睡着了，天又亮了，又要安排下午的正式谈判。厂长在谈判桌前强打精神，即使拼命喝咖啡也没法让脑子清醒。结果在谈判中，谈判对方说了些什么，很少能记住。在这种无可奈何的情况下，对于美国公司方面他们只好不做任何表示和承诺，以免出现疏漏，使得美国公司方面很不满意。几天之后，当他们逐渐适应了时差，可是谈判却要结束了，其结果当然也可想而知。

(3) 要注意自己的生理时钟，不要在身心处于低潮时进行谈判。例如，有午睡习惯的人要在午睡以后休息一会再进行谈判，因此不要把谈判安排在午饭后立即进行。

(4) 要避免在用餐时谈判。一般情况而言，用餐地点多为公共场所，而在公共场所进行谈判是不合适的。再有，吃太多的食物会导致思维迟钝。当然若无法避开在用餐时谈判，则应节制进食量。

(5) 不要把谈判时间安排在节假日或双休日，因为谈判对方在心理上有可能尚未进入工作状态。

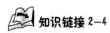

文化习俗对谈判时机的影响

与英国商人洽谈生意，圣诞节和复活节前后两周尽量不安排或少安排业务洽谈活动。

与法国人谈判,不要把时间定在 7 月的最后一周和 8 月份。因为这段时间是法国人的休假期,法国人对休假十分重视,无论你用何种手段都不能使他们为谈判而错过或延误一次假期。这是法国人民朴素的特性的反映。

希腊人 6~8 月从不谈生意,同时星期三下午也不接待任何来宾。

西班牙人在下午午休期间(下午 2:00~4:00)不做生意,银行在夏天下午 1:30 分后就关门下班,许多生意是在他们的晚宴上谈成的,西班牙人的晚宴一般都在晚上 9:00 以后。

巴西人则以爱娱乐而闻名,所以要避免在狂欢节同他们谈判。

(6) 市场的紧迫程度。市场是瞬息万变的,竞争对手如林,如果所谈项目是季节或是时令产品,或者是需要争取谈判主动权的项目,应抓紧时间谈判。

 应用实例 2-34

1983 年 4 月,香港光大实业公司刚刚成立不久,一份重要的经济情报摆在了董事长王光英先生的办公桌上,南美洲智利一家铜矿倒闭,矿主在矿山倒闭以前订购了美国"道奇"、联邦德国"奔驰"等各种型号的大吨位载重汽车、翻斗车共计 1 500 辆,这些汽车全部是未曾启用的新车。为了偿还债务,矿主决定将这批新车折价拍卖。

王光英看到这个情报,立刻感到精神为之一振。1 500 辆全新的二手车!这是一笔相当诱人的财富!也是我国经济建设急需的设备!他同时完全知道,当他得到这个信息的同时,同样的报告可能已经摆在了世界各国实业家的面前。在这个紧急的时刻,时间就是金钱,时间就是胜利。王光英当机立断,马上组织采购人员,连夜出国,立即展开谈判。经过一番激烈的讨价还价,终于使对方把 7 吨以上 30 吨以下的载重车以原价的 38% 的价格卖给了我们。这样就为国家节约了大笔的外汇。而这一行动仅仅用了 3 个月的时间。光大公司的成功创造了一个中国谈判史上的奇迹。

资料来源:齐宪代,等. 谈判谋略. 北京:经济科学出版社,1995.

(7) 谈判议题的需要。对于多项议题的大型谈判,所需时间相对较长,应对谈判中可能出现的问题做好准备。对于单项议题的小型谈判,如果准备充分,应速战速决,力争在较短时间内达成协议。

2.4.2 谈判地点的选择与现场布置

商务谈判地点,即谈判进行的地方、场所。谈判地点的确定,是商务谈判计划中一个重要程序。谈判地点对谈判的结果有着不可忽视的影响,起着非常重要的作用。

1. 谈判地点的重要作用

(1) 谈判地点影响谈判者的心理。舒适的布置、优雅的环境、称心如意的服务等使谈判者感到愉悦轻松,从而在轻松合作的心理状态下展开谈判,有利于谈判目标的实现。有时候,通过谈判地点的选择,还能迷惑或误导对方的心理,从而达成对己方有利的谈判结果。

(2) 谈判地点决定谈判氛围。一个令人感到亲切、熟悉甚至流连忘返的地点是调节谈判气氛最好的调料,它会使紧张的谈判氛围变得自然和融洽,会缓和双方争论、对立场面。反之,不合适的谈判地点会使双方更加紧张和拘谨,使双方彼此高度警惕甚至敌视对方。

应用实例 2-35

一家日本公司想与另一家公司共同承担风险经营,但困难的是,那家公司对这家公司的信誉不太了解。为了解决这个问题,有关人员请两家公司的决策人在一个特别的地点会面商谈。这是个小火车站,车站站口有一座狗的雕塑,在他的周围站满了人,但几乎没有人看这件雕塑,只是在等人。原来关于这只狗有个传说,它叫"巴公",对主人非常忠诚。有一次主人出门再没回来,这只狗不吃不喝,一直等到死。后来人们把它称为"忠犬巴公",把它当成了"忠诚和信用"的象征,并在这传说的地方为它塑了像。许多人为了表示自己的忠诚和信用,就把这里当成了约会地点。当两个公司的决策人来到这里时,彼此都心领神会,不需太多的言语交流,就顺利地签了合同。

资料来源:王政挺. 中外谈判谋略撷趣. 北京:东方出版社,1992.

(3) 谈判地点影响双方利益。谈判地点通过影响心理从而影响双方的利益。如果谈判地点是己方选择,那么就可以选择对己方最有利的地点来达到地利,充分占有主场优势,在一定程度上能影响对方心理,从而取得利益先机。

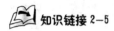 **知识链接 2-5**

主场优势

美国心理学家拉尔夫·泰勒曾经按支配能力(即影响别人的能力),把一群大学生分成上、中、下三等,然后各取一等组成一组,让他们讨论大学 10 个预算削减计划中哪一个最好。一半的小组在支配能力高的学生寝室里,一半在支配能力低的学生寝室里。泰勒发现,讨论的结果总是按照寝室主人的意见行事,即使主人是低支配力的学生。

由此可见,一个人在自己或自己熟悉的环境中更有说服力。所以在日常生活中应充分利用"居家优势",如果不能在自己家中或办公室里讨论事情,也应尽量争取在中性环境中进行,这样使对方也没有"居家优势"。

资料来源:张晓豪,焦志忠. 谈判控制. 北京:经济科学出版社,1995.

2. 谈判地点的选择

谈判地点的选择一般有 3 种情况,一是在己方国家或公司所在地,俗称"主场";二是在谈判对方所在国或公司所在地谈判,俗称"客场";三是谈判双方之外的国家或地点谈判,俗称"第三地"。不同地点均有其各自优点和缺点,需要谈判者充分利用地点优势,克服地点劣势,促使谈判成功。

1) 在主场谈判

对己方有利因素:谈判者在家门口谈判,有较好心理态势,自信心比较强;己方谈判者不需要耗费精力去适应新的地理环境、社会环境和人际关系,从而可以把精力集中于谈判;可以选择己方较为熟悉的谈判场所进行谈判,按照自身的文化习惯和喜好来布置谈判场所;作为东道主,可以通过安排谈判之余的活动来主动掌握谈判进程,并且从文化上、心理上对对方施加潜移默化的影响;"台上"与"台下"人员沟通联系比较方便,谈判人员可以非常便捷地与领导层联系,获取所需资料和指示,谈判人员心理压力相对较小;谈判人员免去车马劳顿,以逸待劳,可以以饱满的精神和充沛的体力去参加谈判;可以节省去外地谈判的差旅费和旅途时间,提高经济效益。

第2章 商务谈判的准备

对己方不利的因素：由于身在公司所在地，经常会由于公司事务需要解决而受到干扰，分散谈判人员的注意力；由于离高层领导较近，会产生依赖心理；己方作为东道主要负责安排谈判会场以及谈判中的各种事宜，要负责客人的接待工作。

 应用实例 2-36

日本人很想购买澳大利亚的煤和铁，因为澳大利亚的矿石品位高、质量好。而澳大利亚凭借自己的优势本来可以任意选择买主。在他们的谈判中，显然澳大利亚处于有利的地位。日本人利用优厚的条件把澳大利亚的谈判者请到了日本。而一到日本，双方的谈判地位就发生了微妙的变化。澳大利亚人过惯了富裕的生活，尽管日本人竭尽全力地热心照顾，他们在到达日本之后不久，就还是希望回到游泳池、海滨浴场或妻子儿女身边。而这就使他们在谈判中急躁冒进、粗枝大叶，他们恨不能立刻达成协议好赶快回到家乡去。日本人占尽地利之优势，不慌不忙地讨价还价，于是日本人只花了很少的招待费，却在谈判桌上占了大便宜。

资料来源：齐宪代，等. 谈判谋略. 北京：经济科学出版社，1995.

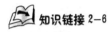 知识链接 2-6

谈判逆境面面观

在一些谈判中，谈判者采用种种手段制造逆境，故意把谈判对手陷于不利的环境之中。在不利的谈判环境中谈判者的情绪将受到抑制，思维也会受到束缚。当然，在这种情况下进行的谈判将是异常艰难的。正如美利坚合众国《独立宣言》的签字仪式。国外谈判专家从商务谈判的实践中总结出这样一些制造谈判逆境的实例。

(1) 使谈判者坐在面朝着太阳的椅子上。
(2) 使谈判者坐在摇动不稳的椅子上。
(3) 在嘈杂混乱的环境中进行谈判。
(4) 在闷热的天气里，谈判场所却没有冷气设备。
(5) 彻夜不眠的商谈。
(6) 不断地更换谈判的地点。
(7) 安排在三流的旅馆住宿。
(8) 酒醉、头晕脑胀的情况下仍继续谈判。

资料来源：赵景华. 国际工商谈判技巧. 济南：山东人民出版社，1994：285.

2) 在客场谈判

对己方有利因素：己方人员远离公司，可以全身心地投入谈判，避免主场谈判时来自工作单位和家庭事务等方面的干扰；在授权范围内，可以充分发挥谈判人员的主观能动性；可以实地考察一下对方公司的产品情况，获取直接信息资料；己方省却招待事宜。

对己方不利因素：信息传递、资料获取比较困难，某些重要问题也不易及时磋商；谈判人员对当地环境、气候、风俗、饮食等方面会出现不适应，再加上旅途劳顿、时差不适应等因素，会使谈判人员身体状况受到不利影响；谈判场所、谈判日程安排等方面会处于不利地位。

3) 在第三地谈判

对双方有利因素：对双方来讲都是平等的，不存在偏向，双方均无东道主优势，也无作客他乡的劣势，策略运用条件对等。

对双方不利因素：双方首先要为谈判地点谈判，要花费不少时间和精力；不易融洽双方关系，不易增强双方信任程度。

3. 谈判现场的布置与安排

通常，在主场谈判的情况下，制订谈判方案的最后环节就是谈判现场的布置与安排。

1) 洽谈室的布置

较为正规的商务谈判活动，通常要有两个房间，一个房间作为主要谈判室，另一个房间作为秘密会谈室。如果条件允许，还可安排一个供双方人员休息用的休息室。

(1) 主谈室的布置。主谈室的布置是关键的。应以光线充足、舒适为原则，并安装类似黑板的视觉中心。主谈室的桌子可以是长方形的，也可以是椭圆形的。圆形的几乎不用来进行业务洽谈。主谈室一般不设有录音设备，当然，如果双方协商说需要录音，也可配备。经验证明，录音设备对业务洽谈的双方往往产生副作用，因为在使用录音设备时，人们由于心理因素的影响，往往会本能地难以畅所欲言，影响谈判的正常进行。

(2) 密谈室的布置。密谈室是供双方使用的单独房间。它要靠近主谈室，室内应配有黑板、笔记本、笔、桌子以及比较舒适的椅子。密谈室内的桌子不宜过大，以便洽谈的某一方成员内部协商时方便使用。有时，某一方需要私下里讨论什么问题，即可使用密谈室，密谈室同样不应有录音设备。国外有些情报窃取人员，如果对于他们是主场谈判时，常利用微型录音设施在密谈室内偷录对方密谈信息，因此，若我们是客场谈判，在利用其密谈室时一定要小心。另外，密谈室的光线不宜太亮，隔音效果要特别理想，窗户要有窗帘，以备使用。

(3) 休息室的布置。休息室应该布置得轻松、舒适，以便能使双方放松一下紧张的神经，以缓和彼此之间的对立气氛。室内最好布置一些盆景或鲜花，轻柔的音乐也可放松和调节紧张的心绪。总之，以调节心情、舒缓气氛为原则来布置即可。

2) 谈判双方座位的安排

商务谈判中座位的安排是很有讲究的。经验告诉我们，不同的座位安排对谈判的气氛，对谈判各方在谈判过程中的内部交流与控制都是有很大影响的。通常可安排3种方式就座。

(1) 双方各居谈判桌的一边，相对而坐。这是最为常见的一种座位安排方法。许多国际间重要的和常规的经济业务洽谈都采用这种方法。这种方式的好处是：洽谈的同伴能够相互接近，这样可产生心理上的安全感和实力感，也便于信息的交流，增强凝聚力。这种方式的不利之处在于其客观上造成了双方的对立感和冲突感，人为地给谈判造成了紧张的气氛。

(2) 任意就座的方式。这是一种可供选择的就座方式，实际运用得不多，任意就座指谈判双方的人混杂在一起就座。主场谈判中本方事先有充分准备而对方毫无准备的情况下，这种方式往往会令对方大吃一惊而惊慌失措，因为这种方式会造成对方谈判人员被分开、包围和孤立的感觉。值得一提的是，作为主场谈判的本方，一旦采用混座方式，一定应事先建立起自己内部有效的信息控制体系，以免自己乱了阵脚，自食其果。

(3) 根本不设有谈判桌,也不就座的方式。对于业务合作关系持久的洽谈双方来讲,由于他们之间已形成了约定俗成的交易习惯,每次洽谈只需就简单的问题进行商讨,这时也可采用不用谈判桌,也不就座的方式进行洽谈。

总之,不论是房间的选择或是座位的安排都应服务于谈判的总目标,并且根据双方之间的关系、本方谈判人员的素质和能力等情况来具体安排。不可随便从事,以防损害本方的利益。

3) 食宿安排

由于谈判是一种艰苦复杂、耗费体力和精力的交际活动,因此,用膳、住宿安排也是谈判应注意的内容。东道国一方对来访人员的食宿安排应周到细致、方便舒适,但不一定要豪华、阔气,按照国内或当地的标准条件招待即可。要根据谈判人员的饮食习惯,尽量安排可口的饭菜。许多外国商人,特别是发达国家的客商,十分讲究时间、效率,不喜欢烦琐冗长的招待仪式,但适当组织客人参加游览,参加文体娱乐活动也是十分有益的。其不仅能很好地调节客人的旅行生活,也是融洽双方关系的有利形势,有助于谈判的进行。

2.5 谈判方式的选择

谈判方式是指参加谈判的双方针对某一商务活动进行磋商时相互采取的交往方法和形式。谈判的方式多种多样,对于众多的谈判方式可以归纳分类为以下主要方式。

2.5.1 直接谈判和间接谈判

按照谈判双方的接触形式,谈判方式可分为直接谈判和间接谈判。

1. 直接谈判

直接谈判是指在商务谈判活动中,参加谈判的双方当事人之间不需加入任何中介组织或中介人直接进行的谈判形式。直接谈判在商务活动中应用非常广泛。包括面对面的口头谈判和利用信函、电话、电传等通信工具进行的书面谈判形式。

直接谈判有其突出的优点:首先,不需中间人介入,免去了很多中间手续,使谈判变得及时、快速;其次,各方当事人直接参加谈判,易于保守商业秘密;最后,节约谈判费用,不需支付中介费用。

直接谈判适用于以下几种情况。
(1) 参加谈判双方或一方重礼节,以直接谈判形式表示对对方的尊重。
(2) 较重大或谈判结果对一方或双方有重大影响的谈判。
(3) 谈判涉及一些长期悬而未决的问题,采用其他方式无法解决时。
(4) 其他各种需双方直接进行交往的情况。

2. 间接谈判

间接谈判是相对于直接谈判而言的,它是指参加谈判双方或一方当事人不直接出面参与商务谈判活动,而是通过中介人(委托人、代理人)进行的谈判。这种谈判形式在谈判活动中应用较为广泛。

间接谈判也有其优点：①中介人一般都是谈判对方当地的代理人，熟悉当地的环境，熟知谈判对方的行为方式，便于找到合理的解决问题的办法；②代理人身处代理的地位，利益冲突不直接，不易陷入谈判的僵局；③代理人在其授权范围内进行谈判，不易损失被代理人的利益。

间接谈判多适用于以下几种情况。

(1) 谈判一方或双方对谈判对手情况不了解时。

(2) 在冲突性较大的谈判中，为了避免双方直接冲突，多采用此法。

(3) 在谈判出现僵局时，双方又无力解决时。

2.5.2 横向谈判和纵向谈判

按照议题的商谈顺序，谈判方式可分为横向谈判和纵向谈判。

1. 横向谈判

横向谈判是指在确定谈判所涉及的所有议题后，开始逐个讨论预先确定的议题，在某一议题上出现矛盾或分歧时，就把这一问题暂时搁下接着讨论其他问题，如此周而复始地讨论下去，直到所有内容都谈妥为止。

这种谈判形式的优点在于以下几方面。

(1) 议程灵活，方法多样，多项问题同时讨论，有利于寻找解决问题的变通办法。

(2) 有利于谈判人员创造力和想象力的发挥，便于谈判策略和技巧的运用。

(3) 不容易形成谈判僵局等。

2. 纵向谈判

纵向谈判指在确定谈判的主要议题后，逐一讨论每一问题和条款，讨论一个问题，解决一个问题，直至所有问题得到解决的谈判方式。其特点在于集中解决一个议题，即只有在第一个讨论的问题解决后，才开始全面讨论第二个议题。

纵向谈判方式的优点在于以下几方面。

(1) 程序明确，把复杂问题简单化。

(2) 每次只谈一个问题，讨论详尽，解决彻底。

(3) 避免多头牵制、议而不决的弊病。

这种谈判方式也有缺点：首先，议程过于死板，不利于双方沟通交流；其次，问题之间不能相互通融，当某一问题陷入僵局时，不利于其他问题的解决；最后，不利于谈判人员想象力、创造力的发挥，不能灵活变通地解决谈判中的问题。

2.6 模拟谈判的进行

所谓模拟谈判，就是谈判小组成员一分为二，或在谈判小组之外，再建立一个实力相当的谈判小组，由一方实施己方谈判方案，另一方以对手的立场、观点和谈判作风为依据，进行实战操练。模拟谈判对一些重要的或难度比较大的谈判尤为重要。

2.6.1 模拟谈判的作用

模拟谈判是在谈判前通过进行特定的情境设计、角色扮演等而对谈判过程的预演，目的在于检验谈判方案的完善与否，是一种无需担心失败的尝试。在现代企业的商务谈判中，尤其是重大的、关系到企业根本利益的活动中，模拟谈判的地位日益受到重视。其作用主要表现在以下两个方面。

1. 检验谈判方案是否周密可行

谈判方案是在谈判小组负责人的主持下，由谈判小组成员具体制定的。它是对未来将要发生的正式谈判的预计，这本身就不可能完全反映出正式谈判中出现的一些意外事情。同时，谈判人员受到知识、经验、思维方式、考虑问题的立场、角度等因素的局限，谈判方案的制定就难免会有不足之处和漏洞。事实上，谈判方案是否完善，只有在正式谈判中方能得到真正检验，但这毕竟是一种事后检验，往往发现问题为时已晚。模拟谈判是对实际正式谈判的模拟，与正式谈判比较接近。因此，能够较为全面严格地检验谈判方案是否切实可行，检查谈判方案存在的问题和不足，及时修正和调整谈判方案。

2. 训练和提高谈判能力

模拟谈判的对手是自己的人员，对自己的情况十分了解，这时站在对手的立场上提问题，有利于发现那些原本被忽略或被轻视的重要问题，并且能预测对方可能从哪些方面提出问题，以便事先拟定出相应的对策。对于谈判人员来说，能有机会站在对方的立场上进行换位思考，是大有好处的。正如美国著名企业家维克多金姆说的那样："任何成功的谈判，从一开始就必须站在对方的立场来看问题。"这样角色扮演的技术不但能使谈判人员了解对方，也能使谈判人员了解自己，通过站在对方角度进行思考，可以使谈判人员在谈判策略设计方面显得更加机智而有针对性，从而提高谈判队伍自身的谈判能力。

2.6.2 模拟谈判的假设条件拟定

模拟谈判的效果如何，假设条件的拟定是关键。拟定假设是指在前期信息资料准备工作的基础之上，根据某些既定的事实或常识，将某些事务承认为事实，不管这些事务现在和将来是否发生，仍视其为事实进行判断和推理，从而预测真正谈判业务发生后可能出现的问题及产生的结果。

依照假设的内容，可以把假设条件分为 3 类，即对客观环境的假设、对谈判对手的假设和对己方的假设。

1. 对客观环境的假设

对客观环境的假设包括对环境、时间、空间的假设，目的是估计主客观环境与本次谈判的联系和影响的程度，做到知己知彼，找出相应的对策。

2. 对谈判对手的假设

对谈判对手的假设主要是预计对方的谈判水平、心理状态、愿意冒险的程度、可能会采用的策略以及面对己方的策略对手如何反应等关键性问题。

3. 对己方的假设

对己方的假设主要是对谈判者自身的心理素质、谈判能力的自测及自我评估，对企业自身经济实力的考评，对谈判策略及谈判准备方面的评价等。

在拟定假设时应注意以下几个方面的内容。其一，为了提高假设的准确度，应尽可能让具有丰富谈判经验的人提出假设；其二，假设的情况应以所掌握的信息资料为依据，以客观事实为基础，切忌纯粹凭想象主观臆造；其三，在谈判中，常常由于双方误解事实真相而浪费大量的时间，也许曲解事实的原因就在于一方或双方假设的错误。所以，谈判者必须牢记，自己所做的假设归根究底只是一种推测，如果把假设条件奉为必然性的事实去参加实际谈判，将是非常危险的。

2.6.3 模拟谈判的人员选择

模拟谈判要发挥真正的作用，除了要科学地做出假设外，还应慎重考虑参加模拟谈判的人员组成。参加模拟谈判的人员，应该是具有专门知识、经验和看法的人，而不是职务、地位或只会随声附和、举手赞成的老好人。通常模拟谈判需要包含下列3种人员。

1. 知识型人员

这种知识是指理论与实践相对完美结合的知识。知识型人员能够运用所掌握的知识触类旁通、举一反三，把握模拟谈判的方方面面，使其具有理论依据的现实基础。同时，他们能从科学性的角度去研究谈判中的问题。

2. 预见型人员

预见型人员对于模拟谈判是很重要的。他们能够根据事物的变化发展规律，加上自己的业务经验，准确地推断出事物发展的方向，对谈判中出现的问题相当敏感，往往能对谈判的进程提出独到的见解。

3. 求实型人员

求实型人员有着强烈的脚踏实地的工作作风，考虑问题客观、周密，不凭主观印象，一切以事实为出发点，对模拟谈判中的各种假设条件都小心求证，力求准确。

在模拟谈判的人员选择时应注意以下几个方面的内容。其一，参加模拟谈判的人员要有较强的角色扮演能力；其二，在模拟谈判过程中，扮演者或彬彬有礼，或吹毛求疵，或专横强硬，尽可能地以不同的方式对己方谈判者的意见、论据进行反驳或刨根问底，这样将会大大提高己方谈判的成功率。

2.6.4 模拟谈判的方法

1. 全景模拟法

全景模拟法是指在想象谈判全过程的前提下，企业有关人员扮成不同的角色所进行的实战性排练。这是最复杂、耗资最大，但也往往是最有效的模拟谈判方法。这种方法一般应用于大型的、复杂的、关系到企业重大利益的谈判。在采用全景模拟法时，应注意以下两点。

1) 合理地想象谈判全过程

要求谈判人员按照假设的谈判顺序展开充分的想象，不只是想象事情发生的结果，更重要的是事物发展的全过程，想象在谈判中双方可能发生的一切情形。并依照想象的情况和条件，演绎双方交锋时可能出现的一切局面，如谈判的气氛、对方可能提出的问题、己方的答复、双方的策略和技巧等问题。合理的想象有助于谈判的准备更充分、更准确。所以，这是全景模拟法的基础。

2) 尽可能地扮演谈判中所有会出现的人物

这有两层含义，一方面是指对谈判中可能会出现的人物都有所考虑，要指派合适的人员对这些人物的行为和作用加以模仿；另一方面是指主谈人员(或其他在谈判中准备起重要作用的人员)应扮演一下谈判中的每一个角色，包括自己、己方的顾问、对手和他的顾问。这种对人物行为、决策、思考方法的模仿，能使己方对谈判中可能会遇到的问题、人物有所预见；同时，处在别人的角度上进行思考，有助于己方制定更完善的策略。

2. 讨论会模拟法

讨论会模拟法类似于"头脑风暴法"，它分为两步。第一步，企业组织参加谈判人员和一些其他相关人员召开讨论会，请他们根据自己的经验，对企业在本次谈判中谋求的利益、对方的基本目标、对方可能采取的策略、己方的对策等问题畅所欲言。不管这些观点、见解如何标新立异，都不会有人指责，有关人员只是忠实地记录，再把会议情况上报领导，作为决策参考。第二步，请人针对谈判中种种可能发生的情况，以及对方可能提出的问题等提出疑问，由谈判组成员——加以解答。讨论会模拟法特别欢迎反对意见。这些意见有助于己方重新审核拟订的方案，从多种角度和多重标准来评价方案的科学性和可行性，并不断完善准备的内容，以提高成功的概率。国外的模拟谈判对反对意见加倍重视，然而这个问题在我国企业中长期没有得到应有的重视。讨论会往往变成"一言堂"，领导往往难以容忍反对意见。这种讨论不是为了使谈判方案更加完善，而是成了表示赞成的一种仪式。这就大大地违背了讨论会模拟法的初衷。

3. 列表模拟法

列表模拟法是最简单的模拟方法，一般使用于小型、常规性的谈判。具体操作过程是其通过对应表格的形式，在表格的一方列出己方经济、科技、人员、策略等方面的优缺点和对方的目标及策略；另一方则相应地罗列出己方针对这些问题在谈判中所应采取的措施。这种模拟方法的最大缺陷在于其实际上还是谈判人员的一种主观产物，它只是尽可能地搜寻问题并列出对策。对于这些问题是否真的会在谈判中发生，这一对策是否能起到预期的作用，由于没有通过实践的检验，不能百分之百地确定这一对策是完全可行的。

2.6.5 模拟谈判的总结

模拟谈判的总结环节是必不可少的，因为模拟谈判的目的就在于总结经验，发现问题，提出对策，完善谈判方案。这是一种预测性总结，其应包括以下主要内容：①对方的立场、观点、目标、风格、精神等；②对方的反对意见及解决方法，有关妥协的可能性及其条件；③己方的有利条件及运用状况；④己方的弱点及改进措施；⑤谈判所需的信息资料是否充足完善；⑥双方各自的妥协条件及可共同接受的条件；⑦对方谈判的底线及谈判破裂的界限。

应用实例 2-37

"扮演角色"模拟

谈判者预先进行"扮演角色"模拟,不仅是一两次,而是多次。利用不同的人扮演对手,提出各种他所能想象的问题,让这些问题来难为自己,在为难之中,做好一切准备工作。美国著名律师劳埃德·保罗·斯特来克在他的《辩护的艺术》一书谈过这一方法的好处。他说:"我常常扮作证人,让助手对我反复盘问,要他尽可能驳倒我,这是极好的练习,就在这种排演中,我常常会发现自己准备得还不够理想,于是我们就来研讨出现的失误及其原因。然后,我和助手互换个角色,由我去盘问他。"

美国著名企业家维克多·金姆说:"任何成功的谈判,从一开始就必须站在对方的立场和角度上来看问题。"通过对不同人物的扮演,可以帮助谈判者选择自己所充当的谈判角色,一旦发现自己不适合扮演某人在谈判方案中规定的角色时,可及时加以更换,以避免因角色的不适应而引起谈判风险。

德国商人非常重视谈判前的彩排。不论德国的大企业,还是小企业,也不论是大型复杂的谈判,还是小型简单的谈判,德国商人总是以一种不可辩驳的权威面目出现,常常能牢牢地控制着谈判桌上的主动权,其中的关键在很大程度上就要归功于他们对模拟谈判的重视。对于德国商人而言,事先演练是谈判的一个必经程序,他们对谈判可能出现的任何细节都要做周密的准备,对对方可能要提出的任何难题,都要事先做出安排,拟订应对方案,不打无准备之仗。自然,以后的谈判就很容易被纳入德国商人事先设计好的轨道,为谈判的胜利奠定基础。

资料来源:高建军,卞纪兰. 商务谈判实务. 北京:北京航空航天大学出版社,2007.

 本章小结

商务谈判的准备工作对谈判成败起着关键性作用。商务谈判的准备工作包括谈判目标的确立、谈判资料的收集、谈判组织的建立、谈判计划的制订、谈判方式的选择和模拟谈判的进行等项任务。

谈判目标是商务谈判的核心。谈判目标具体分为 4 个层次,即最优期望目标、实际需求目标、可接受目标和最低目标。谈判己方应做好谈判目标的保密工作。

谈判资料的收集,是获得谈判成功的重要保证。需要收集的谈判资料主要包括与商务活动有关的资料、与谈判对手有关的资料和与谈判环境有关的资料。

商务谈判组织强弱直接决定着谈判的结果,所以要高度重视谈判组织的建立。谈判小组的组织原则要考虑所谈判项目的大小、难易、重要程度、对手的特点。作为谈判人员,其基本素质、知识结构和能力结构要合理。谈判负责人起着谈判指挥、决策拍板、联结纽带和信息窗口的作用,对其素质和能力要求更高。谈判小组要注意主谈人与辅谈人、台上与台下、各种类型性格的人的配合。

谈判计划制定要简明扼要、具体灵活。谈判计划主要内容包括谈判议程安排和谈判时间、谈判地点的确定。

谈判方式的选择,主要包括对直接谈判与间接谈判方式的选择和对横向谈判与纵向谈判方式的选择。

进行模拟谈判,能使谈判者及早发现问题和提出解决对策,从而在实际谈判中争取主动。模拟谈判主要方法有全景模拟法、讨论会模拟法和列表模拟法。

关键术语

最优期望目标、实际需求目标、可接受目标、最低目标、谈判负责人、谈判主谈、通则议程、细则议程、谈判计划、谈判地点、模拟谈判

习　　题

1. 选择题

(1) 对谈判环境的调查分析中，经济运行机制属于(　　)。
　　A. 商业习惯　　　　B. 政治状况　　　C. 财政金融状况　　D. 社会习俗
(2) 谈判准备过程中必须进行的情况分析有(　　)。
　　A. 自身分析　市场分析　　　　　　B. 自身分析　对手分析
　　C. 市场分析　环境分析　　　　　　D. 环境分析　对手分析
(3) 你认为小组谈判的优势是(　　)。
　　A. 发挥集体智慧　　　　　　　　　B. 更好地解决复杂问题
　　C. 避免了个人决策　　　　　　　　D. 有利于封锁消息
(4) 商务谈判的议程包括议题和(　　)。
　　A. 程序　　　　　　B. 内容　　　　　C. 价格　　　　　　D. 人物
(5) 商务谈判胜负的决定性因素在于(　　)。
　　A. 与对方的友谊　　　　　　　　　B. 主谈人员的经验
　　C. 商务谈判人员的素质　　　　　　D. 谈判人员报酬的多少

2. 判断题(对的打√，错的打×)

(1) 对重要的问题应在中立场地进行谈判。　　　　　　　　　　　　　　　(　　)
(2) 谈判目标是商务谈判的依据。　　　　　　　　　　　　　　　　　　　(　　)
(3) 谈判计划要简明扼要、具体灵活。　　　　　　　　　　　　　　　　　(　　)
(4) 商务谈判组织强弱能够直接决定谈判结果的成败。　　　　　　　　　　(　　)
(5) 商务谈判中的情况千变万化，随时都有偶然情况出现，为了适应这种现象，在制定谈判方案时，可以不列出细则议程，一切都靠随机应变。　　　　　　　　　　　　　　　　(　　)

3. 简答题

(1) 谈判准备工作的内容主要有哪些?
(2) 商务谈判组织的构成原则有哪些?
(3) 对谈判对手资信情况的审查主要包括哪些内容?
(4) 模拟谈判的作用和形式有哪些?

4. 思考题

买方面对的谈判对手即卖方是个贪权人。买方地位虽然略胜于卖方，但卖方的许诺对买方来说是极为重要的。在达成协议方面存在着谈判之难点。由买方选择，谈判地点应选在(　　)。
　　A. 在主场谈判　　　　B. 在客场谈判　　　C. 在第三地谈判

案例分析

参与非洲某国政府采购招标的投标谈判

非洲某国两年前开始对其国家某政府部门大批成套设备进行选择性招标采购,金额达几千万美元,投标方涉及英国、德国、南非及中国的十几个大公司。而各大公司各有优势,其中一些与该国家还有一定渊源。例如,德国以技术过硬、态度严谨、产品质量高著称;而该非洲国家以前曾是英国的殖民地,历史渊源更深;南非公司与当地印巴人关系较好,而印巴人在政府中有一定的势力。在这种情况下,中国A公司准备参与竞争并积极做准备。

在正式谈判前,A公司首先仔细分析了该国的历史背景和社会环境及谈判对手的特点。非洲国家历史上多为英属或法属殖民地,其法律程序较为完善,尤其是原英属殖民地国家,其法律属英美法系,条款细致而成熟,政府工作程序延续英国管理条例,部门分工很细,并互相牵制且配置一系列监察部门,监督各部门工作。

但非洲国家又有自己的一些特点,即当地有势力的部族与上层社会、政府部门有千丝万缕的关系,并熟悉当地法律、法规、习惯与禁忌,影响着政府部门的各利益集团的决策。如果能有效利用当地有势力的部族为中方的工作服务,即可以四两拨千斤,是达到目的的有效途径。另外,该国存在不同的民族,信仰不同的宗教,在谈判前一定要搞清其宗教派系,避讳其禁忌的话题和其他禁忌。

在分析谈判对手方后,A公司决定一方面组织国内人员按正常程序准备投标文件、联系工厂并报价,一方面派出团组到当地进行商务谈判。

人员配置:公司总经理(副董事长)、主谈1人、翻译1人、当地公司负责联络此事的代表1人。

此次派出团组首先面见项目决策者,其最主要目的有两个,一是建立正面的联系;二是探询对方意图并尽可能多地掌握各方面情况,以便为下一步工作指明方向。到达该国后,A公司通过正常渠道拜会了项目决策者。

A公司出席人员为公司总经理、主谈判手及翻译,对方出席人员为决策者、副手及秘书。见面后,A公司总经理回顾了中国与该非洲国家的传统友谊,追忆中国政治上支持其独立及经济上对其长期援助的历史,表明中方的态度:我们是一家人,要互相扶持,共同向前迈进。力图创造良好气氛以便提出要求。

接着主谈判手开始跟项目决策者及其副手谈A公司对于此项目的兴趣、A公司的实力、产品的质量及价格优势。对方是非洲上层社会的人,受过良好的教育,语速适中、声音平和,英文良好而且很注意礼仪,即便在40℃的高温下,他们都是西装革履。对方的态度很友好,但语意很含糊,只说会按程序办事,应允会把中国A公司作为有资格中标的公司之一来考虑。

A公司总经理的拜会结果是积极的,首次接触的目的基本达到,建立了正面联系,了解到一些情况。但显然,光正面接触是不够的,需侧面做一些工作。A公司总经理向国内做了汇报,决定拨出一定的资金,给予主谈判手一定的时间及便利来促成这件事。A公司总经理安排好公关相关事宜后,留下其他人员继续工作,自己先行回国。

在其他人员依计划工作期间,A公司总经理不再露面,但并不是不再关注此事。逢该国重大节日,以及对方人事变动,A公司总经理都会发传真祝贺,通过贺电也向对方传递一些中国经济形势的信息,如国内人民币升值压力有可能导致价格变动,从而造成价格优势减弱的可能性,以敦促对方尽快推进此事进程等。

而A公司当地的联系人及代理人不断将谈判对方以及竞争者的消息传递给A公司,以便A公司及时掌握对方的第一手资料。A公司留在该国继续工作的人员及当地联系人通过消息灵通人士了解到某部族酋

第 2 章 商务谈判的准备

长在当地很有势力,与政府部门上下关系很密切,且长袖善舞,于是就花了一段不短的时间与之接触并建立了基于互相信任基础上的良好私人关系。A 公司从开始和他做一些小生意,逐渐过渡到几百万美元的生意。由于给他的利润很丰厚,且 A 公司对他的承诺都能按时兑现,让他体会到 A 公司是可以信赖的朋友,然后再逐渐让他了解 A 公司的想法,即 A 公司希望得到这个项目,委托他作为 A 公司的代理,利益共享,使其有主人的感觉,觉得是一起在完成一项有挑战性的工作。因为项目很大,设备使用部门、合同签订部门以及资金划拨部门互相牵制,而政府部门也有自己的派别和利益分割,互相不会妥协,这时往往是这些没有政府身份而有相当影响力的人扮演了协调者的角色,由他们出面说服相关部门的官员接受条件,从而达成共识、形成合力,促使合同签订部门推进合同进程。A 公司给其代理报价,由他确定最终报价及佣金分配,从而给了他很大的活动空间。而所有游说活动 A 公司并不出面,以免授人以柄,但代理人创造条件,以非正式会面的形式,使 A 公司的主谈判手与相关部门的人员接触,并就产品的性能、特点等技术问题交换意见。

通过一次次与相关部门的接触和侧面的工作,A 公司逐渐浮出水面。这期间有的竞争者采取报低价,并从预计差价中划出一部分利润以现金或贵重礼物的形式以拉拢某些人为其暗中做工作,这些活动虽给 A 公司的工作进程造成了一定的影响,甚至阶段性阻滞,但另一方面的问题很快就出现了,即不同的利益集团与派别相互之间争斗在所难免,收受贿赂的官员在另一势力的揭发下有的被当地监察部门调查,调离了工作岗位,使上述公司所托非人;有的官员因为分赃不均,不停地索要礼物,使行贿公司不堪重负。这些对 A 公司很有利。

A 公司眼看时机成熟了,就通过代理穿针引线,顺利地获得选择招标的订单并获得对方政府的正式邀请与其公开正式就合同细节问题展开谈判。此时,A 公司领导再次出访与对方直接面谈,最终获得了此项目。

资料来源:冯砚,丁立. 商务谈判. 北京:中国商务出版社,2010.

根据以上案例所提供的资料,试分析:

(1) 商务谈判中信息准备工作的重要性。
(2) 在谈判中,谈判组的各成员配合的效果如何?
(3) 如何看待使用代理人的问题?

第 3 章

商务谈判的过程

本章教学要点

知识要点	掌握程度	相关知识
建立良好的谈判气氛	了解、掌握	谈判气氛的特点 影响谈判气氛的主客观因素 交换意见内容与注意事项 开场陈述的内容、原则、方式、顺序
进行科学报价	了解、掌握	报价的形式、原则、起点、方法、顺序、对对方报价的反应
善于进行讨价还价	了解、掌握	讨价还价的概念、做法、原则 谈判冲突的两种方式
顺利成交	了解、掌握	最后一次报价的方法 达成协议的方法 合同的形式与内容

本章技能要点

技能要点	掌握程度	应用方向
谈判人员能够注重服饰外表、言谈举止的修养 谈判人员能够布置谈判室 谈判人员能够安排对方食宿 谈判人员能够做好开场陈述	了解、掌握	谈判气氛的建立与维护 主场谈判时谈判室的布置 主场谈判时招待谈判对方 作开场陈述
谈判人员能够进行科学报价	了解、掌握	谈判的报价阶段
谈判人员能够进行讨价还价 谈判人员能够在谈判中采取措施避免谈判冲突	了解、掌握	谈判的磋商阶段
能够发出相应的成交信号 科学地进行最后一次报价 能够达成协议并签订合同	了解、掌握	谈判的成交阶段

第3章 商务谈判的过程

导入案例

中日农机设备交易谈判

在谈判的准备阶段中,双方都组织了精干的谈判班子。特别是作为买方的中方,在谈判之前,就已做好了充分的国际市场行情分析预测,制定了自己的谈判方案,从而为赢得谈判的成功奠定了基础。

谈判开始,按国际惯例,由卖方首先报价。买卖谈判开局的报价是很有学问的:报价高了会给买方传递一种没有诚意的信息,甚至会吓跑对方;报价低了则会让对方轻易地占了便宜,实现不了获得利益的高目标。因此,谈判的报价既不能高得吓跑对方,也不能低得一拍即合。有经验的谈判者总是在科学地分析自己一方价值构成的基础上,在这个幅度内"筑高台"来作为讨价还价的基础。日方深谙此道,因此首次报价为1 000万日元。这一价格比实际卖价高出许多,日方之所以这样做,是因为他们以前确实卖过这个价钱。如果中方不了解谈判当时的国际行情,就会以此作为谈判的基础,那么,日方就有可能赢得厚利。如果中方不能接受,日方也能自圆其说,有台阶可下,可谓进可攻、退可守,由于中方事前已摸清了国际行情的变化,知道日方是在放"试探气球",于是中方直截了当地指出这个报价不能作为谈判的基础。

日方对中方如此果断地拒绝这个报价而感到震惊。他们分析,中方可能对国际市场行情的变化有所了解,因而目标太高难以实现。日方转移了话题,介绍起产品的质量特点和优越性,以求采取迂回的办法支持自己的报价。这种做法既回避了正面被点破的危险,又宣传了自己的产品,真是一举三得。但中方有着了不起的洞察力,一眼看破了对方的"空城计"。因为谈判前,中方不仅摸清了国际行情,而且研究了日方产品的性能、质量、特点以及其他同类产品的有关情况。于是中方运用了"明知故问"暗含回击的发问艺术,不动声色地说:"不知贵国生产此种产品的公司有几家? 贵公司的产品优于A国、C国的依据是什么?"

此话好像是在请教,实际是点出了两个问题:一个是中方非常了解所有此类产品的有关情况;另一个是此类产品绝非是一家独有,中方是有选择权的。一句点到为止的话,彻底摧毁了对方的企图。中方话没说完,日方就领会了其中的含义,顿时陷入答也不是、不答也不是的境地。然而日方代表毕竟是谈判桌前的老手,其主谈借故离席;辅谈也装作找材料,埋头不语。过了一会儿,日方主谈人神色泰然地回到桌前,问他的助手:"这个报价是什么时候定的?"他的助手早有准备,对此话当然是心领神会,便不假思索地答道:"以前定的。"于是日方主谈笑着解释说:"唔! 时间太久了,不知这个价格是否变动,我们只好回去请示总经理了。"老练的日方主谈人运用踢皮球战略,一下子找到了退路。中方主谈人自然深谙谈判场上的这一手段,便采取了化解僵局的给台阶方法,主动提出休会,给对方以让步的余地,并深知此轮谈判不会再有什么结果了,如果逼紧了,就可能导致谈判的失败。实际上,双方在这一轮谈判中互通了信息,加深了了解,增强了谈判成功的信心。从这一意义上说,都是成功而不是失败。

第二轮谈判开始后,双方漫谈了一会儿,调节了情绪,融洽了感情。之后,日方再次报价:"我们请示了总经理,又核实了成本,同意削价100万日元。"同时他们还夸张地表示:这个削价的幅度是不小的,要中方还盘。而中方则认为,虽然削价的步子不小,但离中方的要价仍有较大的距离,马上还盘还有些困难。特别是在还没有弄清对方的报价离实际卖价的"水分"究竟有多大时就轻易还盘,往往造成被动,高了自己吃亏,低了可能刺激对方。究竟还盘多少,中方一时拿不准,为了慎重起见,中方一面电话联系,再次核实该产品在国际市场的最新价格,一面对日方代表的二次报价进行分析。中方认为,日方虽表明第二次报价是总经理批准的,但根据情况,此次降价是谈判者自行决定的,由此可见,对方报价的水分仍然不少,弹性也很大。为此,中方确定还盘价格为750万日元。日方立即回绝,断定这个价格很难成交。中方坚持与日方探讨了几次,讨价还价的高潮已经过去,中方认为谈判的"时间已经到了",该是展示实力、运用技巧的时候了。于是,中方谈判代表郑重地向对方指出:"这次引进,我们从几家公司中选中了贵公司,这说明我们成交的诚意。此价虽比贵公司销往 C 国的价格低一点,但由于运往上海口岸比运往 C 国的运费低,所以利润并没减少。另一点,诸位也知道我有关部门的外汇政策规定,这笔生意允许我们使用的外汇只有这些。要增加,需再审批,那只好等,改日再谈。"

这是一种欲擒故纵的谈判手法,旨在向对方表示自己对该谈判已经失去了兴趣,以此迫使对方做出让步。尽管这一招运用得巧妙及时,中方仍觉得分量不够,于是又使用了类似"竞卖会"的高招,从而把对方推向了一个与第三者竞争的局面。中方代表接着说:"A 国、C 国还等着我们的邀请。"说着,便把中国外汇使用批文和 A 国、C 国的电传递给了日方代表。日方见后大为惊讶,本想坚持继续讨价,此时已完全不再可能,陷入了必须竞卖的困境,要么压价成交,利润不大,有失所望;要么谈判告吹,空手而归,不好交代。

抓住了日方此时的矛盾心理,中方代表称赞对方谈判代表的精明强干,已付出了很大的努力,但限于中方政策,不可能再有伸缩的余地,如日方放弃了这个机会,中方就只能选择 A 国或 C 国的产品了。日方考虑再三,认为还是成交有利,告吹只能赔本。接下来,双方又就该交易的其他议题达成了一致意见,最后中日双方签订了交易协议。

资料来源:关兰馨.第一流的商务谈判.北京:中国发展出版社,1998.

经过谈判前的准备工作之后,便进入正式谈判阶段。从谈判正式开始到达成协议的全过程来看,虽然错综复杂,变化无穷,但大体也有一定的程序。商务谈判过程一般包括摸底阶段、报价阶段、磋商阶段、成交阶段。谈判者一定要掌握每个阶段的不同内容和要求,灵活地运用谈判技巧,才能达到预期的谈判目的。

3.1 摸 底 阶 段

摸底阶段,是指双方谈判人员见面入座后开始洽谈,到话题进入实质性内容之前的阶段。这个阶段的主要工作是建立良好的洽谈气氛、交换各自的意见和作开场陈述。

3.1.1 建立良好的谈判气氛

任何谈判都是在一定的气氛下进行的。每一次商务谈判都有其独特的气氛,有的冷淡、对立;有的松弛、拘谨。不同的谈判气氛影响着谈判的发展变化。例如,热烈、积极而友好的谈判气氛,会把谈判朝达成一致的协议方向推动;而冷淡、消极而对立的谈判气氛又影响谈判人员的心理、情绪和感觉,从而引起相应的反应,如果不加以调整和改变,就会强化那种气氛。因此,在谈判一开始,要建立一种诚挚的、合作的、轻松的、认真的谈判气氛,这对谈判可以起到积极和有利的推动作用。

应用实例 3-1

积极、和谐、融洽的谈判气氛

积极和谐的谈判气氛,使人心情较为轻松,彼此都能理解对方的需要,有一种立场相近的感觉,双方对达成协议充满信心。

"空中客车"飞机制造公司成立于 20 世纪 70 年代,是由法国、联邦德国和英国合资经营的。由于当时世界经济萧条,各国航空公司营业均不景气,而"空中客车"公司又是个才起步的新公司,要想打开局

第 3 章 商务谈判的过程

面,搞好外销工作,更是难上加难。

公司想向印度销售一批飞机,但印度政府初审后未予批准,能否挽回机会,改变印度政府的决定,就要看谈判人员的技巧了。贝尔那·拉弟埃受命于危难之际。拉弟埃稍做准备就飞往印度首都新德里,面对接待他的印航主席拉尔少将,拉弟埃开口第一句话是:"我真不知该怎样感谢您,因为您给了我这样的机会,使我在生日这一天又回到了我的出生地。"通过开场白,他告诉拉尔少将,他出生于印度并深爱这片国土。随后拉弟埃解释,他出生时,父亲是作为法国企业家的要人派驻印度的。这些话使拉尔少将感到开心愉快,于是设宴款待拉弟埃。初战告捷,拉弟埃削弱了对手的敌对情绪,逐渐创造和谐、融洽的谈判气氛。紧接着,拉弟埃又从包中取出一张珍藏已久的相片,神色庄重地呈给拉尔少将:"少将,请看这张照片。""啊,这不是圣雄甘地吗!"拉尔少将无限崇敬地感叹道。众所周知,甘地是印度人民衷心爱戴的一代伟人,在印度可说是妇孺皆知。拉弟埃正是投其所好,一步一步赢得拉尔少将的好感,以建立良好的谈判气氛。"请少将再看看,圣雄甘地旁边的小孩是谁?"少将注意到伟人身边那个天真的小男孩,但他端详许久,未能认出。"那就是我呀!"拉弟埃满怀深情地说,"那时我才3岁半,随父母离开贵国返回欧洲。途中,有幸与圣雄甘地同乘一艘船,并合影留念。"拉弟埃无限幸福地回忆着往事。拉尔少将完全被感动了。

至此,拉弟埃成功地建立起积极、和谐、融洽的谈判气氛,最终水到渠成,圆满完成了此行谈判任务,这笔生意顺利达成协议。

消极、冷淡、紧张的谈判气氛

消极、冷淡、紧张的谈判气氛会给谈判对手造成强大的心理压力,迫使对方做出妥协让步。谈判人员运用正面对抗或冲突的方式,采用强硬的手段给对手施加压力,以实现己方的谈判目标。1986年年初,我国大庆油田为了试验采油新技术,向美国H公司购进一批采油设备。货到之后,经检验发现,其中价值48.82万美元的玻璃油管在试验压力时尚未达到合同规定要求时即出现渗漏,无法正常使用。H公司两次派专家前来复验,亦承认产品确实不符合合同要求,于是,大庆油田提出索赔。不料,H公司却在1987年2月向美国达拉斯地方法院提起诉讼,指控大庆油田石油管理局将其所售合格产品判为不合格,损害公司名誉,倒打一耙,要求大庆油田向他们赔偿损失。大庆石油管理局局长决定应诉,并电告美国法庭。

1987年2月25日晚,由大庆标准计量局副局长、高级工程师刘紫阳,大庆油田引进办副主任、高级工程师许柯和大庆油田物资处长、经济工程师王虎群组成的大庆诉讼谈判小组飞抵美国休斯敦市,准备出庭辩论。

3月2日,双方首次见面交锋。H公司的谈判代表律师Z先生一出场,就摆出盛气凌人的架势,忽而双脚高高翘于桌上,忽而拍桌子乱喊乱叫,想尽办法刁难我方。一次,他要我方代表回答合同中关于玻璃油管的全部技术要求,但当刘紫阳准备查阅资料时,他却大叫:"不许你看资料。"这种强词夺理的行为是想让我方谈判代表回答失误。但刘紫阳镇定自若,略加思索就回答出一连串数据,17条技术条款无一差错。Z先生霎时面无血色。刘紫阳不失时机,突然站起,对在场的法庭速记员严正指出:"H公司律师的这种行为是故意刁难,为美国法律所不允许。"在此,我方提出强烈抗议。Z先生无言以对,大庆谈判代表怒责H公司律师,为以后的胜利打下了基础。

从这个案件我们可以看出,H公司律师虽然最初也想先发制人,制造紧张的谈判气氛来压制对方,但毕竟理屈词穷;我方谈判代表据理力争,无情地揭露、痛斥H公司的阴谋,使谈判气氛虽然紧张、激烈,我方却操纵自如,最终取得谈判的胜利。

资料来源:罗树民,等.国际商务谈判.上海:上海财经大学出版社,2004.

一般情况下,谈判气氛要受到谈判人员、谈判空间等主客观因素的影响。

1. 主观因素的影响

当双方谈判人员走到一起准备谈判时,谈判气氛就开始形成。是热烈还是冷淡,是友好还是猜疑,是轻松还是紧张都在逐步确定。甚至整个谈判的进展,如由谁主谈、谈多少、速度多快也受到了很大的影响。

谈判气氛不仅受开局瞬间的影响,而且双方见面之前的预先接触、洽谈中的交流都会对谈判气氛产生影响。当然,开局一瞬间的影响最为强烈,其奠定了谈判的基调,此后谈判气氛的波动比较有限。因此,谈判人员要对开局瞬间予以高度重视。为了创造出一个友好合作的谈判气氛,谈判人员在服饰外表、言谈举止方面要注意以下4个方面的要求。

(1) 在服饰仪表上,谈判人员的服饰要美观、大方、整洁,颜色不要太鲜艳,式样不能太奇异,尺码不能太大或太小,决不能蓬头垢面、衣着散乱。那些仪表堂堂、有吸引力的人,要比那些不修边幅的人更有成功的可能。总之,谈判人员要塑造出符合自己身份的形象。同时,由于各国的经济发展程度不同和风俗习惯的差异,服饰方面也不能一概而论,最好要入乡随俗。例如,当我们访问法国、挪威等比较严谨的国家时,我们最好穿暗色西装;如果访问美国、瑞典等比较开放的国家,那么穿运动衫、便服也未尝不可。

应用实例 3-2

着装要入乡随俗

几年前,我国某企业集团一行四人去朝鲜参加一次商务谈判,有两位男士和两位女士。两位男士身着西服,两位女士穿长裤和正式的上衣。在平壤火车站上,令中国谈判人员感到奇怪的是,来迎接的朝鲜伙伴在向中国人员表示礼节性欢迎的同时,目光不断打量两位中国女士的下半身。其中一位女士尽管不知道出了什么事,但已察觉到不对头,所以就打量了一下自己的下身,看看裤子上是否有脏点或出了什么差错。

原来在朝鲜,较有身份的女人一般要穿裙子,穿长裤很少见。虽然在平壤能见到身穿长裤的女性,但这些人一般是社会地位较低的普通公民,而社会地位较高的政府工作人员、穿长裤的女性极少见。本案例中的朝鲜伙伴不断打量两位中国女性谈判人员的下半身,唯一的原因是她们穿了长裤而没穿裙子。

资料来源:李爽. 商务谈判. 北京:清华大学出版社,2007.

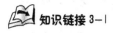

知识链接 3-1

女性着装的注意事项

着装是女性在商务谈判中遇到的首要问题。女性在春秋季应以西装、西装套裙为佳,尤其在较为正式的洽谈活动场合。一般的毛衣套装等可在一般性的会谈中穿着,只要能充分体现女性的自信、自尊、自主即可。女性洽谈人员夏季着装可以是长、短袖衬衫配裙子或裤子、连衣裙、西装、西装套装等。女装要注意的是不可以露,不可以透。注意袜子的穿着,袜子的色彩不可太鲜艳,一般以肉色、黑色和浅色透明丝袜为宜。袜子的图案避免选择过于复杂的或网眼状的。

首饰佩戴和化妆是女性在谈判活动中遇到的另一个重要问题。得体的首饰、化妆可以给人以淡雅、端庄、大方的感觉,使人尊重之情油然而生;过分鲜艳、俗气的首饰、化妆则给人留下轻浮、不自重的印象,甚至引起对方的反感与轻视。

首饰是一种无声的语言,它反映了一个人的教养和阅历。首饰的选择有3个原则,一是以少为佳,不

第3章 商务谈判的过程

戴亦可。二是同质同色，即佩戴一件以上的首饰，讲究质地要相同，色彩要一致。注意黑色首饰不能在洽谈活动中佩戴，通常用的有5色，即红色，代表热情与友好；蓝色，代表和谐与宁静；黄色，代表高贵与典雅；绿色，代表青春与活力；白色，代表纯洁与无邪。色彩要根据身份、年龄、个性慎重选择。三是要合乎惯例。戒指一般戴于左手，一般只戴一枚，绝不可超出两枚。涉外商务洽谈中，左手小指不允许戴戒指。手镯与手链可以佩戴，一般戴一只，如果戴在右手，且为一只，说明自由未婚；若戴在左手，或左右都戴，则说明"名花有主"了。对于项链，在谈判中，尤其涉外谈判时，线形链少戴，因为它是歌女这一特殊职业的标志。紧链是较为合适的一类项链。正式场合一般不宜佩戴耳环。在挂件的佩戴上，一般以心形、几何形和动物类为宜，须注意特殊的禁忌，注意图形文字的使用，不要侵犯了客方的习俗禁忌。涉外商务洽谈中十字形的挂件是不允许的，西方人认为它是不祥之兆。

适度化妆在正式场合是对客方尊重的必要标志，西方人对此较为注重，认为化妆可称得上是女性的第二时装。在商务洽谈活动中，化妆不宜过浓，尤其不可使用浓香型化妆品。商务谈判中女性裙装不宜高过膝盖。最后，商务谈判中女性切忌在众人面前化妆，这是没有教养、不懂礼仪的表现。

资料来源：杨晶. 商务谈判. 北京：清华大学出版社，2005.

(2) 双方谈判人员应径直步入会场，以开诚布公、友好的态度出现在对方面前。双肩要放松，自然下垂，目光的接触要给对方可信可亲的自信的感觉。心理学家认为，谈判人员心理的微妙变化都会通过目光表达出来。通过对方目光的变化，能够感觉到其心理状态。尤其是谈判双方第一次目光交流意义最大。一眼就可以看出对方是诚实还是狡猾，是活泼还是凝重。鲁迅先生说过："眼睛是心灵的窗户。"

(3) 说话要轻松自如并且要注意谈话内容。谈判双方见面之后，彼此寒暄几句，接着就开始进行交谈。此时的交谈不要涉及实际内容，而是应选择一些非业务性的轻松话题，即中性话题。中性话题的范围很广，一切和正题不相干的话题都是中性话题。例如，来访者的旅途经历、体育新闻或文娱消息、天气情况、个人爱好以及以往合作的经历与取得的成功等。此时，谈话的语调不应带有威胁性，谈话的内容也不应涉及个人的隐私，这样，双方可以找到共同语言，彼此在感情上相互接近，为进一步心理沟通做好准备。

 应用实例 3-3

利用中性话题营造轻松谈判气氛

中国某个生产企业，准备从某国引进一条生产线，于是与该国一家公司进行了接触。双方分别派出了一个谈判小组就此问题进行谈判。谈判那天，当双方谈判代表刚刚就座，中方的首席代表就站了起来，他对大家说："在谈判开始之前，我有一个好消息要与大家分享。我的太太在昨天夜里为我生了一个大胖小子！"此话一出，中方职员纷纷站起来向他道贺，外方代表也纷纷站起来向他道贺。整个谈判会场的气氛顿时高涨起来，谈判进行得非常顺利，中方企业以非常合理的价格成功地引进了所需的生产线。其实，这位中方首席代表的太太并未生孩子，这只是他的一个计谋。原来，他在与这个外国企业的以往接触中发现，他们很愿意板起面孔谈判，造成一种冰冷冷的谈判气氛，给对方造成一种心理压力，从而控制整个谈判，趁机抬高价码或提高条件。于是，他便想出了这个计谋来打破他们的冰冷面孔。通过这一特殊的插曲来引发普遍存在于人们心中的感情因素，使这种感情迸发出来，达到了营造气氛的目的，即营造一种有利于己方的谈判氛围。

资料来源：孙绍年. 商务谈判理论与实务. 北京：清华大学出版社；北京交通大学出版社，2007.

(4) 注意手势和触碰行为。例如，双方见面时，谈判者应毫不迟疑地与对方握手。握手动作虽然简单，却可以看出对方是温和的、强硬的、还是理智的。在一些西方国家，如果用右手与对方握手的同时，把左手搭在对方肩上，就会引起对方的反感。这种举动说明此人精力特别充沛、权力欲很强或者过分轻狂、傲慢和自以为是。对方会做出如此反应："这家伙想控制我，得小心点。"当然，由于各国文化习俗的不同，对握手行为的理解也是不同的。在初次见面握手寒暄力度较大时，有些外商会认为这是相见恨晚的表现，心里会有一种亲近的感觉；有些外商则认为这是对方在炫耀力量，心中会有些不是滋味；还有些外商会认为这是故弄玄虚，有意谄媚，心里会感到厌恶。因此，为了在此方面把握适度，首先就要对对方的文化背景和风俗习惯做些了解，区别情况以采取不同的做法。

此外，在谈判过程中谈判人员还要注意不要松开领带、解开衬衫纽扣、卷起衣袖等动作，因为这将给对方你已经精疲力竭、厌烦等印象。

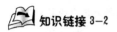 知识链接 3—2

建立谈判气氛的行为忌讳

1. 缺乏自信而举止慌乱

商务谈判中的一方缺乏达成协议获得己方利益的信心，从举止表现出来的慌乱，对方一看就知，这在商务谈判中是忌讳的。缓解的办法是减轻内心的压力，理清思路，不急于发言，身体端正，目光远视，沉默不语几分钟，有一种"以不变应万变"的气派，克制住慌乱举止。

2. 急于接触实质性问题

商务谈判中实质性的问题就是谈判目标中己方利益的实现。在谈判时一定要严格遵守商务谈判的程序，谈判人员见面时，双方人员还不熟悉，有的人刚入座，有的还在摆放资料。作为主谈人员应从容不迫，藏而不露。辅谈判人员更不可轻举妄动。不能没说几句话就单刀直入地询问对方的报价或还价，甚至自己一开口就报价，"你行不行？不行，我就走。"这样的行动只能导致谈判失败或失利，而得不到己方应有的利益。

3. 过早地对对方的意图形成固定的看法

谈判双方刚见面，洽谈正要开始，己方谈判人员不能将对方的交易条件作为"盾"，而把己方的交易条件作为"矛"去攻。固定对方的报价或还价就框死了己方。始终要记住，谈判双方资格是平等的，交易条件虽不等价，但是是一种公平交易。己方主谈人员一定要克服自卑心理。对对方的意图要分析，有的是真的，有的还有"水分"，有的可能内涵并未表示出来，即使是对方的真实意图，也是可以改变的。高明的谈判能手一开始就要置对方意图于不顾而不断去改变它，保证己方利益的实现。

资料来源：袁革. 商贸谈判. 北京：中国商业出版社，1995：79～79.

2. 客观因素的影响

物质方面的准备工作，如谈判间的布置、谈判人员食宿的安排等，都是影响谈判气氛的客观因素。这方面的工作直接显示着东道主的诚意，同时也是检验谈判人员素质的标准之一。如果该方面的准备工作潦潦草草，一塌糊涂，谈判会场的布置及座位的安排都不符合国际惯例，会给对方谈判人员以不良的感觉和印象，同时也向对方表明己方不是谈判的行家。因此，做好谈判的物质准备工作十分必要。

一般情况下，谈判需要两个房间，一间是主要谈判室，另一间是秘密会谈室。其中，主谈室应光线充足、舒适、美观大方，备有必要的谈判设备(如计算机、打字机、投影仪、录像设备等)；密谈室一般要靠近谈判室，以便使用方便。内部应设置舒适的桌椅，并配备黑板、笔、笔记本或打字机等。

谈判房间的布置包括谈判桌的选择和谈判座位的安排。其中，谈判桌的选择通常有以下3种选择方式。

1) 方形谈判桌

使用方形谈判桌，一般情况下双方谈判人员是面对面而坐，会给人以正规、过于严肃而不太活泼的感觉，有时甚至还会有对立面的感觉，而且双方交谈起来并不方便。各居一方而坐，会使谈判气氛变得紧张。当然，其又有有利的一面，即各自的谈判人员在心理上会有安全感和实力感，同时便于己方交流信息。

2) 圆形谈判桌

使用圆形桌谈判，双方谈判人员团团坐定，形成一个圆圈，常常给谈判人员一个双方共同一致的印象，而且彼此交谈变得方便和容易，这很有助于创造一种和谐一致的谈判气氛，同时可以消除对立情绪。

 应用实例3-4

1969年在巴黎举行旨在尽早结束越南战争的谈判时，谈判桌的形状竟然也成了会谈的障碍。因为参加会谈的四方代表的座位安排体现着四方代表的地位问题，因而在如何安排四方代表的座位问题上引起了争论。最后决定采用椭圆形谈判桌，才使这一问题得到解决。

各方谈判代表如此重视谈判桌的形状，绝不是一种吹毛求疵的行为，因为这涉及谈判各方的座位次序问题，是一个比较突出敏感的界域问题。如何安排谈判各方的谈判座次，选择什么形式的谈判桌，是谈判界域选择的一个不可忽视的问题。一般情况，谈判座位的设置围成圆形，不分首席，适合于多边谈判，围成长方形，则适用于双边平等谈判。

资料来源：王政挺. 中外谈判谋略掇趣. 北京：东方出版社，1992.

3) 不设置谈判桌

在双方谈判人员不多的情况下，不使用谈判桌，大家随便坐在一起，轻轻松松地谈生意也不错。有时，没有使用谈判桌的谈判效果也很好，能增加友好的谈判气氛。但是，在比较正式的谈判中，还是要使用谈判桌的。

谈判座位的安排通常有3种情形。

1) 双方人员各自坐在一起

通常双方这种座次的安排比较合适，特别是当双方出现争议时，双方人员各自坐在一起，不仅从心理上产生一种安全感，而且还便于查阅一些不便于让对方知道的资料。当然，在谈判桌旁窃窃私语和传递纸条也不太好，往往会引起对方的怀疑。因此，在遇到某种新情况需要研究时，最好建议休会，然后于休会期间在己方的密谈室相互沟通情况，交换意见。

2) 双方人员交叉而坐

在谋求一致的谈判思想指导下，这种座位安排往往能增添合作、友好、轻松的谈判气氛。一般适合于不太正式、不太严肃的谈判场合。

3) 任意就座

一般情况，这种就座方法对于谈判双方而言难以实现有效的控制。如果对某些谈判组成员的过分举止和言辞无法进行控制,谈判可能会陷入混乱。当然,如果某一方事先对此毫无准备,就很容易乱了阵脚。但是,如果参加谈判的人员老练、精明、胸有成竹,并在谈判前建立了一种有效的信号控制体系,以便随时根据情况发出指令,从而有效地控制局势,那么完全可以采取这种方式。或者在小范围内,当双方是长期往来的客户或是双方关系十分友善,使用这种座位安排方式,更利于形成以诚相待、开诚布公的热烈、友好的谈判气氛,常常会促使双方达成交易,取得良好的谈判成果。

应用实例 3-5

美国著名的谈判权威尼尔伦伯格有一次被邀请去参加工会与管理人之间的谈判。作为管理人一方的谈判代表,在被介绍过之后,工会代表请尼尔伦伯格坐在他们的对面。但是,尼尔伦伯格却与工会代表同坐在一起,工会代表们都用奇怪的眼光看着尼尔伦伯格,示意他坐错了位置,可尼尔伦伯格却不予理会。谈判开始不久,工会代表几乎忘记了尼尔伦伯格是代表管理者一方,他们仔细倾听他的分析、意见和建议,就像是在听自己一方的意见和建议一样,对抗的气氛锐减,而融洽的气氛陡增。尼尔伦伯格对谈判座位的选择,可以说为这次谈判的圆满成功助了一臂之力。

资料来源:张晓豪,焦志忠.谈判控制.北京:经济科学出版社,1995.

一般情况,商务谈判时,双方应面对面而坐,各自的组员应坐在主谈者的两侧,以便互相交换意见,加强其团结的力量。商务谈判通常用长方形的条桌,其座位安排基本如图 3.1 和图 3.2 所示。

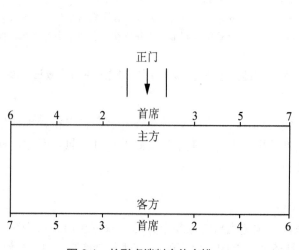

图 3.1　长形桌谈判座位安排(一)

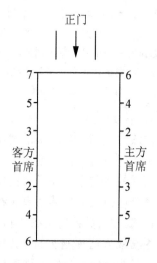

图 3.2　长形桌谈判座位安排(二)

若以正门为准,主方应坐背门一侧,客方则面向正门而坐,其中负责人或主谈人居中,如图 3.1 所示。我国及多数国家习惯把译员安排在主谈人的右侧即第二个席位上,但也有少数国家让译员坐在后面或左侧,这都是可以的。

若谈判长形桌一端向着正门,则以入门的方向为准,右为客方,左为主方,如图 3.2 所示。其座序的安排也是以主谈者(即首席)的右侧为偶数,左侧为奇数,即所谓"以右边为大"。

如果没有长形桌也可用圆形桌或方形桌，其座位安排分别如图 3.3 和图 3.4 所示。

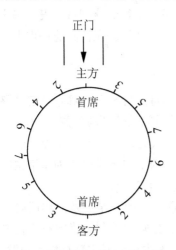

图 3.3　圆形桌谈判座位安排

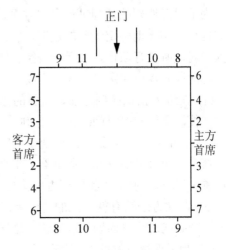

图 3.4　方形桌谈判座位安排

以上座位安排法，目前在国际上已基本通用。因此，在安排座位时也应该尽可能地遵照这一惯例。

不仅谈判桌的形状和谈判人员座位的安排很重要，甚至对双方谈判人员座位之间距离的远近也需要考虑。如果排得太靠近，双方人员会感到拘束、不舒服；排得太远，又会有疏远的感觉，而且交谈时不方便。一般情况，座位排得有一定的(适宜的)距离，宁可适当坐近些，以便产生一种亲密的交谈气氛。

总之，谈判房间、谈判桌及座位的安排的选择，要因地、因人、因事制宜，要服务于谈判战略的总目标。否则，脱离了谈判战略的总目标和具体情况，只极端地强调细微问题是毫无实际意义的。

此外，还要安排好谈判人员的食宿。在这方面，要为对方提供满意的服务，以表示出我方的诚意、热情和礼貌，而且要注意对方人员的生活习惯。由于各国经济发展水平不同，文化生活习惯各有差异，更应该在这方面提供方便。只有安排好对方谈判人员的食宿，才能使他们有愉快的心情去谈判，以便形成良好的谈判气氛。

3.1.2　交换意见

在双方谈判人员相继入座后，谈判开始。双方要互相介绍每个谈判小组成员的情况，包括姓名、职衔以及在谈判中的地位和作用。

1. 讨论议程

在进行实质性谈判之前，双方最好就谈判计划先取得一致意见。

1) 目标

目标即双方为什么坐在一起谈判，要解决什么问题。例如：①探讨双方利益之所在；②寻找共同获利的可能性；③提出或解决一些过去悬而未决的问题；④达成原则性的协议；⑤检查合同及执行进度；⑥解决有争议的问题等。因此，谈判的原因可能是其中一个或几个。

2) 议程

为了保证谈判的顺利进行，双方要共同制定一个切实可行的谈判日程表，确定每天讨论的内容，初步地确定谈判的进度，制定双方必须遵守的规则。在谈判的日程中，可适当列入参观、游览等项目，以活跃气氛，增进感情。

在此期间需要注意以下 5 个问题。

(1) 在进入正式谈判之前，短暂的停顿是必要的。通常情况下，双方坐定并整理好自己的文件，需要一段时间(也许十分钟)，但不能有太长时间的停顿与犹豫。

(2) 如果双方已坐稳，在片刻停顿后，就需要有个人先讲，不要出现冷场的情况，要使会谈有一个轻松的开端。除非客人很快主动讲话，一般情况下都是作为东道主的谈判组人员首先开场。例如，"我们可否先就会谈的日程协商一下？"。

(3) 在双方还没有就谈判的目标等问题达成一致前，不要过早涉及具体问题。例如，双方一开始就对价格问题加以讨论。这样双方容易产生分歧，不利于谈判的顺利进行。

(4) 为了保持良好的谈判气氛，使谈判顺利进行，尽力做到双方享有均等的发言机会，谈话时间与倾听时间基本相等，陈述要简短，切忌滔滔不绝。

(5) 在商谈谈判目标、制定谈判议程的过程中，双方要互相尊重，共同协商，并施展技巧迅速取得一致的意见。要多用商量的口气。例如，"我们是否先就谈判议程取得一致的意见"或"您是否同意"等。

2. 开场陈述

在报价和磋商之前，为了进一步摸清对方的谈判态度和原则，谈判人员可做开场陈述。

1) 开场陈述的内容

开场陈述，是指双方分别阐述自己对有关问题的看法及观点。同时要给对方以充分弄清楚我方意图的机会，然后再听取对方的陈述，同时弄清楚对方的意图。

开场陈述的主要内容通常包括以下 4 个方面。

(1) 根据我方的理解，阐明该次会谈所涉及的问题。

(2) 说明我方通过谈判所要取得的利益，尤其要阐明哪些方面是我方至关重要的利益。

(3) 说明我方可以采取何种方式为双方共同获得利益作出贡献。

(4) 对双方以前合作的结果做出评价，并对双方继续合作的前景做出评价(包括可能出现的好机会和障碍)。

 应用实例 3-6

假设甲、乙两方谈判土地买卖，那么他们在谈判之初所做的开场陈述内容如下。

甲方(买方)：这块地皮对我们很有吸引力，我们打算把土地上原有的建筑拆掉而盖起新的商店。我们已经同有关部门打过交道，相信他们会同意的。现在关键的问题是时间，我们要以最快的速度在这个问题上达成协议。为此，我们准备简化正常的法律和调查程序。以前我们从未正式打过交道，不过据朋友讲，你们一向是很合作的。这就是我们的立场。我是否说清楚了？

乙方(卖方)：我们非常愿意出售这块土地。但是，我们还承诺别的单位在这块地皮上保留现存建筑物。当然这一点是灵活的，我们关心的是价格是否能优惠。反正，我们也不急于出售。

2) 开场陈述的原则

从开场陈述的内容和事例可以看出，谈判各方在做开场陈述时要遵循下面的原则：①各方只阐述己方的谈判立场；②所做陈述的重点放在阐述己方的谈判利益上；③所做陈述要简明、扼要，只做原则性的陈述；④各方所做陈述均是独立的，不要受对方陈述内容的影响。

3) 开场陈述的顺序

开场陈述的先后顺序，即谁先陈述，也要加以考虑，因为最初的发言是很重要的，其往往决定了谈判的整个基调。

(1) 争取先陈述。谈判一方首先发言，这样该谈判方就可以充分利用机会说明己方的观点，对对方的目标进行影射，表明己方已摸清其情况。需要注意的是，在陈述时不要做冗长的详细的独白，更不要过早地亮出己方的底牌。继续制造令人信任的气氛以消除对方的疑虑，让对方感到己方是可信赖的，他们是同一些正直的人打交道，以便顺利转入会谈。

(2) 保持沉默。谈判一方可先听取对方的陈述，借以了解对方的利益所在及期望。例如，许多同美国人打交道的人认为，对于沉默，美国人简直不知怎么对付，他们难以忍受沉默寡言，在死一般的寂静之中，他们会感到不安、慌乱、惊恐，就会不由自主地唠叨起来。他们可能言不由衷，也有可能泄露许多对方急于获得的信息。因此，如果与美国人打交道，就可以采用此方法，耐心等待，以微笑、文雅的态度守株待兔。

当然，究竟谁先陈述要根据具体情况而定，并取决于双方谈判人员的性格和自信心。

4) 开场陈述的方式

陈述的方式应当是诚挚的、轻松的，能够加强已经建立起来的协调的、友好的谈判气氛。正式的商业味十足的陈述最好以诚挚的和轻松的方式表达出来，结束语需特别斟酌，其要求是表明己方陈述只是为了使对方明白己方的意图，而不是向对方挑战或强迫对方接受。例如，"我是否说清楚了"，"这是我们的初步意见"就是比较好的结束语。

5) 对对方开场陈述的反应

对于对方的陈述，己方所要做的有 3 个层次的内容。

(1) 倾听。听的时候思想要集中，不要把精力浪费在寻找对策上。

(2) 要弄清对方陈述的内容。如果有不清楚或不明白的地方要及时向对方提问。

(3) 善于归纳对方所讲的内容，即要善于思考、理解对方开场陈述的关键问题。

在双方分别陈述后，谈判双方开始进行实质性谈判，一般依次经历报价阶段、磋商阶段和成交阶段。

3.2 报价阶段

在任何一笔交易或合作中，买卖或合作双方的报价以及随之而来的还价，是整个谈判过程的核心和最重要的环节，这是因为价格是决定这项交易或合作能否成功的重要方面，它直接关系到交易或合作的经济效益。

所谓报价，不仅指谈判一方向对方报出交易商品的价格，而且泛指谈判一方向对方或双方互相提出要求。如果谈判双方谈的是商品交易，那么报价的内容包括商品的质量、数量、包装、价格、装运、保险、支付、商检、索赔、仲裁、不可抗力等各项交易条件，其中价格条件具有突出重要的地位。如果谈判双方谈的是工程项目的承包问题，那么报价的内容包括建造的设计、施工、设备的规格、检验、安装、工期、交货条件、价格、付款条件、留存金、贷款、保险等，但谈判的重点仍是价格问题。对于工程项目的承包而言，价格既是决定能否中标的主要因素之一，又是关系到一旦承包后是盈利还是赔钱的问题。

3.2.1 报价的形式

报价一般包括书面报价和口头报价两种形式。

1. 书面报价

书面报价，通常是谈判一方事先为谈判提供了较详尽的文字材料、数据图表等，表明谈判者愿意承担的义务。书面报价的有利之处在于使对方有时间针对报价做充分的准备，进而加快谈判进程。但是，书面报价又有其不利之处。首先，书面报价属于文字的东西，写在纸上缺少热情，在翻译成另一国文字时，往往会掩盖掉一些精细之处；其次，白纸黑字不易变动，客观上成为谈判者承担责任的记录，这不利于谈判后期的变更。因此，实力强大的谈判者或至少双方实力相当时可使用书面报价；对于实力不强的谈判者就不要采用书面报价的方法，而应尽量进行一些非正规的谈判。

2. 口头报价

口头报价，通常是谈判双方在谈判过程中把各自的报价即所有的交易条件口头表达出来。口头报价的有利之处在于以下两方面。首先，口头报价具有很大的灵活性。谈判者完全可以根据谈判的进程来调整改变自己的谈判策略。先磋商，后承担义务，不像书面报价具有责任义务约束感。其次，口头报价可以充分利用谈判者个人谈判技巧，如利用情感心理因素，可以察言观色、见机行事。通过寻求相互之间的友好关系来建立良好的谈判气氛，最终达成交易。但是，口头报价又有其不利之处。首先，如果谈判者缺乏谈判经验和谈判技巧的话，容易偏离主要议题而转向枝节问题，容易对对方所述因没有真正理解而产生误会。对一些复杂的东西，如统计数字、计划图表、规格型号等难以阐述清楚。其次，口头谈判容易影响谈判进度。由于对方事先对情况一无所知，他就有可能一开始很有礼貌地聆听己方的交易条件，然后就退出谈判，直到他准备好了回答后再继续谈判。这样就耽搁了谈判时间，进而影响了谈判进度。为了避免口头谈判的不利，在谈判之前，可以准备一份印有报价一方所在企业或公司交易的要点，某些特殊要求以及各种具体数据的简目表。

鉴于上述两种报价方式各有利弊，谈判者应当根据交易的具体情况和各种报价形式的特点加以正确地选择。在实际谈判中，不少谈判人员往往采用以书面报价为主、口头报价为补充的报价方式。

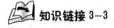
知识链接 3—3

西欧式报价方式和日本式报价方式

(1) 西欧式报价。其模式是，事先报出一个有较大回旋余地的价格，而后根据谈判双方实力对比情况与该笔交易的国际市场竞争等因素，通过不同程度的优惠政策，如价格折扣、数量折扣、支付条款上的优惠(延长其支付期限或提供信贷等)等，慢慢软化谈判对手的立场和条件，最终达到成交的目的。这种报价方式若能稳住对方,一般会有较理想的结果。

(2) 日本式报价。其一般模式是,报价时先报出最低价格,以吸引买主的谈判兴趣。但是,这种最低价格是以对卖方最有利的结算条件为前提的,而且这种最低报价相应的交易条件很难全部满足买方的需要。例如,当卖方报出一套技术设备的最低价格时,可能附带有不派出专家或技术人员指导、缩短免费维修期限、由卖方选择计价货币、运输方式等。若买方要求变动有关交易条件,则卖方就会趁机提高价格。此种报价方式的最终成交价格,往往高于起初的报价。日本式的报价在面临众多的竞争对手时,是一种较有吸引力的报价方式。

与西欧式的报价相比,日本式的报价虽有利于初始的竞争,但从买方的购买心理来讲,一般人总是较习惯于物品价格由高到低,逐渐降价。

资料来源:李先国,杨晶. 商务谈判理论与实务. 北京:中国建材工业出版社,1999.

3.2.2 报价的起点

在基本掌握了所交易对象的市场行情并对此进行了分析预测之后,谈判人员即可参照近期的市场成交价格,结合己方的经营意图及市场价格的变动情况,拟定出价格的谈判幅度,确定一个大致的报价范围。

谈判者在报价之前,应先为自己设定一个最低可接纳水平。所谓最低可接纳水平,又可称为保留价格,即为最差的但却可以勉强接受的谈判终极结果。例如,作为买方,可以将他购买某种商品的最低可接纳水平定为300元,即如果售价不高于300元,则他愿意成交;如果售价高于300元,则他宁愿不买。相反,作为卖方,把他要出售商品的最低可接纳水平定为200元,即如果售价不低于200元,则他愿意成交;如果售价低于200元,则他宁愿不卖。

谈判双方在谈判前设立一个最低可接纳水平,有这样几点好处:①可以避免接受不利条件;②可以避免拒绝有利条件;③可以避免在有多个谈判人员参加谈判的场合,谈判者各行其是的行为。

一般情况,对卖方而言,应在所确定的报价范围内,报最高的价格;对买方而言,要按最低的价格递加。可以从卖方角度来进行分析。

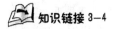知识链接 3—4

卖方报价要尽量地高的理由

卖方的报价要高,那么要高到什么程度才算明智呢?显而易见,若报价高到被对方称为荒谬绝伦的地步,则不但达不成交易,而且己方的可信性也会随之受损。所以,卖方初始报价的原则是只要能找到理由加以辩护,则报价应尽量地高,也就是说报价高到接近于难以找到理由予以辩护的地步。卖方报价要尽量地高,原因有以下几个方面。

(1) 卖方的报价事实上对谈判的最后结果设定了一个无法逾越的上限,因此报价一定要高。自然,卖方在报价之后可以再次提高要价,但这样做会失去谈判对方对你的信心。一般情况下,买方根本不会接受卖方的提价。因此,除非卖方具有特殊的理由,否则不要在报价之后再提价。

(2) 报价越高,则为报价者所留的让步余地也越大。在谈判过程中,特别是在磋商阶段,谈判双方经常会出现相持不下以至于陷入僵局的局面。为了打破僵局从而使谈判顺利进行,使之不影响报价方的谈判目标,卖方可根据情况做出一些让步,适当地满足对方的某些要求。因此,高报价就为讨价还价阶段准备了有利的筹码。

(3) 报价的高低影响着谈判对手对己方潜力的评价。一般情况而言，报价越高，对方对己方的潜力评价也越高；反之，对己方的潜力评价也就越低。因此，报价的高低直接影响谈判对方对己方的满意程度，对谈判的成败影响也很大。

(4) 期望水平越高，成功的可能性也越大。西方一些研究人员进行过这样的实验，让谈判双方都能经过多次讨价还价之后，拥有同样的机会可获得譬如 5.00 元的谈判结果。现研究者告诉一方，希望他以取得 7.50 元作为谈判目标，或者告诉另一方，希望他以取得 2.50 元作为谈判目标。经过多次实验，结果前者真正获得的成果极接近 7.00 元，而后者真正获得的成果也接近 2.50 元。由此可见，一个人的期望水平越高，他将会越努力去实现或维护这个水平，即使他在谈判过程中不得不做出一些让步，但最后他的成果也随之越高。也就是说，报价越高，卖方最终也会以较高的价格与买方成交。

当然，尽管卖方最初的报价要高，但在实际掌握中具有较大的伸缩性。谈判者在报价时还应把报价的高低同谈判对手的具体情况结合起来考虑。如对方是老客户，双方已经建立起了较真诚的友谊和合作关系，则没有必要把价格报得太高，水分太多。

3.2.3 报价的方法

一般情况，对于报价有 3 点要求。

(1) 报价时，态度要坚决果断，不应迟疑，也不应有所保留。只有这样才会给对方留下你是诚实而认真的交易伙伴的印象，同时显示出你的自信心。

(2) 报价要非常明确，以便对方准确地了解己方的期望。既可以采取口头报价方式，也可以采取书面报价形式或者把二者结合起来使用。如采用直观的方式进行报价，即在宣布报价时，拿出一张纸把报价写出来，并让对方看清楚，以免使对方产生误解。

(3) 报价时，不必做任何解释和说明。因为报价者没有必要对那些合乎情理的事进行解释，对方肯定会就有关问题提问，只有这时报价者才有必要加以解释和说明。

总之，报价的方法应遵循坚定、明确、不附加解释和说明这样 3 项原则。

 应用实例 3—7

中国南方某纺织品进出口公司和日本川崎株式会社就向日方出口 1 万米面料进行了谈判。下面是中方的报价情况："我们很高兴能与贵公司就这笔买卖进行商谈，我们的报价是每米面料 12 元人民币，即折合日元 150 日元，FOB 交货，面料的质量有国际纺织总会认证书认证，请贵方提你们的意见。"该例中的报价显然比较简洁明了，使谈判对手能够在简短的陈述中获得坚定的、明确的价格信息，留下深刻的印象。

资料来源：方百寿. 贸易口才. 沈阳：辽宁大学出版社，1996.

3.2.4 报价的顺序

报价的顺序，是指在谈判过程中谈判双方谁先报价。报价先后在某种程度上对谈判结果会产生实质性的影响，因此谈判人员一般对此都比较注意。

一般来说，先报价的有利之处在于先报价比后报价（即还价）更具有影响力。因为先报价不仅为谈判结果确定了一个无法超越的上限（即卖方的报价）或下限（即买方的报价），而且在整个谈判过程中将或多或少地支配对方的期望水平。因此，先报价比后报价具有更大的影响力。

当然，先报价也有其不利之处，这主要表现在两个方面：①对方听了报价后，因对报价方的价格起点有了了解,可以修改调整他们原先的想法(或报价),从而获得本来得不到的好处。②对方听了报价后并不还价,却对报价方的报价发起进攻,百般挑剔,迫使其进一步降价,而不泄露他们究竟打算出多高的价。如果是己方人员报价,那么在没有弄清楚对方的意图之前不要盲目地让步。

 应用实例 3—8

美国著名发明家爱迪生在某公司当电气技师时,他的一项发明获得了专利。公司经理向他表示愿意购买这项专利权,并问他要多少钱。当时,爱迪生想:只要能卖到 5 000 美元就很不错了,但他没有说出来,只是督促经理说:"您一定知道我的这项发明专利权对公司的价值了,所以,价钱还是请您自己说一说吧!"经理报价道:"40 万元,怎么样?"还能怎么样呢?谈判当然是没费周折就顺利结束了。爱迪生因此而获得了意想不到的巨款,为日后的发明创造提供了资金。

那么,究竟是谁先报价呢?这个问题应根据具体情况而定。一般有下列一些情况。

(1) 如果预计谈判将会出现激烈竞争的场合,或是冲突气氛较浓的场合,应该"先下手为强",即应当先报价以争取更大的影响,争取在谈判开始就占据主动;如果在合作气氛较浓的场合,先报价后报价就没有什么实质性的差别。因为双方都致力于寻找互惠互利的解决方案,不会过多地纠缠于枝节问题,以争取在较短的时间内达成交易。

(2) 在一般的情况下,发起谈判的一方或卖方会先报价。

(3) 若对方是行家,自己也是行家,则谁先报价都可以;但对方是行家,而自己不是行家,则后报价对己方较为有利;若对方不是行家,则不论自己是不是行家,先报价对己方较为有利。

 应用实例 3—9

美国大财阀摩根想从洛克菲勒手中买一大块明尼苏达州的矿地,洛氏派了手下一个叫约翰的人出面与摩根交涉。见面后,摩根问:"你准备开什么价?"约翰答道:"摩根先生,我想你说的话恐怕有点不对,我来这儿并非卖什么,而是你要买什么才对。"约翰的几句话,说明了问题的实质,掌握了谈判的主动权。由此可见,该案例说明了发起谈判的一方应先报价,卖方欲获得后报价的好处。

3.2.5 对对方报价的反应

在谈判过程中,当对方报价时,己方该如何对待呢?

1. 不要打断对方报价过程

如果在对方报价时,你不时地插话,这会使对方报价中断,同时你也听不到对方报价的后面部分。许多人在报价时通常先说出价格,而把让步条件或优惠条件留到最后再说,因此你的插话可能使对方省略了让步或优惠条件。再有,作为普通的社交原则,打断对方讲话是一种不礼貌、不道德的行为,这也会妨碍建立与保持和谐一致的谈判气氛。

2. 及时明确对方报价内容

在对方报价之后,最好应马上复述对方报价的主要内容,从而确信你已经真正了解了对方的报价。例如,卖方说:"我们希望以 500 元的价格出售商品。"买方可以说:"您刚才讲售价 500 元,是你的最高要价,对吗?"

3. 不要马上否决对方报价

即使对方的报价极不合理,也不要马上予以否决。在谈判中,不论己方有多么充分的理由,立即回绝对方的报价,都是鲁莽草率的行为。明智的做法是,向对方提问,或者告诉对方你需要时间考虑并建议暂时休会。如果己方胸有成竹,那么在对方对其报价加以说明和解释之后,不妨提出己方的看法。或者在仔细考虑对方的报价的基础上,向对方说明其报价中哪些是无法接受的,哪些需要对方重新报价,这样对方就可以知道哪些报价需要进一步斟酌,这种做法有利于谈判的顺利进行。

应用实例 3-10

甲方和乙方就供货合同的谈判已进入了报价的阶段。这时,由作为卖方的甲方首先开价。

甲方:"刚才已经谈到了,我们厂的产品不但在质量方面无可挑剔,而且售后服务工作也相当完善,现在市场上供不应求。因此,我们认为此次产品的价格应定为 2 万元。"这时对方可能有多种反应。

(1) 大吃一惊。"别开玩笑了,上次价格才 1 万 5。你们的价格难道是在坐飞机吗?"
(2) 很平静。"噢,太高了吧。能不能再让利一些?"

第一种反应表明对方对甲方的报价不能接受。这时,甲方就应考虑适当地降低报价。比如,"这不很正常吗,因为在这批产品中我们采用了进口零部件,质量性能都有了很大的提高。不过,咱们也是老朋友了,我们当然可以适当再给一些优惠,1 万 8 怎么样?"如果乙方仍不能接受,甲方在不影响本方利益的前提下,还可适当地调整报价。

第二种反应表明,乙方对这个报价是有思想准备的基本上可以接受。这时甲方再稍做让利,双方即可成交。

资料来源:杨晶. 商务谈判. 北京:清华大学出版社,2005.

3.3 磋 商 阶 段

在一般的情况下,当一方报价之后,另一方决不会无条件地接受对方的报价,因此谈判双方会就各项交易条件进行磋商,彼此讨价还价,于是谈判就开始进入磋商阶段。

磋商阶段,即讨价还价阶段,是指谈判双方为了争取获得有利于己方的谈判结果而就各项交易条件进行相互协商的过程。

3.3.1 讨价还价的含义

1. 讨价还价的概念

讨价还价有狭义和广义之分,其中狭义的讨价还价是指买卖双方为确定商品成交价格而进行的争议;广义的讨价还价是指谈判中的讲条件。

知识链接 3-5

狭义的讨价还价与广义的讨价还价的区别

狭义的讨价还价与广义的讨价还价在含义和内容上是不同的,它们的区别主要表现在以下几个方面。

(1) 讨价还价的主体不同。狭义讨价还价仅仅是买卖双方的事,而广义讨价还价既可以是买卖双方的讨价还价，也可以是老板与雇工之间、上司与部下之间、同事之间的谈判或讲条件。

(2) 讨价还价的内容不同。狭义讨价还价仅指双方对价格问题的争议，而广义讨价还价还可指价格以外的事，如商务谈判、政治谈判、招聘谈判等。

(3) 讨价还价双方关系不同。在狭义讨价还价中，买卖双方的利益一般是相互对抗和矛盾的，一方获利多，另一方获利必然会减少。而在广义讨价还价中，双方的利益可以是一致的，为了实现共同的目标，双方在一定条件下互惠互利。

2. 讨价还价的主要特征

一般来说，在谈判过程中，讨价还价具有以下几方面的主要特征。

(1) 对抗性。在讨价还价阶段，谈判双方都会尽力发挥己方的优势，努力使谈判朝着有利于己方的方向发展。

(2) 攻守性。在讨价还价过程中，谈判双方都分别进行陈述，列举事实，希望对方了解并接受己方的意见、观点和看法。一方举一个例子，要求对方接受某观点时，另一方往往马上举出另外一个例子加以反驳，一攻一守，有攻有守。

(3) 策略性。在讨价还价过程中，谈判策略使用得如何，对谈判的成功有着重要的作用。也就是说，谈判的策略性是由讨价还价的性质、目的、内容、对象等因素所决定的。例如，在互惠互利型的谈判中，通常使用"休会策略"、"最后期限策略"、"润滑策略"等。在对己方有利的谈判中，经常使用"既成事实策略"、"声东击西策略"、"价格陷阱策略"等。

(4) 预测性。讨价还价双方在此之前，由于经过事先的接触、交谈、明示和说服，双方都已对对方的条件、要求、想法等有了相当的了解。因此，对讨价还价的内容、方法、程度、结果等都会有个大致的预测和估计。为了使己方在讨价还价中占有优势，双方都会根据预测而做好充分的准备。以报价为例，双方都会根据国际行情，通过反复比较、权衡、具体计算，来确定报价的起点，以此为基础和依据与对方讨价还价。

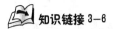知识链接 3-6

良好的心理素质对讨价还价成功的意义

谈判实质上是人们彼此交换思想的活动，而思想则是人们心理活动的反映和结果。谈判的心理，是谈判者在讨价还价过程中对于各种客观条件、现象的主观能动的反映。

讨价还价归根结底是人的智慧、胆量、才气的较量，良好心理素质的标志。

(1) 斗志昂扬。性格外向，忠诚于事业。

(2) 意志顽强。需要旺盛的精力和顽强的意志。

(3) 处事不惊。威而不怒，以不变应万变。

(4) 形为内用。要求谈判人员做到不喜形于色，不感情用事。

资料来源：唯高，等. 讨价还价实用方法与技巧. 北京：中国华侨出版社，2000.

3. 讨价还价的作用

尽管讨价还价会使谈判双方情绪对立，关系紧张，甚至使谈判陷入僵局，但是在谈判过程中一般还是不能缺少它，否则也会引起谈判者的不良情绪(想法、心态)，严重的甚至导致身体出现疾病。这是因为讨价还价是谈判过程中的一个重要环节，人们的各种需要(特别是信任的需要)都是通过讨价还价的谈判过程来实现的。也就是说，利益的需要可借谈判结果来满足，而信任的需要和人格的需要则主要是借谈判过程(谈判者的态度和语言)来满足。

 应用实例 3-11

游 艇 交 易

一个叫安古斯·麦克塔维希的生意人想换一艘游艇，正好他所在的游艇俱乐部的主席也想把自己的游艇出售再买更大的，他表示有兴趣买下主席先生的游艇，两个人谈得很投机，那个主席豪爽地说："你老兄是俱乐部里有名的好会员，这笔交易就定了。你出个价吧！"安古斯·麦克塔维希小心翼翼地报出了一个价格："我凑到手的钱只有 14.3 万镑，你看怎么样？"其实，他手头有 14.5 万镑，他留了余地以准备讨价还价。没想到对方很爽气："14.3 万就 14.3 万镑，成交了！"两人握手后就去办理过户手续。可是安古斯·麦克塔维希的高兴仅仅维持了几分钟，他后来一直怀疑自己上了当，那艘船他横看竖看总觉得有问题。十多年后，他提起这桩交易还是认为自己上当了。

安古斯·麦克塔维希买游艇，看来唯一的利益是钱。其实至少还有信任的需要，它是隐含着的，却绝对不是单单靠满意的价格所能提供的。游艇俱乐部的主席的错误在于他没有注意到对方需要的多维性。他不知道简单的成交虽然使安古斯·麦克塔维希节省了钱，但由此却带来了更大的精神痛苦。由此可见，人的需要是多重的，渴望通过谈判来满足多方面的需要。因此，我们的眼睛不能只盯住一点，把其余的都给忽视了。

3.3.2 讨价

所谓讨价，是指在买方对卖方的价格解释予以评论后，买方要求卖方重新报价或改善报价。

所谓价格解释，是指由卖方向买方就其报价的内容构成、价格的取数基础、计算方式所做的介绍或解答。通过价格解释，买方可以了解卖方报价的实质、态势及其诚意，卖方可以充分利用这一机会说明己方报价的合理性及诚意，因此双方对此均应重视。买方应善于提问(即不论卖方怎样回避，总能设法去提出各种问题让其回答)以真正透彻了解卖方的报价。相反，卖方则应充分准备各种材料，按报价内容次序做解释，所做的解释或回答应有助于保卫己方的价格地位。

卖方在做价格解释时，应遵循以下原则。

(1) 不问不答。买方不主动问不回答，买方未问到不回答，以免言多必失，削弱己方的谈判地位。

(2) 有问必答。对于买方所提问题要回答，并且要很流畅。因为既然要回答，却又欲言又止，这会引起对方的怀疑，授人以要求降价的把柄。

(3) 避实就虚。回答问题、提供的资料应以好讲的为主，不好讲的部分、利润高的部分为次。能挡则挡，能拖则拖，尽力维护己方的价格地位。

(4) 能言勿书。能用口头表达的解释不用文字书写。实在要写，应写在黑板上，纸上写粗不写细。常言道,"口说无凭",错了可以改,也可以否认,而"白纸黑字",错了不易改,也不易否认。

 应用实例 3-12

一天,一个叫爱德华·尼古拉的美国人,来到了绍兴丝织厂。该厂的范厂长接待了他。尼古拉仔细研究样品后露出了满意的神色。他向范厂长提出打算预定其中的 7 种产品,他的报价是每码 3.5 美元。听了对方报价后,范厂长并没有从正面作出回答,而是报出了同类产品在意大利、法国和欧洲其他国家的价格,最后,他才报出了 5.36 美元的价格。

听到这个价格尼古拉大叫起来,他说,5.36 美元是香港的零售价,如果他以此价格成交,他的老板一定骂他笨蛋。范厂长信心十足地回答说,这个价格是香港的零售价,但是目前香港市场上没有这样的货。事实上,这个价格是产品的成本价,因为工厂所进的坯绸价格是 5 美元一码,印染加工费是每码 0.36 美元。而同类产品在欧洲市场上可以卖到每码 30 美元。范厂长进一步强调说,因为这是第一次和他做生意,建立友谊和关系是第一位的,因此他的报价是不赚钱的。

尼古拉不断提高自己的价格,从 4 美元到 4.2 美元,再到 4.3 美元,最后到 4.6 美元。范厂长只是微笑不语,最后他让尼古拉再回去考虑考虑,并说"买卖不成友谊在"。尼古拉没有多说什么就离开了。3 天后,尼古拉发来电传,希望和范厂长作进一步的会谈。

资料来源:林逸仙,蔡峥,赵勤. 商务谈判. 上海:上海财经大学出版社,2004.

1. 讨价前的准备

在进行讨价前,买方要做到心中有数,不能盲目地要求卖方重新报价或改善报价。
讨价前的准备内容具体包括以下几个方面。
(1) 要明确对方为什么如此报价,对方的真正期望和意图是什么。
(2) 要研究对方报价中,哪些是他必须得到的,哪些是他希望得到的但不是非得到不可的,哪些是比较次要的,而这些又恰是诱导己方让步的筹码。
(3) 要注意观察对方的言谈举止和神情姿态,弄清对方所说的与他的期望是否一致,以此来推测他的报价是否可靠。
(4) 要对谈判形势进行判断,分析己方讨价的实力,了解怎样才能使对方不断得到满足而同时又能得到己方的利益。
(5) 根据对方报价的内容和己方所掌握的比价材料,推算出对方的虚价何在及大小,以便己方采取相应的对策。

2. 讨价的方法

在谈判的磋商阶段,通过权衡利弊,买方向卖方讨价,是有一定方法的。一般来说,有全面讨价和针对性讨价两种方法。

1) 全面讨价

当卖方报价并且对其报价进行了解释和说明后,据此如果买方认为卖方报价很不合理且离自己的期望太远时,则可要求卖方从整体上重新报价。一般情况,即使买方对卖方的报价不是全盘否定,作为买方首次讨价也可以要求卖方全面重新报价。同时要注意,对于总体重新报价,买方也要要求卖方按细目重新报价,不能总的降百分之多少或是多少万美元,而是要把调价反映在具体项目上。

2) 针对性讨价

如果买方对卖方的报价基本肯定时，那么可以要求卖方先就某些明显不合理的部分重新报价，即对虚头水分最大的部分先降价，此时买方的讨价是具有针对性的。但对总体价格并不确定，而是留作最后定价时谈判。

3. 讨价的态度

讨价时，在态度上要尊重对方，要采取说理的方式。买方的讨价，应以启示法诱导卖方降价，并为还价做准备。如果在该阶段，采取"硬压"的方式，则会使谈判过早地进入僵局，从而会对谈判结果有不利的影响。因此，在初期、中期的讨价即还价前的讨价应保持平和信赖的气氛，充分说理以求最大的效益。在此阶段，卖方常常会以"算错了"、"内部调整"、"与制造厂商量"、"我不要某些费用了"为借口或遁词，对价格做部分调整，不过此时的调价幅度均不会很大，但作为买方不论卖方以有逻辑还是无逻辑的理由，为自己的调价找借口，你都应该欢迎，给对方垫台阶，鼓励他降价。

4. 讨价的次数

如果买方讨一次价，就能得到卖方的一次重新报价，这对买方是有利的。不过，一般情况下，卖方在买方讨一次或二次价后，往往会坚持己方的立场、不肯让步，因为他为了维护自己的利益，总是依据其地位的强弱力争多留讨价还价的余地。因此，买方的讨价次数不是毫无限制的。

通常，卖方在做了一两次价格改善以后就不再让步了，他们会说"我已到了墙角，别逼我了"、"我要掉下山崖了"、"你们要是钱少，可以少买些"、"我已无法降价，你们说要多少"。态度一会强硬，一会低下，表情十分感人，要求买方接受他的第二次或第三次重新报价，或者要求买方还价。针对这种情况，买方也不要失去信心、轻举妄动，只要卖方的报价没有进行实质性的改善，即卖方应对买方提出的价格虚头做超过半数以上的改善或者至少30%以上的改善。

总之，买方应根据卖方报价虚头的大小，价格改善的情况，卖方的权限，卖方成交的决心，双方关系的好坏来决定讨价的次数。

 应用实例 3-13

汤姆的汽车意外地被一辆大卡车撞毁了。幸亏他的汽车保了全险，可是确切的赔偿金额却要由保险公司调查员鉴定后加以确定，于是双方进行了如下对话。

调查员："我们研究过你的案件，决定采用保险单的条款。这说明你可以得到 3 300 美元的赔偿。"

汤姆："我想知道你们是怎么算出这个数字的？"

调查员："我们依据这辆汽车的现有价值。"

汤姆："哦，你知道我现在要花多少钱才能买到同样的车子吗？"

调查员："你想要多少钱？"

汤姆："我想得到按照保单应该得到的钱，我找到一辆类似的二手车，价钱是 3 350 美元，加上营业税和货物税之后，大概是 4 000 美元。"

调查员："4 000 美元太多了吧！"

汤姆："我们要求的不是某个数目，而是公平的赔偿。我认为我应该得到足够买一辆车的赔偿金，你不认为这是公平的吗?"

调查员:"好,我们赔你 3 590 美元,这是我们可以付出的最高价。公司的政策是如此规定的。"

汤姆:"你们公司是怎么算出这个数字的?"

调查员:"你要知道,3 500 美元是你能够得到的最高数。你如果不想要,我就爱莫能助了。"

汤姆:"3 500 美元也可能是公道的,但是我不敢确定。我知道你的意见受公司政策的约束,可是你能客观地说出我能得到这个数目的理由吗?我想最好我们还是诉诸法律,请你考虑好之后我们再谈。星期三上午 11 点我们见面再谈好吗?"

调查员:"好的。我今天在报纸上看到一部 1978 年出厂的菲亚特汽车,卖主要价是 3 400 美元。"

汤姆:"噢!上面有没有提到行车里数?"

调查员:"49 000 公里。你为什么问这个?"

汤姆:"因为我的车只跑了 25 000 公里,你认为我的车可以多值多少钱?"

调查员:"让我想想……150 美元。"

汤姆:"假设 3 400 美元是合理的话,那么就是 3 550 美元了。广告上面提到收音机没有?"

调查员:"没有。"

汤姆:"你认为一部收音机值多少钱?"

调查员:"125 美元。"

汤姆:"冷气呢?"

结果是两个半小时之后,汤姆拿到了 4 012 美元的支票。

3.3.3 还价

所谓还价,是指卖方在听了买方的价格评论后修改了报价或未修改报价,要买方说出他希望成交的价格,即买方以数字或文字描述回答卖方的要求。

所谓价格评论,是指买方对卖方的价格解释及通过解释了解到的卖方价格的高低性质做出批评性的反应。也就是说,买方通过对卖方的价格解释予以分析研究,寻找其报价的合理之处,并对这些"虚头"和"水分"在讨价还价之前先挤一挤。价格评论基本上是针锋相对进行的,买方可以把技术商务人员组织起来分别进行讨论。

买方进行价格评论,应采取以下方法。

(1) 评论既要猛又要有节奏。应抓住对方报价的不合理之处,刻意渲染,使其不降价就下不了台。例如,如果 FOB 价报得比 CIF 价还高,不降价显然不合理。卖方不降价,买方就不放过。

(2) 评论意在压价,重在说理。卖方针对买方的价格评论,多会加以辩解,不会轻易降价。买方要想卖方降价必须在价格评论中以理压价。买方所掌握的"价格分析材料"、"卖方解释的矛盾"、"解释中的虚言"等都是买方手中的理。同时买方应注意评论的态度,要坦率诚恳,轻易不要以话伤人,也不要"抬杠"。

(3) 评论中再观察,观察后再评论,交错进行。买方应允许卖方对己方所做评论加以辩解,因为买方通过其辩解可以了解更多的情况,对于发起新一轮的评论更有好处。反之,不耐心听取卖方解释,继续评论就会失去针对性,搞不好还会在原地兜圈子,说来说去就是那么几句话,"我给你解释过了"、"你没有降价,不合理",使谈判的初期变成了"烂泥坑"。如果仔细听了对方的再解释,就可以从新的角度再加以评论。若又发现新的矛盾,则再评论时又有新意,使谈判逐步向纵深发展。

(4) 人人自由评论,个个均受限制。买方谈判人员虽然都可以对卖方的报价及价格解释进行评论,但由于卖方同时也在窥测买方的成交意图、成交决心、成交价格,因此每个发言人必须在主谈人的事先安排和暗示下适时发言。形式上大家自由发言,实际上高度集中,严密组织。就像一篇论文,写作者应根据文章的论述层次及读者的反应而逐渐展开。"自由发言"是为了给卖方增加心理压力,"高度集中"是为了保守买方的秘密。

 应用实例 3-14

北京 C 公司与美国 N 公司就显像管玻壳的生产线的设备价格进行谈判。C 公司主谈为业务主管 Y 先生,谈判组其他成员为工厂的 D 总工程师及其助手 6 人。N 公司主谈为市场部汤米先生,还带了一行 4 人,其中有一位年长的美籍华人作为其谈判顾问。

按照谈判价格的程序,Y 先生让汤米先生解释设备的价格。一天下来,汤米先生将设备性能及优点说了一通,对价格无改善之意。Y 先生很恼火,其所在处的处长也很重视,决定听听美方怎么说。

次日上午处长参加了 Y 先生主持的谈判,由于处长事先未曾见过 N 公司人员,也没让 Y 先生介绍,他们也不知道处长的身份。谈判按议程开始,中方人员按谈判方案开始批评 N 公司的价格缺陷,美方人员则予以反击,开始了拉锯式谈判。为了让美方转变态度,Y 先生调动人员,集中对价格较高、水分较多的成型压机进行评论,说明其价太高应降。美方似乎有所准备,应道:"该压机工位较多,比别家的多 22 个。年生产能力超出你们计划的 25%,反过来相当于价格比别人便宜 25%。其他的工具,若 3 万美元一台是贵了一点的话,我们可以给贵方提供图纸让贵方自己制造,这又符合贵国的技术引进政策,贵方自己制造后价格也可降下来。"

经美方这么一说,Y 先生及其助手倒说不出话来了,会议室气氛顿时对中方很不利。这时,坐在一边一直没发言的处长开了口:"汤米先生,您的话听起来有道理,但想一想又没道理。"这不紧不慢的话一下子把全屋人的目光吸引了过来。汤米先生看了 Y 先生一眼,似乎在问:他是谁?Y 先生赶忙介绍:"这是我们处长,M 先生。"M 处长又补充了一声问候:"各位好。"接着说:"我很关心与贵方的谈判,听说进展缓慢,今天特地安排时间来听贵方意见。经过一个多小时的学习,我感到贵我双方有些思想方法上的差异,若不消除,难以达成协议。"一听是思想方法的差异,汤米先生表现出很大的兴趣。M 先生继续说:"以刚才贵方的辩解为例,虽说贵方压机有高出 25%的生产能力,但不等于凡是生产线即具有该能力,因为全线其他的生产设备并不具有高出 25%的能力,若要使它们也具有该能力,又将是一大笔资金投入。因此贵方设备高出 25%的能力对我方来说没有意义。贵方可以换一台适合我方需求的压机,这 25%的价格不就自然降了吗?此外,按刚才贵方的解释,若一讲价格高就让我方自己生产,那么贵方如何保证生产产品的质量呢?如何保证生产线的进度呢?我国是鼓励引进技术,但并不是不讲成本与进度呀!像贵方承认的工具价格贵一点,那么这儿贵一点,那儿贵一点,总体价格不就高起来了吗?我的同事针对这些问题提出批评,要求改善实在是很合理的!"

这一席话,整体反驳了美方刚才的强辩,中方人员绷着的脸又松开了,坐在汤米先生身边的美籍华人也频频点头。结论有了:美方无理,应该降价!

汤米受到这意外的一击,冲动起来,转过来与 M 处长理论。相比之下,M 处长镇定和蔼,讲话让人中听,而汤米先生则急于证明自己有理。然而大势已去,就压机报价而言,已无更多的理由,汤米只有转移话题,要 M 处长表态。M 处长看摆脱不了汤米的纠缠就陪着争论起来,不觉已到了中午休会时。

散会后,Y 先生与 M 处长一道离开谈判间,Y 先生说:"处长,刚才您救了场,我很感谢,不过您一直谈到散会,让我感到没面子。"M 处长听后觉得 Y 先生意见有道理,表示接受。但 M 处长交代 Y 先生谈判要围绕建设目标、市场价格成本及合理利润,有谈不下去的问题先放一边,交由他处理。下午谈判时,继续由 Y 先生主持。

资料来源:丁建忠. 商务谈判教学案例. 北京:中国人民大学出版社,2005.

1. 还价前的运筹

经过讨价之后，买方也必须要还价。这就要做好还价前的准备工作。除了要弄清对方几次报价的情况及其真正意图外，还要根据手中的比价材料谨慎从事。因为还价是买方公开叫了价，若还价还得不够妥当，不仅会使己方在后续的谈判中让步的余地变小，而且会把本来想尊重卖方的态度误认为侮辱人。因此，还价还得好，则谈判性强，对双方都有利；还价还得不好，则对方过于吃紧而使谈判变得紧张直到破裂。

2. 还价的方式

在国际商务谈判中，还价的方式从性质上看可分为两类。一是按比例还价；二是按分析的成本还价。这两种还价方式又可以具体分为以下做法。

(1) 逐项还价。对主要设备逐台还价，对每个项目，如技术费、培训费、技术指导费、工程设计费、资料费等可以分项还价。

(2) 分组还价。根据价格分析时划出的价格差距的档次，分别还价。对贵得多的价格，还价时压得多，以区别对待、实事求是。

(3) 总体还价。把成交货物或设备的价格集中起来还一个总价。

究竟应采取哪一种还价方式，应根据具体的情况而定。但绝不能不加分析、生搬硬套。

如果卖方价格解释清楚，买方手中又有丰富的比价材料，卖方成交心切，且有耐心有时间，这时买方可采用逐项还价方法，对己方有利，同时对卖方充分体现了"理"字，卖方也不会拒绝，他也可逐项防守。

如果卖方价格解释力度不足，买方掌握的比价材料又少，但卖方有成交的信心，然而其个性急且时间紧迫，这时买方可采取分组还价的方式，这对双方都有利。

如果卖方报价高且态度强硬，或双方相持时间也很长，但均有成交的愿望，在卖方做一两次调价后，买方也可以做总体还价，不过该价要还得巧。所谓"巧"，就是既考虑到对方改善报价的态度，又能抓住他们无理的地方；既考虑到买方自己的支付能力，又注意掌握卖方的情绪，留有合理的让步余地；既做到在保护买方利益的同时，也使卖方能感到有利可图而不失成交的信心。

 应用实例 3-15

荷兰某公司向中国某工厂"一揽子"出售一条窗式空调机生产线，总价近 400 万美元。

"交钥匙"项目的做法，技术有保证，对于买方倒也省事，就是价格不菲。买卖双方就此进行了谈判。

买方提出，交易形式不重要，可以"一揽子"出售全线设备，也可不"交钥匙"，关键是"价廉物美"。卖方解释，不了解中方情况，"交钥匙"较为简单，交易风险也小。

买方又指出，卖价太高。卖方的"一揽子"价格内容让人不易理解，仅看最终结果不行。卖方介绍其公司习惯和信誉，并保证一定会货真价实，让买方别担心。

买方希望将"一揽子"价中的技术费和设备费给分出来。卖方推托一阵后除掉了技术价和设备价。买方进一步要求卖方将技术费按工艺流程或单项技术分成单项价，将设备按清单所列单台设备分出相应单价。对此，卖方以公司秘密、工作量大、难以分解、这次不行以后再说进行推托。而买方很客气地坚持阐述我方的观点：卖方为大公司，应有信誉；报价自己做，分解自然也容易；总价看似无理，分解了易于理解；既谈交易条件，分项价即不为秘密；不按分项谈，谈判破裂得快……经过反复推敲，荷兰卖方同意了买方要求。

两天后，卖方交来了分项技术价和设备单价。买方十分高兴，赞扬了卖方工作效率和谈判诚意，表示将认真研究卖方报价。经过对工艺技术逐项评估，又按卖方提供的设备清单向制造商询价，结果全线主要生产线的设备售价仅需 160 万美元。

当恢复谈判时，买方先向卖方谈了技术费的看法。由于空调机系传统技术，且深度仅在机械、电气、制冷系统之下，因此，技术费不应很高。然后，将调查到的设备总价告诉了卖方。买方介绍的信息，有根有据，介绍的态度诚恳坦率，成交的希望真诚热切，表明的困难真实可信。买方的上述做法使卖方感到十分惊讶，但又不能不佩服买方的调查研究工作。

卖方开始只表示佩服，但并不接受买方的调查条件。认为 160 万美元的设备不含卖方的采购费用、组建生产线费用及保证费用。买方对此表示理解。作为补偿，买方可以分担部分工作，如按卖方清单要求，自己采购生产设备，可承担部分组建生产线的工作。双方对这几项工作又进行了讨论，并以此引申到中方采购设备后，组线及技术保证的分工与责任等问题的谈判上。为了确保生产线顺利投产，买方确认了卖方必须承担的工作。

在分清责任的基础上，价格条件就可以谈了。卖方想做这笔生意。这是其进入中国家电市场的"桥头堡"。买方有意要这条线，但投资有限。既然由"交钥匙"改为"拼盘"建设生产线，卖价应该降低。双方最后协议为：共同采购设备，其价限在 250 万美元以内。卖方保证生产线技术，由买方配合建生产线。为此卖方提供技术指导和对买方人员的培训，其总价不超过 50 万美元。

上例反映买方成功运用了"化整为零"的策略。首先将"一揽子"方案化解出技术与设备两个主要构成因素，进而细化出"工艺流程技术费"和"单台设备价"。调查研究后，先按细分内容分别谈，以实现分项突破。然后，集中谈，使总价在保证原交易目标的前提下，由 400 万美元降到 250 万美元。卖方得到了合同，买方得到完整的技术及生产线，节省了投资。

资料来源：杨晶. 商务谈判. 北京：清华大学出版社，2005.

3. 还价的起点

当买方选定了还价的性质和方式以后，最关键的问题就是确定还价的起点，即以什么水平和条件作为第一还价，这第一锤子敲得好，对双方将起决定性的影响。若能敲出对方讨价还价的热情，说明成交有望；若能使对方跟着买方还价走，将对买方成交价高低有决定性的影响。倘若敲得不好，卖方就会失去成交的信心，因为卖方把希望寄托在买方身上。因此，买方对于第一次还价一定要十分慎重。

怎样才能确定还价起点？首先，应分析卖方在买方的价格评论和讨价后，其价格改善了多少；其次，看卖方改善的报价与买方拟定的成交价格之间还有多大的差距；再次，买方准备不准备在还价后让步；若让步，准备让几步，这几条是决定还价起点的基本条件。

4. 还价的次数

还价的次数取决于谈判双方手中有多少余地，如买方第一次还价高，手中余地不大，则自然再还价的机会少；反之，卖方态度强硬时，手中也无可让的牌，不是逼卖方再让，就是自己也退让，否则谈判会破裂。一般情况，从卖方固守改善二次后的起价，仍有二次或三次的价格改善，买方还价次数亦如此，每次让步幅度的大小视交易金额而定，卖方的让步幅度要较买方大一些，多以 5%～10%为一档调，或把各价格成分分先后几次来调，以制造"台阶"保护价格水平。买方的让步幅度要较卖方的小一些，还价的次数也是依据交易金额而定，如果项目小且报价水分不大，则还价的次数不宜太多，以免浪费时间；项目小但报价水分大,买方可以多还几次价。无论二次还是三次还价,没有"台阶"的做法是不行的,因为精明的商人不会相信"开口价"或"不二价"。卖方不觉得把买方"挤干",决不会罢手,所以买方的还价一定要留有余地。

3.3.4 讨价还价的原则

1. 如果不是迫不得已,就不要讨价还价

这是讨价还价的第一大原则。要努力使自己处于一种没有必要进行讨价还价的地位,如果你能够不经过讨价还价就能得到你所期望得到的一切,而且你也确信那就是你所能得到的一切,那么你就把所要求的条件说出来并坚持不做让步。决不要因为你想做成买卖的一时冲动而背离这一立场。即使你想和对方成交,你也只能在次要问题上讨价还价,主要问题是不可以讨价还价的。然而,这个原则在实际中却不容易真正做到,不可能完全不进行讨价还价就能达到目的。在多数情况下,双方都希望就交易条件进行讨价还价。也可能需要经历讨价还价的各个阶段,并允许对方赢得些你已经计划好并要向对方给予的让步。总而言之,不到迫不得已的情况下,尽量不要与对方讨价还价。

2. 做好讨价还价前的准备

通常谈判双方各就各位后,最初的15分钟内便可以确立谈判的总体框架。但是,谈判不可能在最初的15分钟内结束,后面的谈判将一轮接着一轮进行,用在讨价还价上的时间十分长。因此,这就要求谈判者事先必须做好准备。只有那些进行详尽的调查并收集了大量资料的谈判人员,他们在讨价还价中才能处于优势地位。因为他们了解自己要达到的目标,也能确认对方的期望。如果对方不懂得这种方法,那么他们的谈判地位将是极其脆弱的。

不了解对方就无法谈生意,要善于运用可以充分调查的资料,尽量清楚地了解对方企业或公司的基本情况,例如:①企业的背景、所有权性质、隶属关系;②企业的经营能力、规模、活动范围和资金实力;③企业的权力结构,包括各级主管人员的素质;④企业的经营方针和策略;⑤企业的信誉。而且要尽一切可能了解对方,他的境况如何,问题在哪里,谁是做决定的人。要和有决策权的人谈判,不要和其他低级别人员讨价还价,但在会谈之前,应做完你的调查、准备工作。同时,还要通过调查进一步了解谈判桌上对手的情况,例如:①是否有言过其实的毛病;②其职权范围和权限的大小;③在这笔交易中,对方准备花费的时间;④完成该项谈判的程序和资料是否完整等。仅仅知道对方的情况是不够的。开始谈判之前,还应该了解有什么策略可以在讨价还价中应用。但在选择策略时要切记,除非你已经仔细想过对方可能采取的应付方法,否则不要轻易使用任何一种策略。总之,如果没有做好充分准备,永远不要讨价还价。

 应用实例 3-16

我国某冶金公司要向美国购买一套先进的组合炉,派高级工程师俞存安与美商谈判。为了不负使命,俞存安作了充分的准备工作,他查找了大量有关冶金组合炉的资料,花了很大的精力对国际市场上组合炉的行情及美国这家公司的历史和现状、经营情况等调查得一清二楚。谈判开始,美商一开口要价150万美元。俞存安列举各国成交价格,使美商目瞪口呆,终于以80万美元达成协议。当谈判购买冶炼自动设备时,美商报价230万美元,经过讨价还价压到130万美元,俞存安仍然不同意,坚持出价100万美元。美商表示不愿继续谈下去了,把合同往俞存安面前一扔,说:"我们已做了这么大的让步,贵公司仍不能合作,看来你们没有诚意。这笔生意就算了,明天我们回国了。"俞存安闻言轻轻一笑,把手一伸,做了一个优雅的请的动作。美商真的走了,冶金公司的其他人有点着急,甚至埋怨老俞不该扣得这么紧。俞存安说:"放心吧,他们会回来的,同样的设备,去年他们卖给法国的是 95 万美元,国际市场上这种设备价格 100 万美元是正常的。"果然不出所料,一个星期后美商又回来继续谈判了。俞存安于是向美商点明了他们与法国的成交价格,美商又愣住了,没有想到眼前这位中国人如此精明,于是不敢再报虚价,只得说:"现在物价上涨得厉害,比不得去年。"俞存安说:"每年物价上涨指数没有超过 6%,一年时间,你们算算,该涨多少?"美商被问得哑口无言,在事实面前,不得不让步,最后以 101 万美元达成了这笔交易。

资料来源:杨群祥. 商务谈判. 大连:东北财经大学出版社,2001.

3. 给对方制造竞争者

如果讨价还价者想说服对方并迫使其接受某个决定,那他需要有一种选择适当时机的敏感,还需要制造一个能成为对方势均力敌的对手的竞争者。例如,有个印刷厂的厂主想卖掉他的工厂,目的是为了专心致力于其他方面的生意。于是他登了广告拍卖他的工厂。他看到来人中有不少人并没有真正的兴趣,只是白白地浪费时间。但其中有一个人显得比其他人态度积极,他提出了各种要求。然而,厂主有充分理由期待这桩生意成交。他让这位可能的买主写下他的要求。厂主计划以此迫使别家买主表态。厂主曾经与另一家似乎感兴趣的外国公司谈过这笔买卖,但该公司却很难做出决定。表面上看起来这似乎取决于需要某位人士重新回来经营这个印刷厂。厂主认为如果他再继续等下去,则等于是在削弱自己的地位。他请求和该公司开个会,并解释说自己已陷入困境而进退维谷。他特别愿意把工厂卖给他们,因为这样做能保证雇员们的连续性,当然还有别的种种原因。他还说他并不喜欢那位愿意出别的价钱的人。他们问:"别的价钱是什么呢?"他给他们看了(当然是秘密地)那位愿意出别的价钱的买方的来信。一旦他们发现自己正在失掉这次购买印刷厂的机会,他们就盯住他不放了。于是厂主得到了他期望得到的价钱。

4. 给自己留有余地

在使用讨价还价战术时,你可能需要给自己留下一点余地。如果你想要 20,那么就要 25;如果你愿意给 10,那么就先给 7。对方寄希望于你,而在某种情况下你又没有做出决定的自由,这将会造成严重的损失。另一方面你最好不要暴露你能做到的或愿意做到的是什么,因为在某些情况下,你不一定非要透露什么事情不可。因此,作为讨价还价者,你所做出的最后结果,应略好于对方最初的预想。

5. 保持正直

好的讨价还价者不会把手中所有的牌都摊开,不会完整透彻地把他们需要什么以及他们为什么需要这些东西都讲出来。否则,对方就会得寸进尺,施加压力并期待他们做出更大的让步。因此,有经验的讨价还价者只有在十分必要时才会把自己的想法一点一滴地透露出来。同时,他们绝不会向对方暴露出他们正在承受的压力。当然,讨价还价者也没有必要去充当一个说谎的人。对于一个讨价还价者来说,保持正直非常重要。他所说的话必须让对方信得过。如果他向对方作了某个许诺,那就得遵守它。如果他能使对方消除疑虑,对方就会变得宽和。如果对方不相信他,他可能会变得神经质。他可能退出谈判,也一定会变得更难以打交道。因为神经质的人是不会做成好买卖的,他们会要求更多的保证条件。如果讨价还价者的人品被对方喜欢,这将大大有利于讨价还价。在两个彼此喜欢与信任的谈判专家之间传递的信号是很容易被理解的。

6. 多听少说

在讨价还价过程中,善于提问的谈判者就会迫使对方给他一个反馈,从对方的回答中获得有关其谈判地位的某些信息。据此,他就可以对他讲话的措辞修饰一番,用对方中意的口吻说话,以获取对方的满意。同时,讨价还价者也必须把自己的谈判立场、谈判利益及有关信息告诉对方。但是,最好还是让对方先阐明他的情况。如果能正确地选择说话的场合,在陈述己方情况时说得不多不少,仅仅提必要的问题,并且仔细地倾听对方的陈述和解答,那么讨价还价者在谈判中将处于优势。

7. 要与对方的期望保持联系

讨价还价者可以提出高的条件或要求,但必须与对方的期望相联系。你的要求和对方的要求之间的距离越大,你就越需要做更多的事使它们靠近,直到彼此均在对方期望的范围内为止。只有在这样做了以后,你的要求才有可能实现。

8. 让对方习惯你的最高目标

努力争取你所能得到的最好结果,不要过分轻易地背离你所渴望的最高线,要下决心向最高目标前进。你应该学会善于使用信号,它是一种非常有用的讨价还价技巧。它可以向对方表明你自己所追求的高度;它会安置对方,使之期待着某种特定的结局;它表明何种事情会取得进展及解决问题的方法;它会向对方暗示准备成交、做出让步、期待着否决或确定最终和解的范围。

总之,应该让你的期望变成降落伞,当对方询问你的要求时,把它在较高的空中打开,让他能够看得见。等降落伞慢慢地向地面降落,直到完全进入对方的视线内为止,这就是你所要的。把你的要求用信号向对方试探,并且要留给对方一些时间来适应你的思维方式,而千万不要把自己的期望毫无掩饰地直接呈现在对方面前,他会因为太突然而拒绝接受。最好让他自己做出结论,这比你替他拿主意好得多。

3.3.5 讨价还价的技巧

英国人珍妮·霍奇森曾就讨价还价问题提出过基本技巧。她认为,在进行卓有成效的讨价还价中,需要掌握以下4种基本技巧。

1. 发出和接受信号

(1) 了解人们利用身体语言发出的非语言信号,例如,身体变得紧张,身体位置发生变化以及说话时的语调变化等。

(2) 使自己用身体语言和说话时的语调变化发出的非语言信号与自己实际的语言表达一致。

(3) 运用那些表明你愿意做出让步而又不用承担责任的词语,如"这时","在这种情况下"等。

2. 描绘事情发展的可能前景

通过运用"假如我们……"和"如果……，它将会怎样呢？"之类的词语，提出达到你的目的可能采取的方法。

3. 交换

坚持的交换规则如下：
(1) 放弃对你没有什么价值的东西。
(2) 设法用你放弃的东西交换获得对你有价值的东西。
(3) 你放弃的东西只能是你能够承担得起的东西。
(4) 你要弄清楚，你对自己放弃的东西，今后不会后悔。
(5) 不能得到相应的回报，你绝对不能放弃任何东西。
(6) 使用交易习惯用语："如果……那么……"。
(7) 不要使用令人讨厌的"对……但是……"之类的词语。

4. "一揽子"解决

(1) 保证所有的要求都包括在谈判的内容中，不要留下一些今后难处理的问题。
(2) 在某个问题做出让步是为了在另一个问题上获得补偿。
(3) 从问题的总体解决上而不是从许多孤立的小问题的解决上评估形势。

3.3.6 谈判冲突的两种方式

在谈判过程中，谈判双方免不了要就相关的谈判议题发生冲突，双方时而观点一致，时而意见相左，有时还会出现针锋相对、寸利必争的激烈冲突和争执场面。总之，谈判双方矛盾冲突的方式是复杂的、多样的。但是，透过这些矛盾冲突的表面现象，从其发生、发展的根源来看，矛盾冲突有两种形式，即从属式矛盾冲突和独立式矛盾冲突。

从属式矛盾冲突，是指在谈判对方建议基础上派生出来的冲突。

 应用实例 3-17

甲："我方这种商品的报价是每吨 500 美元。"
乙："500 美元？太高了。"
甲："时价如此，大家都卖这个价。"
乙："这不对，日本人的同类商品比你的报价就低得多，你得降价。"

由此可见，乙方的反对意见是由甲方报价引起的，是派生的，因此称为从属式矛盾冲突。

独立式矛盾冲突，是指谈判人的独立意志，同谈判对方的建议没有直接联系。

 应用实例 3-18

甲："我方这种商品的报价是每吨 500 美元。"
乙："我方出价为每吨 400 美元。"

在实际商务谈判过程中，这两种矛盾冲突的形式常会导致不同的结果。从属式矛盾冲突往往导致谈判双方在每一项交易条件上都要讨价还价，争论不休；相反，独立式矛盾冲突便于谈判双方从一开始就明确各自的立场。因此,在商务谈判中,谈判者应该避免从属式矛盾冲突,以促使谈判能够顺利进行。

3.4 成 交 阶 段

谈判双方经过一番艰苦的讨价还价,对所谈判的每个问题都已经谈过并且由于双方的妥协让步而取得了一定的进展。尽管仍存在一定的障碍,但将要达成交易的趋势愈趋明显,这时谈判就进入了成交阶段。

3.4.1 成交阶段的最后一次报价

1. 最后一次报价的运筹

接近谈判尾声,谈判双方会处于一种准备成交的兴奋状态,这种兴奋状态的出现往往是由于一方发出成交信号所致。不同的谈判者使用的成交信号也不尽相同。

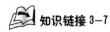知识链接 3—7

谈判者使用的成交信号方式

(1) 谈判者用简短的语言表明自己的立场,例如"好,这就是我的最后主张,现在看你的了"。

(2) 谈判者在表明自己的立场时,完全是一种最后的决定的语调,坐直身体,双臂交叉,文件放在一边,两眼紧盯对方,不卑不亢,没有任何紧张的表示。

(3) 谈判者所提出的建议是完整的,绝对没有含糊之处。如果他的建议未被接受,除非中断谈判,谈判者没有别的选择。

(4) 回答对方的问题尽可能简单,常常只回答一个"是"或"否",使用短词,很少谈论据,表明确实没有折衷的余地。

(5) 一再向对方保证,现在结束谈判对他是有利的,并且告诉他一些好的理由。

一般而言,谈判一方通常发出这些信号,促使对方积极行动起来,尽快达成交易。但是要注意不能过分地使用高压政策,否则有时谈判对手就会退出谈判,也不能过分地表示出你希望成交的热情,否则对方就可能会要求你做更大的让步。

同时,在交易达成的会谈之前,有必要进行最后的回顾和总结,其主要内容有以下几点。

(1) 明确是否所有的内容都已谈妥,是否还有一些未能得到解决的问题以及这些问题的最后处理。

(2) 明确所有交易条件的谈判结果是否已达到己方期望的谈判目标。

(3) 最后的让步项目和幅度。

(4) 决定采用何种特殊的结尾技巧。

(5) 着手安排交易记录事宜。

这种回顾和总结的时间和形式可根据谈判的规模大小而定,例如它可以安排在一天谈判结束后的 20 分钟休息时间里,也可以安排在一个正式的会议上。

2. 最后一次报价

在这个阶段，谈判双方都需要做最后一次报价，最终报价时需要注意以下一些问题。

(1) 不要过于匆忙地报价，否则会被认为是另一个让步，对方会希望再得到些东西。最后报价还应注意选择时机，如果报价过晚，对局面已不起作用或影响很小，也是不妥的。为了选好时机，最好把最后的让步分为两步走，主要部分在最后期限之前提出，次要的让步作为最后的甜头在最后时刻做出。

(2) 最后的让步幅度大小，必须是足以成为预示最后成就的标志。例如，把 1 234 565 元的报价仅取整为 1 234 000 元来结束谈判，这种让步便就显得微不足道，意义不大。如果以 1 200 000 元结束谈判，又显得让步幅度过大过快。但是，如果降到 1 230 000 元，会被对方理解为最后的成交价为 1 200 000 元，这就是比较合适的最后报价。

(3) 让步与要求同时进行。除非己方的让步是全面接受对方的现时要求，否则必须让对方知道在我方做出最后让步之前或做出让步的过程中也要求对方做出相应的让步。例如，在提出我方让步时，示意对方这是谈判者个人的主张，很可能会受到上级的批评，所以要求对方予以同等的让步。

3.4.2 达成协议的两种方法

当谈判双方经过一系列的讨价还价之后，双方均意识到可能就所谈交易达成协议。通常，达成协议可以采用横向方法和纵向方法。

1. 横向方法

横向方法，是指同时提出所有的谈判议题，一起进行讨论。这个议题未能立即得到解决就要讨论下一个，直到所有议题得到圆满解决。然后对谈判的全部内容进行一次性的认可和签字。

这种方法在一定程度上可以避免双方的冲突，又比较审慎和全面，但是难度较大。此外，谈判是一个长期而又复杂的过程，谈判要反复进行多次。因此，在谈判期间要对每一个谈判议题的讨论及进展情况进行准确的记录，如会谈所提出的问题、所解决的问题、双方达成一致的意见、存在的分歧等。可以将这种会谈记录公布于众。类似这种文件，大多数具有法律效果。一旦在以后的谈判和最终达成协议时，对某些讨论过的问题出现争议，则谈判记录可以作为双方的依据之一。由于人的记忆力毕竟有限，因此作为一名谈判人员一定要重视谈判记录这项工作。只有这样，谈判双方才能有效友好地达成协议，同时又可避免不必要的争端。

2. 纵向方法

纵向方法，是指每一次谈判只提出一个谈判议题，双方加以讨论。当该议题的解决方法为双方所接受时，立即用双方通用的语言打印出来，并且注明日期，双方签字。接着再讨论下一个议题。如此反复直到最后一个议题讨论完之后，最终的协议也就完成了。

这种方法比较简便，条理清楚，但是一旦每个议题议定了，就不允许对所确定的协议加以变动或更改，这样使双方不可能有反思和修正自己错误的机会。同时，纵向方法还易使谈判双方陷入对某一议题进行喋喋不休的争论之中，因为该达成协议方法要求谈判双方谈判时每次只能谈某一项议题。相对于横向达成协议方法，纵向达成协议方法更容易降低谈判效率、伤害双方的感情和损害双方的关系。

3.4.3 签订合同

谈判双方达成协议，也就是要签订书面合同。合同的签订，不仅是衡量国际商务谈判成功与否、其结果合法可行与否的重要标志，而且也是保证和实现国际商务谈判成功的重要形式。因为合同一经签订，就意味着谈判真正取得了成果。谈判各方就要按照合同来履行在谈判中所确定的各自的义务，受到法律约束，从而有利地保证谈判成果的实现。因此，应对合同的签订加以重视。

合同，是缔约当事人之间为实现一定的经济目的，在自愿互利的基础上，经过协商一致以法律形式确定双方各自权利义务关系的一种协议。这里主要介绍国际贸易合同。

1. 合同的形式

根据《联合国国际货物销售合同公约》第 11 条规定："销售合同无须以书面订立或书面证明，其形式方面也不受任何其他条件的限制，销售合同可以用包括人证在内的任何方法证明。"因此，从法律上讲，合同的形式既包括口头形式，又包括书面形式。

口头形式的合同，是指贸易双方对所协商一致的问题并未签订正式的书面文件，但是通过面对面或电话达成的。口头成立的合同在法律上同样生效。例如，卖方在一个实盘电报中发出要约，经买方在规定期限内表示承诺，合同即告成立，此后即使未签订书面合同，任何一方都不得以任何原因或借口无书面合同企图推翻合同或不承担合同责任。

口头合同一般用于金额不大，履约时间不长，不很重要或近距离频繁交易的场合。由于此种方式在发生争议时，缺少凭证作为争辩的依据。因此，一般很少被使用。目前在国外也有采取磁带录音方式订立合同。

书面形式的合同，是指谈判双方经过磋商就某项交易达成协议后，签订一个书面协议，把协议条件用文字固定下来。

书面合同一般用于金额较大，交易条件较为复杂，履行时间较长，远距离不频繁交易的场合。有些国家的法律规定，在一定的情况下，必须采用书面合同，如美、英、日、匈等国都有法律规定。美国法律规定，超过 500 元以上的动产买卖或协议成立后，年内不能履行完毕的合同，都必须签订书面合同。

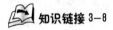知识链接 3-8

书面合同的形式

书面合同一般包括下列 3 种形式。

(1) 正式合同(contract)。该种合同条款较多，内容详细而全面，一式二份，双方签字后，各自保存一份。由买方制作的称为购货合同(purchase contract)，由卖方制作的称为销售合同(sales contract)。

(2) 确认书(confirmation)。这是一种简式合同，一般只包括交易的主要条件，包括由卖方发出的销售确认书和由买方发出的购货确认书(订单)。确认书较正式合同内容简单，一式二份，由发出的一方填制并签字后寄交对方，经对方签字后，保留一份，将另一份寄回。

(3) 以电报电传作为合同。在交易磋商中。一方的要约为对方承诺后，合同即告成立，虽不另签合同，但合同依然存在。因此，如果买卖双方不愿再签订正式合同，就以发实盘与接受的函电代替合同。这样合同的形式不是经双方签字的正式文件，而是买卖双方往来的函电，根据《联合国国际货物销售合同公约》第 13 条规定："为本公约的目的，书面包括电报和电传"。

凡是成交金额不大或经常进行交易的买卖双方，往往不签订正式合同，而以成交的函电代表合同。

根据我国政府有关政策法令，如《涉外经济合同法》和我国对外贸易企业或公司的习惯做法，不论同外国客户当面洽谈或通过函电达成的交易，为慎重起见，一律应签订书面合同，包括正式合同和确认书两种。凡是大宗商品、数额大的交易以及重要的机器设备等交易，均要签订正式合同；而一般交易则可使用销售(购货)确认书。

2. 合同有效成立的要件

在国际贸易中，由于买卖双方通常属于不同国家(地区)，因此各国的法律在某些方面存在着较大的分歧。例如，买卖法，即使是联合国国际贸易法委员会制定的于 1980 年 3 月 10 日在维也纳通过的《关于国际货物买卖合同的公约》，也未能调和资本主义世界两大法系(即英美法系和大陆法系)之间的分歧。纵观世界各国的法律对买卖合同的有效成立都规定了一定的条件，尽管在细节上有较多的分歧，但大的方面基本一致。归纳起来，合同有效成立的要件有以下 4 点。

(1) 合同的交易条件必须经过双方协商一致。《联合国国际货物销售合同公约》第 23 条指出："合同按照本公约规定，对发盘的接受生效时订立"。这就是说，在交易磋商中，双方意见表示一致，即交易达成，合同成立。

(2) 合同要有对价和约因。对价是英美法系中的一种制度。所谓对价，就是指合同双方互相拥有权利与义务，即合同一方所享受的权利是以另一方所负的义务为基础。通俗地说，就是"我给你是为了你给我"或者"你之所以给我是为了从我处得到你所希望的有价值的东西"。

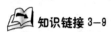知识链接 3-9

一项有效地对价需要具备的条件

一项有效地对价需要具备以下几个条件。

(1) 对价必须是合法的。凡是法律禁止的东西作为对价，都是无效的，例如，毒品贩卖合同、违反公共秩序和善良风俗的物品贩卖合同等的合同标的物都是违法的。将违禁品作为对价所签订的合同乃是无效的合同。

(2) 对价必须具有一定的价值。凡是毫无价值的、非真实的东西，是不能作为对价的。不过对价不是等价，无需与对方的提供相等，只要不构成诈骗与胁迫，即使对价不很充分，一般来讲，也不会影响合同的成立。例如，一批价值百万元的物品，只要双方合意，即使只售 90 万元或高达 110 万元，也并不影响合同的有效成立。

(3) 对价必须是待履行的或已履行的，而不是在对方做出允诺之前已完全履行完毕的对价。待履行的对价是指双方当事人允许在合同成立后才履行的对价。例如当事人双方 3 月份签订一项合同，规定 6 月份交货，交货月份前的半个月由买方开出以卖方为受益人的不可撤销的即期信用证，然后凭已装运单据议付。在该合同中买卖双方提供的都是待履行的对价。已履行的对价是指当事人中的一方在对方做出允诺之时，以其作为要约或承诺的行动,已全部完成了他依据合同所承担的义务。这时对于该方来说,它提供的是已履行的对价,只剩下对方尚未履行其义务。例如,在一项合同中,买方允诺,只要卖方在6月份以前提供一定数量的某种质量的货物,买方就按规定支付货款。这时,卖方在规定的日子里向买方发货,买方接受货物时,买卖合同即告成立。在这个合同中,卖方提供的是已履行了的对价,这个对价是有效的,故买方有义务支付规定的货款。

(3) 合同要由有签订合同能力的双方签署。签订合同的当事人可以是自然人(公民),也可以是法人的代理人。如果是自然人,必须是能理解自身行为之后果的公民。因此,未成年人、精神病患者在发病期间所签订的合同无效或可以撤销。此外,有些国家规定对酗酒者在失去行为能力时所签订的合同,也可要求被撤销。在大陆法系国家里,规定因浪费成性有败家之虞者以及酗酒者等,如果被法院宣告禁止其管理财产后,在禁令未被取消前所签的合同一概无效。

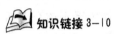

知识链接3-10

具有法人资格的人必须具备的条件

具有法人资格的人必须具备以下几个条件。

(1) 依照法定程序成立的组织。如果是法人,则必须通过它授权的代理人才能签订合同,并且其行为不得超出公司章程所规定的经营范围或政府所允许的范围,否则可免除法人的责任。例如,在日本,公司法人的代表,只要在公司章程所规定的经营范围内均可签订合同。在美国,对于一般交易的合同,可由经理、总裁签署;但对于重大的业务项目,须具备公司董事会通过的决议,并有授权书或委托书证明。

(2) 有一定的组织机构和经常的业务范围。

(3) 有独立支配的财产或依法经营管理的财产。

(4) 能以自己的名义进行民事活动、享受民事权利、承担民事义务,能在仲裁机构和法院起诉和应诉。

(4) 合同必须合法。合同必须合法包括两个方面:①合同的标的物必须合法,例如将金、银、毒品以及其他禁止进出口的物品作为合同的标的物时,该合同无效;②合同所追求的目的和所行使的范围必须合法,例如以诈骗为目的的合同,购买武器作为行使暴力或恐怖行动的合同等均是非法合同。美国法律规定,目的在于限制贸易而别无他意的合同是非法的和无效的。总之,凡是违反法律、公共政策、善良风俗和公共秩序的合同均为违法的合同,均为无效。原则上讲,对于违法合同,当事人既不能要求履行合同,又不能要求赔偿损失。同时法院也不允许以无效的合同提起诉讼。特别是即使其中一方已履行义务,也不能要求对方偿还,除非一方因为受骗或被威胁或受到经济上的压力而被迫订立了该违法合同,在此种场合下,对其已履行的部分,可以要求对方返还。

3. 合同的内容

在国际贸易中,尽管书面合同的形式不尽一致,其条款也有出入,但其基本内容是一致的。一般可分为3个部分,即合同的首部、合同的主要条款、合同的尾部。

1) 合同首部的内容及注意事项

合同的首部是合同的重要组成部分,它一般包括合同的名称、编号、签约时间和地点、缔约双方的名称和地址、电报挂号、电话号码等内容,有时还必须载明据以订立合同的有关函电的日期及编号，上述内容通常被人们所忽视，但在发生争议时，它们将可能产生重大的法律后果。

(1) 合同名称。即合同的标题。在我国出口公司中一般都采用销售合同或销售确认书的名称，其中销售合同多被一些经营大宗商品的出口企业所采用。

(2) 合同编号。凡是书面合同都应该有一个编号。因为在履约过程中，不论通过电报、电传、信函等进行联系，还是在开信用证、制单、托运以及刷制运输标志等时往往要引用合同编号。同时，对于外贸企业来说，也应该制定一套科学的合同编号管理方法，防止错编或漏编。

(3) 签约的时间。签约日期一般应尽可能做到在成交的当天，尽可能做到成交日期与签约日期相同。合同中如果注明签约的时间，它在法律上就表明除非合同中对合同生效的时间另有不同的规定，否则应以签约的时间为合同生效的时间。

(4) 签约的地点。如果在履约过程中双方发生争议时，签约地点往往关系到该合同适用何国法律的问题。根据国际私法的法律冲突规则，如果合同中对该合同所应适应的法律未做出明确的规定，在发生法律冲突时，一般应由合同的成立地的法律来确定，这时签约地点的法律则成为合同的准据法。否则，如果合同中未列明签约的地点，国外的法律则有不同的解释，有的国家规定适用卖方所在地国家的法律，有的规定适用合同履行地法律。因此，签约地点一般不要漏填。在我国外贸出口企业所使用的销售合同中，往往列有"签约地点"的项目，但在销售确认书中，一般不列"签约地点"的项目。

(5) 双方当事人的名称、地址、营业所在地及其电报挂号等。正确说明这些内容，不仅能够确定双方的责任和便于卖方查对信用证、正确制单、发运及进行各种联系，而且在发生诉讼时，由于企业的法律地位不同，出资者对企业的债务承担也不一样。例如，按照有些国家的法律，当具有法人地位的股份有限公司一旦破产，该公司的股东的债务承担仅以其出资额为限，不承担进一步的个人责任；而不具有法人地位的合伙企业一旦破产，普通合伙人就必须对企业的债务承担无限责任。因此，列明双方当事人的名称，确定其法律地位，当一方破产时，对债权人的利益可能会产生重大的影响。

如果在有代理人或中间商介入的场合，由于洽谈交易的对手并非实际买方，即合同当事人并非实际买方，而是与己方直接洽谈交易的代理人或中间商。在这种情况下，如果代理人或中间商要求以委托人实际买方为抬头订立合同的话，只要该委托人的资信可靠，也是可以的。不过在约首中不仅要注明实际买方(委托人)的名称、地址，而且最好也把代理人或中间商的名称、地址加以注明(如通过×××成交)。如果能在合同中做出代理人应负履约责任的若干规定，将会更加敦促代理人认真对待合同的签订和履行。

(6) 有关函电。如果书面合同签订的依据是往来函电，就要在约首中准确无误地列明双方往来的一切函电。当然，如果双方来往的函电很多时，也可以选择重要的列明。如果是通过口头谈判达成交易，则可注明双方出席的人数、时间、地点，如"××公司(卖方)的王平经理等经与××公司(买方)的约翰逊先生等于1989年10月20日在中国广州广交会上口头谈判……"。如果既有函电作依据，又有口头谈判加以确认，则二者均需予以列明，除非双方约定以前的来往函电无效。

第3章 商务谈判的过程

2) 合同主要条款的内容及注意事项

(1) 品质条款。该条款是合同的一项主要条款。按照国外的某些法律规定，合同中有关货物品质的说明构成合同的要件。如果卖方所交货物不符合合同的规定，买方有权解除合同并索赔。因此，商品品质既关系到商品的使用价值，又关系到商品的价格。货物的品质往往直接影响双方能否成交和以什么价格成交，同时又可作为索赔的证据。

在品质条款中，一般要写明商品名称和品质规格。由于商品种类繁多，品质各异，而且表示品质的方法又多种多样，因此在订立该条款时，要根据商品特性而定，做到明确具体，又符合实际。需要注意以下几点。

① 根据商品特性，正确运用各种表示品质的方法。国际贸易中，表示商品品质的方法主要有凭样品买卖，凭规格、等级或标准买卖，凭牌号或商标买卖，凭说明书买卖，按现状条件买卖。对于那些难以规格化或标准化的商品，如工艺品等，适合凭样品买卖；对于能用科学的指标说明其质量的商品，则适合凭规格、等级或标准买卖；对于那些质量较好并具有固定特色的驰名商品，适合凭商标或牌号买卖；对于那些性能复杂的机、电、仪表仪器产品，则适合凭说明书买卖。凡是能用一种方法表示品质的，就不要用两种或两种以上的方法表示。如凭样品和凭规格买卖，就不要混合使用，因为该种表示品质的方法具有双重性，其既要求商品品质与样品一致，又要与规格相符，一般难以做到。因此，在使用表示品质的方法时，不能随意滥用。

应用实例3-19

我国某公司曾进口一批青霉素油剂，合同规定按B.P.1953年标准，但事后查明在B.P.1953年版本内没有青霉素油剂的规格标准，结果造成货到后无法检验，从而对外索赔也失去根据。"纳卡吉地"在B.P.C(英国药局方)1949年版有该商品的规格标准，但我方进口合同都误订为按B.P.1949年标准，因而造成上述同样后果。可见，在签订合同时如按标准确定商品品质，就不仅要弄清是按哪个国家哪个部门制定的标准，或哪个国际标准，还要弄清楚是哪一年颁布的标准。以避免不必要的纠纷和不应有的损失。

资料来源：张恒杰，等. 国际商务谈判要略. 北京：东方出版社，1994.

② 对品质的要求要符合实际，不能偏高或偏低。对品质的要求偏低，会影响使用，造成浪费。但偏高也不得当。过去有些合同规定，出口皮鞋，要彻底消灭皱纹；出口红小豆，要求其中不能有活虫和死虫。显然，这类要求是不合理的，因为实际上很难做到。

应用实例3-20

我国某公司对某某国家出口烧碱，由于合同中对产品的规格规定过于繁杂，而且把一些次要的规格一并罗列进去，如规定产品的颜色为"白色结晶状并带微蓝色阴影"。结果，我方在执行合同时发生困难，造成交货品质不符合规定的被动局面。这说明商品品质条款中应列入对该商品品质起决定性作用的指标，而对商品品质影响不大的次要指标不宜过多列入，尤其是无关紧要的指标更不宜列入。否则将引火烧身，自找麻烦。

资料来源：张恒杰，等. 国际商务谈判要略. 北京：东方出版社，1994.

③ 对某些品质的规定不能过于严格，应有一定的机动幅度。例如，在某些农副产品合同中，交货品质可以在一定幅度内高于或低于合同规定，并按实际交货品质，予以增价或减价，从而体现按质论价的原则。同时，为了维护买方的利益，还可进一步规定，如实交

货物的品质低于合同规定的标准,买方有权拒收。在工业合同中,对某些质量指标应允许有"公差",只要交货品质在公差范围内,可以免负品质责任,而且也不计算增减价。

(2) 数量条款。该条款也是合同的主要条款,是买卖双方交接货物的依据。因此对数量条款的规定应明确合理。

数量条款主要由数字和计量单位所组成。商品的数量可以用重量(如公吨、长吨、短吨、公斤、磅、克、盎司、担等),长度(如公尺、英尺、码等),体积(如立方米等),容积(如桶、公升、加仑、蒲式耳等)、面积(如平方米等),个数(如只、件、打、双、套等)等单位表示。由于各国度量衡制度不同,因此它们所采取的计量单位和计量方法也不同,所以要根据不同商品使用相应的计量单位。因此,在订立该条款时,需要注意以下几点。

① 正确掌握成交数量。洽谈交易时,对于出口数量的掌握,既要考虑国内外市场容量和价格动态,又要考虑国内生产能力和货源情况。对于进口数量的掌握,既要考虑国内实际需要,又要考虑支付能力和市场行情。

② 数量的规定要明确具体。在数量条款中,不要使用"大约"、"左右"等笼统含糊的字眼,以免引起争议。

应用实例 3-21

广东某单位与港商签订了一份买卖废矿渣的协议,数量是这样规定的:"港方每天拉一车,每天拉一次,共拉 10 天"。开始港方用来拉矿渣的是一种翻斗车,第二天换了小卡车,第三天又换了大卡车,该单位一直没反应。直到每车的运量增加到 5 倍,该单位才去交涉。港方拿出协议说没有违反。该单位哑口无言,损失了几十万元。

资料来源:张恒杰,等. 国际商务谈判要略. 北京:东方出版社,1994.

③ 对某些大宗商品的交货数量可以规定一定的机动幅度。在某些农副产品和工矿产品交易中,由于商品特点、船舶装载和包装等方面的原因,有时难以准确地按约定的数量交货,为了便于履行合同,可在数量条款中加订溢短装条款,即规定交货时允许多交或少交合同数量的百分之几。对在机动幅度内多交或少交的数量,可按合同价格计价,也可按装船时的市价计价。

(3) 包装条款。该条款也是合同的主要条款。在卖方交货时,若包装与合同规定不符,原则上买方可以拒收货物并索赔。在国际贸易中,除一些商品因本身特点不需包装外,其他大多数商品需要有一定的包装。不需包装的商品称为散装货(如煤炭及有些矿石)或裸装货(如汽车、火车车厢、马口铁等),需要包装的商品称为包装货。商品的包装可分为运输包装(亦称大包装或外包装)和销售包装(也称内包装或小包装)。因此,商品是否需要包装以及采用何种包装主要取决于商品的特点和买方的要求。应在合同中对包装材料、包装的规格、包装的种类和性质、包装的费用以及运输标志等项内容做出明确合理的规定。因此,在订立此条款时,需要注意以下几点。

① 对包装的规定要明确具体。在此条款中,不要使用"海运包装"或"习惯包装"这类笼统含糊的字眼,以免引起争议。

② 要考虑商品的特性及不同的运输方式。每种商品都有其特性,如水泥怕潮湿,玻璃制品易破碎。因此,应根据不同的商品规定不同的包装条件。此外,不同的运输方式对包装条件有不同的要求,如海运包装要求牢固,具有防止挤压的功能;铁路运输包装要求具

有不怕震动的功能；空运包装要求轻便等等。

③ 要考虑有关国家的法律规定。各国法律对包装条件的规定不尽一致，如有些国家禁止使用稻草、麻袋、柳藤之类的材料做包装用料，因为这些国家怕因此把病虫害带入其国家；有些国家还对包装标志与每件包装的重量，有特殊的规定和要求。

(4) 价格条款。国际贸易合同中的价格条款涉及买卖双方所承担的责任、风险、费用、保险、佣金、外币的使用、货运距离等，因此它比国内贸易合同中的价格条款复杂得多。在价格条款中，一般包括商品的单价和总额(二者应使用一样的货币)。在订立该条款时，需要注意以下几点。

① 正确制定价格。根据平等互利的原则，参照国际市场价格，按国别政策，并结合购销意图确定适当的成交价格。所确定的成交价格应体现品质差价、季节差价、地区差价和数量差价。此外，作价方法要具有灵活性。例如，近期交货，可以按固定价格成交；远期交货，由于价格变动趋势不定，可以暂不固定价格，只规定确定价格的时间和方法，或者先确定一个参考价格，将来按约定时间和方法确定正式价格；对某些易受原材料价格涨落影响的机械设备等商品，可先约定基础价格，等交货时或交货前一定时期，再根据工资、原材料价格上涨或下落指数加以调整，以确定最后的价格。

② 考虑汇率变动的因素。在进出口贸易中，一般争取采用对自己有利的货币成交，即出口使用硬币，进口使用软币。当不得不采用对自己不利的货币成交时，应将汇率变动的风险考虑到货价中去，或者在合同中订立保值条款，一旦汇率发生变动，即按约定比例调整价格。

③ 正确处理佣金与折扣问题。一般地说，佣金与折扣关系到商品的价格，凡商品价格中包含佣金的，称为含佣价。佣金是价格外的报酬。佣金可按离岸价格计算，如丝绸中的部分商品、小五金等，都以离岸价计算佣金；其他商品为合理节约外汇支出，也可经双方协定后，争取以离岸价计算佣金。这样，我方需在合同上载明"×%佣金按离岸价支付"。有时有的客户在信用证中规定，在货物装船时，我方即经银行开具佣金汇票或将佣金在议付前即信汇给指定人(中间商、买主和开证人)。为了贯彻先收汇、后付佣的原则，在订立合同时，可列明"佣金应俟出口货款收妥后汇付"以避免信用证开来时有上述要求。折扣是指卖方按原价给买方一定百分比的减让，通常由买方从约定货款中预先扣除。由于国际上对佣金与折扣的运用，有明的也有暗的，因此佣金与折扣有时不一定在商品单价中表示出来，而由双方当事人另行暗中规定。在有些合同中故意订明为"净价"，以表示成交价格中不包括佣金与折扣。

(5) 装运条款。该条款亦为合同的主要条款。任何一方违约，另一方均可以拒收(付)货物并索赔。只有明确而合理地规定装运条款，才能保证装运工作顺利进行，从而及时完成进出口任务。

装运条款主要包括装运时间、装运港与目的港、装运方式、装运通知、装运单位、装运率等项内容。因此，在订立该条款时，需要注意以下几点。

① 要充分考虑货源情况和安排运输的可能性。在确立运期时，要从实际出发，既考虑货源状况，又考虑运输条件，防止出现车、船、货脱节的现象。如按C&F或CIF条件出口时，一般不宜采用当月成交、当月装运的条款，以免给履行合同造成困难。

② 装运条款的规定要合理。对于规定装运期的长短应适当，过长、过短或规定过于严

格,都是不当的。例如,对按 FOB 价格条件出口时,不宜在合同中订立"不准转船"的条款,以免束缚自己。

③ 装运条款的内容应明确具体。为了避免合同履行过程中出现纠纷,对该条款的内容规定要具体明确。例如,对装运期的规定,应明确具体期限,不能笼统规定"立即装运"或"即期装运"。又如,对装卸港的规定也应具体,不能笼统地规定为"欧洲主要港口"或"非洲主要港口"。再如,对有关费用的负担也要明确。目前在运费方面,常有附加费(燃油附加费、码头拥挤费以及其他额外费用等),应当明确由买方负担;对原商定的海运改为空运或陆空联运等,其超额运费亦由买方支付,凡此种种均应在合同中明确规定。

(6) 保险条款。该条款亦是合同中的一项重要条款。在国际贸易中,货物一般要经过长距离运输。在运输过程中,可能会遇到各种风险。为转移风险,就需要办理货物运输保险。一旦货物遭到承保范围内的损失时,就可以向保险公司提出索赔。保险条款主要包括由谁保险、保险险别、保险金额等内容。在订立该条款时,需要注意以下几点。

① 争取有利的条件。各外贸公司在签订保险条款时,要遵循平等互利、方便贸易、买方自愿的原则,并根据不同地区、不同对象、不同商品灵活商定保险条件。对进口货物,一般应采用 FOB 和 C&F 这些不带保险的条件成交;对出口货物,应力争按 CIF 这种带保险的条件成交。

② 选择适当的险别。应当根据商品的特性和运输途中的风险情况选择适当的险别。例如,运输玻璃制品等易于破碎的物品,就要在投保平安险或水渍险的基础上,加保破碎险。

③ 合理确定保险金额。由于保险公司一般是按保险金额的一定百分数收取保险费,若货物发生损失,也按保险金额赔偿,故确定保险金额应适当,既不能太高,也不能太低。按一般习惯,保险加 10%。如果买方要求超过该比例或增加特殊险别时,应明确由买方额外支付。

(7) 支付条款。在国际贸易中,货款如何支付是一个重要问题。为了保证货款的安全收付,对支付条款的规定必须明确具体。支付条款主要包括支付金额、支付工具、支付时间、支付地点和用以支付的货币等内容。因此,在订立该条款时,需要注意以下几点。

① 注意选择有利的支付货币。当前许多国家都实行浮动汇率,币值经常上下浮动。为了避免汇率变动的风险,采用何种支付货币,应在权衡利弊的基础上做出正确的选择。例如,使用软币收汇,就会遭到其贬值的风险。但是如果能以人民币作价,说明在支付时按当时外汇牌价,换成等值的相应外币开具发票,议付索汇,是个比较好的解决方法。

② 灵活运用各种支付方式。国际贸易中的支付方式很多,它们各有利弊。因此,应根据具体情况,灵活加以运用。例如,对少量成交的货款,可以使用汇付。为了扩大销路,可以采用托收。对于大宗交易的货款,一般使用信用证付款方式,以利于安全收汇。在此种情况下,支付方式大都使用开立的不可撤销的信用证。对于信用证必须规定在约定装货期前若干天开列。如果允许远期支付,期限一般最长不超过 90 天,如果属于 D/P 交易,务必写明付款交单的英文全称,避免使用缩写字母,以免引起不同解释而产生纠纷。此外,对于开具的远期汇票,如果不是假远期,须列明连同利息与货款一起偿付,应明确利息由买方负担,并按装船时相应外币的市场利率在货款外向买主收取。如在合同中已订明若干利率,还应注明"利率应随市况变动"的字样,以维护我方的经济利益。再有,对转开证或大宗交易,可以要求来证加列用电报索汇的条款,以加快资金周转。

第3章 商务谈判的过程

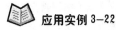

绿色食品定价谈判

内蒙古某进出口公司(以下称甲方)向韩国某公司(以下称乙方)出口某种绿色食品。由于韩国消费市场很大,乙方派人到甲方所在地谈判订货合同。上一单定价为3 950美元/吨,随着订单增加,货物渐显不足,市场价格攀升。甲乙双方谈判时,市场价呈现波动状态。甲方要求大幅提高成交价以防将来不能供货。乙方则坚持,未来难料,马上涨价不公平,使谈判僵持不下。

乙方志在多订货以抢占韩国市场,而且该食品具有传统的消费基础,有利可图。此外,韩国其他的公司也在采购该类食品,乙方认为只要甲方别太过分,可以适当调高采购价。

甲方刚刚打开韩国市场,眼见有长期客户,对其出口业务很有利。但货物收购价格的上扬也使其捏了一把汗,心想:"千万别形成大干大亏"。

所以,客户要保住,只要不亏就行。

双方恢复冷静后,接着谈判。

乙方:"我是诚心与贵方合作,做长期业务,价格可以涨,但因为贵方也不能确定收购时的价,所以不能随意涨价。"

甲方:"涨多少?"

乙方:"每吨涨50美元,即4 000美元/吨。"

甲方:"市场目前收购价已近3 000美元/吨,贵方出价很勉强,若收购价继续上涨,我公司则无力履约了。"

甲方:"贵方希望以什么价成交?"

乙方:"应该以5 000美元/吨成交才有保证。"

甲方:"哎哟,一下子涨1 000美元/吨!还不知道韩国市场的价能不能跟上来呢!"双方又陷入困境,休会15分钟后继续谈判。

甲方:"我们草原上的人一向好客、坦诚,我讲的都是实情。若以4 000美元/吨成交,有可能很难收到货,不能履约怎么办?"

乙方:"我喜欢与草原上的人交朋友,我提个建议,请贵方考虑。合同按4 000美元/吨签约,若该价与实际收购有差距,我公司可以按市场价补贵方的损失。不过,支付条件要修改,从信用证改为电汇。"

甲方:"贵方的建议虽可解决市场变化的问题,但不好操作。市场价变化多大,贵方才能接受?没有信用证,既不能令我方放心,也影响我方融资。"

乙方:"我们可以暂时定个范围,如4 000~4 500美元/吨,只要在这个价格范围内,请贵方收货,信用证问题可以折中处理。我方可以按合同价4 000美元/吨开立信用证,如果真出现超出的价格差部分,则用电汇方式支付。"

甲方:"贵方建议可以考虑,不过交货的进度应有余地。我方建议可以分批出运,并将此在信用证中注明。"

乙方:"可以分批交货,不过每批不少于两个20英尺货柜,信用证亦可以注明此点。"

最后甲乙双方按4 000美元/吨、信用证支付、分批交货的条件签订了合同。

在随后的履约过程中,果然发生了意料中的问题,而且情况很严重。由于多家韩国公司到内蒙古抢购这种韩国人爱吃的绿色食品,使货价急速上升,而且货源也短缺,甲方好不容易才以4 400美元/吨的价格备好了两个货柜的货。交货后,一方面议付信用证下的货款;一方面用电汇方式要求乙方付差额部分。但乙方对差额部分迟迟不作答,甲方感到事情不妙,立即停止收货,交涉收汇之事。乙方回复:"韩国市场由于进口货多了,价格下跌,原计划出售的量很难保证,已发出的两个货柜39吨的货能否很快销出还没有把握,我方面临亏损的局面。另外,合同就是签的4 000美元/吨,400美元/吨的差价没有文字依据,我公司财务不同意支付。"虽经多次函电往来,乙方仍不支付。甲方虽然停止了该合同余量的收购,但已交付货的15 600美元应收款却成了问题。

资料来源:丁建忠. 商务谈判教学案例. 北京:中国人民大学出版社, 2005.

(8) 检验条款。根据《联合国买卖合同公约》第36条和第38条的规定,FOB、CIF合同的货物到达目的地以后,买方有权复验。如果发现品质、数量、包装等与合同不符,卖方对此负有责任。因此,买卖双方要规定检验条款。检验条款主要包括检验权、检验机构、检验时间与地点、检验方法与标准、检验证书等内容。因此,在订立该条款时,需要注意以下几点。

① 要体现平等互利的原则。目前在国际贸易中,对检验权主要有3种规定,即以离岸品质、数量(重量)为准;以到岸品质、数量(重量)为准;以装运港的检验证书作为议付货款的依据,但货到目的港以后,允许买方对货物进行复验。由此可见,前两种方法均具有片面性,不是对卖方有利,就是对买方有利。只有第3种方法比较公平合理。在我国对外贸易业务中,一般采用此法。一般情况下,商检证明应由我国生产厂或商品检验局出具。目前有的买主要求寄样品到他们在香港的代理人检验或直接给外国买主检验,并须由他们同意后出具证书才能收汇。这种片面的要求就违背了平等互利的原则,对此我方不能接受,应在合同中提出声明。

② 条款内容应明确合理。在订立检验条款时,一定要注意其内容应明确具体和科学合理,从而有利于合同的履行。

应用实例 3-23

20世纪50年代,我国向某国订购过磷酸钙合同中对游离酸度的检验方法,未作具体规定。仅规定为"水抽法"测定,但实际上"水抽法"还分为"滴定法"和"重量法"两种。我国商检局采用滴定法,检验结果,不符合合同的规定,并以此向外商提出索赔。但外方不同意,其理由是用重量法测定的结果与合同规定的标准完全一致。因此,双方争执不下,使问题长期得不到解决。可见,合同规定不严密,交易活动就不可能一帆风顺。

资料来源:张恒杰. 等. 国际商务谈判要略. 北京:东方出版社, 1994.

(9) 索赔条款。在履行合同过程中,由于合同一方违约,致使合同另一方受到损失,因此受损失一方就要向对方索赔。为此,在合同中规定索赔条款,以利于顺利地解决索赔问题。索赔条款主要包括索赔依据、索赔期限、索赔方法等内容。在订立该条款时,需要注意以下几点。

① 根据可能出现的不同的违约情况,规定不同的条款。索赔条款通常包括罚金条款和异议索赔条款两种情况。所谓罚金条款,是指在出现延期交货或延期接货等违约行为应向对方支付预先约定的金额,作为赔偿对方的损失。对罚金的规定要合理,如金额过大且超过对损失的补偿而带有惩罚性质是不合理的。所谓异议索赔条款,是指交货品质、数量与合同规定不符而提出的索赔。赔偿金额不是事先约定,而是根据实际损失程度而定。

② 应体现公平合理的原则。例如,当买卖双方按FOB条件成交时,若卖方未按时交货或买方未按时接货,都是违约行为,都要赔偿对方损失,不能在条款中只是片面地约束

一方。又如，有的索赔条款规定，索赔只能通过友好协商解决，这很显然是不合理的。

(10) 不可抗力条款。该条款是国际贸易中普遍采用的一项例外条款，是指合同签订后不是由于当事人的疏忽或过失，而是由于自然原因(如地震、水旱灾等)和社会原因(如战争、禁运、政府封锁等)发生了当事人无法预见、无法预防和无法控制的意外事故，以致不能履行或不能按期履行全部或部分合同。遭受事故的一方可以据此免除责任，对方无权要求索赔。因此，要对不可抗力条款加以明确规定，以便在处理意外事故的后果时有所依据。

不可抗力条款主要包括不可抗力事故的范围及其后果、处理不可抗力事故的原则、出具不可抗力事故证明的机构及发生不可抗力事故后通知对方的期限等内容。在订立该条款时，需要注意以下几点。

① 应明确不可抗力事故的范围。在国际贸易中，有些商人力图扩大不可抗力事故的范围，以便日后能找到更多的理由为他们开脱违约的责任。对此我们应有所注意。对不可抗力事故的规定，有的采用一一列举的方法，有的只作笼统的规定，这两种规定方法都有缺陷。最好是把两者结合起来使用，我国各进出口公司一般都采用这种规定方法。例如，在进口商品时，对该条款可做如下规定："若因火灾、水灾、地震、政府限制以及其他人力不可抗拒的事故，致使买方不能接受或无法按期接受未装运部分的货物时，或者买方确定卖方确因上述事故致使不能全部或部分装运或无法按期装运时，买方有权撤销未装部分的合同而不负任何责任；或者在交接货物有可能的前提下，由买方选择一个合理的期间履行合同货物之未装部分，卖方对此不得提出异议。"也可简化为："人力不可抗拒的事故造成延期或无法接受未装运部分的货物时，买方有权撤销装运或暂时中止合同而不负任何责任。"

② 应体现对等的原则。不可抗力条款应对双方当事人都适用。任何一方当事人都可援引此条款来免除责任，不能只是片面地约束一方。

(11) 仲裁条款。该条款是指双方当事人在签订合同时规定，如果在合同履行过程中出现争议，愿意把双方之间的争议提交给仲裁机构进行裁决的书面协议。仲裁条款主要包括仲裁地点、仲裁机构、仲裁程序、仲裁的裁决效力、仲裁费的负担等内容。

规定仲裁条款时，要特别注意仲裁地点的选择，因为仲裁地点涉及法律的运用问题。我们应力争在中国仲裁，如果双方不能就此达成一致，也可以规定在被告国或双方同意的第三国仲裁。但是，仲裁地点究竟选择在哪一方国家，还要根据贸易业务的实际需要和我国政府与对方政府所制定的有关条约的规定。例如，我国与日本进行贸易，则规定在被诉方进行仲裁，对欧美的贸易有相当一部分规定在瑞典斯德哥尔摩商会仲裁院进行仲裁。

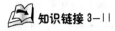知识链接 3-11

我国对外贸易合同中常见的仲裁条款

1. 规定在我国仲裁

"凡因执行本合同所发生的或与本合同有关的一切争议或要求，应由双方通过友好协商解决。如果协商不能解决，应提交中国国际贸易促进委员会对外经济贸易仲裁委员会××分会，根据该会仲裁程序暂行规则进行仲裁。仲裁裁决是终局的，对双方都有约束力。"

2. 规定在被告国仲裁

"由于本合同或者由于违背本合同、中止本合同或者本合同无效而发生的或与此有关的任何争端、争议或要求,双方应通过友好协商解决。如果协商不能解决,应提交被诉人所在国进行。如在中国,由中国国际贸易促进委员会对外经济贸易仲裁委员会××分会根据该会仲裁程序暂行规则进行仲裁;如在××国(对方所在国名称),则由××(对方所在国仲裁机构的名称)根据该仲裁机构的仲裁程序规则进行仲裁。仲裁裁决是终局的,对双方都有约束力。"

3. 规定在第三国仲裁

"由于本合同或者由于违背本合同、中止本合同或者本合同无效而发生的或与此有关的任何争端、争议或要求,双方应通过友好协商解决。如果协商不能解决,应提交××(某第三国名称及其仲裁机构名称),根据该仲裁机构的仲裁程序规则进行仲裁。仲裁裁决是终局的,对双方都有约束力。"

3) 合同的结尾部分

这是合同的最后一部分,主要要载明合同以何种文字写成及各种文本的效力。例如,"本合同英文正本一式两份,双方各执一份。"其次,由双方当事人(或法人代表)在合同的末尾签字,如有必要可列见证人并副署。同时,在法人代表签字时,有些国家的法律规定,双方代表签署合同时,须提交其公司的授权书,以避免发生签署人"越权"行为的事件。一般情况,若合同中没有相反的意思表示,合同一经双方有正当权限的代表依法签署,即告生效,对双方均有约束力。因此,在签字之前,当事人必须对书面合同进行详细的审阅,只有在全部弄清并确信合同内容无误后,才可以签字,以防止对方玩弄文字游戏或采取将错就错的伎俩。否则,可能会给己方带来相应的麻烦或损失。

 应用实例3-24

罚款计算方式条款的遗漏

中国K公司与日本J公司就电容器的生产技术转让和生产设备的供应进行了谈判,K公司是买方,J公司是卖方。

本案涉及技术内容与水平,设备供应的规格与数量,培训与指导的人数、水平、时间、交易的价格,交付与检验等方面的内容。从这些内容的性质看,需要技术、商务与法律等专业人才,J公司谈判人员有6人,而K公司则有10多人,为了缩短谈判时间,双方协商将人员分成两个小组,分别谈判技术与商务问题。技术组由双方专家参加,负责谈判技术转让的细节以及设备供应的清单;商务组由双方的商务人员和法律人员参加,负责谈判合同文本及商务条件。

作为一条生产线的成套项目交易,客观上谈判量较大。技术组要核对每道工艺的技术内容与水平以及总体工艺水平,还要按工序核查配置的各种设备与装置。对于双方人员的派遣(实习与指导)也要细化条件。商务组要逐条谈判合同条款,咬文嚼字,非常耗时间,加之对技术、服务、设备各种价格的认定,利益攸关互不相让,使谈判量增大不少。

正是在这艰难而又纷杂的谈判中,商务组遇到了难题。在谈判技术保证时,K公司要J公司对其提供的技术水平作出保证,J公司表示可以。怎么保证法呢?J公司提出若达不到要求可以罚。如何计算罚款呢?双方讨论良久。K公司说,技术水平以合格率评价。J公司说可以,但有的产品仅个别参数不合格,总体指标合格,对生产线合格率计算有一定的影响。于是双方又陷入了关于生产出的产品技术规格的达标水平与全线工艺水平的关系以及这个关系对全线合格率的影响计算的谈判。讨论引出了几种情况:全部技术指标均合格的产品计算出的全线合格率;全部指标合格的产品加主要指标合格的产品计算出的全线合格率;

第3章 商务谈判的过程

全部指标合格产品加主要指标合格的产品加主要指标误差在容忍范围的产品计算出的全线合格率。K 公司认为不同状况下计算出的合格率差异反映的技术问题不同,处罚的力度也应不同。J 公司认为不必过于细分,K 公司自然不同意。那么采取哪种方式计算全线合格率呢?J 公司认为第一种方式太严,K 公司认为第三种方式太松,双方只好采用第二种方式。怎么计算处罚数额呢?商务人员认为这应由技术专家去评价其影响度,于是同意由专家组来设计处罚的计算公式,并约定分别向各自专家交代此事。仅在合同相关条款中写入"处罚的具体计算见技术附件",此议题在商务组就告一段落。

专家组把交易的内容分成几个技术附件,一个一个地谈判,有的分歧较小,只是工作量大,双方人员需加班加点。关于检验部分,双方专家从技术角度认真讨论了具体的检验办法,也讨论了检验不成功时技术的补救办法。从习惯上看,处罚问题属商务谈判范畴;从印象上,他们知道商务组已谈判过处罚的问题,仅剩计算办法没确定。可单单一个计算办法在技术附件中放在哪里呢?从文体上看,有点问题。专家们认为:那先放一放,把别的问题都谈完再说。千辛万苦,好不容易把所有的技术附件谈完,专家们总算松了一口气,整个精神放松下来,记忆的弦也随之松弛,于是留待讨论的问题就这样给忘了。

合同执行过程中相安无事,直到全线验收。由于种种原因,验收并没有一次通过。加之 J 公司现场人员傲慢无礼,激怒了 K 公司现场人员,于是 K 公司决定引用处罚条款。在合同中找到"处罚的具体计算见技术附件"的约定,再顺其指示查阅技术附件,结果没查到。等技术组的主谈人与商务组的主谈人一会面,方知是当初遗漏了。处罚是 K 公司的权力,而如何罚就无法定依据了,需双方协商。此时,K 公司可以用处罚手段压 J 公司,但要实施就有难度了。双方只好坐下来分析问题原因,寻找解决办法,K 公司尽量以合同技术约定来压对方承担责任与费用。

资料来源:丁建忠. 商务谈判教学案例. 北京:中国人民大学出版社,2005.

以上对国际贸易合同的主要条款做了简单的介绍。需要指出的是,合同的条款及其内容的规定方法应根据商品种类的特点、交易对象、经营意图、贸易地区等的不同而有所不同,不要千篇一律。总之,商务谈判人员在签订合同时要小心谨慎、懂法依法,以维护己方的利益。

 本章小结

任何一次正式的、完整的商务谈判都有特定的程序和内容。一般而言,商务谈判过程包括摸底阶段、报价阶段、磋商阶段和成交阶段。

摸底阶段的任务是谈判者应建立良好的谈判气氛,做好意见交换和开场陈述。为此,谈判者需要掌握谈判气氛的特点、影响谈判气氛建立的主客观因素、交换意见内容与注意事项、开场陈述的内容、原则、方式、顺序等相关知识。

报价阶段的任务是谈判者应在谈判前做好充分准备的基础上进行科学报价,这就需要谈判者掌握报价的形式、起点、方法、顺序、对对方报价的反应等相关知识。

磋商阶段的任务是谈判者应善于进行讨价还价、避免谈判冲突、进行让步和打破僵局,这就需要谈判者掌握讨价还价的概念、讨价还价的做法、避免与打破僵局的方法和让步形态与策略等相关知识。

成交阶段的任务是谈判者能够发出相应的成交信号,科学进行最后一次报价,进而达成协议并签订合同。为此,谈判者需要掌握成交信号的不同方式、最后一次报价的方法、达成协议的方法和签订合同等相关知识。

关键术语

开场陈述、最低可接纳水平、报价、讨价还价、讨价、还价、价格解释、价格评论、从属式矛盾冲突、独立式矛盾冲突

习 题

1. 选择题

(1) 能够使商务谈判顺利进行的谈判气氛应当是( )。
    A. 诚挚   B. 合作   C. 轻松   D. 认真

(2) 商务谈判中，实质性谈判始于谈判的( )。
    A. 摸底阶段   B. 报价阶段   C. 磋商阶段   D. 成交阶段

(3) 商务谈判中，较好的报价方式是( )。
    A. 书面报价
    B. 口头报价
    C. 书面报价和口头报价并重
    D. 书面报价为主，口头报价补充

(4) 卖方做价格解释应遵循的原则有( )。
    A. 不问不答   B. 有问必答   C. 避实就虚   D. 能言勿书

(5) 商务谈判中，矛盾冲突是在谈判一方建议的基础上派生出来的，这属于( )矛盾冲突。
    A. 从属式   B. 独立式   C. 复合式   D. 单一式

2. 判断题（对的打√，错的打×）

(1) 商务谈判一般包括摸底、报价、磋商和成交 4 个阶段。   ( )
(2) 消极、冷淡、紧张的谈判气氛不利于商务谈判的顺利进行。   ( )
(3) 商务谈判中，谈判人员的言谈举止是影响谈判气氛建立的客观因素。   ( )
(4) 商务谈判中，报价仅指谈判一方向对方报出交易商品的价格。   ( )
(5) 狭义的讨价还价是指买卖双方为确定商品成交价格而进行的争议。   ( )

3. 简答题

(1) 商务谈判的基本过程包括哪几个阶段？各阶段的主要任务是什么？
(2) 作为一名谈判人员，怎样营造谈判初期的良好气氛？
(3) 报价的形式、依据、方法有哪些？在报价阶段，卖方的报价为什么要尽量提高？
(4) 试就先报价与后报价谈谈你的看法。
(5) 买卖双方如何进行讨价还价？

4. 思考题

你有一笔可供外销的货物。你认为若能卖到 10 000 美元，则感到十分满意。某外商提议以 20 000 美元的现汇购买这批货物，此时，你最明智的做法是什么？并说明理由。

    A. 毫不犹豫地接受该客商的建议
    B. 跟他讨价还价
    C. 告诉他再过一星期后再做答复

第3章 商务谈判的过程

 实际操作训练

假设你是我国某进出口公司的一位经理,欲同东南亚某国商人洽谈大米出口交易。请你准备一段与对方谈判时的开场陈述。

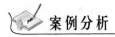 **案例分析**

五色套色印刷机生产线设备技术引进项目价格谈判

1992年11月中旬,沈阳市某印刷厂周厂长一行5人来到德国,进行为期11天的技术考察及价格谈判工作。

供应商为德国海德堡某公司,是世界一流的该类设备的制造企业,其技术先进,在世界上首屈一指,因此,中方估计价格谈判难度将相当大。所以在考察过程中,中方就开始采取心理战策略。

德方陪同中方考察的是一位技术副总监。针对他自信自己公司的技术设备最好和鄙视他国同行设备技术水准的心理,在对其德国本土和西班牙、比利时等海德堡公司生产厂和其几家用户企业考察的过程中,中方人员对该公司制造厂家的生产手段、产品与制造技术水平,不做任何肯定和赞扬的表示,相反倒是提出很多疑问,使其忙不迭地介绍、解释,中方因此得以尽最大可能地了解掌握该公司产品的性能、特点、质量水准及制造使用与维护的深度技术问题,包括产品存在的尚未解决的不足之处。另一方面,故意向他询问了解别的国家同类设备产品的技术水准与市场价格情况,使其感觉中方并非只重视他公司的产品,还关心其他国家的同类生产线设备和技术,并通过他将中方的态度间接反馈到他的公司,使其对销售能否成功打上问号,让其心中没底,动摇他们自认为产品好、价格高无可争辩的自信心理。同时,中方提前对使用该公司产品(即印刷机)的用户企业进行了认真仔细的考察,重点了解和掌握该公司产品存在的问题和不足,以及该公司制造的五色套色印刷机生产线的维修难点及易损备件的配备和消耗情况,以增加谈判的筹码。例如中方在位于法兰克福的一家名为迈菲尔的印刷厂车间里,看到要引进的海德堡印刷设备制造公司制造的五色套色印刷机生产线正在工作,经向管理人员了解,该印刷机在每次换纸后裁刀都会出现运行不稳和印刷辊转速不同步的问题,影响印刷品质量,需重新调整,影响生产效率。可见该公司设备制造技术及产品水准虽属世界一流,但并非完美无瑕。

考察结束谈判开始后,在德方海德堡公司本部的谈判室,有关设备技术问题的技术谈判一天就谈完了。第二天德方也出场了5个人,以施·布劳恩先生为主谈,他们首先对在中国国内第一次接触谈判的报价218万美元做再次强调,并充分强调他们的设备是世界一流的。这一点,中方事先已经充分估计到,因此中方依据事先已掌握的德方设备生产线报价水平,提出了远低于他们可能接受的报价,即170万美元。中方这样做的目的是避免对方提出较高的、难以接受的报价不好下压。中方超低回价,必定激起对方强烈反应。果然,德方的销售经理冯·克德利斯先生激动地站了起来,几乎是吼了一声:"这不可能,难以想象!"他坚持他们的产品一流,无可挑剔,报价218万美元不能减。针对他的这一说法,中方随即使用法兰克福郊区那个生产企业生产线存在的问题反驳他:"贵公司生产的五色套色印刷机生产线是有欠缺的,问题是存在的",并当场请陪同我们考察的那位技术总监先生作证,那位在场的技术总监先生没有否认,这表现了德国人实事求是的负责精神。这时,冯·克德利斯先生才慢慢地坐在了椅子上,不再坚持了。

沉寂了一阵后,德方又提出了210万美元的报价,而中方却又回报175万美元……就这样,双方争执了半天时间,未能达成一致。至此,按照中方预先研究的方案,已经达到了使德方动摇其初始报价的目的。为了扩大战果决定暂时中止谈判,提出休息一下,另外确定时间再谈。对方同意了。

135

鉴于设备技术谈判双方已基本确定，以及中方最初低报价已抛出并经过第一番交锋，中方已摆脱了被动，甚至已取得了一定的主动，因此决定进一步施加心理压力，采取了不再主动提出续谈要求，以使其误以为我方不愿再谈及有可能转向他国或德国其他厂商询价，迫其主动找中方约谈，以加强谈判地位。整整两天，中方除自行研究外，未向对方约谈。

到了第四天下午，德方终于沉不住气了，主动找到中方住处，提出进一步会谈。正如中方设计的那样，中方诚恳地同意续谈。在谈判室，始终没有发言的施·布劳恩先生明确表示了态度："我们双方可以合作，向双方都能接受的方向努力……"而且非常客气地请中方先提一个接近的报价。中方看到对方的阵脚和价格防线已动摇，即按照预定方案提出185万美元的新价。对方相互研究了一下，对中方的报价未置可否，却由冯·克德利斯先生提出了一个200万美元的回价，请中方考虑。中方人员此时感到对方让了一大步，10万美元啊，这也再次体现了欧美洲企业的特点，这样大幅度的一步让价在和日本、韩国的谈判中是不可能的。但同时也感到对方的价格谈判进程已接近终局了，只能有最后一次讨价机会，否则谈判将陷于绝境。中方立即进行了研究和磋商，决定抛出最后报价，并争取主动。于是中方明确表示对200万美元报价不能接受。再次说明为表示合作诚意，中方最终可接受报价将不超过190万美元，而且条件是增加部分易损备用备件，否则我们将不再谈了。

最后的坚决态度无疑给了对方一个震动，德方看来没有估计到中方不远万里来到欧洲，竟然能先提出拒谈的意向，整个谈判室内气氛顿时有些紧张。这时，始终处于沉默状态的德方谈判首席代表施·布劳恩先生缓缓地坐直了身躯(看得出他不愧是一个谈判老手)，在沉着冷静中突然放声大笑，笑得十分自然可亲。笑毕，他语气沉静然而却坚定地讲了一句话："我讲了我们双方可以合作，我认为我们双方都能接受的合理报价应该是193万美元，不要再争了，我们尊敬的中国客人认为可以吗？"他的一锤定音，应该说是最后的不可再争的价格，也确实在中方此次价格谈判的理想目标195万美元之内。中方人员相互交换了一下眼神后，鼓掌表示了同意。施·布劳恩先生也很兴奋，走过来和中方人员一一握手相互表示祝贺，他巧妙地在最后一轮报价200万美元和中方最后一轮报价185万美元之间取了一个中间价，还占了中方1万美元的便宜。而中方人员此刻的心情一点也不比他差，毕竟经过努力，在218万美元的基础上又压下来25万美元。据了解，该公司的同类设备技术的售价从未上下浮动过10万美元，与拥有世界一流的设备技术水准的德国公司谈判得到现在的价格结果，中方感到满意。中德双方均高兴，说明实现了双赢。

剩下的时间，中德双方就易损备用备件事宜进行了友好的磋商，并就运输、保险、安装高度等均达成协议，顺利签了约。

资料来源：丁建忠. 商务谈判教学案例. 北京：中国人民大学出版社，2005.

根据以上案例所提供的资料，试分析：
(1) 中方在谈判中取得成功的原因。
(2) 在中方中止谈判时，德方是否可以要求明确下次谈判日程，要主动上门约谈呢？
(3) 如德方不主动上门约谈，中方能坚持多久呢？届时怎么办呢？
(4) 德方最后一手出了193万美元，出195万美元行吗？

第4章 商务谈判的心理

本章教学要点

知识要点	掌握程度	相关知识
商务谈判的心理特点	了解商务谈判的心理特点 掌握谈判心理的表现形式	商务谈判心理的特点 谈判心理的表现形式
商务谈判中的需要	了解商务谈判中需要的类型 掌握马斯洛的需要理论 掌握尼尔伯伦格的谈判需要理论	需要的概念及类型 马斯洛的需要理论 尼尔伯伦格的谈判需要理论
商务谈判中的动机	了解商务谈判中动机的类型 掌握激发谈判人员动机的方法	动机的概念及类型 激发谈判人员动机的方法
商务谈判中的性格	了解性格的结构 掌握商务谈判人员的主要性格类型、特点及对策	性格的概念及结构 商务谈判人员的主要性格类型、特点及对策
商务谈判中的气质	了解熟悉人的气质类型 掌握不同气质类型的谈判人员的行为特征	气质的概念、类型 不同气质类型的谈判人员的行为特征
商务谈判中的情绪和情感	能够清楚情绪和情感对谈判的重要影响作用 重点掌握情绪在谈判中的运用与控制的方法	情绪和情感的概念及类型 运用和控制情绪、情感的方法 建立和积累感情的方法
商务谈判中的知觉	掌握主要的知觉现象以及知觉的积极作用	主要知觉现象的概念 知觉现象对商务谈判的影响
商务谈判中的心理挫折	了解商务谈判中的心理挫折对行为的影响 掌握摆脱心理挫折困扰的心理防卫机制	心理挫折的概念 心理挫折对行为的影响 商务谈判中的心理挫折的重要表现
商务谈判中的成功心理	熟悉商务谈判中的成功心理 了解商务谈判成功的行为标准 掌握谈判者的不同的谈判目标	成功心理的表现 谈判成功的行为标准 谈判者追求的不同成功目标

本章技能要点

技能要点	掌握程度	应用方向
商务谈判中的需要	在谈判中能够明确对方谈判人员的需要并予以满足，从而提高谈判成功率	需要在商务谈判中的运用
商务谈判中的动机	能够激发谈判人员的动机	激发谈判人员动机
商务谈判中的性格	能够把握不同性格的谈判人员的优缺点，并采取不同的谈判策略	与不同性格类型的谈判者进行谈判
商务谈判中的气质	建立正确的气质观念 能够判断谈判人员的气质特征	与不同气质类型的谈判者进行谈判
商务谈判中的情绪和情感	在谈判中能够正确运用和控制情绪和情感，能够与对方建立感情	与不同情感类型的谈判者进行谈判，为谈判的顺利进行打基础
商务谈判中的知觉	在谈判中能够正确发挥知觉的积极作用	充分运用知觉现象对商务谈判的影响
商务谈判中的心理挫折	掌握和运用摆脱心理挫折困扰的心理防卫机制 处理好谈判活动中的心理冲突	根据商务谈判中的心理挫折的主要表现在谈判中加以避免和处理
商务谈判中的成功心理	熟悉和运用商务谈判中的成功心理，并且了解谈判成功者的行为标准	在谈判中做个成功的谈判者

■ 导入案例

　　假设你自己正跟其他几十位经理人一起上高层主管进修班。有一天，教授从口袋里掏出一张10元的钞票当众宣布：我要拍卖这张钞票，你们可以参加拍卖，也可以只看人家竞拍。愿意竞拍者，可以按1元的倍数叫价，直到没有人继续出价。这时候，出价最高者将支付自己报出的金额，赢得这10元钞票。本次拍卖，有一条规则，那就是出价第二的人必须支付自己所报出的金额，虽然那个人不能赢得这10元。比如说，张三出价3元，而李四出价4元，如果此时不再有人出价，我就付给李四6元(10元减去4元)，而出价第二的张三则要付给我3元。

　　竞拍开始的时候，你会举手出价吗？

　　尽管课堂中集聚了众人的智力和经验，但教授却总是能赚到钱。每次拍卖中，一开始竞价会很热烈，学员们跃跃欲试，竞相加入游戏。出价一旦达到4～7元，通常大家都会退出拍卖，只剩下两个出价最高者。此时，这两个竞价者开始感觉到陷阱的存在。设想其中一个人出价5元，而另一个人出价6元，出价5元的人必须出价至7元，否则就要遭受5元的损失。继续出价虽然前景未卜，但似乎比马上遭受确定无疑的损失要有吸引力，于是他会继续出价。接下来，出价6元的人会出价到8元。竞价一路进行，直至分别达到9元和10元。此时，课堂上一片寂静。大家都注视着出价9元的人。他是接受9元的损失，还是接着出价，指望对手认赔出局？当竞价超过10元时(总是会这样)，大家哄堂大笑。竞价通常会在10～60元之间止步。在该教授所主持的拍卖中，有11场突破100元大关，最高拍卖金额达到204元。

　　风云变幻的商务谈判是人们彼此交换思想、展示谈判者实力、心理与个性的一种活动。谈判桌上所陈述的意见、做出的提议、采取的策略、随机应变做出的反应和最终的决定，无一不是谈判者心理活动的结果。谈判者的心理与个性对谈判的整个进程都起着潜移默化的作用，产生正面或负面的影响。因此，要使谈判获得成功，就必须研究和掌握谈判心理。

第 4 章 商务谈判的心理

只有掌握了谈判者的心理与个性，才能正确判断谈判的发展趋势，占据主动和优势，才能合理调整自己的对策，控制谈判进程，准确引导谈判，争取最佳的谈判效果。对商务谈判心理的熟悉还有助于提高谈判人员谈判的艺术性，从而灵活有效地处理好各种复杂的谈判问题。本章对商务谈判心理进行系统的分析与探讨。

4.1 商务谈判心理概述

人是具有心理活动的。一般地说，当面对壮丽的河山、秀美的景色时，正常的人会产生喜爱、愉悦的情感，进而会形成美好的记忆；看到被污染的环境、恶劣的天气、战争的血腥暴行，会出现厌恶、逃避的心情，并会留下不好的印象。这些就是人的心理活动、心理现象，即人的心理。心理是人脑对客观现实的主观能动的反映。人的心理活动一般有感觉、知觉、记忆、想象、思维、情绪、情感、意志和个性等。人的心理是复杂多样的，人们在不同的专业活动中，会产生各种与不同活动相联系的心理。

商务谈判心理是指在商务谈判活动中谈判者的各种心理活动，它是商务谈判者在谈判活动中对各种情况、条件等客观现实的主观能动的反映。譬如，当谈判人员在商务谈判中第一次与谈判对手会晤时，对方彬彬有礼，态度诚恳，易于沟通，就会对对方有好的印象，对谈判取得成功抱有希望和信心。反之，如果谈判对手态度狂妄、盛气凌人，难以友好相处，就会给谈判人员留下坏的印象，从而对谈判的顺利开展产生不利影响。

4.1.1 商务谈判心理的特点

与其他的心理活动一样，商务谈判心理有其特点和规律性。一般来说，商务谈判心理具有内隐性、相对稳定性、个体差异性等特点。

1. 内隐性

商务谈判心理的内隐性，是指商务谈判心理藏之于脑、存之于心，别人是无法直接观察到的。

但尽管如此，由于人的心理会影响人的行为，行为与心理有密切的联系，因此，人的心理可以反过来从其外显行为加以推测。例如，在商务谈判中，对方作为购买方对所购买的商品在价格、质量、售后服务等方面的谈判协议条件都感到满意，那么在双方接触中，谈判对方会表现出温和、友好、礼貌、赞赏的态度反应和行为举止；如果很不满意，则会表现出冷漠、粗暴、不友好、怀疑甚至挑衅的态度反应和行为举止。掌握这其中的一定规律，我们就能较为充分地了解对方的心理状态。

2. 相对稳定性

商务谈判心理的相对稳定性，是指人的某种商务谈判心理现象产生后往往具有一定的稳定性。例如，商务谈判人员的谈判能力虽然会随着谈判经历的增多而有所提高，但在一段时间内却是相对稳定的。

正是由于商务谈判心理具有相对稳定性，我们才可以通过观察分析去认识它，而且可以运用一定的心理方法和手段去改变它，使其利于商务谈判的开展。

3. 个体差异性

商务谈判心理的个体差异性，是指因谈判者个体的主客观情况的不同，谈判者个体之间的心理状态存在着一定的差异。商务谈判心理的个体差异性，要求人们在研究商务谈判心理时，既要注重探索商务谈判心理的共同特点和规律，又要注意把握不同个体心理的独特之处，以有效地为商务谈判服务。

4.1.2 研究和掌握商务谈判心理的意义

商务谈判，既是商务问题的谈判，又是心理的较量。它不仅被商务实际条件所左右，也受到商务谈判心理的影响。

在商务谈判中，运用谈判心理知识对谈判进行研究，分析"对手的言谈举止反映什么？""其有何期望？""如何恰当地诱导谈判对手？"等，对成功地促进谈判，很有必要。掌握商务谈判心理现象的特点，认识商务谈判心理发生、发展、变化的规律，对于商务谈判人员在商务谈判活动中养成优良的心理素质，保持良好的心态，正确判断谈判对手心理状态、行为动机，预测和引导谈判对手的谈判行为，有着十分重要的意义。此外，商务谈判的虚虚实实、真真假假的心理策略对谈判的成果影响很大。对商务谈判心理的熟悉，有助于提高谈判人员谈判的艺术性，从而灵活有效地处理好各种复杂的谈判问题。

研究和掌握商务谈判心理，对于商务谈判有以下几方面的作用。

1. 有助于培养谈判人员自身良好的心理素质

谈判人员良好的心理素质是谈判取得成功的重要基础条件。谈判人员相信谈判成功的坚定信心、对谈判的诚意、在谈判中的耐心等都是保证谈判成功不可或缺的心理素质。良好的心理素质，是谈判者抗御谈判心理挫折的条件和铺设谈判成功之路的基石。

谈判人员对商务谈判心理有正确的认识，就可以有意识地培养自身优良的心理素质，摒弃不良的心理行为习惯，从而把自己造就成从事商务谈判方面的人才。商务谈判人员应具备的基本心理素质有如下方面内容。

(1) 自信心。所谓自信心，就是相信自己的实力和能力，它是谈判者充分施展自身潜能的前提条件。缺乏自信往往是商务谈判遭受失败的原因。面对艰辛曲折的谈判，只有具备必胜的信心才能促使谈判者在艰难的条件下通过坚持不懈的努力走向胜利的彼岸。

自信不是盲目的自信和唯我独尊。自信是在充分准备、充分掌握信息和对谈判双方实力科学分析基础上对自己有信心，相信自己要求的合理性、所持立场的正确性及说服对手的可能性。只有自信，才能有惊人的胆魄，才能做到大方、潇洒、不畏艰难和百折不挠。

(2) 耐心。商务谈判的状况各种各样，有时是非常艰难曲折的，商务谈判人员必须有抗御挫折和打持久战的心理准备。这样，耐心及容忍力是必不可少的心理素质。耐心是谈判者抗御压力的必备品质和谈判者争取机遇的前提。在一场旷日持久的谈判较量中，谁缺乏耐心和耐力，谁就将失去在商务谈判中取胜的主动权。有了耐心便可以调控自身的情绪，不被对手的情绪牵制和影响，使自己能始终理智地把握正确的谈判方向；有了耐心便可以使自己能有效地注意倾听对方的诉说，观察、了解对方的举止行为和各种表现，获取更多的信息；有了耐心便可以有利于提高自身参加艰辛谈判的韧性和毅力。耐心也是对付意气用事的谈判对手的策略武器，其能取得以柔克刚的良好效果。

第4章 商务谈判的心理

此外,在僵局面前,也一定要有充分的耐心,以等待转机。谁有耐心,沉得住气,谁就可能在打破僵局后获取更多的利益。

(3) 诚心。一般来讲,商务谈判是一种建设性的谈判,这种谈判需要双方都具有诚意。具有诚意,不但是商务谈判应有的出发点,也是谈判人员应具备的心理素质。诚意是一种负责的精神,诚恳的态度是谈判双方合作的基础,也是影响、打动对手心理的策略武器。有了诚意,双方的谈判才有坚实的基础,才能真心实意地理解和谅解对方,并取得对方的信赖;才能求大同存小异,取得和解和让步,促成上佳的合作。要做到有诚意,在具体的活动中,对于对方提出的问题,要及时答复;对方的做法有问题,要适时恰当地指出;自己的做法不妥,要勇于承认和纠正;不轻易许诺,承诺后要认真履行。诚心能使谈判双方达到良好的心理沟通,保证谈判气氛的融洽稳定,排除一些细枝末节的小事的干扰,能使双方谈判人员的心理活动保持在较佳状态,建立良好的互信关系,提高谈判效率,使谈判向顺利的方向发展。

2. 有助于揣摩谈判对手心理,实施心理诱导

谈判人员对商务谈判心理有所认识,经过实践锻炼,可以通过观察分析谈判对手的言谈举止,弄清谈判对手的心理活动状态,如其个性、心理追求、心理动机、情绪状态等。谈判人员在谈判过程中,要仔细倾听对方的发言,观察其神态表情,留心其举止包括细微的动作,以了解谈判对手心理,了解其深藏于背后的实质意图、想法,识别其计谋或攻心术,防止掉入对手设计的谈判陷阱并做出正确的谈判决策。

人的心理与行为是相联系的,心理引导行为。而心理是可诱导的,通过对人的心理诱导,可引导人的行为。英国哲学家弗朗西斯·培根在他写的《谈判论》中指出"与人谋事,则需知其习性,以引导之;明其目的,以劝诱之;清其弱点,以威吓之;察其优势,以钳制之"。培根此言对于从事商务谈判者至今仍有裨益。

了解谈判对手心理,可以针对对手不同的心理状况采用不同的策略。了解谈判对手人员的谈判思维特点、对谈判问题的态度等,可以开展有针对性的谈判准备和采取相应的对策,把握谈判的主动权,使谈判向有利于我方的方向转化。比如,需要是人的兴趣产生和发展的基础,谈判人员可以观察对方在谈判中的兴趣表现,分析了解其需要所在;相反的,也可以根据对手的需要进行心理的诱导,激发其对某事物的兴趣,促成商务谈判的成功。

3. 有助于恰当地表达和掩饰我方心理

商务谈判必须进行沟通。了解商务谈判心理,有助于表达我方心理,可以有效地促进沟通。如果对方不清楚我方的心理要求或态度,必要时我方可以通过各种合适的途径和方式向对方表达,以有效地促使对方了解并重视我方的心理要求或态度。

作为谈判的另一方,谈判对手也会分析研究我方的心理状态。我方的心理状态,往往蕴含着商务活动的重要信息,有的是不能轻易暴露给对方的。掩饰我方心理,就是要掩饰我方有必要掩饰的情绪、需要、动机、期望目标和行为倾向等。在很多时候,这些是我方在商务谈判中的核心机密,失去了这些秘密也就失去了主动。这些秘密如果为对方所知,就成了助长对方滋生谈判诡计的温床。商务谈判的研究表明,不管是红白脸的运用,撤出谈判的胁迫,最后期限的通牒,拖延战术的采用等,都是以一方了解了另一方的某种重要信息为前提,与一方对另一方的心理态度有充分把握有关的,因而对此不能掉以轻心。

为了不让谈判对手了解我方某些真实的心理状态、意图和想法，谈判人员可以根据自己对谈判心理的认识，在言谈举止、信息传递、谈判策略等方面施以调控，对自己的心理动机或意图、情绪状态等做适当的掩饰。如在谈判过程中被迫做出让步，不得不在某个已经决定的问题上撤回，为了掩饰在这个问题上让步的真实原因和心理意图，可以用类似"既然你在交货期方面有所宽限，我们可以在价格方面做出适当的调整"等言词加以掩饰；如我方面临着时间压力，为了掩饰我方重视交货时间的这一心理状态，可借助多个成员提出不同的要求，以扰乱对方的视线，或在议程安排上有意加以掩饰。

4. 有助于营造谈判氛围

商务谈判心理的知识还有助于帮助谈判人员协调与对方的互动，形成一种良好的交际和谈判氛围。

为了使商务谈判能顺利达到预期的目的，需要适当的谈判氛围的配合。适当的谈判氛围可以有效地影响谈判人员的情绪、态度，使谈判顺利推进。一个商务谈判的高手，也是营造谈判氛围的高手，会对不利的谈判气氛加以控制。对谈判气氛的调控往往根据双方谈判态度和采取的策略、方法而变。一般情况下，谈判者都应尽可能地营造出友好和谐的谈判气氛以促成双方的谈判。但适当的谈判氛围，并不一味都是温馨和谐的气氛。出于谈判利益和谈判情境的需要，必要时也会有意地制造紧张甚至不和谐的气氛，以对抗对方的胁迫，给对方施加压力，迫使对方做出让步。

4.1.3　商务谈判的心理机制

1. 文饰与投射

1) 文饰

文饰是指一个人试图通过似乎合理的途径来使不可能接受的情境合理化。文饰是一种以隐瞒自己的真实动机或愿望，从而为自己寻求解脱以求内心安宁的心理防卫机制。当个体的行为未达到所追求的目标，或不符合社会的价值标准时，为了减少和免除因挫折而产生的焦虑和痛苦，保护自尊，就以种种理由或借口来替自己辩护，这就是文饰。这些理由和借口未必是真实的，而且在别人看来往往是不合乎逻辑的，但其本人却能以此说服自己，并感到心安理得。其类似于平常人们所说的"阿Q精神"。文饰常有以下几种表现形式。

(1) 酸葡萄作用。这是指个体在追求某一目标失败时，为了冲淡自己内心的不安，常将目标贬低，说其"不值得"追求，以此来安慰自己。它取自《伊索寓言》中的一个故事：有只狐狸看到一串甜熟的葡萄，馋涎欲滴，但因葡萄架太高，三跃而不得，为了维护自己的面子，它就对旁边的动物说："这葡萄是酸的，我才不想吃它呢！"在日常生活中，人们常用这样的心理面对事情。如有的谈判人很想当主谈人，但由于个人努力不够，表现不佳而没能当上，就说："当主谈人有什么好，我才不稀罕呢。"凡是得不到的东西就是坏的，达不到的目标便说是不喜欢或本来就没想达到等，都是酸葡萄作用的文饰心理。其特点是为了掩饰自己的无能，而否定原先设定的目标。

(2) 甜柠檬作用。所谓甜柠檬作用，是指不说自己原先想得到而得不到的东西好，却百般强调自己得到的东西的好处，借此减轻内心的失望与痛苦。它取自《伊索寓言》中的另一个故事：有只狐狸原想找些可口的食物，但怎么也找不着，只找到一只酸柠檬。这本是实在不得已而为的事,但它却说:"这只柠檬是甜的,正是我想吃的。"如有这样的谈判人,本来在谈判之前就想好了要在开局时营造友好的气氛,但开始谈判后,对方却将谈判氛围引向紧张,他无力扭转,于是就说,这样挺好,可以公事公办。

(3) 推诿。这是指将个人受挫的原因归咎于自身以外的原因,以摆脱内疚方式。比如,有的谈判人没有当上主谈人,就推说领导不识才;该做的事情没做成,该谈下来的条款没有谈下来,就说"谋事在人,成事在天"。

(4) 援例。所谓援例,是指引用某些事实为据,试图使自己不合理的行为合理化,不合法的行为合法化,以解脱面临的困境,减轻自己因过失产生的内心焦虑和负疚感。例如,某个业务员违反了经济纪律,当被追究时,他就说:是因为看见别人都这样做,他才跟着做的。援例主要是把自己的行为同别人比较,进而强调既然别人可以这样做,自己也可以这样做,至于别人的行为是否构成过失,则不去深究。

心理学实践证明,文饰只是一种表面化的处理方式,造成一种为生活所需要的所谓的心理平衡,以对抗舆论的压力,其实心中仍不免耿耿于怀,而且如果这种心理方式成为习惯化的反应方式,就可能增长其惰性,成为其进步的障碍,如果是谈判人,则他的谈判水平始终不能提高。例如,一个人用对自己最有利的方式去解释一件事情,他就是在"文饰"。有时,面对不如意的谈判结果,或为了消除令人不愉快的感受,谈判人员找理由为自己辩护,使谈判结果在文饰后符合自己内心的想法,从而宣泄自己的感情,提高自己的地位。他们常常把在谈判中做得不够合理的事情,解释得合理合情,甚至不惜歪曲事实,作出符合自己需要的解释。一场谈判结束之后,尤其当谈判失败之后,为了自我安慰,掩饰失败感,谈判人员可能会找些对自己最有利的理由去解释,为谈判结果文饰一番。说什么:"我们根本就不想同他做生意","那个人太不懂行了!"这是失败后最常见的反应。又如,在谈判遭受挫折又受到同行的白眼的人,极可能因文饰心理,而力争在下一次谈判中获得意外的成功,在"让他们瞧瞧看"的心理驱使下所做的行为,也属于文饰心理支配下的行为,这是文饰的另一种表现形式。

2) 投射

投射是指一个人试图把自己的动机归于他人,不自觉地把自己的过失或不为社会认可的欲念加诸于他人,借以减轻内心的焦虑,掩饰自己冲动的根源。也就是说,把自己的失当行为、工作失误或内心存在的不良动机和思想观念,转移到别人身上,说别人有这样的动机和行为,以此来减轻自己的内疚和焦虑,逃避心理上的不安。

投射是移情的一种内在心理机制,也是一种最基本的心理过程。移情是指求助者把对他人(过去生活中某个重要人物,通常是父母,也可以是兄弟姐妹、配偶等)的情感、态度和属性转移到另外的人或事上,并相应地对其他人或事作出反应的过程,分正移情和负移情。当某人出现移情,对另外的人或事物表露出特殊的感情,把另外的人或事物当作热爱的对象,如上帝,称为正移情;或当作憎恨的对象,如魔鬼,称为负移情。实际上,移情现象是无处不在的,广义地说,人类的所有情感都起源于移情,透过移情可以更好地认识对方。

投射是人们理解外部事物的最普通的方式之一。投射者由于个性不同,对自己的影响也不同,他们常常给外部世界涂上主观的色彩,且又加以歪曲。有意思的是,他们自己不知道,这种涂抹过程是在不知不觉中完成的。例如,有的人素来待人吝啬,而吝啬又被公认为不好的品质,如果他认为自己是一个吝啬的人,那连他自己也会讨厌自己,当然也就丧失了自尊。但如果他相信周围的人都是吝啬的,那么即使自己待他们吝啬一点,也就不觉得自己错了。这样把自己的缺点转移到他人身上,在无意识中就可以减轻自己的内疚,也就维护了自己的尊严和安全感。这也就是人们平常所说的"以小人之心,度君子之腹。"

投射作用是客观存在的,又常常是无意识的。例如,疑心邻居偷自己家里东西的人,总觉得邻居处处都像小偷;一个对领导有成见的人,会到处散布说领导对他有成见。这些思想和行为,往往是在无意识中表现的,是一种将自己坏的人格特质排除于自身之外,并加诸于其他人身上的潜意识倾向。美国的一项实验研究发现,请大学生联谊会的每一个成员评价其他成员的吝啬、固执、散漫等品质,同时每个成员也要对自己进行评价。结果表明,大家公认身上有这些不好的品质而且特别突出的那些学生,却未意识到自己具有这样的品质,他们反而倾向于把这些令人讨厌的品质加到别人身上。

在商务谈判中,有的人自己谈判能力很低,却往往大谈对手如何无能;在谈判中以权谋私的人,却认为从来就没有克己奉公的人;谈判人自己内心深处有贪污的动机,却常常宣扬某某收受贿赂。比如,为了赚钱而参与商务谈判,由此,就把赚钱的动机移植给对方,强加于任何一个参加谈判的人。倘若遇到谈判对手不是把赚钱看得高于一切,而是把自己的商业信誉和尊严看得比赚钱更重要,若此时仍然怀着人人都想赚钱的想法去谈判,显然就不合适了。虽说都知道不要"以小人之心,度君子之腹",但生活中人的行为,又往往是"以小人之心,度君子之腹"。

2. 压抑与移置

1) 压抑

压抑是指把意识不能接受的观念、情感、记忆或欲望等心理活动抑制到潜意识中去。

压抑分为两种。一种是有意识地抑制自己认为不应该存在的欲望和行为;另一种是本人不知不觉地无意识压抑,将意识中某些不利于自己的心理内容抑制在潜意识中。后者是经典的压抑作用形式。人幼年时的经验和许多无意识体验,到成年时期常常无法回忆,这是压抑作用的结果。埋藏在思想深处的无意识内容,可以在梦境中或通过催眠、精神分析方法加以诱导而表露出来。遗忘也是一种压抑。主动压抑是有用的心理调节功能。如激怒是一种正常的情感活动,但是经常激怒可导致反社会言行,必须通过有意识压抑加以调整。

压抑是生活中的一种常见的心理现象,如有意识地逃避责任,故意遗忘过去不愉快的情景、场面,这都是压抑在起作用。商务谈判人员应该能够看出对手是否处在压抑自己的状况下参加谈判的。

2) 移置

移置,是无意识地将指向某一对象的情绪、意图或幻想转移到另一个对象或替代的象征物上,以减轻精神负担,取得心理安宁。移置的心理行为同压抑有关,其表现为试图将自身的冲突,加于或移置在别人或物身上,以掩饰自己内心的压抑。这正如日常生活中所说的"找替罪羊"、"找出气筒"等加罪于人的方式。当一个谈判者在工作时挨了谈判组长的批评,又遭受了同事的讥讽和挖苦,他带着一肚子的不顺心回了家。这时,他为了排泄心中的愤怒、抑郁,常常会表现出因一点小事,诸如孩子的不敬,妻子的言语差错,而同孩子、妻子大吵大闹，甚至动手打人，折腾得天翻地覆。人们常常对不相干的人或事物发泄怒气，如采取攻击行为，这就是典型的心理学上的移置作用。作为谈判人员，应该注意到谈判中对手出现的莫名其妙、平白无故的情绪变化，语调升温，不阴不阳的脸面，都可能是因为"移置作用"引起的。

3. 反向行为与理性行为

1) 反向行为

反向行为的表现是压抑心中最强烈，甚至是最不为社会容纳的欲望，而做出与这种欲望相反的行为，或说相反的话。人有不少的欲望和冲动，由于自身和社会的约束，需要深深地压抑，可是这种欲望和冲动始终存在，而且具有极大动力，会找机会显现。这种内在的冲突，会造成人行为反向。行为反向有多种表现方式，有的人内心憎恶某人，但生活中却会对此人爱护备至；有的人非常不喜欢某件事，可表现出来的是对这件事的过分热衷。如反假冒伪劣产品，市场上那个叫喊得最凶和发誓发得最厉害的人，有可能正是希望把最坏的货物推销出去的人。在商务谈判中，我们应该善于区别一个人的行为是否为反向行为。

2) 理性行为

理性行为是指按理性规范而行动的行为方式。如果一个人能考虑到他可以采取的每一项行动方案可能带来的不同后果，如果他能明辨这些不同后果的轻重优劣，如果他能根据自己的预测选择有可能导致理想结果的行动方案，那么就可把他看作是一个有理性的人；反之，他的行动就是非理性的。

有时在谈判中，在你看来，你的对手会"非理性"地勃然大怒，但是，在这背后也许正隐藏着他的一种理性策略，他勃然大怒是做给你看的，好让你相信他真的是在进行威胁。

由于看不透人们"非理性"的表现背后隐藏着的理性策略，而把他们的行动称之为非理性的，这完全是一种人为的障碍。我们要冷静地分析，区别对手的理性行为和非理性行为，不要被对手的策略所左右。

4. 自我意象和角色扮演

1) 自我意象

自我意象是指一个人关于自身的综合看法。每个人都会从个人经验、期望和别人对他的评价中，总结出自我意象。人们的许多关于自己的决断，都是为了维护或加强这种自我意象。因此，假如我们知道了一个人的全部历史、思想轨迹，就可以推断他做某件事的动机和他对未来事件的反应。然而，在一场谈判中，不大可能将一个人的自我意象完全暴露出来，这样，我们就需要了解他过去的行为和经历，以便比较清楚的了解他的自我意象。

2) 角色扮演

角色扮演是一个人试图通过某种有意识的扮演角色的行为，来表现自我意象的一种行为方式。这种有意识的行为，即扮演角色的行为，其在很大程度上是根据个人过去的生活经验。例如，当一个人在扮演父亲的角色来惩罚他的孩子时，他的行为方式往往会仿照当年自己的父亲，或恰恰相反。这主要取决于他在孩提时形成的对于惩罚的看法。一般来说，人们会构想出一个自己满意的角色来扮演，他的许多行为都可以从"角色扮演"找到出处。在谈判中了解了这一点有利于我们把握对手的行动。

有心理学家说，当甲、乙两人进行商谈时，实际上有六个具有不同人格的角色穿插其中。甲有三重人格：第一种是甲真正的人格，第二种是甲自我想象的人格，第三种是甲表现出来的人格。乙同样也具有这三重人格，三加三等于六。不管这六种人格是否都显现出来，谈判中有这种认识是有益的。每一个人何时扮演何种角色，这要配合当时的情况和目的来分析。常常每一个人不只扮演一种角色。因此，在谈判中，只要我们能理解角色扮演这种行为方式，就比较容易控制多种人格出现的场合。

4.2 需要、动机与谈判

商务谈判是一种人际交往，因此，许多社会学家、心理学家、商业理论家以及许多工商界、金融界的企业家都在思考和探索着其规律和心理方面的理论依据。按英国人比尔·斯科特的意见，即"对实际从事贸易洽谈工作的人们来说，最重要的理论之一，是马斯洛需求阶梯论"。人类有着种种复杂的需要，需要和对需要的满足是谈判的共同基础和动力。如果不存在尚未满足的需要，人们便不会进行谈判。谈判的前提是谈判双方都要求得到某些东西；否则，一方会对另一方的要求充耳不闻，双方也就不会有任何讨价还价的谈判发生。掌握"需求层次"理论，能使我们找出与谈判双方相联系的需要，使我们懂得如何选择不同的方法去适应、抵制或改变对方的动机。了解每一种需要及其相关的动机，便能对症下药，选择最佳方法。谈判中所针对的需要越是基本，就越有可能取得成功。

4.2.1 需要与谈判

1. 需要的概念与类型

1) 需要的定义

需要是人缺乏某种东西时产生的一种主观状态，是人对一定客观事物需求的反映，即人的自然和社会的客观需求在人脑中的反映。

所谓商务谈判需要，就是商务谈判者的谈判客观需求在其头脑中的反映。

2) 需要的类型

美国布朗戴斯大学教授阿伯拉罕·H·马斯洛(A. H. Maslow 1908—1970) 对人类的行为进行深入的研究后提出了其"需要理论"。他把人的各种需要归纳为 7 大类，并按其重要性的先后次序排列成一个"需要阶梯"，或者一个需要的等级，故叫"需求层次"。作为人类行为的基本要素有 7 种需要，或 7 个等级需要。

 人物介绍 4-1

马斯洛，美国心理学家。人本心理学创始人之一。他的主要著作有《论动机》、《自我实现的人》、《在人的价值中的新认识》和《科学的心理学》等。马斯洛对人的动机持整体的看法。他认为人的各种动机是彼此关联的，各种动机间关系的变化又与个体生长发展的社会环境有密切的关系。他强调人的所有行为系由"需求"所引起的，需求又有高低层次之分。每当较低层次的需求因目的而获得满足时，较高一层的需求将随之而生。因此，他的动机理论被称为"需求层次论"。

第4章 商务谈判的心理

(1) 生理需要。马斯洛认为，在人类的一切需要中，物质或生存需要是最优先的需要。人类最重要的需要是能够生存下去，维持生命，即必须有食物、水、住房等，在这种维持身体健康的需要未得到满足之前，他不会对其他6种形式的需要发生更大的兴趣。他的思想和精力全部投入到寻找生存的必需品中，而无暇顾及其他。如果物质需要不能满足，就会有生命的危险。所以，这是最强烈的需要，也是一种不可避免的低层次的需要。

 应用实例 4-1

一个行将就木的金融大亨瘫在病床上，他被罩在一顶氧气帐里。他那忠诚的仆人伫立一旁，泪流满面。奄奄一息的大亨用微弱的声音费力地说道，"不要悲伤。我希望你知道，我感谢你多年来为我尽心竭力。我要把我的钱财、我的飞机、我的房产、我的游艇……我所有的一切，全都留给你。"仆人痛哭流涕："谢谢，先生。这些年来，您一直待我这么好。在这最后的时刻，只要我能做到的，我一定为您竭尽犬马之劳。""有……有一桩……"垂死的大亨已经上气不接下气。"那就请说吧！"忠心的仆人恳求道，"请快说吧！"，"别用你的脚在氧气管上踩得那么重！"奄奄一息的大亨尽力吐出了这么几个字。

资料来源：[美]杰勒德·I.尼尔伦伯格. 谈判的艺术. 上海：上海翻译出版公司，1986.

可见，在人类的各种需要中，生存的需要是第一位的。一个人也许缺乏友情的需要，缺乏安全或尊严的需要；但这时他又饥、又渴，在饥、渴缓解之前，别的一切需要对他来说实际上是不重要的。

(2) 安全需要。马斯洛认为，当人类的物质需要得到基本满足之后，人们接着就要考虑安全和稳定，寻求保障的机制。这不仅包括人身的安全，还包括经济上的安全，例如就业保险、退休金制度以及银行存款、劳动保护等。人们希望免于灾难，希望未来有保障，希望物价稳定。

(3) 社交需要。马斯洛认为，当一个人的物质需要和安全需要获得了相对的满足，即人们不再为饥饿所困扰，并且有了足够的安全感后，他就会产生一种社交需要，又称为爱与归属的需要。他需要从属他人，需要被一个与他关系密切的团体所接纳。在现实生活中，就是每个人都希望得到友谊、爱情、配偶和孩子。同时还有与他一起工作、关系密切的朋友、同志、同事。他渴望同人们建立一个充满友情的关系，渴望成为他那个群体中的一员。他既要从那里赢得爱的享受，也希望给予别人友情与温暖。如果一个人被别人抛弃或被拒绝于团体之外，他便会产生一种孤独感，精神不免受到压抑。所以，社交需要是人类生存和发展的需要。

(4) 尊重需要。马斯洛认为，除病态者外，所有的人都有其自尊心。人类一旦在物质需要、安全需要和社交需要方面都得到相对的满足，他就非常注意自己的尊严了，他开始有自尊心，需要受到别人的尊重，即希望得到别人的认可、赏识、尊重。这就产生了如下的追求：①渴望有实力、有成就，并能胜任工作；②对名誉、威望的向往和对地位、权利、受人尊重的追求。

如果尊重需要得到满足，会使人们增强自信心，觉得自己在社会上有地位、有价值、有实力、有发展前途；反之，如果这种需要一旦受到挫折或阻挠，遇到障碍，便会使人产生自卑感和失去自信心，产生无能感。当然，这里有一个相互交往的关系问题。在人们的相互交往中，如果你尊重别人，通常会导致自我尊重，而自我尊重又会赢得别人对你的尊重。

应用实例 4—2

荷兰著名哲学家斯宾诺莎以其著名的哲学思想影响整个世界,他的生活态度也一直广为流传。斯宾诺莎一生贫困,以打磨镜片为生,他的镜片做得很好,但他并不常做,只够维持吃饭就行了。据说他每个季度都要仔细算一次账,以便把钱不多不少正好花到年底。他常把自己比喻为一条用嘴咬住尾巴的蛇,意思是到年底他剩下的只有一个零。

然而也是同一个斯宾诺莎,有一次竟然与亲姐姐打起了财产官司。事情的起因是,他的姐姐偷偷地占有了原本应属于他自己的一部分遗产。斯宾诺莎不肯把这个问题轻易放过,一直到诉诸公堂,终于得回了遗产。但是,当法庭判决之后,斯宾诺莎又公开宣布将所有财产赠予姐姐。自己仍然靠打磨镜片为生。

资料来源:王政挺. 中外谈判谋略掇趣. 北京: 东方出版社,1992.

(5) 自我实现的需要。马斯洛认为,人类一旦在物质、安全、社交以及自我尊重需要得到满足后,还会产生一种新的需要,这便是自我发掘。这种需要的目的是自我实现。他希望完成与自己能力相称的工作,使自己的潜在能力得到充分的发挥,希望成为期望中的人物或实现理想中的自我形象。这种需要有时又被称为"创造性需要"。

(6) 求知和理解的需要。求知和理解的需要,是人类希望不断增添学识和智慧,充分探究未知世界的欲求。例如,要求探索和理解周围环境,希望自己有超凡的能力、渊博的学识、精深的造诣等。

(7) 美感的需要。美感的需要,是人类行为的最高层次的动机,是人类追求美好事物、寻求美的感受的欲求。

2. "需要理论"在商务谈判中的应用

谈判活动是建立在人们需要的基础上的,正是因为有了需要,才使谈判的各方坐下来进行磋商,最后达成满足彼此需要的目的。马斯洛的需要层次理论不仅揭示了商务谈判对人类生存发展的必然性和必要性,同时也是人们在商务谈判中获胜的理论依据。

1) 较好地掌握和运用需要层次理论,可以为满足谈判者高层次的需要提供条件

马斯洛的需要层次理论从商务谈判方面来看,其物质性的需要是金钱、资产、物质资料等方面的需要,精神性的需要是尊重、公正等方面的需要。与谈判对手进行谈判,应注意对方的物质方面的需要,但同时也不能忽视对方的尊重、独立自主、平等方面的需要。因此,在商务谈判中力求做到以下几点。

(1) 必须较好地满足谈判者的生理需要。谈判当事人的生理需要并不是进行谈判的直接动力和原因,但却直接关系着谈判成功与否。对谈判者而言,如果最基本的、最起码的生理需要都得不到很好的解决,他一边进行谈判一边还要考虑如何来解决中午的吃饭问题、晚上睡觉的地方,那么,这个谈判结果是可想而知的,甚至就无法进行下去。

(2) 尽可能地为商务谈判营造一个安全的氛围。在这里,安全既包括谈判者的人身、财产安全,更重要的是谈判内容本身的风险情况。谈判者人身、财产方面安全的保证,是使谈判者全身心投入谈判活动并积极促成谈判的必要保证。凡是局势动荡或战乱等不能较好保证人身、财产安全的地区,商务谈判往往无法顺利进行,这主要是因为在安全需要无法满足的情况下,对商务谈判的需要就不那么强烈和重要了。对一般的商务谈判而言,除了要满足谈判者对人身财产的安全外,更重要的是要在谈判的具体经济项目上给谈判当事

人以安全、稳定、可靠的感觉。这一点,对一些对安全需要比较敏感的谈判者而言,意味着谈判成功了一半。一个是经济效益良好、生产蒸蒸日上的企业法人代表,一个是负债累累、濒临倒闭的企业法人代表,他们同时找一家银行协商贷款。很显然,银行会把钱借给经济效益好的企业,因为它的条件使银行对所贷出的款项回收有一种安全感。如果贷给濒临倒闭的企业,银行必然要对贷出的资金承担更大的风险。

(3) 在进行谈判的过程中,要与对手建立起一种信任、融洽的谈判气氛。就谈判活动本身而言,它是满足人们社会需要的一种典型活动,是为了满足人与人之间的交往、友情、归属问题的。诚然,谈判的双方是有矛盾的、对立的。但这并不意味着谈判者就要互相怀疑、不信任,这样只会使谈判进入僵局,事态变糟。经验告诉我们,谈判双方建立相互信任、依赖的关系,可以使他们联合起来,共同处理不可避免的分歧,为把冲突和对立转化为满意结果打下良好的基础。

应用实例 4-3

满足需要的谈判策略,所强调的是以信任为基础,使双方建立起真诚的关系,从而使自己的需要都能得到满足。在这方面,美国著名谈判大师荷伯·科恩可以说更是技高一筹。请看如下案例。

利用荷伯·科恩出差之际,其家人几经讨论,决定再购买一台 RCA 的 VHS 自由选放功能的录像机和一台新力牌的 21 英寸遥控电视机,并一致推举荷伯为代表去购买。荷伯回家后说此事,当然不反对,并欣然前往商店选购。

然而,最大的困难是时间。因为大多数商店是在 9:00 才开始营业,而荷伯已答应小儿子,11:00 带他去看足球赛。这就是说,必须在 11:00 前完成购买录像机和电视机的任务。时间太紧,来不及搜集更多的资料。不过不要紧,荷伯知道自己该怎么办,要用合理的价钱买到质量好的录像机和电视机,更重要的是要送货到家安装好,随时可以使用。前往商店的途中,荷伯对自己说:"荷伯,你并不需要一项非常漂亮的交易,只要不被吉尼斯纪录上记载你是世界上最多的钱买一套录像机的人就可以了。所以你必须冷静地行事。"

装着是闲逛的人,荷伯在早晨 9:20 进入商店大门,对老板笑着打招呼:"嗨,早啊!""您早!"老板回答,"可以为您效劳吗?""喔,我只是随便逛逛。"因为荷伯是店里唯一的顾客,所以,也以友善的态度和老板交谈。荷伯向老板询问附近新开业的购物中心对他的生意是否有影响。老板肯定地说:"生意是清淡了些,因为这家购物中心刚刚开业。但我认为生意迟早会来——您知道,人们对新的事物总是好奇的,去了之后就没有什么吸引力了,您不这样认为吗?"

荷伯点头同意。在看到电视机及录像机时,荷伯也透露出对录像机有些兴趣,并借着询问的机会,建立起一点关系。老板谈到他的一些问题:"我不懂这儿的人为什么喜欢用信用卡,好像政府印的钞票不够用似的。他们使用一次,我就等于多一次损失。"在友好的对话中,荷伯用手指着一台录像机问道:"嗯,这东西怎么用啊?我最怕电子产品,交流电与直流电有什么不同我不太清楚。"接着,老板教荷伯如何使用它。

"这就是个现成的例子。"他说:"在隔壁的那个购物中心开业之前,常有大公司的高级职员到这儿,一买就是两三台。开业之后,就没有这样的主顾了。"接着老板的话题,荷伯问:"如果他们一次买两三台,你也和大公司一样另外再给折扣吗?""是啊!"他答道:"只要买的东西多,我总会优惠些的。"老板在花了整整 15 分钟教荷伯怎样使用录像机后,荷伯问:"哪种牌子的录像机最好啊?""当然是这台,RCA 的,我自己家里用的就是这种型号,很不错。"老板毫不迟疑地回答。当时时间为 9:45,他们已经进入了直呼名字的阶段,约翰和荷伯。他们已建立了关系,荷伯并且知道了老板的问题及需求。此时,荷伯觉得已奠定了谈判的基础。

于是，他以谦卑的口吻说："嗯，我不知道这玩意儿要花多少钱，我一点儿概念都没有。但是，约翰，我希望能多少支持一点你的生意，这玩意儿多少钱你最清楚。这样吧，就像我信任你所推荐的牌子，我也相信你会给我一个公道的价钱，我不跟你还价，告诉我一个合理的数字，我现在就付钱。""谢谢你，荷伯。"约翰说道，既愉快又客气。荷伯继续用随和的口吻说："别客气啦，我知道我可以信任你，约翰，感觉上我好像早就认识你了。我对你开的价钱绝无疑问，虽然别的大商店可能有较便宜的价钱。但我喜欢和你做生意。"

这时，约翰写了一个数字，虽然他的左手挡住了荷伯的视线。"我希望你有合理的利润，约翰，当然，我也希望得到合理的价钱。"此时，荷伯继续透露更多的信息："等一等，如果我连这台新力牌21英寸电视机一块儿买的话，总价会不会便宜一些？""你说是两套一起买？""是啊，我记得你提过一次买多一些，可以有一些优惠的。"荷伯温和的回答。"当然啦。"约翰咕哝着说："请稍等一下，让我把两个价钱加一加。"正当约翰要告诉荷伯价钱时，荷伯说："还有件事我要确定一下，我希望付你公平的价钱——对彼此都公平的价钱。并且，如果3个月后我再到公司购买同样的东西，你会按照同样的价钱给我，对吗？"当荷伯说话时，他已觉察到约翰正把刚写好的数字划掉了。

"但是，如果价钱不合理，另外两套东西我只好换个地方买了。""当然啦！"约翰答道："我到后面去一下，马上回来。"一会儿，约翰回来了，手上写着另外一个数字。按照先前约翰告诉荷伯的情况，荷伯问道："我在想你刚才所说的话，关于你急需现金的问题。我突然想到，原先我准备使用信用卡的，但是……付现金的话，对你是不是比较方便？""是啊！"他答道："尤其是现在，可以帮我大忙。"约翰一边说着，一边又涂改了一次数字。"你会替我安装吗？你知道，我马上就要出差了。"荷伯说。"没问题，都交给我吧！""谢谢啦，多少钱啊？"约翰报了价，1 528.3元。稍后，荷伯得知，这是最合理的价钱。荷伯去银行提了钱，回来将钱交给约翰。此时的时间为10:05。任务圆满完成。

后来，约翰为荷伯装好了设备，还免费赠送了一个放录像带的架子。2个月以后，荷伯也为自己的公司在该店买了相同的产品。从此，两人成了很好的朋友。

(4) 在谈判时要使用谦和的语言和态度，注意到谈判对手的尊重和自尊的需要。

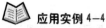 应用实例 4—4

美国人与墨西哥人的一笔交易，美国人想用低价购买墨西哥人的天然气。他们认为，这笔买卖只有美国人愿意与墨西哥人做。美国能源部长拒绝同意美国石油财团与墨西哥人进行增加价格的协商。但是，墨西哥人的主要利益不仅在于要天然气卖一个好价钱，还在于受到尊重、求得平等。美国的行动看上去像是在利用权势，结果引起了墨西哥人的极大愤慨，墨西哥政府决定不出售天然气而将其烧光，任何签订低价格购买天然气协议的机会都已经不存在了。

在此案例中，墨西哥人需要的不仅仅是具体内容——增加价格，他们同时还有要求平等地位、受到尊重的自尊要求，而美国人恰恰忽略了这一需求，使谈判以失败告终。

(5) 对于谈判者的最高要求，在不影响满足自己的同时，也应尽可能地使之得到满足。

 应用实例 4—5

著名谈判专家荷伯·科恩一次在墨西哥旅行，被一个当地的土著人缠住了，向他推销一件毛毯披肩，他根本不想买这东西，所以开始没太理会，继续赶路。小贩的开价由开始的1 200比索一直向下降，当降到200比索时，科恩终是动心了。对方说："好吧，你胜利了，只对你，200比索。"科恩接过毛毯披肩，边看边想："我喜欢吗？我需要吗？都不是，但是我改变了不想买的主意。是因为我把他的要价由最初的1 200比索降到现在的200比索。"于是，科恩开始与小贩讨价还价。小贩告诉他，在墨西哥的历史上，以最低价格买到这样一件毛毯披肩的人是一个来自加拿大的温尼培格的人，他花了175比索。最后科恩花了170比索买下了披肩，他创造了墨西哥市历史上以最低价购买到毛毯披肩的新纪录。所以，直到他回到旅馆见妻子之前，还一直陶醉在他的成功喜悦之中。回到旅馆，他迫不及待地向妻子报告他的胜利："一个土著谈判家要花1 200比索，而一个国际谈判家仅花了170比索就买下来了！"当他的妻子告诉他，她花了150比索买到了同样的毛毯披肩时，他兴奋的喜悦顿时烟消云散。仔细回想不由感叹道，这个土著的谈判就是最巧妙地利用了他的自我实现或自尊的心理。因为最能打动他的是："你是墨西哥历史上以最低价格购买毛毯披肩的人。"

资料来源：李品媛. 现代商务谈判. 大连：东北财经大学出版社，2005.

2) 较好地运用需要层次理论，可以通过满足其他层次的需要，来弥补谈判中无法满足的条件

某广告公司急需一名设计人员。登出招聘广告数日后，一名各方面条件都符合要求的人员前来找人事部领导，他提出了年薪10万元的要求，但按照公司的工资级别和他人的工资情况，只能给他7万元，而应征人员反复强调10万元是最低要求。如果就此讨论，很显然无法达成协议，谈判不会成功。那么这个分歧、差异就无法解决了吗？不是的。这位人事部领导在讲明了7万元无法增加的前提下，又提出了可以满足一些其他条件。经过坦率的协商，他们达成了协议，即公司付给他每年7万元的年薪，同时为他免费提供一套住房；解决子女教育问题，让他担任广告总策划的职务，提供免费医疗。

虽然这名应征者最终拿到的年薪只有7万元，与他的要求相差3万元，也就是说他的这一需要没有得到满足，但公司给予的其他条件满足了他的住房、安全、社会、自尊及自我实现的需要。

3. 需要的发现

1) 谈判中需要的存在

需要是谈判活动的动力和目的，但它绝不是纯粹的、单一的。为了进一步了解影响谈判进行和最后结果的各种需要，可以将其划分为两类，即一类是谈判的具体需要，另一类是谈判者的需要。

(1) 谈判的具体需要。这类需要是产生谈判的直接原因和谈判所要达到的第一目的。这类需要相对比较具体，可以协商调整的幅度比较小。比如，某企业实行计算机化管理，需要购进40台计算机，该企业对40台计算机的需要就是促成这次谈判的直接原因，买回40台计算机是谈判的目的。这类需要是通过谈判必须满足或基本得到满足的，否则，谈判本身也就不存在了。

(2) 谈判者的需要。谈判者的需要并不是谈判的动力和目的，但它却直接影响着谈判的进行和结果。谈判者是谈判活动的当事人和直接操作者，其需要虽然不是谈判的目的，但却通过对当事人的行为活动的影响决定着谈判的成功与否。这里的需要主要是指谈判者的生理、安全、社交、自尊和自我实现的需要。在具体的谈判活动中，表现最强烈、影响最大的主要是交际的需要——社交的需要、权力的需要(即自尊的需要)和成就的需要(即自我实现的需要)。

应用实例 4—6

荷伯·科恩曾代表一家大公司到俄亥俄州去购买一座煤矿。矿主是个强硬的谈判者，开口要价 2 600 万美元，荷伯还价 1 500 万美元。"你在开玩笑吧？"矿主粗声吼道。"不!我们不是开玩笑，请你把实际售价告诉我们，我们好做考虑。"矿主坚持 2 600 万美元不变。在以后的几个月里，买方的出价逐渐提高，1 800 万、2 000 万、2 100 万、2 150 万美元。但是卖主毫不心动。2 150 万美元与 2 600 万美元对峙起来，谈判形成僵局。如果就价格问题继续谈下去，而不从对方需要方面考虑，肯定不会有所进展。那么，卖主为什么固守己见，不接受这个显然是公平的还价呢？还真是个谜。荷伯一次接一次地请矿主吃饭，反复向矿主解释自己的还价合理，可是矿主就是不说话或说别的。一天晚上，矿主终于对荷伯的反复解释搭腔了。他说："我兄弟的煤矿卖了 2 550 万美元，而且还有一些附加利益。""啊!"荷伯明白了："这就是他固守 2 600 万美元的理由。他有别的需要，我们显然忽略了。"有了这点信息，荷伯马上跟公司的有关经理人员联系。荷伯说："我们首先要搞清楚他兄弟究竟得到多少，然后我们才能商量我们的建议。显然我们应该处理好个人的重要需要。这跟市场价格并无关系。"公司的官员同意了，荷伯按这个思路进行工作。不久，谈判就达成了协议。最后的价格并没有超过该公司的预算，但是付款方式和附加条件却使矿主感到自己干得远比他的兄弟强。

2) 谈判中需要的发现

所有谈判都是在人与人之间进行的。无论是两个人为一笔小生意谈价钱，大企业为一份合同谈条件，还是国与国之间为签订一项条约而谈判，都是如此。在上述每一种场合，都是个人与个人直接打交道。问题的关键是弄清楚他们有哪些需要，包括他们个人的需要和他所代表的某个团体的需要。

要了解对方在想什么，在谋求什么，就必须运用各种方法和技巧，去发现他的需要，即如何彼此沟通。对此，美国谈判专家尼尔伦·伯格的《彼此沟通》一书，可作为一份有效的指南。精明老练的谈判家，总是十分注意捕捉对方思想过程的蛛丝马迹，以追踪揭示对方动机的线索。他们仔细倾听对方的发言，注意观察对方的每一个细微动作。对方的仪态举止，神情姿势，重复语句，以及说话语气等，这些都是反映其思想、愿望和隐蔽的需要的线索。

(1) 适时提问。获得信息的一种手段就是提问。提问是表达思想的窗口。在适当的场合可以向对方提问，例如，你希望通过这次谈判得到什么，你期待的是什么，你想要达到什么目的等问题。通过这种直截了当的试探，除了能得到其他信息，还能发现对方的需要，知道对方追求的是什么，并能以此来主导以后的谈判。在谈判中适当地进行提问，是发现需要的一种手段。但在提问中应该注意 3 点，即提出什么问题，如何表达问题，何时提出问题。此外，这些问题在对方身上产生什么反应，也是一个重要的考虑因素。

审时度势地提问容易立即引起对方的注意，保持双方对讨论中的议题的兴趣，并按照你的意愿主导谈判的方向。通过提问题使对方作出你所期望的回答，发现对方的需要。

在商务谈判中提问要注意两个要点。一是通情达理，说明理由。在提出问题之前，先要把理由说透，使对方知道你提问的意图。对你的问题，可避免造成麻烦和不愉快的后果。二是要充分考虑提问的方式，掌握提问的技巧。提问要简明扼要，具体明确，不能含糊其辞，隐隐约约，使对方无法回答。这些在后面的商务谈判的沟通一章中会详细讲解。

(2) 恰当陈述。巧妙的提问，能够揭示某种激起强烈情绪反应的隐蔽的假设。在这种情况下,最好是简短地说一句"我理解你的感受。"这种陈述可以避免对抗。因为这是在告诉对方,你已经注意到了他的意见,理解了他的观点,并认为他的看法是有道理的。而且因为这也是告诉对方,你已经洞察了他的心思,所以你就能让他也来揣摩你的意图。

恰当的陈述,不仅能控制谈判的进展,而且能把你想让对方知道的信息传递出去。不管怎样陈述,都要力求完全控制情绪。当然,不用忌讳有感情因素的陈述,但一定要使这种陈述有力地推动谈判,而不是中断谈判。美国谈判专家马基雅弗利有一句忠告:"以我所见,一个老谋深算的人应该对任何人都不说威胁之词,威胁会使他更加谨慎,辱骂会使他更加恨你,并使他更加耿耿于怀地设法伤害你。"

在谈判处于僵持不下的境况时,最好直截了当地说一句"在目前情况下,我们最多只能做到这一步了"。这一陈述表明对对方的认识和理解。促使他重新考虑眼前的情况。在这种情况下你也可以说:"我认为,如果我们能妥善解决那一个问题,那么这个问题也不会有多大的麻烦。"这一陈述明确表示愿意就第二个问题作出让步,这就有利于谈判的进展。这种陈述,心照不宣地传递了信息,既维护了自己的立场,又暗示了适当变通的可能。另一种陈述也可以说:"如果您愿意把要求稍微降低一点,我将尽一切可能去说服我的合伙人。"然而,如果对方不能作出任何让步和调整,那么这种陈述很可能导致谈判的破裂。

正确的陈述,选词、造句和文法上都要十分讲究。要在言出之前,再三思考,每句话都要深思熟虑,审慎斟酌,千万不能信口开河。陈述之前要知己知彼,陈述时要明了概括、措辞得当。

(3)悉心聆听。除了提问和陈述,发现需要的另一个方法是悉心聆听对方吐露的每个字,注意他的措辞,选择的表达方式,他的语气,他的声调。所有这些,都能为你提供线索,去发现对方一言一行背后隐蔽的需要。

对于聆听,必须注意人与人之间的谈话或谈判可以在不同层次的意义上进行。弗洛伊德假设,梦可以在3个不同层次上加以解释。同样,一个人的谈话或陈述,在许多情况下也都具有多层次的意义。例如,对方作出一项陈述,在第一个层次上可以表明,他想要交换意见。在第二层次上可以根据他的表达方式和措辞,推知某些信息。在第三层次上,可以根据他探讨问题的方式,得知他的意思。

听和讲一样,是一种引导的方法,在谈判中,听在一定程度上占有相当的位置。任何一个谈判者都应该在善于听和乐于听两方面下工夫。俗话说:"听其言而观其行。"这是分析对方、了解对方、洞察对方心理活动的好方法。一个善于听和乐于听的富有经验的谈判老手,也一定是能全面了解情况、驾驭谈判形势的人。

我们常常听到这样的说法:"顺便提一下……"说话的人试图给人一种印象,似乎他要说的事情是刚巧想起来的。但实际上他要说的事情恰恰是非常重要的。先说这么一句话显得漫不经心、轻描淡写,其实不过是故作姿态而已。当一个人用这样一些词句来提起话头,如"老实说"、"坦率地说"、"真诚地说"、"说真的"等,可能正是此人既不坦率也不诚实的时候。这种词句,不过是一个掩饰而已。因此,只要对方有所言,你就应该留神听,随时注意从他那些似乎出于无意的重要词句中,发现隐蔽的动机和需要。

有时可以根据对方怎么说,而不是根据他说什么,去发现态度的变化。假定谈判一直顺利进行,气氛融洽,大家都相互直呼其名,却突然变为以姓氏相称呼,"琼斯先生"或"史密斯先生"等,这可能是气氛转为紧张的兆头,甚至意味着僵局的开始。

(4) 注意观察。为了了解对方的意愿和需要，不仅要注意聆听对方的言辞，而且要注意观察对方的举止。例如，在一次气氛友好的会谈中，要是突然有人往椅背上一靠，粗鲁地叉起双臂，你马上会意识到，麻烦发生了。举止非常重要，其传达着许多微妙的意思，有着种种心理上的含义和暗示。要注意观察对方的举止，从中发现其思路，掌握谈判的脉络。

"举止"一词就其广泛的意义而言，不只是指一般的身体动作，咳嗽、脸部表情、手势、眨眼等，也能为你提供无言的信息。

从脸部表情上看，脸红、面部肌肉绷紧、烦躁不安、过分专注、强笑、冷笑，或者只是默默地凝视，所有这些都反映出他的情绪紧张。当然，有时也会碰到那种毫无表情的"扑克面孔"。这种极其缺乏表情的神态告诉我们，此人一点儿也不愿意让别人知道他的感情。然而尽管有这张假面具，我们还是可以千方百计的觉察到他的意图。

眨眼，是种使眼膜湿润、排除落入眼内的细小灰尘的保护性反应。然而研究表明，人们在发怒或激动的时候，眨眼的频率就会提高，正常的眨眼几乎不为人所觉察，但在其成为一种特别的举动时，频繁而又急速的眨眼就会引起人们的注意。人们发现这种反常的举止，总是和内疚或恐惧的情感有关。眨眼常被用作一种掩饰的手段。

手势，当然可以有意识地代替语言，特别是在不允许用语言表达或语言本身不能表达的时候，更是如此。例如，律师想在陪审团面前表示对法官的异议，士兵想对顶头上司表明自己有不同的意见都可以通过手势。但是，手势的表达有时过于外露。其泄露的内容，也许会超出你本身想要表达的意思。警察们声称，他们能在聚会中，根据大家的手势对某人流露出来的极度尊敬，找出这伙人的首领。

咳嗽，常常也有其含义。有时它是紧张不安的表现，谈判人员借此稳定情绪，以使自己能继续讲下去。有时，它被用来掩饰谎话。有时，倘若有人自吹自擂，狂妄自负，听的人会以此来表示怀疑或惊讶。

总之，老练的谈判家始终不会让对方逃过自己的眼睛和耳朵。如果你充分注意谈判中的姿势和举动带来的信息，你在谈判中获得成功的可能性也就越大。如果对方采用一项相关的策略，那你就还之以一种更基本的需要，这样就能增加获得谈成功的机会。需要理论犹如一条主线，贯穿于一切谈判之中。只有善于发现需要、利用需要，才能成为一名老练的谈判者。

4. 需要与谈判策略

美国谈判学会会长杰勒德·I·尼尔伦伯格也提出了"谈判的需要理论"。他认为，任何谈判都是在人与人之间发生的，他们之所以要进行谈判，都是为了满足人的某一种或几种"需要"。这些"需要"决定了谈判的发生、进展和结局。他把谈判行为中的人的需要、人的动机和人的主观作用，作为理论的核心，指出"需要"和对"需要"的满足是谈判的共同基础，要是不存在尚未满足的需要，人们就不会进行谈判。谈判的前提是"谈判双方都要求得到某种东西，否则，他们就会彼此对另一方的要求充耳不闻，双方也就不会有什么讨价还价发生了。双方都为各自的'需要'所策动，才会进行一场谈判"。比如，两个人为买卖一宗地产讲价钱，工会和资方为签订一项新合同争得失等。这些都是为了满足需要而进行的谈判。

第 4 章 商务谈判的心理

尼尔伦伯格在《谈判的艺术》一书中把各种谈判分为 3 个层次：①个人间——个人与个人的谈判；②组织间——组织与组织的谈判；③国家间——国家与国家的谈判。

他指出在组织间或国家间的谈判中，都有两种需要在同时起作用：一个是该组织(或国家)的需要，另一个是谈判者个人的需要。谈判者个人在特定情况下，将成为群体的一部分。一定程度上将失去他作为自然人的"人"的特征，使得群体的需要在表面上高于他个人的需要，这就是自居作用(自居作用是心理学术语，指个人以自认为理想的对象——个人、群体自居，以此掩饰自身弱点的一种自我防御机制)。但是，当这种自居作用出现时，并不意味个人的需要不会再起作用了，正因为如此，谈判者应千方百计地通过一定的方式方法，努力去发现个人的需要，善于诱导个人的需要，进而影响对方的看法、观点甚至立场，以使谈判向有利于己方的方向发展。同时，他还指出，要善于利用人类的需要来进行成功的谈判。他把谈判者的基本需要理论用于实际，归纳出 6 种类型的谈判策略或方法。按照使谈判成功的控制力量的大小排列，这 6 种策略如下所述。

1) 谈判者顺从对方的需要

谈判者在谈判中站在对方的立场上，设身处地替对方着想，从而使谈判成功。这种方法最易导致谈判成功。需要的层次越高，谈判成功的难度就越大，谈判者对谈判能否成功的控制力也越小。如果谈判者只为谈判对方的重要需要着想，对方为使自己生存下去必然对谈判欣然许诺，一拍即合。 如果谈判者为对方高层次的需要着想，那么由于谈判对方对高层次需要的迫切性小于生理需要的迫切性，谈判成功的难度就会增加。

2) 谈判者使对方服从其自身的需要

这种类型策略的谈判，双方都得到利益，每一方都是胜者。例如，商店营业员普遍对顾客使用这种策略，采取种种办法，满足顾客需要，从而更好地推销商品。

3) 谈判者同时服从对方和自己的需要

这是指谈判双方从彼此共同利益出发，为满足双方的共同需要进行谈判，采取符合双方需要与共同利益的策略。这种策略在商务谈判中被普遍用于建立各种联盟，共同控制生产或流通。例如，美国四家企业为了确保其电气设备的高额利益，他们缔结秘密协议，固定产品价格，操纵市场，控制竞争，即属于此类。又如，甲乙双方的贸易谈判，甲方要求将交货日期、品质、数量、规格、价值写入合同之中，而乙方则要求合同签订后交付 20%的预订金等。尽管双方曾进行过多次贸易，但双方这样做都是出于安全和保障的需要。

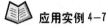 应用实例 4-7

20 世纪 40 年代中期，霍华·休斯制作了一部电影名曰《不法之徒》，请美国电影明星珍·拉塞尔担任主演，并签订了一份一年 100 万美元的合约。12 个月后，拉塞尔找到休斯："我想依照合约规定得到我的钱。"而休斯却说，他现在没有现金，只能拿不动产做抵押。拉塞尔根本不听休斯的任何借口，她只要属于自己的钱。休斯一再对她说明目前资金短缺，要她再等一等。而拉塞尔则一直指出合约上清楚地说明一年后付款，她的要求合理合法。双方的要求无法和解，争执越来越大。于是在一种咄咄逼人的敌对状况下，各自找来了律师，看来似乎只有诉诸公堂才能解决问题。但是后来拉塞尔改变了主意，她对休斯说："你我是不同的人，有不同的奋斗目标，让我们看看能不能在互相信任的气氛下分享信息、情感和需要呢？"休斯表示同意这一提议。双方彼此合作，创造性地提出了一个能满足双方需要的方案。他们将原来的合约改为以 20 年为期，每年付款 5 万美元。合约上的总金额不变，但付款的时间变了，结果是休斯解决了资金周转困难的问题，并获得了本金的利息。拉塞尔的所得税逐年分期交纳，减轻了税额，因而也获利。双方不仅保住了面子，而且也摆脱了诉讼纠纷。真可谓双方合作，满足了不同利益的需要，都是大赢家。

4) 谈判者违背自己的需要

这是指谈判者为了争取长远利益的需要，抛弃某些眼前或无关紧要的利益和需要而采取的一种谈判策略。谈判者为了达到某种目的而不惜损害自己的需要，这并不是一种非理性行为，而是出于深思熟虑的实现预期目标的有效谈判手段。例如，某些商业企业有意识违背自身收入增长的需要，采取薄利多销的经营手段吸引顾客，扩大影响，从而为自己争取长期更大利益做准备。

5) 谈判者损害对方的需要

这是指谈判者只顾自己的需要和利益，不顾他人的需要和利益、尔虞我诈、你死我活的一种谈判策略。在谈判中采用这种策略的一方往往处于强者的主动的地位，但更多的情况是导致谈判破裂。

6) 谈判者同时损害对方和自己的需要

这是谈判者为了达到某种特殊的目的，抛弃谈判双方利益需要的办法，这也是一种双方"自杀"的办法。例如，商品交易中，竞争双方展开价格战，双方都甘愿冒破产的危险，竞相压低价格，以求打败对手，此类场合采取的就是这种策略。

上述 6 种策略，都显示了谈判者如何满足自己的需要。从第 1 种到第 6 种，谈判的控制力量逐渐减弱，谈判中的危机逐渐加重。

尼尔伦·伯格把 3 种谈判层次与人的 7 种基本需要、6 种谈判策略联系在一起，得出 126 种可能的谈判策略。即个人间谈判、组织间谈判、国家间谈判 3 种层次各有 42 种谈判策略。

尼尔伦·伯格的"谈判需要理论"只是为我们研究和制定谈判策略提供了总体结构。即从总体上看，谈判者抓住的需要越是基本，成功的可能性就越大。但是，这种需要顺序绝非一成不变，在具体问题上更不是对所有的人都适用。同时，满足基本需要也并不意味着都是以生理需要、安全需要为起点。因为人的价值观念、受教育程度、理想抱负等因素会能动地调节人的需要层次。由此看来，制定谈判策略，一方面要通过满足对方的"基本需要"来获得对方相应的让步，另一方面要制定出尽可能多而彼此又可相互替代的谈判策略，要防止和克服凭经验办事，或反复使用某几种策略的弊病。在谈判策略中，我们应当特别注重灵活性、创造性，唯有如此才能取得成功。

4.2.2 动机与谈判

1. 动机的概念

动机，是行为的内在原因，主要指发动一定的行为满足某种需要的意愿，其由需求而产生，为行为提供能量，具有目标指向性。在商务谈判中，动机可以解释为获取利益的愿望和激励因素。其与谈判力的增长和下降的关系是 A 方谈判力的上升伴随着 A 方愿望的下降；反之，当 A 方的愿望越强烈时，A 方的谈判力就越弱。例如在自由市场上，当你购买某件商品的愿望十分强烈并且让对方了解到这一点时，你的讨价还价能力自然就削弱了。

2. 动机的类型

1) 风险动机

风险动机，是指决策时敢于冒险，敢于使用新思路、新方法，不惧怕失败的动机。

第4章　商务谈判的心理

高风险动机的人可能过于莽撞，对可能的危险和损害估计不足，缺乏足够的大局意识和责任感，缺乏对失败的应变策略；低风险意识的人则过于保守、审慎，优柔寡断，谨小慎微，缺乏决断。

2) 权力动机

权力动机，是指人们力图获得、巩固和运用权力的一种内在需要，是一种试图控制、指挥、利用他人行为，想成为组织的领导的动机。

高权力动机的人往往有许多积极有利的特征，例如，善于左右形势大局，果断自信，试图说服人；但权利动机过高的人也可能会成为组织中的危险人物，他们可能只顾及个人权力，在极端的情况下会不择手段，不顾组织的利益，甚至危害组织。总的来说，权力动机是有价值的，一定水平的权力动机是企业管理者实现统率力的行为根源，同时在组织中要控制权力动机的无限扩张。

3) 亲和动机

亲和动机，是指人对于建立、维护、发展或恢复与他人或群体的积极情感关系的愿望。其结果是引导人们相互友好、关心，形成良好的人际氛围。

亲和动机强的人能很容易地与他人沟通、交流，并且促进团队积极的社会交往；他们富有同情心，容易接纳别人，减少冲突，避免竞争，有利于合作氛围。亲和型的领导受下属的接受和拥护，团队合作密切。但亲和动机过于强烈时可能有副作用，如回避矛盾、害怕被拒绝，过于求同，忽视个性，甚至息事宁人，放弃原则。

4) 成就动机

成就动机，是指人们发挥能力获取成功的内在需要，一种克服障碍、完成艰巨任务、达到较高目标的需要，是对成功的渴望，其意味着人们希望从事有意义的活动，并在活动中获得完满的结果。

由于成就动机具有行为驱动作用，在智力水平和其他条件相当的情况下，高成就动机的人获得的成功更大、绩效更突出。但成就动机过高也使行为驱动力减退，工作任务未必尽善尽美。而且，害怕失败就害怕尝试多种可能性，无形中放弃、丧失很多机会。

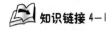知识链接 4-1

期　望　理　论

期望理论是由美国心理学家弗罗姆提出来的，他认为：激励力量＝期望值×效价。其中，激励力量指的是调动人的积极性，激发人内部潜力的强度。期望值是根据个人的经验判断达到目标的把握程度。效价是达到目标满足个人需要的价值。

人的期望心理对于调动人的积极性，推动人的行为有着一定的影响作用。一个人对目标的把握越大，估计达到目标的概率越高，激发起的动机越强烈，积极性就越大。对于谈判活动来讲，谈判的某一方认为，争取谈判成功的可能性很大，而且谈判达成协议对他来讲十分重要，那么，他参与谈判的积极性就越高，会千方百计设法达成协议。但如果他认为达成协议的可能性很小，或达成协议对他来讲不是很重要，那么，激励力量就小得多，他就不会那么积极地参与谈判，甚至拖延。

激励作用对人的行为的推动，主要表现在目标激励和奖惩激励两方面。

(1) 目标激励。设立适当的目标，对于调动人的积极性作用显著。在谈判活动中，每一方都有总体和具体的目标。如果目标制定得切实可行，又有一定的挑战性，就能激发和调动谈判人员的积极性；如果目标值过小，没有挑战性，或目标制定得过高，难以实现，都会使谈判人员缺乏工作积极性、主动性，失去激励作用。

(2) 奖惩激励。奖励和惩罚是从正反两个方面激发人的积极性，使行为活动取得更好的效果。奖励是对人的某种行为给予肯定与表扬，使人保持这种行为。奖励得当，对调动人的积极性有良好的作用。奖励包括精神和物质两个方面。惩罚是对人的某种行为通过批评、处罚予以否定，使人中止和消除这种行为。惩罚得当，可以化消极因素为积极因素，但要注意其副作用。

需要指出的是，期望理论重视激发对象的心理特性，这在谈判实际工作中具有一定的指导意义。但是，影响激励作用大小的期望因素还要受到社会、经济、道德等因素的制约和影响。例如，有的人认为谈判的成功就意味着我方在交易中赚大头。只要能保证我方的利益，牺牲对方利益是理所当然的。那么，他很可能把自己的期望值建立在损害对方的基础上，激励的结果是不理想的。

3. 商务谈判中激发动机的方法

在谈判中为了增加自己一方的谈判力，或者为了削弱对方的谈判力，人们可以使用各种方法来激发对方的愿望，其中最常用的方法有诱导谈判对手或对手的支持者，向对方展示你所提供方案的诱人之处，获取第三方对所提供的具有诱惑力的方案的支持，限定获得所提供好处的时间。

1) 诱导谈判对手或对手的支持者

诱导对方或对方的支持者的目的是通过给对方一些诱人的条件或利益等好处来引起对方的注意和激发对方的兴趣，并借此来说服对方与你就感兴趣的内容进行谈判。例如，在商品促销活动中，商家常用的诱导消费者的方式有降价、打折、买一送一等。精明的促销者总能想出各种各样的办法以吸引潜在消费者的注意并激发他们的兴趣。

2) 向对方展示你所提供方案的诱人之处

通过向对方展示你的方案的诱人之处或"卖点"，使对方知道并相信你所提供的方案的确具有吸引力。这一步是第一步的继续，你可以借此说服对方接受你的方案并最终达到你的目的。

3) 获取第三方对所提供的具有诱惑力的方案的支持

当有第三方表示支持你的方案时，第三方的支持会提高你的信用度并可通过他的榜样带动其他人效仿。人们一般更信任他们的朋友、同事和他们所熟悉的人，或者即便是陌生人但如果他们属于同一群体也会产生信任感。广告中经常使用的说服技巧即用消费者现身说法，从消费者的角度说明某种产品的好处。一些制药商用患者本人的例子说明某种药物的疗效，患者服用该药后效果如何显著，以此来说服其他病人，这些都是第三方支持的例证。公众人物，如著名的歌星、演员、运动员等都扮演过第三方的角色。

4) 限定获得所提供好处的时间

最后还有最重要的一点是让人们知道你所提供的好处不是永远存在的，也就是说那些好处是有时间限制的，人们必须在规定的时间内与提供利益的一方谈判，否则将过期作废。时间限定或最后期限好似一个助推器，可以起到督促人们立刻采取行动的作用，因为如果没有时间限定，人们等待观望的态度最终会使他们的热情消失殆尽。精明的商家往往在促销价格提示的后面加上日期限定，因为消费者的热情一般是即时的和短期的，随着时间的推移，看到诱人条件时所产生的冲动也会逐渐消逝。由于这一原因在确定时间限定时，相对较短的时间限定比较长的时间限定会产生更佳的效果。

 应用实例 4-8

有一次，在比利时一家画廊里，美国商人正在同一个印度画主讨价还价。

印度画主说："这批画共有 15 幅，如果整批出售，平均价每幅为 100 美元。"

美国商人却说："我不需要购买这么多画，只要其中的三幅。"

"如果那样，每幅画售价为 250 美元。"

"你怎么可以任意变价呢？我要的画也并不比其他的画好啊！"

美国人认为印度人在"敲他竹杠"，大为生气，两人为此争执了起来。印度人在怒恼之际，居然当着美国人的面将其挑好的三幅画中的一幅烧掉。

这使得美国人非常着急，忙问道："你这是干什么？"

"我不卖了！"印度人说着又烧掉了一幅画。

此时美国人需要的画只剩下一幅了，他非常喜爱这画，是他寻觅已久不可得的珍品，于是他的口气缓和下来，商量说："请不要再把最后一幅画烧掉，我愿出 250 美元收购。"

"那两幅画虽是我烧掉的，但这是和你做生意引起的，我不能白白损失那两幅画。"印度人执意不卖。

美国商人为了要成交这一幅仅存的画，最后只得花费 500 美元，买下这幅画。

资料来源：晓石，晓牧. 智谋大师. 成都：四川出版社，1996.

4.3 性格、气质与谈判

在谈判活动中，谈判者的言谈举止、一切行为都建立在心理活动的基础上，不仅受需要等因素的推动，受感知、情绪及第一印象等的影响，谈判者的行为活动还具有明显的个人特色。比如，有的谈判者非常爽快，觉得对方条件只要不苛刻就成交；有的谈判者在谈判桌上表现得很稳重，对对方的产品或条件要进行多方面的考查和询问，做不到万无一失绝不轻易成交；有的谈判者喜欢多说；而有的喜欢倾听等。

不同的人有不同的行为方式，这种行为上的个体差异，则是由不同的个性心理特征造成的。个性心理特征是一个人身上经常表现出来的本质的心理特点，包括气质、性格、能力。本节主要研究谈判人员的性格与气质问题，通过对性格与气质相关知识的介绍，以及对各种性格、气质类型的分析，揭示人们行为特点的内在规律，探讨这些行为特征对谈判活动所产生的影响，更好地发挥谈判人员的长处，克服短处，提高谈判艺术。

4.3.1 性格与谈判

1. 性格的概念

性格是个性特征中的核心特征，是足以支配一个人的个性的那些核心心理特征的独特结合。有人认为，性格是个性的脊梁骨，是个性的中流砥柱。这话是一点也没错的。

很多人把性格定义为对现实稳固的态度以及与之相适应的习惯化了的行为方式。人们对现实的稳固态度及其体系可以是性格结构中的一部分，人们的理智、情感和意志方面的特征也可以构成性格，但它们都不是性格本身。正如恩格斯所说："一个人物的性格不仅表现在他做什么,而且表现在他怎样做。"很显然,人们只能从"做什么"和"怎样做"中看出一个人的性格是什么,却不能把做的事情和做的方法与性格等同起来。

性格是在一个人的自然素质的基础上,在社会实践活动中,逐渐形成、发展和变化的。由于具体的生活道路不同,每一个人的性格会有不同的特征。概括地说,性格是先天和后天的"合金"。关于这点,巴甫洛夫的论述是颇为精辟的,他说:"类型乃是动物生来就组成的,一种神经活动形态——即遗传型。但是因为动物自出生日起就遭受周围环境的影响,其必然要以一定的、最后常常在整个一生中较固定了起来的活动去回答这些影响,所以动物最后所具有的神经活动,乃是由外在环境所引起的类型特点和变化的合金——即混合型,或性格。"

综合这些观点,本书引用燕国材教授对性格的定义:性格是以世界观为核心或在世界观支配下的对现实的稳固态度、心理特征,以及与之相适应的活动方式的独特心理构成物。

为了更好地分析谈判人员的性格,根据上面的定义可剖析一下性格的结构。

2. 性格的结构

从心理学系统论的观点来看,其具有多侧面、多层次、多水平的性质,至少由下列 4 个层次构成。

1) 世界观

世界观是人们对自然、对社会、对人生的总体看法,其由科学的认识、正确的观点、坚定的信念与崇高的理想所构成。它是心理的最高层次,是个性结构的核心因素。据此,我们完全可以说,世界观也是性格结构的最高层次和核心因素。而且在我们看来,作为个性特征的两大构成因素,智力受世界观的支配较小,而性格则受世界观的影响较大。世界观还包括人生观、价值观,其对性格结构的其他 3 个层次,即现实态度、心理特征、活动方式等,都具有明显的主导作用。

2) 现实态度

对现实的态度是性格系统的第 2 个层次,人对现实的态度是多种多样的,其基本上可以分为对己、对人、对事 3 个方面。在对己方面,有的谦逊,有的自负;有的自豪,有的自卑;有的大方,有的羞怯;等等。在对人(包括对集体、对社会)方面,有的诚实,有的虚伪;有的善于交际,有的孤僻寡言;有的大公无私,有的自私自利。在对事(包括对劳动)方面,有的勤劳,有的懒惰;有的责任心强、细心,有的粗枝大叶;有的革新创造,有的墨守成规;等等。对己、对人、对事 3 方面的态度是相互联系、彼此制约的。

3) 心理特征

心理特征是性格系统的第 3 个层次。这个层次主要包括 3 个方面。

(1) 性格的理智特征,凡属认识过程和智力方面的一切稳定特点都是。比如,在感知方面,有的观察精细,有的观察粗略;有的观察敏锐,有的观察迟钝。在想象方面,有的想象丰富、奇特,富有创造性,有的想象贫乏、一般,具有再造性;有的想象主动,富有情感色彩,有的想象被动、平淡寻常,缺乏情感体验。在思维方面,有的善于独立思考,有的喜欢人云亦云;有的善于分析、抽象,有的善于综合、假设。在记忆方面,有的记忆巩固,难以遗忘;有的记忆不牢,遗忘迅速;有的过目成诵,记忆敏捷;有的反复背诵,方能记住。

(2) 性格的情绪特征，凡属情感过程方面的一切稳定特点都是。比如，有的热情，有的冷漠；有的乐观向上，有的悲观失望；有的情绪饱满，精神奕奕，有的情绪低落，没精打采；有的笑起来声震屋宇，有的尽管内心乐滋滋的，却不露声色；有的情绪常如钱塘江春潮，"涛似连天崩雪束"，不可遏止；有的却常似"无风水面琉璃滑，不觉船移，微动涟漪"，平缓得很。

(3) 性格的意志特征，凡属意志过程方面的一切稳定特点都是。比如，有的勇敢，有的怯懦；有的蔑视困难，有的害怕困难；有的克制自己，有的放纵自己；有的果断坚定，有的优柔寡断；有的办事有明确的目的和计划，有的却凭一时情感冲动、三分钟的热度；有的办事能持之以恒，坚持到底，有的则半途而废；有的灵活善变，应付自如，有的则一成不变，顽固透顶；有的遇特殊情况时，镇定自若，敢担风险，有的则惊慌失措，拿不定主张。

上述 3 个方面的性格的心理特征，往往是交织在一起的。因为理智、情感、意志这 3 种心理活动，本来就是密切联系、不可分割的。

4) 活动方式

活动方式是性格系统的第四个层次，亦即最低层次。这个层次主要包括行为方式和行为习惯两个方面。行为方式是一个人的活动特点及其表现形式，它是在活动中不断得到强化、巩固，并逐渐趋向稳定的。一个人的各种性格特征常常会使人采取不同的行为方式。行为习惯是一个人行为方式的自动化，是不需要思考和意志努力的行为方式。也就是说一个人形成了某种行为习惯之后，他就再也不需要他人的督促或自己的提醒，却能自然而然并轻松自如地去完成那些习惯动作。行为习惯与行为方式一样，也常常反映出一个人的性格特征；但同样也不能把性格特征与行为习惯看作是一对一的简单关系。

上述性格系统的四个层次是从其纵向说的；如果从其横向来说，则第一个层次可称为核心层，第二、三两个层次可称为中介层，第四个层次可称为外表层。

3. 谈判人员的性格类型及对策

心理学上对性格有很多的划分法，常见的有外倾型和内倾型两类分法。外倾型性格一般表现为比较开朗、活跃、充实、善于交际；而内倾型一般表现为沉静、忧郁、反应缓慢、不善于交际。事实上，在实际生活中很少有人完全是外倾型或完全是内倾型的，有的属于二者之间或内倾型多点或外倾型多点等。总之，人与人之间的性格差别是极大的，有的甚至截然对立。

商务谈判中需要的人，最好是具有外倾型的热情、积极、能主动交往，同时兼备内倾型的沉着、稳定、善于思考等风格。当然人的性格是由个人平时的品质累积形成的，并且要受到各种因素的影响，一个好的商务谈判人员应在平时注意个人修养和性格培养。

对于性格类型的分析是难以穷尽的。这里，就谈判这一特定形式的活动，分析几种具有一定代表性的谈判人员的性格类型及其应对之策。

1) 权力型

权力型谈判者的根本特征是对权力、成绩狂热地追求，以对人和对谈判局势施加影响为满足。为了取得最大成就、获得最大利益，他们不惜一切代价。在多数谈判场合中，他们想尽一切办法使自己成为权力的中心，我行我素，不给对方留下任何余地。一旦他们控制谈判，就会充分运用手中的权力，向对方讨价还价，甚至不择手段，逼迫对方接受条件。他们时常抱怨权力有限，束缚了他们谈判能力的发挥。更有甚者，为了体现他们是权力的拥有者，他们热衷于追求豪华的谈判场所、舒适的谈判环境、精美的宴席、隆重的场面。

权力型谈判者的第一个特点是敢冒风险，喜欢挑战。他们不仅喜欢向对方挑战，而且喜欢迎接困难和挑战。因为只有通过接受挑战和战胜困难，才能显示出他们的能力和树立起自我形象。一帆风顺的谈判会使他们觉得没劲、不过瘾。只有经过艰苦的讨价还价，调动他们的全部力量获取成功，他们才会感到满足。

权力型谈判者的第二个特点是急于建树、决策果断。这种人求胜心切，不喜欢、也不能容忍拖沓、延误。他们在要获得更大权力和成绩的心情驱使下，总是迅速地处理手头的工作，然后着手下一步的行动。因此，他们拍板果断、决策坚决。对大部分人来讲，决策是困难的过程，往往犹豫、拖延、难下决断。这种人则正相反，他们对决策毫不推脱，总是当机立断、充满信心。

总而言之，贪权的人强烈地追求专权，全力以赴地实现目标，敢冒风险，喜欢挑剔，缺少同情，不惜代价。在谈判中，这是最难对付的一类人。这是因为如果你顺从他，你必然会被剥夺得一干二净；如果你抵制他，谈判就会陷入僵局甚至破裂。

要对付这类谈判对手，必须首先在思想上有所准备，要针对这类人的性格特点，寻找解决问题的突破口。正像这种人的优点一样，他们的弱点也十分明显：①不顾及冒险代价，一意孤行；②缺乏必要的警惕性；③没有耐心，讨厌拖拉；④对细节不感兴趣，不愿陷入琐事；⑤希望统治他人，包括自己的同事；⑥必须是谈判的主导者，不能当配角；⑦易于冲动，有时控制不住自己。

针对他们的弱点，可以采取以下几个方面的对策。

(1) 要在谈判中表现出极大的耐心，靠韧性取胜，以柔克刚。即使对方发火、甚至暴跳如雷，也一定要沉着冷静，耐心倾听，不要急于反驳、反击。如果能冷眼旁观、无动于衷，效果会更好，因为对方就是想通过这种形式来制服你。如果你能承受住，他便无计可施，甚至还会对你产生尊重、敬佩之情。

(2) 努力创造一种直率的并能让对方接受的气氛。在个人谈判中，应尽量避免面对面的直接冲突。这不是惧怕对方，而是因为这样不能解决问题，应该把更多的精力放在引起对手的兴趣和欲望上。例如："我们一贯承认这样的事实，你是谈判另一方的核心人物。"(引诱其权力欲)"我们的分析表明，谈判已经到了有所创造、有所建树的时刻。"(激起挑战感)

(3) 要尽可能利用文件、资料来证明自己观点的可靠性时，提供大量的、有创造性的情报，促使对方铤而走险。

2) 说服型

在谈判活动中，最普遍、最有代表性的人是说服型的人。在某种程度上，这种人比权力型的人更难对付。后者容易引起对方的警惕，但前者却容易为人所忽视。在说服者温文尔雅的外表下，很可能暗藏雄心、与你一争高低。

说服者的第一个特点是具有良好的人际关系。他们需要别人的赞扬和欢迎，受到社会承认对他们来说比什么都重要。他们也喜欢帮助别人，会主动消除交际中的障碍。在和谐融洽的气氛中，他们如鱼得水，发挥自如。同时，这种人与下属的关系比较融洽，给下属更多的权力，使下属对他信赖、忠诚。

说服者的第二个特点是处理问题决不草率盲从，三思而后行。他们对自己的面子、对对方的面子都竭力维护，决不轻易做伤害对方感情的事。在许多场合，即使他们对对方的提议不同意，也不愿意直截了当地拒绝，总是想方设法说服对方或陈述他们不能接受的理由。

与权力型不同的是，说服者并不认为权力是能力的象征，却认为权力只是一种形式。虽然他们也喜欢权力，认识到拥有权力的重要性，但他们并不以追求更大的权力为满足，而是希望获得更多的报酬、更多的利益、更多的赞赏。

要辨别此类人的需要和弱点是十分困难的。这是因为他们把自己掩藏于外表之下，处事精明，工于心计，说话谨慎，不露锋芒，外表和蔼，充满魅力。他们比较随和，善于发现和迎合对手的兴趣，在不知不觉中把人说服。总之，他们的弱点并不十分明显，要认识这一类人，需要透过表面现象分析其本质。他们的性格可能潜藏着这样的弱点：①过分热心与对方搞好关系，忽略了必要的进攻和反击；②对细节问题不感兴趣，不愿进行数字研究；③不能长时间专注于单一的具体工作，希望考虑重大问题；④不适应冲突气氛，不喜欢单独工作等。

明确了这类谈判者的性格弱点，就可以制定相应的策略。具体策略如下。

(1) 要在维持礼节的前提下，保持进攻的态度，并注意双方感情的距离，不要与对方交往过于亲密。必要时，保持态度上的进攻性，引起一些争论，使对手感到紧张不适。

(2) 可准备大量细节问题，使对方感到厌烦，产生尽快达成协议的想法。

(3) 在可能的条件下，努力造成一对一的谈判局面。说服者群体意识较强。他们善于利用他人造成有利于自己的环境气氛，不喜欢单独工作，因为这使他们的优势无法发挥。利用这一点，我们可以争取主动。

(4) 准备一些奉承话，必要时给对方戴个高帽，这很有效，但必须恭维得恰到好处。

3) 执行型

执行型的人在谈判中并不少见。他们的最显著特点是对上级的命令和指示以及事先定好的计划坚决执行，全力以赴，但是拿不出自己的主张和见解，缺乏创造性，维持现状是他们最大的愿望。

执行型的人的另一特点是追求工作安全感。他们喜欢安全、有秩序、没有太大波折的谈判。他们不愿接受挑战，不喜欢爱挑战的人。在处理问题时，往往寻找先例，如果出现某一问题，以前是用 A 方法处理的，他们就决不会采用 B 方法。所以，这类人很少能在谈判中独当一面，缺少构思能力和想象力，决策能力也很差，但在某些特定的局部领域中工作起来得心应手、有效率。

这种性格的人喜欢照章办事，适应能力较差。他们需要不断地被上级认可、指示。特别是在比较复杂的环境中，面对各种挑战，他们往往不知所措，很难评价对方提出新建议的价值，自然也很难拿出有建设性的意见。

这种人的弱点概括起来有以下几点：①讨厌挑战、冲突，不喜欢新提议、新花样；②没有能力把握大的问题，不习惯也不善于从全局考虑问题；③不愿很快决策，也尽量避免决策；④不适应单独谈判，需要得到同伴的支持；⑤适应能力差，有时无法应付复杂的、多种方案的局面。

根据上述特点，在谈判中可注意这样一些问题。

(1) 与对方配合，使谈判更有效率，争取缩短谈判的每一具体过程。这类人反应迟缓，谈判时间越长，他们的防御性越强。所以，从某种角度讲，达成协议的速度是成功的关键。

(2) 准备详细的资料支持自己的观点。执行者常会要求回答一些详细和具体的问题，因此必须有足够的准备来应付。但是，不要轻易提出新建议或主张，这会引起他们的反感或防卫。实在必要时，要加以巧妙掩护或一步步提出。如果能让他们认识到新建议对他有很大益处，则是最大的成功；否则，会引起他们的反对，而且这种反对很少有通融的余地，就难以说服他们接受了。

(3) 讲话的态度、措辞也很重要，冷静、耐心都是不可缺少的。

4) 疑虑型

怀疑多虑是这类性格人的典型特征。他们对任何事都持怀疑、批评的态度。每当一项新建议拿到谈判桌上来，即使是对他们有明显的好处，只要是对方提出的，他们就会怀疑、反对，千方百计地探求他们所不知道的一切。

这种性格类型的另一特点是犹豫不定，难于决策。他们对问题考虑慎重，不轻易下结论。在关键时刻，如拍板、签合同、选择方案等问题上，不能当机立断，老是犹豫反复，拿不定主意，担心吃亏上当，结果常常贻误时机，错过达成更有利的协议的机会。

这种人的特点之三是对细节问题观察仔细，注意较多，而且没想具体，常常提出一些出人意料的问题。

此外，这种人也不喜欢矛盾冲突，虽然他们经常怀疑一切，经常批评、抱怨他人，但很少会弄到冲突激化的程度。他们竭力避免对立，如果真的发生冲突，也很少固执己见。

因此，与他们打交道应注意以下问题。

(1) 提出的方案、建议一定要详细、具体、准确，避免使用"大概"、"差不多"等词句，要论点清楚、论据充分。

(2) 谈判中耐心、细心是十分重要的。如果对方做出决策的时间长，千万不要催促逼迫对方表态，不然反会加重他的疑心。在陈述问题的同时，留出充裕的时间让对方思考，并提出详细的数据说明。

(3) 在谈判中要尽量襟怀坦荡、诚实、热情。如果他发现你有一个问题欺骗了他，那么再想获得他的信任几乎是不可能的。

(4) 虽然这类人不适应矛盾冲突，但也不能过多地运用这种方法，否则会促使他更多地防卫、封闭自己，来躲避你的进攻，双方无法进行坦诚、友好的合作。

4.3.2 气质与谈判

1. 气质的概念

气质是一个古老的概念。其主要表现为人的心理活动的动力方面的特点。所谓心理活动的动力，是指心理过程的速度(如知觉的速度、思维的灵活程度)，心理过程的强度(如情绪的强弱、意志努力的程度)，心理过程的稳定性(如注意力集中时间的长短)，以及心理活动的倾向性(如有的人倾向于外部世界，有的人倾向于内部世界)，等等。气质就是人们在这些方面的典型的、稳定的心理特点的综合，它仿佛使一个人的整个心理活动的表现都涂上了个人独特的色彩。

气质与性格是两个密切联系而又非常复杂的问题。在某种意义上说,人的一切心理活动,都可凝聚为种种不同的气质与性格。

为了理解气质的性质,我们首先要明确3个问题。

(1) 气质是后天的还是先天的。有人认为气质是后天的,有人认为气质是先天的。其实,任何心理都是先天与后天的"合金",气质也不例外,只不过气质的先天因素占主要地位,但它却也不是纯先天的。

(2) 气质是不可改变的还是可以改变的。气质主要是先天的,因而它是比较难改变的。古语所谓"江山易改,本性难移",即指此言;但它却也不是一成不变的。气质的缓慢改变表现在两个方面。第一,生来所具有的气质类型及其特征,在长期的生活实践中可以发生某些变化、即去掉了或增添了个别的东西;第二,同样的气质类型及其特征,在不同的情况下,其表现不一定完全一样。例如,不同的活动的内容、动机和目的,就会影响到气质的表现形式。

(3) 气质有无好坏之分。气质主要是先天的,应该说性格有好坏之分,而气质没有好坏之分。一个人的气质不能决定他的成就高低、社会价值大小和对社会的贡献大小,所以不能有气质歧视。但气质对人的实践活动却有一定的影响,这主要表现在其可能影响实践活动的效率。例如,要求做出迅速灵活反应的工作,对于多血质和胆汁质的人较为合适,而黏液质和抑郁质的人则较难适应;反之,要求持久、细致的工作,对黏液质和抑郁质的人较为合适,而多血质和胆汁质的人又较难适应。

2. 气质的类型

古希腊、罗马的医学家曾把气质划分为4种基本类型,即胆汁质、多血质、黏液质与抑郁质。现将各种类型的基本特征略作如下说明。

1) 胆汁质

这一类型的基本特征是直率、热情、精力旺盛、情绪易于冲动,心境变换剧烈等。它是高级神经活动的"强而不平衡的灵活的兴奋型"在人的行为和情绪等方面的表现。

属于这种类型的人,在情绪反应上,他们的情绪发生得很迅速、很猛烈,常有突然爆发的性质,脾气急躁,容易发火。在行为表现上,他们的动作发生得也很强烈,说话很快,声音很大,对自己的行为常感到难以控制,因而往往会表现出一些粗暴无礼的举动。在性格倾向上,他们胆大心不细,做事很勇敢,情感外露明显,面部表情丰富。

2) 多血质

这一类型的基本特征是活泼、好动、敏感、反应迅速、喜欢与人交往、注意力容易转移、兴趣容易变换等。它是高级神经活动的"强而平衡的灵活的活泼型"在人的行为和情绪等方面的表现。

属于这种类型的人,在情绪反应上,他们的情绪发生得很迅速,但不那么强烈,他们精力充沛,精神愉快。在行为表现上,他们的动作发生得也很迅速,富有朝气,活泼好动,灵活多变。在性格倾向上,他们适应性强,善于交际,待人亲切;面部表情生动,从其脸上很容易猜出他的心境如何,对人对物的态度怎样。

3) 黏液质

这一类型的基本特征是安静、稳重、反应缓慢、沉默寡言、情绪不易外露、注意力稳定但又难于转移、善于忍耐等。它是高级神经活动的"强而平衡的不灵活的安静型"在人的行为和情绪等方面的表现。

属于这种类型的人，在情绪反应上，他们的情绪发生得缓慢微弱，心境平稳，不易激动，很少发脾气。在行为表现上，他们的动作迟缓，态度安详，容易抑制，无论做什么事，总是不慌不忙。在性格倾向上，他们自制力强，循规蹈矩，富有耐心；面部表情单一，常常沉默寡言。

4) 抑郁质

这一类型的基本特征是孤僻多疑、行动迟缓、体验深刻、善于观察别人不易觉察到的细微事物等。它是高级神经活动的"弱的抑制型"在人的行为和情绪等方面的表现。

属于这种类型的人，在情绪反应上，他们的情感发生得缓慢而持久，常常由于一点小事而感到委屈，表现出情绪不佳，意志消沉。在行为表现上，他们的动作迟缓、呆滞、无力，说话慢吞吞，做事没精神。在性格倾向上，他们缺乏自信心，常会疑神疑鬼，易于惊慌失措；情感不大外露，对事无动于衷，与人在一起，常会局促不安。

3. 不同气质谈判者的行为

不同气质类型的谈判人员在与客户谈判过程中所表现出的行为活动是不同的。根据不同气质类型的特点，现分析一下人们的心理活动和行为表现，据此采取恰当的谈判策略和技巧，促进谈判的顺利进行，从而实现与客户谈判的目标。

1) 胆汁质谈判者的行为

高级神经活动强而不平衡型的兴奋型是胆汁质的生理基础。这种气质类型的谈判者在谈判过程中，常常表现得干脆利落，从不拖泥带水。对于满足自己需要的条件，反应特别强烈，这类谈判者常常很容易做成交易。但是一旦发生问题，则容易发怒，易与其他人发生冲突。

如果谈判对手属于这种气质类型，谈判人员就应该针对其特点，做出正确的反应。

2) 多血质谈判者的行为

高级神经活动强而平衡的灵活型和活泼型是多血质的生理基础。这种气质类型的谈判者对人彬彬有礼、亲切而且随和。推销人员如果和他们进行谈判会发现他们有敏锐的观察力，但观察时不太细致。此外，这种气质类型的人思维非常敏捷，但是思考问题时容易片面，而且还容易感情用事。他们在谈判过程中一般表现得很友好，但其目的容易转移。

对于这种气质类型的谈判者，谈判人员就应该以主动、热情、积极的态度抓住他们某一阶段的兴趣，趁热打铁，不要拖拖拉拉。

3) 黏液质谈判者的行为

高级神经活动强而平衡的迟缓型也称安静型，是黏液质的生理基础。这种气质类型的谈判者，每一步行动都表现得很谨慎，比如选择谈判对手、明确谈判目标、确定谈判方案时，要经过很长时间的认真思考，仔细分析和比较，做任何决定前都十分小心，绝不轻易签约。

谈判人员遇到这类谈判对手时，也要十分谨慎，不要过分表现自己及产品。因为这类谈判者在谈判以前已经对你的产品及条件有了较多的了解，他们参加谈判是为了更进一步、更全面地证实一下自己的调查，一旦符合他们的要求，他们就会做出决定，反之则放弃谈判，另觅谈判对象。

4) 抑郁质谈判者的行为

高级神经活动弱是抑郁质的生理基础。这种气质类型的谈判者在谈判过程中，对谈判的各项条件考查都非常细致，处处小心，很少发表意见，但对别人的意见十分注意，而且十分敏感，容易受伤害。

对于这种气质的谈判者，谈判人员就应当以礼相待，让其处于平和、愉悦的气氛当中，用语言加以引导，帮助其做出决定。

4.4 情绪、情感与谈判

人有感情，丰富的情感在影响着每一个人的行为。人们所追求的不仅有利益的满足，而且有情感的需求。尽管人们自由选择的可能性增大，人们可以选购美国柯达公司的产品，也可以从日本富士公司那里满足同样的需求，但当两件产品的质量、售价不相上下的情况下，感情就成了决策天平上具有决定意义的砝码。因此，谈判的成功，不仅有赖于双方利益的互惠，也有赖于双方情感上的一致和融洽。

4.4.1 情绪与情感的概念

1. 情绪与情感的定义

什么是情绪和情感呢？从19世纪以来，心理学家对此进行了长期而深入的研究，对情绪的实质提出了各种不同的看法，但是，由于情绪和情感的极端复杂性，至今还没有得到一致的结论。当前比较流行的一种看法是，情绪和情感是人对客观事物的态度体验及相应的行为反应。这种看法说明，情绪是以个体的愿望和需要为中介的一种心理活动。当客观事物或情境符合主体的需要和愿望时，就能引起积极的、肯定的情绪和情感。如渴求知识的人得到了一本好书会感到满意；生活中遇到知己会感到欣慰；看到助人为乐的行为会产生敬慕；找到了志同道合的情侣会感到幸福等。当客观事物或情境不符合主体的需要和愿望时，就会产生消极、否定的情绪和情感，如失去亲人会引起悲痛，无端遭到攻击会产生愤怒，工作失误会出现内疚和苦恼等。由此可见，情绪是个体与环境间某种关系的维持或改变。

2. 情绪与情感的区别

情绪和情感是与人的特定的主观愿望或需要相联系的，历史上曾统称为感情(affection)。人们的感情是非常复杂的，既包括感情发生的过程，也包括由此产生的种种体验，因此用单一的感情概念难以全面表达这种心理现象的全部特征。在当代心理学中，人们分别采用个体情绪和情感来更确切地表达感情的不同方面。情绪主要指感情过程，即个体需要与情境相互作用的过程，也就是脑的神经机制活动的过程，如高兴时手舞足蹈、愤怒时暴跳如雷。情绪具有较大的情景性、激动性和暂时性，往往随着情景的改变和需要的满足而减弱或消失。情绪代表了感情的种系发展的原始方面。从这个意义上讲，情绪概念既可以用于人类，也可以用于动物。而情感经常用来描述那些具有稳定的、深刻的社会意义的感情，如对祖国的热爱，对敌人的憎恨以及对美的欣赏等。作为一种体验和感受，情感具有较大的稳定性、深刻性和持久性。情绪和情感是有区别的，但又相互依存、不可分离。稳定的情感是在情绪的基础上形成的，而且它又通过情绪来表达。情绪也离不开情感，情绪的变化反映情感的深度，在情绪中蕴含着情感。心理学主要研究感情的发生、发展的过程和规律，因此较多地使用情绪这一概念。

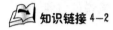

情 感 智 商

美国心理学教授彼得·沙洛维和约翰·梅耶认为情商反映情绪的知觉能力、情绪的调节能力和对情绪的思考能力。其具体包括以下4方面的内容：①情绪的知觉、评估和表达能力；②思维过程中的情绪促进能力；③理解和分析情绪，可获得情绪知识的能力；④对情绪进行成熟调节的能力。

情商反映了情绪、情感与理性认知行为的协调联结，反映了由情绪引起激发和促进心智良性发展的可能性。

资料来源：海云明. 情感智商. 北京：中国城市出版社，1997.

4.4.2 情感的类型

1. 兴奋型和稳定型

1) 兴奋型

这一类型是以情感的易受刺激性、容易冲动或激动，以及容易变化为特征的。属于兴奋型的人，他们很容易以激情的形式来表现自己的情感，即来得快，平息得也快，简直是暴风雨式的。他们遇到一点小事，往往就会被感动，或者是振奋、激动，显得情绪激昂；或者是动怒、怄气，甚至跟人争吵；或者感到泄气，变得消沉起来。属于兴奋型的人，他们也很容易闹心境。例如，当这种人处在烦躁的心境之中时，他们会忽然有无名怒火高万丈，甚至与人顶起牛来；或者是忽然闷闷不乐，几天都不爱理人。当这种人处在愉快的心境之中时，他们又会人逢喜事精神爽，突然显得心花怒放、手舞足蹈起来。

2) 稳定型

这种类型是以情感比较沉着、协调、不易变化为特征的。属于稳定型的人，他们的情感不易被外界刺激激发起来，即使有动于衷，也不大形之于色。具体地说，稳定型的人与兴奋型的人恰恰相反，一是不易动激情，一是不大闹心境，他们常常用理智来支配情感。古人说："泰山崩于前而色不变，麋鹿兴于左而目不瞬"，可以说是极端的稳定型的写照。

3) 中间型

大多数人属中间型。这大致又有4种情况：①巨大的兴奋性与巨大的稳定性相配合；②巨大的兴奋性与不大的稳定性相配合；③不大的兴奋性与巨大的稳定性相配合；④不大的兴奋性与不大的稳定性相配合。

2. 热情型和冷淡型

1) 热情型

顾名思义，这种类型是以富于情感体验为特征的。属于热情型的人，他们情绪饱满、精力充沛；他们的生活是丰富的和紧张的；他们勇于追求，并愿献身于自己所热爱的事业。

第4章 商务谈判的心理

2) 冷淡型

顾名思义，这种类型是以缺乏情感体验为特征的。属于这种类型的人，在他们的生活和活动中，情感没有多大意义。这种人情感的易受刺激性大大降低，对人对事对物总是无动于衷。当然，也不能说这种人毫无情感，在任何时候都没有情感体验，对什么都不高兴，对什么也不发愁。其实，他们还是有一定情感的，只是这种情感的作用微乎其微，对其生活和活动几乎不发生影响。他们是靠理智来生活的。不能说冷淡的人就是无情的人。

3) 中间型

热情人人有，但不能说人人都属于热情型，同样，冷淡人人有，但也不能说人人都属于冷淡型。实际上，大多数人都属于中间型，即他们有时热情，有时冷淡；对有的事或人热情，对有的事或人冷淡；在这种情况下热情，在另一种情况下冷淡。绝对的、单纯的热情型或冷淡型是不多见的。

3. 外倾型和内倾型

1) 外倾型

这一类型的主要特征是情感易于外流、表情动作特别明显。在日常生活中，我们可以看到这样的人，他们无论喜悦或忧愁，总是动于中而形于外，喜悦时则眉飞色舞，手舞足蹈；忧愁时则愁眉苦脸，甚至于垂头丧气。这种人的情感显然属外倾型。外倾型的人一般都情绪激昂，动作敏捷；而且情感一旦发泄，便一点芥蒂也没有了，所以这种人一般都是不会抑郁成疾、忧郁致死的。

2) 内倾型

这一类型的主要特征是情感善于内藏，外部表情不甚明显。例如，有的人不管多么高兴或如何忧愁，总是深深把它埋藏在心底，不愿向别人流露真情，倾吐肺腑。这便是情感内倾型的表现。属于这种类型的人，他们一般都多愁善感，动作迟滞；而且由于情感不大外泄，久而久之，便会抑郁成疾，甚至忧愁致死。

3) 中间型

无论情感的外倾型或内倾型，都是比较少见的。大多数人既具有外倾型的某些特点，也具有内倾型的某些特点。一般说来，这种中间型的情感是比较好的。

4.4.3 情绪、情感在谈判中的运用与控制

1. 情绪、情感的运用

好的谈判者都会自觉地把握自己的感情。他们知道在什么情况下使用哪种感情武器最有效。他们会在各种各样的场合表现各种各样的感情，或笑、或哭、或乐、或悲、或怒，以达到相应的目的。

(1) 笑，可以帮助你选择和改变话题，可以帮助你制止别人的行为，表示你希望打破严肃的谈判气氛的愿望。当谈判气氛过于紧张时，你也可以用笑来缓解紧张空气。

 应用实例 4—9

日本某报纸曾刊登了一则消费者来信，信中批评了西服黑市买卖，上当者是一位45岁的教师。这位教师走在路上，后面有辆客货两用车开了过来，停在这位教师旁边，车上的人问他："是否要买便宜的西服，二三折。"这位教师想，哪有这样便宜的事，本不想理会，可对方却笑盈盈地走了过来，小声地神秘兮兮地对他说："我们是送货去百货公司的，不小心有几套西服染上了一点点污点。百货公司不收，又不

169

敢送回公司。您能不能行个好,帮我们个忙?"这位教师信以为真,以1 000日元成交。可他把衣服带回家仔细一看,哪是什么染上污点,分明是地地道道粗制滥造的低劣货。

资料来源:关兰馨. 第一流的商务谈判. 北京:中国发展出版社,1998.

(2) 悲,可以瓦解对手的斗志。你在和你的孩子或夫人谈一个问题时,你立场正确理由充足,最后所有的有利因素都归于你,突然间,他们的眼眶涌出了泪水,一颗颗泪珠沿着他们的脸颊向下滑落。你会有什么反应?大多数人都开始退却,心中涌现一股歉意。

 应用实例 4-10

美国人劳普住在镰仓市内的一幢古老的公馆内,该公馆属于一位日本赴欧大使所有,面向大海,四周青松苍翠,房租也不贵,唯一的不足是经常漏雨。劳普最初迁来时曾要求不动产老板将房顶和天花板修缮一下,不动产老板答应一定尽力让他住得满意。可是不久,一次台风突袭,劳普的钢琴和音响全部泡在水中,他再次要求不动产老板帮助修房子,可实际上老板只给他修了一个天花板,而屋顶,老板说以后再修。劳普对这样的住房环境越来越感到恼怒,但又不知道该怎样去和不动产老板交涉。第2个星期,劳普去了谈判研究所,就他遇到的问题请教了谈判专家罗伯特·M·马奇。罗伯特建议他不妨用日本式的方法去试一试。劳普对罗伯特的建议仔细琢磨了一番后,又去见不动产老板,并表演起他的戏剧,他先是义正严辞地拒绝了对方的让座,同时又反对老板让其他人参加谈判;接着他反复地诉说着现在无法请朋友来家里做客等困难,最后在"愁肠"部分,他将愤怒和悲哀以及对对方的不信任巧妙地混合在一起。只见他紧盯着这位老板,用手敲击着钢板棚架,泪水汪汪地说道:"你是守信誉的男子汉吗?"

面对劳普的表现,不动产老板特别惊慌,只见他两腕交叉,尴尬地连声说:"糟糕了,糟糕了。"劳普自始至终强调自己的主张,最后老板终于承诺履行最初协议所规定的要求。

资料来源:关兰馨. 第一流的商务谈判. 北京:中国发展出版社,1998.

(3) 怒,可以引起别人的注意,表示发怒者的决心,产生胁迫别人的效果。赫鲁晓夫在联合国开会时,用皮鞋敲桌子,人们无一不为他的暴怒所震惊。一些人继而联想到他可能会……会把世界炸掉,如果他愿意的话;拿破仑在意大利打了胜仗后,曾要求奥国公使同他签订和约,奥国犹豫了几个星期。最后拿破仑大发雷霆,把花瓶摔在地上使得奥国公使同意与他签订和约。

 应用实例 4-11

龙永图自称是一个比较心平气和的人,在谈判中很少拍桌子。在他的记忆中,只有一次怒不可遏。那是在他的办公室里与美国人谈肉类进口问题,美国人傲慢地说:美国的肉的质量很好,不用你们检疫,你们中国的肉在我们美国只能做狗食。龙永图当即拍案而起:"请你出去,我需要冷静一下。你必须道歉,否则我们没法谈下去。"

资料来源:刘园. 国际商务谈判考试指南. 北京:对外经济贸易大学出版社,2002.

2. 控制己方情绪的方法

情绪失控是降低和破坏谈判力的重要因素。谈判者的情绪在谈判中扮演一个重要的角色。谈判进行中,总有一些令人恼怒或不愉快的事情,对于一个脾气暴躁的人,很可能会骤然暴怒而破坏宁静的心情;若是一个多愁善感的人,则可能郁郁寡欢。但不论是怒火中烧,还是郁郁寡欢,都势必会极大程度地影响谈判的顺利进行。此外,你的对手也可能情绪失控,对你和谈判形成威胁。因此,谈判者忌有烦躁心理。烦躁只能给谈判带来压力和

第4章 商务谈判的心理

困难,它是降低和破坏谈判力的重要原因。因此,在谈判中谈判者应采取措施控制情绪。

1) 不要让激动的情绪左右你

如果处在激动的情绪之中,你就不可能理智地思考问题,更不可能把握住事物的变化,不能敏锐地抓住对方的漏洞,寻求正确的解决办法。你不能控制住自己的情绪,在谈判中忍受不住对方的冷静和沉默,急躁地进行讨价还价,很容易让对方抓住你情绪上的弱点,攻破了你的心理防线,自然就失败于对方,使谈判结果趋向于有利对方的一面。

 应用实例 4-12

20世纪70年代初期,在一次广州交易会上,我国某进出口公司外销员遇到了一位巴西的新客户。洽谈一开始,该外销员便主动向他推销三个品种、几十个花型,共计100多万码的库存现货。他逐一看了样品,表示满意。该外销员随即报价,他也没有还价。当时该外销员想,我可发现了个新市场,内心沾沾自喜,立即签字。可后来屡催开证,却杳无音信,致使耽误了推销,加重了仓租利息负担,影响了效益。

这是一次表面上成功,实际上失败的谈判,是一次上当受骗的谈判。究其原因,就是不了解对方。

资料来源:张利. 国际经贸谈判面面观. 北京:经济科学出版社,1995.

只有把激动的情绪平息下来,以一种冷静理智的心理,敏锐地观察事情的发展变化,才能找到突破口,找准对方的可攻击点,制定"克敌制胜"的策略。尤其是在谈判进行到关键阶段时,你不妨学习对方,沉默寡言,甚至一言不发,以此激怒对方要求对方表态,迫使对方说出自己的真正意图,然后抓住对方的薄弱环节,出其不意,迅速出击,从而攻破对方的心理防线,达成有利于你的谈判协议。尤其是当对方处于优势而自己处于劣势时,更要沉着冷静,采取以退为进的办法,静观其变,然后伺机攻破对方心理防线,取得有利谈判协议签署的结果。

2) 设法让自己保持冷静

如果你被他人激怒,谈判势必会沦为一场争吵。而当你的行为激怒了他人后,除了争吵外,你可能还会对自己的过火行为表示怀疑,接着又害怕事态失去控制,从而前怕狼后怕虎,引发恐惧、烦心等其他更为不利的情绪。

能在他人的压力下保持冷静的人是令人尊敬的,意大利人称他为"尊者",当然我们不为做什么"尊者",只需能控制住自己的情绪变化,保持一个良好的心情,从而顺利地完成谈判。

控制情绪,保持冷静,体现了一个谈判者的个人修养问题。因此,在谈判中谈判者应控制情绪,要尽力使自己的情绪活动听从理智和意志的安排,因为你越是以一种理性的方式表现自己,对方就越难以激动起来;当谈判气氛过于激动时,谈判者应当使谈判建立在一种事实上,而不是各自的感受的基础之上;谈判者可以重复对方的陈述,表示你理解他的观点;休息一会儿,让己方的情绪有个缓解的机会;尽量忍住己方的怒气,大事化小,小事化了。

 应用实例 4-13

日本的DG公司经理山本村估与美国一家公司谈生意。美国方面已经知道DG公司面临破产的危险,就想用最低价格把DG公司的全部产品买下。DG公司面临两难的抉择,如果不卖,公司的资金就无法周转;而DG公司如果以最低价格卖给美方,就会元气大伤,从此一蹶不振。

当时山本村估的内心非常矛盾,但他是一个善于隐藏内心深处思想的人。当美方在谈判中提出这些要求时,山本村估若无其事地对随说:"你看一看飞往韩国的飞机票是否已经准备好了,如果机票已拿到,明天我们就飞往韩国,那里有一笔大生意在等待我们。"

山本村估这段话的言外之意是对同美方这桩生意兴趣不大，成不成对他都无所谓。

山本村估的这种淡漠超然的态度，使美方谈判代表如同丈二和尚摸不着头脑，急忙拨直线电话报告美方总裁，因为当时美方也急需这些产品，总裁最后下决心还是以原价买下了这些产品。DG 公司得救了，人们不得不佩服山本村估惊人的谈判艺术和掩饰自己内心深处矛盾的本领。

资料来源：晓石，晓牧. 智谋大师. 成都：四川出版社，1996.

3) 不妨把谈判目标分成几个阶段来实现

谈判者在谈判中之所以情绪暴发，很大程度上是因为他们错误地认为谈判是一蹴而就的事情，一旦谈判受挫，他们便难以抑制自己的情绪，动辄发怒、烦躁、不悦。

为此，不妨把己方的谈判目标分成几个阶段来实现。分解总目标的方法从心理上有助于增强己方的自信心、为己方谈判的成功提高保险系数。

具体地说，在争议较多且障碍较多的谈判中，首先要划分阶段，其次要有重点，有详略有先后。对其中争议较大的问题设法尽早在最初阶段中解决，一直这样做下去，相信你一定会势如破竹，获得一个令人满意的完美结局。

知识链接 4—3

赫布曲线——情绪激活水平与谈判效率的关系

谈判者保持什么样的情绪状态，对谈判的效率会有很大影响。心理学家赫布的研究成果告诉我们：当谈判者的情绪激活水平极低，例如萎靡不振时，谈判的效率也非常低。随着谈判者情绪激活水平不断提高，例如精神振奋、积极思考时，谈判的效率也就随之不断提高。当谈判者的情绪激活水平调整到一个最佳状态时(如积极思考，研究对策，精神饱满，思维活跃，就是最佳状态的标志)，谈判效率达到最高。这时，如果谈判者的情绪激活水平再提高的话(例如过于兴奋，过于紧张)，谈判的效率会随之下降。这表明，这些情绪对谈判者造成了负面影响，如图 4.1 所示。因此，谈判者在谈判中应注意自己的情绪状态，调适自己的情绪激活水平，力争把自己的情绪调整到最佳状态的区间，使自己在谈判效率上的潜力充分发挥出来。

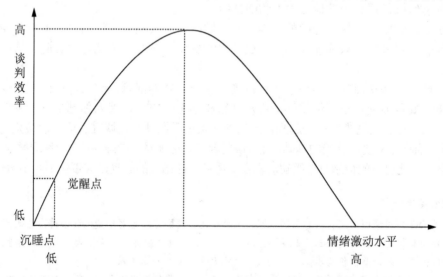

图 4.1 "赫布曲线"——情绪激活水平与谈判效率的关系

资料来源：甘华鸣，许立东. 谈判. 北京：中国国际广播出版社，2001.

第 4 章　商务谈判的心理

3. 平息对方愤怒的方法

一般来说，对手的感情冲动，往往有 3 种目的：一是为了从气势上压倒你；二是为了激怒你；三是为了尽快发泄心中的怨怨之气。在谈判过程中，当对手感情冲动时，首先要明白，冲突不是目的，获得收益才是目的。这时候可以运用各种方法缓解对手的感情冲动。

(1) 让座。感情冲动者基本上都是站立着的，为了缓解对手的冲动，最好请他们坐下来说话，最好坐在较矮的沙发上。坐着的人是很难大怒的。坐的姿势会大大限制胸部扩张，使其怒气不足。

(2) 拖延。较为激烈的情绪状态，一般均不能长时间维持。因此，时间是感情冲动最好的天敌。拖延，也就是利用时间来缓解感情的冲动，待其平静后再进行正式的谈判。可以用请喝茶、请抽烟、长途电话、吃午饭、休会等方法，使对手平静下来。

(3) 换环境。对方感情冲动时，可以通过换环境来缓解对手冲动的感情。例如提议先将问题放一放，下午去游览，或去酒楼。

(4) 漠视。与暴怒者争论，可以尽可能漠视它，要么装作没听见，要么不发表任何意见，要么绕过去，要么要求对手"再说一遍"。

 应用实例 4—14

第一次世界大战后，土耳其与希腊发生冲突。英国准备教训土耳其，纠集法、美、意、日、俄、希腊等国代表与土耳其在洛桑谈判，企图胁迫土耳其签订不平等条约。英国谈判代表是外交大臣刻遵。刻遵是当时一位颇有名气的外交家。他身材魁梧，声音洪亮。土耳其派伊斯美参加谈判。伊斯美身材矮小，有点耳聋，是个名不见经传的人。刻遵轻视伊斯美，在谈判中常常表现出嚣张、傲慢、不可一世的态度。其他列强也盛气凌人，以势压人。在这种十分不利的谈判条件下，伊斯美从容不迫，不卑不亢，镇定自若。每当英国外交大臣刻遵大发雷霆、声色俱厉、咆哮如雷时，伊斯美总是若无其事地坐在那里静听。等刻遵声嘶力竭地叫骂完了，伊斯美才不慌不忙地张开右手，靠在耳边，把身体移向刻遵，十分温和地说："您说什么？我还没听明白呢！"意思是让刻遵再说一遍。伊斯美正是用漠视战术与列强在谈判席上苦苦周旋了三个月，最后在不伤大英帝国的面子同时，维护了土耳其的利益。

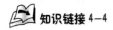 **知识链接 4—4**

与情绪明显的人相处

当你与情绪明显的人在一起时要注意以下几点。

(1) 要充分利用他们高昂的情绪，可以趁机提出你的想法、要求或者打算，从他们的好心情中得到好处。

(2) 如果某人情绪明显低落，这时你最好不要提到某种大胆的计划，要耐心等待，做一点对方喜欢的事情。如果遭到拒绝，不要大惊小怪，记住，情绪是会变的。

(3) 如果某人情绪明显低落，不要自作多情以为他的情绪不好是由你引起的，也不要有意去注意他的坏情绪，要表现得友好而又彬彬有礼。

资料来源：[美]罗伯特·怀特沙特. 脸部语言. 天津：百花文艺出版社，2001.

4. 情感的建立和积累

谈判桌上，谈判双方很难建立起友谊和好感。为了把对手变为朋友，谈判高手总是把谈判过程与其他过程交替进行。如参观、访问、宴会、娱乐等，用这些活动建立双方的友谊和产生好感，为谈判的顺利进行创造条件。谈判者与对方建立和积累感情还可以采取以下方法。

1) 减少时间，增加次数

时间是一种财富。一个忙碌的谈判者能够花在联络感情上的时间，总是有限的。那么找到一种方法，以能够用较少时间赢得对手的友谊和好感，是很迫切的。减少每次会见交往的时间，增加见面次数，就是这样的好方法。这种方法的作用如下。

(1) 掩盖不足，充分显示自己长处，给对手留下美好的印象。你只讲几句话，可轻而易举地达到妙语连珠、诙谐幽默的效果，就一个问题讲了2小时甚至半天，不免捉襟见肘，词穷理极。若相处半年，诸种恶习难以隐瞒。缩短见面时间，也就缩小了暴露自我不足的可能性，在有限的时间里给人留下最佳的印象。

(2) 给对手留下更深刻的印象。增加见面的次数，就是让对手不断地复习，防止对手遗忘。

(3) 节省时间，为更广泛的交往提供了时间上的可能。频繁见面也能给人以殷勤的印象，造成一种常来常往、相互笃厚的朋友印象。

2) 出乎意料

你如果要与你的谈判对手建立好感与友谊，你一定要寻找一个出乎意料的感情投资点。这种情况下人们容易被感动。

 应用实例 4-15

某工程师的家乡闹水灾，公司领导得知消息后，及时打长途电话到工程师家中，询问其家人可安好。这一行为大出工程师意料。这一耗费不多的行为，感动了工程师，使之更加努力工作。

3) 打时间差

感情投资的时间差，会给投资者带来利息，使小量的感情投资收到较大的效果。因此，应当事先进行感情投资。不能"平时不烧香，临时抱佛脚"。在谈判过程开始后，才用你的感情投资，效果往往不佳，甚至适得其反。

 应用实例 4-16

一个开餐馆的个体户，他请了一位会计每星期六晚上来替他算账。每次算完账，餐馆老板都包一只烧鸡让会计带走。后来，他的朋友给老板出了个主意："算账时不给烧鸡，给烧鸡时不算账"。餐馆老板照办后，与会计的关系更为笃厚融洽，那位会计也主动替餐馆老板分析收支情况，加强经济核算。

这里，双方都好像感到自己的行为是出于朋友情谊的举动，而不是交易市场上的买卖，这样就达到了感情投资的最佳效应。

4) 了解对方爱好

一个谈判者，要表示对谈判对手的尊重，最经济的方法就是记住对方的姓名。记住对手的名字，不限于对方的主谈。要尽可能地熟悉并记住每一个人的名字，越是微不足道的小人物，越希望人们记住他们。你记住了对方阵营中一个小人物的名字，使他感到被尊重，说不定什么时候你就能用上小人物中的某一个。不仅要可以记住对方的名字，而且要了解对方的爱好和关心的问题。

4.5 知觉与谈判

通常人们把知觉理解为人对客观事物的各种属性的整体、概括的反应。其对于人们认识客观事物是十分重要的。这里介绍几种主要的知觉现象。

4.5.1 首要印象

在知觉认识中，一个最常见的现象就是第一印象决定人们对某人某事的看法。这在心理学上被称为"首要印象"。

当我们与某人初次见面时，有时会留下比较深刻的印象，甚至终生难忘。许多情况下，我们对某人的看法、见解、喜欢与不喜欢，往往来自于第一印象。如果第一面感觉良好，很可能就会形成对对方的肯定态度，否则，很可能就此形成否定态度。

正是由于首要印象的决定作用，比较优秀的谈判者都十分注重双方的初次接触，力求给对方留下深刻印象，赢得对方的信任与好感，以增加谈判的筹码。

人们首要印象的形成主要取决于人的外表、着装、举止和言谈。通常情况下，仪表端正，着装得体，举止大方稳重，较容易获得人们的好感。同时心理学家研究发现，如果一个人很善于沟通或感染别人，那么他的首要印象也比较好。

4.5.2 晕轮效应

晕轮是指太阳周围有时出现的一种光圈，远远看上去，太阳好像扩大了许多。晕轮效应是指人对某事或某人好与不好的知觉印象会扩大到其他方面。最典型的是，如果一个人崇拜某个人，可能会把其看得十分伟大，其缺点怪癖也会被认为很有特点，而这些缺点怪癖出现在其他人身上，则不能忍受。这种晕轮效应，就像太阳的光环一样，把太阳的表面扩大化了，这是人们知觉认识上的扩大。如果一个人的见识、经验比较少，这种表现就更加突出。

晕轮效应在谈判中的作用既有积极的一面，又有消极的一面。如果谈判的一方给另一方的感觉或印象较好，那么，他提出的要求、建议都会引起对方积极的响应，他们要求的东西也容易得到满足。如果能引起对方的尊敬或更大程度的崇拜，那么，他就会具有威慑力量，完全掌握谈判的主动权。但如果给对方的首要印象不好，这种晕轮效应就会向相反的方向扩大。他会对你提出的对双方都有利的建议也不信任。总之，他对你提出的一切都表示怀疑、不信任或反感，寻找各种借口拒绝，甚至回避你。

4.5.3 先入为主

这是指人们习惯于在没有看到结论之前就主观地下结论。常见的，比如不等某人说完话就打断他，想当然地认为对方就是这个结论。

先入为主直接影响人们的知觉认识，影响人们的客观判断。这是由于人们日常活动的经验、定向思维和习惯作用的影响。比如，人们看到照片上长条会议桌的两边坐着两行人，中间插着两国国旗，不用看说明就知道是两国之间的政治性谈判。

先入为主的结果可能是正确的，也可能是错误的。最主要的是其影响、妨碍人们对问题的进一步认识，是凭主观印象下结论，这在谈判中常表现为猜测对方的心理活动。自觉不自觉地走向自己认识的误区。在上面需要问题研究中，介绍的某大公司与煤矿主谈判的事例，就是一个很好的说明。公司聘请的谈判代表想当然推断谈判的焦点就是煤矿的价格，因此，把谈判的重点放在双方的讨价还价上，但几经协商对方丝毫不通融，这才考虑在要价的背后还可能有其他的原因。症结找到后，问题才得以圆满解决，这就是先入为主妨碍了买主了解卖主的真实意图。

4.6 心理挫折与谈判

4.6.1 心理挫折

人们的行为活动很少有一帆风顺的，都会遇到这样或那样的困难，碰到各种各样的障碍。当实际活动受阻时，会影响到人的心理，从而形成各种挫折感。所以，心理挫折是指人在实现目标的过程中遇到自感无法克服的阻碍、干扰，而产生的一种焦虑、紧张、愤激、沮丧或失意的情绪性心理状态。

心理挫折是人的一种主观感受，有别于实际上的行动挫折。人们的行为活动，在客观上遭受挫折是经常的。但是，并不是遇到了挫折，人就会产生挫折感，而且面对同一挫折，人们的感觉反应也不相同。有的人感到遇到了困难，反而可能会激起他更大的决心，要全力以赴把这一问题处理好；而有的人则感到沮丧、失望乃至丧失信心。

人们行动挫折的产生有主观、客观两方面的原因。其主观原因是在于人的知识、经验、智商等方面，而客观原因则是活动对象、环境条件的复杂、困难程度等。在人的行为活动遇到挫折时，人们的主观心态由于各种原因会产生不同的反应，如对行为挫折的情境的主观判断，遭受挫折目标的重要性，抱负水平及对挫折的忍受力都会影响人们对遭受挫折后的心态反应。

4.6.2 心理挫折对行为的影响

1. 心理挫折的行为反应

心理挫折是人的内心活动，它是通过人的行为表现和摆脱挫折困扰的方式反映出来的。以下简单介绍一下人的心理挫折的行为反应。

(1) 攻击。人在受挫时，生气、愤怒是最常见的心理状态。这在行动上可能表现为攻击，诸如，语言过火、激烈，情绪冲动，容易发脾气，并伴有挑衅、煽动的动作。

攻击是在人产生心理挫折感时可能出现的行为，但攻击的程度却因人而异。理智型的人善于作自我调节，比感情易冲动的人能较容易控制自己；文化程度低的人，受挫后产生攻击行为的可能性比较大；经验丰富、见多识广的人受挫后会有多种排解方法，攻击的可能性就比较小。此外，受挫目标的期望程度、动机范围等因素都可能影响人的攻击性。

(2) 倒退。倒退是指人遭受挫折后，可能发生的幼稚的、儿童化的行为，如像孩子一样的哭闹、暴怒、任性等。目的是为了威胁对方或唤起别人的同情心。

(3) 畏缩。畏缩指人受挫后发生的失去自信、消极悲观、孤僻离群、盲目顺从、易受暗示等行为表现。这时其敏感性、判断力都相应降低。

（4）固执。它表现为顽固地坚持某种不合理的意见或态度，盲目地重复某种无效的动作，不能像正常情况下那样正确合理地作出判断。表现为心胸狭窄、意志薄弱、思想不开朗，这些都会直接影响人们对具体事物的判断分析，导致行动失误。此外，不安、冷漠等都是心理挫折的表现。

2．摆脱心理挫折困扰的心理防卫机制

在出现心理挫折时的情绪状态是人的应激状态，无论对谁，都是一种不适的困扰，甚至是苦恼的折磨。人人都会自觉地采取措施来消除心理挫折，摆脱困扰。比较常见的有下面几种。

（1）理喻作用。这是指人在受挫时，会寻找理由和事实来解释或减轻焦虑困扰的方式。例如，谈判所签订合同没有达到原订的价格标准，会不自觉地拿"今年价格上涨"的理由来安慰自己。

理喻的作用有积极与消极之分，如果是不合逻辑的"自我理喻"，则被称为文饰，即寻找不符合客观实际的理由推卸个人的责任。

（2）替代作用。即以调查目标来取代遭受挫折目标。主要采取升华、补偿、抵消等形式。例如，在上笔交易中吃了亏，在下笔交易中赚回来的心理就是如此。消极意义的替代，是将自己的不当、失误转嫁到旁人身上，以减轻自己的不安。如自己憎恨某人，却大谈某人憎恨自己，以小人之心度君子之腹。

（3）转移作用。它是指将注意的中心转移到受挫事件之外的事情中，以减轻和消除心理困扰。消极的转移称为逃避，常见有的人现在失意，却大谈自己过去的辉煌。

（4）压抑作用。它是指人有意控制自己的挫折感，不在行动上表露出来。通常所讲的临危不乱，受挫不惊，具有大将风度，就是压抑作用的结果。这也是一个优秀谈判者所应具备的。

4.6.3　心理挫折在商务谈判中的表现

谈判活动是一种协调行为，即协调交易各方的利益与冲突。因此，在商务谈判活动中，谈判人员遇到这样或那样的矛盾，碰到各种挫折时，难免会产生心理波动，并直接影响其行为活动。

商务谈判活动所产生的心理挫折主要表现在以下几方面。

1．成就需要与成功可能性的冲突

成就感在人的需要层次中表现为自尊和自我实现，是一种高层次的追求。正是这种追求促使人认真努力，不懈地追求，希望有所造就，希望获得良好的工作业绩。但是谈判活动的不确定性，又造成了谈判人员的谈判结果的不确定性，由此构成了成就需要与成功可能性的矛盾。

交易洽商涉及交易各方的实际利益，具有很大的伸缩性和变动性。就连什么是成功的谈判，什么是理想的结果都众说纷纭，没有统一的标准。即使谈判前制订详细的目标与计划，谈判的结果在很大程度上也取决于双方力量的对比和谈判人员作用的发挥。这既增加了取得工作业绩的难度，也为谈判人员更好地发挥个人潜力创造了条件。在这里努力、勤奋、创造性都是获得成功的必要因素。

心理挫折对人的行为有直接的影响，但并不只是消极的影响。对于振奋的人来讲，遭受挫折后，尽管使人蒙上心理阴影，但却可以激励、鞭策人取得成功。中国留美学生周励，初涉美国生意场，就被骗去 1 500 美元，这一教训使她认识到，做生意比不得写文章，其中充满了风险与艰辛，但她并没有就此消沉下去。反倒激起她要进入这一领域，成为一个生意人的决心，结果，她终于获得了成功。

2. 创造性与习惯定向认识的冲突

谈判是一种创意较强的社交活动，没有哪两个谈判项目是完全相同的。适用于上次谈判的方式方法，可能完全不适用于这一次。虽然每进行一定规模的交易活动，各方都要进行详细、周密、认真的准备，但很大程度上要取决于谈判人员的"临场发挥"。所以，谈判人员的应变能力、创造性、灵活性都是十分重要的。

但是，人们的认知心理都存在着一种思维惯性。这在心理学上被称为"习惯定向"，即人们在思考认识问题过程中，习惯于沿着某一思路进行，这样考虑问题的次数越多，采用新思路的可能性就越小，这种习惯思维对人的束缚性就越大。这就导致人们习惯于用某种方法解决问题后，对出现的新问题，不寻求更好的方法，还是机械地套用老方法去处理。所以，我们认为，习惯定向是影响谈判人员创造性地解决问题的主要障碍。如何摆脱定势思维对人认识活动的影响，怎样既重视经验，又不依赖于经验，怎样创造性地解决洽商活动的问题，可能是每一参与谈判活动的人都面临的问题。最重要的是培养谈判人员良好的心理素质、正确的工作态度和坚强的意志品质。

3. 角色多样化和角色期待的冲突

在实际生活中，每个人在不同的情况下可能会充当不同的角色，例如，一个人在家里是父亲，在单位可能是位领导者，而从事洽商活动又是临时组织的负责人或专业人员，还可能是其他组织负责人等。不同的角色，所处的社会地位不同，社会规范的行为方式也不同。

由于在不同的情况下担任不同的角色，彼此之间必然会有矛盾冲突，作为具体的个人，要承担如此众多的角色，而且都要符合角色的要求，难免会出现挫折，形成心理冲突。特别是当原有角色与洽商活动中所扮演角色相冲突时，会直接影响谈判者的心理活动，影响其作用的发挥。例如，一个人在原单位是一名技术人员，但在谈判活动中成为一个主谈人，还承担着决策重任，那么，他很可能不适应这种角色的转化。而一个人在原单位是主要负责人，但在洽商活动中，他只扮演了一个从属的角色，他会感到不受重用，也会影响其作用的发挥。可见，这种原有角色与实际角色的心理冲突是值得人们加以注意并认真研究的。

第 4 章 商务谈判的心理

4.7 成功心理与谈判

4.7.1 商务谈判中的成功心理

有人说现实世界本是一张硕大的谈判桌，不管人与人之间结成什么样的联系，总会有不少的矛盾，它们绝大多数需要通过谈判去协调与解决。即使某些矛盾激化，不可避免地导致了流血冲突或战争，但过后解决问题仍然需要谈判。谈判大至国家之间、党派之间、社会集团之间，小至一个家庭中的父母、子女、兄弟姐妹之间。它可能在与交通民警争论是否开罚款单的时候发生，或者与朋友们在讨论周末郊游线路时出现。总之，一个人在生活中离不开谈判，谈判可以使争议和矛盾趋于缓和，取得一致。

在谈判桌上，谈判人员所具有的实际力量包括物质力量和精神力量两个方面。物质力量是客观的，而精神力量在谈判桌上往往具有决定性的作用，谈判的成功直接源于谈判的信心、诚心和耐心三个基本心理因素。

1. 信心

成功的信念是人们从事一切谈判活动必备的心理要素。只有具备了成功信念的心理要素，才能使谈判者自身的才能得到充分展示，潜能得到充分释放。人们所以通过谈判来促进自身的发展，这完全受人们的需求动机所支配。将需求动机转化为需求行为，并使这种需求行为逐步得到补偿，就必须在成功信念的心理要素支配下开展谈判活动。在形形色色的谈判活动中，无论谈判的哪一方，都有其所追求的目标和所要达到的目的，并且双方都力图不断调整需求的心理强度，巧妙地利用谈判艺术和应变策略，以达到自己拟定的目标。谈判的求胜信心就是为实现自身利益，从而灵活运用谈判策略，以实现预定的谈判目标的心理过程。

求胜心理是任何一个谈判者都具有的必然的心理状态。求胜心理的强弱，既与自身的能力和谈判环境有关，又与谈判双方参与人员的心理状态有关。在具体的谈判活动中，它可区分为强制性求胜心理和依附性求胜心理两种。

1) 强制性求胜心理

例如，一个大企业具有经济力量雄厚、技术能力强、市场销路好的竞争优势，而另一个小企业因产品滞销、技术力量落后而一筹莫展，正处于危机的阶段，为了图生存求发展，双方进行经济互助谈判。这样容易出现前者利用后者追求生存需要的心理，提出过于苛刻的要求和各种超量的条件，而后者为了生存只好忍痛应诺，以求得喘息的机会。这种乘人之危的求胜心理是谈判中的一种不道德行为。

2) 依附性求胜心理

这种求胜心理一般表现在弱者与强者之间的谈判中。如有些企业和厂家因生产技术薄弱、设备简陋，单靠自己的力量无法获得转机时，通过谈判找到"靠山"，攀上"亲家"。目前，许多乡镇企业、中小企业与实力雄厚的大型企业之间联营，就是一方依附于另一方的现象，这类谈判通常都是以扩大自身的利益为基本出发点的。谈判成功的标志之一，是谈判协议的签署。我们知道，谈判协议是经过双方代表磋商，在不损害双方利益的基础上

179

共同利益的体现。谈判的成功是双方意志的共识，尽管各方都有获得尽量多的利益的需求动机，但若某一方无利可图时，谈判协议是不可能产生的。虽然谈判协议的具体条款与谈判双方的初始要求有某种不同之处，但由于双方实现了心理上的沟通，增强了彼此之间的信任感。在有利于共同目标实现的情况下，谈判双方或者某一方做出让步也是常有的事，但这种让步只是实现共同利益目标的一种策略，决不意味着谈判的失败。

2. 诚心

谈判需要诚意，诚意应当存在于谈判的全部过程与环节之中，受诚意支配的谈判心理是保证实现谈判各方目标的必要条件。从心理学的角度讲，诚意是谈判的心理准备。我们知道，谈判的初始动机受需求欲望的支配，为了满足需求欲望，在单靠自己的力量难以满足时，就得寻找与之相适应的伙伴，而合作伙伴的获得，是在大量了解、全面考察对方的基础上，通过谈判而实现的。这种寻求合作对象的过程，本身就是谈判诚意的具体表现。

当然，谈判诚意不仅仅是单方面的，它必须是在共存于谈判各方的条件下，诚意才能转化为谈判的动力。在谈判开场之前，诚意能促使人们为谈判做大量细致周密的准备工作。由于有了必要的准备，就能左右谈判过程，对谈判桌上可能出现的各种意想不到的变化能够镇定自若，并能在复杂的局势中把握战机，扭转局面；同时，也有利于在事态突然发生变化时，能够使谈判人员保持心理稳定，不至于因求胜心理过于强烈，或者在外界因素的刺激下情绪波动过大，以保证谈判人员的心理活动始终处于最佳状态之中，提高谈判效率，加快谈判进程，赢得谈判时间。

除此之外，诚意还能强化谈判各方的心理沟通，保证谈判气氛的融洽稳定。只有在谈判各方都有诚意合作的前提下，他们才不至于为一些细枝末节的小事互不相让而延误谈判。在双方基本目标和原则立场不受影响时，双方求大同，存小异，建立彼此之间互相合作、友好往来的关系。

诚意是谈判的心理前提，这已被许许多多的谈判实践所证实。可以相信，没有诚意的谈判是无法获得成功的，如体育比赛一样，在双方运动员都没有诚意竞技时，它是毫无意义和毫无价值的。只有在以诚意为基础的良好的心理环境中，谈判者才能在保证共同利益不受损害时，根据谈判桌上的风云变幻，灵活应对，运筹自如。

3. 耐心

耐心是在心理上战胜谈判对手的一种战术与谋略，它在谈判中表现为不急于求得谈判的结果，而是通过自己有意识的言论和行动，使对方知晓合作的诚意与可能。耐心是提高谈判效率、赢得谈判主动权的一种手段，让对方了解自己，又使自己详尽地了解对手。只有双方互相了解、彼此信任的谈判才能获得成功，才能不因为某一句话或某一个要求而导致谈判夭折。如果谈判双方都通过细致踏实的准备工作，让对方了解自己，相信自己，并且不厌其烦地倾听对方的陈述诉求，就可以精诚合作，默契配合，并在较短的时间内签署谈判协议。谈判人员的这种耐心，就是产生谈判效益的一种直接原因。

耐心是气质的体现，谈判人员的气质是其心理状态的具体表现。在谈判桌上，过激的语言攻势和超量的谈判要求应当尽量避免。但是，一旦这种有损谈判气氛和谈判成功的现象出现，必须立即采取回避和转换话题的方式，不使谈判形成僵局，以缓和谈判气氛，然后再运用适合对方心理承受能力的方式予以回击。只有在既考虑己方利益又考虑对方利益的情况下，做到利己又利人，谈判合作才成为可能。

耐心是谈判者心理成熟的标志。急躁鲁莽是难以把事情办好的，必须对客观事物和现象做出全面分析和理性思考，然后做出科学决策，这才是成功者的奥秘所在。在各式各样的谈判中，在基本目标一致的前提下，遵循"求大同、存小异"的谈判原则，不必计较对方提出的种种细节问题，而对谈判的关键问题以及对手的心理活动进行准确分析和判断，对谈判趋势和未来可能出现的谈判结果做出合理预测，从而采取进一步的谈判谋略；这对于提高谈判效率和谈判效益是至关重要的。由此观之，"耐心"与"拖延"是截然不同的，如果"拖延"是从谋划上战胜对方，那么"耐心"则是从心理上战胜对方。

 应用实例 4-17

耐心的力量

美国前总统吉米·卡特是一个富有伦理、道德的正派人，他的最大特点就是惊人的耐心。科恩评论到，不论什么人同卡特在一起呆上十分钟后，就像服了镇静剂一样。正是由于他的耐心、坚忍不拔、毫不动摇，使他成功地斡旋了埃以两国争端，达成了著名的戴维营和平协议。

埃及和以色列两国争端由来已久，积怨颇深，谁也不想妥协。卡特邀请他们坐下来进行谈判，精心考虑之后，地点确定在戴维营。尽管那里设施齐备，安全可靠，但却没有游玩之处，散散步成了人们主要的消遣方式，此外，还有两台锻炼身体用的自行车和三部电影。所以，两国谈判代表团在住了几天之后，都感到十分厌烦。

但是，每天早上八点钟，萨达特和贝京通常都会听到敲门声，接着就是那句熟悉的话语："你好，我是卡特，再把那个乏味的题目讨论上一天吧。"结果等到第十三天，他们谁都忍耐不住了，再也不想为谈判中的一些小问题争论不休了，这就有了著名的戴维营和平协议，它的成功，有一半归功于卡特总统的耐心与持久。

4.7.2 谈判成功的行为标准

商务谈判是从参加谈判的人本身开始的。在实际谈判中，可以看到一些人具有坚定的自我形象，总是充满信心，渴望以超人的身份、素质出现在对手面前。他们追求成功的最优结果，具有树立高目标的勇气和冒险精神，同时又具备了不断追求与不断探索的韧性。

他们对对方有明察秋毫的洞察力和深刻的理解力。他们善于正视自己的弱点，甚至是失败，而后又总是能按市场的需要，客观分析、评价、改进自己，独善其身。他们有强烈的自尊心和自信心，人们往往把这些人看作是自我约束力很强的人，他们符合谈判者的成功行为标准。相反，有一些谈判者，他们缺乏自信，惧怕失败，总在强调那些不利的条件，总是倾向于建立一些平庸的没有雄心的目标，他们圆滑，少冒风险，但失去了更有作为的机会。经验表明，前者会比后者取得更多的利益。谈判者的行为标准是通往谈判成功的桥梁。这些行为标准主要有以下几个方面。

1. 责任感

具有责任感的谈判者对谈判工作充满强烈的事业心，总是以百折不挠的精神，运用自己的智慧和能力，克服面临的重重困难，从不轻易放弃自己的立场。具有责任感的谈判者建立的目标往往比别人高，而且心中还有更高的目标，时刻追求谈判的成功。为了对企业或公司负责，对个人的名誉负责，他在尽最大的努力，当努力受挫、面临失败时，他敢于承担自己应负的责任，勇于进行自我剖析，深入分析成功与失败的原因。这种人在自信心的驱使下，挺起胸，抬着头，表现出乐观主义精神。具有责任感的谈判者相信明天会更好，并有信心驾驭自己的命运，使未来充满光明。

2. 创造性和敏感性

1) 创造性

具有成功心理的谈判者以创新为生活的信条，努力奋斗追求最佳的谈判利益，全力以赴地实现目标。在解决问题时，总是在寻找自己的办法，从不随意盲目效仿别人。他们喜欢与困难交锋，与对手争雄，敢于面对变革的强大压力，善于理解接受、宣传传播变革的思想。他能经常地反省自己，按市场需要的行为标准检查自己，发现不足，就立即改正。

2) 敏感性

谈判活动的变化、特征，都会通过谈判情报信息反映出来。一个好的谈判者，能及时、准确地认识和掌握那些充斥于企业、日常家庭生活及休闲时间的各类信息情报，表现出职业的敏感性。这种敏感性，还表现在对一切有利于目标实现的机遇，时刻都有清醒的认识并能抓住不放。在目标确定之后，时刻警惕，头脑清醒，又能及时判明影响目标实现的蛛丝马迹，及时予以处理。

3. 交际能力和自我尊重

1) 交际能力

谈判中的交际能力是指与对手沟通感情的能力。显然，这不是花言巧语的伎俩。具有这种能力的人，总那么温和，那么友善，善于做到倾心静听对手的谈话，对对手的话题、内容、谈话的姿态、表情、语气等，都表现出浓厚的兴趣，并且具有把握谈话实质内容的能力。他与人为善，对别人的苦楚抱有真诚的同情心，有良好的人际关系。

2) 自我尊重

自我尊重是谈判人员走向成功的必备素质。虽然人的能力有大小之分，但每一个人都认为自己是有一定能力的有用之人，都抱有一展个人才华的愿望。强烈的职业自豪感和荣誉感，驱使他主动工作，想尽办法完成任务。当他成功时，又不会居功自傲，而是将目光移向新的目标。他不是被迫地顺应命运，而是主动地寻求挑战。这种自我尊重的谈判者必须赢得他人的尊重。

4. 信任同志和信赖朋友

成功的谈判者必须正确地认识周围的同事、朋友，善于消除同事之间的隔阂，推心置腹，平等待人、相互尊重，愿意与别人合作。在周围的人群中充满着良师益友，你信任同事、信赖朋友，就能使你时刻感受到这种相互信赖的气氛，放心地将任务交给你的下属去完成，也使得每一个人都有机会去展现他的能力与才华。正因为这样，大家对你保持忠诚，追随你的事业一道前进。

5. 敢冒风险和经得起困难与挫折

1) 敢冒风险

生活中充满着竞争，保护伞下的平静生活，不会永远存在下去。因此，要敢于冒风险，敢于抛弃已经得到的一切来换取更大的成功。当然，这种重大的决策，可能导致人生及事业上的大起大落，在做这样的决策时，应该是完全理智的，而不是带有强烈的感情色彩。

2) 经得起困难与挫折

困难与挫折是人生的正常部分。风平浪静，安逸的生活，使人退化。敢冒风险，喜欢挑战，战胜困难与挫折，方能显现出人的能力，并能实现自我价值。在这个过程中，一个成功者将表现出足够的承受力和爆发力，以对抗生活的压力。

6. 有具体的奋斗目标

世上没有一成不变的事物，万世万物、天上人间都在变化。在变化的动态环境中，主张变革、反对维持现状的思想，就是顺应了历史潮流。正因为如此，一个人，一个成功的谈判者，就应当顺应历史潮流，调整生活方向，不留恋今天，永远面向明天，不断制定新的奋斗目标。人的一生所走过的路，是由十分具体的人生目标标示出来的。成功者总是将人生目标作为激励自己的手段，按自己建立起来的目标行事。这些目标，不是一时的心血来潮，也不是从来没有想过要去实现。这些目标，应该是可触及的具体事物，实现一个，再建立下一个。成功者，就是由十分具体的目标贯穿起来的，是由这些目标的实现堆积起来的。一个好的谈判者，应当具备一步一个脚印，脚踏实地，沿着既定的目标大步走的个性素质。在谈判中，由于经济环境的变化，谈判目标将呈现出阶段性的特征，甚至目标本身也呈现出多元化。在这种情况下，谈判者必须根据变化了的经济条件，及时调整自己的目标，继续推动谈判的顺利进行。

4.7.3 谈判者追求的成功目标

商务谈判人员在商务谈判中，应怀着必胜的决心，成功的信念，去实现谈判目标。就谈判者的成功目标而言，不同的谈判者的目标也不一样，有的是为了实现国家、企业利益，有的却只是为了求胜等。

1. 为国家利益、企业经济利益谈判

谈判人员应将为国家、为民族争取更多的经济利益作为成功目标。商务谈判是国家间对外经济贸易活动的重要内容。商务谈判人员应将肩负起达成国家经济贸易项目和利益的重大使命作为自己的一种追求，树立远大的政治抱负和高度的责任感；他既尊重领导，服从上级要求，又尊重周围的同志，把自己置于群众之中，虚心听取正确的意见和建议，主动接受领导的要求，以求谈判的最佳效果；即使遇到重重困难，他也将以百折不挠的精神，千方百计地去实现谈判目标；当谈判取得一定成果时，他又会进一步朝着更高的目标努力攀登；他对自己的业务精益求精，工作作风上雷厉风行，思想作风上谨慎虚心，能自觉抑制个人的任意行为；所有的言论与行为，都是在追求国家利益的实现。

为扩大企业的经济利益而谈判,是指在一定的生存环境基础上,为谋求更多的经济利益,获得更为广阔的经济空间而谈判。在激烈的市场竞争条件下,不能仅仅依靠自身的力量,要通过商务谈判,去寻求外力的支持。可以通过经济谈判这种手段,获得一定数额的资金、技术、经济信息与经济资源,开辟新的销售市场和新的经营活动空间,从而解脱自身的困境,重建优势经济环境,走出经济低谷,重振市场雄风。这种谈判也可看作为企业经济利益而谈判。

2. 为了私利谈判

1) 为了发财而谈判

有的谈判人员,以商务谈判业务为手段,以追求个人的利益为目的。他们收礼、吃请、吃回扣。对请客者无原则,与送礼者做生意,给送回扣者优惠。他们在谈判中不是精于选择商品,追求最好的经济效果,而是关心在一笔商务谈判结束后,能给自己带来多大的经济利益。

2) 为求胜心理的实现而谈判

经济谈判求胜心理状态的强弱,受自身的经济环境和经济实力制约,同时也受谈判双方的心理状态制约。谈判者在强制性求胜心理和依附性求胜心理两种心理支配下,努力达成谈判目标,为自己在谈判中取得谈判的成功而努力。

谈判中谈判者出于自己的私利,按自己参与谈判时的想法前去谈判,并把这种想法的实现当作成功的目标。例如,有些谈判人员争取谈判项目,仅仅是为了表现自己,满足自己的虚荣心的要求。他们单枪匹马,不讲谋略,处处显示自己,突出个人的权威,盲目自大。他们关心的是赞美词、奉承话,而不是谈判的理想目标。又如,有的谈判人员把商务谈判看作是一种吃好喝好的吃饭职业,他们无所用心,草草了事。再如,有的谈判人员把追求谈判的成功,看作是提职晋升的"铺路石"或资本,他们十分注意的是上级领导的态度和谈判的成果,至于谈判结果的公正性与合理性,他根本就不理会。

3. 为兼顾双方利益而谈判

谈判协议的签署是经济谈判成功的标志之一。商务谈判协议是经过双方磋商,以体现共同利益为基础,在不损害对方利益的原则下签署的。它体现了兼顾双方利益的谈判目的,即让双方都能得到胜利或获得完满的结果。在谈判过程中,双方达到了思想上的沟通,增强了了解和信任,在有利于总体目标实现的情况下,双方或一方作出某种让步是经常的。这种让步是实现共同利益目标的一种形式,绝不是失败。尽管谈判各方都有获得尽量多利益的需求动机,但若有一方无利可图时,协议也是不可签署的。即使是做成了生意,对方也只能上当一次,今后就绝不会再同你做生意了。显然,商务谈判的成功是双方意志的体现。谈判的主要目的,就是要赢得一定的时间和空间,捕捉适宜的发展机会和创造良好的经济环境。它的目标是谈判各方都各有所得,每一方都是胜利者,而不是一方独得胜利。

第4章　商务谈判的心理

本章小结

风云变幻的商务谈判是人们彼此交换思想、展示谈判者实力、心理与个性的一种活动。

对商务谈判心理的熟悉有助于提高谈判人员谈判的艺术性，从而灵活有效地处理好各种复杂的谈判问题。谈判心理涉及谈判者的需要、动机、气质、性格、情绪、情感等心理问题。

人的需要可以分成7种类型，在谈判中要了解谈判人员的需要并尽量给以满足。尼尔伦伯格的谈判需要理论为人们研究和制定谈判策略提供了总体结构。

动机是推动人行动的动力，人们可以使用各种方法来激发对方的愿望或动机，推动谈判的进行。

性格和气质是个性心理特征的重要组成部分，对人的行为有着重大影响，在谈判中要认清自己和他人的气质、性格类型，有针对性地运用谈判策略。

人们所追求的不仅有利益的满足，而且有情感的需求。情绪和情感也是谈判中要注意的重要的心理。正确运用和合理控制自己的情绪并和谈判对方建立良好的感情是谈判成功的关键。

知觉是对客观事物的各种属性的整体、概括的反应，在谈判中要把握运用好首要印象、晕轮效应、先入为主等的作用。

心理挫折在商务谈判中不可避免地存在，谈判者应正确地掌握摆脱心理挫折困扰的心理防卫机制，积极应对心理挫折。

谈判人员所具有的成功心理在谈判桌上往往具有决定性作用，谈判成功直接源于谈判者的信心、诚心、耐心。谈判者的行为标准是通往谈判成功的桥梁，了解清楚谈判成功的行为标准，从而有助于达成谈判者追求的不同目标。

关键术语

需要、动机、风险动机、权力动机、亲和动机、成就动机、气质、性格、情绪、情感、知觉、心理挫折

习　题

1. 选择题

(1) 需要理论的提出者是(　　)。
　　A. 罗杰·费希尔　　　　　　　　　B. 杰勒德·尼尔伦伯格
　　C. 马什　　　　　　　　　　　　　D. 马斯洛

(2) (　　)方式对于谈判者应付挫折心理没有效果。
　　A. 情绪宣泄　　　B. 转移注意力　　C. 提高业务能力　　D. 提高心理素质

(3) 谈判中以试图控制谈判对手的谈判心理属于(　　)。
　　A. 进取型心理　　B. 关系型心理　　C. 权力型心理　　　D. 自残型心理

(4) 商务谈判客观存在的基础和动力是(　　)。
　　A. 目标　　　　　B. 关系　　　　　C. 合作　　　　　　D. 需要

2. 判断题(对的打√，错的打×)

(1) 动机与谈判力的增长和下降的关系，即 A 方的谈判力的上升随着 A 方愿望的下降；反之，当 A 方的愿望越强烈时，A 方的谈判力就越弱。　　　　　　　　　　　　　　　　　　　　　　(　　)

(2) 性格特征与行为习惯可以看作是一对一的关系，行为习惯常常反映出一个人的性格特征。(　　)

(3) 商务谈判需要的人，最好是有外倾向型性格的人。　　　　　　　　　　　　　　　(　　)

(4) 气质没有好坏之分，性格有好坏之分。　　　　　　　　　　　　　　　　　　　(　　)

(5) 谈判中的需要主要通过提问、陈述、聆听等来发现。　　　　　　　　　　　　　　(　　)

3. 简答题

(1) 如何发现谈判对方的真实动机？

(2) 针对不同气质性格的谈判对方，谈判者在商务谈判中应如何应对？

(3) 如何理解情绪和情感的概念，如何在商务谈判中把握自己的情绪，并举例说明。

(4) 如何跟谈判对方建立感情，以促进谈判的顺利进行？

(5) 商务谈判中的成功心理有哪些？

4. 思考题

作为航空公司的经理，你发现大雾正在延误飞机的航行，乘客陆续到来并且赶不上转乘的航班。你的助手捅了一下你的手臂，有一个重要的电话等你去接，扩音器里在喊你的名字，而你的个人通讯器也在"哗哗"地响。这时，有一位怒气冲天、面红耳赤的妇女在人群中指着你，大声叫喊着说你的公司把她的行李箱弄丢了，明天她要出席她儿子的婚礼，可她现在只穿着牛仔裤和汗衫。遇到这种情况，你该如何处理？

  A. 把她交给你的助手去处理。
  B. 在航空公司的休息室请她喝一杯酒。
  C. 告诉她，正如她所看到的那样，你现在忙极了，请她稍候。
  D. 告诉她将得到赔偿。
  E. 请她再重复一遍她的遭遇给你听。

百万元巨款丢在哪儿了

  东北某林区木材厂是一个近几年生意颇红火的中型木器制造厂。几年来依靠原料有保证的优势，就地制造成本较低的传统高档木器，获取了可观的经济效益。但是该厂由于设备落后，产品工艺比较陈旧，限制了工厂向更高层次的开拓和发展。为此，该厂决定花钱更新设备，引进技术，进一步提高生产效率和产品质量，开拓更广阔的市场。于是他们通过某国际经济技术合作公司代理与外国某一木工机械集团公司签订了引进设备的合同，合同总价为 110 万美元。

  1993 年 4 月，外方按照合同规定，将设备到岸进厂，外方人员来厂进行调试、指导安装。中方在验收中发现，该机器部分零件磨损痕迹较重，开机率不足 70%，这种状况根本不能投入生产。中方向外方指出，你方产品存在严重的质量问题，没有达到合同机械性能保证的指标，并向外方征询解决办法。外方表示将派强而有力的技术人员赴厂研究改进。两个月后，外方派出的工作小组到厂，更换了部分不合标准的零件，对机器再次进行了调试，但经过验收仍然不符合合同规定的技术标准。调试验收后外方应允回去研究，但一去三个月无下文。后又经代理公司协调，外方人员来厂进行又一次调试，验收仍然未能通过。中

第4章 商务谈判的心理

方厂家由于安装、调试引进设备已基本停产，近半年没有经济效益。为了能尽快投入生产，中方认为不能再这样周旋下去。于是准备通过谈判，做出些让步，将技术标准降低一些，只要保证整体能够符合生产要求即可。这正中外方下怀，中方提出这个提议后，他们马上答应，签署了设备验收备忘录。在该备忘录中，将原定的六项指标减为四项。按备忘录商定的标准，外方公司进行第三次调试。但调试后，只有一项达到标准，中方认为不能通过验收。但外方公司却认为已经达到规定标准，双方遂起纠纷。

本来，外方产品质量存在严重问题，中方完全有理由表示强硬态度，据理力争。但双方纠纷发生后，外方却显得理直气壮，反而搞得中方苦不堪言。那么其症结到底在何处呢？

原来，在双方签署的备忘录中，经中方同意，去掉了部分保证指标，并对一些原规定指标进行了宽松的调整，实际上是中方做出了让步。但是，让步必须是有目的和有价值的，重新拟定的条款更须做有利于中方的、明确清晰的规定，不然就可能造成新的被动。但该备忘录中竟然拟定这样的条款标准：某些零部件的磨损程度"以手摸光滑为准"；某某部件"不得出现明显损伤"；等等。这种空泛的、不能量化、无可依据的条款让外方钻了空子。根据这样模糊的规定，他们坚持认为达到了以上的标准，双方争执不下。你中国人摸着不光滑，我外国人摸着就是光滑。拿什么来做共同的依据呢？中方虽面对自己同意的条款义正严辞，但对白纸黑字却是说不清道不明。显然，中国人是掉在人家设的圈套里了！

外国公司所采取的策略是精心炮制好的，一段套着一段走。一开始，他们给你一套不合格的设备，欺负你中国人对市场经济、对国际合作涉足不深，能蒙就蒙，能骗就骗。看看骗不过去，便采取第二步，就是拖。知道中方等设备运转急着出效益，就耐着性子不理不睬，逼着对方主动让步。你看，果真奏效，不就逼出个让你被动的备忘录吗？俗话说："急中生智，忙中出错。"中方正应了后一句话。外方来厂调试，反反复复，显得沉着而有耐心，于是中方把希望寄托在人家亡羊补牢的"诚意"上，任凭时光流逝，效益流失。然而，他们没有想到，外方就是要这样日延月拖把他们拖垮！在发生纠纷的近两年中，共调试4次，会谈16次，浪费了大量的时间，损失了巨大的经济效益。而外方心中有数，能拖一日算一日，即使中方按原合同规定索赔，中方这部分钱也可在尽可能长的时间内发挥尽可能大的效益或在银行里获取尽可能多的利息。第三步是拖得中方心急火燎，筋疲力尽，最终逼得你忙忙乱乱地让步，漏洞百出地妥协。当梦醒过来，我白纸黑字，你能奈我何！中方如果精明一点，应该在第一次调试验收后就立即提出索赔，不给对方以拖延取利之机。即使有必要签订有关妥协性条款，也必须本着坚持主要、妥协次要、减少损失的基本原则，有针对性地、明确具体地提出有利于我方、能直接操作解决具体问题的条款，做到让而有度、让而有得。事后，中方一位负责人说，签订合同时，有关索赔条款有很多内容他都不是太精通，也未请律师，当时只把索赔看成了一种不可不行的合同的程式，也根本没想到会出纠纷。可见这位负责人在经营活动中纠纷意识是多么的淡薄，而没有正确的纠纷意识，又怎么会有强烈的竞争意识呢？

中方在外方一改原来"耐心诚恳"的态度、拒不承认产品质量不合标准的情况下，终于被逼求助于法律，聘请了律师，要求外方按原合同赔偿损失。外方在千方百计又拖延了一个月后，才表示愿意按实际损失赔偿。中方认为，赔偿后至少可以保本，但结果又是南柯一梦！在原合同中，精明的外方在索赔条款中写进了一个索赔公式，由于这个公式相当复杂，签约时中方人员根本没有仔细研究就接受了。他们没有想到会有纠纷，也根本没把这个公式当回事。现在，外国人拿来了这个公式，面对面给你算细账。计算机把计算结果一打出来，外国人看着屏幕微笑，中国人看着屏幕发呆。原来，按照这个公式计算，即使这套设备完全不合要求，视同报废，外方也仅仅赔偿设备引进总价的0.8%！还不说你已承认其中一项指标符合标准！10万美元损失只赔偿约1万美元。中方负责人被激怒了，他不顾礼节，把手中的可乐瓶摔得粉碎，而外国人却始终彬彬有礼地微笑着……

此时，解决纠纷已无协商的可能，律师写上建议依法提出仲裁。但查看合同有关仲裁的条款时，令人大吃一惊。如按合同进行仲裁，吃亏的仍是中方！该合同条款规定："如在执行本合同中发生一切纠纷，均需执行仲裁，仲裁在被诉一方所在国进行。"这就是说，如果中方想提出仲裁，只能在对方所在国进行。假如在国外仲裁，中方将要付出巨大的代价：高额的仲裁费、代理费的支付，所派人员的巨大开销，生疏

187

的法制和人际环境，等等。但如果因此不提出仲裁，也会带来巨大的损失。如中方想在本土进行仲裁，其前提条件是外方先行提出仲裁申请，而外方是决不会这样做的。因为，想让外方提出仲裁，中方只有一种手段，这就是拒付货款，造成违约，迫使外方先行提请仲裁。但中方负责人的法律知识太少了。在国际贸易中，中国银行出具的不可撤销的保证函已与合同一起生效，银行方面为保证信誉、遵守国际惯例，根本不可能拒付。也就是说，中方违约不存在客观可能性。在这种情况下，仲裁与否，中方真是进退两难。

对方对此胸有成竹，他们深深了解中方想仲裁而不愿到国外仲裁的心理矛盾。当中方每次提出干脆以仲裁方式解决时，他们马上旁敲侧击地提醒你到他们国家仲裁历时要多么长，花销要多么大，等等。而当中方一次次望而却步时，他们则又要弄新的花招，开始了新的进攻。他们趁中方处于这种欲进不能、欲止不忍的状态，一再提出所谓协商解决的方案，并在谈判中做一些小小的让步，把赔偿额有限度地提高，诱迫你最终妥协。最后，中方在百般无奈的情况下，接受了对方总赔偿额为12%，同时提供另外3%零件的最终方案。而那台机器两年以来根本就不能运转，没有创造任何经济效益。现在，那台机器虽能勉强运转，仍必须不停地调整修理。即便如此，也只能产生60%左右的工作效率。

资料来源：潘马琳，等. 商务谈判实务. 郑州：河南人民出版社，2000.

根据以上案例所提供的资料，试分析：

(1) 百万元损失究竟丢在哪儿了？
(2) 谈判人员应该从该案例中吸取哪些教训？
(3) 根据案例提供的资料，假如你作为中方谈判人员应当怎样去做？

第 5 章

商务谈判的理念与方法

本章教学要点

知识要点	掌握程度	相关知识
商务谈判的理念	熟悉并掌握相关的商务谈判理念	谈判核心、谈判利益、谈判方针、哈佛谈判原则、谈判风格、谈判战略、谈判思维、谈判力量整合
商务谈判的方法	掌握相关的商务谈判方法	硬式(软式、原则式、利益焦点、柔道、隔离、克制诡计、反击)谈判法、APRAM 谈判模式

本章技能要点

技能要点	掌握程度	应用方向
商务谈判的理念	在拥有相关的商务谈判理念的基础上,运用谈判技巧,提高谈判效率,获得谈判成功	谈判利益、谈判方针、谈判风格、谈判战略、谈判思维、谈判力量整合方面
商务谈判的方法	在掌握相关的商务谈判方法的基础上,运用谈判技巧,提高谈判效率,获得谈判成功	商务谈判方法的运用方面

导入案例

北船与SIS公司关于转让技术的谈判

这是一份中美两家企业高层领导人的谈判记录。被誉为"谈判圣手"的北京船务国际股份有限公司总经理方万谋及其同事运用"知彼知己"原理,单刀直入,一鼓作气,仅用一个小时就破了谈判对手的心理防线,堪称中外谈判史上的经典。

谈判时间:1994年8月8日上午9时。

谈判地点:北京国际贸易中心八楼高级会议室。

谈判双方:

甲方——中国北京船务国际股份有限公司(简称:北船);

乙方——美国史密斯国际船业有限公司(简称:SIS)。

甲方代表:

首席代表——有"谈判圣手"之称的北船总经理方万谋;

陪同代表——北船总工程师兼生产副总经理张科哲;北船总会计师郑燕青(女);律师事务所大律师汪洋。

乙方代表:

首席代表——SIS常务董事兼总裁P·史密斯;

陪同代表——SIS东方事务部主任J·亨利;生产技术总兼T·威廉姆。

谈判主题:关于北船与SIS公司合资成立北京京美船务有限公司的过程中,美方转让12V—400ZC型和12V—600ZC型中速船用主机全部技术机密和技术资料的转让年限、转让金额和转让提成等关键问题。中间略去了中英文翻译部分。

方万谋:史密斯先生,亨利先生,威廉姆先生,前几次的谈判我们已经就合资成立京美公司的经营范围、投资总额和双方责任等等问题达成了一致意见,但对于技术转让等一些关键问题,尚未达成一致意见,不知贵方是否已有明确条件。

史密斯:方先生真是快人快语,还是让威廉姆来回答你的问题吧。

威廉姆:我们双方都清楚,技术机密的转让,是合营企业的核心问题。在技术机密的转让问题上,我们本着诚实守信的原则,负责向合资成立的京美公司提供完整、准确的全部技术资料。但是,正如你们所了解的一样,我们的技术是SIS公司投入巨额费用,历时八年开发而成的,在国际上处于领先地位,目前受国际工业产权条约的保护,只有为数极少的几家公司运用此类技术生产出高品位的船用主机。所以,经董事会批准,我们提出如下转让条件。

第一,将生产12V—400ZC型和12V—600ZC型中速船用主机技术机密的工业产权和制造工艺专利费作价1 500万美元,作为我方投入资金的一部分。

第二,技术转让协议期限为八年,只有在该项技术正式投产持续八年后,你们才能以合资的名义向任何第三方转让该项技术。

第三,技术转让费以提成方式支付,提成率为产品净销售额的30%,提成费期限为技术转让协议期限,即八年。

郑燕青:按照贵方的条件,你们除按50%投资股份拿到50%纯利润外,还要拿走作为技术转让费的30%的利润,这意味着在八年时间内,你们将拿走80%的相同股份,我们却只拿20%的纯利,世界上恐怕还没有这样的合资企业吧。(笑)

史密斯:你们连续八年拿20%的利润,看起来是吃亏了。首先,你们不需要投入巨额的科技开发费用,

第5章　商务谈判的理念与方法

不需要承担科研开发失败的风险，就可以在八年以后完全拥有我们的先进技术，你们所牺牲的只是短期利润，你们所付出的仅仅是廉价的劳动力，以及闲置的土地和陈旧的厂房；其次你们所学到的，还有国际化的管理经验和开拓国际市场的本领，这是你们获得的无形利润；最后，你们采用我们的生产技术、生产标准和生产管理方法组织生产经营，八年以后，你们将拥有自己的名牌商标和稳定的市场份额，这也同样是不可估量的商业利润。方万谋：诚然，中国是一个发展中国家，我们的技术水平，尤其是应用技术的水平，与国际水平还有很大一段距离，我们的管理水平也落后于国际水准，这都是我们的弱点。否则，我们就用不着与你们合作了。但是，中国是一个发展很迅速的国家，它有着前景广阔的市场，有着相对廉价的劳动力，任何熟知国际贸易发展规律的企业家，都不会轻视中国的广大市场和低劳动成本，以及低廉的土地成本，否则，你们也不会与我们合作了。

亨利：方先生言之有理，言之有理，互利方能合作嘛。

方万谋：用中国目前一句流行的话来说，我们与你们的合作是"以市场换技术，以劳力换管理"。这种合作是互惠互利、平等真挚的。我们之间合作，对贵方也是大有好处的。贵方的传统销售市场是西欧和中欧，以及你们的北美洲市场。但是欧洲市场因为欧洲经济共同体的贸易壁垒而变得前景黯淡，以至于你们在欧洲市场占有率由1985年的76.8%下降到1993的19.2%，这一下降的趋势目前仍在继续；你们的北美市场也趋于饱和。你们也许曾经想过将技术投资到东南亚的一些新兴国家，如韩国、新加坡和泰国等地，但他们一是市场有限，只有依赖于转口贸易；二是劳动力成本也有刚性上升趋势。目前，世界上只有一个国家是既有广大的国内市场为依托，又有廉家劳动力为保证的国家，那就是中国。还是让我们公司总工程师张科哲先生来用一些数据说明问题吧。

张科哲：中速船用主机在中国有广阔销售前景。据估计，建成投产当年就能销售3 000台左右，销售额稳定增长20%左右，一年半时间就可收回全部6 000万美元的投资，这是一个十分诱人的前景。按照我方与贵方的约定，合资企业的产品60%在中国国内销售，只有40%在国外销售，这已经是我们和我国政府所做出的最大让步了。

郑燕青：顺便补充一点，我国大陆目前劳动力价格之低，是举世公认的。中国台湾劳动力的价格是每小时5.3美元，东南亚国家是每小时3.5美元，而我国大陆仅为每小时0.25美元左右，一个500人左右的工厂，一年就可少支出800美元，这笔账想必贵方也算过吧。

亨利：确实，从市场和劳动力成本两方面而言，你们占有很大优势。

万方谋：我们觉得，贵方所提出的技术机密转让的三项条件有不合理的地方。

史密斯：(含笑)方先生有话尽管讲。

方万谋：第一，贵方所提技术转让协议期限定为八年，时间太长。任何产品都有它自己的生命周期，八年之后，早已过了该项技术专利的保护期限。届时如果有换代产品出现，我方所获得的技术专利就毫无利益可言。

汪洋：对，国际工业产权条约对该项技术的保护于2002年1月结束。

方万谋：第二，你们将技术机密作价1 500万美元入股，几乎相当于你方投资总额的50%，产品投产后又要提成纯利的30%作为技术转让费，这种技术要价也太高了！据我们掌握的数据，前几年日本向南韩船业转让类似技术时，一次性技术转让费也只要价1 600万美元。

史密斯：那么，方先生有什么条件呢？

方万谋：技术作为一个重要的资产，是一个企业发展成败的关键。我们同意贵方所提出将技术作价1 500万美元入股的建议。但是，综合考虑国际的通行做法和双方的利益，我方认为可将贵方技术转让协议期限定为三年，每年提成10%纯利作为技术转让金。

史密斯：四年，20%，如何？

万方谋：四年，10%。

史密斯：OK。

> 1994年8月8日上午10时，北船总经理方万谋与SIS公司董事长P·史密斯签署了技术机密作价1 500万美元，技术转让协议期限为四年，期限内美方每年提成10%纯利作为技术转让费的技术转让合同；同时，北京京美船务有限公司宣告成立。

5.1 商务谈判理念

5.1.1 一个中心

需要是人类行为的原动力。人类不仅有物质方面的需要，也有精神方面的需要。当需要得不到满足时，就成为促使人们作出某一行为的动力。人们进行谈判的原因，也是由人们共同存在的尚未被满足的需要引起的，因为谈判的实质是双方都想得到自己需要的某些东西。为此，谈判者要想取得谈判的成功，必须全面了解谈判者是由哪些需要所驱动的，以便采取针对性对策，有的放矢，争取理想的谈判结果，实现谈判的目标。

人们的需要是多种多样的，并存在着由低到高的不同层次。美国布朗戴斯大学心理学教授阿伯拉罕·H·马斯洛(A.H. Maslow) 把决定人类行为的需要分为7个层次，即生理的需要，安全的需要，感情的需要，获得尊重的需要，自我实现的需要，认识和理解的需要，美的需要。

1. 谈判需要

人类需要的这七个层次，在商务谈判的谈判者追求中可以表现出来。

(1) 生理的需要是人们最基本的需要，是对维持和发展人类生命所必需的外部条件的需求。这种需要支配着其他的需要。对谈判而言，也是如此。当一个企业的产品大量积压，资金被占用在库存商品上，职工因此而连续几个月发不出工资的时候，销售产品就成为至关重要的问题。这时谈判者会为了尽快拿回资金去发工资而降低其谈判条件以首先满足广大职工的生理需要。从谈判者个人来说，在谈判中首先要求自己的衣、食、住、行等基本生活条件得到满足。因为谈判是一项强度很大的活动，需耗费大量的体力和脑力，必须得到及时的休息和补充，否则，就不可能精力充沛地投入谈判，不可能与对方据理力争，也就不可能取得理想的谈判结果。

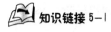

阳光刺眼

有时候，在和谈判对手你来我往之间，会陷入对手故意设计的用来干扰和削弱我方的谈判力的不利处境中。比如，座位阳光刺眼，看不清对手的表情；会议室纷乱嘈杂，常有干扰和噪声；疲劳战术，连续谈判，并在我方疲劳和困倦的时候提出一些细小但比较关键的改动让你难以觉察。比如，突然的噪声，不良的环境，使人容易疲劳。

遭遇"阳光刺眼"策略时，应该立即提出拉上窗帘或者更换座位。而人们经常会碍于面子，默默忍受，没有即时提出。

商务谈判的过程中，不善待对手的做法不符合马斯洛需求理论中生理需求的一点，即谈判对手没有得到基本的良好的工作环境。任何事情都应该掌握一个度，虐待对手的做法不符合谈判的伦理，尽管做得微妙时，对方有时很难觉察到。

(2) 在生理需求得到满足以后,人们接着就要考虑安全,即寻找安全保障。在谈判中安全需要也表现得十分明显。例如,某企业技术落后,经济效益下降,为了扭转不利局面,防止破产,便主动提出与另一家技术先进的大厂联合,由原先生产成品的厂变为别人的配套厂。这样该企业在谈判中虽然降低了地位,却获得了安全。安全需要在谈判者身上表现为注意人身安全和害怕上当受骗。当谈判者在客场谈判时,由于对周围环境不了解而缺乏安全感,担心自己在谈判中受骗而影响自己的职位等。

(3) 在生理与安全需要得到满足以后,人们对感情的需要就占了主导地位。如希望归属于某个团体,给予或接受友谊、关怀和爱护、交流感情、建立家庭等。这种感情的需要在谈判中表现为两个方面。一方面谈判者希望通过谈判小组的团结协作,取得谈判的成功,自己也得到上司和同事的信任;另一方面又想同谈判对手建立友好的关系。

(4) 获得尊重的需要是人们希望实现自己的潜在能力,取得成就,对社会有较大贡献,能够得到别人尊重的欲求。其可以分为两种类型,一是渴望自由和独立,是取得力量、能力和自信的需要;二是获得他人尊重的需要。在谈判中,获得尊重的需要表现为:第一,通过满足他人的需要求得尊重,即在谈判中虽然争取对方让步,但自己以相应的让步作回报或者只争取对方作出一定的让步即可,从而求得对方的尊重;第二,通过履行职业性的能力来表现自己,即把谈判作为一种职业,认为谈判成功是职业的要求,以称职的工作来赢得同仁的尊重。

(5) 自我实现的需要是指人们希望从事与自己的能力相适应的工作,实现自身的价值,成为一个与自己能力相称的人。自我实现的需要在谈判中具体表现为追求谈判目标的实现,争取尽可能多的谈判利益,以谈判中取得的成绩来体现自己的价值。

(6) 认识和理解的需要在谈判中具体表现为按自己的认识和理解出发去思考,去谈判。为此,要想使谈判朝着对自己有利的方向发展,必须找到对方在认识和理解上的需要,然后满足对方的这种需要,使对方在其需要满足中做出对己方有利的行为。例如在技术设备买卖谈判中,买方只有对设备及其技术性能完全认识和理解之后,才能决定购买。这时卖方应做大量的说服工作,让对方满足其认识和理解的需要,使对方作出购买决策。

(7) 美的需要是人类最高层次的需要,是人类追求美好事物,寻求美的感受的欲求。美的需要在谈判中具体表现为谈判者喜欢美的事物,喜欢在美的环境下谈判等。这就要求谈判者必须适应对方爱美的需要。

上述七种需要是按其对人类的重要程度渐次展开的,在每一个人身上的体现是重叠的。当一种需要达到一定程度的满足后,下一种需要就开始出现。在这里,有两点需要明确:第一,七种需要并不是在上一种需要达到100%的满足后,下一种需要才能出现,而是可以交叉出现。第二,这七种需要出现的顺序对大多数人来说是正确的,但对有些人来说,其顺序可能会有些变化。因此,在谈判过程中,发现对方的需要和满足对方的需要应因人而异,不能生搬硬套。否则将会使自己陷入困境。

2. 谈判者需要与谈判行为

1) 需要和对需要的满足是谈判进行的基础

存在尚未满足的需要是谈判进行的前提。没有需要,就没有谈判,没有尚未满足的需要,就不需要谈判。如果一个人或企业的所有需求都已得到充分的满足,则该个人或企业就不会去寻找他人进行磋商。正因为存在尚未满足的需要，才需要去寻找能够满足这种需要的个人或企业，通过谈判满足需要。一个没有任何推销任务或欲望的人不可能成为推销谈判中的卖方，而一个推销任务没有完成的推销员则可能选择百货商店或顾客作为推销对象，通过谈判完成其推销任务。在日常生活中，人们总是存在着各种各样尚未得以很好满足的需要，资源的稀缺性使得许多需要的满足具有一定的难度，从而要通过谈判(甚至是艰苦的谈判)解决问题。正是从这一意义上来讲，人类生活中充满了谈判。在企业日常活动中，也总是会不断出现各种尚未满足的需要，如资金短缺、货源紧张、商品滞销、人事关系紧张等，也正因为如此，企业经营离不开谈判。

2) 谈判者的需要满足状况及其对不同层次、不同类型需要的认识，决定着谈判行为

所有谈判者都具有特定的尚未满足的需要，但不同谈判者的谈判行为却往往有很大差异，即便是同一谈判者，在不同的谈判甚至是同一谈判的不同回合中，其谈判行为往往也不尽一致，有时甚至会给人判若两人的感觉。所以如此，除了其他各种因素的影响外，一个很重要的决定因素就是谈判者的需要满足状况及其对不同层次、不同类型需要的认识不同。

在基本需要尚未满足而寻求较低层次需要满足时的谈判行为和寻求满足较高层次需要时的谈判行为明显不同。在对同一招标项目的投标中，一支久未承接任务、职工工资发放困难的建筑工程队和另一支承接项目很多、收入优厚的工程队的承包报价会存在明显差异。前者追求较高的中标概率，使之能获得工程建设任务，维持工程队的生存，其报价不可能很高，而后者追求的是高投资回报率，追求高质量和良好的信誉，除非特定的策略需要，否则不可能报出低价。

5.1.2 两种利益

参与谈判的各方究竟是合作者，还是竞争者？这是历来谈判学家在理论上争论的焦点，也是众多的实际谈判者在谈判中确定立场的出发点。我们认为，不论是何种类型的谈判，即使是政治谈判、军事谈判，谈判的双方或多方都是合作者，而非竞争者，更不是敌对者。

首先，人们谈判是为了改变现状或协商行动。这就要求参与谈判双方的合作或配合，如果没有双方的提议、谅解与让步，就不会改变原有的现状，达成新的意向。

其次，如果把谈判纯粹看成是一场棋赛，或一场战斗，不是你输就是我赢，那么，双方都会站在各自的立场上，把对方看成是对手、敌手，绞尽脑汁、千方百计地想压倒对方，击败对方，以达到自己单方面的目的。结果，达到目的的一方成了赢家，趾高气扬，做出重大牺牲或让步的一方成了输家，屈辱不堪。双方虽然签订了协议，但并没有融洽双方的关系，更没有达到双方都满意的目的。因而这一协议缺乏牢固性，自认为失败的一方会千方百计寻找各种理由、机会，延缓合同的履行，挽回自己的损失。其结果可能是两败俱伤。

 应用实例 5-1

美国纽约印刷工会领导人伯特伦·波厄斯以"经济谈判毫不让步"而闻名全国。他在一次与报业主进行的谈判中，不顾客观情况，坚持强硬立场，甚至两次号召报业工人罢工，迫使报业主满足了他提出的全部要求。报社被迫同意为印刷工人大幅度增加工资，并且承诺不采用排版自动化等先进技术，防止工人失业。结果是以伯特伦·波厄斯为首的工会一方大获全胜，但是却使报业主陷入困境。首先是三家大报被迫

第5章 商务谈判的理念与方法

合并,接下来便是倒闭。最后全市只剩下一家晚报和两家晨报。数千名报业工人失业。这一结果说明,由于一方贪求谈判桌上的彻底胜利,导致了两方实际利益完全损失。

由于双方都把对方看作是自己的对手,两方各自的利益互不相容。一方多得就意味另一方少得,一方获利就意味着另一方让利。因此,双方对立的另一危害就是互相攻击,互相指责。谈判者为了维护各自的利益,只知一味地指责对方、埋怨对方,却不注意寻找双方都可能接受的条件,从而使双方的关系愈加紧张、对立,达成协议的可能性变得愈小。

因此,在谈判中,最重要的是应明确双方不是对手、敌手,而是朋友、合作的对象。只有在这一指导思想下,谈判者才能从客观、冷静的态度出发,寻找双方合作的共同途径,消除达成协议的各种障碍。

美国谈判专家费雪·尤瑞明指出:"每位谈判者都有两种利益:实质的利益和关系的利益。"合作共识、互利互惠,会使谈判双方既得到实质的利益,又能获得关系的利益。

我们认为,要坚持合作互利的原则,主要从以下几方面着眼。

(1) 从满足双方的实际利益出发,发展长期的贸易关系,创造更多的合作机会。贸易都是互利互惠的,如果双方都能够充分认识这一点,就能极大地增加合作的可能性。

谈判中双方采取合作的态度,会大大增加双方的谅解与信任,这是谈判成功的基础。

 应用实例 5-2

国外某市有一个广播电视修理商协会长期生意不景气,很想寻找一条适合的途径扩大声势,发展规模。于是协会提出与电台合作。经过协商,他们达成了这样的协议:电台为广播电视修理商协会免费作广告宣传。修理商则把电台的节目单张贴在修理铺的橱窗上,还保证所有修好的收音机都能收到该电台的节目。同时,还负责对所在地区进行调查,及时向电台反馈该地区电台广播情况。协议的结果是双方都获益。修理商协会得到电台免费提供的价值数万美元的广告宣传,而电台因此获得了更多的听众和信息。结果双方一直合作的很好。

(2) 坚持诚挚与坦率的态度。诚挚与坦率是做人的根本,也是谈判活动的准则。中国有句老话,"精诚所至,金石为开"。任何交易活动,不论是哪一方缺乏诚意,都很难取得理想的合作效果。

在平等合作、互相信任的基础上,双方坦诚相见,将己方的意图、目标、要求明确地摆到桌面上来,而对于对方的要求的合理部分表示理解与肯定,对于双方应商榷的部分明确指出,双方力争做到开诚布公,光明磊落。这会大大增加工作效率和相互的信任。

当然,坚持诚挚与坦率,并不是排斥谈判策略的运用,并不是说将己方的一切都和盘托出,毫无保留。这里的诚挚是指谈判的诚心与诚意,动机纯正,坦率是指光明正大,它排除不可告人的目的,如极端的损人利己,转嫁危机。

坚持诚挚与坦率会更好地消除谈判各方的误会与隔阂。更好地了解事实真相。正视现实。更好地达成双方的谅解与合作。

(3) 坚持实事求是的作风。这是指谈判各方在提出自己的要求、条件时要尽可能符合客观实际。要充分估量己方条件的切实可行性。同时本着公平合理的出发点去评价对方的要求。

坚持实事求是,并不排斥抬价压价战术的运用。但不论是抬价,压价,要让对方觉得合情合理,具有客观性,不是漫天要价,瞒天过海。否则,双方很难做到精诚合作。

在谈判中，尽管你对对方的实际利益了解很多，尽管你所提议的解决方案十分理想、巧妙，你仍然会面对双方利益冲突的问题。所以坚持实事求是的原则，落实到谈判中，就是坚持客观标准。这一问题将在第五个原则中重点阐述。

5.1.3 三种方针

英国谈判专家比尔·斯科特在其著作《贸易洽谈技巧》中把其谈判理论概括为"谋求一致"、"皆大欢喜"、"以战取胜"三个谈判方针。他极力推崇在友好、和谐的气氛下"谋求一致"的谈判方针，但也积极主张在谋得己方最大利益的前提下给对方以适当满足的"皆大欢喜"的谈判方针，他力主避免种种冲突型的"以战取胜"的方针。

1. "谋求一致"的方针

这是一种为了谋求双方共同利益，创造最大可能一致性的谈判方针。这可比喻为双方共同制作更大的蛋糕，分享的蛋糕更多、更好。

应用实例 5-3

美国西方石油公司董事长兼首席执行官哈默博士，他早年曾帮助列宁，同新生的苏维埃政权进行过粮食贸易。他同中国也进行了卓有成效的经济合作。1988年9月28日晚，中国领导人接见了哈默博士，感谢他以往10年给予中国的帮助和支持，并希望他继续合作。哈默这次来华，除了解决有关已投资建设的平朔安太堡大型露天煤矿的一些具体问题外，他还希望尽快与中国再签订合作开发煤炭资源的意向书，与中国海洋石油总公司洽谈进一步合作问题。类似这类谈判成功的实例，都是双方在谋求一致的前提下进行的。这是谈判中最为成熟的一种谈判原则。

2. "皆大欢喜"的方针

"皆大欢喜"的方针是指谈判人员总是竭力地为自己一方在谈判中谋求最大的利益，但这决不意味着要去损害对方的利益，而是既注意自己的利益，又使对方从谈判中获得某种满足。皆大欢喜的谈判方针所使用的方法，不仅应使自己获得预期利益，还应使对方在某些利益方面得到一定程度的满足。与"谋求一致"的方针相比，"皆大欢喜"的方针不是把蛋糕做得尽可能大，而是根据不同需要、不同价值观，分割既定的一只蛋糕。

3. "以战取胜"的方针

"以战取胜"的方针，即双方都施展各种手腕和诡计，通过牺牲对方利益，取得自己的最大利益，打败对方。其结果往往是两败俱伤。采取以战取胜的方针，其目的是打败对方，其实质是牺牲他人的利益。这种方法有许多危害：失去对方的友谊；失去将来与对方合作的机会；会遭到对方的全力抵抗和反击，存在着两败俱伤的风险；即使对方屈从，也不会积极地去履行协议；在社会上失去信誉。

由于采取这种谈判方针的危害是显而易见的，因此，谈判高手极少使用，只有外行谈判人员才去冒这种风险。当然，也有例外，在下列两种情况下，谈判双方可能不会造成太大的危害。一种情况是一次性经济谈判，即谈判双方不会再接触，因而也就没有必要担心长远的买卖关系问题；另一种情况是，买卖双方中一方的实力比另一方强大得多，例如实力雄厚的垄断集团。然而，即使存在上述两种情况，也不适宜采取这种强权的策略或原则。

人物介绍 5-1

比尔·斯科特

英国谈判学家比尔·斯科特(Bill Scott),作为英国许多公司和政府机构的谈判顾问,为南非、瑞典、挪威、芬兰、澳大利亚、新西兰和新加坡等国培养了大量的业务谈判能手。斯科特从事谈判理论研究和实践有三十多年的历史,尤其是在商务谈判领域,他有一套独特的"谈判技巧理论"。斯科特认为谈判技巧就是指谈判者在长期的实践中逐渐形成的以丰富实践经验为基础的本能的行为或能力。谈判技巧是以心理学、管理学、社会学及对策论等为指导并在实践中锻炼成熟的。斯科特反对人们对谈判技巧的狭隘认识,鲜明地将技巧与"诡计""手腕"等观念区分开来,提倡有效的沟通。他认为谈判技巧只有通过最大程度的与对手的沟通,取得双方对问题的共识,才会发挥最大的效用。从这个意义上说,斯科特是反对谈判做阴谋家的。"本能的行为和能力"构成了谈判技巧最核心的部分。

5.1.4 四项原则

1. 扩大总体利益

在谈判中双方应一起努力,首先扩大双方的共同利益,而后再来讨论与确定各自分享的比例,也就是人们常说的"把蛋糕做大"。有的人一说开始谈判,就急于拿起刀去切蛋糕,以为这蛋糕就这么大,先下手为强,如果对方切得多一点,就意味着自己分到的就少一点,于是在蛋糕的如何切法上大伤脑筋。其实,这种做法并不明智。

谈判的本事,在很大程度上取决于能不能把蛋糕做大,通过双方的努力降低成本、减少风险,使双方的共同利益增加,最终使双方都有利可图。项目越大,越复杂,把蛋糕做得越大的可能性也越大。

扩大双方的总体利益是可能的,在现实中总体利益是客观存在,而发掘这些现实的潜在利益,却需要双方的合作精神和高超的技艺。

 应用实例 5-4

两位技艺高超的艺术家共同拥有一块未经雕琢的美玉,美玉被包裹在质朴的岩石中,如果两位艺术家不从整体上发掘美玉的天生丽质,将美玉击碎而后瓜分,很可能双方所得无几。艺术家凭着丰富的经验从矿石表面的纹理、晶体结构中,遐想出美玉的优美形态和绚丽色彩,共同构思出雕琢美玉的方案,而后下手雕琢,并且在雕琢的过程中,不断修正方案,充分根据美玉的材质设计、雕琢,避开美玉的瑕疵,最终两位艺术家得到的是一件稀世珍品。经过雕琢,不仅使美玉价值倍增,而且通过这件艺术品,传出艺术家的美名,之后更有多拥有朴实玉石的人找上门来,以求得到艺术家的合作。

在谈判中,为了扩大双方的总体利益,有时会遇到对传统做法的挑战。当然,对涉及双方的基本原则和立场一般不能做出让步,但对一些传统的规定,则是可以通过谈判予以调整的。

2. 提供多种选择方案

1) 影响产生选择方案的因素

在现实谈判中,一般有4种障碍性因素遮蔽了人们对于多种可能选择的视线。

(1) 早熟的判断。即不经过深思熟虑，就断定某个方案可行还是不可行。特别是当谈判者处于谈判的压力之下时，担心提出某种方案会影响到双方的关系，会影响到实际收益等。另一方面，每个人身上都有一种批评意识，这种批评意识会对新看法的提出起到阻碍作用。

(2) 寻求单一的答案。在大多数人的头脑中，提出建设性的可选方案并不是谈判中的步骤。他们认为谈判的工作就是设法缩短双方阵地的间隔，而不是增加一切可能的选择方案。他们总是说："我们要取得一致已经够不容易的了，现在最不需要的就是各不相同的建议。"由于谈判的结果只是单一的决定，他们害怕漫无边际的讨论只会延长时间，节外生枝，把事情搞糟。因此，只想得到唯一的答案，人们就自动放弃了做出其他明智选择的机会。

(3) 固定的分配模式。谈判双方把谈判比作双方在分一个大小固定的馅饼，你要得到的多，我就得到的少，从而把分配模式固定化了。这种要么得，要么失的考虑，阻碍了人们做出更充分的选择。你多拿100元就意味着我少拿100元，一切都是显而易见的，只有牺牲我的利益，才会使你满意，为什么还要找麻烦寻求其他方案呢？

(4) 认为"对方的问题应该对方自己解决"。对一个谈判者来讲，要想达成满足自身利益的协议，就必须使协议也反映对方的利益。但是，在人们的心理中，尤其是在谈判中有情绪反应时，就存在着讨厌或无法理智地考虑满足对方利益的倾向，认为我们自己的事已够麻烦的了，他们的问题应该由他们自己去解决。此外，人们还有一种心理障碍，认为去思考满足对方的利益似乎是一种对己方不忠的行为。

2) 寻求多种方案的途径

如何增加谈判各方的可能选择方案，关键在于克服上述4种障碍。

(1) 将方案设计与方案评价分开。由于对方案的批评与评价阻碍了对方案的构思，因而应把创造方案与评判方案分开，先设计方案，然后再决定是否采用。作为一个谈判者，要提出多种可选方案是不容易的。这时谈判者可以尽情发挥自己的想象力，排除来自于自己和对方的各种障碍，大胆地提出设想，而不要管它是好是坏，现实还是不现实。在思考的过程中，要鼓励不成熟的方案，防止互相批评，指责，避免扰乱正常的创造性思路。

(2) 扩大选择的范围。即使是出于最善良的本意，参与方案设计的人往往抱着寻找最佳方案的想法考虑问题。然而，在谈判的这一阶段，谈判的主要任务不应是寻找最佳的途径，而是要开辟可以谈判的空间，空间的建立要有大量不同的方案。只有在各种不同方案存在的情况下，才有选择的余地。寻求建设性的方案，要经过以下几个步骤，第一是考虑一个特殊的问题，如目前谈判中存在什么问题，有哪些你不希望出现的事实；第二是描述性分析，即从一般性的角度去分析现实情况，把问题归纳分类，并试图找出它们的原因；第三是考虑采取什么行动，从理论的角度去寻求解决办法；第四是研究制定特定而又可行的行动方案。

(3) 寻求共同利益。如果能提出满足双方共同利益的方案，显然有助于协议的达成，但人们往往看不到这一点，或在实际中忘了它。寻求共同利益主要指两个方面。其一是发现共同利益。一般而言，在谈判中双方总存在着共同利益，但这些共同利益可能没有明显地表现出来。这时，谈判者的任务就是找到共同利益，把它具体化，并系统地阐述为共同目标。其二是吻合不同的利益。在谈判双方的利益存在分歧的情况下，应设法予以协调。双方都要寻找"对己代价最小，对对方好处最大"的方案。

第5章 商务谈判的理念与方法

(4) 让对方易于决策。既然你在谈判中的成功取决于对方做出你所需要的让步，那么你就要尽可能地使对方容易做出这个决策。由于人们过分重视自己这一方，就忽视了通过考虑对方利益来使对方得益的方法。为了克服只注意自己利益的目光短浅的行为，你应把自己放在对方的位置上来为对方想一想。如果不给对方某些选择，你就可能无法达成任何一种协议。

3) 多种选择方案谈判技巧

(1) 不要在一棵树上(目标)吊死，在做出决定之前尽可能多想几个解决方案。

(2) 要使自己获得利益，必须要有让对方也得到利益的方案才行。

(3) 借助于专家的力量去探讨、构想切实可行的方案。

(4) 追求双赢的结局。

(5) 退而求其次，如果难以达成期待的协议，可以提出低标准或低层次的方案，以增加能够达成协议的方案数目。

3. 对事不对人

谈判者首先是人。谈判的一个基本事实是，谈判对方和自己一样是个人，而不是什么抽象的代表，但人们经常忽略这一点，尤其是当对方代表某个组织时。任何人都有自己的感情、面子、价值观，也有各自的背景和要求。如果人们考虑了这一点，并在谈判中充分注意这些因素，那么谈判就会顺利得地多。

在谈判中，己方和对方关系可能会向两个极端发展。谈判可能会产生令人满意的结果，随着时间的推移，双方建立起一种相互信赖、理解、尊重和友好关系，使下一轮的谈判更顺利，更有效率。另一方面，人们也可能感到受到一些威胁，他们按照个人的眼光来看待世界，并常常把他们的感觉和现实混为一谈。于是，误解、偏见、失望全都放到了谈判桌上，双方之间的关系十分紧张，这就会给谈判造成灾难性的影响，为此，在谈判中应特别注意对方的心理和需要，把对方当作一个和自己一样的人来看待。

不要把人与问题纠缠在一起。谈判是为了解决问题，满足我们的需要，但我们往往在实际生活中忘了这一点，在很多情况下，人们总倾向于把人和事联系起来看待，有很多针对事的情况，最后都成了针对人。在谈判中，把人和事混为一谈，就很难把他们之间的关系与实际利益分开。这样一来，一方对于问题的任何看法，似乎都针对对方个人，有时像是人身攻击，对另一方也是如此。双方就会情绪抵触伺机反击，也就忽略了双方共同的利益所在。因此，在谈判中把人和问题分开显然是有好处，这样可以避免在解决问题时把人一块儿牵扯进去，避免问题复杂化。明智的选择就是把人和问题分开，对事而不针对人。

要做到把人与问题分开处理，从总体上看，应从理解、情绪、沟通这3个方面着手。

1) 理解

在谈判的时候，由于人们的先入之见、偏见、感情、知识和能力的限制，总是会产生一些误解，或人为地增添一些交流的障碍。因此理解对方是必须的。要做到理解应做到不要胡乱猜测，不要因为自己的问题指责对方，讨论各自对问题的理解，寻找可以不到依赖对方观点而谈判的机会，让你的提案与对方的观念相符。

2) 情绪

把人和问题分开所要注意的第二方面就是要控制情绪，尤其是在谈判处于极端对立的争执中，双方准备更多的是战斗而不是合作解决问题的时候。首先，要了解自己和对方的情绪，弄清楚自己和对方为什么生气，是对过去不满足而想报复吗，等等。其次，表明自己的心情，承认他们是正常的。最后，让对方发泄情绪，发泄情绪可以使后面的谈判变得轻松，此时千万不要对其情感冲动给予反击。

3) 沟通

沟通中常出现的一些问题。谈判者或者相互之间缺乏沟通，或至少没有以理解信任的方式沟通；即使一方在直接、清楚地说，但对方却并不一定能认真地听；对同一句话，双方的理解可能各不相同，产生歧义和误解。因此，在沟通中应设法避免上述问题。这要求谈判双方都能认真倾听对方的陈述，并理解其内容；尽量说自己而不说别人，这样可以避免反驳和反感；讲话时最好保持明确的目的性和针对性。所有这些，都有利于加强沟通，避免把人与问题纠缠在一起。

4. 坚持客观标准

无论是将谈判看成双方的合作，还是看成双方的较量，都无法否认谈判中双方利益冲突这一严酷现实。买方希望价格低一点，而卖方希望价格高一些，贷方希望高利率，借方希望低利率。从这种观点出发，一方希望得到对自己有利的结果，另一方也持同样的观点。这些分歧在谈判中时时刻刻存在着，谈判双方的任务就是清除或调和彼此的分歧，达成协议。

消除或调和彼此的分歧有多种方法。一般是通过双方的让步或妥协来实现的。而这种让步或妥协是基于双方的意愿，即愿意接受什么，不愿意接受什么。所以常常会出现一方做出让步以换取另一方对等的让步，这样，调和消除双方的分歧就变得十分困难，付出的代价也是巨大的。

坚持客观标准能够很好地克服建立在双方意愿基础上的让步所产生的弊病，有利于谈判者达成一个明智而公正的协议。

所谓客观标准是指独立于各方意志之外的合乎情理和切实可行的准则。它既可能是一些惯例、通则，也可能是职业标准、道德标准、科学鉴定等。在商务谈判中，在谈到价格的时候，双方应撇开购销双方的主观要求，而选择市场价格(国际市场上同类商品的价格)、成本等作为客观标准进行谈判，从而保证双方获取公平合理的利益。

评价某一标准是否客观、公平合理，应从两个方面去分析，其一是从实质利益上看，其二是从处理程序上看。从实质利益上看，是以不损害双方应有的利益为原则；从处理程序上看，就是解决问题的方法本身是公平合理的，应该有公平的程序。被认为公平的方法，如"轮流"、"抽签"、"由第三者决定"、"按顺序"等。

在谈判中坚持使用客观标准有助于双方和睦相处，冷静而又客观地分析问题，有助于双方达成一个明智而又公正的协议。由于协议的达成是依据通用的惯例和公正的标准，双方都感到自己的利益没有受到损害，因而会有效地、积极地履行合同。

 应用实例 5—5

江东造船厂拟从英国大洋公司进口一批钢板，考虑到船厂的订单较多，而钢板的市场供求态势供不应求，江东造船厂欲与英国大洋公司建立长期的业务关系，准备签订 3 年期的购销合同。英国大洋公司根据市场态势,既想接下这一大宗生意,又想赚取巨额利润,因而在价格上待价而沽,开出了高出市场价格20%的高价。江东造船厂的谈判者以缩短供货期、减少采购量威胁,均未成功。这时,从澳大利亚回国的公司营销部经理提出通过公司网站进行国际招标采购,中止原来的谈判。英国大洋公司马上拿出了新方案,承诺按市场价成交。但是,由于钢材的市场价格波动较大,双方对未来的市场价格走向都拿不准,谈判又陷入讨价还价的僵局。经过反复的磋商,最后双方同意坚持客观标准原则,以期货市场价格作为参照标准,以江东造船厂钢板到港为计价标准时间,江东造船厂签订了3年采购英国大洋公司2.5万吨钢板的合同,英国大洋公司也赢得了这一大单生意。

资料来源:金依明,杜海玲. 商务谈判实务. 北京:清华大学出版社,2010.

5.1.5 五种风格

J·M·希尔特洛普和 S·尤德尔在《如何谈判》一书中告诉我们:"在决定整个谈判战略时,你应当时刻准备根据情况的需要改变你的谈判风格。"这是因为,"没有一种谈判风格适用于所有的谈判场合","人们经常会改变自己的谈判风格,以适应新形势的需要";"专业谈判者一般倾向合作的风格,但同时又做好对抗的准备"。可见,谈判风格可能会因事因时而不断地改变,其只是"迎合大众心理的表演"。

1. 谈判风格类型

从社会学的角度考察,谈判是一种人与人之间关系的协调活动。毋庸置疑,谈判中双方发生冲突或意见分歧是不可避免的。现在的问题是,面对分歧或冲突如何处理。有人采取合作性的态度处理冲突,也有人采取进攻性态度处理冲突,还有人采取顺从性态度处理冲突。总之,各人在处理冲突时的态度各具特点或风格。根据托马斯(Thomas)和基尔曼(Kilman)1974 年研究的成果,他们把每个人在处理冲突时所表现的风格,归纳为 5 种类型。

1) 合作型

采用合作型(collaborating)风格的人(collaborator)对待冲突的方法是维持人际关系,确保双方都能够达到个人目标。他们对待冲突的态度是,一个人的行为不仅代表自身利益,而且代表对方的利益。当遇到冲突时,他们尽可能地运用适当的方式来处理冲突、控制局面,力求实现"双赢"的目标。

2) 妥协型

妥协型(compromising)的特点不是双赢,而是或者赢一点,或者输一点,采用妥协型风格的人(compromiser),他们在处理冲突时,既注重考虑谈判目标,又珍视双方关系。其特点是说服和运用技巧,目的是寻找某种权宜性的、双方都可以接受的方案,使双方的利益都得到不同程度的满足,妥协型风格意味着双方都采取"微赢微输"(mini-win-mini-loss)的立场。

3) 顺从型

采用顺从型(accommodating)风格的人(accommodator),对待冲突的态度是不惜一切代价维持人际关系,很少或不关心双方的个人目标。他们把退让、抚慰和避免冲突看成是维护这种关系的方法。这是一种退让或"非赢即输"的立场,其特点是,对冲突采取退让一输掉(Yield-loss)的风格,容忍对方获胜。

4) 控制型

采用控制型(controlling)风格的人(controller)对待冲突的方法是，不考虑双方关系，采取必要的措施，确保自身目标得到实现。他们认为，冲突的结果即非赢即输，谈得赢才能体现出地位和能力。这是一种支配导向型的方式，即可以使用任何支配力来维护一种自认为是正确的立场，或仅仅自己获胜。

5) 回避型

采用回避型(avoiding)风格的人(avoider)对待冲突的态度是，不惜一切代价避免冲突。他们的中心思想是逃避，不愿意正视现实矛盾，避免意见交锋，因而使参加谈判的各方都感到沮丧。其后果往往是个人目标不能满足，人际关系也不能维持。这种风格可能会采取外交上的转移命题方式，或推迟讨论议题，等待时机，或干脆急流勇退。这是一种非赢即输的风格，他们的立场是撤退—输掉(leave-loss)，容忍对方获胜。

谈判风格对你制定谈判战略至关重要，如果你是"合作型"风格的谈判者，你就会在谈判前制定促使双方皆大欢喜的"双赢"谈判战略。在制定处理冲突的方案时，你就要设想如何有效地满足对方的需要以及不企求拿走"谈判桌上的最后一分钱"。如果你是"控制型"风格的谈判者，在制定谈判战略时，你就要设想"分利必争"的方案。

2. 谈判风格的运用

如何因事因时地改变谈判风格？这就是谈判风格的运用问题了。1977年，托马斯提出了上述5种谈判风格的有效使用的建议，谈判实践也证明，托马斯的建议具有相当的普遍适用性。

1) 合作型谈判风格的运用

托马斯认为，在以下情况下采用合作型风格最有效：问题很严重，不允许妥协；需要集中不同的观点；你需要承诺，以使方案能够运转；你希望建立或维持一个重要的相互关系。

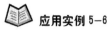

应用实例 5-6

鲲鹏公司是一家生产生物保健产品公司，在宁波新产品订货会上，为产品价格与客商发生了冲突，鲲鹏报价是每瓶70元，经过几轮讨价还价，鲲鹏退让到每瓶68元，而客商坚持按每瓶66元订货。如果按66元销售的话，该产品利润率只有6%，鲲鹏测算将减少利润100万元，而鲲鹏为开发这一新产品的研究开发费用就高达1 000万元。但如果鲲鹏坚持68元出售价的话，客商订单就会减少。面对这一格局，经过缜密权衡按66元价格出售，事隔一年后，该产品畅销的行情，证明鲲鹏采用合作型风格是完全正确的，因为鲲鹏因此成功地建立、维持和发展了他们的客户关系。

2) 妥协型谈判风格的运用

托马斯认为，在以下情况下采用妥协型风格最有效：问题很重要，但你左右不了局面；双方关系很重要，但不允许采取顺从态度；对方具有同样的影响力，他们准备提出其他目标；你需要为复杂问题找到临时的解决办法；时间紧迫，你需要找到一个权宜之计；这是唯一的选择，否则解决不了问题。

应用实例 5-7

A公司计划投资6亿元在某黄金地域兴建五星级酒店，可行性研究报告表明，该项目建成后的财务内部收益率(FIRR)高出基准折现率5个百分点，具有很强的盈利能力。但在完成土建工程后，由于融资渠道出了意外问题，装修所需4亿元资金一时筹措无门。

在这种背景下，寻求有资金实力公司合作是明智的。B公司有实力也有意向，提出的合作思路是出资4亿元按原设计方案建成(如果投资额超出原来计划投资部分按两家持有股份比例投入)；B公司认定是A公司2亿元的投入；该酒店建成后，A公司占酒店22%的股份，B公司占78%的股份。对A公司来说，妥协的条件就是让出8%的股权(因为总投资额6亿元，从理论上讲，A公司已经投入2亿元，应该占30%股份；B公司介入还需投资4亿元，应该占70%股份)。如果A公司要想尽快地建成酒店，盘活已投入的2亿资金，接受B公司的谈判方案也是可以理解的。

3) 顺从型谈判风格的运用

托马斯认为，在以下情况下采用顺从型风格最有效：你发现自己错了；你希望被看成是有理的；你希望为以后的问题建立"信用"；你处于弱势，希望能尽量减少损失；和谐和稳定更重要。

 应用实例5-8

甲公司是一家房地产开发公司，曾出于经营多元化的考虑，涉足农业种植，于2000年租用1 000亩(租期30年，每亩土地每年租金为200元，按年支付租金，预付一年租金)土地，种植香蕉。几年经营下来，累计亏损90万，原因是缺乏经营管理经验，所谓"隔行如隔山"，犯了投资方向决策错误。现在急切希望将该土地转租。

乙公司是一家农业开发公司，有受让的意向，在双方第一次商谈时，乙公司提出的受让方案是如果甲公司同意预付地20万租金划归乙公司，乙可以考虑接受转租，但需要回去请示总经理才能最后拍板，甲方没有异议。3天后，双方第二次商谈，乙方谈判人员说："我们总经理基本上同意上次的方案，但希望你方帮助解决员工住房问题，否则我们就不谈了。"最后的谈判结果是甲公司又出资4万将原来的宿舍进行了必要的修缮，无偿划归乙公司，转租成功。显然，甲公司因为决策失误不得已而采取顺从型谈判风格。

4) 控制型谈判风格的运用

托马斯认为，在以下情况下采用控制型风格最有效：必须迅速采取行动(如紧急情况下)；问题很重要，需要采取不受欢迎的行为；你知道自己是正确的；对方可能会利用你的合作举动。

 应用实例5-9

三亚W公司在亚龙湾有一块200亩临海旅游用地(仅有的一块临海未开发土地，俗称绝版地)，许多投资者都希望能够获得这块地的开发使用权，或能够与W公司合作开发，但都遭到W公司的婉言回绝。2003年底，由于因种种原因W公司放出有意转让的风声，价格当然是相当高的，并且要求在第一次付款后的三个月内付清全部土地转让款。如果从三亚亚龙湾旅游土地增值的趋势看，W公司的报价还属于合理，但在付款方式上实在有些苛刻。W公司正是利用这块绝版地的稀缺性以及增值潜力，抓住投资者的需求心态，提出比较苛刻的付款方式。最后，X公司接受W公司的方案，取得了这块土地的开发使用权。

5) 回避型谈判风格的运用

托马斯认为，在以下情况下采用回避型风格最有效：问题不重要；你有更紧迫的问题需要处理；你没有达到目标的可能；谈判的潜在"恶果"超过了利益；你需要冷静一下，重新考虑自己的立场；其他人可以更有效地解决这个冲突；你需要时间收集更多的信息。

在商务谈判中，经常会出现这种情况，即买卖不成交还不亏，而买卖成交反而亏本。

应用实例 5-10

海南 H 服装商店的老板有一批羊毛衫(在海南可用做冬季服装)还积压在仓库中，眼看着快到 3 月份，虽经多次降价抛售，但销量仍然不大，仓库还剩 600 件，成本价高达 1.8 万元。一天，东北一位游客(也是服装店老板 N)愿意出 25 元(一件羊毛衫)一次性买 600 件。如果 H 服装店愿意出售的话，就净亏损 3 000 元，虽然 N 服装店老板多次登门商谈，H 服装店也不愿意出售，最后一次 N 服装店登门刚欲开口说："羊毛衫……" H 服装店的老板就开口说："我们还是谈一谈哈尔滨的雪雕吧……" H 服装店老板回避不谈羊毛衫问题，我们也没有理由责怪他。

5.1.6 六种战略

美国学者马克·凯·斯科恩菲尔德和瑞克·艾姆·斯科恩菲尔德在其《36 小时谈判课程》一书中认为：战略是一种指导谈判的综合方法，目的在于指导谈判活动。战术则是用以实施战略的具体手段。如果战略有可能影响委托人的个人或商业利益，选择什么样的战略会由决策人在谈判开始前决定。最常见和最实用的战略包括以下几个方面。

1. 不让步战略

不让步战略有时也可称为鲍威尔主义。其名出自通用公司前总裁鲍威尔将军。在鲍威尔的任职期内，通用电器公司的劳工运动在资方的压制下显得异常软弱，所以工人无力进行有效的罢工斗争。鲍威尔主义指资方要求雇员接受某些条款但不允许他们就公司的可能让步提出交涉。

这个"要么接受，要么离开"的战略成功地推行了许多年。在此期间，公司利用其力量上大于工会的优势迫使雇员接受在他们看来是极为苛刻的条件。雇员屈服于公司则是因为怕被公司解雇，而由一批新雇员取而代之；雇员还担心可能找不着其他工作，或至少找不着相当于目前工资水平的其他工作。

不让步战略在通用电器公司有效地实施了近二十年。但是最终却因此而引发了一场代价极高的罢工。不过，这二十年的实际效用或许仍可以将其称为成功的战略。

因为谈判者通常总是期待让步，因而不让步战略是强硬和危险的。

1) 使用不让步战略的时机

(1) 当你方在力量对比中明显占上风时。在谈判中，让步表现为放弃或给予。当谈判一方的实力远远超出对方，以致能支配各种条款的制订时，最适于使用不让步战略。该战略的成功运用常常是由于实力较强的一方有能力向对方发出可使其遭受某种损失的威胁。当然也可能是由于弱方有着非强方不能提供的紧急需求。不论实力来自何方，实施该战略的关键在于必须具备远远超出对方的实力，只有这样才能迫使对方接受本方提出的条件。

(2) 当你方处于一个不相称的弱者地位时。奇怪的是，明显的弱方有时采用不让步战略也能获得成功。看上去较弱的一方威胁要使用某些强硬手段，实际上很可能给较强的对方带来损害。比如，弱方可以发出破产威胁。一个可信的破产威胁由于会产生不利后果，能使显然的弱方变得很强。在这种破产案中，只需出现以下两个条件，就可以发出破产威胁：其一，对弱方而言，选择破产比接受强方提出的条件更加有利；其二，强方从破产程序中的所得远远低于从其提出的条件中能够得到的。

第5章 商务谈判的理念与方法

(3) 当第三方在旁边静候时。另一个能使不让步战略发挥绝佳效果的场合是，使用该战略的一方完全确信，一旦对方拒绝其条件，第三方肯定会接受。有了这样的信心，对方如何反应就变得无关紧要了。如果对方接受条件，本方的目的就在于此。如果对方拒绝接受，也没什么关系，因为可以通过与他人签订协议获得同样的利益。

(4) 当资金额太少和时间太短的时候。对方缺乏资金与时间，也可以成为运用不让步战略的原因。这种情况出于对对方以下两个方面的考察：第一，成本—效益方面。对方资金短缺，因而无法保证耗费较长的谈判时间。第二，可利用的时间方面。对方能用的时间不足，故难以应付复杂繁琐的谈判活动。

若处于以上两种场合，都应考虑是否使用不让步战略。当然也不应该舍弃其他战略。

(5) 当每一方都必须获得同等条件的时候。当每一方都应得到同等条件时，选择不让步战略就会产生一种独特现象。

在这个场合中，使用不让步战略的一方必须一视同仁地对待其他各方。否则就会导致下列情况的发生：放弃不让步政策；遭致另一些人的敌视，因为那些人曾被告之：要么接受无协商余地的条件，要么取得与他人待遇相同的条件；引发一场官司，要求将平等的条款从法律上予以确认。

有关这一情况的最常见例子是在市场上有竞争性的价格，但这种价格却不能讨价还价。无协商余地的条件可能包括整笔交易，也可能只限于交易的特定部分。若为后者，则整个谈判包含了可协商与不可协商两种的两部分条件。

(6) 需要招标或书面计划的时候。以招标或书面计划作为谈判的开场和收尾是不让步战略不可缺少的具体手段。设立招标程序的一方实际上在这样说："把你的最优报价给我，别讨价还价。然后再与其他竞争者的最优报价比较。最具吸引力的报价将夺标。"这个程序可以按预定步骤或客观需要变更，可以外加若干次与最佳投标人的谈判，因为有些条件招标程序尚难概括。

招标程序的选择能迫使对方开出最优的，通常也是唯一的报价。由于存在各方竞标，该程序产生的报价一般也是最合理的。但是，完善的招标过程还须有有力的竞争对手。公平的文件起草和并非厚此薄彼的具体条目，以及没有非法的价格操纵。请记住，招标程序会消除谈判时常需要的那种灵活多变。此外，其具体运用恐怕还要受贸易、工业或各行业习惯；规则的限制。

2) 不让步战略的收回

不让步战略的危险在于其也许会断送一项尽管条件不算优惠却仍可以接受的协议。人们总是期望在谈判中有失也有得。而不让步战略则可能触怒对方，而且会被对方理解为意欲对其施加强制手段，或干脆视为敲诈。谈判若发生这类情形将会陷于停顿，除非谈判者有足够的力量可以强行签订一项协议，或改变战略作出妥协。转变不让步战略既可以视为威胁企图的破产，也可以看作原来立场的改变。

谈判者应注意避免由于草率地错用了不让步战略而导致并非故意的威胁。为了省去麻烦，如果对方拒绝接受不让步战略，谈判者必须准备中止谈判，以一些保全面子的手段把自己从这一局面中解脱出来。

为尽量减少不让步战略的消极后果所引致的危险，正式实施前作一个细致和不公开的评估。你必须预先判定该战略是否可行，或从可以预见的情形中看是否太危险。

人们通常认为不让步战略既苛刻又片面,但这些缺点是完全可以避免的。例如,一项以不让步为基础的提议可以创造性地利用双赢的战术,使该提议不仅切实可行,而且能吸引对方。

3) 针对不让步战略的对策

如果你发现自己正处于接受不让步战略的位置,可以使用以下几种对策。

(1) 尝试与其上一层领导拉关系,以此来迫使对方改变态度.

(2) 不理会对方的要求,如同正在进行可让步的交涉。

(3) 提出节约成本或双方都赢等方案,用以证明让步的合理。

(4) 如果你是卖方,就减少提供(如减少服务内容),用这一方法提高实际价格。

(5) 如果你是买方,就多提要求,以此降低实际价格。

(6) 终止谈判。

调整方案或增加新的信息已可以作为对策加以使用,以改变不让步战略最初提出时的谈判环境。这方面最有用的策略是:①披露最新信息;②创造事实;③提出双方都赢的条件;④加入新的议题;⑤造成僵局;⑥设置意外情况;⑦起诉。

2. 不再让步战略

不再让步战略是在情况发生变化,或者有可能强制对方作出最后让步时才是可行的。

不再让步战略在有关的讨论中一般是指使用者如此而行并不是因为已经触及本方规定的底线,而是因为使用者认为这样可以迫使对方接受其条件。这与那种因接近本方底线,故而拒绝再作退让的行为,完全不同。

不让步战略用于谈判开场的时候,而不再让步战略则在经过几次妥协之后再开始实施。有时候,如果谈判双方已接近签订某项综合性协议或解决某个议题,其中的一方也许会用不再让步战略要求对方按其条件达成协议,而对方只能被迫作出最后让步。在类似的情况下,因谈判局面发生改观也会出现运用不再让步战略的时机。谈判者有必要就这种战略转变的好坏前景作出判断。

除了在使用时间上与不让步战略有差异外,凡是不让步战略应考虑的重大问题都适用于不再让步战略。

抵制不再让步战略的方法与抵制不让步战略的方法相同。这些对策包括与其高层领导拉关系以改变对方的态度,不理会对方的要求,就如正在进行可让步的交涉,少作提供多提要求,以改变实际价格,终止谈判,披露最新信息,创造事实,制订双方都胜的方案,加入新的议题,造成僵局或制造意外情况,以及诉讼。

3. 仅为打破僵局而让步战略

在不惧怕协议失败的时候,采用为打破僵局面让步的战略是有效的。僵局是一种绝境或困顿,一种死气沉沉的状态,起因于实力相当又不肯妥协退让的当事人之间的对抗。除不让步战略外,就数仅为打破僵局才作让步的战略最为强硬。这一战略是边缘政策的一种形式,此时争议已形成僵局,对方实际上已经作好停止谈判的准备。

该战略会产生紧张和艰难的气氛,作为一种回应,对方会提出一系列理由来终止谈判。例如,对方会因为对手的不通融态度而感到达成满意的协议的可能性不大。对方也可能被该战略弄得精疲力竭,或火冒三丈,以致不愿再把谈判进行下去。在这种情况下,对方甚至不愿理睬对手旨在挽救谈判在最后一分钟作出的让步。

因此,决定采用为打破僵局而让步的战略应该与决定采用不让步战略一样应格外谨慎小心。该战略也许有必要同时运用一些在介绍不让步战略时提及的微妙方法,这样可以使对方感到好受一些。

4. 以小的系列让步实现高的现实性期望战略

最常用的谈判战略是以小的系列让步实现高的现实性期望(HRESSC)。成功的战略应包括提出与自己的底线保持恰当距离的初步方案。这个方案允许在谈判中作出少的、小的和可交换的让步。与单纯寻求签订协议不同,这种让步应以合理、正当为基础。

HRESSC 是指那种把高的现实性期望与小幅度的系统让步结合在一起的战略。显然,该战略是一系列事先安择好的措施。这些措施可以实现己方的谈判目标和体现这些目标的妥协方案。一般而言,这是一项能取得最佳效果的战略。但这并不意味 HRESSC 总是最好的战略(它往往有赖于具体情况),但总的来讲是一项有用的战略。

HRESSC 战略要求对谈判所掌握的情况进行客观评价,这是提出既高又现实的期望的必要条件。在谈判中,无论对什么事项的评估都会产生性命攸关的结果。例如,交易中的价值估算。

1) HRESSC 中的期望部分

多高才算高?怎样才算现实?高的现实性期望意味着谈判者既没有对本方的主张估计过低,以致丧失可得到的机会,也未作不现实的高估,以免使一项虽不起眼,但值得接受的协议泡汤。避开这些易犯的错误,开场谈判应把要求定得足够高,以便为实现有利的结局创造机会。当然,开场要求也不能定得过高,否则对方谈判者会感到协议高不可攀。如果开场要求定得不准,期望虽高却不现实,谈判者就会陷入被迫作出大幅度让步的困境。这样的话,HRESSC 战略就只能另起炉灶。

2) HRESSC 中的让步部分

HRESSC 战略关于合理让步的内容共分 3 个部分:①让步的尺度;②表面让步的运用,这部分让步实际上不包括谈判方的费用;③让步的事先计划。

(1) 多小才算小?正如名称中已经指明的,该战略包含有作出小的妥协的步骤。小让步是个相对概念。谈判标的为 500 美元时,可能是 25~50 美元的让步。谈判标的为 1 万美元时,250~500 美元则是相对的小让步。而当谈判标的为 1 000 万美元时,作 500 美元的让步就会被人笑话。

怎样才算相对较小,取决于两个因素。首先,必须按照谈判开始时所涉及的价值范围进行考虑。其次,这个相对额应该根据包含在谈判中的价值总额加以估算。这类估算一般通过主、客观两方面对考查对象的价值进行评估。在不直接涉及钱的场合,对相应让步尺度的主观评估常显得更为重要。这是由于纯粹客观的评估或者根本不存在,或者可以被公开质疑与否定。

(2) 保持小幅度让步的重要性及其理由。小让步的重要意义在于其有助于防止错失良机,以及能形成最佳结局。最佳结局是指按最有利的条件和对方达成协议。一旦作了大幅度让步,则难以把握谈判破裂和最后成交之间,最恰当地达成协议的那一点究竟在何处。

一般来说，采取小的让步，可以使达成协议前所让与的东西相对少些。

可以肯定地说，通过一个大的最后的让步来达成协议，其所得远不能抵偿其所失。同样，多次让步的间隔时间不应过快，否则合起来就成了一个事实上的大让步。速度也是个相对的概念。如果谈判者的让步能得到期待已久的回报，速度就不那么重要了，因为让步的目的已经达到。但是，如果本方的小让步接连不断，而对方却未作出满意的回报，这些小让步就相当于一个大让步了。另外，小让步还可以降低对方的期望，使对方明白，其谈判对手不可能在实质性条件上作出让步。

谈判者通常只作小让步，可能因为这就不会超越其委托人给予的授权范围，也可能因为他刚作出一个大让步。尽管小让步能够做到恰如其分，但因顾虑授权所限而不断地缩小让步尺度是不妥的，这样很可能被对方摸清意图。

小让步是 HRESSC 战略中不可缺少的组成部分。只有在小让步不适用或完全无用的情况下，更大的让步作为另一种战略才能投入运用。不过要注意，小让步也可以作为其他战略所使用的一种战术。在运用 HRESSC 战略(及其系列化的让步)过程中，只要有可能，谈判者就会设法作出一些看似放弃了一些利益，而实际上却几乎毫发未损的让步。无成本或低成本的系列化让步也同小让步一样，能用于防止失去实现最佳结局的良机。

(3) 系统化让步的重要性及其理由。"系统化"这个词是指，在转而使用另一类成本更高的让步之前，同一成本的各种让步如何先后有序地投入实施的过程。选用同一成本的各种让步构成了该系统，如表 5-1 所列。

表 5-1　同一成本的各种让步构成的系统

成本档次	本方的成本	让　步	让　步	让　步
1	10 000 美元	A	B	C
2	20 000 美元	D	E	F

为了实施系统化的让步，谈判者先在同一成本档次中列入所选用的让步。(让步 A、让步 B 和让步 C 属于第一档，让步 D、让步 E 和让步 F 属于第二档)。谈判时，先提出让步 A，如果被拒绝，再提出让步 B，而后是让步 C。只有当第一档中选用的三种让步都试过而且失败后，谈判者才开始提出第二档中的各种让步。在谈判者从更高的成本档次中选用让步前，第二档中的让步(D、E 和 F)将被谈判者逐个加以仔细考查，以确立它们中哪一个将促成协议的缔结。

 应用实例 5-11

买方起先提出向卖方支付 25 000 美元。在 45 分钟内几经让步后，买方同意把价格提到 42 000 美元。然而卖方拒绝了这一提议，并将价格抬至 50 000 美元。买方客观地估算，如果付款期限超过 2 年，她就能以先前 42 000 美元的报价购买 50 000 美元货物。接着买方就放弃了原先的报价，并以 2 年以上的付款期限为条件接受了 50 000 美元的价格。假设该延期支付的价格让步比 42 000 美元的即期支付对卖方更有利，则买方可以获得无须立即付款的让步，而卖方则因此获得一份满意的协议。一般情况下，买方的谈判活动按以下秩序进行，在一系列提议被卖方拒绝后，可以就第二档中的各种让步向卖方再行提议，而不必无可奈何地同意全额支付 50 000 美元。

3) 让步的预先计划

系统化让步的另一个含义是指，在谈判前，谈判者预先对在谈判的不同阶段所要提出的妥协方案作出安排。各种让步以及提出的时间或提出的场合都要预先安排好。这样做既不是无视对方的活动，也不是亦步亦趋地紧跟对方的一举一动，二是力争在谈判中掌握主动，能够针对实际情况的变化灵活地作出反应。预先计划有助于尽量扩展本方的成果，并且能最大限度地减轻因必须回应对方的行动而产生的压力。此外，该措施还有利于谈判者按自己的目标调整行动方向。

4) 针对 HRESSC 战略的对策

对策包括用本方的 HRESSC 战略对付对方的相同战略，以及不让步，不再让步，仅为打破僵局的让步和解决问题等战略。

5. 让步在先战略

如果你不愿意让步太多，先让步是一个可取的战略。同时，这还能为你在稍后向对方提出互相让步的要求而又不暴露自己的弱点创造一个契机。

如名称所示，让步在先战略是指先向对方让步。先让步能消除对方的紧张和疑虑，产生善意并创造出活跃、和解的气氛。该方法有别于其他以让步为基础的方法(例如讨价还价)，其特点在于作出让步时并未要求对方同时或马上给予相应的回报。

以下这段对白较典型地表现了谈判者先让步后如何积极努力地争取对方回报的过程：

"你们应该清楚，指望我们再作其他让步是根本不可能的。会议开始时我们就已经作了一个很大的让步，而你们还未向我们提供任何有实际意义的回报。就这一点看，你们已经占了便宜，若再要我们退让就不公平了。我们很愿意通融，但前提必须是你们也愿意通融。"

"让步在先"可以理解为暗含着限于谈判开场时所用之意。当然该战略也适用于综合性谈判中的某个专项议题的开场谈判。由于该战略只限于谈判的一定的场合和阶段，它的运用必须与其他战略相结合。

1) 预计并克服让步在先时产生的问题

一旦采用让步在先战略，则该让步对接受一方必然具有某种价值。然而从让步一方的角度看，出让的价值绝不能太大，否则会严重损害该方随之而来的议价地位。先让步一定会使对方认为尽管得到了一些有价值的东西，但这肯定还不是消除后面进行讨价还价的关键筹码。因此，让步太大只会损害己方在后面的谈判中的机动能力。谈判者绝不愿意处在这样一种地位，即为了使谈判能继续下去而不得不撤回自己的提议。

成功地取消已作出的让步而又不破坏谈判是困难的，甚至是不可能的。对许多谈判者而言，一旦得到对方的让步就不允许对方再改变。因此，有必要对先作的让步进行事前安排与构思，以做到即使对方以后拒绝相应的让步，也不会发生不得已取消让步的局面。

此外，让步在先战略(尤其是较大的让步)可能对让步的一方产生严重的不利后果(非故意的)。接受让步一方会把该让步当作软弱的标志。这种感觉会使对方提高从中获利的期望，还会使其态度日益强硬。因而，在决定实施让步在先战略之前，应仔细斟酌，谨慎行事。

让步的表现方式可以减少事与愿违的危险。不仅时机与最初让步的幅度，而且让步的方式都可能影响对方对让步的认识及其作出的反应。当然，提出让步一方应该有充满信心的表现，切忌给人以软弱可欺的感觉。给让步提供清晰明了的解释，是最大限度消除误解的另一个方法。

2) 何时该用和不该用让步在先战略

消除弱势感觉的法则可以归结为，假如你确实处在较弱的位置上进行谈判，就不应该选用让步在先战略，否则只会使对方增强自己的优势感。此外，不恰当的先让步还会使弱方放弃不该失去的谈判筹码，同时却并未得到对方答应互换的特殊让步。

当某些实质性谈判可能导致对方发现一些与本方委托人不利的信息时，可以使用让步在先的战略。在这种场合，保守秘密也许要比保留让步更为重要。

 应用实例 5-12

与(美国)国内税务局(Internal Revenus Service，IRS)就税负问题进行谈判的机会是存在的，然而是有危险的。因为这会使 IRS 发现某些信息，从而给委托人带来更大的损失。因此，应该在其他问题暴露前先作出让步，以求事情能迅速了结。

制定让步在先战略的关键问题，在于当出现特殊的谈判局面，特殊的谈判对手及其委托人时，该战略是否：第一，缓和紧张气氛，创造出一种有利于达成协议的氛围，允许要求互相让步的气氛；第二，使对方以为自己处在一个能更进一步，更强硬地提要求的地位。(对方的这种推断无论正确与否，对让步一方显然都是不利的。其一旦形成就会被对方当作现实，想改变它极为困难。)

这时重点观察对方及其谈判者，是很有必要的。因为让步在先战略的效果有赖于他们对该战略的感觉。如果他们采取的是富于竞争性的强硬手段，向他们让步则可能被当作软弱的表现。对方的这种感觉早期可以表现为，打出先发制人的牌子、实施高压手段或采取激将法等诸如此类的粗暴行为。这些表现应被当作不宜采用让步在先战略的信号。

3) 针对让步在先战略的对策

让步在先战略的危险在于接受让步的一方并不认为有必要对此作某种回报。因而，只要这样做不影响谈判的最终结果，拒绝相互让步便可以成为让步在先战略的对策。当让步在先战略允许对方按其所希望的方向推进谈判时，对方就没有必要使用对策。在这种场合，让步在先战略为对方实现其目标所用，因此是不会遭到抵制的。

 应用实例 5-13

某公寓大楼的管理委员会与该公寓中一些单元套房的房主进行谈判，原因是这些房主未经同意擅自改变单元结构，其中之一是在外窗部位设置安全百叶窗。委员会很清楚，安全问题对这些房主是极为敏感和重要的，于是决定利用该问题与这些房主建立信任友好关系。委员会希望通过这一方法，不久便能在这个问题上以让步在先战略向对方提出相互让步的要求。

6. 解决问题战略

解决问题是一种旨在订立一项程序性协议的战略，其目的在于解决已被确认的共同问题。

一般认为，解决问题战略的作用仅次于 HRESSC 战略。从概念上看，其与那些以让步

第5章 商务谈判的理念与方法

为基础的战略有很大区别。后者总是把视野集中在某些价值的放弃与否之上。

1) 解决问题的4个步骤

与让步战略不同,解决问题侧重于促成一项程序性协议。双方谈判者可以按该协议进行合作,以便发现,鉴别各种有碍于达成协议的问题,并确定用于解决这些问题的共同利益在哪些方面。共同利益是指双方排除了个别需要后留下的东西。各方的不同需要经常是在确立共同利益范围的过程中显露出来的。

在同意合作并找出有碍达成协议的症结后,各方谈判者开始进一步讨论这些问题以明确共同利益。然后,双方着于实施解决问题过程的最后、也是最重要的一步——寻求公正,互利的解决方法。只有成功地解决问题,双方才会有获胜的感觉。概而言之,具体的步骤可分为以下几点。

(1) 一项用于解决问题的程序性协议。
(2) 找出有碍达成协议的症结所在。
(3) 明确共同利益和限定各自需求的范围。
(4) 为寻求公平互利的解决方法而进行讨论。

 应用实例 5-14

某制造商与某销售商就一项服务发生了争议。其实他们都愿意共同解决这个问题。通过商讨,他们发现该项有争议的服务在合同中只是个一般条款,容易形成理解上的歧义。双方同意,以对双方都有利为原则明确合同的一般条款。双方认为,语句的一般化确实是经常干扰他们达成买卖协议的主要障碍。双方提出了各自的要求。在讨论中双方同意,一旦发生某些特殊行为,制造商可以终止与销售商的关系(这些行为被明确列入合同)。同时,制造商仍然保留按以前制定的另一些协议条款规定的终止权。双方还同意用这种解决概念上误解的方法来处理过去遗留下来的其他争议。

2) 为解决问题战略打下必要的基础

要使解决问题成为一种有用的战略,必须具备以下条件。

(1) 双方及其谈判人员必须同意合作,共同寻找阻碍达成协议的症结,并制定一个有利于双方的解决办法。

(2) 确保相互信任,双方应该对使用同一方式解决问题有共同的兴趣。

(3) 双方谈判者必须找出相同的问题,并就如何解释这些问题取得一致意见。

(4) 双方及其谈判者应该意识到,双方都赢的结局是可能的,并不是非要一方向另一方屈服才算解决问题。双方谈判参加者只要努力,就能够找到互利的解决方法。

前三个条件也许存在于某次具体谈判的开场阶段,也可能经由说理,劝导,协商和了解对方的真实要求等阶段发展而成。了解对方也许是解决问题战略最为重要的方面。因为该战略只有在满足了对方的真正要求时才会成功。当然,本方的需要也应在同一个协议中得到满足。

3) 明确划分目标与需要之间的界线

需要,或者称为利益,它为一方在谈判中寻求某些东西提供了动机。目标则是当事人在谈判中表明希望达到的目的用以实现其需要和利益。既然目标不同于需要和利益,解决问题的双方必须超越目标来讨论真正的需要和利益。这样,谈判者就应设法找出他们的共同利益和不相冲突的各自利益，同时也不忽视提出相互冲突的利益的必要性。所以，解决问题的焦点应更集中于利益和需要而非谈判地位。

谈判者必须认识到，双方的决策人也许对能够做出让步的东西有不同的价值需要，因而达成协议的可能性会随着谈判中出现交换性让步而增加。通过明确这种不同的价值需要，解决问题战略有利于找出双方的需要。从这个意义上说，解决问题始于确定各方实际需要的共同尝试。

4) 保持同情与合作的态度

在建立不可缺少的信用，使问题在相互信任中解决。合作与同情还可以有助于缓和对方及其谈判者一开始就持有的竞争、感情用事或情绪对立等态度。谈判者的态度问题绝不能与争议中的实质性问题混为一谈，必须分别处理。当对方心理上的需要影响着谈判进行的方式时，合作与同情的态度也可以起积极作用。让对方更努力地解决问题的方法是以一种问题的形式提出质疑或向对方征求建议。提问与征求建议可以是直接的，也可以是暗示。下列的典型表述提供了一种促使对方谈判者解决问题的方法："我发现在我们的提议中有个漏洞，问题涉及如何把你方购买人未来的支付能力也概括在内，尤其在她的支付能力可能发生变化时。我真不知道如何概括这一点。我们可以设立一份由第三者保存、待条件完成后即交受让人的契约，但这不一定是个好主意。你有什么建议吗？"

5) 解决问题时创造性与耐心的相关作用

解决问题在两个方面需要一定程度的创造性。其一是看待问题的方式，其二是找到对双方都有利的解决办法。谈判常需要重新审查，以找出形成僵局的症结所在，否则就无法继续按原计划讨论问题。由于解决问题的过程可能很缓慢，因此需要忍耐与坚持。

(1) 给问题下个恰当的定义。给问题下定义非常重要。定义应该尽可能简捷，这样可以把注意力集中在寻找答案的具体方向上。在可能的范围内，定义还应排除个人对问题的影响，以减少因双方及其谈判者过分主观或过于自私地处理问题所带来的危险。问题一旦有了明确的解释，解决的办法便会随着障碍的查明而产生(除非讨论刚开始就有人提出了一个可接受的办法)。

(2) 将目光放在共同利益上。别老盯着对立的或可能是不受欢迎的外部压力，而要将注意力集中于共同利益方面。需要规避的外部压力包括：①政府的行为；②陪审团与法官在审理中对若干事实的认定，其使得一方完全胜诉，另一方彻底败诉；③竞争对手在得到好处；④财务方面的允诺失效。

(3) 把馅饼做得更大和以不同的议题交换让步。解决问题战略可以包含设计一些把馅饼做得更大的方法，使之在双方进行分配时不再是总数固定不变的价值数额。使用这种方法时，零和博弈，胜负博弈会转变为双胜博弈与正和博弈。与侧重单向让步的战略不同，解决问题战略还允许采用交换让步的处理办法。但是在典型的解决问题战略中，让步交换的筹码是各种议题。由于这些议题对各方的价值并不相同，所以双方交换后都会感到有所收获。这种类型的交换极易做到，因为一方或双方无论何时作出让步都不会因此而受损失。

扩大馅饼和找出对各方有不同价值的让步并进行交换，这两种方法可能都需要按以下原则考虑物力财力的分配问题，即分配什么，何时分配，如何分配，分配多少。

应用实例 5-15

本地冰球队和花样滑冰协会正就使用本社 E 溜冰场进行谈判。双方都感到各自现有的溜冰场使用时间不足。他们开始对资源分配问题进行如下分析：

分配什么：冰场使用时间。

分配时间：一整年。

分配者：溜冰场经理。

分配方法：除非双方同意采用其他方法，否则现有的时间对半均分。具体时数为每天 17 小时，每周 50 小时。

双方发现，冰球队很少在春、夏季使用冰场。而花样滑冰运动员所需的总时数不能减少。冰球队老板以减少总时数作为增加冬季使用时效的交换条件，因为冬季不能满足需要的矛盾最突出。花样滑冰运动员则乐于增加总时数，因为这可以使他们添加表演节目。

6) 产生多种选择

在决定行动的步骤之前，解决问题的愿望也许有利于产生许多其他可能的选择。为了解决问题，谈判者被鼓励提出各种建议，而不仅仅是决定解决方案。由于各方都积极支持提出各种不同的建议，这就使得一个较好的建议有可能从中产生并被采纳。

当然，根据解决问题战略的精神，各种可供选择的建议都是为双方共同获益而设想的。这样，无论是来自对方的灵感，还是来自其他专家和来源的不同观点，都可能会对谈判有所帮助。在各方为解决问题而群策群力时，往往需要下面的参与者。

(1) 说话坦率或边想边说(只要发育不偏离主题并且是建设性的)。

(2) 在所有的初步设想提出以前，不去贸然评估或批评他人的观点。

(3) 当对方希望再听一遍时，愿意重复自己的观点。

(4) 提出修改意见，帮助完善对方的建议。

(5) 尽管长时间冷场，仍然坚持不懈。

 应用实例 5-16

创造性地使用"最优惠"技巧

某货物购买方不愿意在没有明显高出目前水平的折扣条件下订立一份长期合同。买方要求的折扣远远超出了卖方能够考虑的范围。双方对长期合同的一般性利弊以及各自预计的远期价格走向反复进行争辩。当他们无法找出一个双方都能接受的数字或公式时，僵局便出现了。他们于是决定尝试对有关折扣的认识进行分析以及确定折扣数额的方法。在接下去的讨论中，卖方发现，买方真正关心的是不希望以后的竞争者按更优惠的折扣获得更低的买价。而对卖方来讲，长期合同所提供的其他优惠条件并不十分重要。结果，卖方同意，如果将来发生上述情况可以重新调整给买方的折扣。按这一方案，卖方通过向买方提供"最惠国待遇"条款解决了问题。根据该条款，买方在合同的有效期内有权获得卖方今后提供给任何其他买方的优惠折扣条件。

7) 针对解决问题战略的对策

(1) 拒绝参与其中。

(2) 继续悄悄地使用胜负解决法，但通过陈述可信的理由，使其表现为互利的双方都胜法。

5.1.7 七种逻辑

商务谈判过程是谈判各方为实现各自的利益目标而说服对方的一个思维过程。逻辑是思维的工具，也是表达论证和辩缪的工具。在商务谈判中，正确地运用逻辑方法是取得谈判成功的保证。经济谈判中的逻辑方法如下。

1. 比较法

比较法是指通过对经济谈判议题进行比较而得出结论的逻辑方法。这是一种最为简单的，也是使用频率最高的方法。在谈判中，"货比三家"就是这一方法的典型例证。比较的方法分为横向比较和纵向比较两种。在经济谈判中采用横向比较的内容较多，可以比较产品的质量、数量、性能、交货期、价格、运输等。纵向比较的项目虽然也有多种，但主要体现在价格上，如目前价格与去年同期相比有什么变化。在经济谈判中运用比较法时，应注意所比内容的可比性。只有那些具有相同性质的条件才能进行比较，否则就不能得出正确的结论。例如，在国际货物买卖谈判中，一家卖主的报价为 FOB 价格 500 美元/吨，另一家卖主的报价为 CIF 价格 600 美元/吨，由于两者的条件不同，无法确定哪一家更有利。同时，比较时还应注意比较的角度，不同的比较角度说明不同的问题，因而在比较时必须注意选择，以便得出有利的结论。例如在销售谈判中，买方用"货比三家"的办法让我方与竞争对手比较价格。由于我方的报价高于其他竞争对手，因而处于不利地位。但我方的产品质量高，因而在比较时就与他比质量，从而使我方处于有利的地位。

2. 抽象法

抽象法是把谈判议题的非本质属性暂时撇开，而把事物的本质属性提取出来的方法。在经济谈判中运用抽象法，可以加深谈判者对谈判事物的认识，从而抓住谈判的主要矛盾。例如，在进口设备的谈判中，买方坚持到试机现场验收，而卖方则坚持在自己工厂验收。卖方论证："我不是提供交钥匙工程，对现场的环境条件、人员、材料等均不了解；即使了解也无法控制，所以不能保证到试机现场验收。"从表面形式看，这一论证很有道理，但是，抽象法要求透过现象看本质。买方可以论证："用你们的试机验收材料，参加验收的人员可由你们培训，由你方来人指导、环境条件的要求可在设计时商定，我方予以保证。因而在现场验收是可行的。"买方的论证有理、有力，运用抽象法抓住了现象背后隐藏的本质问题，揭露了卖方逃避责任的本质。

3. 概括法

概括法是把对具体事物比较、抽象的结果推广到具有相同属性的一切事物上，从而形成关于这一类事物普遍的概念和结论。例如，通过货比三家发现各家的同种商品均存在价格差异，便可以概括出这样的结论：在市场经济条件下，不存在统一的价格，通过"货比三家"方法有利于自己在购销谈判中居于优势地位。

4. 分析法

分析法是把谈判对象的总体分解成部分，然后逐个加以研究的思维方法。在经济谈判中运用分析的方法，可以使自己对谈判议题的认识更全面、更完整、更准确，以便从现象中找出事物的本质，找出问题的关键所在。例如，买方在对卖方的成套设备进行还价时常用的就是分析思维法。买方通过把卖方的总报价分解成主机价格、配件价格等，可以发现卖方在哪些方面要价较高，以便有针对性地迫使卖方降低价格。同样，卖方也可以使用分析法，达到使自己的报价显得比较低，从而提高竞争力的目的。

5. 综合法

综合法是指把事物的各个部分、各个方面联系起来，从而形成对事物整体认识的一种思维方法。它是在分析的基础上进行的。例如，在谈判中通过分析，把大型成套设备项目分解成主要设备、辅助设备、技术资料等几个部分，每一个部分又可分成几个不同的方面，这对于了解对方报价的实质内容是有利的。但成套设备绝不是几个部分的简单组合，而是一个有机的整体，要求各部分在性能上一致、数量上配套、时间上统一。这就必须把各个组成部分综合起来考虑，而不能只考虑其中某些孤立的部分。

6. 归纳法

归纳法是指从对个别事物的分析、比较推导到一般的逻辑方法。例如，在谈判的准备阶段，对谈判对方进行资信调查发现，该谈判对方在过去与甲、乙、丙、……许多公司的交易中信誉良好。据此进行归纳(当然这是不完全归纳)，可以得出一般性结论，即该客商的信誉良好。在运用归纳法时，必须拥有足够的样本数量；同时，当作出肯定与否定的归纳时，必须达到所有的样本都具有一致性。

7. 演绎法

演绎法是从一般原理出发，来推断出个别事物具有同一或类似属性的逻辑方法，其与归纳法正好相反。在谈判中，运用演绎推理的情况很多，凡是涉及运用惯例的条款均适于运用演绎法。例如，根据惯例，FOB 价格和 CIF 价格规定了买卖双方不同的利益、责任和风险，当自己在与外商谈判时，采用上述的价格形式也必须承担相同的责任和风险，是不言而喻的。

5.1.8 八种力量

谈判实力是能力、经济力量、产品的质和量、社会影响、权利等的综合反映。了解对手的实力之后，在谈判之前可采用加强自身的实力或借用第三者、第四者或其他方面的力量与之抗衡；实在无法与之相比时，可采用"避实就虚"的方法，在谈判时避开对手的实力。

谈判实力在每种谈判中都起到重要作用，无论是商务谈判、外交谈判，还是劳务谈判，双方谈判实力的强弱差异决定了谈判结果的差别。对于谈判中的每一方来说，谈判实力都来源于八个方面。就是 N、O、T、R、I、C、K、S，每个字母所代表的八个单词——need，options，time，relationships，investment，credibility，knowledge，skills。

N 代表需求(need)。谈判双方，哪一方的需求更强烈一些。如果买方的需要较多，卖方就拥有相对较强的谈判力；你越希望卖出你的产品，买方就越拥有较强的谈判力。

O 代表选择(options)。如果谈判不能达成协议，那么双方面临选择的多少将成为谈判的资本。如果你可选择的机会很多，而对方认为你的产品或服务是唯一的或者没有太多选择余地，你就拥有较强的谈判资本。

T 代表时间(time)。它是指谈判中可能出现的有时间限制的紧急事件，如果买方受时间的压力，自然会增强卖方的谈判力。

R 代表关系(relationships)。如果与顾客之间建立密切的关系，在同潜在顾客谈判时就会拥有关系力。但是，也许有的顾客觉得卖方只是为了推销，因而不愿建立较深的关系，这样，在谈判过程中将会比较吃力。

I 代表投资(investment)。在谈判过程中投入了多少时间和精力。为此投入越多、对达成协议承诺越多的一方往往只有较少的谈判力。

C 代表可信性(credibility)。潜在顾客对产品可信性也是谈判力的一种。如果推销人员知道你曾经使用过某种产品，而他的产品具有价格和质量等方面的优势时，无疑会增强卖方的谈判力，但这一点并不能决定最后是否能成交。

K 代表知识(knowledge)。知识就是力量。如果你充分了解顾客的问题和需求，并预测到你的产品能如何满足顾客的需求，你的知识无疑增强了对顾客的谈判力。反之，如果顾客对产品拥有更多的知识和经验，顾客就有较强的谈判力。

S 代表的是技能(skills)。这可能是增强谈判力最重要的内容了，不过，谈判技巧是综合的学问，需要广博的知识、雄辩的口才、灵敏的思维等。

总之，在商务谈判中，应该善于利用"N、O、T、R、I、C、K、S"中的每种力量。

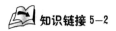知识链接 5—2

商务谈判理念的演进：从对抗到合作

在中国古代士农工商的社会等级中，从事经济活动的工商业被排在最底层，人们视商人为奸诈之徒的同义词，民主协商制度从未在中国历史上出现过。人们热衷于帝王术，思虑的是如何战胜和控制对方，形成和维护大一统的等级格局。在与不发达的、高风险的商业社会交往中，对抗性的策略和行为深入人心，而不崇尚商业社会所需要的平等合作精神。尽管中国自古以来就有和气生财的思想，却没有形成双赢谈判的战略理论体系。

直到今天，这些历史遗产对人们还有深刻的影响，一些流行的商务谈判之道多在满足人们取巧的心态，人们醉心于揣摩古往今来谈判的"兵法"和技巧，热衷于探寻对手的底线、大幅砍价或者设计下圈套"做局"。按照这种思路，谈判取胜的诀窍在于既能摸清对方底牌，又要严守己方底线的秘密，提供虚假信息诱使对方犯错误，从而获取暴利。商场如战场，谈判是斗智斗勇的博弈游戏，自古以来就流传着运用形形色色的计谋，智取谈判对手的范例。今天，商场竞争无所不用其极，商务谈判已经上升到对抗性战略的高度，从商学院课程到商业刊物都在传授谈判的技巧。可是当竞争对手们都变得日益精明后，谈判者就纷纷落入了如下的两难困境：只有掩盖好自己真实的底牌、固守底线才能获取尽可能大的利益；只是这样一来，谈判者相互间的信任程度就降低了，人人都变成了优秀的防守者。在重重戒心的防护下，获取真实信息的壁垒升高，交流变得非常困难。具有讽刺意味的是，人们愈是在提高商战的技巧上下工夫，谈判的时间和费用成本就愈高，离成功谈判的目的反而渐行渐远。至此人们不得不反思，应当奉行怎样的谈判策略，才能获得最丰厚、最安全和最长远的经济利益呢？

在中国市场经济形成的初级阶段，商业机遇是高度不确定的。创业者的成功，往往来自非凡的勇气、

第5章 商务谈判的理念与方法

特殊的社会关系和运气。从管制型经济体制的夹缝中艰难成长起来的民营企业家,往往采用冒险博弈的策略,甚至涌现出了一批工于心计、为牟取暴利而不择手段的"枭雄"类投机者和博弈型企业家。应运而生的商家们很多习惯于奉行"博傻"的谈判策略,即假设对手比自己愚蠢,总是通过商业欺诈骗取短期的利益。但随着企业经营规模的扩大,商业欺诈的风险也日渐增大。习惯于按照损人利己的原则行事,拼命挤占对手生存空间的行为,为未来的冲突埋下了伏笔。在一个充满了"老鹰"般的攻击心的商业社会里,通过协作获取利益的企业极为少见。人人进行欺骗和防范的循环博弈,产生出"集体非理性对抗"的后果,毒化了商业氛围,抬高了商业交易的成本。国人"害人之心不可有,防人之心不可无"的普遍心态就是最好的例证。在投机性气氛浓重的环境中,稍有不慎,经年积累起来的家业就会毁于一旦。从某种意义上说,谈判观念的偏差和水平的低下限制了中国企业的生存和发展。

随着市场经济中的发展,良性竞争与合作的重要性与日俱增,使企业之间逐步形成相辅相成的关系,人们对待商业关系的观念和习惯也在改变,因为人们逐渐意识到合作的收益往往高于竞争。尽管在恶性竞争环境下生存的企业家们还是习惯于用对抗和取巧的手段达到盈利的目的,但是也有些成功的、先知先觉的"草莽"企业家,从创业之初就本能地意识到沟通与合作的重要性,以沟通和诚信的经商理念成功地完成了向现代企业家的转变。这些体现在商务谈判方面,一些企业家开始重拾"和气生财"的古训,寻求化解分歧、避免无谓对抗、提高商务交往成功概率的途径。中国经济开始进入"竞-和"阶段,即既竞争又合作。在这个转折点上,有些企业家开始明白,通过寻求合作的沟通,开发出有创意的解决方案,其效果远比对抗要强。

其实谈判的最高境界是结交盟友和挚友而非战胜对手,最有效的技巧是利用情感交流的杠杆实现交易、化解危机而非攻击对手。这是因为结盟和联合能够获取整体上的资源,而对抗即便不是两败俱伤也要消耗掉很多资源,如无意义的价格战。在这个意义上,谈判所奉行的战略的重要性远高于谈判的技巧,尽管后者也很重要,但毕竟只是服务于战略的执行而已。正因为如此,商家即便面临激烈的对抗,也应当优先考虑化解冲突的方案而非简单地采取强硬措施使冲突升级。正如高明的危机处理专家关注的是设法兵不血刃地"营救"人质的生命和"拯救"绑架者的心灵,而不是甘冒玉石俱焚的危险而苦练"狙击术",击毙绑架者以"解救"人质,此所谓"攻心为上,攻城为下"的兵家谋略。这一点在中国尤其重要,中国社会是个熟人社会,做生意喜欢找熟人。如果这一次在谈判中对手被战胜,可能就没有了再次合作的机会,甚至你的恶名会在这个圈子里越传越响,自己的路会越走越窄,最终就没了退路。因此,调整思路从对抗转为合作,企业才有做大做强的希望。

资料来源:吴建伟、沙龙·谢尔曼.商务谈判理念的演进:从对抗到合作.

5.2 商务谈判的方法

5.2.1 硬式谈判法

1. 硬式谈判概念

硬式谈判也称立场型谈判,是指双方都站在自己的立场,为自己争辩,最后作出一定的妥协,找到双方都能接受的折中办法。最具代表性的例子是一位顾客与旧货店老板之间的讨价还价,如表5-2所列。这样的谈判,其实就是占领和放弃一系列阵地的连续过程,最终也许会达成共识,也许毫无结果。

表 5-2 顾客与老板的讨价还价

顾　客	老　板
这个铜盘子什么价钱	你眼光不错，75 元
别逗了，这儿有块压伤	报个实际的价
我出 15 元	15 元简直是寻乐子
那好，我出 20 元，75 元我绝对不买	夫人，你真够厉害，60 块钱马上拿走
25 元	我进价也比 25 元高啊
37 块 5，再高我就走。	你看看上面的图案，到明年这样的古董价格能翻一倍

2．硬式谈判的缺点

一般而言，任何谈判方法的优劣都可以通过 3 个标准来加以衡量：①如果谈判产生结果的话，结果应该是明智的；②谈判应该有效率；③谈判应增进至少不损害双方的利益。硬式谈判却难以做到这 3 个方面。

1) 硬式谈判的结果不够理想

当谈判者占据阵地开始谈判时，他们总是希望死守阵地不放。你越是声明你的原则，保护你的阵地，你对之也就投入得越多。由于更多的精力被投入到阵地上，而使双方真正关心的问题被忽略掉，达成协议的可能也变小了。最后得到的谈判结果也许是机械地削减双方与最后阵地间的差距，而不是真正恰当地考虑双方的利益，因而谈判的结果也不那么令双方满意。

2) 硬式谈判没有效率

硬式谈判会刺激谈判者，使谈判寸步难行，为了使最终结果有利于自己，双方的起步都很极端，而且死守不放，你要说服对方以你的观点看问题，直到迫不得已才做一小点让步。因此谈判所需的时间较长。

3) 硬式谈判给友谊带来危险

硬式谈判完全是一种意志的较量，每个谈判者都坚持站在自己的一方，希望通过自己的力量使对方退却。当一方看到自己的利益由于对方的强力压迫而得不到重视时，愤怒和憎恨往往由之而生。因此，硬式谈判会给友谊造成危机。

5.2.2　软式谈判法

1．软式谈判概念

软式谈判是指希望通过一种柔和的谈判风格避免冲突，把谈判对方看作是朋友而不是对手，强调达到双方共识的重要性，而不是胜利目标，避免意志的较量，作出必要的妥协等。这种软式谈判由于双方力求做到更加宽容大方，因此最终做出协议是没有问题。但是，这又导致了另外一个问题，谈判的结果不一定是明智的。

2．硬式谈判与软式谈判的比较

费希尔等人认为，硬式谈判和软式谈判都不是理想的谈判方法，他们给出了调整两者之间关系的方法，如表 5-3 所列。

第5章 商务谈判的理念与方法

表 5-3 软式谈判与硬式谈判的比较

问 题		方 法
软式谈判	硬式谈判	改变原则、理性谈判
对方是朋友	对方是对手	对方是解决问题者
目标在于共识	目标在于胜利	目标在于有效、愉快地得到结果
为友谊做出让步	为友谊要求让步	把人与问题分开
对人和事采取温和态度	对人和事采取强硬态度	对人软,对事硬
信任对方	不信任对方	谈判与信任无关
容易改变阵地	固守不前	集中精力与利益,而不是阵地
给予对方恩惠	给予对方以威胁	探讨相互利益
改变最低界限	对最低界限含糊其辞	避免最低界限
为达成协议愿意承受单方损失	把单方优惠作为协议条件	为共同利益寻求方案
寻找对方可接受的单方解决方案	寻找自己可接受的单方面解决方案	寻找有利于双方的方案,以后再做决定
坚持达成共识	坚守阵地	坚持使用客观标准
避免意志的较量	坚持在意志的较量中取胜	努力获得不倾向于单方意愿的客观结果
迫于压力而妥协	施加给对方压力	坚持理性原则,向道理低头,而不是向压力低头

5.2.3 原则式谈判法

1. 原则式谈判法的概念

费希尔、尤里等人在此基础上提出了理性谈判理论(原则谈判理论),其有 4 个基本点,即:人,把人与问题分开;利益,集中于利益,而不是阵地;选择,在决定以前分析所有的可能性;标准,坚持使用客观标准。

2. 原则式谈判技巧

1) 援引客观的标准

假设,建筑工程的合同书条文规定地基要用钢筋水泥,但是并未注明深度。承包商的业者主张用 4 米,而你认为高品质的住宅应当要有 5 米以上的深度,这样方能保证高层建筑的稳固性。这在技术上的要求虽然高了一点,但你说要对你的住户负责。如果这时承包商说,"我们已经同意屋顶用钢架。这已经增加了费用,你们对此也应当让步,同意将地基做得浅一点,因为这样的成本实在太高。"在这种情况下,具有建筑常识的承包人是绝对不能让步的。这时候,你在谈判时,不应采取立场式、讨价还价式的谈判与对方对峙,而要援引客观的标准来处理问题。这时,你应当说:"也许是我的过错,因为可能有 3 米、4 米的地基。但不管怎样,我只希望你所建造的地基,要能支持这幢漂亮的建筑物,使它的防震性能符合政府的有关规定。它的安全要有所保障。对于这样一个客观不能回避的问题,难道没有可以适用的法定标准吗?这个地区其他类似的建筑物的地基有多深?耐震性又如何?我们一起来找出解决问题的标准好吗?"

签订合理的合同和建造坚固的地基有同样的困难,它不容你松气,否则你是没有办法实现你的目标的。如果客观的建筑标准能使建筑商和发包人的谈判顺利进行,那么商业谈判、团体的谈判、法律的谈判和国际谈判，也可以应用客观的标准进行谈判，在买卖谈判中，卖主不要坚持自己的金额，可以依照市场价格、成本价格、竞争价格来决定他的卖价，因为这些是客观的。以此作为依据就会增强你的议价能力。换句话说，在关键的时候不要屈服于压力或者销售者的要求，而应以客观、固定的原则来寻求解决问题的方法，不要受当事人的感情或势力影响，要注意问题的客观性质和标准。为达到这个目的，应尽量接受合理的标准；把注意力贯注到问题的事实上，而不是彼此的耐力上，为此，要和对方一起"敞开理性之门，关闭威胁之窗！"

2）运用公正、平等、有效、科学化的优点作为标准

运用公正、平等、有效、科学化的优点作为标准，来处理特定的问题，是达成公正、明智协议的最佳途径。商务谈判的当事人愈注重先例、社会习俗和惯例，愈能够从过去的经验中获得更多的便利和利益。而且，符合先例的协议，也比较不容易受到批评与攻击。如果双方都想占尽上风，那只会损害当事人之间的关系。根据标准进行谈判(原则式谈判法)，可以避免这种损害，在尝试找出解决之道的交流中，不要去攻击对方。

3）不以单方面提出的标准为基础进行协商

在谈判中，谈判者不应以对方提出的标准作为唯一的谈判标准，因为一方一项正当性标准并不否定另一方的正当性标准。在与承包商谈判房屋地基深度时，如果承包商说："算了，你相信我就是了。"你可能回答："信任完全是另一码事，问题是多深的地基才能使房屋安全。"

4）不屈从于压力，提出你认为合适的客观标准

如果承包商提出，你在房屋地基深度上不让步，他就抬高价钱怎么办？你可能回答："我们按是非曲直来处理这件事，别的承包商对这样的工作要多少钱？"

5.2.4 利益焦点谈判法

在了解焦点谈判法之前，请看下面的例子。

图书馆里发生了争吵事件，两位男士意见不合，一个人想打开窗户，而另一个则坚持要关窗户，二人在这个小问题上吵了半天都没有什么进展。这时，管理员走了过来，问那个要开窗户的人为什么要这样做，他回答说："我需要呼吸新鲜空气。"管理员又问另一个为什么要关窗户，对方说："我不想受风吹。"管理员想了一下子，便去打开隔壁的窗户，结果风不但没有直接吹进来，而且室内又有了新鲜的空气，使两个争吵的人彼此都得到满足。

从这个例子中，人们能得到在商务谈判中的启示。

1. 针对利益而非立场进行谈判

在以上的例子中，其本质是一般谈判最典型的例子。因为问题的产生是由于双方立场的分歧，所以如要解决问题，必须在立场上取得协议，在磋商的过程中，采取的方法要针对利益而非立场！因为固执地坚持自己的立场，往往会使谈判陷于严重的僵局。如果当时图书管理员只是在考虑打开窗户和关上窗户这两种要求本身，而不去挖掘其内在的利益实质，是绝对难以找到解决问题的答案的。而管理员正是深入一步，透过这两种要求本身，挖掘到利益在于"要呼吸新鲜空气"和"不想吹风"，这样打开隔室的窗户，问题就迎刃

而解。因此，在商务谈判中，留意分析立场与利益的本质是很重要的。

2. 利益决定问题

谈判时的基本问题，并非是表面的立场问题，而是当事者的心里的愿望、欲求、关切与担心的冲突。为此其中一方可能在谈判中会说："我要求在7月15日以前发货！""在运输过程中，不得进行转船！"透过这表面的问题，其实质问题在于要求在7月15日以前装运，是因为买方担心不能及时发货会影响他的正常生产计划。这样虽然会增加一些仓储费用，但为了保险起见，他也宁愿这么做。这时卖方如果有十足的把握准时将货运到，就可以要求对方把装运时间适当宽裕一下。买方在运输条款中规定不许转船的本质内容在于担心货物破损，但如果卖方能向买方阐明直达班轮少，只能通过转船才能保证货物顺利、准确抵达目的地时，买方就会与卖方一起来协商变通的方法。可以加固包装以减少转船过程中可能产生的破损。

上面的例子所讲的愿望和关切都是利益的代表。利益对谈判者有着本质的影响，它是隐藏在立场之后争吵的原动力。表面的立场是当事者决定做的某一件事情或结论，但是，利益却是引导当事者做结论的诱发因素。

强调双方的基本利益，这种方式有效的理由如下。
(1) 任何一种利害关系，通常都有好几种令人满意的解决方案。
(2) 在对应的立场背景里，共同的利益比冲突的立场或利益还要大，还要多。

3. 寻求对立立场背后的利益

当对方的立场与自己的立场对立时，往往会产生对方的利益和自己的利益相对立的错觉。这背后双方的利益可能毫不相干，或者有共同的益处。

例如，买方要求不许分批装运和转船，卖方坚持转船。买方要求的原因在于分批装运和转船会增加货物破损的风险，卖方的理由在于目的港和发运港的直达船舶太少，这样会因此有可能造成货物不能及时发运而产生占港费和违约的风险。

双方立场的背后的根本利益是没有冲突的，还有共同的利益。只需卖方加固包装，并采用集装箱运输，就有可能减少了受损，也就可以采用分批装运和转船。买方也可以减少仓储费用，及时收到货物，这对二者不都有益处吗？

4. 如何辨认利益

能够辨认出双方立场背后的利益，当然有很大的好处，但如何才能辨认出呢？请记住，当谈判因立场相左而陷入僵局时，请绕开问题本身，向对方征询，对方之所以坚持立场的原因。凡是坚持一定的立场，必然会有与之相伴的原因。弄清楚了立场背后的原因，双方的基本利益所在也就十分明显了。最基本的办法，就是让自己站在对方的立场上认真审视对方所主张立场的原因，然后问自己："为什么？"

5.2.5 柔道谈判法

1. 柔道谈判法的特征

对付咄咄逼人的谈判对手的有效方法之一，是保持沉默，不做出反应，以我之静待敌之动。以持久战磨其棱角、挫其锐气，等其丧失信心、精疲力竭之后，我方在发起反攻，反弱为强。总的指导思想是避其锋芒,设法改变谈判力量的对比,以求尽量保护自己,争取己方的利益。

2. 柔道谈判法的实施策略

(1) 不要攻击对方的立场。当对方提出他的立场时,不必立刻表示赞同或拒绝;将其看成是一种选择条件;关注对方立场背后的利益;寻找其所表达的原则;构思可加以改良的方法。

(2) 把批评改为建设性的提示征询,然后再征询对方,如果站在我方的立场时他该怎么办。

(3) 提问后保持沉默。沉默也是一种"陈述",也往往给人一种谈判陷入僵局的感觉;对方为了打破僵局,结果不是回答了我方的问题,便是不得不提出新的方案。当我方在询问后,必须保持一段时间的沉默,万不可紧接着提出另一个问题,或者说出自己本身的意见而扰乱对方。某些时候,一言不发反而是最巧妙的谈判方法。

(4) 请一位"第三者"。通常,谈判者往往是在自己无法从立场式争议转向为原则型谈判的情况下,才请第三者介入的。

5.2.6 隔离谈判法

1. 隔离谈判的概念

所谓隔离谈判是指在谈判过程中从对方角度看问题,善用感情,理智地对待感情,区分人和事,在追求经济利益的同时,注意保持与谈判对方的长期友好还关系。

2. 隔离谈判法技巧

(1) 谈判第二,友谊第一。无论谈判者是谁,其谈判的目的都是为了取得自己的实质利益,这也是谈判的重点。但是,除了追求利益之外,与对手维持友好关系,也同样不可忽视。谈判者最好能考虑到彼此的利益;最低限度也应该在维持彼此利害关系的立场上,共同讨论解决问题的方法。

(2) 关系不等于实质问题。实质问题的解决和友好关系的维护,并非完全处于二律相悖的情况。重要的是谈判的当事者是否愿意把这两种谈判目的,依据各自的性质分别加以处理。

在复杂的人际关系中谋求解决方法时,从"看法"、"情绪"和"沟通"3个角度进行思考,会有很大的帮助。人际关系的许多问题,大体归纳起来脱离不了这3大范畴。

(3) 假如我是对手。虽然,从对方的角度出发来看问题,是极为困难的,可是,唯有具备这种能力,才有可能成为一个成功的谈判者。只知道对方会以与自己不同的眼光来看事情是不够的。假如想改变或影响对方的观点,就必须了解对方在多大程度上信奉他自己的见解,同时还需要努力地去发掘对方的心情,只有这样才能掌握对方的意向。

(4) 理智地对待感情。

(5) 走出误区,谈判不是辩论。

(6) 用"我"代替"你"。在谈判时,一般人都很容易发表宏论来责怪对方的企图或动机。但是在针对问题时,不宜以对方的意图与言行来说明问题,而要以你对问题的感受来描述问题较具有说服力。

(7) 发言要有目标。在进行重要的谈判之前，先要弄清楚自己要传达给对方的到底是什么，以及期望与预测对方会有怎样的反应，然后，考虑你到时应该如何发言，说话的目的又是什么。

(8) 以私人身份去了解谈判的对手，对于谈判的顺利进行有很大的帮助。"和陌生人谈判"与"和熟知的人谈判"，这两者的情形是完全不同的。对你而言，"陌生人"只是一个抽象的名词，因此，你容易采取冷漠的态度。如果谈判的对象是同学、同事或朋友，情形就不一样了。假如你能尽快使谈判的对方变成熟人，谈判就容易进行了。

(9) 人、事要分家。如果谈判双方不能将人的问题和谈判的内容分开，而且认定彼此处于对立的状态，那么，有关实质内容的讨论，也会被视为在攻击对方。这时，双方都会一心一意地保卫自己，反驳对方，而不可能去注意双方的正常利益和所关心的事。谈判中当事人之间也是如此，应将双方的对立关系调整淡化为利害攸关关系，而且彼此要互相协助、研究，倘若有了这种共识，达成协议也就不难了。

5.2.7 克制诡计谈判法

1. 克制诡计谈判技巧

在谈判中，一些谈判对手并不仅仅使用符合道德规范的策略方法，有的人为了达到己方的目的，可以不择手段，不顾后果，行贿、窃听、欺骗、恫吓等。对这些伎俩，也应有所认识，有所防备，以便能更有效地反击、自卫，更好地维护自己的利益。那么如何施展克制诡计谈判技巧，有下面几点。

(1) 与其改变对手，不如改变程序。当对方使用诡计战术时，应检验对方的问题，而不是攻击对方的人格。

(2) 立于信任之外，假如对方没有特别的实施值得你相信，就别轻易地信赖对方，谈判是检验对方言辞的真实性是一道必不可少的程序。

(3) 聚焦利益而非立场，即避免立场上的讨价还价。

2. 克制诡计的策略

谈判中常见的不正当、不道德的手段或诡计，主要有以下几种。

1) 欺骗

这是谈判中经常使用的一种伎俩。即对方在陈述客观情况时，故意隐瞒真实情况，编造一些虚假的事实，欺骗对方。

故意欺骗不同于没有讲出全部情况，有些时候，出于某种需要，并没有讲出全部情况或全部真相，但隐瞒的同时，并没有编出虚假的情况欺骗对方。因此，一定要警惕对方在谈判中使用故意欺骗的伎俩，商谈的重要内容一定要一丝不苟，严肃认真。同时，还要学会察言观色。编假话欺骗对方常常会出现前言不搭后语，甚至自相矛盾的情况。仔细观察就会发现这些破绽。此外，每当对方在介绍一些比较重要的情况，或回答我方提出的关键问题时，最好不要只听一面之词就匆忙做出决定，一定要经过调查、核实。任何商店都不会因为听说你在银行有存款，就把商品给你，即便赊销，也要通过一定方式证明你有能力支付货款和保证付款。这对于你也同样适用。寻找机会证明一下对方说的话，就减少了上当受骗的可能。

2) 威胁

这恐怕是谈判中用得最多的伎俩。因为威胁很容易做出。其比提条件、说服要容易得多。它只要几句话，而且不需要兑现。许多谈判人员愿意或习惯于使用威胁的手段，但是谈判专家对一些典型的案例研究表明，威胁并不能达到使用者的目的。其常常会导致反威胁这种恶性循环，损害双方的关系，导致谈判破裂。

威胁的副作用很大。优秀的谈判者不仅不赞成使用威胁，而且尽量避免使用威胁的字眼。表达同样的意思有各种方式，如果有必要指出对方行为的后果，就指出那些你意料之外的事，陈述客观上可能发生的情况，而不提出你能控制发生的事。从这一点来讲，警告就要比威胁好得多，也不会引起反威胁。

使用威胁的一方虽然看起来很强硬，但实际上却是虚弱的表现。因为对方一旦不惧怕威胁，他便无计可施了，也没有了退路。对付威胁的有效办法，是无视威胁，对其不予理睬，可以把它看成是不相干的废话，或是对方感情冲动的表现。必要时，可以指出威胁可能产生的后果，揭示使威胁成立的虚假条件，这样，威胁就失去了应有的作用。

3) "人质"战略

商业交易中的"人质"战略，不同于政治斗争中那种以扣押人质作为交换条件的做法。这里的"人质"是指对谈判双方有某种价值的东西，包括金钱、货物、财产或个人的名誉。

商务谈判的实例表明，使用"人质"战略，往往能达到目的，很多困难、复杂的问题，能够轻易获得解决。但是，这种解决并不是靠公平合理、平等互利，而是一方通过手中的王牌压迫另一方接受不合理的条件。所以，即使达成协议，双方的关系也不会融洽，更不会保持长久的合作。在合同的履行中，被迫接受不合理协议的另一方，也会千方百计地找借口不履行合同。因此，靠"人质"战术达成谈判协议，其后果也是十分消极的。

如果在谈判中碰到对方使用这种伎俩，我们必须予以反击。对付的方法：①应考虑到对方是利用手中的"王牌"向我方施加压力，如果我方也有一张王牌，就会改变我方的劣势，因此，也应寻找一张王牌，在必要时向对方摊牌；②找一个仲裁者，由他提出一个较为公平合理的方案；③必要时，向对方的上级申诉；④也可以考虑通过法院再和对方展开谈判；⑤在合同中尽量不留漏洞，不给对方以可乘之机，在没有得到可靠的保证时，切勿预付款或付货。

4) 假出价

这也是一种不道德的谈判伎俩。使用者一方利用虚假报价的手段，排除同行的竞争，以获得与对方谈判的机会，可是一旦进入实质性的谈判阶段，就会改变原先的报价，提出新的苛刻要求。这时，对方很可能已放弃了考虑其他谈判对手，不得已而同意他的新要求。

假出价与抬价策略大同小异，其差别主要是假出价的目的在于消除竞争价，排除其他竞争对手，使自己成为交易的唯一对象。也正是因为这一点，使得假出价成为一种诡计，具有欺骗的性质，如果我方不能对此有所认识，难免会吃亏上当。

如何对付对方的欺骗呢？要认识到耍这种手腕的人大都是在价格上做文章，先报虚价，再一步步修改，以达到他原先预想的目标。因此要围绕这一点采取对策：①要求对方预付大笔的订金，使对方不敢轻易反悔；②如果对方提出的交易条件十分优厚，我方就应考虑是否对方在使用这一伎俩，可以在几个关键问题上试探对方，摸清对方的底细；③当某些迹象显示出有这种可能时，要注意随时保持两三个其他的交易对象，以便一旦出现问题，进退主动；④必要时，提出一个截止的日期，如到期尚不能与对方就主要条款达成协议，那么就应毫不犹豫地放弃谈判；⑤只要有可能，最好请第三者在谈判的合同上签名作证，防止对方反悔。

5) 车轮战术

在谈判中，一方出于某种目的，不断地更换谈判人员，借以打乱对方的部署。

当然，如果新换的谈判对手是个新手，也许对你可能有利，但如果对你使用这一伎俩的一方是借此压你妥协，他就不会让没有经验的谈判人员出场，对此，一定要有所警惕。如果对方使用车轮战术，应付的方法如下。

(1) 我方最好不要重复已做过的争论，这只会使我方精疲力竭，给对方乘虚而入的机会。

(2) 如果新的谈判对手否认过去的协定，我方要在耐心等待的同时，采用相应的策略技巧，说服对方回心转意。否则，我方也可以借此否认所许过的诺言。

(3) 必要时，寻找一些借口，使谈判搁浅，直到原先的对手再换回来。

(4) 不论对方是否更换谈判者，对此要有心理准备。

(5) 在对方更换谈判对手时，如果不是处理谈判僵局的需要，很可能就是在使用车轮战术，必须申明我方的立场、要求，至少要保证先前谈妥的一切不做改动。否则，不要轻易同意对方更换谈判人员。

(6) 对于新换的谈判对手，不要急于正式谈判，先进行交往，待双方关系比较融洽、互相摸底之后，再谈判。

5.2.8 反击谈判法

1. 反击谈判技巧

谈判时，当对方占据优势而且态度强硬时，应采取反击策略。实施该策略的关键是避其锋芒，击其要害，保护好自己。

第一，先设置防线。其好处是使你在谈判中保持心理的平稳，不致惊慌失措而手忙脚乱；使谈判结果比自己的预期结果要好；使你在谈判时拥有进可攻、退可守的战略基地，因而游刃有余。

第二，事先拟定好自己的最佳替代方案。这样不仅可以决定自己可接受协议的最低限度，而且也能避免接受底线以下的协议。

2. 反击对手的通用策略

1) 对付恐吓

(1) 对方扬言将同别人做生意。扬言将把生意交给你的竞争对手去做，这是另一种恐吓手段。当对方说要将这笔生意交给你的竞争对手去做或者说自己可以做时，你不能显示出一点儿惧色。通常他们只是在说大话吓唬人。如果他们真的想把这笔生意交给别人去做，而对于同你做生意不感兴趣，那他们何必又费时又费力地与你谈判呢! 在绝大多数时间，这类威胁都是假的，目的是逼你就范。所以你只需说"那就随您的便吧"就行，千万不能露出一点畏惧之色。对应付这类威胁有自信，是做成交易的必备条件之一。

(2) 对方声称内部有人反对。比较狡狯一点的恐吓手段是，对方告诉你，他们内部有人反对做这笔生意。内部存在不同意见，这是很正常的事，但是既然已开始谈判，显然内部的反对意见已起不了决定性作用，所以拿出反对派的意见来无非是想给我方施加一些压力。因此，我方绝不要因为害怕对方内部有人反对这笔生意而勉强接受对方的条件。即使对方内部真的还有反对意见存在，这意味着想做成这笔生意的人只想加强而不是削弱我方的谈判地位。从这个角度说，对方有反对派存在反而是好事，我方甚至应该高兴。总之，不论恐吓这一策略有多少套路和招数，对付它最好的办法就是决不要被它吓住。

2) 对付虚张声势

对付虚张声势、漫天要价，又称"打虚头"。"漫天要价，就地还钱"，在交易中是常有的事。买卖双方的最初报价都可能留有余地，经过几次商讨，最终的价格接近双方的心理承受价位，买卖成交。在谈判中，分析并找准对方最不合理亦即最虚的条件展开进攻，这就是"打虚头"的做法。采取这种策略时，准确的分析极为重要。先分析、比较对方的各种条件，并参照自己掌握的各种资料，找出对方的虚处所在，先行攻破。所谓虚头有时是虚价，超出合理价格越多，水分越多；有时是虚项目，如一个系列有几个产品，其中两个产品只有极小的区别。买方若没有识破，卖方即可得手；买方若已经识破了，卖方也可以主动让步，做个顺水人情。"打虚头"关键在"准"，找准了才能打出名堂来，否则反而会激怒对方。但一旦抓准了就要毫不犹豫地进攻，不达目的决不松手。对付虚张声势的办法有两个，即你可以立即反击，看看以后会发生什么；或者不予理睬，让对方对你的这种态度先做出反应。如果你采用了第二种方法，谈判又继续下去，且对方也没有继续虚张声势下去，那就是说，你取得了胜利。虚张声势之所以能得逞，就因为你未能区分对手说的究竟是真话还是假话。

为判断对方的威胁到底是真的还是虚张声势，你应当分析与该威胁有关的所有因素，分析各种可能性，甚至要注意到对手的性情、衣着等，从中得出正确的判断，以决定你在谈判中应该采取的对策。

3) 对付最后通牒

在谈判中，经常会遇到对手使出"这笔生意同意就做，不同意就不做"的招数，来迫使你接受他们的报价。这时，你可以采取这几种方式来应付。

(1) 对这种最后通牒式的威胁根本不予理会，继续说你的。如果对方并未因此而中止谈判，那就说明对方并不是真的有"同意就做，不同意就不做"的想法。

(2) 认真想想你的处境，如果你还有另外更好的路，你可以说："那就算了，如果贵方有什么更好的建议，请打电话给我。"这一招一般能使对方改变态度，也许对方会温和下来，表示可以继续商量。否则，你就坚决地去走另外的路，如果后来对方又要求恢复谈判，那时，主动权就掌握在你的手里了。

(3) 给对方编造出一个竞争对手来，说他的报价比你的对手低，你们准备去和他接触。这一手很可能会被对手识破，那时，你只有两种选择，要么接受对方的报价，要么终止谈判。但这样做至少可以测试出对方的最后通牒是否是真的。

最后通牒式的威胁之所以能够生效，通常是因为你不愿意放弃。从长远讲，用一走了之的方式避免做成一笔坏交易，比犹豫着不走，最后上了当要强得多，更何况，当你这一次成功地避免了上当后,得知这一消息的其他对手就不再会轻易对你使用这一招了。

4) 对付截止期限

或许,你的对手会在有意无意中透露一个"截止谈判"的期限来。譬如:"我必须在一个小时内赶到机场。""再过一个小时,我得去参加一个重要会议。"这样的"自我设限",不正给了你可乘之机吗?碰到这种情形,你只须慢慢地等,等着那"最后一刻"的到来好了。随着时间距离飞机起飞或他那个会议愈来愈近,想必对方的心绪也愈来愈紧张不安,甚至巴不得双方在一秒钟内就达成协议。此时此刻,你就可以慢条斯理地提出种种要求:"怎么样呢?我觉得我的提议相当公平,就等你点个头了。只要你答应,不就可以放心地去办下一件事了!"由于时间急迫,对方很可能被迫同意你的提议。

此外,也不必完全相信所谓的"截止期限"。如事关重大,此时谈不成,经协商之后,双方自会找出理由进行延期处理。

5) 对付唱红白脸

在日常生活中,有时会遇到"唱红脸"、"唱白脸"的事,在谈判中,也会碰上这种带欺骗成分的玩好人坏人的手法。例如,在谈判中,由同一方的两个人故意发生争执,其中一位非常坚决地对你说:"这辆车报价 5 万元,已经很便宜了,决不能再降价了!"这时,他的伙伴故意皱皱肩头,说:"这样不太合理吧,因为这辆车你已经行驶了两年了。"接着他装作主持公道的样子对你说:"我看这样好了,你支付 4.8 万元算了!"这样一来,虽然让步不是很多,但你却觉得他帮了你的忙,乐意接受他的建议。其实,他们只是一个唱红脸,一个唱白脸;一个扮好人,一个扮坏人,目的是让你接受他们的报价。所以你得警惕这种手段,当扮演"好人"的对手来说服你时,你应该将他撇在一边,直接与"唱白脸"的"坏人"交锋。

5.2.9 商务谈判的成功模式

1. 谈判 APRAM 模式构成

商务谈判是一个连续不断的过程,每次谈判都要经过评价、计划、关系、协议和维持 5 个环节。谈判不仅要涉及本次所要解决的问题,而且要使本次交易的成功为下一次交易打好基础。这就是当前流行的 APRAM(appraisal,plan,relationship,agreement,maintenance)模式。

1) 进行科学的项目评估

商务谈判是否能够取得成功,过去都认为取决于谈判者能否正确地把握谈判进程,能否巧妙地运用谈判策略。然而,随着市场的成熟、法律的完善、全球经济一体化的形成,谈判能否取得成功已经不仅取决于谈判桌上的你来我往、唇枪舌剑,更重要的是谈判的各项准备工作。对于商务谈判者来讲,一项商务谈判要想取得成功,首先要在正式谈判之前对各项商务活动进行科学的评估(appraisal)。如果没有进行科学评估,或者草率评估,盲目上阵,虽然在谈判时花了很大力气,达成一个看起来令双方都满意的协议,这个"满意"恐怕是要打引号的。因为没有科学评估,或者评估不当,自以为结果是满意的,其实是自欺欺人。如果这是一项不能体现经济效益和社会效益,不能使资源得到充分利用的建设项目或者合资项目、货物交易等,那么这类项目谈判的成功实际上是虚假的。在庆贺成功的同时,却已经为整个活动的失败种下了种子。要不了多久,就会发现自己完全是个失败者。所以,进行科学的项目评估,是取得一项谈判成功的前提。也可以说,任何谈判都离不开科学的评估,可能有的完整一些、复杂一些,有的简单一些,但这都是必须要做的。

2) 制订谈判计划

制订谈判计划(plan)时,首先要明确本方的谈判目标是什么,其次要设法理解和弄清楚对方的谈判目标。在确定了二者的目标之后,应把这两者加以比较,找出在本次谈判中,双方利益一致的地方。对于双方利益一致的共同点,应该在以后的正式谈判中首先提出来,并由双方加以确认。对于双方利益不一致问题,则要通过双方发挥思维创造力和开发能力,积极寻找使双方都满意的办法来加以解决。

3) 建立关系

在正式谈判之前,要建立起与谈判对方的良好关系(relationship)。这种关系不是那种一面之交的关系,而应该是一种有意识形成的、能使谈判双方当事者在协商过程中都能感受到的舒畅、开放、融洽的关系。换言之,就是要建立一种彼此都希望对方处于良好协商环境中的关系。至于如何建立谈判双方之间的信任关系,增进彼此的信赖感,经验证明,做到以下3点至关重要:①要坚持使对方相信自己的信念;②要表现出自己的诚意;③最终使对方信任自己的是行动,因此要做到有约必行、信守诺言。

4) 达成使双方都能接受的协议

在谈判双方建立的充分信任的关系,即可进入实质性的事务谈判。在这里首先应该核实对方的谈判目标。其次,对彼此意见一致的问题加以确认,而对彼此意见不一致的问题则通过充分地交换意见,寻求一个有利于双方的利益需要,对双方都能接受的方案来解决。对谈判者来讲,应该清楚地认识到,达成满意的协议(agreement)并不是协商谈判的终极目标。谈判的终极目标应该是协议的内容得到圆满地贯彻执行。

5) 协议的履行与关系的维持

在谈判中,人们最容易犯的错误是,一旦达成令自己满意的协议就认为万事大吉,就会拍掌欢呼谈判的结束,就意味对方会马上毫不动摇地履行他的义务和责任,这实在是一个错误。因为,履行职责的不是协议书,而是人。协议书不管规定得多么严格,其本身并不能保证得到实施。因此,签订协议书是重要的,但维持(maintenance)协议书,确保其能得到贯彻实施更加重要。

为了促进对方履行协议,必须认真做两件工作:其一,对对方遵守约定的行为给予适当的、良好的情感反应,可以是亲自拜访、致以问候、表示感谢,也可以通过写信、打电话来表示;其二,当你要求别人信守协议时,自己首先要信守协议。

通过努力,确保了协议能认真履行,对具体一项交易来讲,可以划上一个圆满句号,但对一个具有长远战略眼光的谈判者来讲,则还有一项重要的工作要做,这就是维持与对方的关系。维持与对方的关系的基本做法是,保持与对方的接触和联络,主要是个人之间的接触。

2. 商务谈判模式选择

从商务谈判进行过程的安排以及进行的速度来区分,可将商务谈判分为6种模式,即快速顺进式、快速跳跃式、中速顺进式、中速跳跃式、慢速顺进式和慢速跳跃式。

1) 快速顺进式

所谓快速，是指商务谈判进行的速度非常快，谈判各方很顺利地就交易的各项条款达成一致。所谓顺进，是指在谈判开始后，谈判当事人按照事先拟定的谈判议程，对交易的各项条款逐一地、按顺序地进行磋商。快速顺进式节省了谈判当事人的时间，简化了谈判过程，进而节约了谈判成本。采用快速顺进谈判模式的条件有3个：①交易各方对交易的内容非常熟悉，能够迅速就交易的各项条款达成一致；②交易各方对交易伙伴非常熟悉，彼此之间存在较高的信任；③交易金额不是很大，交易合作内容不是十分复杂。在现实中，经常性的商务合作所引起的商务谈判大多采用的是快速顺进式。例如，钢厂和煤矿就钢厂所需原煤问题进行定期的商务合作就属于经常性的商务合作，他们为此而进行的谈判通常都是快速顺进式。在快速顺进式的谈判模式下，谈判各方的冲突对抗较少，谈判一般是在友好合作的气氛中完成。

2) 快速跳跃式

从时间角度讲，快速跳跃式与快速顺进式相同，两者的谈判速度都非常快。不过，在谈判过程中，快速跳跃式不像快速顺进式那样，谈判各方按事先确定好的谈判程序对交易的条款逐一进行商谈，而是根据谈判的实际需要，跳跃性地选择交易条款来进行磋商。造成跳跃的主要原因是谈判当事人对交易项目中的某些条款分歧较大。这些分歧可能是由于合作各方相互之间的不太信任或缺乏了解引起的，也可能是对合作项目不熟悉或其他一些原因引起的。这种跳跃有两种方式：一是从难到易的跳跃；二是从易到难的跳跃。

从难到易的跳跃，是指谈判各方先就分歧比较大的交易条款进行磋商，然后再去解决分歧比较小的交易条款。这种跳跃方式的好处在于：在刚刚开始谈判时，谈判各方的心理比较充沛，情绪比较高涨，此时进行"攻坚战"会取得较好的效果，并起"难题"一解决，后面的问题就会迎刃而解，使谈判速战速决，从而节省谈判时间及相应的成本支出。

从易到难的跳跃，是指谈判各方应先将较为容易的问题解决，然后再去集中力量处理分歧较大的交易条款。这种跳跃方式可作为一种谈判技巧，即谈判者在谈判时如果就某一问题与谈判对手僵持不下，那么，他可以将这一问题放一放，先去处理容易解决的问题，待其他问题解决以后，再回过头来处理刚才的难题。从易到难的跳跃方式其优点在于它把难题放在后面解决，给谈判各方腾出了一些思考时间，使他们能够更好地掌握解决问题的方法；而且，谈判各方在开始时达成的一系列意见有利于形成良好的谈判气氛，为以后难题的解决打下良好的基础。不过，它也有些缺点，即在谈判后期，谈判各方通常都比较疲劳，情绪比较低落，注意力很难集中，这些都给解决困难问题造成了一定的障碍。一般情况，在中小交易项目的谈判中，因为交易内容比较简单，所以容易出现快速跳跃的谈判模式。

3) 中速顺进式与中速跳跃式

中速顺进式谈判是指在谈判过程中，谈判当事人按照既定的谈判议程，对交易的各项条款进行商谈，谈判进行的速度较慢。一般情况，中速顺进谈判模式下的交易项目要比快速顺进式和快速跳跃式的大一些，谈判内容要复杂一点。不过，有时在某些因素的作用下，快速顺进式使谈判可能会放慢，进而转化为中速顺进时谈判。

与快速跳跃式谈判相比，中速跳跃式谈判模式所要处理的交易条款更为复杂，遇到难题更为"棘手"。在谈判过程中，谈判当事人对谈判议程的修改幅度较大。

4) 慢速顺进式与慢速跳跃式

从总体上，慢速类的谈判模式一般处理的都是大型的交易项目，其交易额极大、交易的内容极为复杂。在慢速谈判中，谈判各方通常要拟定较为严密的谈判议程，并严格地按照议程进行谈判。只有在遇到了解决问题十分满意时，才有可能出现跳跃。跳跃一般是作为一种协调的技巧而出现的。由于谈判进行时间很长，而且谈判各方的工作量都比较大，所以，慢速类商务谈判的成分是非常高的，中小企业很难负担这种支出。

本章小结

商务谈判理念是商务谈判实践的指导思想，包括解决问题的出发点、方针、原则、风格、思维逻辑、考虑因素等。现代商务谈判以发现和满足需要为中心，兼顾实质利益和关系利益。谈判中应谋求一致、追求皆大欢喜，避免以战取胜。谈判四项原则即谈判行为的 4 个基本点，即追求共同利益、提供多种被选方案、人与事分开和坚持客观标准。谈判风格归纳为 5 种类型，即合作型、妥协型、顺从型、控制型和回避型。谈判 6 种战略特指谈判过程的让步选择，即不让步，不再让步，仅为打破僵局而让步，以小的系列让步实现高的现实性期望(HRESSC)，让步在先，解决问题。商务谈判中的逻辑方法包括比较法、抽象法、概括法、分析法、综合法、归纳法、演绎法。谈判实力来源于 8 个方面，就是 N、O、T、R、I、C、K、S，每个字母所代表的 8 个单词为 N 代表需求(need)，O 代表选择(options)，T 代表时间(time)，R 代表关系(relationship)，I 代表投资(investment)，C 代表可信性(credibility)，S 代表的是技能(skills)。

商务谈判的方法包括硬式谈判法、软式谈判法、原则谈判法、利益焦点谈判法、柔道谈判法、隔离谈判法、克制诡计谈判法、反击谈判法。商务谈判的成功模式即 APRAM，其包括 5 个步骤：①进行科学的项目评估(appraisal)；②制定谈判计划(plan)；③建立关系(relationship)；④达成使双方都能接受的协议(agreement)；⑤协议的履行与关系的维持(maintenance)。

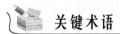

关键术语

硬式谈判法、软式谈判法、原则式谈判法、隔离谈判法、商务谈判的 APRAM 模式

习 题

1. 选择题

(1) 谈判人员针对利益而非立场进行谈判，他们采取的谈判方法是(   )。
    A. 硬式谈判法   B. 软式式谈判法   C. 原则谈判法   D. 反击谈判法

(2) 在谈判中，一方出于某种目的不断地更换谈判人员，借以打乱对方的部署。这种做法是(   )。
    A. 欺骗   B. 威胁   C. 假出价   D. 车轮战术

(3) 在谈判中，谈判者对待冲突的方法是，维持人际关系，确保双方都能够达到个人目标。这种做法说明谈判者是(   )谈判风格。
    A. 合作型   B. 妥协型   C. 顺从型   D. 回避型

2. 判断题(对的打√，错的打×)

(1) 需要和对需要的满足是谈判进行的基础。( )
(2) 原则式谈判技巧之一是援引客观的标准。( )
(3) 不要攻击对手的立场，是柔道谈判法的实施策略之一。( )

3. 简答题

(1) 什么是人类需求的七个层次？它是如何体现在商务谈判中的？
(2) 比尔·斯科特的谈判三个方针理论的主要内容是什么？
(3) 构成谈判实力的因素有哪些？
(4) 硬式谈判方法的含义及其缺点是什么？
(5) 如何理解和把握商务谈判的 APRAM 模式？

4. 思考题

有一些从名牌卡车底部卸下来的轻便型日本电机，一般情况下每台电机价值 400 美元。你只以每台 50 美元的价格买下了这些日本电机，有一位想买这种电机的人很想知道，如果他从你的手中买 200 台电机，要花多少钱才行。你跟他说什么呢？

A. 告诉他电机的质量情况，并请他出价。
B. 每台电机以 100 美元卖给他，但这既是最初的开价，也是最后的定价，明天就没有电机了。
C. 告诉他，有人在卖这种电机，每台 360 美元，但如果他要得多且用现金支付，则可以每台 180 美元卖给他。
D. 每台 360 美元，但若买得多且付现金，则可半价。

案例分析

中日塑料编织袋生产线谈判

1984 年，山东某塑料编织袋厂厂长获悉日本某株式会社准备向我国出售先进的塑料编织袋生产线，立即亲自出马与日商谈判。谈判桌上，日方代表开始开价 240 万美元，我方厂长立即答复："据我们掌握情报，贵国某株式会社所提供商品与你们完全一样，开价只是贵方一半，我建议你们重新报价。"一夜之间，日本人列出详细价目清单，第二天报出总价 180 万美元。以后在持续 9 天的谈判中，日方在 13 万美元价格上不再妥协。我方厂长有意同另一家西方公司做生意并让我洽谈联系，日方得悉，总价立即降至 120 万美元。我方厂长仍不签字，日方大为震怒，我方厂长判案而起："先生，中国不再是几十年前任人摆布的中国了，你的价格，你们的态度都是我们不能接受的！"说罢提包甩在桌角，里边西方某公司设备的照片撒了满地。日方代表大吃一惊，说："先生，我的权限到此为止，请允许我再同厂方联系请示后再商量。"第二天，日方宣布降价为 110 万美元。我方厂长在拍板成交的同时，提出安装所需费用一概由日方承担，又迫使日方让步。

根据以上案例所提供的资料，试分析：

(1) 我方厂长在谈判中运用了怎样的谈判方法？
(2) 日方代表在谈判中运用了怎样的谈判方法？
(3) 为什么日方最后不得不成交？

第6章

商务谈判的策略与技巧

本章教学要点

知识要点	掌握程度	相关知识
谈判策略与技巧概述	了解与掌握谈判策略与技巧的相关理论	谈判策略的概念、构成要素、特征、类型
具体谈判策略与技巧	能够掌握具体的谈判策略与技巧	谈判开局、价格、妥协与让步、僵局处理、签约等策略与技巧的内容

本章技能要点

技能要点	掌握程度	应用方向
谈判策略与技巧制定	在了解与掌握谈判策略与技巧的相关理论的基础上,根据实际谈判需要制定相应的谈判策略与技巧	谈判策略与技巧的制定
运用谈判策略与技巧	能够掌握具体的谈判策略与技巧,并应用于具体的谈判实践中	谈判开局、僵局处理、签约等商务谈判环节

第6章 商务谈判的策略与技巧

■ 导入案例

机关算尽，皆大欢喜

中国某海滨城市在修建一批旅游宾馆时需要从国外进口一批空调设备，为此主管部门邀请日本某生产空调的公司到该市举行购销谈判。中方的商品需求是，功率为1.5匹的分体式空调2 000～2 400台，期望的价格目标是 JPY65 000～72 000CIF/台。中方了解到的国际同类同规格产品市场价格为 JPY65 000～80 000CIF/台。

日方谈判小组到达该市后，中方给予对方热情地接待，向日方介绍了该市旅游业蓬勃发展的态势，并拟定了一个谈判时间安排紧凑(但工作结束后有免费旅游活动安排)的日程表与日方商量，日方对时间问题提出异议，在中方同意延长2天时间后，双方就此问题达成一致。

在第一轮谈判中，中方首先发盘为购买数量2 000台，出价JPY55 000CIF/台，日方的还盘为购买数量2 000台，单价JPY95 000CIF/台或购买数量3 000台，单价JPY90 000CIF/台。就此双方展开讨价还价。在讨价还价中，中方要求日方降价的立论是购买批量大，理应价格上给予优惠的数量折扣；国际市场上，同规格产品最高价也才卖到JPY72 000CIF/台；日方无3 000台的购买需求和购买力，且超限额进口，将会被海关征收高额进口关税，经济上不划算。日方要高价的立论是己方产品的性能和质量属世界一流档次，理所当然要卖高价；现在国际市场上制造空调用的原材料大多在涨价，所以空调机价格只会跟着涨；按2 000台，JPY95 000CIF/台交易，己方已经给出了较大的优惠，而自己只是有微薄的利润可赚。双方的立论均有一定的道理和事实根据。几经交锋后，中方的最后立场是购买数量2 400台，出价JPY72 000CIF/台，日方的最后立场是购买数量2 400台，单价JPY80 000CIF/台，或购买数量3 000台，单价JPY85 000CIF/台，并强调己方从未在购买数量3 000台以下，以低于JPY80 000CIF/台的价格与他人达成过交易。在此数量和价位上，双方各持己见并形成僵局，最后双方约定休会2天后举行第二轮谈判。

在休会期间，日方通过对中方产品规格与购买数量需求、态度与立场的分析，测算出中方需求的大致装机容量，以及对市场行情的了解程度。并据此调整了谈判策略拟定了打破僵局的方案和采用的技巧，准备了有关材料。

在第二轮谈判中，日方首先抛出一个交易的新方案，即建议中方旅游饭店不要装备分散的分体式空调机，而是改为装备他公司生产的中央空调机(一个饭店安装一台套即可满足要求)。其理由是旅游饭店装备中央空调为国际流行趋势，其不仅可以改善饭店建筑物的外观形象，而且可以在满足同样装机容量需要的条件下，节省装机成本和节约使用费用，并且便于管理与维修；其公司生产的中央空调机在技术性能、质量与维修上仍属国际一流。此外，日方对购买数量不再作要求，在价格上仍可给予中方较大的优惠。日方提出新方案后，诚请中方考虑。中方根据所掌握的技术和市场情报信息，对日方提出的新方案进行了分析和慎重考虑，认为日方的新方案可取，因此进行了询价。日方非常坚定地给出了报价，即JPY42 000 000CIF/台套。中方根据所掌握的市场行情，判断出日方的报价含有很大的水分，与其给予价格优惠的承诺不符。中方因此对日方的报价表示惊讶，并要求日方提供报价依据。日方应中方要求，毫不迟疑地拿出一份事先准备好的成本名目繁多、计算公式复杂的产品成本构成清单给中方，并提请中方审核。中方通过采用"暗示竞争者的存在"技巧的使用，出示国际上别的几家公司同类产品报价单(对己方有利的)的方式，和给出试用满意后，今后再以同等交易条件购买6台套的远期承诺，并强调该地区旅游业的发展前景，日方公司未曾向该地区销售过中央空调机产品，此次交易若成功所带来的广告示范效应，从而促使日方作出较大的让步，最后双方以购买数量中央空调机4台套，单价JPY2 800 000CIF/台套成交。

此后，其他议题的谈判较为顺利完成，最终达成了双方均感到满意的协议。谈判结束后，中方免费为日方谈判组安排了对本地旅游景点的观光活动。

6.1 商务谈判策略与技巧概述

商务谈判是"合作的利己主义"的过程。在这个过程中,参与谈判的双方或多方都要为自己获得尽可能多的利益而绞尽脑汁。谈判人员会根据实际情况,或显示自己的智慧,或摆出自己的实力,或借助天时、地利以及经过思考选择的方法、措施来开展谈判。作为一种复杂的智力竞争活动,谈判高手无不借助谈判策略与技巧的运用来显示其才华。因此,谈判策略与技巧选用是否得当、能否成功,是衡量谈判者能力高低、经验丰富与否的主要标志。

6.1.1 商务谈判策略的概述

1. 商务谈判策略的含义

商务谈判策略,是对谈判人员在商务谈判过程中为实现特定的目标而采取的各种方式、措施、技巧、战术、手段及其反向与组合运用的总称。在具体的谈判过程中,商务谈判策略包含两层含义,即参加商务谈判人员的行为方针和他们的行为方式。

商务谈判策略是一个集合概念和混合概念。一方面,商务谈判中所运用的单一方式、技巧、措施、战术、手段等都只是商务谈判策略的一部分。对于策略,谈判人员可以从正向来运用,也可以从反向来运用;既可以运用策略的一部分,也可以运用其几部分及其多部分的组合。另一方面,商务谈判中所运用的方式、战术、手段、措施、技巧等是交叉联系的,难以再深入分类。

多数商务谈判策略是事前决策的结果,是科学制定策略本身指导思想的反映,也是谈判实践的经验概括。其规定谈判者在一种能预见和可能发生的情况下应该做什么,不能做什么。谈判中所采取的许多策略,都要经历酝酿和运筹的过程。酝酿和运筹的过程,也是集思广益的互动过程。只有经历这一过程,才能选择准确、恰当的商务谈判策略。

2. 商务谈判战略与策略

商务谈判战略是相对于商务谈判策略而言的。一般而言,商务谈判战略又称为商务谈判宏观策略,它是指实现谈判总目标的原则性方案与途径。其目的主要是获取谈判的全局利益,实现谈判的长远利益。商务谈判战略具有完整性、层次性、阶段性、相对稳定性等特点。

商务谈判策略又称为商务谈判微观策略,是完成或实现商务谈判战略的具体方案、手段、战术的总称。实施商务谈判策略旨在赢得局部的或阶段性的利益。商务谈判策略的实施,可能会暂时失去某些局部的利益,以服从整体利益和总体目标的需要。商务谈判策略具有派生性、单一性、应变性和针对性等特点。

商务谈判战略和商务谈判策略仅仅是一种理论上的区分。在实践中,它们既相互对应存在又相互转化。应该注意的是,无论商务谈判战略还是策略,都不是谈判的最终目标,从一定意义上讲,它们都是解决问题的方式与方法。

6.1.2 商务谈判策略构成要素

任何事物都有其特定性，这种特定性正是由诸要素所构成的特有的质的规定性。商务谈判策略的质的规定性包括其内容、目标、方式和要点等4大方面。

1．策略的内容

商务谈判策略的内容是指策略本身所要解决的问题，是策略运筹的核心。例如，在商务谈判中，价格谈判策略本身所要解决的问题是产品或服务的价值及其表现的认定。

2．策略的目标

商务谈判策略的目标是指策略要完成的特定任务，表现为谈判本身追求什么，避免什么。例如，在商务谈判中，价格谈判的目标表现为特定数量的多收益，少支出。

3．策略的方式

商务谈判策略的方式是指策略表现的形式和方法。例如，在商务谈判中的价格让步策略，采取的"挤牙膏"战术，就是一种典型的达到谈判目标的方式方法。

4．策略的要点

商务谈判策略的要点是指实现策略目标的关键点。例如，在商务谈判中的价格让步策略，运筹它的关键在于"让步"的学问和技巧。把握和运用好让的"度"是运用好这一策略的关键点。

需要注意的是，有的策略要点不止一个。例如，"出其不意"这一策略的要点就有两个，一个是"快速"，以速制胜；一个是"新奇"，以奇夺人。

除上述4个主要的构成要素外，商务谈判策略的构成要素还包括策略运用的具体条件和时机。

6.1.3 商务谈判策略的特征

商务谈判策略不仅有质的规定性，而且还有独有的特征。这些特征是在长期的商务谈判实践经验和教训的基础上总结、概括出来的。其特征主要有以下几个方面。

1．针对性

商务谈判是一种应对性很强的活动。只有谈判双方或多方为了满足某种需求才会坐到一起来交流、沟通和磋商。在商务谈判中，任何策略的出台都有其明显的针对性，必然是针对谈判桌上的具体情形而采取的谋略和一系列举措。

在商务谈判中，谈判人员一般主要针对商务谈判的标的、内容、目标、手段、人员风格以及对方可能采取的策略等来制定己方的策略。有效的商务谈判策略必须对症下药、有的放矢。在商务谈判中，卖方为了卖个好价钱，一般会采取"筑高台"的策略，实施"喊价要高"的战术。针对这种情况，买方往往采取"吹毛求疵"的策略，实施"还价要低"的战术予以应对。策略与反策略的运用，是商务谈判策略针对性最明显的体现。

2. 预谋性

商务谈判策略集中体现了谈判者的智慧和谋略。从一定意义上讲，商务谈判策略是谈判人员集体智慧的体现。在谈判中，策略的运用绝不是盲目的。无论遇到什么样的情况，出现何种复杂的局面，选择和使用什么样的应对策略，谈判人员事先已经进行了商讨与筹划。策略的产生过程就是策略的预谋过程。

商务谈判策略的预谋性，既反映了谈判人员对主客观情势的分析、评估和判断，又在一定程度上检验了商务谈判调查情况的真实性和准确性。通常，谈判实战之前的模拟谈判，会修正商务谈判策略预谋的准确程度。在商务谈判中，如果没有事先筹划的应对策略，一定会处于被动、措手不及；只有招架之功，没有还手之力。

3. 时效性

几乎所有的商务谈判策略都有时间性和效用性的特点。一定的策略只能在一定的时间内产生效用或效用最大化，超过这一特定的时间，商务谈判策略的针对性就会发生变化。

商务谈判策略的时效性具体表现在以下几个方面。

(1) 某种策略适合在商务谈判过程中的某个阶段使用。通常，疲劳战术比较适合对远距离出差的谈判者使用，或大多在谈判进程的初期或签约阶段使用。

(2) 在特定的时间或时刻之前使用。如最后通牒策略规定了具体的日期和时刻。在商务谈判中，对报盘之类的时间规定性，也属于这种情况。

(3) 在特定的环境中使用才有预期的效果。这与商务谈判策略的针对性是一致的。

4. 随机性

在商务谈判中，无论考虑得多么周密，方案计划得多么详细，都会因实际环境而使一些事先谋划的策略不产生任何意义，即不会产生预期的效果。在这种情况下，商务谈判人员必须根据谈判的实际情况、过去的经验和现时的创新，随机应变、采取适当的策略来解决实际的问题。在这里，策略的随机性是从应用的角度来说的。

策略的产生与应用，是一个动态的依赖时空变化的随机过程，需随时吸收信息，及时做出反馈，调整谈判策略。当谈判无法深入时，可采取"制造僵局"的策略。

随机性是指根据谈判过程的具体情况，改变策略表达的方式或做法。它丝毫不表示要彻底改变商务谈判事先确定的谈判目标。谈判策略必须服从于谈判的目标，策略是实现目标的手段。谈判人员应牢记"敌变我变，以不变应万变"。

5. 隐匿性

在具体的商务谈判实践中，谈判策略一般只为己方知晓，而且要尽可能有意识的保密。这就是商务谈判策略使用的隐匿性特征。

隐匿己方谈判策略的目的在于预防对方运用反策略。在商务谈判中，如果对方对己方的策略或谈判套路了如指掌，对方就会在谈判中运用反策略，应对自如，处于主动的地位，反而对己方不利。

第6章 商务谈判的策略与技巧

6. 艺术性

艺术性特征是从隐匿性特征演化而来的。商务谈判策略的运用及其效果必须具有艺术性。一方面，策略的运用要为己方服务，为实现己方的最终目标服务；另一方面，为了使签订的协议保证履行，还必须保持良好的人际关系。人际关系好坏也是判断商务谈判成功与否的标准之一。

尽管许多商务谈判策略有相对稳定的要点或关键点，但是，艺术地运用这些策略确实能体现出谈判人员水平的高低、技巧的熟练程度、运用是否得当等。

7. 综合性

前面已经论述，商务谈判策略是一种集合和混合的概念，其包括了在商务谈判过程中对谈判方式、战术、手段、措施、技巧等的综合运用。迄今为止，还没有发现单一性很突出的商务谈判策略。因为商务谈判是一种复杂的心理活动过程，是一种纷繁的经济现象和社会交往现象，需要从客观实际出发，从不同的角度用不同的眼光去看待和思考策略、运用策略。

6.1.4 商务谈判策略的作用

充分认识和把握商务谈判策略的特征，有助于谈判人员在实践中灵活有效地谋划策略、运用策略。迄今为止，人们还没有见到或听到有谁否认过商务谈判策略在实践中的积极作用。但有相当一部分参加过商务谈判的人，难以条分缕析地表达商务谈判策略具体有哪些作用。总的来看，商务谈判策略的作用包括以下几点。

1. 得当的商务谈判策略是实现谈判目标的桥梁

谈判双方或多方都有明显的需求，彼此都很乐意地坐在同一张谈判桌上。但是，它们之间的利益要求是有差别的。如何来弥补这种差别，缩短实现目标的距离，那就需要谈判策略来起桥梁作用。在商务谈判中，不运用策略的情况是没有的，也是不可想象的。策略本身可以促进或阻碍谈判的进程，即运用得当的策略可以促进交易的尽快达成；运用不当的策略，在很大的程度上起副作用或反作用，延缓或阻碍谈判目标的实现。

2. 商务谈判策略是实现谈判目标的有力工具和利器

把商务谈判策略看作一种"工具"和一种"利器"，是为了让谈判人员认识、磨炼和灵活地运用它。工具各式各样，各有不同的用途。如果商务谈判人员拥有的工具多，选择性大，则容易出精活、细活。俗语说："手艺妙须家什好"。在商务谈判中，如果谈判人员拥有的策略只有几招，就容易被竞争对手识破，也就难以顺利地实现自己的目标。一般而言，谈判高手能够在众多的谈判策略中选用适合的策略来实现己方的目标。因此，商务谈判人员掌握的策略应该是"韩信点兵，多多益善"。为此，应多注重平时的积累。

谈判各方的关系并不是敌对关系。彼此之间的冲突多为经济冲突和利益冲突。卖方和买方都会竭尽全力来维护自己的利益。因此，了解并正确选择适当的谈判策略，借助这种有利的"工具"和"利器"，可以维护自己的权益。这是正常的、光明的"取胜之道"。

3. 商务谈判策略是谈判中的"筹码"和"资本"

在商务谈判中，参与谈判的各方都希望建立己方的谈判实力，强化己方在谈判中的地位，突出己方的优势。而要建立自己的谈判实力，必须有谈判的"筹码"和"资本"。而要拥有谈判的"筹码"和"资本"，必须既做好己方充分的准备，又对对方有足够的了解，做到知己知彼。掌握了较多的"筹码"和"资本"之后，就会胸有成竹，灵活自如地运用各种策略。

4. 商务谈判策略具有调节、调整和"稳舵"的作用

在商务谈判过程中，为了缓和紧张的气氛、增进彼此了解，有经验的谈判者会选用一些策略来充当"润滑剂"。比如，在谈判开局阶段通过彼此的问候，谈论一些中性的话题来调节气氛。在大家比较累的时候，采取场外娱乐性策略来增进了解；当谈判出现僵局的时候，运用化解僵局的策略来使谈判继续进行；当谈判出现偏离主题的时候，会借用适当的策略回到主题，避免局部问题偏离大的方向，避免少走弯路。在商务谈判中，如果方向掌握不好，谈判将达不到目的，既耽误时间又浪费精力。因此，商务谈判策略能起"稳舵"的作用。

5. 商务谈判策略具有引导作用

商务谈判的各方都是为了己方的利益，初一看，谈判各方彼此是对立的。其实，仔细分析会发现彼此在一条船上。既然在一条船上，如果破釜沉舟，谁也没有好处，大家都会被淹。与其如此，不如齐心协力，增强船的抗风险的能力，同舟共济、利益共享。把蛋糕做大了，分蛋糕的人得到的实惠就更多。高明的谈判人员在商务谈判过程中经常会借助各种策略，引导对方、提醒对方"现实一点，顾大局，识大体"，大家同是"一条船上的人"。彼此应该在各自坚持己方目标利益的前提下，共同努力，把船划向成功的彼岸。所以，商务谈判策略被理解为引导谈判顺利发展的航标和渡船。

虽然商务谈判策略是制约谈判成败得失的一个重要砝码，但并非所有的商务谈判策略都同时具备上述作用和功能。而且，同一策略在不同的环境下运用，其作用也有差异。不过，从所有的商务谈判策略显示的作用看，上述作用是主要的。

6.1.5 商务谈判策略的类型

不同的商务谈判策略具有不同的特点和作用，为此，更深入地了解商务谈判策略类型的知识，将有助于商务谈判人员较为准确、合理地选用针对性更强的策略。

据不完全统计，全世界不同民族运用的商务谈判策略有上千种之多。策略与策略之间又交叉运用，谈判实例丰富至极。专家、学者往往从自身研究的视角出发，概括和总结出了许许多多的商务谈判策略类型。在此，本书介绍几种主要的和常见的分类策略。

1. 个人策略和小组策略

根据谈判人员组成规模的不同，谈判策略分为个人策略和小组策略。这种划分方法是国际开发法学院拉塞尔·B·萨闪教授提出来的，这是一种非常创新的研究。

个人策略是指单个谈判者面对面进行谈判时所运用的策略。拉塞尔·B·萨闪认为谈

判归根结底是一项涉及交换意见、说服对方和解决问题的个人活动。为了在谈判中更好地为自己效力的机构工作，必须首先提高个人的谈判能力。个人在与对方进行谈判时，自己感觉到在身份地位、实力或许与对方所处的地位是平等的，或许自己处于一种劣势或优势时，只需尊重对方，细致分析，并选用意见交流沟通策略、情绪策略、僵局策略、提防卑鄙手段策略等。

小组策略是指进行集体谈判时所选用的策略。小组代表的是一个集体，每个成员代表的是集体的利益。无论大型谈判还是小型谈判都是如此。与单个谈判者相比，小组谈判需要调动更多的专业人员，需要将许多谈判任务和职责分配给谈判小组成员。小组策略包含了个人策略。除此之外，必须注意人员组合与规模策略、文化策略、意见交换渠道策略。

这种把策略分为个人策略和小组策略的方法，指明了作为个体和作为集体谈判者选用策略的差异性，为谈判的准备和组织提供了非常重要的参考依据。

2. 时间策略、权威策略和信息策略

根据影响谈判结果的主要因素来筹划谈判策略并进而划分其类别，将谈判策略分为时间策略、权威策略和信息策略。最早提出影响谈判结果主要因素的人是美国谈判学家荷伯·科恩。他在《人生与谈判》一书中认为，影响谈判结果的因素主要有时间(time)、权威(power)、信息(information)。在荷伯·科恩的著作中，他建议谈判策略的制定、分析和选择都要围绕时间、权威和信息3大因素来进行。

3. 姿态策略和情景策略

根据谈判人员在谈判过程中的态度与应对姿态，将谈判策略分为**姿态策略**和**情景策略**。这种划分是由英国谈判学家 P. D. V.马什在其 1971 年出版的《合同谈判手册》(Contract Negotiation Handbook)一书中提出来的。

1) 姿态策略

所谓姿态策略，是指在谈判过程中，谈判各方采取的旨在应对对方姿态的一种主观性策略。其作用在于创造有利于己方的谈判气氛，借助主观姿态来影响谈判的进程或结果。姿态策略有两个特征：一是针对性，它必定针对对方在谈判中的某种姿态采取一定的策略。二是传递性。即借助于这一策略向对方传递己方的主观姿态信息。如情绪爆发、制裁措施、微笑路线等，均是典型的姿态策略的运用。

姿态策略又分为积极姿态策略和消极姿态策略两种。旨在影响对方做出有利于己方，或向对方强调如其行为能与己方合作定会获利的策略，属于积极姿态策略。积极姿态策略的特点是正面鼓励或引导。为了防止对方做出不利于己方的行动和表现而采取的策略，属于消极姿态策略。消极姿态策略的特点是否定姿态，行为报复。这两种策略所包含的内容是完全对立的。但在谈判实践中，它们又往往被结合起来使用。如软硬兼施、宽猛相济、红脸白脸等，均属此类策略之运用。

2) 情景策略

马什认为："就像打桥牌时使用一套叫牌规则一样"，情景策略是指在某些特定情况下为取得某些利益所使用的特定手法。在价格谈判中的"筑高台"和"扒高台"的套路，均属此类策略。

情景策略具有相对固定性和明确性两大特点。相对固定性是指在特定情况下应对对方或处理问题的特定手法形成了一种带有规律性的套路。犹如下棋用的棋谱和武术的路数一样，是人们在长期的智力角逐和实践中总结出的规律性经验。明确性是指情景策略的固有性。正因为它的固有性，所以，谈判各方心照不宣，应对一方早已准备。犹如中国象棋的"当头炮、把马跳"。

情景策略又分为攻势策略和防御策略两种。前者旨在采取强化己方优势，保持己方的主动。后者旨在维护既存地位和利益、应付对手进攻。马什认为，这两种策略都与主动性有关。防御性策略还是发动反击的跳板。他不主张纯粹的防御性策略，认为这种策略不可取。因为防御性策略会拱手让对方不断地将攻势从一点转移到另一点，以搜寻防御中的弱点；而任何防御都不是完美无缺的，最后总会有一个弱点被发现，使对方可以集中力量进行攻击。"提问"策略既可能是进攻性的又可能是防御性的，关键在于谈判人员的把握。

4. 速决策略和稳健策略

从实现目标的速度和风格来分，商务谈判策略可分为速决策略和稳健策略。这种分类方法最早见于山东青岛牟传珩先生所著的《再赢一次》一书。

速决策略是指在谈判中能够促进快速达成协议，完成谈判任务的一些策略。速决策略的特点是时间较短、目标设置不高、在让步方法上果断诚实、一步到位、谈判效果较好。

稳健策略是指在谈判中用来与对方持久磋商，在相对比较满意的情况下达成协议的策略。稳健策略的特点，在于时间较长、目标设置较高、让步方法上富有耐性、稳健，但有相当的风险。

速决策略和稳健策略是相辅相成的一对策略，但却反映了两种完全不同的谈判思想。通常，谈判人员在谈判的最初阶段就会表现出他们将采用速决策略还是稳健策略。例如，在贸易谈判的发盘与还盘问题上，如果卖方提出了勿须与对方讨价还价就会被接受的发盘，或者买方未经否定就接受了对方的发盘，他们在谈判指导思想上采用的就是速决策略。相反，如果卖方提出了具有很大伸缩性、需长时间讨价还价才能达成协议的发盘，或者买方不轻易接受卖方的发盘，那么，他们采用的就是稳健策略。

在谈判实践中，采用速决策略好还是稳健策略各有利弊。这种利弊主要表现在谈判的让步方法上。速决策略可以节省时间，提高谈判效率，但谈判的目标不高；稳健策略有可能在谈判中赢得更多的利益，但要付出较多的投资和时间，增大直接成本和机会成本，而且可能失败。"切香肠"就是这样的一种策略。

亨利·基辛格在总结"色拉米香肠"式的谈判策略时指出："像切香肠一样，把他们的香肠切成小片，切得越薄越好。这种方法给人以虚假的印象，好像很强硬。由于双方都不知道哪是最后的一片香肠，因而双方都看，这样就进一步拖长了谈判时间。由于双方消磨了过多的时间、精力，都志在必得，压力也就不可避免地越来越大，这样也就容易使谈判者先火，超出了慎重的界限。"

5. 进攻性策略和防守性策略

根据攻击的主动性程度，可以将商务谈判策略分为进攻性策略和防守性策略。

进攻性策略是指谈判人员在谈判中采取的具有较强攻击性，取得谈判优势和主导地位的策略。这类策略的特点是主动进攻、态度强硬、难以让步。先声夺人、出其不意、车轮战术以及比尔·斯科特的"以战取胜"等都属于典型的进攻性策略。

防守性策略是指谈判人员在谈判中不主动进攻，采取防守或以守为攻的策略。这类策略的特点是以逸待劳，态度软弱或软中带硬。如"权力有限"策略就是比较典型的以防为进的策略。

这种划分看上去比较绝对，但在具体的谈判过程中，谈判策略会呈现出亦攻亦守或亦守亦攻的特征。多数情况下，谈判策略都有攻守的成分。比如试探性的"问题"策略。到底发问的人是攻还是守，或者攻守兼有，只能根据具体的谈判情景来判断。

6．回避策略、换位策略和竞争策略

根据谈判中冲突的情形来划分，可以把谈判策略划分为回避策略、换位策略和竞争策略。

回避策略是指以避免正面交锋或冲突的方式来缓减谈判难题，赢得谈判目标的策略。谈判的真谛是求同存异，必要的、恰当的妥协或回避正是赢得利益的手段。回避就是为了实现谈判目的而以"退"为进。常用的回避策略主要有以柔克刚、以退获利、模棱两可等。

换位策略是指谈判人员从对方的角度来考虑彼此的利益与需要而采用的有关策略。谈判的实质是谈判人员之间进行价值评价与价值交换。换位策略就是谈判人员通过分析，来满足谈判各方彼此需要与利益的技巧与措施。常用的换位策略有偷梁换柱、循环法则、记分法、换位法和"稻草人"策略等。换位策略也是避免正面冲突的策略。

竞争策略是指在多角谈判或面对潜在对手威胁的情况下，通过运用竞争机制或破坏竞争机制的方式所采用的谈判策略。采用竞争策略的谈判各方，其冲突不可避免，但他们冲突的激烈程度及其表现方式是不同的。通常采用的竞争策略主要有货比三家、联合取胜、制造竞争、放低球、渔翁得利等。

7．喊价策略和还价策略

根据在价格谈判中讨价和还价所运用的策略，可以把谈判策略划分为喊价策略和还价策略。在价格谈判阶段或谈判的实质性阶段，讨价还价不可避免，一方肯定会报价，另一方必然会对报价做出反应(还价)。

喊价策略是指谈判人员报价的策略；还价策略是指谈判人员针对先前对方的报价而采取的谈判策略。在实际谈判中，报价和还价要反复出现多次才能取得一致。所以，报价和还价在谈判中会形成一个连续的过程。报价还价常用的策略有筑高台、吹毛求疵、欲擒故纵、抬价策略等。

讨价还价与谈判不是一个等同的概念。讨价还价只是谈判过程中的一个环节或一个重要组成部分。不少人错误地把这两个概念等同起来。例如，技术细节商谈属于技术谈判，它并不是商务谈判中价格上的讨价还价。即使技术谈判中使用了"讨价还价"的说法，其真正的含义是分清彼此承担的责任和义务，为后续的真正意义上的讨价还价奠定基础。

8．单一策略和综合策略

根据谈判策略使用的数量或类型，可以把商务谈判策略划分为单一策略和综合策略。

单一策略是指谈判人员在谈判过程中使用一个策略或一类策略。特别是在推销少量的日用消费品时,单一策略的运用是比较常见的。通常,在己方比较占优势、占主动的情况下,选用一个策略或全为"以战取胜"这类的策略就属于这种情况。

综合策略是指谈判人员在谈判过程中使用多种或多类策略。在时间较长、谈判议题较复杂的谈判中,往往会选用多种策略或不同类型的策略。例如,为了达到目的,既可能选用进攻策略,也可能选用防守策略;既可能选用速决策略,也可能选用稳健策略。

在谈判实践中,绝大多数的情况是采用综合策略。在复杂多变的当今社会,单一策略很难达到既定目标。不过,综合策略却是由单一策略构成的。在学习和实践中,必须对单一策略的原理、方法、关键点给予足够的重视。

9. 传统策略和现代策略

根据策略产生的时间,谈判策略可以分为传统策略与现代策略。

我国谈判学界以 20 世纪 80 年代为分界线,把在此之前产生的谈判理论和策略称为传统谈判策略。在此以后所产生的谈判理论和策略称为现代谈判策略。

20 世纪 80 年代,美国哈佛大学出版了一套谈判学丛书。该丛书系统介绍了谈判学的基本内容。这套书的主编罗杰·费希尔和副主编威廉·尤瑞合著的《谈判技巧》(Getting To Yes)是丛书中的一本。该书以通俗的语言、生动的事例分析评述了传统谈判策略的弊端,抓住谈判的基本要素,提出了简明实用、有效易行的谈判理论和策略,即后来获得社会各界一致好评的哈佛谈判原则(principled negotiation)。有关传统谈判策略和原则谈判策略的主要内容、特征及其区别,在下节再详细阐述。

上述谈判策略的划分都是理论性的。在谈判实践中,同一谈判策略可以被归入不同的类别。不同类型的谈判策略有可能是在同一理论基础上产生的。有些谈判策略彼此还可能是矛盾的或冲突的。除上述归类外,还有些策略比较难归类。例如,方位策略、诱惑策略、数字策略、语言运用策略等。

一般而言,世界上没有一套适合各种复杂情况的万能策略模式。只有把这种或那种策略适当地置于某种特定的情况之下,才能在商务谈判中占据主动,取得积极的效果。应该相信谈判人员永远没有现成的、固定的、成竹在胸的策略与方法去应付所有的谈判。

6.1.6 商务谈判技巧

商务谈判技巧,简言之就是在商务谈判中,为实现谈判目标,配合谈判方针、策略的展开所使用的技术窍门。其属于心理学与行为科学的应用范畴。

善于应用谈判技巧的一方,面对不精于谈判技巧之道的另一方,在谈判中前者将赢得交易的最大利益,而后者得到的仅仅是他本来应有的利益的一个部分,这就是谈判技巧的效用所在。善于灵活运用谈判技巧进行谈判,将会有助于控制局势,使谈判朝着有利于己方目标的方向发展,有助于促进交流与沟通,减少对峙,增大成功的可能性,加速谈判进程,使己方实现利益最大化。此外,精于谈判技巧还将有助于识破和化解对方的计谋,规避商业风险,促使合约顺利履行。

第 6 章　商务谈判的策略与技巧

6.2　谈判开局策略与技巧

6.2.1　谈判开局策略

谈判开局策略是谈判者谋求谈判开局中有利地位和实现对谈判开局的控制而采取的行动方式或手段。商务谈判全过程，无时无刻不体现着策略的运用。当谈判双方刚刚发生正式接触，此时，从其相互寒暄的表情和言谈话语当中，便展开了策略的较量。由于谈判开局关系到整个谈判的方向和进程，因此，涉及谈判开局的策略，在商务谈判中显得尤为重要。

任何商务谈判都是在特定的气氛中开始的，因而，谈判开局策略的实施都要在特定的谈判开局气氛中进行，谈判开局的气氛会影响谈判开局策略，谈判的开局策略也会反作用于谈判气氛，成为影响或改变谈判气氛的手段。所以，当对方营造了一个不利于己方的谈判开局气氛时，谈判者可以采用适当的开局策略来改变这种气氛。

在商务谈判策略体系中，涉及谈判开局的具体策略有很多。本节将采用结合谈判实例的分析方法，介绍几种典型的、基本的谈判开局策略。

1. 协商式开局策略

所谓协商式开局策略，是指在谈判开始时，以"协商"、"肯定"的方式，使对方对己方产生好感，创造或建立起对谈判的"一致"的感觉，从而使谈判双方在愉快友好的气氛中不断将谈判引向深入。现代心理学研究表明，人通常会对那些与其想法一致的人产生好感，并愿意将自己的想法按照那些人的观点进行调整。这一研究结论正是协商式开局策略的心理学基础。

　应用实例 6-1

主方："我们彼此先介绍一下各自的商品系列情况，您觉得怎么样？"
客方："可以，要是时间允许的话，咱们看看能不能做这笔买卖？"
主方："很好。咱们谈一个半小时如何？"
客方："估计介绍商品半小时就够了，用一小时时间谈生意差不多，行。"
主方："那么，是我先谈，还是贵方先谈好？"
这样，谈判双方在谈判目的、方式和速度达成一致意见后，巧妙地表达了各自的开局目标。

资料来源：张勤，等. 成功的经济谈判. 北京：中国经济出版社，1994.

运用协商式开局策略的具体方式很多，例如，在谈判开始时，以一种协商的口吻来征求谈判对手的意见，然后，对其意见表示赞同或认可，并按照其意见进行工作。运用这种方式应该注意的是，拿来征求对手意见的问题应是无关紧要的问题，即对手对该问题的意见不会影响到己方的具体利益。另外，在赞成对方意见时，态度不要过于献媚，要让对方感觉到己方是出于尊重，而不是奉承。

协商式开局策略的运用还有一种重要途径，就是在谈判开始时以问询方式或补充方式诱使谈判对手走入你的既定安排，从而在双方间达成一种一致和共识。所谓问询方式，是指将答案设计成问题来询问对方,例如,"你看我们把价格及付款方式问题放到后面讨论怎么样?"所谓补充方式,是指借以对对方意见的补充,使自己的意见变成对方的意见。采用问询方式或补充方式使谈判步入开局,由于是在尊重对方要求的前提下,形成一种建立在本方意愿基础上的谈判双方间的共识,因而,这种共识容易为对手接受和认可。

协商式开局策略可以在高调气氛和自然气氛中运用,但尽量不要在低调气氛中使用。因为,在低调气氛中使用这种策略易使自己陷入被动。协商式开局策略如果运用得好,可以将自然气氛转变为高调气氛。

2. 保留式开局策略

保留式开局策略是指在谈判开局时,对谈判对手提出的关键性问题不做彻底、确切的回答,而是有所保留,从而给对手造成神秘感,以吸引对手步入谈判。

 应用实例 6-2

有一家日本公司想要在中国投资加工乌龙茶,然后返销日本。日本公司与我国福建省一家公司进行了接触,双方互派代表就投资问题进行了谈判。谈判一开始,日方代表就问到:"贵公司的实力到底如何我们还不十分了解,能否请您向我们介绍一下以增加我方进行合作的信心。"中方代表回答道:"不知贵方所指的实力包括哪几方面,但有一点我可以明确地告诉您,造飞机我们肯定不行,但是制茶我们是内行,我们的制茶技术是世界第一流的。福建有着丰富的茶叶资源,我公司可以说是'近水楼台'。贵公司如果与我们合作的话,肯定会比与其他公司合作得满意。"

注意采用保留式开局策略时不要违反商务谈判的道德原则,即以诚信为本,向对方传递的信息可以是模糊信息,但不能是虚假信息。否则,会将自己陷入非常难堪的局面之中。

保留式开局策略适用于低调气氛和自然气氛,而不适用于高调气氛。保留式开局策略还可以将其他的谈判气氛转为低调气氛。

3. 坦诚式开局策略

坦诚式开局策略是指以开诚布公的方式向谈判对手陈述自己的观点或想法,从而为谈判打开局面。采用这种开局策略时,要综合考虑多种因素,例如,自己的身份、与对方的关系、当时的谈判形势等。

坦诚式开局策略可以在各种谈判气氛中应用。这种开局方式通常可以把低调气氛和自然气氛引向高调气氛。

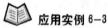 应用实例 6-3

北京门头沟一位党委书记在同外商谈判时,发现对方对自己的身份持有强烈的戒备心理。这种状态妨碍了谈判的进行。于是,这位党委书记当机立断,站起来向对方说道:"我是党委书记,但也懂经济、搞经济,并且拥有决策权。我们摊子小,实力不大,但人实在,愿真诚地与贵方合作。咱们谈得成也好、谈不成也好,至少您这个外来的'洋'先生可以交一个我这样的中国的'土'朋友。"寥寥几句肺腑之言,一下子就打消了对方的疑虑,使谈判顺利地向纵深发展。

4. 进攻式开局策略

进攻式开局策略是指通过语言或行为来表达己方强硬的姿态,从而获得谈判对手必要的尊重，并借以制造心理优势，使得谈判顺利地进行下去。采用进攻式开局策略一定要谨慎，因为，在谈判开局阶段就设法显示自己的实力，使谈判开局就处于剑拔弩张的气氛中，对谈判进一步发展极为不利。

进攻式开局策略通常只在这种情况下使用，即发现谈判对手在刻意制造低调气氛，这种气氛对己方的讨价还价十分不利，如果不把这种气氛扭转过来，将损害己方的切实利益。

 应用实例 6-4

日本一家著名的汽车公司在美国刚刚开始销售时，急需找一个美国代理商来为其推销产品，以弥补他们不了解美国市场的缺陷。当日本公司准备同美国的一家公司就此问题进行谈判时，日本公司的谈判代表因路上塞车迟到了。美国公司的代表抓住这件事紧紧不放，想要以此为手段获取更多的优惠条件。日本公司的代表发现无路可退，于是站起来说："我们十分抱歉耽误了您的时间，但是这绝非我们的本意，我们对美国的交通状况了解不足，所以导致了这个不愉快的结果，我希望我们不要再因为这个无所谓的问题耽误宝贵的时间了，如果因为这件事怀疑到我们合作的诚意，那么，我们只好结束这次谈判。我认为，我们所提出的优惠代理条件是不会在美国找不到合作伙伴的。"日本代表的一席话说得美国代表哑口无言，美国人也不想失去一次赚钱的机会，于是谈判顺利地进行下去了。

在这个案例中，日方谈判代表就是采取了进攻式的开局策略，阻止了美方谋求营造低调气氛的企图。

进攻式开局策略可以扭转不利于己方的低调气氛，使之走向自然气氛或高调气氛。但是，进攻式开局策略也可能使谈判陷入僵局。

谈判开局策略的选择要受到谈判双方实力对比、谈判形势、谈判气氛营造等一系列因素的制约和影响，选择谈判开局策略，必须全面考虑这些因素，并且在实施时还要依据谈判经验对其进行调整。

6.2.2 谈判开局技巧

1. 以逸待劳

1) 基本做法

作为东道主的一方，在对方刚刚抵达谈判地之后，就立即去拜访对方(或是在招待宴会之后)，抛出己方事先拟定好的谈判时间紧凑的日程安排表；或是以种种借口，提出修改原先双方商定好的谈判日程安排表(使谈判时间紧凑)，恳请对方谅解与接受。

2) 目的

出其不意地打乱对方的行动计划，迫使对方在体力和精力没有得到恢复的情况下，展开高强度的谈判，只能获取到低效益的成果。

3) 操作要点

实施的时机要选择得当，一般应在礼仪性交际活动结束之后；紧凑安排或修改日程的理由要充分、可信；表达的态度和语气要诚恳，要有歉意说词。

4) 利弊与适用范围

可以打乱对方的行动计划，在一定程度上降低对方的谈判实力，并按己方事先安排好的步调行事，从而使谈判朝着有利于己方的形势发展。但也有可能遭到对方的抗议，指责己方缺乏合作诚意，从而使谈判一开始就处于紧张、对抗的气氛，达不成实质性成果。若此技巧多次重复使用，则将会有损于己方的商业形象。此技巧一般是在己方实力雄厚，对方迫切需要与己方达成协议,或是再次交易可能性小,或对方谈判能力较低的情形下使用。

5) 应对方法

明示对方缺乏合作诚意,表示不满;坚持既定谈判日程安排(只同意做无关紧要部分的少量的修改),或是提出要求,经双方协商一致后,重定日程安排表;或表明不受时间约束,愿意等待时机的坚定态度,直至采取行动。

 应用实例 6-5

美国、日本各一家公司,已通过函电往还的方式,就一宗交易中的部分条款达成了一致的意见,但其中有几项关键性的条款仍悬而未决。于是日方派出代表团专程赴美谈判。飞机抵达时正是上午,美方立即直接把日方人员接到办公室,随即便开始谈判。日方提出暂缓,美方回说下午其常务总经理要外出办事。无奈之下,日方人员只得在旅途劳顿、非常疲累的情况下,勉强进入谈判当中。而美方事实上又已经单方面规定了谈判必须在上午即行结束,日方对此也同样毫无回旋的余地。这样,体力、精神都高度紧张,状况均很不佳,自然从一开始就处于劣势地位。但美方不但精神抖擞,且于有条不紊当中,步步进逼,顽强地进行讨价还价。日方招架不住,最后被迫以较大的让步与美方签下合同。其清醒过后几次要求修改合同亦遭美方拒绝。

2. 盛情款待

1) 基本做法

作为东道主的一方,在正式举行谈判会议之前,为对方的到来举行高级别的盛大接风宴会、舞会,或是赠送昂贵的礼品,或是在日程表中免费给对方安排高档旅游、休闲和保健活动。

2) 目的

以高级别的礼遇,使对方产生"受之有愧,需作回报"感,从而软化对方的谈判原则、立场和态度。

3) 操作要点

款待需够档次,礼遇的气氛需刻意烘托,但要自然,要把握时机、火候与分寸,否则将会弄巧成拙,使人产生贿赂等动机不纯之嫌。当此技巧失效时,应考虑降低后期款待的档次,甚至是取消其活动安排,以减少技巧使用成本的进一步损失。

4) 利弊与适用范围

一般情况下,在一定程度上可以软化对方的谈判原则、立场和态度,使己方处于有利的地位,但遇到高水平的谈判对手,此技巧将会失效。而且,容易使人产生你有求于他,急于与他成交的错觉。此外,使用技巧的成本高。此技巧一般是在对方是谈判新手,或对方注重礼遇回报(人情味重,友谊第一,交易第二)的情形下使用。

5) 应对方法

有"宴无好宴"的思想准备,或"将糖衣吃掉,把炮弹吐出来",坚持生意归生意;或是给予对方同级别与档次礼遇的当期回报或未来回报的承诺;或是谈判小组的决策人、关键议题的主谈人借故不出席款待活动。

 应用实例 6-6

美国人科恩受雇于一家国际性公司,担任很重要的管理职位,不久后他向上司请求,出国谈判业务,

第6章 商务谈判的策略与技巧

使自己成为一个真正的谈判者。机会终于来了，上司派他去日本。他认为这是命运之神赐给他的好机会。他决心要使日本人全军覆没，然后再进攻其他的国际团体。

一踏上日本国土，两位日本朋友随即迎了上来，护送他上了一辆大型轿车。他舒服地靠在轿车后座的丝绒椅背上，日本人则僵硬地坐在前座的两张折叠椅上。

——"后面很宽敞。为什么你们不和我坐在一起？"

——"不，你是一位重要人物。你显然需要休息。"

——"对了，你会说日语吗？在日本我们都说日语。"

——"我不会，但我希望能学几句。我带了一本日语字典。"

——"你是不是定好了回国的时间？我们到时可以安排轿车送你回机场。"

——"决定了，你们想的真周到。"

说着他把回程机票交给了日本人，好让轿车知道何时去接他。当时他并没在意，可是日本人就知道了他的谈判期限了。

日本人没有立即安排谈判，而是让这位美国朋友花了一星期游览了整个国家，从日本天皇的皇宫到东京的神社都看遍了。介绍日本的文化，甚至让他了解日本的宗教。每天晚上花四个半小时，让他半跪在硬板上，接受日本传统的晚餐款待。当他问及何时开始谈判时，日本人总是说，时间还很多，第一次来日本，先好好了解一下日本。

到第十二天，他们开始了谈判，并且提早完成去打高尔夫球。第十三天，又为了欢迎晚会而提前结束。第十四天早上，正式重新开始谈判，就在谈判紧要关头时，时间已不多了，要送他去机场的轿车开到了。他们全部上车继续商谈。就在轿车抵达终点的一刹那，他们完成了这笔交易。结果这次谈判科恩被迫向日本人做出了较大的让步，而自己惨败而归。

3. 先声夺人

1) 基本做法

在谈判会议的开局中首先发言，率先表明己方对谈判坚定的态度、立场与原则；或是通过介绍、演示等手段，渲染己方的实力、优势与经营业绩；或是旁敲侧击地指出对方的弱势、失误等缺陷与不足，削弱对方的谈判地位。

2) 目的

树立己方的强势，削弱对方的谈判地位，以先声夺人、居高临下的气势，取得"不战而屈人之兵"的效果，从而把握谈判的主动权。

3) 操作要点

表述要有较为充分的事实依据与艺术，信心要十足。

4) 利弊与适用范围

可以为己方赢得谈判的有利地位，并可能获得较大的利益，但也有可能吓走对方，或是使对方心里不快，从而影响到良好谈判气氛的形成。此外，言多必失，难免暴露己方的弱点。此技巧一般是在对方较为期望与己方达成交易(如己方为发标方)，或己方实力与优势明显，或对方弱点突出的情形下使用。

5) 应对方法

听而不闻，视而不见，坚持按既定方案行事；或是装疯卖傻，要求对方重复介绍与演示，困扰对方，削弱对方的气势；或是寻找对方的纰漏与弱点，伺机予以驳斥和反击。

应用实例 6—7

20 世纪 70 年代，我国从某个国家引进了 3 套生产合成氨化肥的大型设备，分装在南京、广州和安庆等地。安装在南京的一套，在调试运行期间，发生透平机转子叶片断裂事故。我国和卖方的透平专家对事故各有不同的解释。卖方认为是意外事故，试图以小修小补方式蒙骗过去；我国专家经过仔细的测算分析，认为是转子叶片强度不够，是设计问题，卖方应承担一切经济损失。为此买卖双方进行谈判。在谈判中，卖方主谈 A 总工程师强调他们的产品是依据世界著名的透平机械权威特劳倍尔教授的理论而进行设计的。这种在谈判一开始，就亮出王牌的谈判手法即是典型的先声夺人策略。此种以专家头衔和国际理论权威来威慑对方的方法，确实产生了一定的效果。

资料来源：李爽. 商务谈判. 北京：清华大学出版社，2007.

4. 以静制动

1) 基本做法

在谈判会议的开局中，对己方谈判的态度、立场与原则仅做简要与大体上的阐述，而是专注于倾听、记录和推敲对方的发言，其后再向对方做大量的提问。若对方采用"先声夺人"技巧，则予以一定的鼓励。

2) 目的

从对方的发言中获取更多有关产品、技术、商业等市场信息和有关对方的谈判态度、立场、原则、需要、谈判水平等方面的信息。判断对方的实力、大致的谈判思路与方案，并据此调整和最终敲定己方的谈判方案。同时，寻找对方的破绽与弱点，并以此作为迫使对方让步的筹码和"突围"反击的突破口。在充分知彼的基础上，实现扬长避短，以"后发制人"计谋来把握谈判的主动权。

3) 操作要点

精力集中，态度恭谦，诚信有佳，对对方的发言予以鼓励性的姿态回应；对关键事项需做引申性提问或验证性提问，或是对对方有意回避的事项加以提问；不要反驳对方的观点，也不要对对方的观点表现出质疑，重点是做好听、记、分析判断和对己方谈判方案的调整工作。另外，需注意对信息的去伪存真。

4) 利弊与适用范围

可获得大量信息，有利于摸清对方的虚实和市场行情，消磨对方的斗志，有可能发现对方的弱点，使己方在交锋中占据主动。但若判断不出对方的虚实与发现不了对方的弱点，就难免成就了对方的气势，从而使己方处于不利的谈判地位。此技巧一般是在己方对市场行情、交易规则与惯例和对方诸方面情况等不胜了解或无把握，或是己方谈判实力处于明显弱势，或是在对方气势十足、急于求成的情形下使用。

5) 应对方法

对对方的大量提问，在回答中要做到有虚有实，有的回答点到为止，或借故拒绝回答；或是采用反提问方式，向对方提出一大堆问题，提请对方回答，要对方广泛和深入地介绍他的情况。

应用实例 6-8

沈阳电缆厂厂长赴芬兰洽谈生意，外商把他领到一条全自动生产线旁，向他介绍该生产线的自动控制台，仪表控制工作温度，上下线由机械手操作，显然这条生产线很先进。该厂长心里也确实较为满意。

但他半天不动声色，外商首先沉不住气了，主动报价为 296 万美元。

这时，厂长才慢条斯理地说："报价过高，按惯例，旧设备是新设备价格的 20%。"

外商说："这套设备虽然使用过，但只用过 1 000 多个小时，算成本我们至少花了 800 万美元。"

"购买用过的旧设备，就是图便宜，希望贵公司能予理解。"厂长不卑不亢地说。

次日，外商表态："为了表示我们的诚意，可把价格降低 4%。"

厂长不以为然地说："我国目前还是发展中国家，市场潜力很大。如果设备销价适当，双方成交，那么贵公司还能省下一大笔广告费呢。"

外商听后连忙说："徐先生一片诚意，我们可以把费用降低 13.7%。"

厂长平静地说："尽管价格还不算低，但为了今后的合作，我们购买了。不过备件和我方人员的培训费用，必须由贵公司支付。"

至此，双方达成协议。

该厂长在谈判中并不急于表达购买意向，表面上平静如水，实际上外松内紧。他谈判的对应策略，步步含杀机，令对方一退再退，最终以较低的价格购买到了生产线。

资料来源：齐宪代，等. 谈判谋略. 北京：经济科学出版社, 1995.

6.3 价格谈判策略与技巧

6.3.1 价格谈判策略

1. 投石问路

1) 基本做法

提出一组交易的假设条件，向对方进行询价。例如，"假如交易数量加倍(或减半)，你方的开价是多少？"，"假如买下成套设备(或仅购买其中某种产品)你方开多少价？"，"假如换一种交易方式或条件(如档次、包装、分期付款、交货时间等)，那么价格如何？"。

2) 目的

通过迂回的方式，试探对方的价格目标，从而使己方在要价中做到心中有数，在交锋中做到攻防有度。

3) 操作要点

提问要多，且要做到虚虚实实，煞有介事，要让对方难于摸清我方的真实意图。

4) 利弊与适用范围

有可能摸清对方的价格目标和整个交易的大致轮廓。但可能使双方陷入"捉迷藏"局势，进而使问题复杂化。此技巧一般是在市场价格行情不稳定、无把握，或是对对方不大了解的情形下使用。

5) 应对方法

要求对方确定交易数量，然后再回答问题；只做简单必要的回答问题，且要回答得虚虚实实,让对方难以判断出己方的价格目标;向对方进行反提问,或提出与对方问题不相干或相左的问题;或直截了当地向对方询问他交易的真实需要及其期望的交易条件。

 应用实例 6-9

有一次某外商想购买我国的香料油与我方进行谈判。在谈判过程中,外商出价40美元/公斤,但我方并不了解对方的真实价码。为了试探对方的真实程度,我方代表采用投石问路的方法,开口便要48美元/公斤。

对方一听我方的要价,急得连连摇头说:"不,不,这要价太昂贵了,你们怎么能指望我方出45美元/公斤以上的价钱来购买呢?"对方在不经意的情况下,将底线透露给了我方。

我方代表抓住机会,立即反问一句:"这么说,你们是愿意以45美元/公斤的价格成交吗?"

外商只得勉强说:"可以考虑。"通过双方的进一步洽谈,结果以45美元/公斤的价格成交。这个结果比我方原定的成交价要高出数美元。

资料来源:贾蔚,栾秀云. 现代商务谈判理论与实务. 北京:中国经济出版社,2006.

2. 抛砖引玉

1) 基本做法

在对方询价时,己方不开价,而是举一两个近期达成交易的案例(己方与别的商家的交易,或是市场上的),给出其成交价,进行价格暗示,反过来提请对方出价。

2) 目的

将先出价的"球"踢回给对方,为己方争取好价格。

3) 操作要点

所举案例的成交价要有利于己方,成交案例与本交易要具有可比性,且需有证明材料。

4) 利弊与适用范围

可获得后出价的好处,引导价格向有利于己方目标的上限定位。但若提供的成交案例经不起推敲,则己方就具有欺诈之嫌,从而使己方处于不利的谈判地位。此技巧一般是在己方不愿意先出价,而对方又期望己方先出价的情形下使用。

5) 应对方法

找出成交案例的漏洞(不真实性)或不可比性,坚持要对方先出价。

3. 先造势后还价

1) 基本做法

在对方开价后不急于还价,而是指出市场行情的变化态势(涨价或降价及其原因),或是强调己方的实力与优势(或是明示或暗示对方的弱势),构筑与突出有利于己方的形势,然后再提出己方的要价。

2) 目的

给对方造成客观存在的心理压力,从而使其松动价格立场,并做出让步。

3) 操作要点

造势要有客观事实依据,表达的语气要肯定,还价的态度要坚决。另外,需根据需要,灵活掌握造势的尺度。

第6章 商务谈判的策略与技巧

4) 利弊与适用范围

可以在气势上压制对方,从而使己方获得有利的要价地位。但有可能吓跑对方,或是使对方产生抵触情绪,从而招致对方的顽强反击,使谈判步履维艰或是不欢而散。此技巧一般是在对方有求于与己方达成交易,且市场行情明显有利于己方,或己方优势突出的情形下使用。

5) 应对方法

不为对方的气势所吓倒,尽力去寻找形势的有利方面和对方的弱点,且紧紧抓住不放地去反击对方,化解对方的优势,坚持己方的开价,或做小的让步后,再坚持强硬立场。

4. 斤斤计较

1) 基本做法

叠加各种理由,要求对方在各方面做出相应的让步,以求积小胜为大胜。

2) 目的

积少成多,使己方具有要价的充分理由;降低对方的要价期望,实现己方利益的最大化;同时也是向对方显示己方精打细算的姿态,使对方不敢轻易施用骗术。

3) 操作要点

事前需充分挖掘有利于己方要价的各种理由和事实根据,还价中需仔细分析与详尽阐述,并努力做到无懈可击;还价的态度与立场要坚定。

4) 利弊与适用范围

有可能实现己方利益的最大化,但过分计较会使人厌恶,从而失去合作的基础,使整笔交易泡汤,另外将会导致谈判复杂化,进程缓慢。此技巧一般是在对方期望与己方达成协议,而己方某些方面又处于劣势;或是对方攻势咄咄逼人;或是为了反制对方使用本技巧的情形下使用。

5) 应对方法

寻找并抓住对方的一两个破绽,全盘或大部分地否定对方的要价理由;对对方进行"教育",指出过分计较不利于合作。

 应用实例6-10

我国的一个电子厂家同某国公司进行引进家用电器生产线的谈判。开始,外方欺负我方不掌握市场行情,一开始就漫天要价,我方代表见此情况则立即改变策略,只字不谈价格问题,而是对该生产线展开了一场毁灭性的攻击,不断对其"吹毛求疵",声称该生产线生产的产品有质量问题,该生产线的功能不尽人意,产品的样式不够先进等等。对方立即针对这些问题逐一予以解释和说明,双方你来我往争论不休,这样几个回合下来,我方突然提出价格条件,并表示不接受我们的价格条件就转向别国购买同类产品,该公司因一下子没有准备,被打了个措手不及,于是只好接受我方的条件。我方谈判者终于如愿以偿。

资料来源:齐宪代,等. 谈判谋略. 北京:经济科学出版社,1995.

5. 步步为营

1) 基本做法

首先大幅度地还价(杀价或起价),然后再一步一步地缓慢退让,最后实现己方的价格目标。

2) 目的

为己方的还价留出足够的空间；降低对方的要价期望；积极防御对方的价格攻势；为己方争取更大的利益。

3) 操作要点

还价要狠，退让要小而缓；要使对方感到己方的每一次让步都是做出了重大牺牲，一般情况下，己方做出一次让步后，需坚持要对方也做出一次对等(或是较大)的让步，然后己方才有可能做出新一轮的让步。

4) 利弊与适用范围

可以把握还价的主动权，减弱对方的价格攻势，并为其他议题的讨价还价争取到筹码，从而获取到最大的整体利益。但会使谈判时间加长，效率降低。此技巧一般是在谈判时间充裕，议题较少，或是各项议题的谈判均比较艰难的情形下使用。

5) 应对方法

坚持己方的要价与让步策略和行动计划，不跟随对方的步调行事，不做对等让步，坚持要求对方做出大的让步，己方其后才做出让步；用其他技巧，如最后出价、最后通牒、不开先例等来打乱对方的步调。

 应用实例 6-11

中国某公司(以下称买方)计划从欧洲引进一条集成电路生产线。欧洲某公司(以下称卖方)报了一个全套生产线的价格，据此，买方做了谈判准备。

首先买方把报价内容分成了设备、备件、试车材料、技术费(专有技术费、资料费)、设计费(工程设计)、技术指导费、培训费，又把合同主要条款列出，分别为支付条件、验收条件、交付条件、保证条件、惩罚条件等，随后分析上述各种条件的合理性。把价格分成4档，即合理、贵10%~30%、贵30%~50%、贵50%以上。把合同条件的规定分为3档，即可以接受、需修改、需重写。再将价格与合同条款挂钩，设备价与保证条件挂钩，技术费与验收条件挂钩等。双方根据上述的分析编制表格，明示出科目、档次、谈判目标以及谈判时间、进度、相配的理由。

双方开始谈判后，卖方问买方对报价的意见，买方说需双方共同理解一遍。于是，卖方按买方要求逐项内容做了一遍介绍，解答了买方对各项构成的内容、计价基础等所提的问题。买方在卖方解释完了报价内容后说："贵方报价问题较多。"卖方："总的感觉行还是不行？"买方说："总的感觉有合理的地方，有不合理之处，但总结论不好下，需进一步谈判。"于是，按买方建议，一项一项谈判。

在设备谈判中，买方先从最贵的一类设备价开始谈判。对卖方的不合理处反复批评，压迫卖方改善价格。而卖方也节节抵抗，反复辩解，实在抵挡不住就降点价。买卖双方在最贵一档的设备价的谈判上就往返几个回合，直到卖方反守为攻，要求买方说出自己的价格条件，买方才不再进逼。然而买方在这一档住手后又开始另一档价格的谈判。就这样，卖方被买方步步紧逼，只得软硬兼施，步步设防。而买方在每一档价格中均有收获，卖方降价后，就转移到下一档价格的谈判，始终躲开卖方的反击——要求还价。开始买方以设备价格问题没谈完为借口拒绝还价，等各档价格均讨论过后，又以相关条件尚未讨论来拒绝还价。就这些道理而言，卖方无法断然否决，其既有秩序性质，又有策略性质。也正因为如此，买方步步为营，攻城略地，其气势较盛。

当谈到技术指导费时，从中划出了人数、单价、人员水平、待遇、工时、达到的指导目标等，一条一条核算、一点一点谈判，买方攻营，卖方守营，谈判呈现胶着状态。

第 6 章　商务谈判的策略与技巧

由于买方已按分项报价及解释列出了科目，分项谈判。卖方也拉开了架势，处处防堵。能防堵时不让价，防堵不住，则扭扭捏捏退小步挪动。在其他条件的谈判中，双方均坚持了上述谈判方法。应该承认，谈判很艰苦，也很精彩，双方均有收获。

资料来源：丁建忠. 商务谈判教学案例. 北京：中国人民大学出版社，2005.

6.3.2　价格谈判技巧

1. 先苦后甜

1) 基本做法

在首次报价和首次还价中，卖方报出最高可行价(市场上相同商品以往达成交易的最高价)，或是超出最高可行价报价，买方报出最低可行价(市场上相同商品以往达成交易的最低价)，或是低出最低可行价报价，两者均离己方的成交价格目标下限有相当大的距离。即先报高价(或低价)，以后再步步为营的让价，或是通过给予各种优惠待遇，如数量折扣、价格折扣、佣金和支付条件上的优惠来逐步软化和接近对方的立场与条件，最终达到成交的目的。

2) 目的

树立强硬的价格形象，对于不胜了解行情的对手，也许在获得己方的一两次让步后，就不会再进取，从而使己方获得较丰厚的利益；在价格议题的多次让步，可为己方在其他议题的索取取得筹码；留出让步的足够空间，可保证己方价格目标利益不至于过损；己方的适度让步和给予一定的优惠待遇，可使对方获得成就感、获胜感或是双赢感，从而软化其在他项议题(尤其是己方的原则议题)上的立场。

3) 操作要点

报价和还价的价位不能太偏离实际；报价和还价要有说词和一些证明材料；报价和还价的表达要自信、明确与坚定；让价要步步为营，一次让价的幅度不可过大，退让的速度不宜过快，次数不宜过频，一般情况下需要在对方做出一定的让步后，己方才可做出新一轮的让步。此外，给予对方的优惠待遇要适度。

4) 利弊与适用范围

可为己方留出回旋的空间，赢得换取他项议题利益的筹码，并营造出合作与双赢的氛围，有时可能会获得意想不到的利益，但谈判的进程慢，效率低。此技巧一般是在对方对市场行情不太了解，或交易价格不易把握，或谈判时间充裕的情形下使用。

5) 应对方法

要求对方出示报价或还价的依据，或者己方出示报价或还价的依据；不为对方的让价和优惠待遇所打动，坚持合理的要价。

2. 先甜后苦

1) 基本做法

作为卖方，对交易基本内容报出低价，或是成套设备中的主要设备报出低价或平价，或是报出系列产品中的低档次产品的价格(低价)首先引起对方的兴趣，给予对方一定的甜头，从而使对方内心欣喜地专著于与己方交易。然而，这种低价格的交易内容一般很难全部满足对方的需要,因此对方必然会主动提出增加交易内容,或提高交易产品档次的要求。这时,己方再根据增加的交易内容逐项加价(往往是高价),或是对提高档次的产品提出高价,从而使最终的整个要价高出正常交易情况下的价格。作为买方,则首先报出高价然后再找理由以低价成交。

2) 目的

吸引住买方或卖方,使其坐下来并坐稳与己方交易,再用障眼法从中获取高的卖价和利益或低的买价和利益。

3) 操作要点

与对方的交际要热情,态度要显得诚恳;对低(高)价位交易内容需给出己方的坚定承诺,以使对方尝到甜头,而不轻易地退出谈判;报高(低)价时,立场要坚定,态度要自信,当然所要的高价也需保持一定的弹性,可做适度的让步。

4) 利弊与适用范围

可吸引住买方(卖方),并可能会为己方争取到较大的利益。但若被对方识破,就将给人留下虚伪、狡诈的不良形象,而使其处处谨慎行事,从而给己方后面谈判中的技巧施展带来困难。此技巧一般是在交易内容较多,或是成套设备交易,或是对方谈判水平不高,对市场行情不大了解的情形下使用。

5) 应对方法

把对方的报价内容与其他客商(卖主)的报价内容一一进行比较和计算,并直截了当地提出异议;不为对方的小利所迷惑,自己报出一个一揽子交易的价格。

应用实例 6-12

某君从报纸上得到一则卖房信息,据了解,房主由于有海外关系准备举家迁居国外,从而变卖房产。当时登门买房的人很多,报价多在 25 万~26 万元之间,该君经过琢磨后报出了一个最高价 26.8 万元。这个报价理所当然地被房主选中,房主便回绝了其他所有买主。当房主要与该君办理正式买卖手续时,没想到真正的谈判才刚刚开始。该君开始挑毛病,拖延时间。他想只要多拖些时日,房主又急于出国,房主想不与他合作再重新登广告寻找新买主已经来不及了。该君提出该房在一层,夏天很潮,没有阳台,周围环境不太好,蚊虫较多。另外,以前的设计不好,客厅、卫生间过小,现在已经没有这种设计了。要重新装修还要花一笔钱,表示对此住房不很称心,不太愿意买了。房主出国日期临近,已没有其他买主,最后不得不降价成交。该君就是运用先甜后苦的策略,先让买主尝到甜头,先击败其他买房的竞争对手,然后迫使房主就范,使得房主不得不以较低价格成交,获得了成功。

资料来源:张煜. 商务谈判. 成都:四川大学出版社,2005.

3. 数字陷阱

1) 基本做法

谈判者在谈判中涉及的数据上做文章,真真假假、虚虚实实,诱使对方陷入圈套。例如,卖方抛出由他制作的商品成本构成分类计算表给买方,用以支持己方总要价的合理性。而买方在紧张的谈判中,往往难以对复杂的数据做详细的计算和论证,也难以马上对其真实含义做出正确的判断,因此错误在所难免。

2) 目的

在分类成本中加入虚假的项目,以加大总成本,为己方的要高价提供证明与依据。

3) 操作要点

成本计算方法要有利于己方；成本分类要细化，数据要多，计算公式要尽可能繁杂，虚假的项目要掺在计算复杂的成本项中，虚假的部分要掺得适度。一句话，就是要使对方难以核算清楚总成本，难于发现虚假的部分所在，从而落入己方设计好的"陷阱"，接受己方的要价。

4) 利弊与适用范围

有可能为己方谋取到较大利益，击退或是迟滞对方的强大攻势。但是，若成本分类计算表被对方找出明显错误，则己方就将处于被动局面；易使谈判复杂化，进程缓慢。此技巧一般是在商品交易内容多，成本构成复杂，成本计算方法少有统一标准，或是对方攻势太盛的情形下使用。

5) 应对方法

尽可能弄清与所交易的商品有关的成本计算统一标准、规则与惯例；选择几项分类成本进行核算，寻找突破口，一旦发现问题，就借机大举发动攻势；寻找有力的理由，拒绝接受对方抛出的成本计算表，坚持己方原有的立场与要价。

 应用实例 6-13

某种商品，要求对方每 500 克降价 1 角钱出售，而对方爽快地答应你每吨降价 100 元。如果不经过仔细地计算，还真的会以为自己得了便宜，实际上你会失望地发现，每 500 克只降价 5 分钱，离期望值还有一段距离。

资料来源：关兰馨. 第一流的商务谈判. 北京：中国发展出版社，1998.

4. 巧设参照系

1) 基本做法

向对方抛出有利于己方的多个商家同类商品交易的报价单，设立一个价格参照系，然后将所交易的商品与这些商家的同类商品在性能、质量、服务与其他交易条件等方面做出有利于己方的比较，并以此作为己方要价的依据。

2) 目的

通过设立有利于己方的价格参照系和相关的优势或劣势比较，为己方要价提供有力的证据，同时也是为抵御对方的价格进攻树立一道屏障，为己方争取较大的利益。

3) 操作要点

要精选其他商家的报价单，以确保己方具有比价优势；要尽可能为己方所抛出的报价单准备证明其真实性的材料；须仔细分析本交易内容、条件和报价与同类交易及其报价的可比性，事先拟定好应对对方挑漏洞的方案；在比较中，作为卖方应突出己方提供的商品在性能、质量、服务与其他交易条件等某一或几个方面的优势，同时淡化劣势；而作为买方，则要尽可能多地挑出卖方提供的商品在性能、质量、服务与其他交易条件等与别的商家相比所存在的劣势，同时淡化其优势。

4) 利弊与适用范围

可使己方的要价具有充分的理由，可以先制止对方的价格进攻，有可能为己方谋取到较大利益。但实施耗时间与精力，若操作不当，则容易被对方抓住漏洞，反而使己方处于不利地位。此技巧一般是在存在众多同类商品交易，己方谈判实力与地位处于弱势，或己方的商品或交易条件有某一(些)明显优势的情形下使用。

5) 应对方法

要求对方提供有关证据，证实其所提供的其他商家的报价单的真实性；仔细查找报价单及其证据的漏洞，如性能、规格型号、质量档次、报价时间和其他交易条件的差异与不可比性，并以此作为突破对方设立的价格参照系屏障的切入点；己方也抛出有利于自己的另外一些商家的报价单，并做相应的比较，以其人之道还治其人之身；找出对方价格参照系的一个漏洞，并予以全盘否定之，坚持己方的要价。

6.4 妥协让步策略与技巧

6.4.1 让步的形态

在商务谈判过程中，己方做出让步给对方的影响无外乎有3种情况：①对方很看重己方所做出的让步并感到心满意足，甚至在其他方面也作些松动和让步作为回报；②对己方的让步不以为然，因而在态度上和其他方面没有任何改变或者松动；③己方的让步反而使对方认为己方报价有很大不真实的成分，他们经过一番再努力己方还会做出新的更大让步。上述3种情况，当然第一种情况最理想，后两种都不可取。

假设有一位卖主，在讨价还价中准备削价200元，那么他应该如何去做呢？他可以采取以下不同的让步形态均能够达到削价的目的，如表6-1所列。表6-1所列以卖方的让步为例，说明了商务谈判中常见的8种不同的让步形态。

表6-1 让步形态一览表

让步形态	最大让步值	一期让步	二期让步	三期让步	最后让步
1	200元	0元	0元	0元	200元
2	200元	200元	0元	0元	0元
3	200元	50元	50元	50元	50元
4	200元	60元	20元	40元	80元
5	200元	80元	50元	30元	40元
6	200元	80元	60元	40元	20元
7	200元	140元	10元	0元	50元
8	200元	160元	40元	40元	-40元

1. 第1种让步型态

这是一种在让步的最后阶段一步让出全部可让利益的让步方法。这种方法让步方态度果断，有大家风范。适用于对谈判的投资少，依赖性差，因而在谈判中占优势的一方采用这种方法有可能在谈判中取得较大利益，但由于开始阶段的寸步不让，有可能失去谈判伙伴，具有较大的风险性。

2. 第2种让步形态

这是一种一次性让步的策略，即一开始就拿出全部可让利益的策略。这种方法态度诚

第6章 商务谈判的策略与技巧

恳、务实、坚定，适用于己方处于谈判的劣势或谈判各方之间的关系较为友好的谈判。采用这种方法有可能打动对方采取回报行为，达成交易；但也有可能给对方传递一种尚有利可图的信息，导致其期望值大增，使谈判陷入僵局。

3. 第3种让步形态

这是一种等额的让出可让利益的策略。这种方法态度谨慎，步子稳健，适用于缺乏谈判知识或经验的情况，以及在进行一些较为陌生的谈判时应用。这是一种在商务谈判中应用极为普遍的谈判策略。采用这种谈判方法买主不易占便宜，有利于双方充分讨价还价，但谈判效率极低。

4. 第4种让步形态

这是一种先高后低，然后又拔高的让步形态。这种方法比较机智灵活，富于变化，适用于在竞争性较强的谈判中，由谈判高手来使用。采用这种方法使谈判富有活力且容易争取较大利益，但由于这种策略表现为由少到多且不稳定，容易鼓励对方得寸进尺，继续讨价还价。另外，这种让步形态还容易给对方造成我方不够诚实的印象。

5. 第5种让步形态

这是一种从高到低，然后又微高的让步形态。这种方法以合作为主、竞争为辅、诚中见虚、柔中带刚，适用于以合作为主的谈判。采用这种方法对买主具有较强的诱惑力，谈判成功率较高。但同时也容易给强硬的买主造成己方软弱可欺的印象，加强对手的进攻性。

6. 第6种让步形态

这是一种由大到小，逐次下降的让步形态。这种方法比较自然、坦率，符合商务谈判中讨价还价的一般规律，适用于商务谈判中的提议方。采用这种方法易为人们接受，一般不会产生让步上的失误。但由于买主争取到的利益越来越少，故其终局情绪不会太高。

7. 第7种让步形态

这是一种开始时大幅递减，但又出现反弹的让步形态。这种方法给人以软弱、憨厚、老实之感，因此成功率较高。这种策略适用于在谈判竞争中处于不利境地，但又急于获得成功的谈判。采用这种方法是一种艺术的求和姿态，有可能会换得对方较大的回报。但如果遇到贪婪的对手时，会刺激对手变本加厉，得寸进尺，导致谈判僵局。

8. 第8种让步形态

这是一种在开始阶段让出全部利益，前三期赔利相让，到第四期再讨回赔利相让部分的谈判策略。这种方法风格果断诡诈，又具有冒险性。适用于陷于僵局或危难性的谈判。采用这种方法技巧性极强，但风险也较大，有可能会损害己方的利益。

以上各种让步形态，各有其特点和利弊，分别适用于不同的特点、内容和形式的商务谈判。因此，谈判人员应根据具体情况进行选择。

6.4.2 让步的策略与技巧

在讨价还价过程中，让步是使谈判得以继续进行并取得成功的常用方法。但由于牵涉到许多因素,例如,用什么方式(让步的幅度与节奏),在什么时候(让步的时机),在什么方面(让步的来源或代价),因此在让步时需要进行周密的考虑,制定相应的让步策略,才能获得成功。

1. 让步的方式

1) 一次让步的幅度不宜过大,节奏也不宜太快

因为让步的幅度太大以及节奏太快,会使对方感到己方这一举动是处于软弱地位的表现,会建立起对方的自信心,提高对方的期望,并使对方在以后的谈判中占据主动。在这种情况下,要让对方做出同等幅度的让步是很困难的。在一般情况下,买方处在比卖方稍为有利的地位,因此买方比卖方的让步幅度稍小一些。即从一开始只做小幅度的让步,并在以后始终坚持缓慢的让步。相反,卖方开始所做的让步可以稍大些,以后再缓慢地让步。经验证明,出价较低的买主,通常也能以较低的价格买入;愿意以较低的价格出售的卖主,通常就会以较低的价格卖出。一次只做少许让步的人,结果对他也较为有利;一次就做较大让步的人,通常都会失败。

2) 让步的幅度与节奏应具有不可测性

如果谈判者向对方所做的让步,在让步的幅度与节奏上具有可测性,那么谈判对方就会根据己方让步的幅度与节奏来判断你所做让步的类型,从而易使己方陷入被动的地位。

3) 不要承诺做同等幅度的让步

例如,对方在某一条件上向我方做了50%的让步,而己方在另一条件上做了40%的让步。如果对方说,"你方也应该对我方做出50%的让步",己方则可以说:"我方无法承受50%的让步"来委婉拒绝对方。

2. 让步的时间

1) 双方让步要同步进行,以让步换让步

己方在每一次让步以后,也必须要对方做相应的让步,在对方做出相应的让步前,不能再让步。有来无往,非礼也。当谈判者在商务谈判中采取横向谈判的方式时,谈判双方可以在各个不同的议题上进行利益交换,从而实施互惠互利的让步策略。争取互惠互利的让步,除了跟谈判中采取的商议方式有关外,还需要谈判者有开阔的思路和视野。谈判者要将谈判看成一盘棋来走,除了某些本方必须得到的利益外,不要太固执于某一个问题的让步,在一个问题上卡死。

2) 不要做无谓的让步

因为让步是为了换取对方在其他方面的相应让步或优惠。而且,让步要让在刀口上,让得恰到好处,使我方以较小的让步能给对方以较大的满足。绝不能以让步作为赢得对方好感的手段,也就是说不要做消极让步而是要做积极让步。

3) 不要毫无异议地接受对方首次做出的让步要求

要让对方感到从己方得到让步不是件轻而易举的事,每次做出的让步都是重大的让步,他才会珍惜所得到的让步。因此,做让步时,一定要表现出非常勉强的样子。切莫让对方毫不费力地获得我方的让步,因为从心理学角度来说,人们对不劳而获或轻易得到的东西通常都不加以珍惜。

第6章 商务谈判的策略与技巧

4) 在实际做出让步之前,不向对方透露相关内容

经验丰富的谈判人员在决定让步以前,是不会向对方透露让步的具体内容的。在需要做让步的时候并不清楚地说出来,而只为以后的让步露出风声,以期对方做出相应的承诺,这时惯用的说法是:"好吧,让我们暂时把这个问题放一放。我想这个问题过些时候若要解决是不会太困难的。"

5) 灵活选择让步的具体时间

让步的具体时间可以提前也可以延后,只要能满足对方的要求就行。选择的关键在于让对方能够马上就接受,没有犹豫不决的余地。

3. 让步的来源

1) 设法使对方在重要的问题上先让步,而己方可以在较次要的问题上先做让步

但应该注意的是,该问题对己方可能是次要的,但对对方却是重大的问题,此时己方对这类次要问题不要轻易做出让步。经验证明,在重要问题上先做让步的人,一般来说都会失败。

2) 尽量做出对己方毫无损失甚至是有益的让步

这主要表现在谈判者在行为举止上迎合对方自尊的需要,使之产生满足感。例如,注意倾听对方的发言;对待对方的态度温和而有礼貌;尽量给对方以圆满的回答;向他表明他所受到的招待是最高级的;向对方保证未来交易的优待;尽量重复地向对方指出这次交易将会给他完美的售后服务;让自己组织中高级主管与之谈判以抬高其身价;不厌其烦地向对方指出为何根据我方的条件达成协议对他有利;让对方自由地求证我方所说的一切;经常说:"我会考虑你方的意见"或"这件事我会考虑一下"之类的话。

这种无所谓让步会产生意想不到的效果,使对方做出实质性的让步。正如莎士比亚所说:"人们满意时,会付高价钱。"这是因为许多谈判者并不计较许多非根本利益的得失,而更注意维护自己的自尊。因此,在国际商务谈判中,要尽量采取于己无损的让步,发挥其最大的效用。

6.5 僵局处理策略与技巧

在谈判过程中,如果谈判双方的期望相差太大,而彼此又都不肯做出任何让步或妥协,此时谈判就会陷入僵局。这种局面是谈判双方都不愿意面对的。因为僵局是一股巨大的压力,许多谈判者往往因为承受不了这种压力而变得焦虑不安,常常章法大乱,以过大、过快地让步,企图排除这种压力。而事实上让步的一方往往招致损失,有违初衷。因此,在国际商务谈判过程中,一方面要尽可能避免谈判僵局的出现,另一方面一旦发现谈判双方已经处于谈判僵局状态,又要针对僵局的类型和起因采取相应的措施来打破僵局,以使谈判能够顺利进行。

6.5.1 僵局的种类和起因

1. 僵局的种类

僵局按照不同的分类标准,可进行不同的分类。

259

1) 按僵局出现的时间划分

按僵局出现的时间划分，可以将僵局分为谈判初期僵局、中期僵局和后期僵局等3种。

(1) 初期僵局。在谈判初期，可能会由于一方在谈判前准备不够充分，或由于沟通不够造成误会，可能会使另一方在感情上受到很大伤害，导致谈判开局阶段陷入僵局，甚至使谈判草草收场。

 应用实例 6—14

上海市某委员会副主任张祥曾陪同某跨国公司总裁访问一家中国著名的制造企业，商讨合作发展事宜。中方总经理很自豪地向客人介绍说："我公司是中国二级企业，……"，此时，译员很自然地用"Second-Class Enterprise"来表述。不料，该跨国公司总裁闻此，原本很高的兴致突然冷淡下来，敷衍了几句立即起身告辞。在归途中，他向张祥抱怨道："我怎么能同一个中国的二流企业合作？"可见，一个小小的沟通障碍会直接影响到合作的可能与否。

资料来源：张祥. 国际商务谈判——原则、方法、艺术. 上海：上海三联书店，1995.

(2) 中期僵局。谈判中期是谈判的实质性阶段，由于双方在合作背后客观存在利益冲突，这就可能使谈判难以取得一致，而形成中期僵局。中期僵局常常彼此消长，反反复复，而且形式多样。如果双方要求差距过大，或都不愿在关键问题上让步，中期僵局往往导致谈判破裂。

 应用实例 6—15

上海某电器厂与一家外国电机制造商进行转让可编程控器生产技术的谈判，外方开价90多万美元，而我方则感到实在差距太大，不能接受，于是提出几套价格方案作为谈判的基础，几轮下来，外方均不肯让步，谈判开始陷入了僵局。

资料来源：张祥. 国际商务谈判——原则、方法、艺术. 上海：上海三联书店，1995.

(3) 后期僵局。谈判后期双方已就大多重大原则性问题达成协议，但仍有如付款条件、产品验收等执行细节问题需要商议。如果对这些问题掉以轻心有时仍会出现重大问题而前功尽弃。当然，后期僵局相对而言较易解决，只要某一方大度一点，稍做让步便可顺利结束谈判。

 **应用实例 6—16**

20世纪80年代中期，美国一家大型企业来华投资，兴办合资企业。在完成技术、商务谈判的许多细节磋商后，中外双方在起草合资企业合同时，发生了严重的意见分歧。美方要求在合同中写明，该合同的适用法为美国某州州法，中方代表则认为这是无视我国涉外经济法规的无理要求，坚决不予考虑，双方立场僵持。美方负责此项谈判的福特先生花费了大量时间、精力和费用，眼见谈判就要前功尽弃，不禁黯然神伤，多次喟叹道："It makes me crazy, I will lose my job."

资料来源：甘华鸣，许立东. 谈判. 北京：中国国际广播出版社，2001.

2) 按出现僵局时谈判的内容划分

按出现僵局时谈判的内容划分，可以将谈判僵局分为不同内容的谈判僵局。

一般而言，谈判双方不同的标准，不同的技术要求，不同的项目合作价格、验收标准、违约责任等，如果双方不能很好协调，都会引起内容上的谈判僵局。当然在所有导致内容上的谈判僵局中，价格僵局是产生僵局频率最高的一个方面。

2. 僵局的成因

1) 僵局产生的根本原因

谈判双方的利益对立是产生僵局的根本原因。从表面上看导致谈判产生僵局的原因很多，情况也很复杂。但是，必须看到谈判僵局出现的深层次原因是谈判双方存在利益上的对立。如果看不到这一点，仅仅认为僵局的出现是礼仪、语言上的问题，则未免失之肤浅。贯穿于谈判始终的，是谈判利益这条主线。若不认识到这一点，就找不到解决谈判中冲突和僵局的钥匙。这并非说谈判双方利益的对立就使僵局无法化解而成为"死结"。还必须看到，这种利益上的对立，多数是局部的。而从整个谈判的全局来看，成功的谈判或谈判的成功才能满足双方最大的需要。因此，利益上的对立并非是根本利害冲突。看到这一点，谈判者的才智、谋略和技巧才是处理谈判僵局的关键。

2) 僵局产生的具体原因

具体而言，僵局产生的原因有以下几个方面。

(1) 谈判一方由于实力强大，故意制造僵局来给对方施加压力。在这种情况下，僵局作为一种策略来使用，目的是迫使对方就范。

(2) 观点的争执。在讨价还价的谈判过程中，谈判双方因意见分歧，各执己见，必然会引起争执和冲突；当争执和冲突激化，互不相让时，便会出现僵局。

 应用实例 6-17

关于我国台湾问题的表述

在中美恢复外交关系的谈判中，双方在如何表述我国台湾问题上发生了争执。中方认为台湾是中国领土的一部分，而美方不想得罪台湾当局，双方谈判代表为此相持不下，绞尽脑汁，最后，在上海公报里，用了"台湾海峡两边的中国人"。这种巧妙的提法，使双方的立场得到了缓解，"上海公报"得以诞生。

资料来源：陈福明. 商务谈判. 北京：北京大学出版社，2006.

(3) 谈判双方用语不当。谈判双方用语不当造成感情上的强烈对立，双方都感到自尊受到伤害，因而不肯做丝毫的让步，谈判便会陷入僵局。

(4) 谈判中形成一言堂。谈判中的任何一方，不管出自何种欲望，如过分地、滔滔不绝地讨论自己的观点而忽略对方的反应和陈诉机会，必然会使对方感到不满和反感，造成潜在的僵局。

(5) 谈判人员素质低下。谈判人员素质的高低往往成为谈判顺利进行与否的决定性因素。无论是谈判人员工作作风方面的原因还是谈判人员知识经验、策略技巧方面的不足或失误，都可能导致谈判陷入僵局。

(6) 信息沟通障碍。谈判本身是通过"讲"和"听"来进行沟通的。但由于双方信息传递失真或理解出现偏差，都极易导致僵局的出现。这种信息沟通方面的障碍，可能是口译方面的，也可能是合同文字方面等。

(7) 合理要求的差距。谈判双方从各自的角度出发，双方各有自己的利益需求。当双方的要求都是合理的情况下，而且都迫切希望从这桩交易中获得所期望的利益而又不肯做进一步的让步时,僵局也就不可避免。因此,在商务谈判实践中,即使双方都表现出十分友好、真诚与积极的态度,但如果双方对各自所期望的收益存在较大差距,就难免会出现僵局。

3. 对谈判僵局的正确认识

谈判实践中,很多谈判人员害怕僵局的出现,担心由于僵局而导致谈判暂停乃至最终破裂。其实大可不必如此,谈判经验告诉人们,这种暂停乃至破裂并不绝对是坏事。因为,谈判暂停,可以使双方都有机会重新审慎地回顾各自谈判的出发点,既能维护各自的合理利益又注意挖掘双方的共同利益。如果双方都逐渐认识到弥补现存的差距是值得的,并愿采取相应的措施,包括做出必要的进一步妥协,那么这样的谈判结果也真实地符合谈判原本的目的。即使出现了谈判破裂,也可以避免非理性的合作,即不能同时给双方都带来利益上的满足。有些谈判似乎形成了一胜一负的结局。实际上失败的一方往往会以各种各样的方式来弥补自己的损失,甚至以各种隐蔽方式挖对方墙脚,结果导致双方都得不偿失。所以说,谈判破裂并不总是以不欢而散而告终的。双方通过谈判即使没有成交,但彼此之间加深了了解,增进了信任,也为日后的有效合作打下了良好的基础,从这种意义看来,也并非坏事,倒可以说是在某种程度上是一件有意义的好事。

因此,僵局的出现并不可怕,更重要的是要正确地对待和认识它,并且能够认真分析导致僵局的原因,以便对症下药,打破僵局,使谈判得以顺利进行。

 应用实例 6-18

有一个山区的乡村,由于土地贫瘠,村民的生活十分穷苦。青壮年劳动力只能靠开采附近的山石廉价卖给城里的建筑队勉强维持生计。

有一天山村里来了一位地质学家,发现村民开采的石料竟是建材中的优质品种——大理石,而且品质之优足以同进口的大理石媲美。消息传出,引起了一家城市大房地产开发商的兴趣,这家开发商便以高价收购村民们开采的所有石料。

几年以后,村民们的生活逐渐摆脱了昔日的贫困,那家房地产开发商更是事业发达,名声显赫。

村民中的年轻一代开始走出山区,到大城市谋生。市场经济的大潮很快就将其中的优秀者磨炼成实力派的后起之秀,他们在与房地产开发商的贸易交往中发现仅仅提供石料的收益,比起房地产开发商的收益实在说微乎其微,渐渐地他们萌生起参与城市房地产开发的念头。

他们提出了与房地产开发商联合开发城市房地产的议题,并提出城市黄金地带段的开发中应该有他们的份额的要求。他们提出的城乡携手开发房地产的论题已足以使议题变成一篇醒目的大文章标题。以房地产开发商的精明,岂能容他人插足蒸蒸日上的事业,分享其丰厚的利润!便断然拒绝了这些新生代农民企业家的要求。

年轻的农民企业家并不示弱,且志在必得,他们联合所有开采大理石的村民,制造了一个僵局,即不再将大理石出售给那家开发商。这样,房地产开发商便失去了石料的供应来源,且无法找到可以替代的石料,若用进口大理石,运费将十分昂贵。正在施工的建筑项目将面临中途停工的危险,而且,这些建筑项目若不能如期竣工,收回投资,从银行借款的还本付息压力更是无法承受的。几经较量,年轻的农民企业家依然维持着僵局,寸步不让,终于在各种压力面前,综合实力远远胜于对手的房地产开发商做出了妥协,年轻的农民企业家在自己人生和事业的开拓前进中跨出了重要的一大步。

农民企业家如果不采取制造僵局的策略,以其实力是无法介入房地产开发商的业务的,这一策略的运用,使他们的事业达到了一个新的境界。

资料来源:杨群祥.商务谈判.大连:东北财经大学出版社,2001.

6.5.2 突破僵局的策略

在谈判遇到僵局的时候要想突破僵局，不仅要分析原因，而且还要想清楚分歧所在环节及其具体内容。在分清这些问题的基础上，进一步估计目前谈判所面临的形势，想办法找出造成僵局的关键问题和关键人物，然后再认真分析在谈判中受哪些因素的制约，并积极主动地做好有关疏通工作，最终形成突破僵局的策略和技巧，以便确定整体行动方案并予以实施，最终突破僵局。现将突破僵局的一般方法分述如下。

1. 采用换位思考的方式审视问题

所谓换位思考，即站在对方的立场和角度来看待问题。谈判实践证明，换位思考是谈判双方实现有效沟通的重要方式之一，这是打破僵局的好办法。

当谈判陷入僵局时，如果己方能够从对方的角度思考问题，或设法引导对方站到己方立场上来思考问题，就能够多一些彼此之间的理解。这对消除误解和分歧，找到更多的共同点，构成双方都能接受的方案，有积极的推动作用。可以肯定地说，站在对方的角度来看问题是很有效的。因为这一方面可以使自己保持心平气和，可以在谈判中以通情达理的口吻表达己方的观点；另一方面可以从对方的角度提出解决僵局的方案，这些方案有时确实是对方所忽视的，所以一经提出，就会使对方容易接受，从而使谈判能够顺利进行下去。

应用实例 6—19

美国钢铁大王戴尔·卡耐基曾经有这样一个谈判。有一段时间，他每个季度都有10天租用纽约一家饭店的舞厅举办系列讲座。后来，在某个季度开始的时候，他突然接到这家饭店的一封要求提高租金的通知，而且对方要求将租金提高2倍。当时举办系列讲座的票已经印好了，并且已经发出去了。卡耐基当然不愿意支付提高的那部分租金。几天后，他去见饭店的经理。他说："收到您的通知，我有些震惊。但是，我一点也不埋怨你们。如果我处在你们的地位，可能也会写一封类似的通知。作为一个饭店的经理，你的责任是尽可能多地为饭店谋取利益。如果你不这样，你就可能被解雇。如果你提高租金，那么让我们拿一张纸写下将给你带来的好处和坏处。"他拿过一张纸，在纸的中间画了一条线，左边写"利"，右边写"弊"。他在利的一边写下了"舞厅，供租用"。然后说："如果舞厅空置，那就可以出租供舞会或会议使用，这是非常有利的。因为这些活动给你带来的利润远比办系列讲座的收入多。如果我在一个季度中连续20个晚上占有你的舞厅，这当然意味着你失去了一些非常有利可图的生意。

"现在，让我们考虑一下弊。首先你并不能从我这里获得更多的收入，只会获得的更少。实际上你是在取消这笔收入，因为我付不起你要求的价，所以我只能被迫改在其他的地方办讲座。

"其次，对你来说，还有一个弊。这个讲座吸引了很多有知识、有文化的人来你的饭店。这对你来说是个很好的广告。实际上，你花5 000美元在报上登广告，也吸引不了比我这讲座更多的人来这个饭店。这对于饭店来说是很有价值的。"

卡耐基把这两项"弊"写下来，然后把纸交给经理，说："希望你能仔细考虑一下，权衡一下利弊，然后告诉我你的决定。"第二天，卡耐基收到一封信，通知他租金将只提高至原来的1.5倍，而不是2倍。

卡耐基一句也没提自己的要求、利益的话，而是始终在谈对方的利益以及怎样实现才对对方有利，但是却成功地达到了自己想要的目的。

2. 从客观的角度来关注利益

由于谈判双方存在利益上的对立，因此在谈判过程中，谈判人员往往会片面关注己方利益。当谈判陷入僵局时，谈判人员更是容易不自觉地脱离客观实际，盲目地坚持己方的主观立场，甚至忘记了己方的出发点。因此，当谈判陷入僵局时，为了有效地克服困难，打破僵局，应特别强调从客观的角度来关注利益。

其实，在商务谈判中，必须在客观的基础上充分考虑双方潜在的利益到底是什么，而不是一味坚持己方的立场来"赢"得谈判。这样，谈判就能客观公正地关注到双方的利益，从而突破谈判僵局。

3. 扩展谈判领域，寻找替代方案

当讨价还价双方坐在一起经过若干次讨论之后，还可能会发现双方之间似乎根本不存在达成协议的范围，而且由于自己声明的承诺使得最终找不出一条解决问题的办法。这时，谈判双方可将争执和分歧暂时搁置，扩展谈判领域，使其包括更多更复杂的交易内容，这样谈判双方可能在不同的谈判议题上得到相应的补偿。那么一项对双方都有利的协议就有可能达成。例如，在价格问题上形成僵局，可以把这个问题暂时撇在一边，先谈交货期、付款方式等相关问题，事情可能就好商量一些。

另外，商务谈判中往往存在多种可以满足双方利益的方案，而谈判人员经常简单采取其中一种方案并固执地坚持而形成谈判僵局。其实，当谈判面临较大分歧而可能形成僵局时，谁能创造性提出可供选择方案，谁就能掌握主动。因此，谈判人员不应将思维禁锢在所谓唯一的最佳方案上，而应在谈判准备期间就构思出多个可能的备选方案，使谈判一旦遇到障碍，就能及时调转船头，顺利达到谈判目的。

4. 对对方的无理要求据理力争

如果僵局的出现是由于对方无理要求导致的，这时任何退让和妥协都是危险的，必须做出明确而坚决的反应。因为此时的退让将可能提高对方的胃口而步步紧逼致使我方承受难以弥补的损害。因此，此时必须据理力争，让对方自知观点难以成立，不可无理强争，这样可使他们清醒地权衡得与失，做出相应的让步，从而打破僵局。

应用实例6-20

一次，我国与突尼斯一家公司就建设化肥厂一事进行谈判。双方已商定利用秦皇岛港的优越条件建设化肥厂。不久，科威特方面也参加进来联合办化肥厂。这时，科威特石油化学工业公司的董事长坚决反对："你们前面所做的一切工作都是没用的，要从头开始。"谈判由此陷入僵局。中突双方仅编制可行性报告就耗费20多万美元，费时3个月。现在要从头来，显然是没有道理的。可是这位董事长在国际石油业中地位显赫，并在突尼斯拥有大量股票。怎么才能打破谈判僵局？

这时我方代表在权衡利弊后，猛然站起，义正辞严地说："我代表中国地方政府声明，为了建设这个化肥厂，我们选定了一处接近港口、地理位置优越的场地，也为了尊重我们的友谊，在许多合资企业表示要得到这块土地的使用权时，我们都拒绝了。如果按照董事长今天的提议，事情将要无限期地拖延下去，那我们只好把这块地方转让出去！对不起，我还要处理别的事情，我宣布退出谈判，下午我等待你们的消息！"说罢离开了会场。半小时后，一位处长跑来说："你这一段话说出来，形势急转直下，那位董事长说了，要赶快请你回去，他们强烈要求迅速征用这块场地。"谈判接下去十分顺利。

当然，据理力争要讲究方式方法。采用一些机智的办法对付，往往比直接正面交锋要更有效。如采用适当的幽默性语言对对方的无理要求进行解释，可使对方不失体面地了解你的立场，从而知趣地退让，使僵局得以打破。

 应用实例 6-21

在一次中外双方的货物买卖谈判中，双方在某一个问题上讨价还价了两个多星期，仍是相持不下。这时中方的主谈人就诙谐地说："瞧，我们双方至今还没有谈出结果，如果奥运会设立拔河比赛项目的话，我想我们肯定是并列冠军，并且可以载入吉尼斯世界纪录大全。我敢保证谁也打破不了这一纪录。"此语一出，双方都开怀大笑，先前紧张的谈判气氛顷刻和缓下来，随即双方各做让步，很快就达成了协议。

5. 休会

当谈判形成僵局时，谈判双方可能都需要一定的时间来进行思索、调整思路或者每一方的谈判人员之间需要停下来统一认识，商量对策。因此，适当的休会，不仅可以缓和剑拔弩张的气氛，也有利双方冷静而全面地审视问题，理智地做出判断，为重开谈判时打破僵局做好准备。

为了使我方的提案能引起对方的重视，在决定休会之前，可以向对方重申一下我方的提议，使对方在头脑冷静下来以后，利用休会的时间认真思考。

休会是打破僵局的一个好方法，但也有可能是谈判对手的一种拖延战术，特别是客场谈判时，应注意这个问题。

 应用实例 6-22

1980 年，我国某公司在与一外商谈出口花生仁的生意时，连续接到另外几家客商的函电要求订货。我方谈判者感到事出有因，必须查明，但又没有充足的理由断然停止与外商的洽谈。正在这时，他无意中看到日历，明天是 13 号，他非常高兴了，因为有些国家最忌讳 13 这个数字，这个数字在一些外国人眼里几乎是一种凶兆。我方谈判者在当天休会时，立即借词说：明天是 13 号，遵照贵国的风俗应休会。这样就延迟了谈判的时间，用赢得的一天查明了接到众多订单的原因，原来是某个花生出口国家，骤然遭到暴雨歉收了。当信息反馈确证后，我方谈判者不但坚持原价格，而且还流露出一副悉听尊便的态度，迫使外商就范。

资料来源：周乾. 交易谈判技巧. 济南：山东人民出版社，1988.

6. 更换谈判人员

如果谈判僵局是由于双方感情上的严重对立而引起的，即对方既不同意你的观点，也不能从心理上接受你，他把你所持的态度不加分析地当成恶意的或恶毒的动机，显然这种情况不能够取得创造性解决问题的气氛。如果是由于你伤害对方的自尊心而引起的，他很可能跟你敌对下去，没完没了，即使你搬出所有的逻辑、事实、观点和证据都无济于事。这时视情况需要可以考虑更换谈判人员。这样可以缓和谈判气氛，为进一步沟通创造条件，从而促使谈判取得进展。

 应用实例 6-23

有一位购货经理经常使用"走马换将"这样一种战略，他向下级指示："在谈判时要提出强硬要求，决不让步,甚至不惜使谈判陷入低潮,当双方都精疲力竭,快要形成僵局时,我亲自出马交战。"经理上阵,转变气氛,乘机向对方要求较低的价格和较多的服务,那位被搞得晕头转向的卖主在这种压力下就很可能做出某些让步。

7. 改变谈判环境,利用场外交易

正式的谈判环境,容易给人带来一种严肃的感觉。特别是谈判双方各执己见、互不相让甚至话不投机、横眉冷对时,这样的环境就更容易让人产生一种压抑的、沉闷的感觉。这时,谈判的东道主一方可以组织双方谈判人员进行一些适当的娱乐活动,不知不觉改变谈判环境,使双方人员在不拘形式、融洽愉快的气氛中就某僵持的问题继续交换意见。同时,在这样一种不拘形式的气氛下,双方也可大谈一些共同感兴趣的话题,如大到时事热点、双方公司制度,小到家庭、友人、孩子,这样可以增进彼此的友谊,对问题的解决起到润滑剂的作用。同时,利用场外交易也可使一些在会议桌上难以启齿的想法、意见,通过私下交谈得以沟通。

当然,任何事物都是一分为二的。利用场外交易也具有一定的危险性,这种危险在于失去原则和分寸。谈判对手可能将场外交易作为对付你的策略。他们可能热情的招待你,说恭维你的话,或者给你看他收到的指示。这时许多人会丧失警惕,轻易相信可能是虚假的信息,吐露商业秘密,或者在自尊心得到极大满足后变得非常慷慨大方,从而最后输得一塌糊涂。现实生活中这样的事例屡见不鲜,应引以为戒。

 应用实例6-24

1985年我国某化纤公司就其所引进的圆盘反应器有问题,与德国某企业进行索赔谈判。中方提出应赔偿1 100万马克,而德方却只肯认可300万马克。在马拉松式的长久对峙之后,双方仍不肯退让,谈判陷入了僵局。我方代表提议陪德方代表到扬州游览。

在花木扶疏、景色宜人的大明寺,我方代表向德方代表说:"这里纪念的是一位为了信仰、六渡扶桑、双目失明、终于达到理想境界的高僧鉴真和尚。今天,中日两国人民都没有忘记他。你们不是常常奇怪日本人的对华投资为什么比较容易吗?那很重要的原因是日本人了解中国人的心理,知道中国人重感情、重友谊。"接着,他把话题引回来,笑着说:"你我是打交道多年的朋友了,除了彼此经济上的利益外,就没有一点个人的感情吗?"一番话,说到了对方的心里,后者深受感动。

回来后,重开谈判。当德方表示自己"无法赔偿过多,我总不能赔着本干"时,我方代表一面同他算大账,一面"旧"话重提,诚恳地说:"我们是老朋友了,打开天窗说亮话,你究竟能赔多少?我们是重友谊的,总不能让你被董事长辞退。而你也要为我们想想,中国是个穷国,我总得对这里一万多名建设者有个交代。"推心置腹之后,德方做出让步,我方也降低了要求,谈判成功了。德方代表还说:"虽然我付了钱,可我心里痛快。"

8. 当双方利益差距合理时可釜底抽薪

当谈判陷入僵局,经过仔细分析发现双方利益差距在合理限度内,对方坚持仅是想获得更多期望利益时,即可采用釜底抽薪策略。即将合作条件绝对化,明确表明自己无退路,希望对方能让步,否则情愿接受谈判破裂的结局。

运用这种方法突破僵局的前提是双方利益差距不超过合理限度。只有这样,对方才有可能忍痛割舍部分期望利益,委曲求全,使谈判继续进行下去。如果双方利益差距太大,

只靠对方单方面的努力和让步无法弥补差距时,采用这种方法,只会导致谈判破裂。因此,这种方法不能随便使用,往往是谈判陷入僵局而又实在无计可施时,将此方法当成最后一个选择,而且还必须做好谈判因此破裂的思想准备。

应用实例 6-25

在一次引进设备的谈判中,我们选择了两家外商,A 公司和 B 公司作为可能的合作伙伴。根据两家公司报来的资料与价格,我们同两家公司分别做了初步接触,发现 A 公司比较有名气,设备质量也较好,且报价也较高,达 630 万美元;B 公司虽名气不及 A 公司,但设备质量毫不逊色,功能却要多些,报价稍便宜,为 580 万美元。根据各方面情况的综合考虑,我们决定把 B 公司的设备作为首选对象。然而,这个价格仍然偏高,谈判的关键是要它把价格降下来。

于是我们邀请 B 公司派代表来华洽谈,通过几轮谈判,B 公司几次降价,最后报出价格为 520 万美元,并声明再降 1 美元,它就不干了。然而事实上据我们得到的情报,按照这个价格 B 公司仍可获得可观的利润,因此这个价格似乎仍高了些。因此我们在与 B 公司谈判的同时,也保持着与 A 公司的联系,这显然对 B 公司造成了一些压力。

这时,我们就对 B 公司采用了釜底抽薪的计策。我们坦率地告诉 B 公司谈判代表,虽然贵公司做了很大让步,但我们在该项目上最高价是 500 万美元,超过这一限度,我们要另向上级申请,能否批准,我们心里也没底。我们希望贵公司再做一次最后的报价,否则,我们虽然非常希望购买贵公司的设备,但看来也只能另择伙伴了。对此,我们将感到遗憾。

B 公司谈判代表虽然不太乐意,但眼看就要到手的合同有可能告吹,只得再紧急与公司本部磋商,最后终于以 497 万美元同我方达成购买设备协议。

资料来源:张祥. 国际商务谈判——原则、方法、艺术. 上海:上海三联书店,1995.

9. 借题发挥

谈判实践表明,在一些特定的形势下,抓住对方的漏洞,小题大做,会给对方一个措手不及,这对于突破谈判僵局会起到意想不到的效果,这就是所谓的从对方的漏洞中借题发挥。

从对方的漏洞中借题发挥的做法有时被看作是一种无事生非、有伤感情的做法。然而,对于谈判对方某些人的不合作态度或试图恃强欺弱的做法,运用从对方的漏洞中借题发挥的方法做出反击,往往可以有效地使对方有所收敛。相反,不这样做反而会招致对方变本加厉地进攻,从而使己方在谈判中进一步陷入被动局面。事实上,当对方不是故意地在为难我们,而己方又不便直截了当地提出来时,采用这种旁敲侧击的做法,往往可以使对方知错就改,主动合作。

应用实例 6-26

20 世纪 70 年代,我国从某个国家引进了 3 套生产合成氨化肥的大型设备,分别安装在南京、广州和安庆等地。安装在南京的一套,在调试运行期间,发生透平机转子叶片断裂事故。我国和卖方的透平专家对事故各有不同的解释。卖方认为是意外事故,试图以小修小补方式蒙骗过去;我国专家经过仔细的测算分析,认为是转子叶片强度不够,是设计问题,卖方应承担一切经济损失。为此买卖双方进行谈判。在谈判中,卖方主谈 A 总工程师强调他们的产品是依据世界著名的透平机械权威特劳倍尔教授的理论而进行设计的。中方主谈人是西安交通大学孟庆集教授,当他听到特劳倍尔这个名字时,就乘机说:"我们赞同特劳倍尔教授的理论,它应当成为我们双方共同遵守的规则。"于是,孟教授根据对方带来的计算书,使用对方提供的数据以及特劳倍尔教授的公式和校核准则进行计算与论证。最后,从各个方面校核的结果证明,透平机转子叶片的强度不够。通过三天四次谈判,以我方取得完全胜利而结束谈判。因此,根据合同,对方不仅负责更改设备,而且还要承担由此造成的一切经济损失。在此事件中,孟庆集教授正是因为巧借对方的理论观点,为祖国争得了权益和荣誉。

10. 有效退让

对于谈判任何一方而言,坐到谈判桌上来的目的主要是为了成功,达成协议,而绝没有抱着失败的目的前来谈判的。因此,当谈判陷入僵局时,谈判者应清醒地认识到,如果促使合作成功所带来的利益要大于坚守原有立场而让谈判破裂所带来的好处,那么有效的退让也是谈判者应该采取的潇洒的一种策略。

在实际谈判中,达到谈判目的的途径往往是多种多样的,谈判结果所体现的利益也是多方面的。当谈判双方对某一方面的利益分割僵持不下时,往往容易轻易地使谈判破裂。其实,这实在是一种不明智的举动。因为之所以会出现这种结果,原因就在于没有掌握辩证地思考问题的方法。如果是一个成熟的谈判者,这时他应该明智地考虑在某些问题上稍做让步,而在另一些方面去争取更好的条件。比如,在引进设备的谈判中,有些谈判人员常常会因为价格上存在分歧而使谈判不欢而散,连设备的功能、交货时间、运输条件、付款方式等问题尚未来得及涉及,就匆匆地退出了谈判。事实上,作为购货的一方,有时完全可以考虑接受稍高的价格,而在购货条件方面,就有更充分的理由向对方提出更多的要求。例如,增加相关的功能,缩短交货期限,或在规定的年限内提供免费维修的同时,争取在更长的时间内免费提供易耗品,或分期付款等。这样做,比起匆匆而散的做法要经济得多。

经验表明,在商务谈判中,当谈判陷入僵局时,如果对国内、国际情况有全面了解,对双方的利益所在又把握得恰当准确,那么谈判者就应以灵活的方式在某些方面采取退让的策略,去换取另外一些方面的得益,以挽回本来看来已经失败的谈判,达成双方都能够接受的协议。

 应用实例 6-27

云南省小龙潭发电厂,就6号机组脱硫改造项目于2002年跟丹麦史密斯穆勒公司签订了一系列脱硫改造合同,改造后检测结果,烟囱排放气体并未达到合同所承诺的技术指标。该电厂于2004年又与史密斯穆勒公司为此事进行交涉,要求对方进行经济赔偿。

索赔谈判前,我方在确认对方的责任方面进行了大量调研和数据收集工作。首先,咨询清华大学、北京理工大学等国内该领域的知名专家,在理论上对这一问题有个清楚的认识;其次,对改造后烟囱排放气体进行采样分析以及数据计算。另外,对比分析对方提供的石灰品质以及脱硫效率。根据调研结果,对照2002年原合同中的条款和参数,我方最终认定是史密斯穆勒公司的负责。

在索赔正式谈判中,双方在责任问题上各执一词,谈判出现了僵局。史密斯穆勒公司采取了"打擦边球"的策略,试图推脱责任,把赔偿金额压到最低。合同要求脱硫率是90%,脱硫率瞬间值达到了这一指标,甚至还高于90%。但我方要求的是长期值而不是瞬间值,对方试图以瞬间值逃脱一定责任,而我方则以平均值说明问题。我方经过长期统计,平均值仅有80%左右,远远没有达到合同要求。在脱硫剂石灰上,丹麦的国家制度规定石灰原料由国家提供,而我国则由企业自己提供。史密斯穆勒公司认为,脱硫效率低是我方未提供合适的石灰造成,我方应负一定责任。

双方最终达成协议。一方面，史密斯穆勒公司派遣相关人员继续进行技术改造；另一方面，对方就无法实现的合同技术指标部分进行赔偿。

我方在谈判过程中不是得理不饶人，让对方沦为绝对的失败者，而是以退为进，适当让步给对方"面子"，来维护和调整已有的合作关系。我方让步允许对方派遣相关人员继续进行技术改造，既赢得了对方的主动配合，又使对方讲究信誉，对确实达不到合同指标的部分进行了经济赔偿。

综上列举了一些突破谈判僵局的策略，谈判实践中还有许多策略，在此不一一列举。其实有些策略是凭谈判人员自己去领悟，是难以用文字来表达清楚的。但是，不管怎样，要想突破谈判僵局，就要对僵局的前因后果做周密的研究，然后在分析比较了各种可能的选择之后，才能确定实施某种策略或几种策略的组合。其运用的成功，从根本上讲，还是要归结于谈判人员的经验、直觉、应变能力等素质因素。从这种意义上讲，僵局突破是谈判的科学性与艺术性结合的产物，在分析、研究突破谈判僵局的策略的制定方面，谈判的科学成分大一些，而在具体运用上，谈判的艺术成分大一些。

需要指出的是，在具体谈判中，最终采用何种策略应该由谈判人员根据当时当地的谈判背景与形势来决定。一种策略可以有效地运用于不同的谈判僵局之中，但一种策略在某次僵局突破中运用成功，并不一定就适用于其他同样的起因、同种形式的谈判僵局。只要僵局构成因素稍有差异，包括谈判人员的组成不同，各种策略的使用效果都有可能是迥然不同的。问题还在于谈判人员本人的谈判能力和己方的谈判实力，以及实际谈判中的个人及小组的力量发挥情况如何。相信应变能力强、谈判实力也强的一方，配以多变的策略，能够应付所有的谈判僵局。

6.5.3 突破僵局的技巧

1. 软硬兼施

1) 基本做法

软体现在己方做出一个小的让步，或以远利加以诱惑，或对对方进行耐心的说服教育，或给予对方面子补救；硬则体现在坚持立场，表示跟对方比决心与毅力，或是采用施加压力(如，暗示竞争者存在，最后通牒，演"红白脸"双簧戏)的方法与技巧迫使对方就范。软硬兼而有之。

2) 目的

通过"先礼后兵"的举措来感化或压迫对方转变立场，从而打破僵局。

3) 操作要点

软不能使己方的利益有所损失，软中要有硬；硬不能忽视对方的利益所在，硬中要带软(即己方退让的条件)，要有一定的回旋余地；软硬需交替使用，要有理有节，并相机行事。

4) 利弊与适用范围

可能会很快打破僵局，但也可能迅速使谈判破裂。此技巧一般是在己方的谈判实力处于明显优势的情形下使用。

5) 应对方法

请对方提供能让人信服的数据资料，论证他的说教；针锋相对，以其人之道还治其人之身，跟对方抗衡到底。

应用实例 6-28

美国富翁霍华德·休斯一次为了大量采购飞机而亲自与飞机制造商的代表进行谈判。休斯所提出的 30 多项要求,对方根本不同意。双方各不相让,谈判中硝烟四起,矛盾尖锐。最后休斯被迫退出谈判,转而让自己的代表出面进行谈判。他对他的代表说,只要争取到其中的 11 项重要的条件他就感到满意了。可是他的代表在经过一番谈判之后,竟然争取到了休斯所希望得到的要求中的 30 项。谈判结束以后,休斯问他的代表如何争取到了这么多的条件。这位代表说,每当我们谈不拢时我就说,你是愿意和我解决这个问题还是愿意留待与休斯先生去解决?每次对方无不接受了我的建议。

2. 私下谈判

1) 基本做法

出现僵局后,采用休会的方式进行冷处理。然后约定,由双方谈判小组的代表(一般是善于辞令的体面人物,或双方是故交)私下举行会谈,并在会谈中开诚布公地阐述己方的真实需要、原则与立场。

2) 目的

排除公开场合及桌面上要面子、讲原则的障碍,在和谐的气氛中,在更广泛的领域与对方进行深入地沟通,以增进双方的了解和信任,进而找到合作的契机,打破僵局。

3) 操作要点

所派出的代表的人选必须合适;开诚布公交流信息的底线、进度与时机必须有所把握;需营造开诚布公、坦诚相见的和谐气氛;不忽视对方的需要与利益。

4) 利弊与适用范围

能使双方的利益较好地协调一致,有利于进行面子补救。但若对方不予配合,己方将会因信息交流不对称而处于不利的谈判地位。此技巧一般是双方在以往交易中有过友好合作历史的情形下使用。

5) 应对方法

若对方真心诚意,则予以配合,但交流信息的底线、进度与时机宜应有所把握;若对方是为了刺探核心情报,则予以周旋或是敷衍。

应用实例 6-29

当谈判陷入僵局后,如果双方的关系并不是很僵,可以采取私下沟通的策略与对方坦诚交流或许也能打破僵局。当年美国电报电话公司和波音公司之间的谈判就是因此而取得突破的。

当美国电报电话公司与波音公司之间的谈判弄僵之后,美国电报电话公司的首席谈判代表安排了一个合适的私下场合与波音公司的采购经理做了一次坦诚的沟通。下面便是他们进行交涉的情况。

"我一直在想办法去了解你的困难。如果我有什么地方说错的话,请不要生气。不过就如同你和你的波音同仁所认为的那样,我们可能误导了你们的想法,使你们认为我们愿意提供服务但却不愿立下字据来保证负责任,这种做法看起来的确是显得不够诚信,因此,你们为此而感到生气,以至于没有注意到接下来的重点,我说的对吗?"

"的确如此。"波音公司的代表热切地回答。"你让我们如何能信得过你们?如果我们也这样,把飞机卖给客户,然后只是告诉对方一切都符合安全标准,却又不愿立下字据加以保证,我想客户肯定会掉头就走。如果我们得不到客户的信赖,早就没办法在飞机制造业中立足了。同样如果你们不能遵守你们的承诺,那么在通信业中,也不会有你们的容身之地。"

第6章 商务谈判的策略与技巧

"你说的没错，"美国电报电话公司的首席代表对此表示认同地说，"如果我是你，我也会这么想的。"

波音公司的采购经理听到这里，颇为惊讶，不解地问对方："那么，你们又为什么不同意将承诺写在纸上，表示在你们未能履行合约时会负责赔偿所有的损失呢？"

"我们当然会立下保证书。不过，我们的难题在于损失要怎么认定，当然我们很愿意和你们谈谈这个问题。首先，我想先弄清楚我们双方的谈判到底问题出在哪里。我现在明白了，我了解到了波音公司具有所谓的'工程文化'。在人命关天的标准里，是不容许有含混不清或任何错失的余地的。所以，如果你们要求保证绝对符合安全标准，你们就一定会坚守这个目标。因此，你们会要求将所有的问题明确地记录下来，我这样说对吗？"

"是的，你说的一点都没错，但是这和我们双方的问题又有什么关系呢？"

"如果你能耐心地听我讲下去，我很愿意仔细地把其中的道理解释给你听。在我们美国电报电话公司，也有很多的工程师，不过，我们是比较倾向于提供服务的，我们是倾向'关系文化'的行业。我们认为与客户保持良好的关系是最重要的课题——客户不高兴，我们也会不高兴，所以大家才会称我们做'电话妈妈'。当你妈妈跟你说她会为你准备午餐并开车送你上学时，你大概不会对她说：'好，妈妈，请你把所说的话写下来作凭证，如果有损失的话，我要你负责赔偿'，你会这样吗？"

"当然不会。"

"你只会期望她尽量说到做到。当然家事和生意之间确实有很大的差别，不过，这个说法可能会让你更好地了解我们公司的性质。我们做的虽然是口头上的承诺，但是我们还是会全力以赴。相信你也明白，我们公司在外面的信誉不是虚的。面对客户一大堆的疑虑和赔偿可能损失的要求，这在我们公司还是第一次碰到。也许这就是我们在上次会谈时弄得双方灰头土脸的原因——你来自一个你绝对认同的公司，而我们则来自另一个类型的公司。我这样分析，你觉得有道理吗？"

"还可以。现在我问你……"

于是谈判又顺利开展了下去。过后不久，美国电报电话公司和波音公司便签下了这一桩总金额高达一亿五千万美元的交易。

资料来源：甘华鸣，许立东. 谈判. 北京：中国国际广播出版社，2001.

3. 另图它策

1) 基本做法

提出谈判新方案，如新的交易方式与条件，改变谈判级别、人员、时间、地点转入新一轮谈判和请第三方调解等。

2) 目的

试探对方坚持立场的决心；为达成协议另辟蹊径，避免谈判破裂。

3) 操作要点

新的交易方式必需有吸引力，有关提议要具可行性；要指出起用新方案谈判的时效；在表述上既要诚恳，又要显得无奈，即要起到打动对方改变立场的效果。

4) 利弊与适用范围

有可能促使对方改变立场，进而打破僵局，可以避免谈判破裂。但也可能会使谈判旷日持久，效率低下。此技巧具有广泛的适用性。

5) 应对方法

计算我方在已谈妥议题中的利益得失，权衡全局利益，或做出适度让步，或接受对方提出的谈判新方案，或我方另外提出谈判新方案。

应用实例 6-30

通用继电器生产线交易条件的谈判

中国 A 公司与日本 B 公司谈判引进 B 公司高频调谐器生产线的交易。B 公司有位专务×本部长随谈判组到北京参与谈判。双方谈判人员在北京就技术条件、技术费、专家指导费、生产设备清单、设备费、技术服务条件、技术服务费等进行了深入的谈判。对技术条件达成了一致,对设备清单、技术服务内容基本上说清楚了,也无太大的分歧。当双方谈判技术费与专家指导费时,分歧很严重。B 公司认为 A 公司不重视其技术和人才,十分气恼。设备费也谈不下去,中途停下,B 公司谈判组决定回国。A 公司主谈人做了一些解释工作,但也没阻拦 B 公司谈判组回国,只是提出,临行时给他们安排送别宴会,若可能,届时请来其上司与 B 公司话别。B 公司主谈及领导表示同意。

晚宴上,A 公司领导热情介绍了各种中国菜的特色,说一些笑话,逐一向每位 B 公司谈判成员敬酒,说他们辛苦了,并与 B 公司领导交流双方公司的经营情况、个人爱好等,气氛十分融洽。席到尾声,A 公司领导说:"天下没有不散的宴席,我知道贵方因为谈判分歧太大,准备回国。不知临走之前,我还能帮助你们做些什么?"这时,B 公司领导对 A 公司主谈人贬低其技术与人才的做法,表示不满。A 公司领导说:"我的理解是技术性的问题都谈清楚了,双方理解没问题,只是在评价上有分歧是吗?"B 公司×本部长:"是的。"A 公司领导说:如果是这样,说明双方还是互相尊重的,这里有误会,可以解决,不必一走了之而明志,这样更解决不了问题。"B 公司×本部长说:"我们也是抱着交易的诚意来的,贵方人员一意贬低我方,就难以往下讨论了。互相理解、体谅地商量事情,我们也愿意啊。"听到这儿,A 公司主谈人想了想,很宽松、随和地说:"×本部长,请您听一下,看我的理解对不对。到目前为止,技术条件、生产设备选型、技术规格、数量、专家人数、时间、转让的技术内容均已谈完,原则上没有太大分歧。技术费、设备费、技术指导费均讨论过了,双方也有一定的改善,设备费分歧较小,技术费和专家指导费分歧较大。如果解决分歧大的问题,贵我双方也就成交了。"

×本部长说:"您归纳得很好,目前谈判形势的确如此。"A 公司领导说:"若如此,我个人认为贵方一走了之就太可惜了。况且,双方合作会有力量解决技术专家指导费和技术费。这样,专家指导费我方做些让步,技术费请贵方让点。交易成功了,也算做广告,将来多签合同,再多赚钱。×本部长,您看如何?"×本部长沉默了一会儿,表示:"好,就按您的意思办。"A 公司领导举起酒杯又敬了中日两个谈判组成员一杯:"剩下的事拜托各位去谈,有什么问题,我愿意随时来。"

B 公司人员留下了,次日。A 公司对专家指导费做了让步,B 公司降低了技术费,设备费双方互让一步,成交了。

资料来源:冯砚,丁立.商务谈判.北京:中国商务出版社,2010.

4. 趁热打铁

1)基本做法

在双方经过一番磋商,大部分条件都已谈妥,形势有利于己方,气氛比较融洽时,己方抓住时机迅速提出成交的建议(包括解决余下议题的一揽子方案)。

2)目的

缩短对方"三思而行"的时间,避免节外生枝,从而使胜势尽快变成胜局。

3)操作要点

成交建议需提得及时,但不可过分催促对方成交。

4) 利弊与适用范围

可以尽快促成有利于己方的交易，但若过分催促对方成交，反会使对方起疑心，结果适得其反。此技巧具有广泛的适用性。

5) 应对方法

对己方的利益得失算细账，对全局利益与形势做出分析、判断，努力搜刮余下议题的利益，或是采取有力措施调整全局利益。

5. 二者择一

1) 基本做法

拿出两个(至多三个)有利于己方或己方可以接受的成交方案供对方选择成交。

2) 目的

在表面上给对方以选择余地，实际上引导对方迅速做出有利于己方或己方可以接受的决策。

3) 操作要点

所给出的方案在要价上或其他交易条件上要较前面的方案有所退让，以表明己方的合作诚意和高姿态，要让对方难于拒绝；在表达上既要彬彬有礼，又要态度坚决，别无选择，当然也要容许对方对你所给出的成交方案稍做修改。

4) 利弊与适用范围

有可能迅速促成交易，但也有可能因对方不买账而白费心机。此技巧一般是在成交方案有多种选择，对方拿不定主意或讨价还价旷日持久的情形下使用。

5) 应对方法

坚持原来的要价，不接受对方的成交方案；己方也提出两个有利于己方或己方可以接受的成交方案供对方选择成交。

 应用实例 6-31

A国某进出口公司与B国某技术公司就某项技术交易以及相关设备的交易达成协议，签了合同，但在B国的审批过程中遇到了阻力，造成合同不能履行。于是A国公司与A国有关政府官员以及技术人员组成谈判组赴B国进行交涉与谈判。

A国谈判组组长为政府高级官员，组员有公司的领导、商务主谈、技术主谈、译员等8人。

B国谈判组组长为政府高级官员，组员有工艺技术主管、外交部官员、商务主谈、技术主谈、译员等9人。

谈判地点在B国的外交部大楼的大会议室。双方人员落座之后，就合同审批问题进行谈判。A国代表团首先重温了合同约定过程，重申了A国政府的态度，希望B国采取措施尽快让合同生效。B国代表对延迟审批的理由做了解释，大意是政府是支持的，但需协商同盟国成员，因为该项交易有违同盟国之间某些规定。通过第一轮谈判，双方明确了使合同生效的重要性，及影响生效的客观原因。但怎么解决面临的问题呢？双方又进入了第二回合的谈判。

第二回合，双方进行了认真严肃的讨论。B国提出了3个方案：方案一，B国外交部将派使者与其盟国协商，争取能获得支持，但需要时间且不能保证结果；方案二，请A国变通合同方案，B国保证目标仍不变；方案三，请A国考虑降低技术等级，避免第三方的限制。对此，A国代表认为：第一方案是B国政府的事，A国公司并未与第三方签约。B国需与谁商量，我们不反对，但合同生效时间应有保证，否则

A国公司损失太大。第二方案虽没有降低合同涵盖的技术水平,但变成了"拼凑"的技术工艺生产线,这将会存在技术可靠性、稳定性的问题。对于双方的合同来讲,仍属修改,对A国企业来说仍有技术风险。第三方案纯属降技术和设备水平以屈从第三方要求,这是以A国的利益去满足B国政府对其盟国的承诺,明显不公平,也应算B国单方违约。在第二轮的谈判过程中,双方基本观点十分对立。

第三回合时,双方就放弃方案三达成了一致,即不能降低合同技术和设备水平。于是方案一和方案二就成了讨论的焦点。

针对方案一,A国谈判代表同意B国政府去与盟国协商,但必须有时限。B国代表认为时限不能明确,因为对协商结果没有把握。A国代表认为,如像B国政府所言,无异于让合同无限期拖延,系不负责任的行为。对A国代表的批评,B国代表感到委屈,因为派使者去盟国交涉就是负责的表现。对方案一,双方观点陷于对峙之中。为了减少不愉快,双方把议题又转向方案二。

针对方案二,A国代表认为,即使以不降低技术和设备水平为前提,拼凑这条生产线也有问题。谁去拼线,谁去采购设备,技术许可证怎么办,设备许可证是否没有问题,未知数太多。B国代表讲,可由他们负责拼线。双方配合,采取一定措施,有可能获取技术许可证,设备许可证大部分没问题,尤其是B国生产的设备。不过,少数几种设备由第三方生产,其中有盟国的产品,获得该部分的许可证需要时间。A国代表听后认为由B国负责拼线,双方配合,采取措施,获取技术许可证均没有问题,但少数第三方即盟国生产的设备不能没有把握。因为,当其工作、土建、绝大部分设备、人员均到位后,仅因几台设备的问题导致技术不能全线贯通,生产不能进行,造成的损失更大,该方案也存在极大的风险。B国必须承诺全部问题解决的时间表。B国代表无法回答,显得十分尴尬。怎么办呢?B国代表建议暂时休会,请A国谈判组长(政府高级官员)与其政府代表单独交换意见。

休会时,A国谈判组长带着翻译与B国谈判组长离开大会议室,到办公大楼的一个走廊尽头的休息处,三人坐下促膝而谈。

B国代表说:"贵方的意见我明白,我想了解一下贵方最终的立场。"A国代表说:"原合同内容对我方很重要,必须全面履约。唯一可以通融的是,允许贵国政府走应有的程序,但结论应是肯定的。"

B国代表面有难色。A国代表问:"贵国政府到底能不能保证获得盟国许可?"B国代表说:"外交部已派员过去与有关盟国协商,暂无结果。在没有完成该程序前,我们不会批准合同生效。"A国代表说:"若我没理解错的话,贵方近期不可能获得盟国的赞同。"B国代表答:"是的。"A国代表问:"那贵国政府可否独自行使政府权力批准呢?"B国代表答:"不能。这么做会引起外交事件。"A国代表又问:"这么说,双方所签的合同近期不会批准?"B国代表答:"我们会尽力而为。"A国代表说:"我方认为这么做不符合贵国政府的一贯政策,也有损两国之间的经济贸易合作。"B国代表答:"我方注意到贵方说法,我会将此看法向我国政府转达。"

双方直截了当地交换了"底牌",均知谈判不会有结果。结束时,B国谈判组长提出:"刚才所言,建议双方均不对外讲,全当没说,忘掉它。"A国谈判组长:"可以,我希望贵国政府能坚持自主原则,尽快批准合同。"

回到大会议室,双方组长让专家继续交换技术性意见后,即宣布散会。会后,A国谈判组成员问组长:"谈了什么,谈得怎样?"组长回答:"准备去D国,探讨别的可能。"再往下问,组长只说:"他们同意再努力。"

资料来源:丁建忠. 商务谈判教学案例. 北京:中国人民大学出版社,2005.

6. 代绘蓝图

1) 基本做法

帮助对方计算在已谈妥议题中所获得的利益,描绘最终与我方达成协议所带来的美好前景。

2) 目的

让对方看清他已获得的利益和与我方达成交易的好处,从而放弃最后议题的强硬要价,并最终下决心签约。

3) 操作要点

对利益的计算要精细,分析要中肯,要能使对方信服;必要时辅之远利诱惑。

4) 利弊与适用范围

有利于使对方看清交易形势与结果,尽快达成协议。但若计算与分析不当,反而会使对方起疑心,使问题复杂化。此技巧具有广泛的适用性。

5) 应对方法

列举我方所做出的让步,强调对方从我方让步中所获得的重大收获,坚持按既定方案和步调行事。

6.6 交锋中的攻防技巧

6.6.1 先发制人

1. 基本做法

在交锋开始时先说一番"居高临下"的话,如:"你们的价格好像总比别人高出一筹?!";"上回你方交的货质量太糟糕,交货也太迟";"你方与××公司的交易听说因质量问题而吃了官司,作了赔偿,并且被媒体曝了光,这是怎么回事?"等,触及对方的短处,给对方造成心理压力。

2. 目的

通过揭短,抑制对方的气势,使其在行动上不敢造次,从而使谈判的格局发生有利于我方的变化。

3. 操作要点

要揭短就要揭到痛处,但揭短要有事实根据;表达要比较艺术,有时需要直截了当,有时需要以关心的姿态入题。此技巧一般是在对方要价太高,讨价还价来势凶猛,态度强硬,但又存在明显短处的情形下使用。

4. 利弊与适用范围

有利于交锋初始(甚至全过程)掌握谈判的主动权。但也可能会破坏合作的氛围,使谈判气氛凭添紧张。

5. 应对方法

装疯卖傻,若无其事,不予理会;或对对方的做法表示不满与抗议;或仿效对方,反揭其短。

应用实例 6-32

我国某公司与一位美国客商进行谈判,商洽一桩出口服装的交易。谈判一开始,我方就利用中国服装进入美国市场需要获得配额的规定,向对方说现在配额很紧张,我方需要进行争取,所以,必须等我方获得了配额之后,再行通知对方。美方听了,立即担心我方争取不到配额的话,会使他失去一次交易的机会。几天以后,我方通知对方说,好不容易才搞到了 1 000 套的配额,如果他们不要的话,已经有别的买主在等着成交。该美商原本只打算订购 500 套,现在见此情形,毫不犹豫地就把 1 000 套全部订购了。谈判很成功。这里,先发制人的手法是出以软手,以退为进。

6.6.2 后发制人

1. 基本做法

在交锋中的前大部分时间里,任凭对方施展各种先声夺人、先发制人(先制战术)的领先技巧,我方仅是专注地倾听和敷衍应对,集中精力去从中寻找对方的破绽与弱点。然后在交锋的后期,集中力量对对方的破绽与弱点展开大举反攻,用防守反击的战术去获取决定性的胜利。

2. 目的

迟滞对方的强大攻势;在防守中找出对方的软档,然后予以沉重打击,以此去获得胜利。

3. 操作要点

在前期需沉得住气,任凭甚至鼓励对方尽兴"表演",而不必打断或反驳,对方越是尽兴"表演",就越有可能露出破绽与弱点,而其破绽与弱点越多就越有利于我方找到反击的突破口和组织强有力的反攻;在反击中应做到攻其要害、攻其必应与攻其必救。

4. 利弊与适用范围

可以取得后发优势,但同时会失去先发优势。若不能找到对方的明显破绽与弱点,或是反击不得力,我方就将处于完全的被动局面。此技巧一般是在对方攻势强盛,或我方处于弱势的情形下使用。

5. 应对方法

占先技巧施用的"表演"需适度,不让对方轻易发现我方的弱点;或要想方设法调动对方出击,如咄咄逼人的气势,刺激自尊心的话语,挑战的口吻,让对方沉不住气,坐不住,早早地拿出真功夫与我方交锋。

 应用实例 6-33

1985 年,我国某织布厂与德国一公司签署了向其购买价值 180 万马克的旧织布机的合同。在执行过程中,我方因故延误了先付一半资金的期限;但经过谈判,德方表示对此事给予谅解。不想才不久,德方突然要求我方为此事赔偿违约金及利息共 65 万马克。而该国有影响的一家报纸还把此事曝了光,引起了舆论的关注,并表示对该公司的谴责和对中国工人的同情。我方并未急于回到谈判桌旁去同该公司进行讨价还价,据理力争,而是在谈判场外进行了广泛而积极的社会联络活动,利用各种机会把其中的实情和相关的文件向各界进行公布。因此而获得了公众舆论更加广泛的同情和支持。这样，在后来所进行的与该公司的谈判当中，我方稳居有利地位，最后终于迫使该公司做出了很大的让步，该公司不但放弃了 65 万马克的索赔，而且将原定的购买设备的 180 万马克降到了 150 万马克。

6.6.3 避实就虚

1. 基本做法

在双方僵持不下的某项原则议题或核心议题(如价格议题)的激烈交锋中，我方主动做出退让，并以此作为筹码，在其他的相关议题(如与价格议题相关的支付条款、交货方式、保险条款、品质条款和包装条款)上进行索取；或是在日程上做出安排，先谈相关议题，后谈核心议题，我方在相关议题的谈判中做出较大的让步，并以此作为筹码，在后面核心议题的谈判中强硬坚持高的要价，以此作为索取。

2. 目的

以退为进、明舍暗取、迂回进取，以求获得整体利益的最大化，并使谈判具有弹性。

3. 操作要点

要退就要退够(但也要退得适度，避免过损)，但要退得缓慢，要使对方感到获得了重大利益，且来之不易，而不至于在后面的议题谈判中过分坚持立场(因担心谈判破裂而失去来之不易的前面利益)；对涉及的各项议题的利益的计算要精细，必须使索取到的利益之和大于舍弃的利益；若对方在后面议题的谈判中仍坚持强硬立场，不肯做大的让步，我方就以推翻对前面议题的承诺或是退出谈判相要挟，直至对方采取行动。

4. 利弊与适用范围

可避免过早出现僵局，使谈判具有灵活性，可巧妙地为我方争取较大利益，还有可能加快谈判进程。但若对方对核心议题始终坚持强硬立场，或是对相关议题不肯做大的让步，则谈判就要进入实实在在的僵局，或是要使前面谈妥的议题新谈判，反而会使谈判复杂化，日程延长，而且还要冒谈判破裂的风险。此技巧具有广泛的适用性。

5. 应对方法

采用横式洽谈结构进行谈判，要求对方对所有议题做一揽子报盘；索取有度，适可而止，不给对方获得较多的在别的议题索取的筹码。

6.6.4 围魏救赵

1. 基本做法

若双方的原则议题有所不同(包括项目与原则性程度)，当对方在围攻我方的原则议题时，我方则也采取围攻对方原则议题的行动，并向对方表明，若要我方放弃其围攻，首先他得放弃对我方原则议题的围攻，从而使对方放弃对我方原则议题的围攻或是减弱其攻势。

2. 目的

保证我方原则议题利益的实现。

3. 操作要点

以攻为守、攻多为虚，守则为实；攻要攻得像、攻得紧，且要攻其必救。

4. 利弊与适用范围

可能会保住己方原则议题利益的实现，但会使谈判趋于复杂化。此技巧具有广泛的适用性。

5. 应对方法

不为对方的围攻所调动，坚持我方原有的目标、计划、行动与步调。

 应用实例6-34

在美国东北部有个名为哈奈特的先生，拥有一家公司。由于市场变化和公司经营的问题，公司业绩一落千丈，濒临破产。这时，跟该公司有业务往来的银行除了急于收回到期债务外，不愿再向他提供贷款。

为了取得贷款，哈奈特让财务部门整理所有与银行往来的账目、记录等，千方百计地搜寻银行的过错。最后，他根据整理结果拟出一份抗议案，内容包括银行办事能力差，办手续时间过长，致使公司购买一项产品的计划被耽误，从而蒙受了重大损失；在领款时，作为银行的老客户居然也要在柜台前排队，而最严重的抗议事项是，由于该银行职员的疏忽，使得一笔本应该汇入哈奈特公司账户的款项，竟存入了另一家公司的账户。另外还有几条"罪状"也同时以严肃的口吻列入了抗议案中，一并送往银行，要求银行解释。

银行对此措手不及，先由一位部门经理打电话道歉。接电话时，财务部门非常冷淡的态度使得银行更加紧张，以为哈奈特公司已从其他银行取得了贷款。信誉至关重要，因此银行担心这事会使自己的信誉受到破坏。银行经理亲自主动与哈奈特取得联系。出乎预料的是，哈奈特先生在电话中闭口不提抗议的事，反而以轻松的语气问道："两年以上的私人贷款，如何计算利息？"经理大感吃惊，大松了一口气。于是便把利息的计算方法告诉对方。

"这样的利息是不是现在市面上最优惠的？"

"当然！"

这时，哈奈特先生才进一步说明他想通过最优惠的方式从该银行获得一笔贷款，并表达了希望与这家银行加强往来的愿望。结果经理满足了他的要求。

资料来源：龚荒. 商务谈判——理论·策略·实训. 北京：清华大学出版社，
北京交通大学出版社，2010.

6.6.5 不开先例

1. 基本做法

以我方从未与他人按如此的交易条件(即对方的要价)达成交易，若开此先例，我方将蒙受重大损失，且无法向上级和以往的交易伙伴交代为由，拒绝对方的要价。

2. 目的

先例的类比性和人们的习惯心理，使得不开先例具有一定的约束性。从而为阻止对方的进攻树立起一道坚实的屏障。

3. 操作要点

需向对方充分解释不开先例的理由(并拿出一定的证据),表述时态度要诚恳,并伴之施用苦肉计。

4. 利弊与适用范围

有可能阻止住对方的强劲攻势,但极容易由此形成谈判僵局。此技巧一般是在我方的大多措施与技巧失效,或不足以阻止对方的攻势的情形下使用。

5. 应对方法

事实上,提出不开先例的一方并不一定就真是没开过先例,也不能保证以后不开先例。因此,我方可明确表示不相信对方的说辞与证据,讲明事物在不断发展变化,绝无不开先例之说的道理;或采用最后通牒技巧对待之。

 应用实例 6-35

在一个关于空调价格的谈判中,空调供应者面对采购者希望降价的要求:

买方:"你们提出的每台 2 800 元,确实让我们感到难以接受,如果你们有诚意成交,能否每台降低 500 元?"

卖方:"你们提出的要求实在令人为难,一年来我们对进货的 800 多位客户都是这个价格,要是这次单独破例给你们调价,以后与其他客户的生意就难做了。很抱歉,我们每台 2 800 元的价格并不贵,不能再降低了。"

6.6.6 最后通牒

1. 基本做法

给出我方的最后出价,并声明若对方不接受,我方将退出谈判;或单方宣布谈判结束的最后期限(往往时日临近)。

2. 目的

给对方造成巨大的心理压力,逼迫对方接受我方的交易条件,或是为了获得重新调整谈判利益的机会。

3. 操作要点

在己方做出最后的让步后,立即予以表述,表面上态度要坚决,立场要坚定,不容商量。若对方希望己方改变立场,己方需在姿态上予以坚持,在对峙一段时间后,再根据需要采取对策,或只做微小的退让,或提出修改前面的谈判结果,或重申最后出价或最后期限,即需要保持一定的回旋余地。

4. 利弊与适用范围

可以阻止对方无休止的还价或过分的要价,终结马拉松式的谈判,可以作为推翻此前议题谈判中,已达成的不利于我方的结果的一种手段,有可能打破谈判僵局。但要冒谈判破裂的风险。此技巧一般是在对方还价或要价过分,或是在运用故意纠缠而拖延时间的策略,或是己方为避免减价升级,或是我方为了重新调整谈判利益的情形下使用。

5. 应对方法

强调己方要价的合理性和双方的共同利益;在能够大致满足我方的要价和实现较大的整体利益的前提下,同意修改个别议题的谈判结果;指责对方缺乏合作诚意,表示决不屈服的决心,跟对方比决心和毅力,等待对方变动。

 应用实例 6-36

美国一家航空公司欲在纽约建立一家很大的航空站,想要爱迪生电力公司给予优惠的电价。这场谈判的主动权掌握在电力公司一边,因为航空公司有求于电力公司。因此,电力公司以公共服务委员会不会批准为由加以推辞,不肯降低电价,谈判由此而相持不下。这时,航空公司突然态度强硬起来,声称若不提供优惠的电价,它就撤出谈判,自己建厂发电。此言一出,形势立刻改观。电力公司可不想失去这个大客户,故而立即请求公共服务委员会从中说情,表示愿意给予这类新用户优惠电价。

资料来源:甘华鸣,许立东. 谈判. 北京:中国国际广播出版社,2001.

6.6.7 出其不意

1. 基本做法

突然提出惊奇的问题与建议,如怀疑对方产品质量、交货或付款能力、改变品种规格、改变包装、参照新的技术标准、调整谈判日程安排、变换谈判地点;突然采取惊人的行动,如中途请来高层领导或著名的专家顾问、更换主谈人、频繁地打岔干扰谈判、抛出权威性资料、否定前面的谈判结果、拿出证据证明对方强有力竞争者正在插足本交易;突然做出令人惊奇的表现,如立场由软突然变得十分强硬、原本不大关注的利益变得十分重要、态度由温和变得粗鲁、突然大肆演出"红白脸"双簧戏。

2. 目的

扰乱对方思维,干扰对方的视线,打乱对方的行动计划和步调,给对方造成困惑或是心理压力,使对方在忙于应对中出错,最后达到攻其不备、出奇制胜、乱中取胜的目的。

3. 操作要点

所给出的行为表现要惊奇,足以震撼和调动对方;各种"奇招"须搭配使用,且要合时宜,表现要自然。

4. 利弊与适用范围

有可能获得出奇制胜的效果,扭转被动局面。但会导致谈判的复杂化,降低谈判效率,使谈判气氛趋于紧张与不和谐。此技巧一般是在我方处于被动局面,或是为了实施拖延时间方针,或是为了测试对方的谈判能力,以便调整下一步行动方案的情形下使用。

5. 应对方法

保持冷静,注意观察、分析对方的动机与意图;提出休会,集体商量对策;坚持既定方针、方案;对对方的过分行为与表现予以指责和反击。

第6章 商务谈判的策略与技巧

 应用实例 6-37

某批发商准备销售大量西红柿,而且货已运到,正与几家老主顾谈价格,一买主突然出现,给的价很高,并当场付了定金,这样其他买主只好去买别的批发商的货。该买主说好第2天拉货,可是直到第2天下午很晚,买主才来,并一口否定原来谈好的价格,这时卖方的老主顾已买了别人的货,再找买主短期内不大可能,而西红柿这种蔬菜历来就有"货到街头死"的说法,保存期很短。卖主出于无奈,只能以很低的价格卖了货。这个事例中,卖主本来以为是板上钉钉的事,结果突然挨了一闷棍,等醒悟过来,一切都晚了。从买主方面来讲,虽然做法不太道德,但其行动的突然性、有效性是不可否认的。因此,参与谈判的人员即使自己不屑于使用此策略,也要提防对手使用。

在谈判中一反常态,会使对方捉摸不定,不好做出肯定性的应对选择,而比较易于认同和接受己方随后表达的立场。中美知识产权第4轮北京谈判时,中方一开始就由每个方面的专业代表分别做了长达45分钟的发言,不许美国人插话,并口气强硬地撤回以前谈判中的一切承诺。这种态度令美国方面目瞪口呆,不知所措。到谈判陷入僵局后,中方又表达了"还可以谈判"的意思。这种态度的反复变化,产生了实际效果,首先,表明了中国对知识产权是着力保护的,但也要考虑中国国情,这一点美国后来实际是认可了;其次,如果美国单方面决定关税报复,那么,谈判破裂责任不在中方;再次,争得了公众舆论的支持。

资料来源:齐宪代,等.谈判谋略.北京:经济科学出版社,1995.

6.6.8 浑水摸鱼

1. 基本做法

将所有需要计算费用的议题捆在一起磋商,并抛给对方一大堆难于考证与计算复杂的资料作为证明我方要价合理的依据;或在重大议题已经谈妥,还剩一些无关紧要的议题时,趁对方体力与精力不支,或被胜利冲昏头脑,提出继续谈判要求,并在后面的谈判中,立场坚定地提出我方高的要价;或为了掩饰自己的真实目的,谈判者有时故意施放一些烟幕,制造假象,其目的就是趁乱之际达到自己的目的。

2. 目的

转移对方的视线,困扰对方思维,消耗对方的体力与精力,最终实现乱中取胜、蚕食对方利益、积小胜为大胜和顺手牵羊的目的,从而增大己方的整体利益。

3. 操作要点

用一大堆难于考证与计算复杂的资料去消耗对方的体力与精力,或使对方不知所措,只得姑且跟随己方的步调行事;时间安排上需紧凑,要使对方忙乱中出错;要赞扬对方的谈判能力,强调对方已获得重大成果与己方所做出的牺牲;己方后期的要价要立场坚定。

4. 利弊与适用范围

能使己方每一次的让步都显得非常大,从而减弱对方的要价攻势,有可能使对方思路不清或精力集中不到要点,或因思想麻痹大意而缩小整体利益。但会使问题复杂化,此技巧一般是在己方谈判实力处于弱势的情形下使用。

5. 应对方法

坚持将各议题分开磋商;忽视对方抛出的资料,反而向对方给出己方要价的证据资料;

不听信对方说辞,保持警惕,放慢谈判节奏,对余下的大多数利益仍需针锋相对,寸土必争。

应用实例 6-38

某年,东南亚地区的金枪鱼获得丰收,泰国、日本和中国商人为推销金枪鱼展开了激烈的市场争夺战。一天,泰国商人和中国商人同时分别接待了两位客商。客人一边称赞卖主的货物质好价格低廉,一边褒奖货物的包装和运输方式也好,并分别以较高的价格与经销商签订了订货的协议,中国商人和泰国商人当然十分高兴。而正当他们在为自己战胜了日本的竞争对手而庆贺的时候,却发现日本商人正在用低于他们的售价的价格在大力倾销大批的金枪鱼。他们急忙去找订货商,但却发现订货人从此一去不返,根本找不到了。直到这时他们才明白,原来日本人假意派人扮作订货商,用假协议稳住他们,制造了一个大力收购的假象,使他们没能及时采取推销措施。这就使日本商人赢得了推销的机会。

资料来源:齐宪代,等. 谈判谋略. 北京:经济科学出版社,1995.

6.7 签约策略与技巧

6.7.1 先入为主

1. 基本做法

以各种理由,争取由己方起草合同文本,并在合同草案中安排有利于己方的措辞、条款顺序和有关解释。

2. 目的

使合同条款的内容及其履行有利于己方。

3. 操作要点

争取由己方起草合同文本的理由要充分;斟酌选用对己方有利的措辞,巧妙对有关条款做解释和安排条款的顺序;明确(同时尽可能增加)对方的责任与义务,同时尽可能减少己方的责任与义务;设法缩短对方审核与双方讨论、修改合同草案的时间。

4. 利弊与适用范围

可以增加交易的整体利益,为今后履行合同争取到主动地位。但若己方出现失误,即存在不利于己方的漏洞,对方将会视而不见或将计就计,使己方蒙受损失。此技巧具有广泛的适用性。

5. 应对方法

争取由己方起草合同文本,或争取起草合同文本第二稿;用足够的时间和精力对对方起草的合同详细地审核,尤其是对关键条款、重大责任与义务、专业词语及其有关解释要通过集体讨论的方式(或请教专家),加以逐条、逐款、逐句、逐词与逐字地斟酌与修订,并在双方的讨论中明确提出修改意见,坚持按己方的修改意见撰写合同正式文本;不同意单方起草合同文本,提出由双方各自起草一份合同初稿,然后经讨论与协商,再融合成一份合同文本的要求,并坚持此要求。

6.7.2 请君入瓮

1. 基本做法

一开始就拿出一份有利于己方(往往是卖方所为)的完整的合同文本，要求对方按照此合同文本的内容讨论每项条款，并最终在此基础上签约。

2. 目的

限定对方讨价还价的范围和要价的幅度，限制对方谈判策略和技巧的发挥，占据有利的谈判地位，使谈判结果八九不离十地达到己方的目标。

3. 操作要点

大多数议题的要价须偏高；合同文本中须塞进一些不利于对方的条款，遗漏一些己方必须承担的责任与义务；注意控制局面，不要使谈判偏离合同文本的轨道。

4. 利弊与适用范围

可以较好地把握谈判的主动权，为己方争取到较大利益。此技巧具有广泛的适用性。

5. 应对方法

坚决拒绝接受对方提出的合同文本和谈判方式，由己方提出(或由双方协商后议定出)新的谈判方式与程序，并按此方式与程序展开谈判。

6.7.3 金蝉脱壳

1. 基本做法

以各种理由为借口，例如，经请示，上级领导不同意按已谈妥的条件签合同；本谈判组无权(权利受限)按谈妥的条件签约等，拒绝签订合同，或提出重新谈判的建议，或退出谈判。

2. 目的

作为重新谈判、全面调整利益的最后一招，或是出于别的需要，有意退出此交易。

3. 操作要点

拿出理由和证据，深表歉意与遗憾，然后或见机行事，或果断退出，并不去理会对方的谴责言辞。

4. 利弊与适用范围

可以将其作为避免签署严重不利于己方利益合同的一种手段，和出于特殊原因，需要退出此交易的措施。但其会有损于己方的商业信誉与形象。此技巧一般是在已达成的交易条件严重有损于或完全达不到己方的整体效益及交易目的，或确有必要退出此交易的情形下使用。此技巧须审慎使用，切不可滥用。

5. 应对方法

分析对方出此对策的原因，对确有原因的，如己方要价过高，对方获利太少，则同意调整单项利益关系，甚至同意重新开谈，全面调整利益关系；若对方是在耍花招，则要予以强烈谴责，并以向同业和大众披露其商业劣迹相要挟，直至对方采取行动。

本章小结

商务谈判策略，是对谈判人员在商务谈判过程中为实现特定的谈判目标而采取的各种方式、措施、技巧、战术、手段及其反向与组合运用的总称。商务谈判策略包括内容、目标、方式和要点等4个方面要素，具有针对性、预谋性、时效性、随机性、隐匿性、艺术性、综合性的特征，具有引导、桥梁、调节、调整和稳舵，"筹码"和"资本"等多方面的作用。

商务谈判策略类型主要有个人策略和小组策略，时间策略、权威策略和信息策略，姿态策略和情景策略，速决策略和稳健策略，进攻性策略和防守性策略，回避策略、换位策略和竞争策略，喊价策略和还价策略，单一策略和综合策略，传统策略和现代策略等。

在商务谈判不同的阶段，谈判人员总会选择一些主导性的策略，制定相应的谈判策略。

谈判开局策略是谈判者谋求谈判开局中有利地位和实现对谈判开局的控制而采取的行动方式或手段。包括协商式开局策略、保留式开局策略、坦诚式开局策略、进攻式开局策略，谈判开局技巧有以逸待劳、盛情款待、先声夺人、以静制动等。

价格谈判策略有投石问路、抛砖引玉、先造势后还价、斤斤计较、步步为营，价格谈判技巧包括先苦后甜、先甜后苦、数字陷阱、巧设参照系等。

妥协让步策略包括常见的8种让步形态和相应的让步策略与技巧。

谈判双方的利益对立是产生僵局的根本原因。僵局产生的具体原因有：谈判一方由于实力强大，故意制造僵局来给对方施加压力；观点的争执；谈判双方用语不当；谈判中形成一言堂；谈判人员素质低下；信息沟通障碍；合理要求的差距。突破僵局的一般策略有采用换位思考的方式审视问题、从客观的角度来关注利益、扩展谈判领域寻找替代方案、对对方的无理要求据理力争、休会、更换谈判人员、改变谈判环境利用场外交易、当双方利益差距合理时可釜底抽薪、借题发挥、有效退让；突破僵局技巧有软硬兼施、私下谈judge、另图它策、趁热打铁、二者择一、代绘蓝图等。

交锋中的攻防技巧有先发制人、后发制人、避实就虚、围魏救赵、不开先例、最后通牒、出其不意、浑水摸鱼等。

签约策略与技巧有先入为主、请君入瓮、金蝉脱壳等。

在商务谈判过程中，由于谈判人员在素质、经济实力、拥有的信息量、准备的情况等方面存在着许多差异，因此，总会存在被动、主动和平等地位的区别。当谈判人员所处的地位不同时，应选择不同的谈判策略来实现自己的谈判目的。

 关键术语

商务谈判策略、个人策略、小组策略、速决策略、稳健策略、回避策略、换位策略、竞争策略、让步、僵局

第6章 商务谈判的策略与技巧

习　题

1. 选择题

(1) 谈判过程中发现对方刻意营造低调气氛，若不扭转会损害本方的切实利益，可以用下列(　　)开局策略。

　　A. 协商式　　　　B. 保留式　　　　C. 进攻式　　　　D. 坦诚式

(2) 最后通牒策略适用于(　　)的谈判者。

　　A. 平等地位　　　B. 被动地位　　　C. 主动地位

(3) 运用最后通牒策略需要注意(　　)问题。

　　A. 确认优势　　　B. 时机恰当　　　C. 态度强硬

　　D. 施压得当　　　E. 能够负责

(4) 投石问路的作用是(　　)。

　　A. 寻找讨价还价的借口　　　　B. 了解对方对我方开价的反应

　　C. 试探对方的底细　　　　　　D. 发现成交的机会

(5) 当商务谈判陷入僵局时，以下(　　)技巧有助于改变谈判气氛。

　　A. 改变谈判话题　　　　　　　B. 改变谈判环境

　　C. 改变谈判日期　　　　　　　D. 更换谈判人员

2. 判断题(对的打√，错的打×)

(1) 价格反制的技巧虽然很多，但本质上都是要求己方能够针对对方的报价有礼有节的予以还击，最好的获得己方的利益。(　　)

(2) 符合商务谈判让步原则的做法是在重要问题上不要轻易让步。(　　)

(3) 谈判中最为纷繁多变，也是经常发生破裂的阶段是谈判后期。(　　)

(4) 某人要让步4 000元，那么，较好的一种让步方式为2 000/1 000/500/300/200。(　　)

(5) 在商务谈判中，当己方处于被动地位时，为了实现谈判目标，可以选择的策略有多听少讲。(　　)

3. 简答题

(1) 谈判技巧的选用是否与谈判目标、方针、策略有紧密的关联性？试举例说明。

(2) 卖方要求以他提供的协议书为蓝本开启谈判的做法属于何种谈判技巧的使用，面对这样的技巧应如何化解？

(3) 交锋技巧中，"先发制人"与"后发制人"选用时各需考虑什么样的前提条件？

(4) 私下谈判技巧使用的前提条件是什么，有可能产生什么问题？

(5) 当对方坚持立场、毫不退让时，谈判者应当怎样对待？

4. 思考题

当你根据合同向一家电影制片厂提供舞台布景，但是他们不断以各种方式刁难你，比如改变主意，追加各种新鲜玩意儿，提出迅速交货的额外要求，等。同时他们要把合同的价格压到最低限度。你应该怎么做呢？这一工作已是毫无赚头了，可是电影并没拍完。

　　A. 立刻做出一份详细报告，记录下对合同的修改，即每一项额外的费用，然后立即通知制片人。

　　B. 一直等到知道全部费用的金额后，再按通常的方式给他送去账单，你有权根据法律索取全部额外费用。

C. 把各种费用都登在账单上,以便将来你必须与对方谈判一个解决办法时派用场。

D. 威胁对方说,除非他们同意付清到目前为止的费用,否则就要撤销合同,并对本合同未完成的部分重新谈判,他们没有你是干不下去的。

 实际操作训练

由3~5人组成小组,针对下述销售情景,设计一套谈判策略模式。

陈文大学毕业后自己创业,在家人和朋友的帮助下开了一家商贸有限公司,代理各种品牌的建筑装修(装饰)材料的销售。日常工作中,陈文几乎每天都与大大小小的客户打交道,与他们就产品交易条件展开谈判。因此,如何筹划安排谈判活动、如何来报价还价,如何来达成协议,就成了他每天必须要面对的问题。

请你的小组为陈文设计出一套产品销售时的谈判策略模式。

 **案例分析**

技术谈判的失败案例

中海油某公司欲从澳大利亚某研发公司(以下简称C公司)引进"地层测试仪",双方就该技术交易在2000—2002年期间举行了多次谈判。地层测试仪是石油勘探开发领域的一项核心技术,掌控在国外少数几个石油巨头公司手中,如斯伦贝谢、哈利伯顿等。他们对中国实行严格的技术封锁,不出售技术和设备,只提供服务,以此来占领中国广阔的市场,赚取高额垄断利润。澳大利亚C公司因缺乏后续研究和开发资金,曾在2000年之前主动带着他们独立开发的、处于国际领先水平的该设备来中国寻求合作者,并先后在中国的渤海和南海进行现场作业,效果很好。

中方于2000年初到澳方C公司进行全面考察,对该公司的技术设备很满意,并就技术引进事宜进行正式谈判。考虑到这项技术的重要性以及公司未来发展的需要,中方谈判的目标是出高价买断该技术。但C公司坚持只给中方技术使用权,允许中方制造该设备,技术专利仍掌控在自己手中。他们不同意将公司赖以生存的核心技术卖掉,委身变成中方的海外子公司或研发机构。双方巨大的原则立场分歧使谈判在一开始就陷入僵局。

中方向C公司表明了立场之后,对谈判进行"冷处理",回国等待。迫于资金短缺的巨大压力,C公司无法拖延谈判时间,在2000—2002年期间,就交易条件多次找中方磋商,试图打破僵局。由于种种原因,中澳双方最终没能达成协议,谈判以失败告终。但中海油科技工作者最终走出了一条自力更生的技术创新之路。

根据以上案例所提供的资料,试分析:

(1) 在谈判过程中,中澳双方谈判僵局的成因是什么?

(2) 在谈判过程中,为了化解僵局我方采用了哪些策略?

(3) 试着分析中澳谈判失败的原因?

(4) 面对中澳谈判的僵局,你受到哪些启示?

第 7 章

商务谈判的沟通

本章教学要点

知识要点	掌握程度	相关知识
沟通的原理	了解沟通的含义及过程	沟通的概念 沟通的过程
有效沟通的特征	了解有效沟通的特征	有效沟通的特征
有效沟通的途径	熟悉并掌握语言沟通、行为沟通、书面沟通的方式	语言沟通的原则及技巧 行为沟通的控制 书面沟通的语言 书面沟通中的信息特性、主要思想的建立和信息组织技巧

本章技能要点

技能要点	掌握程度	应用方向
有效沟通的途径及技巧	能够熟练掌握语言沟通、行为沟通、书面沟通的途径及技巧,提高自己的沟通能力	在语言沟通的场合 在行为沟通的场合 在书面沟通的场合

■ 导入案例

韦普的沟通艺术

菲德尔费电气公司的推销员韦普先生去宾夕法尼亚州推销用电。他看到一所富有而整洁的农舍,便前去叩门。敲门声过后,门打开了一条小缝,户主布朗前·布拉德老太太从门内向外探出头来,问来客有什么事情。当他得知韦普先生是电气公司的代表后,"砰"的一声把门关上了。韦普先生只好再次敲门。敲门很久,布拉德老太太才将门又打开了,仅仅是勉强开了一条小缝,而且还没等韦普先生说话,就毫不客气地破口大骂。怎么办呢?韦普先生并不气馁,他决心换个方法,碰碰运气。他改变口气说:"很对不起,打扰您了。我访问您并非是为了电气公司的事,只是向您买一点鸡蛋。"听到这句话,老太太的态度稍微温和了一些,门也开大了一点。韦普先生接着说:"您家的鸡长得真好,看它们的羽毛长得多漂亮,这些鸡大概是多明尼克种吧?能不能卖给我一些鸡蛋?"这时,门开得更大了。老太太问韦普:"你怎么知道这些鸡是多明尼克种呢?"韦普先生知道自己的话打动了老太太,便接着说:"我家也养一些鸡,可是,像您所养的那么好的鸡,我还没见过呢。而且,我养的来亨鸡只会生白蛋。夫人,您知道吧,做蛋糕时,用黄褐色的蛋比白色的蛋好。我太太今天要做蛋糕,所以特意跑您这里来了……"老太太一听这话,顿时高兴起来,由屋里跑到门廊来。韦普则利用这短暂的时间,瞄一下四周的环境,发现他们拥有整套的耕农设备,便接着说:"夫人,我敢打赌,您养鸡赚的钱一定比您先生养乳牛赚的钱还要多。"这句话说得老太太心花怒放,因为长期以来,她丈夫虽不承认这件事,而她总想把自己得意的事告诉别人。于是,他把韦普先生当作知己,带他参观鸡舍。在参观时,韦普先生不时对所见之物发出由衷的赞美。他们还交流养鸡方面的知识和经验。就这样,他们彼此变得很亲切,几乎无话不谈。最后,布拉德太太在韦普的赞美声中,向他请教用电有何好处。韦普先生实事求是地向她介绍了用电的优越性。两个星期后,韦普收到了老太太交来的用电申请书。后来,便源源不断地收到这个村子的用电订单。

资料来源:周忠兴.商务谈判原理与技巧.南京:东南大学出版社,2004.

有效的沟通对商务谈判至关重要,本章论述沟通的一般原理,分析有效沟通的特征,并且探讨有效沟通的途径。

7.1 沟通与有效沟通

7.1.1 沟通的含义与作用

1. 沟通的含义

沟通,原意为两边的水通过开沟使其相通。目前对沟通的学术定义有很多。本书从商务组织活动及其管理的角度,综合各种有关沟通的定义,把沟通定义为沟通是发送者凭借一定的渠道(亦称媒体或通道),将信息发送给既定对象(接收者),并寻求反馈以达到相互理解的过程。其包含以下几层意思。

1) 沟通首先是信息的传递

沟通包含着信息的传递,如果信息没有传递到既定对象,则意味着沟通没有发生。也就是说,如果演讲者没有听众或者写作者没有读者,就无法形成沟通。

沟通中的信息包罗万象。在沟通过程中，人们不仅传递信息，而且还表达着赞赏、不快之情，或者提出自己的意见和观点。这样沟通的信息就可分为语言信息，这包括口头信息和书面信息，两者所表达的都是一种事实或个人态度；非语言信息，它是沟通者所表达的情感，包括副语言和身体语言等。沟通过程中，发送者首先要把传递的信息"编码"成符号(文字、数字、图像、声音等)，接收者则进行"解码"的过程(信息理解过程)。如果信息接收者对信息类型的理解与发送者不一致，则可能导致沟通障碍和信息失真。在许多信息误解的问题中，接收者常会对信息到底是意见、观点的叙述，还是对事实的叙述混淆不清。例如，"小民把腿架在桌子上"和"小民在偷懒"是两人对同一现象做出的描述，没有迹象表明第二句是一个判断。但是，一个良好的沟通者会谨慎区别基于推论的信息和基于事实的信息。也许小民真的是在"偷懒"，也有可能这是他思考问题的习惯。另外，沟通双方也要完整地理解传递来的信息，既要获取事实，又要分析发送者的价值观和个人态度。只有这样才能达到有效沟通。

2) 信息不仅要被传递到，还要被充分理解

要使沟通成功，信息不仅需要被传递，还需要被理解。如果一个不懂中文的人阅读本书，那么他(她)所从事的活动就无法称之为沟通。有效的沟通，应该是信息经过传递后，接收者所感知到的信息应与发送者发出的信息完全一致。值得注意的是，信息是一种无形的东西，在沟通过程中，沟通者之间传送的只是一些符号，而不是信息本身。传送者要把信息翻译成符号，接收者则要进行相反的翻译过程。由于每个人的"信息—符号储存系统"各不相同，常常会对同一符号(如语言词汇)存在不同的理解。

例如，"定额"这个词汇不同的管理层有不同的含义。高层管理者常常把其理解为需要，而下级管理者则把其理解为操纵和控制，并由此产生不满。问题在于，许多管理人员并没有意识到这一点，忽视了不同成员"信息—符号储存系统"的差异，认为自己的词汇、动作等符号能被对方还原成自己欲表达的信息，但这往往是不正确的，而且会导致不少沟通问题。

 应用实例 7-1

有一次，法国作家大仲马去德国的一家餐馆吃饭，他想尝尝有名的德国蘑菇，可是服务员听不懂法语，而他又不会讲德语，大仲马灵机一动，在纸上画了一个蘑菇图交给服务员，服务员一看，恍然大悟，马上飞奔出去。大仲马拈须微笑，心想总算让服务员明白了自己的意思。谁知一刻钟后，服务员气喘吁吁地跑来，却递给他一把雨伞。

在该实例中，餐馆的服务员就没有能够很好地理解大仲马向其传递的信息，致使结果出乎他所料。原因在于他们对蘑菇图这一信息有着不同的理解。

3) 有效的沟通并不是沟通双方达成一致意见，而是准确地理解信息的含义

许多人认为，有效沟通就是使别人接受自己的观点。实际上，人们可以明确地理解对方的意思，但不一定同意对方的看法。沟通双方能否达成一致意见，对方是否接受你的观点，往往并不是沟通有效与否这个因素决定的，它还关系到双方利益是否一致、价值观念是否相似等其他关键因素。例如在谈判过程中，如果双方存在着根本利益的冲突，即使沟通过程中不存在任何噪声(干扰)，谈判双方的沟通技巧也十分纯熟，往往也不能达成一致的协议，而在这个过程中，虽然双方都已充分了解了对方的要求和观点。

4) 沟通是一个双向、互动的反馈和理解过程

有人认为，既然每天都与别人沟通，那么沟通并不是一件难事。是的，每天都在进行沟通，但这并不表明我们是成功的沟通者，正如我们每天都在工作并不表明我们每天都能获得工作上的成就一样。沟通不是一个纯粹的单向活动，或许你已经告诉对方你所要表达的信息，但这并不意味着对方已经与你沟通了。沟通的目的不是行为本身，而在于结果。如果预期的结果并未产生，接收者并未对你发出的信息做出反馈或者没能理解信息发送者的意思，那么也就没有形成沟通。柏乐在《沟通的过程》一书中指出，当你听到有人说"我告诉过他们，但他们没有搞清楚我的意思"，你可以感觉到此人深信他要表达的意思都在字眼里面，他以为只要能够找到合适的语言来表达意思，就完成沟通了。其实"语言"本身并不具有"意思"，其中还存在着一个翻译转化的过程。例如，"北京国安队大败上海申花队"，传递者的意思是北京国安队赢了，而接收者却认为北京国安队输了。

2. 沟通的作用

商务谈判过程，是谈判双方就某项商务项目为达成协议而进行的有来有往的沟通过程。因此，沟通是谈判的基础，贯穿谈判过程的始终。其既是谈判的前奏，也是谈判中的必需，更是巩固谈判成果必不可少的手段。

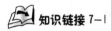
知识链接 7-1

商务谈判沟通的现实意义

商务谈判沟通，是把广泛意义的沟通界定在商务谈判上，是指买卖双方为了达成某项协议，与有关方面磋商及会谈过程中彼此加深理解，增进交流所使用的手段和方法。随着商务活动日益社会化，各经济单位的联系和往来都要通过谈判达成协议来实现，那么在谈判中怎样"谈"，如何"判"怎样多赚钱，怎样使双方都受益，这是谈判双方所关心的焦点，沟通是在其中起着"穿针、引线、架桥、铺路"的作用。

1. 谈判成功，沟通先行

但凡谈判成功的典范，主要取胜于谈判的诚意。而诚意又来自彼此的了解和信赖，这其中又以了解为源。彼此"鸡犬之声相闻，老死不相往来"，当然就无信赖可言。这样，不管产品多么吸引人，对方都会产生怀疑，如果出现这种情况，不仅质次产品的推销谈判要失败，就是合乎质量标准产品的推销谈判也难获得成功。因而要使对方信赖你，首先让对方了解你，这就需要沟通。

2. 排除障碍，赢得胜利

谈判中的障碍是客观存在的，语言障碍、心理障碍、双方利益满足的障碍等都会直接或间接地影响谈判效果。沟通是排除这些障碍的有效手段之一。例如，谈判双方在利益上彼此互不相让时，或是双方意向差距很大，潜伏着出现僵局的可能性时，通过娱乐等沟通活动就可缓解谈判中的紧张气氛，增进彼此的理解。

3. 长期合作，沟通伴行

一个企业，如果打算与某些客户进行长期合作，就要与这些客户保持长期的、持久的友好关系。沟通，就起着加深这种关系的作用。

资料来源：杨群祥. 商务谈判. 大连：东北财经大学出版社，2001：155.

7.1.2 沟通的过程

如图 7.1 所示是一种较为典型的沟通程序模式。发信者把他所要传送的思想、意见、消息等信息通过编码变成受信者(又称接收者)所能理解的信息(语言、文字或其他符号)传送出去，经由一定的通道让受信者收受。受信者收受之后将信息译解，变成自己的信息，并反馈给信息源。

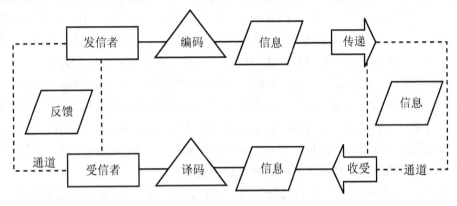

图 7.1 沟通程序模型

资料来源：余凯成. 组织行为学. 大连：大连理工大学出版社，2001.

如图 7.2 所示则是一个形象化的沟通过程模式。这个模式的作者是戴维斯。依据他的看法，信息沟通可以分成 6 个步骤。

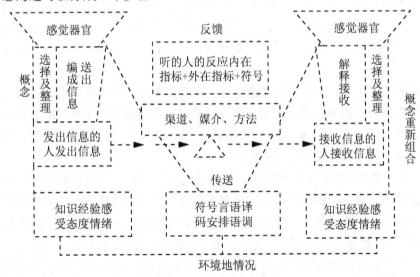

图 7.2 沟通过程模式

资料来源：余凯成. 组织行为学. 大连：大连理工大学出版社，2001.

第一步，发信者获得了某些观念或事实，并且有了传送出去的意向。对一个有效的沟通系统来说，这一步极为重要。第二步，发信者将其观点、想法或所得的事实，以言词来描述，或以行动来表示，力求不使信息失真。第三步，信息凭借某种媒介通道传送。第四步，受信者由通道接收到信息符号。第五步，受信者将所获得的信息译解，转化为受信者的意念。第六步，受信者根据他所理解的意念加以判断，以采取各种不同的反应行为。

从以上两个沟通过程模式中可以看到，每一个完整的沟通过程，都应该包括以下几个要素，即发信者或信息源、接收者、编码、解码、渠道或称媒介、信息、反馈等。

(1) 发信者。又称信息源。发信者是指在沟通中具有沟通需求并发出信息的个人、群体或组织。在沟通过程中，发送者的功能是产生、提供用于交流的信息，是沟通的初始者，具有主动地位，它决定了沟通的内容、沟通何时开始、如何开始、信息传递的对象和目的等。发送者在发送信息前需要进行信息的提取、整理、组织等准备工作活动。

(2) 接收者。接收者是指信息所指向的客体，接受信息的个人、群体或组织，又称为沟通对象。信息源与接收者构成了沟通的主客体。在沟通过程中，接收者被告知事实、观点或被迫改变自己的立场、行为等。但接收者并不完全被动，他可以利用自己已有的经验对接收到的信息进行感知和理解。在完整的沟通过程中，在信息发出阶段，发信者是首要的沟通者；在反馈阶段，接收者则成为首要的沟通者。

(3) 编码。编码是发送者把自己的思想、观点、情感等信息根据一定的语言、语义规则转换成接收者可以理解的某种符号形式，如语言、文字、图片、手势等，用以完整地表达信息。例如，发送者将自己的观点写成报告上交领导(书面语言)，或亲自向领导汇报(口头语言)。人际沟通的主要编码是语言编码。

(4) 解码。解码是指接收者将获得的信息进行译解，根据自己的知识、经验和思维方式转换为接收者所能理解的意念的过程。解码实质上是接收者对信息的翻译和对信息源的行为赋予意义。沟通的编码和解码的过程将直接影响沟通的效果，是沟通成败的关键。完善的沟通，应是发送者的信息经过编码和解码后，接收者所获得的信息含义与发送者完全一致。

(5) 渠道或称媒介。渠道是指信息发送者向接收者传递信息所用的途径或方式。渠道的功能在于它使信息源和接收者关联。渠道的选择，是根据具体条件下的有效性而定。主要是考虑是否方便易行、传递的速度与精确性，成本高低，反馈速度的快慢，人际交往的直接程度，语言的丰富性等多方面的比较。

(6) 信息。信息是指信息源经过编码而形成的一切语言和非语言的符号，也就是发送者所要传递的信息符号，或者接收者由信息通道所接收到的信息符号。它们可以是语言文字、图片、手势、思想、观念、情感等。信息源要影响接收者，必须用信息彼此沟通。

(7) 反馈。反馈是指接收者对于发送者传来的信息做出来反应后，并将之回传给发送者的过程，以表明对接收到的信息的理解。反馈对沟通质量关系极大。因为如果没有反馈，发信者就无法了解信息的沟通效果，沟通双方就会主观地而不是客观地评价沟通的内容及对方的意愿，从而极容易造成双方的误解。为实现有效沟通，信息接收者应及时、准确、主动地向发信者反馈自己的想法和对信息的理解程度。

应用实例7-2

一家果品公司的采购员来到果园,问:"苹果500克多少钱?"
"8角。"
"6角行吗?"
"少一分也不卖。"
目前正是苹果上市的时候,这么多的买主,卖主显然不肯让步。
"商量商量怎么样?"
"没什么好商量的。"
"不卖拉倒!死了张屠夫,未必就吃混毛猪!"
几句说呛了,买卖双方不欢而散。
不久,又一家公司的采购员走上前来,先递过一支香烟,问:"苹果500克多少钱?"
"8角。"
"整筐卖多少钱?"
"零买不卖,整筐8角500克。"
卖主仍然坚持不让。买主却不急于还价,而是不慌不忙地打开筐盖,拿起一个苹果在手里掂量着,端详着,不紧不慢地说:"个头还可以,但颜色不够红,这样上市卖不上价呀。"接着伸手往筐里掏,摸了一会儿,摸出一个个头小的苹果:"老板,您这一筐,表面是大的,筐底可藏着不少小的,这怎么算呢?"边说边继续在筐里摸着,一会儿,又摸出一个带伤的苹果:"看!这里还有虫咬,也许是雹伤。您这苹果既不够红,又不够大,有的还有伤,无论如何算不上一级,勉强算二级就不错了。"
这时,卖主沉不住气了,说话也和气了:"您真的想要,那么,您给个价吧。"
"农民一年到头也不容易,给您6角钱吧。"
"那可太低了……"卖主有点着急,"您再添点吧,我就指望这些苹果过日子哩。"
"好吧,看您也是个老实人,交个朋友吧,6角5分500克,我全包了。"
双方终于成交了。

资料来源:杨群祥.商务谈判.大连:东北财经大学出版社,2001.

7.1.3 有效沟通的特征

有效沟通主要是指信息沟通的及时、完整和准确。有效沟通主要有以下几个方面的特征。

1. 及时性

及时性是指信息从发送者传递到接收者那里的及时程度。及时性意味着沟通双方要在尽可能短的时间内进行沟通,并使信息发生作用。这就要求:①传送及时,即在信息传递的过程中,尽量减少中间环节,避免信息的过滤,使信息最快地到达接收者处;②反馈及时,即接收者在接到信息后,及时反馈,以利于发送者进行信息修正;③利用及时,即发送者和接收者双方及时利用信息,增强信息的时效性,避免信息过期无效。

2. 完整性

完整性是指信息的发送者必须发送完整的信息,要全面、适量,避免根据自己的意愿进行取舍,以偏概全,而应该适量充分。信息的接收者也不能断章取义。

3. 准确性

信息的准确性是指信息从发送者到接收者那里，保持信息的完整而不被歪曲、失真的程度。信息的准确性是有效沟通的最基本要求。有效沟通必须保证信息在传递的过程中准确，既能够准确地反应发送者的意图，同时，也要保证接收者准确地理解信息，只有按照准确的、不失真的信息采取行动才能取得预期效果。失真的信息，往往会对接收者产生误导。

7.1.4 有效沟通的原则

在商务谈判中，沟通是很重要的。谈判双方进行有效沟通将有助于把握谈判局势，使谈判获得成功。那么谈判双方应该怎样做，才能使沟通顺利有效呢？因此，谈判双方在商务谈判中应遵循一定的沟通原则。

米尔顿·R·韦塞尔在其《理性支配》一书中提出了沟通的行为准则。

第一，不隐瞒"不利"或"无助"的资料。

第二，不为隐瞒而隐瞒。

第三，不以拖延作为避免不理想结果的手段。

第四，不以不公正的"欺骗"的方法来赢得斗争。

第五，不要模棱两可的道德伪善。

第六，不要有轻率地或不必要地指责对手的动机。

第七，除非有关，不得就对手的个人习惯或个性提出疑问。

第八，只要有可能，必须给对手以有秩序地退却和"光荣退出"的机会。

第九，坚决反对极端主义，在合理之处应以感情主义反对极端主义，但不以极端主义对抗极端主义。

第十，避免武断。

第十一，尽量简化复杂的概念，以求达到最佳交流，并为外行人最大限度地理解。

第十二，在做出技术性结论时，努力发现并排除主观考虑。

第十三，当准备分析并进行同级审查时，要公开有关资料甚至对极端的反对派和没有法律义务的情况下，也应公开。

第十四，不因策略上的好处而拖延公开对社会有益的专业资料。

第十五，对于假想、不肯定及不充分的知识，要明确声明。不应勉强地或在压力下方予以承认。

第十六，避免无根据的假设和信口评论。

第十七，自动并无条件地公开对某一结果的兴趣、同某一支持者的关系及一切偏见与偏向。

第十八，调查研究要切合实际，尽管确切程度会因问题的性质而异，但要与所声称的解决问题的全面责任感一致。

第十九，永远把诚实摆在首位。

第7章 商务谈判的沟通

商务沟通"十忌"

(1) 忌争辩。商务代表在与顾客沟通时,要明白自己是来推销产品的,不是来参加辩论会的,要知道与顾客争辩解决不了任何问题,只会招致顾客的反感。商务代表首先要理解客户对保险有不同的认识和见解,容许人家讲话,发表不同的意见;如果刻意地去和顾客发生激烈的争论,即使占了上风,赢得了胜利,把顾客驳得哑口无言、体无完肤、面红耳赤、无地自容,自己快活了、高兴了,但得到的是什么呢?是失去了顾客、丢掉了生意。

(2) 忌质问。商务代表与顾客沟通时,要理解并尊重顾客的思想与观点,要知道人各有志不能强求,用质问或者审讯的口气与顾客谈话,是商务代表不懂礼貌的表现,是不尊重人的反映,是最伤害顾客的感情和自尊心的。

(3) 忌命令。商务代表在与顾客交谈时,微笑再展露一点,态度再和蔼一点,说话再轻声一点,语气再柔和一点,要采取征询、协商或者请教的口气与顾客交流,切不可采取命令和批示的口吻与人交谈。人贵有自知之明,要清楚明白自己在顾客心里的地位,需要永远记住一条,那就是——自己不是顾客的领导和上级,无权对顾客指手画脚,下命令或下指示;自己只是一个商务代表。

(4) 忌炫耀。与顾客沟通谈到自己时,要实事求是地介绍自己,稍加赞美即可,万万不可忘乎所以、得意忘形地自吹自擂、自我炫耀自己的出身、学识、财富、地位以及业绩和收入,等等。这样就会人为地造成双方的隔阂和距离。要知道人与人之间,脑袋与脑袋是最近的;而口袋与口袋却是最远的,如果你一而再,再而三地炫耀自己的收入,对方就会感到,你向我推销是来挣我的钱,而不是来给我服务的。

(5) 忌直白。商务代表要掌握与人沟通的艺术,顾客成千上万、千差万别,有各个阶层、各个方面的群体,他们在知识和见解上都不尽相同。在与其沟通时,如果发现他在认识上有不妥的地方,也不要直截了当地指出,说他这也不是,那也不对。一般人最忌讳在众人面前丢脸、难堪,俗语道:"打人不打脸,骂人不揭短",要忌讳直白。康德曾经说过:"对男人来讲,最大的侮辱莫过于说他愚蠢;对女人来说,最大的侮辱莫过于说她丑陋。"一定要看交谈的对象,做到言之有物,因人施语,要把握谈话的技巧、沟通的艺术,要委婉忠告。

(6) 忌批评。在与顾客沟通时,如果发现他身上有某些缺点,也不要当面批评和教育他,更不要大声地指责他。要知道批评与指责解决不了任何问题,只会招致对方的怨恨与反感。与人交谈要多用感谢词、赞美语;要多言赞美,少说批评,要掌握赞美的尺度和批评的分寸,要巧妙批评,旁敲侧击。

(7) 忌专业。在推销保险产品时,一定不要用专业术语,因为保险产品有特殊性,在每一个保险合同中,都有死亡或者是残疾的专业术语,中国的老百姓大多忌讳谈到死亡或者残疾,等等,如果不加顾忌地与顾客这样去讲,肯定招致对方的不快。

(8) 忌独白。与顾客谈话,就是与客户沟通思想的过程,这种沟通是双向的。不但我们自己要说,同时也要鼓励对方讲话,通过他的说话,可以了解顾客个人基本情况,如工作、收入、投资、投保、配偶、子女、家庭收入等。双向沟通是了解对方的有效工具,切忌商务代表一个人在唱独角戏,个人独白。如果自己有强烈的表现欲,一开口就滔滔不绝、喋喋不休、唾沫横飞、口若悬河,只顾自己酣畅淋漓、一吐为快,全然不顾对方的反应,结果只能让对方反感、厌恶。

(9) 忌冷淡。与顾客谈话,态度一定要热情,语言一定要真诚,言谈举止要流露出真情实感,要热情奔放、情真意切、话贵情真。俗语道:"感人心者,莫先乎情",这种"情"是商务代表的真情实感,只有用自己的真情,才能换来对方的感情共鸣。在谈话中,冷淡必然带来冷场,冷场必定带来失败的业务。

(10) 忌生硬。商务代表在与顾客说话时,声音要洪亮、语言要优美,要抑扬顿挫、节奏鲜明,语音有厚有薄、语速有快有慢、语调有高有低、语气有重有轻,要有声有色、有张有弛、声情并茂、生动活泼。要切忌说话没有高低、快慢之分,没有节奏与停顿,生硬呆板,没有朝气与活力。

295

7.2 有效沟通的途径

从沟通的方式和手段来看,商务活动中的沟通的框架如图 7.3 所示。

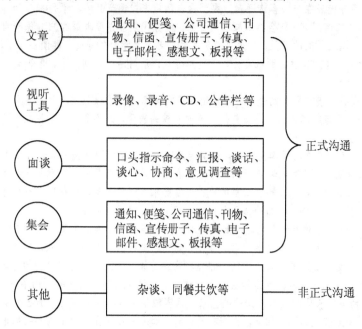

图 7.3 商务谈判中的沟通方式和手段

资料来源:梁莉芬. 商务沟通. 北京:中国建材工业出版社,2003.

从商务谈判的沟通方式和手段来看,要提高沟通有效性主要应提高谈判人员在语言沟通、行为沟通、书面沟通这 3 个方面的沟通技巧。

7.2.1 语言沟通

人们总是通过互相的语言表达来进行沟通的,哪怕你的这种表达根本是违背你自己意愿的。同理,语言表达在商务谈判中的作用也是不言而喻的。谈判是人们出于某种欲望、需求,彼此阐述自我意愿,协调相互关系,为了取得一致、达到目的所进行的语言交流活动。从某种意义上说,谈判就是讨价还价的过程。讨价还价需要以自身的实力、市场形势等情况为依据,而即使有了好的条件,还需要好的语言沟通能力、好的口才来实现。语言在商务谈判中占有重要的地位,其往往决定着谈判的成败。因此,在商务谈判中恰当地运用语言与对方进行有效的沟通和运用语言技巧说服对方以达成共识,是取得谈判成功的关键。

应用实例 7-3

奇 言 制 胜

数十年前,当某公司第一次制造电灯泡时,他们的董事长就到各地去做旅行推销,他希望各地的代理

第7章 商务谈判的沟通

商仍能本着以前的友善态度来尽力帮忙,使这项新产品——电灯泡能顺利地打入各地市场。

董事长召集了各个代理商,向他们详细介绍这项刚刚问世的新产品,他说:"经过多年来的苦心研究和创造,本公司终于完成了这项对人类大有用途的产品。虽然它还称不上第一流的产品,只能说是第二流的,但是,我仍然要拜托在座的各位,以第一流的产品价格来向本公司购买。"

听完董事长的一席话,在场的代理商都不禁哗然:"哎!董事长有没有说错?有谁愿意以购买第一流产品的价格来买第二流的产品呢?我们这些惯于经营的代理商又不是傻瓜,怎么会做这种明摆着亏本的买卖呢?莫非是董事长说急了搞糊涂了?董事长本人都已承认它是第二流的产品了,那当然应该以第二流产品的价格交易才对啊!奇怪,董事长怎么会说出这样的话呢?难道……"大家都以怀疑、莫名其妙的眼光看着董事长。

"各位,我知道你们一定会觉得很奇怪,不过,我仍然要再三拜托各位。"

"那么,请你把理由说出来听一听吧!"

"大家都知道,目前制造电灯泡的厂家可以称为一流的,全国只有一家而已。因此,他们算是垄断了整个市场,即使他们任意抬高价格,大家也仍然要去购买,是不是?如果有同样优良的产品,但价格便宜一些的话,对大家不是一个福音吗?否则你们仍然不得不按厂商开出来的价格去购买。"经过董事长这么一说,大家似乎有了一点儿了解。

"就拿拳击赛来说吧!无可否认,拳王的实力谁也不能忽视。但是,如果没有人和他对抗的话,拳击比赛就没有办法成立了。因此,必须有个实力相当、身手矫健的对手来和拳王打擂,这样的拳击才精彩。不是吗?现在,灯泡制造中就好比只有拳王一个人。因此,你们对灯泡业是不会发生任何兴趣的,同时,也赚不了多少钱。如果,这个时候能出现一位对手,就有了互相竞争的机会。换句话说,把优良的新产品以低廉的价格提供给各位,大家一定能得到更多的利润。""董事长,你说得不错,可是,目前并没有另外一位拳王呀!"

"我想,另一位拳王就由我来充当好了。为什么目前本公司只能制造第二流的电灯泡呢?你们知道吗?这是因为本公司资金不足,所以,无法做技术上的突破。如果各位肯帮忙,以一流产品的价格来购买本公司第二流的产品,这样我就会得到许多利润,把这笔利润用于改良技术上,相信不久的将来,本公司一定可以制造出优良的产品。这样一来,灯泡制造业等于出现了两个拳王,在彼此大力竞争之下,品质必然会提高,毫无疑问价格也就会降低。到了那个时候,我一定好好地谢谢各位。此刻,我只希望你们能帮助我扮演'拳王的对手'这个角色。但愿你们能不断地支持,帮助本公司渡过难关,因此,我要求各位能以一流产品的价格来购买这些二流产品!"

一阵热烈的鼓掌声淹没了嘈杂的声音,董事长的说服产生了极大的回响。

"以前也有不少人来过这儿,不过,从来没有人说过这些话。我们很了解你目前的处境,所以,希望你能赶快成为'另一个拳王'。因为,以一流产品的价格来购买二流产品,这种心情总是不会太好的!"经过一番商议,他们推出一位代表这么说。

"谢谢!谢谢!我真是太感动了!各位的好意我永远都不会忘记的,总有一天我会好好报答各位。"

这天晚上,谈判就在这种愉快而感人的气氛中结束了。一年后,这家公司所制造的电灯泡终于以第一流的品质推出,代理商也得到了满意的报酬。

按照常理说,一流产品的价格比较昂贵,而二流产品的价格当然应该便宜一些。而董事长竟然能说服大家,这当然不是一般谈判方法所能解决的。成功的秘诀首先就在于董事长的惊人奇论,它先引起了谈判对方的注意和兴趣,而后娓娓道来,妙语解疑,使人豁然开朗。

1. 语言沟通的原则

在沟通时,首先要弄清楚自己想说些什么?如果你自己都不知所云,那么听者就更不会明白了。因此，在沟通时首先要考虑语言表达问题。

1) 语言表达要清楚

话要说得清楚是沟通的首要环节。说话模棱两可，就会造成对方的误解。句子结构错误，会使要表达的意思不清楚而影响沟通，特别是在一些正式场合。例如演讲时，讲话必须要清楚，因为你没有第二次机会去澄清自己的观点。

2) 语言表达要有力

有力的说话方式能直接表明观点。说话有力，可以表示演说者更可信、更有吸引力和更有说服力，容易感染听众。为了使说话有力，应注意以下几点。

(1) 避免讲模棱两可的话和用比较含糊的修饰词语。少用诸如"我猜想"、"某种……"等容易削弱说话威力的表达方式。

(2) 消除含糊的表达形式。像"啊"或"你知道"，这些词语也使说话者的语言听起来不确定。

(3) 避开附加提问，即以陈述开始，以问题结束的表述。例如，"搞一次聚会非常重要，是吗？"会使说话者显得不果断。

(4) 不要使用否认自己的表白。否认自己的表白是指那些辩解或请求听者原谅自己的词语或表达方式。例如，"我知道你或许不同意我的观点，但是……"以及"我今天确实没有做什么准备"等。

除了使用有力的语言外，在说话中用一些行动性的词语来沟通，会形成一种紧迫的感觉。有些句子使用主动语态时，语言色彩就更加鲜明。"这个男孩击中了球"就比"球被这个男孩击中"更有力。

3) 语言表达要生动

人们在讲故事时如果用"我当时在场"、"发生在我身上"等第一人称形式来描述就显得特别生动，能够使听者有身临其境之感。

4) 语言表达要文明

在谈判或是交谈中要避免使用一些侮辱性词语。例如，把人贬低成"三只手"，或形容"你是猪、鸡"，或用绰号"乡下人"、"乡巴佬"等。尽量不使用不尊重他人的语言，例如，"你所有的话我都知道，这并没有什么神秘感。"

5) 语言表达要恰当

在商务谈判中，双方一般都运用各自的语言来表达自己的愿望和要求。当用语言表达的这种愿望和要求，与双方的实际努力、需要和动机相一致时，就可以使双方维持并发展良好的关系；如果双方的愿望或要求用不恰当的语言来表达，就会导致不和谐的结果。

 应用实例 7-4

出口商与进口商之间的一次失败的谈判

出口商：怎么样，我们谈什么题目？

进口商：我们来以前同你们联系过了，这次需要购买粗饲料。

出口商：对，你要什么品种？

进口商：葵花粕。

第7章 商务谈判的沟通

出口商：我们大量出口的是黄豆饼粕、甜菜粕、花生饼粕和棉籽饼粕，葵花粕并不多。
进口商：据我们了解，你们出口的数量也不少，我想是能供应我们的。
出口商：你们要多少？如果你要的数量我们有能力负担，就可以考虑；如果太多了，就有困难了。
进口商：7 万吨。
出口商：很抱歉，我们无法供应。
进口商：希望支持。
出口商：不可能。
进口商：我们主要是为了粗纤维素，只要粗纤维多就行。你给我们介绍一下其他品种好吗？
出口商：其他的含量都比葵花粕少得多，无法供应。
进口商：你们真就困难到这种程度，一点儿也不能配合吗？
出口商：不是不配合，是没办法。

资料来源：汤秀莲. 国际商务谈判. 天津：南开大学出版社，2003.

2. 语言沟通的技巧

语言沟通中的技巧主要体现在提问、回答、陈述、说服、论证、幽默、沉默、拒绝等方面。下面分别加以介绍。

1) 提问的技巧

提问亦称发问，是人们在各类谈判中经常运用的语言表达形式。在谈判中，获得信息的一般手段是提问。在商务谈判中，常运用提问作为摸清对方需要、掌握对方心理、表达己方感情的手段。通过诸如"通过这次谈判你希望得到什么"、"你希望达到什么目的"、"你们单位的财产状况如何"等的提问，除可以获得许多信息以外，还常能发现对方的需要，知道对方需求什么，这些都是对谈判有很大指导作用的。不仅如此，提问还是谈判应对的一个手段，它能够引导买方和卖方更加积极地参加谈判。谈判中，我们必须明确：为什么问问题，如何表述问题，何时提问，怎样提问，提什么问题，并预测所提问题会在对方身上产生什么反应，等等。

(1) 提问的目的。在谈判中，提问可以成为达到多种目的的手段，例如，搜集资料——您能否谈谈您所需产品的性能和规格；探测对方意向与动机——您为什么千里迢迢到这儿来做买卖；测定对方态度——您对我们公司的印象如何；证实看法——根据您刚才的陈述，我的理解……是否是这样；鼓动对方参与——对此您还有什么建议；探测对方眼力——这已经是很不错的质量了，你们说是吗；探测对方权限——这件事就这么定下来，行吗；引导——刚才大家对达成协议条件发表了许多意见，我提个方案，看能否被采纳，等等。

总之，通过巧妙而恰当的提问，可以摸清对方的需要，把握对方的一些实情，获取自己想要得到的信息；提问还可以巧妙地表达自己的见解，控制谈话的方向和谈判的进程。

(2) 提问的语言形式。在不同的谈判过程中，提问可以获取不同的信息。为了达到不同的提问的目的，可以有以下不同的提问语言形式。

① 一般性提问，例如，"你认为如何"，"你为什么这样做"等。回答不可控制。所谓回答不可控制，是指提问者提出的问题不论提问方式及回答内容，都使回答者有自由发挥的空间，回答是发散的，因此，回答者的答案是不可控制的。

② 直接性提问，如"谁能解决这个问题？"回答可控制。所谓回答可控制，是指提问者在提问方式和提问内容中有所安排，使回答者在回答时遵循着提问者的意思或在相对固定的范围回答问题，因此，回答者的答案基本可以控制。

③ 诱导性提问，如"这不就是事实吗？"回答可控制。

④ 发现事实的提问，如"何处"、"何人"、"何时"、"何物"，等等。回答可控制。

⑤ 疑问性提问，如"如何"、"为何"等等。回答不可控制。

⑥ 探询性提问，"是不是？"回答可控制。

⑦ 选择性提问，"是这样，还是那样？"回答可控制。

⑧ 假设性提问，"假如……怎样？"回答可控制。

上述这几种提问的语言形式是有效的谈判工具，谈判人员必须审慎，有选择地、灵活地运用这一工具。

 应用实例 7-5

有一次，华盛顿家里丢了一匹马，他获悉是一位邻居偷走了，就同一位警官去索要。但邻居却声称那是他自家的马，华盛顿灵机一动，走上前去，用双手捂住马的眼睛，然后对邻居说："告诉我，你的马哪只眼睛瞎了？""右眼。"邻居答道。华盛顿放开蒙右眼的手，马的右眼并不瞎。"我说错了，马的左眼才是瞎的。"邻人急着争辩道。华盛顿放开蒙左眼的手，马的左眼也不瞎。"我又说错了……"邻人还想狡辩。"是的，你错了。"警官说，"已经证明马不是你的了，你必须把它还给华盛顿先生。"华盛顿的高妙之处在于，他的问话里"马的哪只眼睛是瞎的"隐含"这匹马有一只眼睛是瞎的"这样一种假定。邻居误信了这种假定，瞎猜一气，结果自露马脚。

上述的问题是可控制的问题，使得交谈对象能很快地做出特定反应，为说话者提供了有价值的信息。

(3) 提问的时机。提问的时机很重要。掌握提问的时机，可以引导和控制谈话的方向。

把握提问时机，应该着重注意这样几个问题：①倾听之后再提问，倾听对方的议论是问话的前提，即使你急于提出问题，也不能打断对方的议论，把想到的问题先写下来，等待合适的时机再提问；②不要随便发问，要伺机而出；③在对方没有答复完毕以前，不要急于提出问题；④把有关重要的问题事先准备好，并设想对方的几种答案，针对这些答案考虑好己方的对策，然后再提问；⑤如果你想从被打岔的话题中回到原来的话题上，可以运用提问；如果希望别人能注意你的话题，也可以运用提问。

(4) 提问的原则。提问是一种经常使用的谈判语言表达形式，人们必须慎重地、有选择地运用这一工具。各种提问方式都各有其长处和局限性，重要的在于从实际出发，灵活恰当地选择提问方式，让提问发挥最佳效果。在谈判过程中，根据具体情况设计、使用提问技巧，有时能取得出奇制胜的效果。比如，你在谈判中直接问对方"我们产品的质量是不是你们使用过的产品中最好的"，对方绝不会给你肯定的回答。在以提高自己产品的地位为目的的这次提问中，你完全可以变个角度、换个方式。你可以这样问："以前你们使用的产品中质量最好的是哪一款？""是这一款，这是××牌该款产品的各项性能的检测结果，您一定看过吧？""是的。"拿出自己产品的检验结果，一边递给对方一边说："这是国家质检部门对我厂产品的检验结果，各项指标均优于××牌。我很荣幸地告诉您，我们的产品是你们厂使用过的产品中质量最好的。"巧妙地提问，达到了意想不到的效果。

提问要讲究方式。如何选择恰当的提问方式，可遵循以下原则。

第7章 商务谈判的沟通

① 要考虑问句的倾向性。同一个问题可以有多种问法，每种问法的倾向各有不同，提问者必须考虑到这种倾向性的存在。你可以利用这种倾向性影响对方，根据自己的需要进行选择，使对方的答案最接近你的期望。比如，你需要征求对方对某一方案的意见，如果你希望他赞成，可以问："你不反对这个提案吧？"如果你希望他反对，可以问："这个提案没什么可取之处，是不是？"若是你想得到对方对这个提案的客观看法，那就应该隐藏问话的倾向性，用不偏不倚的态度问："你对这个提案的印象如何？"不同的提问方式会表现出提问者不同的心理倾向，人们必须高度地重视，并且巧妙地应用。

② 要预先准备好问题。要预先准备好问题，最好是一些对方意想不到、不能够迅速想出答案的问题，以收到出其不意的效果。

发问时，调整好提问的顺序，按先易后难、先表后里、由泛到专、由此到彼的原则提问，使问题循序渐进，逐步深入。

刚开始谈判时，不要提出对方难于应付的问题。这样容易遏制对方谈话兴趣，窒息友善的谈判气氛。应该先提一些对方了解、熟悉的问题，以松弛谨慎的心理，活跃气氛。如果急于求成，单刀直入，一上来就问一些关键性问题，往往容易造成僵局。

在谈判中，提问应尽量提前有所准备，根据前面问题的答复而构成新的问题。这样使提问环环相扣，步步深入。如果提问没有主题，漫无头绪，东一榔头西一棒槌，就会因漫无头绪或头绪过多而忽略了关键与主题。在对方发言时，如果我方脑中出现疑问，千万不要立即打断对方的谈话而急于提出问题。因为这样做不仅不礼貌，而且会暴露本方意图，而对方则会调整其后面讲话的内容，我方就有可能得不到本应获取的信息。在这种情况下，应先把问题记录下来，等待对方讲完后，有合适的时机再提出问题。

③ 要尽量避免对方回答"不"。谈判专家曾做过一个统计，在谈判中，如果提问方连续几次提问都遭到对方以否定形式"不"作为回答，那么提问方通常就会阵脚大乱，在谈判中陷于劣势。

古希腊哲学家苏格拉底以能言善辩著称于世，他克敌制胜的独特方法，就是在辩论过程中绝不让对方说"不"。苏格拉底问答法对后来谈判者的影响很大，被后来的谈判者不断地运用实践着。事实上，当一件事得到对方肯定时，气氛往往会缓和下来。如果对方连续说了好几遍"是"，他就会不知不觉地消除对你的戒备，逐渐对你的意见变得乐于接受，这样一来，再棘手的问题也能得到解决。相反，如果总是让对方用"不"来回答你的问题，谈判气氛就会越来越紧张，对立情绪也会越来越明显，而想要说服对方就变得更加困难了。因此，为了保证谈判能向着有利于自己的方向发展，就要努力把问话组织为能获得对方肯定式答复的形态，以免遭到否定式"不"的打击。比如想问："你同意吗？"如果估计对方会回答"不同意"，如果改用反疑问句说："你不同意吗？"这样，对方就会回答："是的。"

自然就避免了"不"字的出现，不至于让双方的情绪受到影响。当然，如果你想让对方总是说"是"，必须事先下足工夫了解其心理动向，站在他的立场向他提问。如果你对对方的观点、态度一无所知，那就难免对方要说"不"了。

④ 不要提出直接指责对方品质和信誉方面的问题。一般不要提指责对方的问题，尤其是不要指责对方的诚意，否则易引起对方的反感。

如果在提问中指责对方的某种品行，那么不仅会使对方感到不快，而且还会影响彼此之间的真诚合作。例如，指责对方不够诚实的提问，这不但不会使他变得诚实起来，反而会激起他的怨恨。事实上，在谈判中双方都在讲求谋略，真真假假，虚虚实实，很难用是否诚实的标准来评价谈判者的行为。如果真的需要审查对方是否诚实，可以通过其他途径来进行。一个最简单的办法是问一两个有关对方情况的、你已经知道答案的问题，看他的回答是怎样的。当你发现对方在某些方面不够诚实时，你就可以把你已经了解到或掌握的真实情况陈述给对方，对方自然会明白你的用意了。

⑤ 不要提出明知对方不愿或不能回答的问题。

如果不是刻意要激怒对方，就不要提出那些对方肯定不愿或不能回答的问题，以免对方做出对抗性的反应，即要么避而不答，要么拂袖而去，破坏谈判的进程。有时，提出此类问题是不可避免的，那么在这种情况下就要先说明一下这样问的理由，或者在问话前有所铺垫，让对方有心理准备，同时也表示了对对方的尊重。例如，"如果你不介意的话，我想冒昧地问一下……"或"……我这么问是不是太唐突了？"这样一来，对方也不太好直接针对你的提问而表示不满了。

⑥ 问题要恰当。

问题的提法应该恰当，避免提出包含着某种错误假定或有敌意的问题。如果所提问题的隐含答案能使对方同意，那么这个问题就是恰当的，否则就是一个不恰当的问题。例如，在经济合同的再谈判过程中，需方与供方在交货问题上激烈论辩。因供方只交了一半的货，同时晚交了两个月。需方对供方说道："如果你们再不把另一半货按照时间交来，我们就向其他地方订货了。"供方问："你们为什么要撤销合同？如果你们果真撤销合同，重新订货，后果是不堪设想的，你们明白吗？"供方的问题激怒了需方，需方立即撤销了合同。在这里供方提出"你们为什么要撤销合同？"是一个不恰当的问题，因为这个问题隐含着一个判断，即需方要撤销合同，实际上需方并没有说一定要撤销合同。这样，不管需方怎样回答，都得承认自己要撤销合同。这就是强人所难，逼人就范，谈判自然是不欢而散。所以，在磋商阶段，谈判者要想有效地进行磋商，首先必须确切地提出问题，力求避免提出包含着某种错误假定或有敌意的问题。

⑦ 问题要有针对性。在谈判中，谈判者提出的问题要有针对性，也就是说，一个问题的提出要把问题的解决引到某个方向上去。

在磋商阶段，一方为了试探另一方是否有签订合同的意图，是否真正想购买这种产品，谈判者必须根据对方的心理活动，运用各种不同的方式提问题。比如，当买主不感兴趣、不关心或犹豫不决时，卖主应问一些引导性的问题，例如，"你想买什么东西？""你愿意付出多少钱？""你对于我们的消费调查报告有什么意见？"，等等。提出这些引导性问题之后，卖方可根据买方的回答找出一些理由来说服对方。

⑧ 注意沟通中的提问技巧。要有勇气提问，哪怕是一般人觉得难以启齿的或者听起来很笨的问题。对于对方回避的问题有时不要放过，因为对方回避的问题可能会给你许多暗示。但是，对方忌讳的问题，不要提及，更不要追问。

不要以法官的态度来提问题，也不要提起问题来接连不断。要注意采用谦虚的态度、和蔼的口气提问，要求对方帮助或坦白地说明你对某些问题的不懂。这种态度会鼓励对方给你一个较好的答案。

提问题后要闭口不言，等待对方回答。有些问题可能会影响到对方的让步条件。提这些问题时,不仅要考虑好自己的退路,同时也要为对方考虑好退路,要把握好时机和火候。

假如对方的答案不够完善,或顾左右而言他,要有耐心和毅力等待时机继续追问。

提出一些你已经知道答案的问题,借以了解对方的诚意。这样做也可以给对方一个暗示,即我方已经充分掌握了对方的信息。

在提问时,要注意不要夹杂着含混的暗示,避免提出可能使自己陷入不利境地的问题。当你提出议案后,对方还没有接受时,如果再问:"那你们还要求什么呢?"这种问话必然会使己方陷入被动。

不要提出有敌意的、带威胁性的问题,不要提出有关对方个人生活、工作方面的问题,不要故意提出一些问题表示你的聪明才干或其他优越条件。

(5) 提问的方式。在商务谈判中,要达到的目的不同,所提出的问题必然不同。同一问题,可以用各种不同的方式提出来。下面是几种有效的提问方式。

① 探索式提问。这是在一来一往的问答中,主动针对对方的答复,要求引申或举例说明,以便探索新方法或新问题,发现更多的信息,获得更多的资料的一种提问方式。例如:

"你对我们的产品有什么不满意的地方?"

"请告诉我为什么它值这个价钱?"

"你说可以如期履约,有什么事实可以证明吗?"

"最近你的车子在保养方面有没有问题?"

"你有没有看过我们的最新产品?"

探索式提问就好像投石问路一般,不失为获取资料的一个好方法。许多谈判者正是运用这种方法获取很多的信息,然后进行比较、分析、推断,找出更好的解决方案。探索式提问不仅可以发掘更充分的信息,而且可以显示提问者对对方刚才叙述及答复的重视。

有经验的买主常常用类似下面的问题来投石问路:

"假如我们要好几种产品,不只购买一种,价格会怎样呢?"

"假如我们买下你全部的产品呢?"

"假如我们和你签两年合同呢?"

这些看似无害的"石头",有时会使卖方进退两难,因为他们想要拒绝回答是很不容易的。所以,许多卖主宁愿降低价格,也不愿接受这种疲劳轰炸式的询问。

应用实例 7-6

一个买主要购买 2 000 件衣服。他找到了一个卖主。他问卖主:"我要购买 200 件,每件衣服多少钱?"卖主回答说 50 元。

"假如我要购买 2 000 件呢?"

"假如我要购买 1 万件,2 万件,价格又会怎样呢?"

买主不断地运用假设,来投出他的"石子"。

一旦卖主的标价单报出来,头脑敏锐的买主就能从标价单上得到许多资料。他可以估计出卖主的生产成本、设备费用的分摊情况、生产的能力及价格政策等。这样,买主能得到比购买 2 000 件衣服更好的价格。

② 澄清式提问。这是针对对方的答复重新措辞,以便对方进一步澄清相关问题或使对方补充其原先答复的一种提问方式。例如:

"你刚刚说对目前进行中的这一宗买卖可以做出取舍,是不是说你拥有全权跟我进行谈判?"

"机械专家很赞同更新设备,不知你们采购单位对更新设备有什么要求?"

"你所表述的意思是不是可以理解为我们双方要再进一步扩大技术合作领域?"

澄清式问话的作用在于:它可以确保谈判各方能在述说"同一问题"的基础上进行沟通,而且还是针对对方表述过的话语进行信息回馈,以显现双方密切配合的理想方式。

③ 含第三者意见和暗示的提问。第三者意见是指包含、借助第三者的意图来影响或改变对方意见的提问方式。例如:

"你们顾及到了某某公司的看法了吗?"

"你们知道某某部门的想法吗?"

这种含有第三者意见问句中的第三者,必须是被询问一方所熟悉的,而且是他们十分尊重的人,这样在使用这种问句时会对对方产生很大的影响力;否则,这种问句可能引起对方反感。

暗示式提问是将本方的意愿暗隐在问句中,既有对自己观点的强调,又有提醒对方的意愿,在这基础上由对方去做出答复。例如:

"这个协议不是要经过公证之后才能生效吗?"

"这样的事,你们是绝对不会干的,对吗?"

"我们双方怎么能够忘记我们上次合作的愉快呢?"

在暗示提问中,如果使用选择问句,就要对语序进行调整,一般来说,提问者应该把自己希望对手采纳的意见放在后面,这样成功的可能性比较大。因为在以提示方式询问的时候,尤其是以有声方式提问时,放在后面的提示答案占优势。所以希望对手采纳的意见应放在后面,这样更容易成功。

 应用实例 7-7

日本一些百货公司为招揽生意,开展了代客送货上门的业务。但公司要求营业员在顾客买了东西以后,要这样问顾客:"是我替您送去,还是您自己带走?"结果,有80%的顾客都回答:"我自己带走好了。"

④ 限制式提问。这种提问方式是将对方答复的选择范围限定在有利于本方利益的范围之内,使对方很难对本方的提问表示拒绝或不接受。它对提问者较为有利,是谈判中常用的问话方式,例如,"我只有今天有空,你说是在上午还是在下午我们来谈这件事?","贵公司预计是要在下周一还是下周二交货?",等等。对本方而言,下周一或下周二都是较有利的时间,因此这样问。

 应用实例 7-8

某咖啡店对顾客是否要在咖啡中加鸡蛋的事情,而采取了限制式提问。以往侍者们总是这样处理的,他们问顾客:"加不加鸡蛋?"专家建议侍者把问句改动一下,改为:"您的咖啡中是加一个鸡蛋还是两个?"由此,这家咖啡店中鸡蛋的需求量大增,咖啡店的收入也大大增加。在这个问句中隐含着一个前提,即对方肯定是要加鸡蛋的,问题的焦点由加不加转换为是加一个还是加两个。这样,无论顾客怎样回答,都意味着他们要加鸡蛋了,而这正是店方所期待的。

需要注意的是,一方面,提问者在使用限制式提问时,要特别注意语调温和、措辞得体,以免给对方留下强加于人的不良印象;另一方面,答话范围也不要限制得过小、太过

第7章 商务谈判的沟通

固定,否则对方难于接受,也会造成不好的效果。

⑤ 证明式提问。这种提问旨在通过我方的提问,使对方必须对问题做出证明或解释。在我方对相关领域问题了解比较透彻的前提下,抓住对方的破绽或弱点,以连续的证明式提问向对方提问,这样往往会迫使对手一步步说出实情,或在事实上、逻辑上出现不能自圆其说的矛盾,以至最终会被迫改变自己原先在谈判中主张或提及的观点。

 应用实例 7-9

在下面这个事例中,买方就是使用了这种证明式提问的技巧。

某产品的卖方说:"这个产品,我最少要卖 520 元,绝不能低于这个价格!"

买方:"您能否告诉我们,为什么?"

卖方:"再少就要赔钱。"

买方:"为什么?"

卖方:"因为造价成本很高。"

买方:"为什么高?"

卖方:"原材料提价了。"

买方:"哪些原材料提价了?"

卖方:"钢材。"

买方:"就是钢材一种吧?"

卖方:"是的。"

买方:"当前,钢材最高 3 000 元一吨,每公斤合 3 元。您的产品最多也就是用 2 公斤钢材,6 块钱材料费。这一次贵公司却提价 30 元,而其他的材料并没有涨价,这一提价是不是建立在成本核算的基础上的呢?"

卖方:"是吗?这……好了,我让 10 元。"

在这个事例中,买方以连续的证明式提问迫使对方一步步讲出产品提价的实情,并且以己方掌握的事实为依据,使对方最终只得默认先前提价的虚假性,做出了让步。

应用证明式提问的技巧,要求提问者的逻辑性要严密,并且对涉及最终实情的相关信息有较充分的掌握,最后以对方认可的事实和充分的理由来达到目的;否则,既无法继续实施刨根问底证明式的提问,也无法展开充分说理而使对方让步。

⑥ 诱导式提问。这种提问是从讨论双方彼此相同的观点开始,在与对方取得初步的一致之后,再步步为营,以推理诱导式的提问,将对手的思路逐步纳入自己的轨道,最终引导对方,使对方的回答符合本方预期的目的。这种提问方式就像民间以绳子牵牛鼻子的做法一样,因此这种问答法又称牵牛鼻子法。

诱导式的提问能够使对方一个接一个地回答,直到最终证实询问者的观点。例如:

我是否得到了最优惠的价格?为什么没有?老板是谁?是谁做了这样的决定?为什么要做这样的决定?(然后再以这些问题导出:那根本不是你们老板所说的话。)

你的成本是否包含研究费用?它是如何分摊的?但是你曾经说过,我们所交易的产品并不需要做新的研究,为什么要把研究费包含在我们的成本里呢?

你如何处理利息?为什么要这样处理?为什么我要负担这些费用呢?我一向都是准时付钱的。

你卖给他多少钱呢?哦,这和他告诉我的数目可不一样。

你有没有较小的式样呢？价钱怎样？根据是什么？和大的比较起来，这个小的应该怎样计价才对？

对这个机器，你能提供什么样的保证？

它们彼此之间有什么差别吗？为什么会有这样的差别？别人也提供这样的服务，你为什么要多收我这些费用呢？

手机的质量过关吗？所有手机的质量都能过关吗？手机的合格率是多少？

你能确定是这个数字吗？这个数字和第二页上的数字好像不太一样。究竟哪一个才对呢？怎么会变成这样呢？现在再看你的摘录，又不一样了。在这种情况下，还是从我所列的数字开始吧！

苏格拉底是两千多年前的古希腊的逻辑学家，他以论辩见长。他创立的诱导式问答法至今还是被世界公认为"最聪明的劝诱法"。其原则是，与人论辩时，开始不要讨论彼此分歧的观点，而着重强调彼此共同的观点，取得完全一致后，自然地转向自己的主张。其具体的作用和特点是开头提出一系列的问题让对方连连肯定，与此同时，一定要避免让对方说"不"。

诱导式提问要表现出站在对方的立场上看问题、分析问题，使对方的回答落脚于对提问的肯定与赞同，因此也可以把诱导式提问称为使对方答"是"的提问。让对方做出肯定的反应并不是很容易的。所以，对提出的问题要经过思考，从对方的需求出发，从对方的角度提问；提出常识范围以内的问题；运用机智诱使对方承认你的立场。同时，在使用这种提问技巧时要注意音调的缓和、口气的谦和，绝不能使用那种居高临下式的教训态度，或反唇相讥式的嘲讽的语调。用这样的态度同时配合诱导式的提问，使得对方最终认可你希望他认可的观点。

为什么苏格拉底问答法会有如此巨大的魅力呢？因为在说话时，一开始就说"是"，会使整个心理趋向于肯定的一面。这时双方心情放松，保持谈话的和谐气氛。相反，说"不"容易造成情绪对立，致使全身组织紧张，聚集在一起成为拒绝状态，这种生理变化会直接影响心理。

 应用实例 7-10

依照苏格拉底问答法的思路，看看一个购买卡车谈判的例子。

某汽车厂销售员同前来购买汽车的客户进行谈判。客户需要的卡车吨位为两吨，而汽车厂里只有4吨的型号。眼看着这场交易就要告吹，推销员开始使用诱导式提问的技巧。下面是双方的对话：

推销员(甲)：你们需要的卡车，我们有。

客户(乙)：吨位多少？

甲：4吨。

乙：我们要两吨吨位的。

甲：4吨的有什么不好呢？万一货物太多，不是挺合适吗？

乙：我们也要算经济账啊！这样吧，以后我们需要时再通知你……

这是一个以陈述方式所进行的谈判，看来是失败了。如果推销员改变一下方式采用苏格拉底问答法，结局可能完全不同。下面是双方的对话：

甲：你们运的货每次平均重量是多少？

乙：大约两吨吧。

甲：有时多，有时少，是吗？
乙：是的。
甲：究竟需要哪种型号的卡车，一方面要看你运什么货，另一方面要看在什么路上行驶，对吗？
乙：对，不过……
甲：假如你在丘陵地区行驶，而且你那里冬季较长，这时卡车的机器和车身所承受的压力是不是比正常的情况大一些呢？
乙：是的。
甲：你冬天出车的次数比夏天多吧？
乙：多得多，我们夏天生意不好。
甲：有时货物太多，又在冬天的丘陵地区行驶，卡车是否经常处于超负荷状态呢？
乙：对，是那么回事。
甲：你决定购买哪种型号的卡车时，是否留有余地？
乙：你的意思是？
甲：从长远的观点看，是什么因素决定买一辆车值不值呢？
乙：当然需要看它的使用寿命了。
甲：一辆车总是满负荷，另一辆车从不过载，你觉得哪一辆车寿命长？
乙：当然是马力大、载重大的那一辆了。

经过这一番讨论，最后客户终于改变了主意，做出决定，多花钱买一辆4吨吨位的卡车。

⑦ 单刀直入式提问。单刀直入式提问是一种快速直接的提问方法，由于力量迅猛，情势突然，常令对手仓皇应战，暴露虚实，而使我方收效告捷。例如：

"告诉我，你至少要买多少个？"
"你和我都知道那是对的，不是吗？"
"你能不能信任我呢？"
"你能告诉我真相吗？"
"那是很合理的，不是吗？"
"我每次都做亏本的生意，这实在令人难以相信，不是吗？"
"我们的价格如此低廉，您一定会感到惊奇，不是吗？"

单刀直入式提问有两种，一种是无疑而问。无疑而问即明知故问，借此探测对方的实力和心态。另一种是有疑而问。有疑而问是为了了解和掌握不知而必须知道的情况而提问。可以单独使用，也可两者结合。二者结合时应以无疑而问作为先导，以有疑而问作为主导。这种方法适用于各种对手，尤其适用于经验不足、情绪不稳的对手。他们对无疑而问一般没有充分的心理准备，在意料之外时常仓促应对，做出虚假回答；而谎言一旦被对方戳穿便乱了分寸，陷于紧张状态，这时，提问者再出其不意进行有疑而问，易使对手在慌乱中缴械投降，做出真实回答。

使用单刀直入式提问的前提当然是先掌握对方的情况，掌握对方在这次谈判中的虚实；否则，无疑而问便成为空话，从而借已知求未知的效应便无法产生。

⑧ 不客气的提问和反诘式提问。不客气的提问，往往包含了使听者厌恶的语气，或者包含了说者对听者已有的偏见。对此类问题，最好先一笑了之，然后把对方的意思弄清楚，再慢慢向对方解释。例如：

"你是否又问了我一个不客气的问题？"
"你那位令人不满的老板最近怎样了？"
"你的材料成本为什么这么高？"
"你什么时候知道这个问题的？"
"这么糟糕的情况，谁该负责呢？"

反诘的提问是用来加重语气的，并不是真正的提问，提问者本身并不期待任何回答。例如：

"你真的希望我相信吗？"
"你是不是永远都准备得这样充分，或者只是我们太幸运了？"
"请你让我一个人静一静，好吗？"
"你相不相信，我刚好把那份资料带来了？"
"你想想看，我的老板对于这件事会怎么说呢？"

那么，何时该以反诘来回答一个问题呢？只要你了解问题，或者希望有更多思考的时间，便可以用反诘回答问题。

一位谈判人员不满对手总是用反诘来回答问题，于是问："你为什么总是不正面谈谈你方的情况，而老是用反诘来回答我的问题呢？"对手眨了一下眼睛说："真的吗？"

⑨ 漏斗式提问。漏斗式提问是指先提出一般化问题，寻求叙述式的回答，在从宽泛的回答中获取足够的信息之后，再将提问方向逐步转入狭窄化，以便从中发现更为具体的信息。

有些谈判者经常在无意中打断对方的回答，打断对方回答中的叙述，从而失去进一步了解情况获得信息的机会。有时在仍需掌握一般性信息、对方也愿意提供更多信息的时候，有些谈判者就已经将提问的方向转向过于狭隘的方面。这些谈判者不是设法启发对方全面地叙述问题，而是急于采用一问一答的方式，让对方提供是或不是的回答。这样狭隘的获取信息的方式，使获取信息的困难更大而且效果更小。所以，应该主张以漏斗式提问获取信息。

很多时候，提一个看上去很随意的一般性问题也许是谈判中有效地收集情报的手法。如果对方不警觉，也许就会把关键信息泄露出来。这对分析我方的地位很有帮助。

漏斗式提问的第一阶段一般是运用非直接的探询问法，听上去就好像是惯常的客套话，如"最近生意怎么样？"，不像在进行真正的谈判。漏斗式提问也可以从更直接的问题开始，但仍然是一般性探询。比如，"你对该项谈判的成功与否怎么看？""为了做成这笔有利于双方的最佳交易，能否将你们的目标和需求告诉我？""你是否基本同意眼下的这项建议？"等。

在随意性的第一阶段之后，便会出现大量具体而直接的问题，其能使你探测到信息的真实内容。

漏斗式提问可用于探询真实的问题，谈判者就可以从获取的信息中清楚地看出问题之所在。信息必须经过检验，如果可行的话，还应该使用更具体的验证技术。不论如何，漏斗式提问对于收集并筛选信息很有帮助。

应用实例 7-11

某房东提出的租约中,其租金包括相应的房屋经营管理费和不动产税,总额超过 36 万元,承租人可提出如下问题:"经营管理费中包括哪些费用?""经营管理费在 4 年租赁期内是否一样?""财产税是否会上涨?""最近一年的经营管理费总额是多少?""各项费用各占多少比重?""最近经营管理费和财产税有没有变动?""在租赁期内是否会有维修、大修、更换等事项?"然后承租人要求对上述报来的数字进行验证。"我们能否有一份关于房屋的最近 3 年的资产负债表,或至少是关于经营管理部分的?"

⑩ 结束性的提问。具有结束性的提问是一个结论或一个承诺,能够暂时或永远冻结讨论。这种问题往往能够迫使对方决定完成交易或者促使谈判破裂。例如:

"接受这个价格,不然就算了。"

"你想要哪一种,蓝的还是红的?"

"你知不知道下个星期价格就要上涨了?要买就得快。"

"你希望我们现在就开始动工吗?"

"假如 8 折,你是不是把全部订单都给我们呢?"

2) 回答的技巧

有问必有答,问与答是人们语言交流的重要形式。商务谈判中的问答,则是一个证明、解释、反驳或推销我方观点的过程。"问"有艺术,"答"也有技巧。问得不当,不利于谈判;答得不好,同样也会使我方陷于被动。通常,同样的问题会有不同的回答,而不同的回答又会产生不同的谈判效果。

在谈判桌上,发问者的提问动机是十分复杂的,因而答复者的回答就需要十分谨慎。它不同于日常生活中的一般问答,也不同于学术研究或知识考试中的回答,一般不以正确与否来论之,而是基于谈判效果的需要,要准确把握该说什么、不该说什么以及应该怎样说。因此,谈判者要十分讲求谈判中答复的原则与技巧。虽然我们不能肯定地说学会了答复就等于学会了谈判,但是可以肯定地说,不会回答,就等于不会谈判。

在某种程度上,答比问更为重要。回答问题实质上也是叙述,因而叙述的技巧对于回答问题通常也是适用的。但是,回答问题并非是孤立的叙述,而是和提问相联系的、受提问制约的叙述,这就决定了回答问题应当遵循相应的原则和有其独特的技巧。

(1) 回答的原则。在谈判中,人们应该遵循以下几个回答原则。

① 针对性原则。回答对方的提问要有针对性,回答问题时要明确、具体。不要在回答中含糊其辞,让对方捉摸不定。首先要倾听对方的谈话,摸清对方提问的目的,然后进行分析、判断,最后做出有利于我方的回答。

② 时间原则。回答问题之前,要给自己留一些思考的时间。在谈判中,提问者提出问题,请求对方回答,很自然地会给答话者带来一种压力,似乎非马上回答不可。很多人有这样一种心理,就是如果在对方问话与我方回答问题之间所空的时间越长,就越容易给对方以我方对这个问题没有考虑和准备的感觉;而对答如流,就显示出我方的准备很充分。其实,在谈判的过程中对问题回答的好坏,不是看你回答的速度快慢,它与竞赛抢答是性质截然不同的两回事。

面对对方的提问,谈判者应该给自己留一些思考的时间,思考对方提问的真实含义,搞清对方的真实意图,再决定自己的回答方式和范围,并预测在答复后对方的反应和我方的态度，考虑周详之后再从容作答。如果仓促回答，很容易进入对方预先设下的圈套，或是暴露我方意图而陷于被动。可以借鉴的经验是，在对方提出问题之后，你可以点支香烟或喝一口茶，或调整一下自己的坐姿，或挪一挪椅子，整理一下桌子上的资料文件，或翻一翻笔记本，借助这样一些很自然的动作来延缓时间，考虑一下对方提出的问题。对方看见你这些得体自然的举动，自然也就减轻和消除了上述那种心理感觉。

③ "不要随便回答"的原则。谈判者为了获取信息，占据主动，自然会利用提问来套取有利于他的信息而诱你上钩，所以问话中往往深藏"杀机"，如果贸然回答，很可能会掉进陷阱。因此，在不了解问话的真正含义前，千万不要贸然回答，以免暴露我方的底细，把不该说的事情说了出来。在谈判中，答话一方的任何一句话都近似于一句诺言，一经说出，在一般情况下很难收回，因此，对问题一定要考虑充分以后，字斟句酌，慎重回答。

④ "勿全盘托出"的原则。在谈判中面对对方的提问不要"全盘托出"，也不能毫无保留地回答。在谈判中针对问题所做出的回答未必就是最好的回答，有时回答越明确、全面，就越是愚蠢。回答的关键在于该说什么和不该说什么。有些问题不值得回答，有些问题只需做出局部回答，如果你老老实实地"全盘托出"，就难免暴露自己的底细，使我方处于被动的地位。同时，当你"全盘托出"之后，对方不需继续提问就获得了对他们有用的信息，这样就失去了对方向你继续反馈和与你进行进一步交流的可能。

一般情况下，当对方提出问题或是想了解我方的观点、立场和态度，或是想确认某些事情时，我方应视情况而定。对于应该让对方了解，或者需要表明我方态度的问题，要认真做出答复；而对于那些可能有损本方利益或无聊的问题，则不必做出回答。总之，谈判者为了避免答复中的失误，可以自己将对方问话的范围缩小，或者对回答的前提加以修饰和说明，以缩小回答的范围。

⑤ 减少追问的原则。在谈判过程中，提问者常常会采取连续提问的方式，环环相扣，步步逼近，使答话者陷于被动，而落入他们的圈套。因此，谈判者在进行答复时尽量不要留下话柄，授人以柄，让对方抓住某些东西继续提问。要尽量遏制对方的进攻，使对方找不到继续追问的借口。例如，在答复中点明"我们考虑过，情况没有你说得那么严重"来降低问题的意义，或是表述"现在讨论这个问题还为时过早"，以时效性来抑制对方的逼问等。

针对投石问路式发问，就要有策略地答复。如果买方采用这样的方式提问，那么，对于卖方来说，应采取什么对策呢？聪明的卖方对买方投来的"石头"，要仔细考虑后才给予回答，尤其是对"假如……"这类问题，要设法了解到买方的真正意图。当买方投出一个"石头"时，最好要求以订货作为条件。一个精明的卖方，能够将买方投来的"石头"变成自己的武器，针对买方想知道更多资料的心理，可以趁机向买方提出一些建议，例如，多订几年合同、更多数量的订货、购买零用件，等等。这样才能反客为主，把不利于自己的因素转变为有利因素。

此外，在回答对方的提问时，也要留心对方的反应。这样，可以试探出对方的心理，从而控制谈判的局势。

(2) 回答的技巧。答话虽然受到问话的限制，在谈判中处于被动地位，但是一个优秀的谈判者可以通过巧妙的答话，变被动为主动，变被控制为反控制，在谈判中抢占上风。

第7章 商务谈判的沟通

一般情况下,在商务谈判中应当针对对方的提问,实事求是地回答问题。但是,由于谈判中的提问往往千奇百怪、形式各异,而且又是对方处心积虑、精心策划后提出的,其中有谋略、有圈套、有难测之心。如果对所有的问题都正面提供答案,并不一定是最好的答复。所以,回答问题也必须运用一定的策略巧妙回答。

① 不要彻底回答。当全部回答对方的问话会对我方不利时,可缩小范围回答对方;或者只回答其中的一部分问题,避开对方问话的主题;或者闪烁其词、似答非问,做出非正面的间接回答。比较安全的回答是:

"对于这个一般性(或专门性)的问题,通常是这样处理的……"

"请把这个问题分成几个部分来说。"

"哦,不,事情并不像所说的那样。"

"我不同意您这个问题里的某个部分。"

"那已经是另外一个问题了。"

② 对付含侵犯性内容的问话,提出附加条件。如果问话中含有侵犯性的内容,就不要直接回答,而应首先设定条件再来做出回答,从而保证我方的利益不受损害。比如,有一次,一位贵妇人打扮的女人牵着一条狗登上了公共汽车,她问售票员:"我给狗买一张票,让它也像人一样坐个座位行吗?"售票员的回答是:"行,不过它也得像人一样,把双脚放在地上。"在这个例子中,售票员没有直接地给予否定答复,而是巧妙地根据对方设置的条件"像人一样坐着"去限制对方,提出要"像人一样把脚放在地上"的限制条件,因而轻松地制服了对方。

应用实例 7-12

在《新约·约翰福音》中有一个故事:犹太人的教师和法利赛人带来了一个在通奸时被抓到的女人,当众问耶稣:"按摩西的法律,这犯奸淫罪的女人应该用石头打死,你说怎么办?"这是法利赛人设下的圈套。耶稣如果不同意,那就违反了摩西的法令;假若同意,声称为"救世主"的耶稣就要为打死的人负责。耶稣回答说:"你们中谁没有犯过错误,谁就拿石头砸死她吧!"众人反躬自问,都觉得自己并不干净,一个个走开了,那个女人由此得救。这正是耶稣在回答中巧妙地提出附加条件,才使问题解决得十分圆满,无懈可击。

③ 以否定前提来对付限制式提问。限制式提问就是一种将对方的回答限制在有利于发问方利益范围内的提问形式。谈判者在面对这种限制式提问时,就要采取否定前提的答复技巧来维护自身的利益。比如,有人被问到,他是否已经停止打他的父亲了。显然,这是一个限制式提问,如果简单地回答"是"与"否",都会证明他过去曾打过他的父亲,这正好中了发问者的圈套。这人机智地回答说:"我既没有停止,也没有打过。"这便是否定前提的答复法。又如,当你面对"您是买小桶的食用油还是买大桶的食用油"的发问时,本不想买食用油的你就可以使用否定前提的答复法:"我根本就没有打算买食用油。"以此来维护自身利益。

应用实例 7-13

1843 年林肯与卡特莱特共同竞选伊利诺伊州议员,两人因此成了冤家。一次,他们一同到当地教堂做礼拜。卡特莱特是一名牧师,他一上台就利用布道的机会转弯抹角地把林肯挖苦了一番,到最后他说:

"女士们，先生们，凡愿意去天堂的人，请你们站起来吧！"

全场的人都站起来了，只有林肯仍然坐在最后一排，对他的话不予理睬。过了一会儿，卡特莱特又问大家："凡不愿去地狱的人，请你们站起来。"全场的人又都站起来，林肯还是依旧坐着不动。卡特莱特以为奚落林肯的机会来了，就大声说道："林肯先生，那么你打算去哪儿呢？"林肯不慌不忙地说："卡特莱特先生，我本来不准备发言的，但现在你一定要我回答，那么，我只能告诉你了，我打算去国会。"全场的人都笑了，卡特莱特闹了个没趣。

本来卡特莱特想使林肯进退两难，因为林肯如果站起来，就意味着林肯被他控制；而不站起来，就意味着林肯将去地狱。不料，林肯没有中他的圈套，以"我打算去国会"的回答否定"天堂"、"地狱"的前提，一方面解脱了自己的困境，另一方面也向大家表明了自己的志向，既表现了自己的智慧，又反驳了卡特莱特，在这场斗智的问答中获得了主动与成功。

④ 不要马上回答。对于不完全了解对方意图的问题，千万不要马上回答。有些问题可能会暴露己方的观点、目的，回答时更要谨慎。对于此类问题，或以资料不全，或以不记得为借口，暂时拖延；或顾左右而言他，答非所问；或回避话题，提出反问；或把有重要意义的问题淡化，掩盖问题的重要性；或找借口谈些别的，做些别的事，如到洗手间去；或说突然饿了……这样既避开了提问者的锋芒，又给自己留下思考时间，实为一箭双雕之举。比较安全的回答如下：

"请您把这个问题再说一遍。"

"我不十分了解您的问题。"

"那不是'是'或'否'的问题，而是程度上'多'或'少'的问题。"

"我并不是想逃避这个问题，但是……"

"我想您所问的问题应该是……"

"是的，我想您一定会提出这个问题的，我会考虑您提的问题。不过，请允许我先问一个问题……"

"也许您的想法是对的，不过您的理由有一点我不太理解，能否请您再解释一下。"

"您必须了解症结之所在，许多问题共同导致这个结果。比如……"

⑤ 不要确切回答。在谈判中，有时会遇到一些很难答复或者不便于答复的问题。对于此类提问，并不一定都要回答，要知道有些问题并不值得回答，而且针对问题的回答并不一定就是最好的回答。回答问题的关键在于该如何回答，而不是回答得对与否。所以，有时使用含糊其辞、模棱两可的回答，或使用富有弹性的回答，效果更理想。比较安全的回答如下：

"对于我来说……"

"据我所知……"

"我不记得了。"

"我不能谈论这个问题，因为……"

"对于这种事情我没有经验，但是我曾听说过……"

"这个变化是因为……"

"对这个问题，那要看……而定。"

"至于……那就在于您的看法如何了。"

"对于这个问题，我们过去是这样考虑的……"

⑥ 以回避的方式对付难题实施反击。谈判中两方相遇，为争得各自一方更多的利益和谈判的主动权，常常提出一些尖锐、复杂和一时难以解答的棘手问题，以此来使对手处于尴尬窘困的境地，或是直接窥测到对手的底牌。在这种情况下，处于守势的一方既要保护自己的谈判利益，不让对手获利，又要摆脱某种困境，从容地控制局面。这时就要用巧妙的语言形式进行答复，以回避的方式进行反击，使对方达不到预期的攻击目的。

以回避的方式回答问题主要可采用的形式有偷换概念、转移话题和无效回答。有时为了避免不易回答的问题，可以"顾左右而言他"，其中无效回答是常采用的方法。所谓无效回答，就是表面上仍以口头语言进行答复，但是在答复中没有任何有意义的内容，答案什么都没有，信息量等于零。明朝的刘伯温，是个堪与诸葛亮相比的聪明人。有一次开国皇帝朱元璋问他："明朝的江山可坐多少年？"刘伯温寻思，无论怎么回答都可能招致杀身之祸，不由汗流浃背地伏地回答说："我皇万子万孙，何须问我。"他的这个回答用"万子万孙"的恭维话作为掩护，实际上却是以"何须问我"的托词做了无效回答，朱元璋抓不到刘伯温的任何把柄，自然也就无可奈何。以无效回答进行回避的方式是多种多样的，但它都需要表达者的机警与沉着应对。

 应用实例 7-14

在一个公开场合，扎伊尔总统蒙博托被一位记者提问："你很富有，据说你的财产达到亿美元，是吗？"显然，这个提问是针对蒙博托总统政治上是否廉洁而来的。对于这个极其严肃的敏感问题，蒙博托发出长时间的大笑，然后反问道："一位比利时议员说我有 60 亿美元，你听说过吗？"他的这个回答，是把对方提问的话题稍加修饰后又反问过去，既让对方抓不住任何把柄，又给自己留下了充分的回旋余地。对方在这个反问式的无效回答中没有得到任何具体答案。

与类似反问的形式相同，把同一提问话题还给对方，请他转问他人，或从其他方面去得到答案，也同样可以达到无效回答的效果。

显然，无效回答是说了等于没有说，但是它在各种类型的谈判中，为了回避棘手的难题起着独特的作用，同时展现出人们语言表达的风采与智慧。

 应用实例 7-15

在一次记者招待会上，记者问里根是否相信这样的说法，即由于苏联人认为他会再次连任总统，所以想和他会晤。记者表面上以苏联人想会晤里根的原因来提问，实际上涉及他是否想连任美国总统的敏感问题。对此，里根回答说："究竟是什么原因使他们想和我会晤，你得问他们。"这就把同一话题转手扔回给对方，做出的是个无效回答。

⑦ 沉默。在谈判中对有些问题不便回答，就可以采取沉默这种特殊的回答方式。像得体的语言一样，恰到好处的沉默同样可以取得奇妙的效果。因为我方的沉默，将使对方感到不安。沉默往往给人一种无形的压力，对方为了打破沉默，有时就只好中止自己的要求，或是提出新的方案，或是自己转移话题。这便是沉默的力量。鲁迅先生曾经说过："沉默是最有力的回答。"

 应用实例 7-16

1945 年 7 月，苏、美、英三国首脑在波茨坦举行会谈。会谈休息时，美国总统杜鲁门对斯大林说："美国研制出一种威力非常大的炸弹。"暗示美国已经拥有原子弹。此时，丘吉尔在一旁两眼死盯着斯大林的面孔，观察其反应。斯大林像没听见一样，以至于许多人回忆说："斯大林好像有点耳聋，没听清楚。"其实，斯大林不仅听清了这句话，而且听出了这句话的弦外之音。但在这个时候，任何方式的回答，都不如沉默应对的效果好。

沉默，不仅可以回避对己不利的答复，还可以使对方摸不清我方的情况，因而容易取得出乎意料的成功。但是要注意，在采用沉默的方式时一定要慎重。因为如果谈判双方关系友好，这样做就显得不太礼貌，会使对方产生反感。而当对方提出的问题充满恶意，甚至损害了国家、团体和个人的尊严时，沉默会让人觉得软弱可欺。而且，在谈判处于紧张、激烈的过程时，双方都力争主动，尽可能地掌握发言权，这时如果一味采取沉默方式应答，实际上就意味着放弃发言权，很容易在谈判中处于劣势。

⑧ 降低对方追问的兴致。面对对方连珠炮似的提问，要想法使对方降低乃至失去追问的兴趣。比如，鼓励我方其他人做不相关的交谈；倘若有人打岔，就姑且让他打扰一下；讨论某个含混不清而不重要的程序；让某个说话不清且有点不讲道理的人来解释一个复杂的问题等。比较安全的回答如下：

"您必须了解一下历史的渊源背景，那是开始于……"

"在我回答这个问题前，您必须先了解一下详细的程序……"

"有时候事情就是这样演变来的。"

"这是一个暂时无法回答的问题。"

"这个问题容易解决，但现在不是时候。"

"现在讨论这个问题为时过早，是不会有什么结果的。"

⑨ 婉言回答。在谈判中，当我方不同意对方的观点时，不要直接选用"不"这个具有强烈对抗色彩的字眼，而应适当运用"转折"技巧，巧用"但是"，先予以肯定、宽慰，再用委婉的表示否定的意思来阐明自己不可动摇的立场，既表示了对对方的同情和理解，又赢得了对方的同情和理解。例如：

"我完全懂您的意思，也赞成您的意见，但是……"

"我理解您的处境，但是……"

"我很喜欢您这个想法，但是……"

"您说得很有道理，但是……"

"我也明白价格再低一点会更好卖，但是……"

⑩ 顺水推舟。在商务谈判中，一味的硬攻是容易碰壁的，不如顺从对方的意图引导他，一直引导他到明显错误的甚至是荒谬绝伦的地方，然后再集中火力，乘机猛攻，直到谈判胜利。

 应用实例 7-17

世界上第一位女大使柯伦泰，她几乎掌握欧洲十一国语言，曾经被任命为前苏联驻挪威全权贸易代表。一次，她和挪威商人谈判购买挪威鲱鱼问题，挪威商人要价高，她出价低。挪威商人深谙贸易谈判的诀窍，即卖方喊价高得出人意料，买方往往不得不水涨船高地调整出价，再和卖方讨价还价。柯伦泰懂得这一生意经，只肯以低价成交。她知道在谈判不致破裂的情况下，往往会有好的收获。她坚持出价要低，让步要慢的原则，取得了和商人讨价还价的余地。买卖双方在激烈的争辩中，都企图削弱对方的信心，使谈判陷入僵局。后来，柯伦泰说："好吧，我同意你们的价格，如果我的政府不批准这个价格，我愿意用自己的

第7章 商务谈判的沟通

工资来支付差额。但是这自然要分期支付，可能要支付一辈子。"

柯伦泰的这两句话，在价格的争议中起了决定性的作用。听了柯伦泰的话后，挪威商人一个个面面相觑，然后便一致同意将鲱鱼的价格降到最低价格。

挪威商人为什么要改变态度呢？

柯伦泰表面上是"顺"从他们的意愿，其实是"推"出政府来加以拒绝。她的逻辑思维过程是如果卖方一定要坚持这个不合理的要价，那么这就只能由她个人以工资来支付差额；如果卖方认为由她个人以工资支付差额是合理的，那么她要分期支付一辈子，因而实际上是不可能实现的，所以，挪威商人不能坚持不合理要价。

3) 陈述的技巧

谈判中的陈述是基于我方的立场、观点和要求，来表达对各种问题的看法，或对客观事物进行具体阐述，以让对方有所了解。因而，它的主动性特征强，不像"答复"要受到对方提出问题的方向及范围的制约。陈述是人们在谈判中交换意见、沟通情感、传递信息的重要语言表达形式。因此，正确、有效地运用陈述的功能，把握谈判中陈述的要领，这是谈判者需要关注的问题。

(1) 陈述的要领。为了推动谈判，表现出陈述的正式性，要尽量采用中性的、客观的、礼貌的语言，避免采用偏激的、主观的、粗俗的语言。同时，陈述应该伴以诚挚的态度，防止措辞上过分的夸大与情感的过度渲染。平和与坦诚才会换得对方对我方陈述的重视与信任。谈判者应该明了，陈述是为了使对方了解我方的意见，而不是向对方发出挑战。因此，在这样的基础上去把握分寸，就会是得当的。谈判中陈述的具体要领包括以下几点。

① 主次分明、层次清楚。商务谈判不同于平时的家常闲谈，切忌语无伦次，东拉西扯，没有主次，层次混乱，让人不知所云。为了方便对方倾听、理解和记忆，要在陈述时有主次，并做到层次分明。

② 客观真实。陈述应本着客观真实的态度进行，不要夸大优势，也不要缩小或讳言不足。如果有一天你的修饰、掩盖的行为被发现，哪怕只露出了一点破绽，也会令你没有面子，而更为严重的是，会大大有损于我方的信誉，我方的谈判实力将会被大大削弱，再想弥补，就非常难了。

③ 简洁、通俗易懂。谈判中的陈述完全不同于写文章或朗诵、演讲，说出来的话要尽可能简洁、通俗易懂，使对方听了立即就能够理解。在陈述我方观点和立场时切忌使用含糊不清或专业性过强的语句和词汇，更不可借助陈述来炫耀自己。因为这样做不但达不到目的，反而令对方生厌。

很多人在进行谈判时因为各种原因，不能理直气壮地提出自己的要求，而是拐弯抹角，离题万里，说了很长时间，还未点到主题上。这种冗长、繁琐的陈述会给对方带来困扰，让人听了不知所云。同时自己的观点和意图也无法正确地被理解，从而带来负面影响。因此，在谈判的陈述过程中，谈判者不要随便说些与谈判主题无关的话，应该主次分明、层次清楚地用简明的语言展开陈述，这样才能达到我方陈述的目的。

④ 准确。谈判者在陈述本方观点时，应力求准确明了，防止含糊不清或前后不一致的陈述。否则会给对方留有把柄，为其寻找我方的破绽打下基础。如果陈述中涉及数值，更要讲求准确无误，尽可能不要在数值前面加上"大约"、"差不多"、"可能"之类的词语，也不要主动把数值限定在某区域之内，例如"这个价格可以定在300～500元"。这样，

对方自然会选择有利于他的上限或下限作为讨价还价的基础。

⑤ 分寸得当。陈述的目的通常是要能够加强协调的谈判气氛，所以谈判者在措辞和情感的运用上要注意分寸的把握。为了推动谈判，表现出陈述的正式性，要尽量采用中性的、客观的、礼貌的语言，避免采用偏激的、主观的、粗俗的语言。同时，陈述应该伴以诚挚的态度，防止措辞上过分的夸大与情感的过度渲染。平和与坦诚才会换得对方对我方陈述的重视与信任。谈判者应该明了，陈述是为了使对方了解我方的意见，而不是向对方发出挑战。因此，在这样的基础上去把握分寸，就会是得当的。

⑥ 具体而生动。谈判者在进行陈述时应该避免枯燥乏味的平铺直叙，防止抽象的说教，为加强对方的感受力，要特别注意运用生动的、活灵活现的生活用语，具体而形象地说明问题。如果脱离了具体，那么陈述只是一堆空洞词汇的罗列，没有实际意义；如果缺乏了生动，那么陈述会变成生硬的说教，也不会起到其应有的作用。所谓具体而生动，就是要求陈述实现有情有理、情理交融的表达效果。

单调呆板、拘谨笨拙的语言在任何情况下都是令人生厌的；与作文著书一样，在应对答问之中，也应讲究语言的生动活泼、具体形象，能把握住事物的本质，或变无形为有形，或化抽象为具体，或将隐晦突出为显著，使谈判形象、直感，使我方的观点得到进一步的强化和充分的渲染，使谈判充满魅力。

 应用实例 7-18

国际奥委会主席为了能使所有著名足球队员参加奥运会，从而提高比赛水平，曾多次与阿维兰热谈判，但均遭拒绝。阿维兰热说："你为什么不仔细研究一下这个问题呢？……国际足联是靠世界杯维持生计的，因而我不会轻易放人参加奥运会。我们有一套自己的程序，即17岁上中学(相当于柯达杯)，20岁上高中(相当于可口可乐杯)，23岁上大学(相当于奥运会)和攻读博士学位(相当于世界杯)。世界杯预赛是各队向国际足联提交的博士论文，如通过则是24位博士之一。"

阿维兰热巧妙地将国际足联所组织的4个不同档次的足球比赛新奇巧妙地比喻为人们接受教育的4个由低到高的学习阶段，不仅使语言鲜明活泼、通俗易懂，给人以鲜明独特的印象，而且还能令人产生联想，让对方哑口无言，从而捍卫了自己的立场，坚持了自己的意见。

从这个事例中可以看出，谈判者在陈述之中若能语言具体而生动，既以理服人又形象生动，那么就一定会收到极好的表达效果。

⑦ 及时纠正错误与适当重复陈述。错误要及时纠正，以防造成不应有的损失，切忌顺水推舟、将错就错；对方不理解、未听清楚或有疑问以及我方意欲要强调之处，有必要适当重复陈述，并耐心地加以解释或说明。

⑧ 符合听者的习惯。陈述时应尽量符合听者的习惯，便于听者接受。这样可使对方心情愉快地倾听我方的述说，可以收到良好的效果。

总之，谈判者在进行陈述时，应从谈判的实际需要出发，把握以上有关陈述需遵循的要领，实际掌握好该陈述什么就陈述什么以及怎样陈述，等等。

(2) 入题的技巧。入题的技巧有以下几种方式。

① 迂回入题。双方谈判人员进入谈判场所后，往往有忐忑不安的心理。谈判新手在较重要的谈判中尤其如此。采用迂回入题的方法，有助于消除这种尴尬心理，轻松地开始会谈。迂回入题有4种类型：第一，中性话题入题。这些中性话题包括有关气候或季节的话

题,有关流行的话题,有关衣、食、住、行的话题,有关家庭状况的话题,有关新闻的话题,有关社会名人逸事的话题,有关嗜好、兴趣的话题,有关体育新闻、文娱消息的话题,有关健康的话题,有关旅行的话题。第二,介绍我方人员入题。介绍我方人员的经历、学历、年龄、著作等,既打开了话题,消除了忐忑心理,又显示了我方强大的谈判阵容,使对方不敢轻举妄动,要三思而行。第三,"自谦"入题。如对方在己方地点谈判,则可以谦虚地表示各方面照顾不周,或者由主谈人介绍自己的经历,谦称自己才疏学浅,缺乏谈判经验,希望通过谈判建立友谊等。第四,介绍我方状况入题。从介绍我方的生产、经营、财务状况等入题,供给对方一些必要的资料,显示我方雄厚的财力和良好的信誉,坚定对方谈判的信心,同时也给对方充分的讨论空间。

② 先谈原则,后谈细节。围绕主题,先陈述原则性问题,不纠缠具体细节。

③ 从具体项目入题。大型商务谈判总是由具体的一次次谈判组成。在具体的每一次谈判会议上,双方可以首先确定本次会议的商谈项目,然后确定会谈程序,按程序进行。具体的商谈项目宜小不宜大,一般可按单位时间,如半天或一天来考虑。

(3) 陈述的技巧。陈述的技巧有以下几点。

① 让对方先谈。在商务谈判中,当我方对市场态势和产品定价的新情况不是很了解,或者当我方尚未确定购买何种产品,或者我方无权直接决定购买与否的时候,我方一定要坚持让对方首先说明可提供何种产品、产品的性能如何、产品的价格如何等,然后再审慎地表达意见。有时即使我方对市场和产品定价比较了解,心中有较明确的购买意图,而且能够直接决定购买,也不妨先让对方阐述利益要求、报价和介绍产品,然后再在此基础上提出自己的要求,如此常能收到奇效。

② 坦诚相见。在商务谈判中,在该坦诚的地方要以诚相见,要站在对方的立场上,将其希望了解到的情况坦率相告,以尊重对方。当然也要把握时机,以适当的方式向对方袒露我方意图,过早容易导致对方看轻我方,过迟会使对方感到没有诚意。坦诚相见,并非原原本本地把企业的谈判意图和方案告诉对方,这种过分的"坦诚"会有风险。要避免对方利用我方的"坦诚"逼迫我方让步。因此,"坦诚"也是有限度的,并不是要把一切都和盘托出,特别是与谈判无关的其他贸易事项,绝不可向对方坦诚交底。

③ 陈述中操纵价格。在商务谈判的报价的过程中,常会出现这样一句话:"我方所报的是最优惠价格。"这句话隐含两个判断,一是既然报给你的是最优价格,那就等于暗示对方这是价格的下限,没有还价的余地了;二是这句话还意味着,卖方的经营方针是把价格定在保本的基础上略得微利的低水平,甚至可能是低到亏本的定价。因此,买方就很难指望在其他交易条件上卖方还会给予更多的优惠或让步。事实上,在某些情况下,卖方的报价并不是按最高价或最低价来报的。

④ 借助语境陈述。商务谈判要重视语境的利用。语境,即语言的环境。在自然语言逻辑中,它有狭义与广义之分。狭义的语境仅指该句的上下文。广义的语境,除了上下文外,还包括谈判时的社会环境、自然环境及谈判的各种有关因素,如谈判时间、谈判地点、谈判条件、谈判目的、谈判者的素质等,甚至还包括谈判中语言表达时的眼神、表情、手势、姿态等。空间本身是没什么内容的,由于谈判的双方发表主张时,空间具有传递视听信息的作用,因而视听的空间三维性,也成为谈判陈述词的组成部分,并依赖传递视听信息帮助谈判内容的表达。在谈判中,谈判者巧妙地借助特定的语境,就能使自己的表达准确、

鲜明、生动、简练，从而给对方以吸引力。对方也往往借助于语境，力求准确地理解我方的意思。

谈判者知道"地者利也。"在商务谈判中，谈判者要依赖有关的地利条件，充分利用谈判双方当事人所共同置身其中的现实环境，使对方无法否认，从而取得谈判的胜利。

有这样一个关于茅台酒的传说。青年茅台酒师郑淳历尽艰辛，酿制出优质"郑家茅酒"。巴拿马万国博览会理事贝当先生在上海主持中国展品的荐选工作。茅台镇伪镇长李尚廉盗名窃誉，利用种种卑劣手段，将"借来"的郑家茅台换成自己的"万福茅酒"商标，并利用钱势行贿，企图钻进巴拿马万国博览会以招摇过市。郑淳酿制出更好的茅台酒，在实业家夏氏兄妹的帮助下，趁李尚廉请贝当先生的当儿，将盛满茅台酒的瓶子摔到地上，酒瓶砰然碎裂，酒味溢散四方，摔瓶声惊动四座，茅台酒香醉众人，终于引来贝当先生，使之尝到了醇香味美的茅台酒。这就为与贝当先生直接接触创造了机会，为谈判打通了道路，从而也就为茅台酒出国参展打通了道路。茅台酒终于获得巴拿马万国博览会大奖，名扬天下。

这里，郑淳获胜的关键，在于他摔破酒瓶，醉倒天下，打开了接触谈判的渠道，巧妙地运用了空间三维性，机警地创造了一个于己有利的谈判语境。

富有经验的谈判者，完全可以根据特定的谈判语境来决定谈判内容。谈判的语言风格或华丽，或质朴；谈判的语言结构形式或舒缓，或紧凑，都应决定于特定的谈判语境，这样才能增强谈判的说服力和论辩力。还应根据谈判语境来决定自身仪表、衣着和态度。这些都可能影响谈判效果。

总之，精明的谈判者，不仅要善于能动地适应谈判语境，还要有能力在一定程度上制造谈判语境。

⑤ 注意使用的词句。应使用礼貌用语和促成交易的用语。例如：

"您已经了解了许多情况，现在可以下决心购买了吧？"

"我相信您已经认识到……"

"您可能还没考虑到……"

"您只有充分认识并利用这一机会，才能获得更大利润。"

"我并不想回避这个问题，但是……"

⑥ 弹性用语。对不同的谈判者，应使用不同的语言。如果对方语言优雅、有修养，我方也要相应采取同类语言；对方语言朴实无华，则我方用语无需过多修饰；对方语言直爽、坦诚、流利，则我方不要迂回曲折、语言晦涩。要适合对方的学识、气度、修养，在用语特点基础上，适当地改变我方的说话语气、用词，是最有效的与对方沟通思想、交流感情的方法。谈判开始，先倾听对方的语言方式，然后再巧妙地调整自己的表达方式，或者借用对方的语言方式表达。掌握了这种技巧，就搭起了沟通双方的桥梁。

⑦ 假设用语。例如：

"如果我要成批买，价格可便宜多少？"

"如果自己运输商品，可打多少折扣？"

"如果我同时购买其他一些产品，可以优惠一点吗？"

"如果我们建立长期贸易关系，你们能再优惠一点吗？"

当然，提出这样的假设并不一定会达到目的，但在大多数情况下，回答对我方有利。

⑧ 转折用语。例如：

"可是……"

"但是……"

"虽然如此，不过……"

这些词语的后面都跟着问题，这种提法使回答者不会感觉难堪，往往乐意回答。上述转折用语还具有缓冲作用。凡是遇到问题难以解决或者有话不得不说，或后面还有话要说，都要使用此类语言，同时，使用这类词语也可防止气氛僵化。

⑨ 突破困境的用语。当谈判出现困难而无法达成协议时，为突破困境，可以说"真遗憾，只差一步就成功了"之类的话，有时能产生较好的效果，对方可能会接受我方的意见，努力促成谈判成功。这类话还有"就快要达到目标了，真可惜！""再这样拖延下去，只怕最后结果不妙。""既然事情已进展到这种程度了，我们再努力看看吧！"等。

⑩ 需要注意避免的语言。谈判的语言不仅要讲究语调和语速，而且要注意语言本身。在谈判中，语言的选择运用十分重要。有些语言应尽量少用或不用，以免使对方误解或产生偏见，从而出现尴尬的场面，影响谈判的进展或者中断谈判。需要注意避免的语言如下几种。

a. 言之无物的语言。例如，"我还想说……"，"正像我早些时候所说的……"，"是真的吗……"，"我想顺便指出……"，"换句话说……"等。许多人有下意识地重复习惯，不利于谈判，应尽量克服。

b. 模棱两可的语言。例如，"可能是……"，"大概如此……"，"好惨……"，"听说……"，"似乎……"等。

c. 涉及对方隐秘的语言。例如，"你们为什么不同意，是不是你的上司没点头"，与国外客商谈判尤其要注意这一点，避免使用这样的语言。

d. 有损对方自尊心的语言。例如："开价就是这样，买不起就明讲。"

e. 催促对方的语言。例如："请快点考虑"或"请马上答复"。

f. 赌气的语言。这种语言往往言过其实，会造成不良后果。例如："上次交易你们已经赚了 16 万，这次不能再占便宜了"。

g. 威胁性的语言。例如，"你这样做是不给自己留后路"，"请你认真考虑这样做的后果"等。

h. 以我为中心的语言。过多地使用这类语言，会引起对方的反感，起不到说服的效果。例如："我的看法是……"，"依我看……"，"如果我是你的话……"等。应尽量把"我"变为"您"，一字之差，效果会大不相同。

i. 针锋相对的语言。例如，"开价 8 万，一点也不能少"，"不用讲了，事情就这样定了"等。这类语言特别容易引起双方的争论、争执，造成关系紧张。

j. 极端性的语言。例如，"肯定如此"，"绝对不是那样"，"愚蠢"，"撒谎"，"叫人厌恶"等。即使自己看法正确，也不要使用这样的词汇。

4) 说服的技巧

一个谈判者只有掌握高明的说服别人的技巧，才能在变幻莫测的谈判过程中左右逢源，达到自己的目标。

(1) 说服的原则。说明的原则有下面几点。

① 理由充分。理由充分是说服的基本点,是让对方理解和说服对方的基础。

② 要冷静地回答对方。不论对方何时提出何种反对意见,都要镇定自如、轻松愉快地解答,并且要条理清楚、有根有据,不可感情用事或带有愤怒、责备的口吻;否则,既难以说服对方,也难以阐述我方的观点,从而破坏融洽的谈判气氛。

③ 不要直截了当地反驳对方。因为直接反驳会使对方难堪,更不可能说服对方,所以,一般应设法以间接的方式来反驳对方的反对意见。

④ 要重视并尊重对方的观点。对于对方的反对意见,即使我方认为它是错误的,也不应该轻视或给予嘲弄,而要持认真态度,予以慎重对待。只有使对方感到我方在尊重他的意见时,说服才会有力、有效。

⑤ 要设身处地地体谅和理解对方。

对方提出许多反对意见,哪怕是非正常的、不合理的反对意见,往往都有一定的原因和背景,或反映出对方的难处。对此,谈判者要以大局为重,体谅和理解对方。尤其是在次要问题上,不妨同意对方的看法,加以解释和补充。不体谅对方,置对方于死地而后快的做法,在说服中是不可取的。

⑥ 不要随心所欲地提出个人的看法。谈判者之间的洽谈不是个人之间的事情,而是一个组织或法人与另外一个组织或法人之间的事。因此,在洽谈中,如果对方不需要你说明个人看法,或没有把你当做参谋和行家来征求你的意见时,应当避免提出个人的看法和意见。随心所欲地提出个人的看法是一种不严肃、不负责任的做法。

⑦ 不纠缠某一问题。在洽谈中,不应过多地集中讨论某一反对意见,尤其是开始遇到的一些棘手的问题。在适当的时候可以变换一下洽谈的内容,以使谈判继续下去。在处理了反对意见以后,应立即把话题岔开,讨论其他议题,争取尽快促成交易,否则就会使对方提出更多的意见,陷入新的僵局。

⑧ 回答问题要精练切题。如果回答问题长篇大论,不得要领,偏离主题,不仅没有说服力,而且可能出现漏洞,授人以柄,引起对方的反感和反驳。

(2) 说服的时机。除了要掌握说服的原则外,还应正确地掌握说服的时机。

① 先发制人。在洽谈中,如果觉察到对方马上会提出某种反对意见,最好是抢先提出问题,给予说明和解释。这样做的好处有:第一,可以争取主动,避免纠正和争论对方的意见;第二,我方的真诚坦率,不隐瞒自己的观点,可能会赢得对方的信任;第三,主动说明比对方提出意见后去争论更委婉,可以使谈判气氛融洽;第四,直接阐述问题可以节省谈判时间。

② 即时答复。一般来说,即时答复对方提出的反对意见是最合适的。只要意见是正当的、可以答复的,都应立即答复,从而使谈判集中解决某些实质性问题。答复得当,可以使谈判者争取主动。

③ 推迟答复。谈判者在遇到下列情况时,一般都应推迟答复:

不能当即给对方一个满意的答复,或对方提出的反对意见较难解答。

如果当即回答会对我方阐明论点产生不良影响。

对方提出的反对意见有可能随着业务洽谈的进行而自然予以消除或逐渐减少。

当即回答会破坏谈判的融洽气氛。

对方的反对意见离题太远，或者对这种反对意见的说服会牵扯到一些对谈判意义不大的问题。

对方的反对意见同我方准备进行说明和解释的某一点有关。

④ 不予理睬。对方由于各种原因，如心情不好、处境不佳等，往往会提出一些与谈判内容毫不相干的意见、借口甚至恶意反对的意见，谈判者最好不予理睬，不要加以反驳和进行说服，因为这些问题不是真正的反对意见，不反驳也不会影响谈判结果。

(3) 说服的技巧。说服的技巧有下面几点。

① 取得对方的信任。不要只说自己的理由。要说服对方，就要考虑到对方的观点或行为存在的客观理由。要站在对方的角度设身处地地谈论问题，以及为对方想一想，从而使对方对你产生一种"自己人"的感觉，消除对方的戒心、成见。这样，对方就会信任你，就会感到我方是在为他着想，效果将会十分明显。

② 营造"是"的氛围。从谈话一开始，就要创造一个说"是"的良好气氛，而不要形成一个讲"否"的气氛。不要形成一个"否"的气氛，就是不要把对方置于不同意、不愿做的地位，然后再去批驳他、劝说他。比如说："我晓得你会反对……可是事情已经到这一步了，还能怎么样呢？"这样说，对方仍然难以接受你的看法。在说服他人时，要把对方看作是能够做或同意做的，比如说："我知道你能够把这件事情做得很好，只是不愿意去做而已。""你一定会对这个问题感兴趣的。"商务谈判的事实表明，从积极的、主动的角度去启发对方、鼓励对方，就会帮助对方提高自信心，并接受我方的意见。

知识链接 7-3

美国学者提出从以下角度出发说服对方，更容易让对方说"是"：

尽量以简单明了的方式说明我方的要求。

要照顾对方的情绪。

要以充满信心的态度去说服对方。

找出引起对方兴趣的话题，并使他继续感兴趣。

让对方感觉到我方非常感谢他的协助，如果对方遇到困难就应该努力帮助他解决。

坦率地说出自己的希望。

向对方反复说明他对我方的协助的重要性。

切忌以高压的手段强迫对方。

要表现出亲切的态度。

掌握对方的好奇心。

让对方自由发表意见。

要让对方证明为什么赞成我方是最好的决定。

事实上从对方的需求出发，讲一些常识性的问题也容易让对方说"是"。

③ 不要直接批评与抱怨对方。不要指责对方，不要把自己的意志和观点强加于对方。要承认对方"情有可原"，善于激发对方的自尊心。但是，有时善意的批评是对别人行为的一种很有必要的反馈方式，因此学会批评还是很有必要的。卡耐基总结了以下几种不会招致别人厌烦的批评方式：批评从称赞和诚挚感谢入手；批评前先提到自己的错误；用暗示的方式提醒他人注意自己的错误；领导者应以启发而不是命令来提醒别人的错误；保留别人的颜面。

④ 抓住对方心理诱导劝说。商务谈判中的"诱导",是指谈判一方提出似乎与谈判内容关系不大、对方能够接受的意见,然后逐步诱导对方不断靠近自己的目标。

诱导说服对方,关键要抓住对方的心理动态,迎合其心理。先说什么,后说什么,该说什么,不该说什么,自己心中必须有底,才能按照自己的意图使对方改变其立场、观点。

知识链接 7-4

美国的杰尼·科尔曼在《商务谈判技巧》一书中介绍了诱导说服别人的方法:

谈判开始时,要先讨论容易解决的问题,然后再讨论容易引起争论的问题。

如果能把正在讨论的问题和已经解决的问题连起来,就较有希望达成协议。

双方期望与对方谈判的结果有着密不可分的关系。要伺机传递消息给对方,影响对方的意见,进而影响谈判的结果。

假如同时有两个消息要传递给对方,其中一个是较令人心情舒畅的,另一个较不合人意,则应该先让对方知道那个较能迎合他心意的消息。

强调双方处境的相同要比强调彼此处境的差异更能使对方了解我方的情况和接受我方的意见。

强调合同中有利于对方的条件,使合同较易签订。

先透露一个使对方好奇并感兴趣的消息,然后再设法满足对方的要求。

开始告诉对方的信息千万不能带有威胁性,否则后面的消息对方也不敢听了,更不愿接受我方的意见了。

说出一个问题的两面,比单单说出问题的一面更有效。

等讨论过赞成或反对的意见后,再提出我方的意见。

通常听者比较容易记住对方所说的话语的头尾部分,中间部分比较不易记住。

结尾要比开头更能给听者深刻的印象,特别是当他们了解所讨论的问题时。

与其让对方作结论,不如自己先清楚地陈述出来。

重复地说明一个消息,更能促使对方了解、接受。这种信息千万不能带有威胁性,否则对方就不敢接受了。

⑤ 运用事实说服别人。在说服艺术中,运用历史事实去说服别人,要比讲大道理有效得多。

应用实例 7-19

第二次世界大战期间,一些美国科学家试图说服罗斯福总统重视原子弹的研制,以遏制德国的全球扩张战略。他们委托罗斯福总统的私人顾问、经济学家萨克斯出面说服总统。但是,不论是科学家爱因斯坦的长信,还是萨克斯的陈述,总统一概不感兴趣。虽然如此,罗斯福总统对拒绝他们的游说还是感到歉意,因此,总统邀请萨克斯次日共进早餐。第二天早上一见面,罗斯福就以攻为守地说:"今天不许再谈爱因斯坦的信,一句也不谈,明白吗?"萨克斯说:"英法战争期间,在欧洲大陆上不可一世的拿破仑在海上屡战屡败。这时,一位年轻的美国发明家富尔顿来到了这位法国皇帝面前,建议把法国战船的桅杆砍掉,撤去风帆,装上蒸汽机,把木板换成钢板。拿破仑却想,没有帆就不能行走,木板换成钢板就会沉没。于是,他二话没说,就把富尔顿轰了出去。历史学家们在评论这段历史时认为,如果拿破仑采纳了富尔顿的建议,19世纪的欧洲史就得重写。"萨克斯说完,目光深沉地望着总统。罗斯福总统默默沉思了几分钟,然后取出一瓶拿破仑时代的法国白兰地,斟满了一杯,递给萨克斯,轻缓地说:"你胜利了。"萨克斯顿时热泪盈眶,他终于成功地运用史实说服总统做出了美国历史上最重要的决策。

⑥ 推敲说服用语。在商务谈判中,想要说服对方,用语一定要推敲。说服用语要朴实、亲切、富有感召力,不要过多地讲大道理。事实上,说服他人时,用语的色彩不一样,说服的效果就会截然不同。通常情况下,在说服他人时要避免使用"愤怒"、"怨恨"、"生气"、"恼怒"这类字眼。即使在表述自己的情绪时,比如担心、失意、害怕、忧虑等,也要在用词上注意推敲。这样才会收到良好的效果,切忌用胁迫或欺诈的手法进行说服。

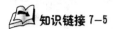知识链接 7-5

慎 重 争 辩

关于谈判之道,谈判专家马基雅维利曾这样说,"一个老谋深算的人应该对任何人都不说威胁之词,不发辱骂之言,因为二者都不能削弱对手的力量。威胁会使他们更加谨慎,使谈判更艰难;辱骂会增加他们的怨恨,并使他们耿耿于怀地说话伤害你。"

当谈判出现障碍,需要表明自己立场的时候,不要指责对方,而要说"在目前的情况下,我们最多只能做到这一步了"。如果这时你可以就某点作出妥协,你还可说"我认为,如果我们能妥善解决那个问题,那么,这个问题就不会有多大的麻烦"。既维护了自己的立场,又暗示了沟通的可能。在这里用的词都是"我"、"我们",而不宜使用"你"、"你们"。如果有人说了一句你认为错误的话,你这么说不是更好吗:"是这样的,我倒另有一种想法,但也许不对。我常常会弄错,如果我弄错了,我很愿意被纠正过来。我们来看看问题的所在吧。"

罗宾森教授在《下决心的过程》一书中说过一段富有启示性的话:"人,有时会很自然地改变自己的想法,但是如果有人说他错了,他就会恼火,更加固执己见。人,有时也会毫无根据地形成自己的想法,但是如果有人不同意他的想法,那反而会使他全心全意地去维护自己的想法。不是那些想法本身多么珍贵,而是他的自尊心受到了威胁。"

本杰明·富兰克林在自传中说:"我立下一条规矩,决不正面反对别人的意见,也不让自己武断。我甚至不准自己表达文字上或语言上过分肯定的意见。我决不用'当然'、'无疑'这类词,而是用'我想'、'我假设'或'我想象'这类词。当有人向我陈述一件我所不以为然的事情时,我决不立刻驳斥他,或立即指出他的错误,我会在回答的时候,表示在某些条件和情况下他的意见没有错,但目前来看好像稍有不同。我很快就看见了收获。凡是我参与的谈话,气氛变得融洽多了。我以谦虚的态度表达自己的意见,不但容易被人接受,冲突也减少了。我最初这么做时,确实感到困难,但久而久之,就养成了习惯,也许,50 年来,没有人再听到我讲过太武断的话。这种习惯,使我提交的新法案能够得到同胞的重视。尽管我不善于辞令,更谈不上雄辩,遣词用字也很迟钝,有时还会说错话,但一般来说,我的意见还是得到了广泛的支持。"

卡耐基认为,在谈判中,取得胜利的关键因素有赖于谈判者的态度。

当你陈述自己的理由时,彬彬有礼的微笑、温和大度的语气、自然而亲切的动作,都会美化你的每一次谈话,使对方在接受你的良好态度的同时,也以类似的心态接受了你在谈判中的要求,这就是态度的魅力。

卡耐基课程教学班上一位学员哈尔德·伦克是道奇汽车在蒙大拿州比林斯的代理商,他就运用了这个办法。他说销售汽车这个行业压力很大,因此他在处理顾客的抱怨时,常常较冷漠,于是造成了冲突,影响了生意,还产生了种种不愉快。

他在班上说:"当了解这种情形并没有好处后,我就尝试另一种方法。我会这样说:'我们确实犯了不少错误,真是不好意思。关于您的车子,我们可能也有错,请您告诉我。'这个办法能够使顾客解除武装,而等到他气消了之后,他通常就会更讲道理,事情就容易解决了。很多顾客还因为我这种谅解的态度而向我致谢,其中两位还介绍他们的朋友来买新车子。在这种竞争激烈的商场上,我们需要更多这一类的顾客。我相信对顾客所有的意见表示尊重,并且以灵活礼貌的方式加以处理,就会有助于胜利。"

你承认自己也许会弄错,就绝不会惹上困扰。这样做,不但会避免所有的争执,而且可以使对方跟你一样宽宏大度,承认他也可能弄错。

卡耐基认为,十之八九,争论的结果会使双方比以前更相信自己是绝对正确的,你赢不了争论。要是输了,当然你就输了,如果你赢了,还是输了。为什么?如果你的胜利使对方的论点被攻击得千疮百孔,证明他一无是处,那又怎样?你会觉得洋洋自得。但他呢?你伤了他的自尊,他会怨恨你的胜利。而且一个人即使口服,但心里并不服。

潘恩互助人寿保险公司立下了一项铁则"不要争论"。真正的推销精神不是争论,人的心意不会因为争论而改变。

著名的苏格拉底回答法,被公认为"最聪明的劝诱法"。其原则是,与人论辩时,开始不要讨论分歧的观点,而是着重强调彼此共同的观点,取得完全一致后,自然地转向自己的主张。具体的做法是开头提出一系列问题,让对方连连说"是",与此同时,一定要避免让他说"不"。

资料来源:李言. 跟我学谈判口才. 北京:中国经济出版社,2006.

5) 论证的技巧

商务谈判中的论证最能体现谈判的特征,谈判中的讨价还价集中体现在论证上,论证者之间相互依赖、相互对抗。谈判中的论证是人类语言艺术和思维艺术的综合运用,具有较强的技巧性。

(1) 论证的原则。论证的原则有以下几点。

① 观点明确,立场坚定。商务谈判中论证的目的,就是论证我方观点,反驳对方观点。论证的过程就是通过摆事实、讲道理,说明自己的观点和立场。在论证时要搜集所有能够支持我方论点的证据,要运用客观材料清晰地论证自己的观点和立场,确保其正确性及公正性,以增强自己的论证效果,反驳对方的观点。

② 论证思维敏捷、严密,逻辑性强。商务谈判中的论证,往往是在磋商时遇到难解的问题时发生的,因此,一个优秀的谈判人员,应该头脑冷静、思维敏捷、论证严密且富有逻辑性。只有这样,才能应付各种各样的困难,从而摆脱困境。谁能在论证过程中思维敏捷、论证严密,逻辑性强,谁就能在谈判中立于不败之地。

③ 掌握大的原则,不纠缠枝节。在论证过程中,要有战略眼光,掌握大的方向、大的前提以及大的原则。论证过程中表现要洒脱,不要在枝节问题上与对方纠缠不休,但在主要问题上一定要集中精力,把握主动。在反驳对方的错误观点时,要能够切中要害,做到有的放矢。同时要切记不可断章取义、强词夺理、胡说八道、恶语伤人,这些都是不健康的、应予以摒弃的论证方法。

④ 态度客观公正,措辞准确犀利。文明的谈判准则要求不论论证双方如何针锋相对,争论多么激烈,谈判双方都必须以客观公正的态度,准确地措辞,切忌用侮辱诽谤、尖酸刻薄的语言进行人身攻击。如果某一方违背了这一准则,其结果只能是损害自己的形象,降低了我方的谈判质量和谈判实力,不会给谈判带来丝毫帮助,反而可能置谈判于破裂的边缘。

⑤ 论证时应掌握好进攻的尺度。商务谈判中论证的目的是要证明我方的立场、观点的正确性,反驳对方的立场、观点上的不足,以便能够争取有利于我方的谈判结果。切不可

认为谈判论证是一场对抗赛,必须置对方于死地。因此,论证时应掌握好进攻的尺度,一旦已经达到目的,就应适可而止,切不应穷追不舍,得理不饶人。而且谈判中,如果某一方被另一方逼得走投无路,陷于绝境,则往往会产生更强的敌对心理,激发更强烈的反击欲望,这样即使对方暂时认可了某些事情,事后也不会善罢甘休,最终对双方的合作不利。

⑥ 胜不能骄,败不要馁。在商务谈判的论证中,双方可能在某一阶段你占优势,我居劣势,可过一阶段又有可能你处劣势,我占优势。暂时胜不能骄,暂时败不要馁,要在整个谈判中,把握好论证中处于优势或劣势的不同状态时的态度。

当我方处于优势状态时,谈判人员要注意以优势压顶,论证滔滔不绝,气度非凡,并注意借助语调、手势的配合,渲染我方的观点,以维护我方的立场。切忌当我方处于优势时,表现出轻狂、放纵和得意忘形,要时刻牢记谈判中的优势与劣势是相对而言的,而且是可以转化的。

当我方处于劣势状态时,要记住这是暂时的,应沉着冷静,从容不迫,既不可怄气,也不可沮丧、泄气、慌乱。因为这样对于挽救我方的劣势是毫无帮助的。在劣势状态下,只有沉着冷静,思考对策,保持我方阵脚不乱,才能具备应对对方的优势,从而对对方构成潜在的威胁,进而使对方不敢贸然进犯,这样方能寻找机会加以反击。

⑦ 注意论证中个人的举止和气度。在商务谈判的论证中,一定要注意自己的举止和气度。有些行为,比如语调高亢、唾沫四溅、指手画脚等,都是没有气质的表现,更谈不上什么气度了。论证中良好的举止和气度,不仅会在谈判桌上给人留下良好的印象,而且在一定程度上可以左右谈判的论证气氛。有时,一个人的良好形象比他的语言更具有魅力,注意自己的举止和气度,在谈判中以良好形象征服对手,也是论证的要点之一。

(2) 论证的技巧。论证的技巧有以下几点。

① 捕捉要害,针锋相对。有谈判,就有交锋。在谈判中,当双方涉及核心及实质问题时,往往要据理力争,针锋相对,不轻易在各自的原则立场上让步。如果缺少必要的交锋,就可能使我方损失本应该得到的利益。

所谓针锋相对,并不是大吵大嚷,指着鼻子骂人,而是必须摆事实、讲道理,逻辑严密,语言有力。

 应用实例 7-20

周恩来和美国国务卿基辛格在关于确定中美联合公报的谈判时,美国代表事先提出了一份公报初稿,周恩来一开始就用坚定的语气明确指出:"毛主席已经看过你们拟的公报草案,明确表示不同意,这样的方案我们是不能接受的。"基辛格本想以一种轻松谈笑的口气开始这场谈判,遇到周恩来口气坚定的表态,他的口气也转向坚定:"我们初稿的含义是说,和平是我们双方的目的。""和平只有通过斗争才能得到。"周恩来说:"你的初稿是伪装观点一致。我们认为公报必须摆明双方根本性的分歧。"美方代表并不退让:"我方拟的公报初稿难道就一无是处?"周恩来严肃而心平气和地说:"你们也承认中美双方存在巨大的分歧,如果我们用外交语言掩盖了分歧,用公报来伪装观点一致,今后怎么解决问题呢?"美方说:"我们起草的公报,采用的是国际通用的惯例。"周恩来说:"我觉得这类公报往往是放空炮。"经过周总理针锋相对的据理力争,中美联合公报最后采纳了中方的意见,公报中既写出双方的共同点、一致性,也列出双方存在的分歧。

在上述案例中,周恩来抓住公报内容写法的分歧点与要害,语气坚定,态度鲜明,用语尖锐。例如两次用到"伪装"这一贬义词,其余"掩盖"、"放空炮"等词也在这种国家级别的谈判中明显带有贬义色彩,其他如"不同意"、"不接受"、"巨大分歧"等词也都选用得棱角分明、锋芒外露。通过层层据理力争,终于使对方接受中方的意见。以至事后,基辛格对周恩来针锋相对谈判语言的运用表示震惊和佩服。

可见,这种针锋相对技巧的运用,常常是机智地利用语言,抓住要害反击对手,阻击对方的攻势,进而战胜对方。

针锋相对既是一种语言表达技巧,又是一种谈判的方法和策略。从上述事例中,我们可以看出针锋相对不是无理取闹、有意制造事端,而是依据一定的客观事实给对方以尖锐有力的正面反击,从而有力地遏制对方的攻势,维护本方的利益。

谈判者在实施针锋相对的方法时要注意把握以下几个方面。

a. 要有很强的针对性。要想击中对方的要害,首先需要机敏地捕捉到对方的要害。不能击中对方的要害,就达不到阻止对方攻势、维护我方利益的目的。只有抓住了要害,并针对要害展开反击,才能收到相应的反击效果。

b. 要有充分的论据支持。针锋相对的运用,要求谈判者提出的论据要尖锐有力,或摆事实,或讲道理,要无可反驳,说话才能掷地有声,立场才能站得住,从而使自己居于主动和有利的地位。否则,论据不充分的反驳只能是毫无意义的相互争论,胡搅蛮缠,也就是无理取闹的争吵。

c. 原则性与灵活性相结合。在实施针锋相对方法时,在坚持原则的前提下,要注意留有余地,适度灵活地处理某些非原则性问题,适时地做出某些让步,以避免谈判破裂。针锋相对是在谈判中必要时使用的一种手法,而不是目的。在经过你来我往针锋相对的争斗之后,双方很多东西都已经在这个过程中明确了,双方的谈判形势也基本分出了高下,这时就应本着求大同存小异的原则,尽力促成交易,谈判者要想方设法使谈判转入成交阶段,而不是由此有意地导致谈判僵局的出现。

d. 把握时机与场合。使用针锋相对的方法,要特别讲究与谈判的性质、时机、场合相符,在合作性较强的谈判类型中尤其要十分慎重,不应轻易使用,以免弄巧成拙。

② 有的放矢,对症下药。在某些特定条件下,谈判者在谈判中的谈判语言表达必须与谈判目的、谈判对象的特点及语言环境相一致,根据具体的情况有针对性地组织语言表达。

每位谈判者都具有个性语言特色,他们的个性语言特色是自己的身份、经历、职业、文化素养、思想性格等一系列因素在语言运用上的综合体现,所谓"言为心声","文如其人"。但同时,谈判者在谈判中的谈判语言表达还必须与谈判目的、谈判对象的特点及语言环境相一致。因此,要求谈判者在特定的条件、人物面前,暂时掩饰自身语言本色,以新的有针对性的语言来应付对手,所谓见什么人说什么话。更有古语说:"见人说人话,见鬼说鬼话。"说的就是有的放矢、对症下药运用语言的技巧,只有这样,才能与对手在语言上、心理上保持一致,与环境、条件相符合,在需要沟通时更利于双方的沟通,在要打击对手时才更有力。这并非是"做伪"或是"演戏",而是为了有效地进行成功的谈判。若一味地我行我素,不顾特定条件的制约,坚持自己的固有语言本色,就不仅会失去主动权,而且往往会使谈判受挫,达不到自己预期的谈判目的。人们通常所说的"猛张飞粗中有细",也正是赞赏惯于粗猛的张飞在某些特定条件下也会有有的放矢的"细",张飞的这种做法就是"有的放矢,对症下药"的典范。

③ 抛砖引玉。抛砖引玉出自《传灯录》。相传唐代诗人常建,听说赵嘏要去游览苏州

的灵岩寺。为了请赵嘏做诗,常建先在庙壁上题写了两句,赵嘏见到后,立刻提笔续写了两句,而且比前两句写得好。后来文人称常建的这种做法为"抛砖引玉"。"砖"和"玉"是一种形象的比喻。"砖",指的是小利,是诱饵;"玉",指的是目的,即大的胜利。"抛砖",是为了达到目的而使用的手段;"引玉",才是目的。钓鱼需用钓饵,先让鱼儿尝到一点甜头,它才会上钩;敌人占了一点便宜,才会误入圈套,吃大亏。此计用于军事,是指用相类似的事物去迷惑、诱骗敌人,使其懵懂上当,中我圈套,然后乘机击败敌人。谈判中可运用这条计谋的精髓。抛砖引玉在谈判中常被运用的原因是有时谈判中,谁都不能说服对方,只得寻找一个讨巧的方式,引对方上钩或找对方漏洞等。这时我方在论证中自然占上风,就显示了我方的优势,从而可在谈判中占据主动权。

《孟子·告子上》中记载了一段趣谈。孟子为说服告子同意人性是善的,就运用了抛砖引玉的方法。孟子说:"你认为白雪的白和白玉的白是一样的吗?"告子回答:"是。"接下去孟子就说:"那么人性、牛性和犬性是一样的喽?"孟子不愧为思想家,他抛出一个问题,又将对方的回答作为自己将要论证的问题的逻辑起点,很自然地论证了自己的观点。这就是抛砖引玉。

④ 对比说理。事物强弱优劣的对比可以使事物之间的差异性更强烈地表现出来,从而在这种强烈的反差中强化优势,加深对方的印象和认识。没有比较就没有鉴别,在比较中人们更容易认识事物的优劣,在论证时的对比说理对观点的支持力度也会更大。对比手法的价值也就体现在这里。商务谈判中运用对比说理是将我方公司与一些类似的公司进行比较,突出本公司的优势,如产品质量高、售后服务好、交货时间快等,使对方从对比中明白我方的优势;而在说服对方的时候,对比说理会使谈判者的论证更具说服力。

 应用实例 7-21

1960 年 4 月下旬,周恩来总理为中印边界问题与印度共和国(简称印方)进行谈判,印方提出一个挑衅性问题:"西藏是什么时候成为中国领土的?"

周恩来总理说:"西藏自古就是中国的领土,远的不说,至少在元代,它已经是中国的领土了。"

印方公然道:"时间太短了。"

周恩来总理说:"中国的元代离现在已有 700 来年的历史。如果 700 来年都被认为是时间短的话,那么,美国到现在只有 100 多年的历史,是不是美国不能成为一个国家呢?这显然是荒谬的。"

印方代表哑口无言。

在周恩来总理的反驳中,用了两个对比性材料来否定对方的观点。700 年与 100 年相比较,你要否认 700 年而承认 100 年显然是站不住脚的,其结果是承认 100 年就得承认 700 年这个事实。对比在这里产生了巨大的力量。

⑤ 反弹琵琶。谈判中面对突如其来的提问和不合理的要求,谈判者应随机应变,采用逆反思维,进行论证解说,这样不但能有效地拒绝对方的无理要求,还可以使结论奇迹般地发生变化。这就是反弹琵琶法。

 应用实例 7-22

马克·吐温有一次在回答记者提问时说:"美国国会中有些议员是婊子养的。"国会议员们大为震怒,纷纷要求他澄清或道歉,否则要诉诸法律。

几天以后,他的道歉声明登出来了:"日前本人在酒席上说有些国会议员是婊子养的。之后有人向我兴师问罪，经我再三考虑，深感此言不妥，特登报声明，把我的话修正如下：'美国国会中有些议员不是婊子养的。"

表面上马克·吐温的话来了个一百八十度的大转弯，实际上是从反面做了一个概念游戏，"有些是"意味着"有些不是"，而"有些不是"则意味着"有些是"。在形式上是从肯定到否定，而实际上否定中暗含着肯定，不改讥讽意味，更有了强调的效果。

6）幽默的技巧

（1）幽默的作用。幽默，以它的机智、诙谐、风趣、含蓄给人以智慧的启迪、美的享受，以一种愉悦的方式让人获得精神上的快感。在生活中，具有幽默感的人总是令人喜欢、受人欢迎的。如老舍先生曾经举过一个例子，一个小孩看到一个陌生人长着一只大鼻子，马上喊出来："大鼻子！"假若陌生人没有幽默感会觉得不高兴，而孩子的父母也会感到难为情；如果陌生人幽默地说："那就叫我大鼻叔叔吧！"这就使大家一笑了之。幽默还可以用来含蓄地拒绝对方的某种要求。如美国前总统罗斯福当海军军官时，有一位好友向他问及有关美国新建潜艇基地的情况，罗斯福不好正面拒绝，就问他："你能保密吗？""能"对方答道。罗斯福笑着说："那么我也能。"对方一听也就不再问了。

在商务谈判中，幽默也是一种制胜的武器。幽默能使紧张的气氛一下子变得轻松；能使谈判因为充满情趣而受人欢迎；能使对立冲突、一触即发的形势变为和谐的谈判过程；能使对方理解、接纳、叹服你的劝慰，接受你的观点。幽默的谈判者往往能将谈判从晦涩艰难的僵局中拯救出来，将谈判引向光明。谈判者具有幽默感是非常重要的，可以将幽默感作为评价谈判者的标准之一。只要以你的友善、机智、幽默去传播你的信息，那么人与人的距离就会消失，你的主张观点就更容易为对方所接受。因此，有人说幽默是商务谈判中的高级艺术。

（2）幽默的主要方法。在商务谈判中，人们常常运用逻辑方法构造幽默，或故意违反逻辑，利用逻辑错误来提高幽默的表达效果。商务谈判中的幽默主要有如下方法。

① 双关法。双关式幽默法，是利用一个词的语音或语义，同时关联两种不同的意义，并进行曲解的方法。

 应用实例 7-23

卡普尔任美国电报电话公司负责人的初期，在一次董事会议上，众人对他的领导方式提出了许多的批评和责问，会议充满了紧张的气氛，人们似乎都已无法控制自己的情绪。有位女董事质问道："过去一年中，公司用于福利方面的钱有多少？"她认为在福利方面的钱应该多花些，因此，对卡普尔不断地抱怨。当她听完卡普尔的说明之后，知道可能用于福利的钱只有几百万美元。她说："我真要昏倒了！"听了这话，卡普尔轻松地回答了一句："我看那样很好。"会场上爆发出一阵难得的笑声，那位女董事也笑了。紧张的气氛随之缓和下来。卡普尔用恰当的口吻把近似对立的讽刺转化为幽默的力量，同大家一起渡过了紧张的时刻，稳定了众人激动的情绪，换来了大家的理解和信任。

② 委婉否定法。谈判者在批评、反驳对方时，用委婉含蓄的话来表达，这就是委婉否定法。委婉否定法巧用逻辑概念，让被批评、反驳的对方失而有得，买卖双方间的这种幽默，使双方关系变得友好协调。

第7章 商务谈判的沟通

 应用实例7-24

在一家饭店,一位顾客吃饭时吃到饭里面有沙子,不得不把它们吐在桌子上,服务员看到后走过来,抱歉地说:"尽是沙子吧?"顾客摇摇头说:"也有米饭。"顿时,两人都笑了。顾客从米饭中吃到沙子,本来也有想批评的意思,可是,他委婉地通过"也有米饭"!否定了服务员"尽是沙子吧"之说,消除了服务员的尴尬和不安心理,顾客的宽容反而令服务员觉得更应该提高服务质量。

③ 曲解法。曲解法是指在谈判中,对某些词语的意思有意曲解,以造成幽默诙谐的语言特色,从而增添轻松愉快的谈判气氛。如对有些批评性话语,有意曲解,使对方乐于接受批评意见。某君陪女友买裙,连挑3件都不称心,又要挑第4件。售货员不高兴了,嘀咕起来。某君心平气和地说:"不是说'百问不烦,百挑不厌'吗?这才第4次呢,离100次还差96次,远远还没有达到规定指标。"售货员回答:"你挑百次,我们还做不做生意?""哪能呢,挑100次,我们自己先累死了。哎,建议你们把服务公约改为'十挑不厌',我们顾客没有精力完成100次。"售货员忍俊不禁,双方化争执为一笑。

④ 情景法。失言后立即根据所言对象,制造某种情境,形成幽默,可使你摆脱遭反击的境地。例如,里根在记者招待会上,时而把国名说错,时而把人名说错,一次,他把"巴亚"说成"玻利维亚"。当记者提醒他时,里根立即改口,说:"很抱歉,因为我刚访问过玻利维亚。"惹得记者哄堂大笑,事实上他根本没有访问过玻利维亚。

⑤ 语境隐含法。有时候,在一定的语言环境中,一个语句可以提供其本身不能提供的信息,这种信息一般称为"言外之意"。恰当地运用言外之意来表述自己的思想,往往能收到极佳的效果。一个售货员向顾客推销鞋子,他说:"请拿这一双吧,先生。它的寿命将和您的寿命一样长。"顾客一听,微笑着说:"我不相信我这么快就会死。"在这个语境中,顾客的话隐含着一个这样的判断:"你的鞋子不耐穿。"但这个判断并不是"我不相信我这么快就会死"本身所含的,而是在当时的语境下产生的言外之意,顾客以这种委婉又富有幽默的方式来表述批评意见,不仅表现出其自身较高的素养,而且使得对方无法辩解。

7) 赞美的技巧

(1) 赞美的作用。在商务谈判中,人们总结了一条行之有效的方法,即真诚地赞美,即诚挚而又不虚伪地赞扬对方,显示出对方的重要性。谈判中,对方受到赞美和褒奖,心情愉快,神经兴奋。此时,对方最容易表现出宽宏大度,豁达开朗,而不至于在一些细节上斤斤计较,争执不休。

美国学者戴尔·卡耐基在《人性的弱点》一书中曾有这样的评判:"要想不引起憎恨又不伤害感情而达到预期的目的,第一个信条是从正面称赞着手。"关于赞美的作用,美国著名作家马克·吐温甚至这样说:"仅凭一句赞美的话语就可以活上两个月。"

一般来说,赞美的话人人爱听,或许这可以算作是人性的一个特点。人们得到赞美,都会表现出心情愉快,信心大增,自身受到肯定的同时也容易对称赞者产生好感。在谈判中恰当地运用"赞美"这一语言表达形式,会对缩短谈判双方的距离,密切彼此的关系,进而在心灵上沟通打下很好的基础。

应用实例 7-25

美国华克公司在费城承包修建一座办公大厦,开始时每个项目进行得都很顺利,但当整个工程就要进入装修阶段时,突然一个负责供应内部装饰用铜器的承包商宣布他的工厂无法如期交货。这样一来,整个工程就要受到影响,如果不能按时完工,华克公司将承担巨额罚金。一次次的电话交涉毫无结果,华克公司只好派高伍先生前往纽约与该工厂负责人谈判。

高伍一走进那位承包商的办公室,就微笑着开始赞美对方:"你知道吗?在布洛克林区,有你这个姓氏的人只有你一个。"

承包商感到很意外:"不,我并不知道。"

高伍说:"哈!我一下火车就查阅电话簿,想找到你的地址。结果巧极了,有你这个姓的只有你一个人。"

"我一向不知道。"承包商很高兴,"嗯,不错,这是一个很不平常的姓。"他有些骄傲地说:"我这个家族从荷兰移居纽约,几乎有两百年了。"接着他开始谈论他的家庭和祖先。当他说完之后,高伍就称赞他居然拥有一家这么大的工厂,并且告诉他:"这是我所见过的最清洁的一个铜器工厂。"承包商听了之后更加高兴:"这是我花了一生的心血建立起来的一项事业,我为它感到骄傲。"他表示愿意带着高伍先生参观他的工厂。

在参观过程中,高伍一再称赞承包商的工厂组织制度健全、机器设备新颖。这位承包商高兴极了。他声称这里有一些机器还是他亲自发明的呢!高伍马上又向他请教那些机器如何操作?工作效率如何?到了中午,承包商坚持要请高伍先生吃饭,他说:"到处都需要铜器,但是很少有人对这一行像你这样感兴趣的。"到此刻为止,高伍一字也没有提及此次来访的真正目的。

吃完午餐,承包商说:"现在,我们谈谈正事吧。自然,我知道你这次来的目的,但我没有想到我们的相会是如此愉快。你可以带着我的保证回到费城去,我保证你们所要的材料如期运到。我这样做会给另一笔生意带来损失,不过我认了。"

就这样,高伍轻而易举地获得了他所需要的东西。那些铜器及时运到,华克公司按期完成了办公大厦的施工。这其中不能不说高伍纽约之行的赞美技巧立有汗马功劳。

(2) 赞美的原则。虽然赞美的话人人爱听,可并不是人人都会说赞美的话。说不到点子上的赞美,会让对方感觉你是在敷衍他,戏弄他,甚至嘲讽他,会对赞美者产生强烈的反感。因此,运用赞美的语言技巧一定要遵循以下几点原则。

① 赞美要独到。在赞美他人时,要找出他与众不同的值得称赞的优点与长处,而不一定是众所周知的。

每个人都有自己的优点和长处,许多人还取得了令人瞩目的事业上的成功。如果赞美一些众所周知、显而易见的东西,很难打动对方。如果能够找出那些不为人知,但他本人对此却很有信心的部分加以肯定和赞美,对方一定会喜在心头。如同上述案例中高伍夸赞承包商的姓名别致一样,这种赞美很快就会赢得被赞美者的认同。

他人与众不同的值得赞美的优点和长处,并不一定必须是那些令人瞩目的成就。有时,一个人有些毫不起眼的优秀品质,也许他自己也觉得"不足为道",或者连他自己都还没有意识到,如果你能挖掘出来,并对他说明,往往会令对方更为高兴,很容易把你引为知己。所以,永远不要因为对方的长处太微不足道而不去夸奖。

一位将军英勇善战,一次他带兵出征,又大获全胜,凯旋归国。人们争相赞美他:"您真是伟大杰出的军事家!"这种话听得多了,他根本无动于衷。有一位官员却与众不同,他只对将军轻轻地说了一句:"啊!好美!啊!将军,您的胡子好美啊!"这位将军大为高兴,立刻把这个人提为幕僚。

可以说,那些世人皆知的优点和长处,由于被赞扬了很多次,已经成为公式化的东西,根本不可能引起被赞美者的喜悦。而出其不意被人点出自己浑然不觉的长处,那种喜悦才是真正的、新鲜的,才会产生效力。

② 赞美要真心。在赞美他人时,要出于诚意、发自内心地称赞,而不可矫揉造作、言不由衷。发自内心出于诚意,这是赞美与阿谀奉承的根本区别。如果对方在某方面表现并不突出,却一味违背事实地夸赞,那只能让人觉得肉麻。虽然把赞美他人当作谈判的一种策略,使得这种赞美有了功利性,但是在运用这种语言技巧时,一定不可以虚情假意、勉强做作,应该诚恳地、认真地、发自内心地热情称赞。只要是真心的,那么即使你的赞美有些不妥或言不及义,也会产生不错的效果。

③ 赞美要依据事实。在赞美他人时要依据事实,在事实基础上发现对方值得赞美的东西,这样赞美的人可以真心诚意地表达溢美之词,而被赞美的人也会被你的真心赞美所打动。有的人却不根据事实,极尽阿谀奉承之能事,没有边际地堆砌好听的话,让稍有自知之明的人都会感觉肉麻,直至反感,这样赞美就起不到应有的作用了。

 应用实例 7-26

在一次特意为爱因斯坦举行的舞会上,美国各地社会名流不停地赞扬吹捧爱因斯坦,这令爱因斯坦非常反感。当肉麻的吹捧升级为热闹的胡说时,爱因斯坦再也忍受不住了,他拍着沙发站了起来,愤怒地说:"谢谢你们对我的赞扬!如果我相信这些赞扬出自真诚的内心,我应该是个疯子。但我不是个疯子,所以我不相信!我也不愿意再听到你们这些令人作呕的赞誉!"过分的不实事求是的赞扬终于惹怒了清醒的爱因斯坦,这些赞扬没有起到应有的作用,反而令美国名流们大丢面子。

④ 赞美要具体。在赞美他人时,要具体指出值得你赞美的证据,而不可笼统概括。

笼统地赞美他人,会使你的赞美大打折扣,"你这人真好"、"你是一个出色的领导"或"你工作得不错"之类的话,由于没有讲出证据而缺乏令人信服的因素,别人听了可能会产生误解、窘迫甚至反感。如果你能用具体的语言去赞美对方,就证明你非常了解对方,敬重他的长处。这样,你的赞扬也显得很真切、很实在,而对方也会因此而接受你的赞美。所以,要赞美他人千万不可笼统概括,必须具体指出你所喜欢的对方的言行、这些言行给你带来的帮助以及你对这些帮助的感受。

⑤ 赞美要明确。在赞美他人时,切不可吞吞吐吐、欲言又止,要爽快、大方、自然。很多人受中华民族传统思想的影响,不习惯当面对别人进行称赞。人们认为当面赞美人就是拍马屁,所以即使是出自真心地想称赞别人,话出口时也总是很害臊的样子,吞吞吐吐,欲言又止,影响了赞美的效果。其实,赞美和拍马屁是完全不同的两回事,拍马屁者口是心非,无中生有,不顾现实,无限拔高,令人作呕。夸奖他人的同时,这些拍马屁的人完全丢掉了自己的人格和良心。真正的赞美不是违心的,而是发自内心的对他人某种长处的肯定。每个人在生活和工作中都有其各自不同的成就,有其引以为自豪的东西,有值得别人学习和敬重的地方。真诚的赞美就是把对一个人的长处的敬重之情如实地表达出来。这丝毫不会违背自己的良心、降低自己的人格,相反,我们的心灵还会因此得到美的陶冶。

如果在赞美别人时不好意思,欲言又止,会让对方觉得你在捉弄他,这样的赞美并没有起到预期的效果,还是不说为好。

运用真诚赞美法进行商务谈判要特别注意感情的真实和言语的恰当。虚情假意不但不能引起对方感情上的共鸣,相反还可能被对方认为是对他的讥讽和嘲弄。言过其实,无限拔高,极容易使对方觉得你别有用心,阿谀奉承。例如,某博物馆打算在巡回展览文物之时,代厂家做些广告宣传。一馆员到某服装厂,与厂长进行了几轮对话之后,特意指着橱窗内的服装说:"这些服装,款式新颖,美观大方,我们代为宣传,一定顾客盈门,畅销全国。"语音刚落,厂长无不嘲讽地说:"可惜你在博物馆不懂行情,这里存放的是远远落后于潮流的服装,目前畅销的是别的服装了。"这位馆员不但没有拉到广告业务,相反被弄得十分尴尬。由此可见,如果不顾及实情,盲目赞美,就激发不起对方的愉悦感情,达不到预期的谈判目标。

8) 激将的技巧

(1) 激将的作用。激将就是用语言刺激对方,激发对方的某种情感,使其下决心去做某种我方希望他去做的事。谈判中可通过激将法来调动对方的积极性,引起对方的谈判兴趣,进而达成理想的协议。激将法有正面激励和反面激励之分。

在人的感情世界里,大都潜藏着一种自尊好胜、虚荣之心。这种情感,如果得到他人的尊重激励,将原来潜藏着的自尊好胜的情感激发出来,就会给人鼓舞,使之奋进。正面激励就是为了使对方接受自己的意见、主张,事先并不直截了当地点明要害,而是先用典故、比喻或其他生动的事例开场,从调动对方的情绪入手,而后顺情释理,让对方形成浓厚兴致或由此而触类旁通,最终接受我方的主张。谈判之中的循循善诱、借喻明理,以情义促使对方行动等手法,实际上就是语言表达上的正面激励。

通常人们所说的激将法大多是指反面激励,即当使用开导与说服的方法无法将对手被压抑的自尊心、荣誉心唤起的时候,有意识地运用反面的刺激性语言,"将"他一军,使对手在反面激励的状态下产生新的兴奋,发奋努力,从而实现激将者的目的。这种以刺激自尊心为目标的语言表达艺术,往往能产生超常的效果。在谈判中,当对方态度冷淡,表现消极时,这是可以考虑采用的一种手法。

(2) 激将的原则。激将的原则有以下几点。

① 使用激将法,一定要以对对方的充分了解为前提。

如果没有对对方的充分了解,就找不到对方的缺陷和不足,更抓不住去刺激对方的事实。

 应用实例 7-27

某橡胶厂进口了一套先进的胶鞋生产设备,由于原料与技术力量不能与之配套,这套设备被白白搁置了3年。新厂长上任后决定要将此设备转卖给另一家橡胶厂。他事先了解到该厂厂长年轻气盛,非常自负,好胜心极强,从不甘心示弱,还听说他常以拿破仑自喻,不相信有什么办不到的事。于是,这位新厂长决定在谈判中运用激将法。

谈判开始时,新厂长首先谈了前一次参观对方工厂的感受,借称赞对方管理水平的机会大大夸奖了对方厂长一番。对方厂长非常高兴。当话题转到转卖生产设备上,新厂长说:"贵厂现有生产设备在国内是可以的,至少三五年内不会有什么大问题。关于转卖设备之事,昨天我透露过这个想法,但在贵厂转了一

第7章 商务谈判的沟通

天以后，想法有所改变。"对方厂长急问："为什么？"新厂长答道："我有两个疑问，一是贵厂是否有购买这套设备的实力；二是贵厂能否找到管理、操作这套设备的技术人才。所以，我不敢确信把设备卖给你们，你们就能在3年内大展宏图。"

对方厂长听了这番话，觉得大受轻视，他用炫耀的口气介绍了自己厂的经济实力和技术力量，竭力表明他们有能力购买并管理操作这套设备。恰恰这些正是新厂长所想要达到的目的。最后，双方以卖方原设想的价格顺利成交，卖方的激将法收到了应有的效果。

② 运用激将法要注意因人而异，要摸透对方的性格脾气、思想感情和心理。

对于自卑感强、谨小慎微、性格内向的人，不宜使用此法，因为这些人会把那些富于刺激性的语言视作奚落和嘲讽，因而消极悲观，丧失信心，甚至产生怨恨心理。对于那些老谋深算、富于理智的"明白人"，也不宜使用这一方法，因为他们不会被各种刺激性语言引导着情感而轻易就范。谈判者在使用激将法时还要掌握好刺激的火候，火候太小，语言不痛不痒，激发不起对方的情感波动；火候太大，会造成过大的心理压力，诱发出逆反心理，对方反而会更加一味地固守其本来的立场和观点，使我方一无所获。

7.2.2 行为沟通

据研究，高达93%的沟通是行为的即非语言的，其中55%是通过面部表情、形体姿态和手势传递的，38%通过音调传递的。人们把借助于行为进行沟通的非语言称为人体语，又称身势语，是利用身体动作来传递信息的一种非语言沟通手段。

行为沟通包括那些不特别用于代表某种"信号"的所有身体运动，不但显示身体的移动或完成某种动作状态，而且泄露与此动作有关的其他信息，如吃喝、挥手、接吻、跺脚等，都具有功能上和沟通上的双重意义。

在商务谈判活动中，人体语是人们进行沟通的最常见的一种形式，因此，学会观察人体语是顺利沟通的保证。

1. 行为沟通的语言

1) 面部表情

1957年，美国心理学家爱斯曼做了一个实验，他在美国、巴西、智利、阿根廷、日本5个国家选择被试者，他拿一些分别表现喜悦、厌恶、惊异、悲惨、愤怒和惧怕6种情绪的照片让这5个国家被试者辨认。结果，绝大多数被试者"认同"趋于一致。实验证明，人的面部表情是内在的，有较一致的表达方式。因此，面部表情多被人们视为是一种"世界语"。在面部表情中，应该特别注意眼、脸部肌肉、眉的变化。

(1) 目光语。目光语主要由视线接触的长度、方向以及瞳孔的变化3个方面组成。

① 视线接触的长度是指说话时视线接触的停留时间。视线接触的长度，除关系十分亲密者外，一般连续注视对方的时间为1～2秒钟以内。与人交谈时，对方视线接触你脸部的时间应占全部时间的30%～60%，超过这一平均值的人，可认为对谈话者本人比对谈话内容更感兴趣，而低于这一平均值的人，则表示对谈话内容和谈话者本人都不太感兴趣。不同的文化对视线接触的长度是有差别的。在中东一些地区，相互凝视为正常的交往方式。在澳大利亚的土著文化中，避免眼睛接触是尊重的表示。当然，在大多数的国家里，特别

是在英语国家里,沟通中长时间地凝视和注视及上下打量,被认为是失礼行为,是对私人占有空间或个人势力圈的侵犯,往往会造成对方心理上的不舒服。但并不是说在跟他们谈话时,要避免目光的交流,事实上,英语国家的人比中国人目光交流的时间长而且更为频繁。他们认为,缺乏目光交流就是缺乏诚意、为人不实或者逃避责任,但也可能表示羞怯。

② 视线接触的方向很有讲究。说话人的视线往下(即俯视),一般表示"爱护、宽容";视线平行接触(即正视),一般多为"理性、平等"之意;视线朝上接触(即仰视),一般体现"尊敬、期待"的语义。

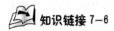知识链接 7-6

千差万别的眼神习俗

瑞典人交谈时,喜欢你看着我、我看着你。

英国人交谈时,很少相互对视,彼此不许总盯着对方看。

美国西南各州的那发赫人一般不打量对方,他们认为,向对话人投射目光,是不文明的举动。

南美印第安人互相攀谈时,眼睛必须东张西望。

日本人在闲谈时,喜欢看对方的脖子。如直截了当盯着对方的脸,他们会感到不自在,认为是不礼貌的举动。

地中海诸国的人们,认为呆滞的目光是不吉祥的,是会给人带来灾祸。

希腊人交谈时,不准久久凝视别人。在希腊,这是一条不成文的法律和沿袭已久的民族禁忌。

阿拉伯人交谈时,一定要看着对方的眼睛。这在他们看来是起码的礼貌,如果目光旁落,则是侮辱他人的行为。

③ 瞳孔的变化是指接触时瞳孔的放大与缩小。瞳孔的变化是非意志所能控制的。在高兴、肯定和喜欢时,瞳孔必然放大,眼睛会很有神;而当痛苦、厌恶和否定时,瞳孔会缩小,眼睛会无光。

眼睛是心灵的窗户,目光的接触也是灵魂的接触。读懂对方的眼神,也就是读懂了他的内心。

(2) 眉与嘴。眉毛与嘴巴的各种反映及其动作如下。

① 眉毛也可以反映许多情绪。当人们表示感兴趣或疑问的时候,眉毛会上挑;当人们赞同、兴奋、激动时,眉毛会迅速地上下跳动;处于惊恐或惊喜的人,他的眉毛会上扬;而处于愤怒、不满或气恼时,眉毛倒竖;当窘迫、讨厌和思索的时候,往往会皱眉。

② 嘴巴的动作也能从各个方面反映人的内心。嘴巴紧抿而且不敢与他人目光相接触,可能心中藏有秘密,此时不愿透露;嘴巴不自觉地张着,并呈倦怠状,说明他可能对自己和对自己所处的环境感到厌倦;咬嘴唇,表示自我解嘲和内疚的心情;当对对方的谈话感兴趣时,嘴角会稍稍往后拉或向上拉;嘴角向下拉,表示出不满和固执。值得注意的是,在英语国家,用手遮住嘴,有说谎之嫌。中国人在对人讲话时,为了防止唾沫外溅或口气袭人,爱用手捂住嘴,很容易使英语国家的人认为他们在说谎话。

第 7 章 商务谈判的沟通

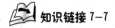

吸烟动作传达的信息

吸一口烟后，将烟向上吐，则往往表示积极、自信，因为此时伴随吐烟动作的身体上半部的姿势，也是向上昂起的。而当将烟朝下吐时，则表示情绪消极、意志消沉、有疑虑，因为此时身体上半部的姿势是向下的，有"垂头丧气"的效果。

烟从嘴角缓缓吐出，给人一种消极而诡秘的感觉，一般反映出吸烟者此时的心境与思维比较曲折复杂，力求从纷乱的思绪中清理出头绪来。

吸烟时不停地磕烟灰，表明内心有冲突或不安的感觉。此时，吸烟已不是一种生理需要，完全成了吸烟者减缓和消除内心冲突与不安的一种道具。因为人的内心冲突和不安往往使人手足无措，通过不停地磕烟灰这个动作，可以使人有事可做，从而转移了这种冲突与不安。

烟灰烧了很长，却很少去抽一口，表明在紧张思考或等待紧张情绪的平息。这种情况通常是吸烟人大脑在专注于某个问题的思考，而暂时忘记了吸烟一事。

点燃香烟后，没抽几口即把烟掐掉，表明其想快速结束谈话，或已下决心要干一件什么事情。掐掉烟是为了不让吸烟来分散其精力，干扰其刚刚决定的事情的进行。其实，吸烟本身可能不会给他带来什么干扰，这样做却暴露了其内心的活动。

斜仰着头，烟从鼻孔吐出，表现出一种自信、优越感，以及一种悠闲自得的心情。通过斜仰着头这一动作，主动地拉开了与谈话对象及其目光交流的距离，从而体现出吸烟者内心那种自信、优越和悠闲自得的心态。

资料来源：杨晶. 商务谈判. 北京：清华大学出版社，2005.

(3) 倾听与反应。

① 倾听的含义。有人说："沟通首先是倾听的艺术。"

倾听并不是仅听对方所说的词句，还应注意其说话的音调、流畅程度、选择用词、面部表情、身体姿势和动作等特种语言及非语言的行为。倾听包括注意整体地和全面地理解对方所表达的全部信息，否则会引起曲解。倾听是不容易做到的，据估计只有10%的人能在沟通过程中注意倾听。倾听必须是人主动参与的过程，在这个过程中，人必须接收、理解、思考，并做出必要的反馈。

② 倾听的目的。倾听是自幼学会的与别人沟通的一个组成部分。其保证人们能够与周围的人保持接触。一般来说，人们倾听：一是为了获得事实、数据或别人的想法；二是为了理解他人的思想、情感和信仰；三是为了对听到的话语进行选择；四是为了肯定说话人的价值。

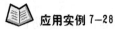

一年夏天，美国谈判专家霍伯·柯恩先生在担任一项产品的推销任务时，同某工厂的一位领班聊天。这位领班随意地告诉柯恩说："我用过各公司的产品，可是只有你们的产品能通过我们的试验，符合我们的规范。"他还不经意地提到："你说，我们下个月的谈判，要什么时候才能有结果呢？我们厂里的存货快用完了。"

由于柯恩专心倾听，从工厂领班漫不经心的谈话里至少了解到这样两条信息：一是，柯恩所推销的产品在领班所在的工厂里声誉很高，反映很好，和同类的其他产品比较有明显的优势。因此，在同该公司的

335

采购经理谈判时，柯恩将有比较强的实力。二是，从谈判的主动权来看，领班所在工厂的存货快用完了，他们急切地盼望着与柯恩谈判能早日结束，以使工厂的生产不至于因为缺乏原材料而受到影响，因此，工厂方面有较大的时间压力。而柯恩则可以根据他掌握的这个信息，提高谈判的条件和要求，不慌不忙地讨价还价，使自己的谈判目标和利益得到最大限度的满足。正因为如此，当他与这家工厂的采购经理面对面地进行谈判时，柯恩取得了巨大的成功。

资料来源：张晓豪，焦志忠. 谈判控制. 北京：经济科学出版社，1995.

③ 倾听的态度。通过倾听，人们不仅听到对方所说的话语，而且感受不同的声音、声调、音量、停顿、语速等，这些也是倾听过程中不可忽视的元素。例如，说话人适当的停顿，会给听话人一种谨慎、仔细的印象；而过多的停顿，则给人一种急躁不安、缺乏自信或不可靠的感觉。人们也能从说话的音量中区别出愤怒、吃惊、轻视和怀疑等讲话人要表达的态度。

倾听人应表现出对讲话人尊重，承认其潜在价值的态度来接收讲话人的信息；注意讲话人的话语和行动；注意并投入地倾听；跟随讲话者思路；反馈给讲话人必要的信息，给其必要的鼓励、尊重。

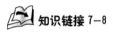
知识链接 7-8

影响倾听的障碍

(1) 大部分人认为只有说话才是表达自己、说服对方的唯一有效方式。
(2) 先入为主的印象妨碍了人们耐心倾听对方的讲话，如某人看法不好等。
(3) 急于反驳对方的观点。
(4) 因一些其他事情而分心。
(5) 有时想越过难以应付的话题，如太技术性的或者过于详细的话题。
(6) 在所有的证据尚未拿出以前，轻易地做出结论。
(7) 急于记住每一件事情，结果重要的事情反而没注意到。
(8) 常常主观地认定谈话没有实际内容或没有兴趣，不注意倾听。
(9) 忽略某些重要的叙述，因为它是由我们认为不重要的人讲出来的。
(10) 人们常常会摒弃自己不喜欢的资料。
(11) 定式思维方式阻碍人们去很好地倾听。

④ 有效倾听的技巧。

a. 保持良好的精神状态。在许多情况下，之所以不能认真倾听对方的讲话往往是由于肌体和精神准备的不够，因为倾听是包含肌体、感情、智力等综合性的活动。在情绪低落和烦躁不安时，倾听效果绝不会太好。

b. 创造良好的倾听环境。在与别人交谈时要排除有碍倾听的环境因素，如尽量防止别人的无谓打扰及噪声干扰等。良好的倾听环境应包括安全的环境、适当的地点、合适的时间等。

c. 建立信任关系。信任是沟通的前提，在双方关系紧张的情况下，双方不会真诚地传递宝贵的信息。

d. 明确倾听目的。倾听的目的越明确，就越能够有效利用它。事先的充分准备能促使人们积极参与沟通，并能取得显著效果。

e. 使用开放性动作。人的身体姿势会暗示出他对谈话所持的态度。自然开放性的姿态，代表着接收、容纳、尊重与信任。根据达尔文的观察，交叉双臂是日常生活中人们普遍采用的姿势之一，其姿势优雅，富于感染力，使人信心十足。但这常常转变为防卫姿势，当倾听意见的人采取此姿势时，大多是持保留的态度。

f. 给予必要的响应。用各种对方能理解的动作与表情，表示自己的理解，如微笑、皱眉、迷惑不解等表情，可给讲话人提供准确的反馈信息以利于其及时调整；还应通过动作与表情，表示自己的感情，以及对谈话和谈话者的兴趣。

g. 适时适度的提问有利于搞清楚自己没有倾听到的事情，同时也利于讲话人更加有重点地陈述、表达。

在倾听中灵活运用开放式问题和封闭式问题。其作用各有千秋，开放式提问气氛缓和，可自由应答，可以作为谈话中的调节手段，松弛一下神经。另外，开放式问题可作为正式谈话的准备，如"最近怎样？"然后很快开始实质问题的交谈。比较而言，封闭式提问使用机会更多，其优点是可以控制谈话及辩论的方向。有时，当讲话人讲些泛泛的话题时，倾听者可以用一些提问来控制其谈话内容，但应注意，尽量少用封闭性提问，以防止自己显得锋芒毕露。可以两种方式综合运用，以求最佳效果。

⑤ 反应。反应是将对方的部分或全部沟通内容反述给他，使对方通过你的反述而对他的讲话和表现重新进行评估和做出必要的澄清。反映需要一定的技巧，除了仔细倾听和观察对方情感(非语言性表现)外，还要选择最能代表其含义的具有情感的词句，应避免使用固定的词句，如"你是觉得……"而应用些引导性的谈话，如"你看起来好像……"或"据我理解，您所说的是……"

为了有效地运用反应技巧，谈判人员必须掌握大量的有关情感方面的词汇。

2) 肢体语言

肢体语言主要指四肢语言，它是人体语言的核心。通过对肢体动作的分析，可以判断对方的心理活动或心理状态。

(1) 手臂语。手臂语大体有以下几种。

① 站立或走路时，双臂背在背后并用一只手握住另一只手掌，表示有优越感和自信心。如果握住的是手腕，表示受到挫折或感情的自我控制；如果握住的地方上升到手臂，就表明愤怒的情绪更为严重。

② 手臂交叉放在胸前，同时两腿交叠，常常表示不愿与人接触；而微微抬头，手臂放在椅子上或腿上，两腿交于前，双目不时观看对方，表示有兴趣来往。

③ 双手放在胸前，表示自己诚实、恳切或无辜；如果双手手指并拢放置于胸前的前上方呈尖塔状，则通常表明充满信心。

④ 双臂向两侧平伸，上下拍打，一般表示飞。但是在英语国家这一动作也暗指标致的女郎或男子同性恋者。

(2) 手势语。手势是身体动作中最核心的部分。在人们的日常生活中，有两种最基本的手势，手掌朝上，表示真诚或顺从，不带任何威胁性；手掌朝下，表明压抑、控制，带有强制性和支配性。在日常沟通中其他常见的手势还有下面几种。

① 不断地搓手或转动手上的戒指，表示情绪紧张或不安。

② 伸出食指，其余的指头紧握并指着对方，表示不满对方的所作所为而教训对方，带有很大的威胁性。

③ 两手手指相互交叉，两个拇指相互搓动，往往表示闲极无聊、紧张不安或烦躁不安等情绪。

④ 将两手手指架成耸立的塔形，一般用于发号施令和发表意见，而倒立的尖塔形通常用于听取别人的意见。

⑤ 在英语国家，人们喜欢将两手的食指和小指向下比划，意思是所谓的、自称的或是假冒的。在表示讥讽某人时，也常用这个动作。

手势可以是各民族通用的，如摇手表示"不"。手势也会因文化而异，如在马路上要求搭便车时，英、美、加等国人是面对开来的车辆，右手握拳，拇指翘起向右肩后晃动。但在澳大利亚和新西兰，这一动作往往会被看成是淫荡之举。此外，不同国家、民族手势使用的频率也不一样。美国人、北欧人对手势的使用比较节制，而中东人、南欧人和南美人使用得比较多。

总之，手势语不仅丰富多彩，甚至也没有非常固定的模式。出于沟通双方的情绪不同，手势动作各不相同，采用何种手势，都要因人、因物、因事而异。

(3) 腿部语言。腿部语言有下面几种。

① 站立时两腿交叉，往往给人一种自我保护或封闭防御的感觉；相反，说话时双腿和双臂张开，脚尖指向谈话对方，则是友好交谈的开放姿势。

② 架腿而坐，表示拒绝对方并保护自己的势力范围；而不断地变换架脚的姿势，是情绪不稳定或焦躁、不耐烦的表现；在讨论中，将小腿下半截放在另一条腿的上膝部，往往会被人理解为辩论或竞争性姿势；女性交叉上臂并架脚而坐，有时会给人以心情不愉快甚至是生气的感觉。

③ 笔直站立，上身微前倾，头微低，目视对方，表示谦恭有礼，愿意听取对方的意见。

④ 坐着的时候无意识地抖动小腿或脚后跟，或用脚尖拍打地板，表示焦躁、不安、不耐烦或为了摆脱某种紧张感。

3) 体触语言

体触是借身体间接触来传达或交流信息的行为。体触是人类的一种重要的行为沟通方式，其使用的形式多样，富有强烈的感情色彩及文化特色。体触语能产生正、负两种效应，其影响因素有性别、社会文化背景、触摸的形式及双方的关系等。由于体触行为进入了最敏感的近体交际的亲密距离，容易产生敏感的反应，特别在不同的文化背景中，体触行为反映不同的内容与含义，因此，在沟通中要谨慎地对待。

4) 物体语言

物体语言是指通过摆弄、佩戴、选用某种物体来传达某种信息，呈现不同的姿势，反映不同的内容与含义。物体语言实际上也是通过人的姿势来表示信息。

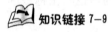 知识链接 7-9

物体语言的内容与含义

(1) 手中玩笔，表示漫不经心，对所谈的问题无兴趣或不在乎。

(2) 慢慢打开笔记本，表示关注对方讲话；快速打开，则说明发现了重要问题。

(3) 摘下眼镜，可能反映出精神疲惫或对争论的问题厌倦。

(4) 轻轻拿起桌上的帽子，暗示要结束这轮谈判。

(5) 不停地吸烟，表示伤脑筋；深吸一口烟后，可能是准备反击。

(6) 双手将桌子上的谈判资料一推，眼睛朝下，或扭头往别处看，口中吐一口气，微微晃动脑袋，表示不满。

(7) 男士拿着打火机，做全神贯注的样子观看火苗，女士则拿出随身带的化妆小镜，左顾右盼，理衣弄发，做准备结束的架势，表示很厌烦，急着要离开。

(8) 突然停住记笔记，目光有神地盯对方一眼，将手中笔一扔并将所记的纸一撕等，表示愤怒。

(9) 双眼注视对方，时而转动眼珠向下或凝视一下，手不停地像在记录对方的讲话，表示关注和思考问题。

资料来源：周琼，吴再芳. 工商务谈判与推销技术. 北京：机械工业出版社，2005.

 应用实例 7-29

无声语言的作用

一家金融公司举行董事会议，十二名董事围坐在椭圆形的会议桌前激烈地讨论着。有十一名董事面前摆着纸和笔，而另外的一位呢？除了纸笔外，还堆满了一叠叠的文件资料，每一叠几乎都厚达十公分。董事们对该次会议的中心议题——有关公司经营方针的变更，大家均踊跃发言，各抒己见，一时之间，争论四起，难作结论。在混乱中，那位携带了大批文件资料的董事，却一直保持沉默，而每一位起来发言的董事，都会不约而同地以充满敬畏的眼光，向那堆文件资料行注目礼。待在座人士都发言过后，主席遂请那名似乎是有备而来的董事说几句话。只见这位董事站起来，随手拿起最上面的一份资料，简要地说了几句话，便又坐了下来。之后，经过一番简短的讨论，十一名董事均认为那最后发言的董事"言之有理"，而一致同意他的意见，纷乱而冗长的争论遂告结束。

散会之后，主席赶忙过来与这位一锤定音的董事握手，感谢他所提供的宝贵意见，同时也对其为收集资料所下的工夫表示敬意。

"什么？这些文件资料和今天开的会根本是两回事！这些东西是秘书整理出来的，先交给我看看，如果没有保存的必要，就要烧毁了。而我正打算开完会便外出度假，所以顺便把它们也带到了会场。至于我发表意见时手上拿的字条，不过是刚刚边听各位发言边随手记下的摘要。老实说，对这一次的会议，我事前根本就没做什么准备。"

平常的董事会议，除了纸笔之外，大家什么也不带。而这一回，突然出现了一名携带了大堆资料与会的董事，除令在座人士惊讶之余，自然也会叫人联想到——他带了这么多参考资料出席会议，想必在事前已做了充分地准备。正因为有这种联想，所以不论这位董事说了些什么，都使大家觉得"有分量"、"言之有理"，从而毫无异议地被采纳了。

2. 行为沟通的控制

1) 树立良好的第一印象

在商务谈判活动中，会遇到形形色色的人，但是留给每个人第一印象的机会只有一次，而这个印象会牢固地印在对方的脑海中，很久不会改变。更重要的是，人们还会从这些第一印象中认定对方还有其他消极的品质，甚至使他没有第二次机会来纠正印象失误。因此，要对非语言行为进行控制，就必须从树立良好的第一印象开始。

(1) 树立自信。人的自我形象来源于其内心，更确切地说是来源于如何看待自己。实现自我和看待自我的方法决定了想要说和想要做的一切。行为方式在很大程度上决定了交流结果。据研究表明，自认为是沉默寡言、不擅长与他人沟通的人，他们的行为方式与那些自认是外向、能较好与他人沟通的人有很大的不同，沟通的结果也不一样。当然，对交流结果影响最大的是自己。如果一个人表现得好像是沉默寡言，不擅长与他人沟通，其他的人也会不自觉地用这种方法对待他。因此，成功沟通的基础是相信自己。有了较强的自信，在任何情形下都会有更多的选择，沟通技巧也将大大地改进。

(2) 穿出品位。人的服饰有着丰富的信息传播功能，其能显示某个人的职业、爱好、社会等级、性情气质、文化修养等。国内外对衣着服饰有一个公认的原则，即 TPO 原则。T(time)指时间、年龄、季节、时代，P(place)代表地点、场所和职业，O(object)指目的、目标和对象。在商务谈判活动中，人们的衣着服饰应兼顾 T、P、O，这 3 个因素，并使之协调一致。即使是便装，除衣服、鞋子和裤子的颜色相协调之外，还应注意同衬衫、围巾、项链在颜色上的搭配。正式场合，对着装有严格的要求。

应用实例 7-30

郑伟是一家大型国有企业的总经理。有一次，他获悉有一家著名的德国企业的董事长正在本市进行访问，并有寻求合作伙伴的意向。他于是想尽办法，请有关部门为双方牵线搭桥。

让郑总经理欣喜若狂的是，对方也有兴趣同他的企业进行合作，而且希望尽快与他见面，到了双方会面的那一天，郑总经理对自己的形象刻意地进行一番修饰，他根据自己对时尚的理解，上穿夹克衫，下穿牛仔裤，头戴棒球帽，足蹬旅游鞋。无疑，他希望自己能给对方留下精明强干、时尚新潮的印象。

然而事与愿违，郑总经理自我感觉良好的这一身时髦的"行头"，却偏偏坏了他的大事。

在该案例中，很显然，郑总经理衣着服饰没有遵循国内外公认的 TPO 原则，致使他不能给对方以良好的第一印象，进而影响了他与对方的合作。

资料来源：陈福明，王红蕾. 商务谈判. 北京：北京大学出版社，2006.

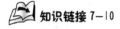
知识链接 7-10

男士着装的注意事项

在商务谈判场合，男士的着装应该穿西装、打领带，衬衫、鞋、袜子的搭配要适宜。杜绝在正式的谈判场合穿夹克衫，或者是穿着西装，却和高领衫、T 恤衫或毛衣进行搭配。

1) 西装的选择

男士的西装一般以深色的为主，避免穿着有花格子，或者颜色非常艳丽的西装。男士的西装一般分为单排扣和双排扣两种。在穿单排扣西装的时候，特别要注意，系扣子的时候，一般两粒扣子的，只系上面的一粒，如果是三粒扣子西装，只系上面的两粒，而最下面的一粒不系。穿着双排扣西装的时候，则应该系好所有的纽扣。

2) 衬衫的选择

衬衫的颜色和西装整体的颜色要协调，同时衬衫不宜过薄或过透，穿着浅色衬衫的时候，在衬衫的里面不要套深色的内衣，领口、袖口露在西装外 1~2 厘米，衬衣袖口不应卷起来。打领带的时候，衬衫上所有的纽扣，包括领口、袖口的纽扣，都应该系好。

3) 领带的选择

领带的颜色和衬衫、西服颜色要相互配合，整体颜色要协调，同时系领带的时候要注意长短的配合，

第7章 商务谈判的沟通

领带的长度应该是正好抵达腰带的上方，或者有一两厘米的距离，最为适宜。

4) 皮鞋的选择

男士在穿西装、打领带这种商务着装的情况下，要配以皮鞋，不能穿运动鞋、凉鞋或者布鞋，皮鞋要每天保持光亮整洁，颜色必须保持和西装的整体颜色相协调。

5) 袜子的选择

在选择袜子的时候要注意，袜子的质地、透气性要良好，同时袜子的颜色必须保持和西装的整体颜色相协调。如果是穿深色皮鞋，袜子的颜色也应该以深色为主，同时避免出现比较花哨的图案。

(3) 体语恰当。据统计，给人们的第一印象约41%来自自己的行为，即来自自己的身体语言。因此各种身体语言都应力求得到一个受欢迎的或职业化的第一印象，在接触的一刹那让对方感受到热情，赢得人们的注意和尊重。

当初次遇到什么人的时候，有时相互握一下手可能会有助于建立一种诚挚的气氛和友好的感觉。但是握手是非常讲究的，握手的力量、姿势和时间的长短都能传递不同的信息。

一般来说，握手有如下3个阶段：

① 走到对方身前时伸出手，面露和善的笑容，表示"见到你很高兴"；② 双目注视对方的眼睛，握着对方的手掌，稍有弹性地上下抖动几下；③ 握手持续时间3～5秒后将手放开。

这些动作虽然看似简单，做的时候却不是那么容易。就拿出手的时机来说，遇到新朋友时，应该主动伸手，表示热情与和善；和男士见面的女士应主动伸手，因为男士拘于传统的礼节，不会冒失地和一位女士握手，女士若主动一些，便能体现她大方、热情的气质。握手在一定程度上可表达一个人是否自信，是否热情，是否尊重别人。

此外，站立的姿态也能体现人的修养、文化水平，以及与他人交往的诚意。如果站立时不能站直，甚至随便地靠在办公室的门旁或办公桌旁，就会给人一种藐视他人的感觉。因此，要让对方感觉到自己的真诚，在姿态上就要保持笔直、端正、自然。另外，一个真诚的微笑能够在对方的心中产生轻松、愉快和可信的感觉，有助于消除由于陌生、紧张带来的障碍。而最动人的微笑，常来自那种遇到某人时发自内心的愉悦。

2) 恰当地把握时空距离

任何沟通总是在一定的时间和空间内进行的，因此，时间和空间也就成为沟通过程不可分割的组成部分，而且人们也总是自觉地利用时空因素来沟通有关信息。

(1) 时间控制。沟通时间的选择，交往间隔的长短，沟通次数的多少，以及赴约的迟早，往往显露出行为主体的品性与态度。一个学生上课经常迟到或早退，老师会认为他学习态度不认真；一位女性和异性约会时，可以让男方稍微等上一段时间，会使对方感到她更加吸引人，更有价值；上司可以故意推迟会见下属的时间，表示对下属的不满和惩罚；一般人可以运用及时答复朋友来信的方式，表示对于友谊的重视。

(2) 空间控制。如果说时间的利用主要是传达行为主体自身方面的信息，那么，空间的利用则主要显示双方彼此间的关系。

美国心理学家罗伯特·索然对个人空间问题做过细致的研究，其研究结果表明，人都有一个把自己圈住的、心理上的个体空间，其就像一个无形而可变的"气泡"，不仅包括了个人占有物(如写字的桌椅等)，还包括了身体周围的空间。一旦有人靠得太近，突破了这个自卫的"气泡"，人们就会感到不舒服或不安全，甚至使人想马上离开。

知识链接 7-11

基于交谈双方的关系及交际的需要的4种空间距离

美国著名人类学家爱得华·霍尔通过对美国中产阶级情况的调查发现，人们在交谈中视交谈双方的关系及交际的需要而保持不同的距离，并根据距离调整音量。人们在他的研究基础上将这种距离分为以下4个区域。

1) 亲密距离

在亲密距离范围内，人们直接相互接触，如母亲和婴儿在一起时。在恋爱关系中以及亲密朋友之间，人们也保持着亲密距离。亲密距离存在于人们可以随意触摸对方的任何时候。

2) 人际距离

西方人把人际距离定位在 0.5~1.2 米之间，认为这是进行非正式的个人交谈最经常保持的距离，这个距离近到足以看清对方的反应，远到可以不侵犯亲密距离。如果我们移到 0.5 米以内，对方可能后退，如果在 1.2 米以外，就有交谈被他人听到的感觉，交谈将会困难。

3) 社会距离

当对别人不很熟悉时，沟通最有可能保持在一定的社会距离内，即 1.2~1.6 米的距离。非个人事务、社交性聚会和访谈都在社会距离中进行。当人们运用社会距离时，相互影响都变得更为正规。

4) 公共距离

公共距离即超过 3.6 米的距离，通常被用在公共演讲中，在这种情况下，人们说话声音更大，手势更夸张。这种距离上的沟通更正式，同时人们互相影响的机会更少。

当然在现实交际中，并不是在所有场合都严格遵守这种规范。界域语所表示的语义，往往受本民族文化的影响。如两个关系一般的西班牙人或阿拉伯人的谈话，他们之间的界域距离就只有 15 厘米，而这种距离会被英、美国人视为是一种侵犯和干扰。因此，在与人交往之前，必须了解双方的界域语，恰当地运用有利于传播的界域手段，使交往者之间有安全感和舒适感。

应用实例 7-3

美国一家石油公司经理几乎断送了一笔重要的石油买卖，关于事情的经过，请听他的自述："我会见石油输出国组织的一位阿拉伯代表，和他商谈协议书上的一些细节问题。谈话时，他逐渐地朝我靠拢过来，直到离我只有 15 厘米才停下来。当时，我并没有意识到什么，我对中东地区的风俗习惯不太熟悉。我往后退了退，在我们两人之间保持着一个我认为是适当的距离——60 厘米左右。这时，只见他略略迟疑了一下，皱了皱眉头，随即又向我靠近过来。我不安地又退了一步。突然，我发现我的助手正焦急地盯着我，并摇头向我示意。感谢上帝，我终于明白了他的意思。我站住不动了，在一个我觉得最别扭、最不舒服的位置上谈妥了这笔交易。"

资料来源：汤秀莲. 国际商务谈判. 天津：南开大学出版社，2003.

此外，在与人进行个别交谈中，座位的选择也很讲究。座位不同，表明关系不同，交谈的效果也会不一样。以办公室桌两边的座位为例，两人分坐桌子一角的两侧，关系友好，交谈气氛亲切，同时有利于观察对方的体态变化，可随时调整话题。当一个人感觉到有威胁时，桌角可以起到屏障的作用。一般与客户谈生意、找领导汇报时会用到这种模式。如果两人同坐在桌子一边时，表明两人的关系亲密，或两人目标一致，地位相等，交谈气氛融洽，容易达成合作协议。在与员工谈心、征求消费者意见时，这一模式有利于沟通。因此，在沟通中，谈判者要根据不同的谈判对象，使用不同的媒体。谨慎地对待空间语言，能够消除大量的紧张、不适和误解。

7.2.3 书面沟通

1. 书面沟通的利弊

书面沟通是借助特定文体进行交流的，根据趋利避害的习惯，人们自然是取其长、弃其短。书面沟通的长处是具有准确性、权威性，比较正式，不受时空限制，信息可以长期保存，便于反复察看、核对，若有疑问，可随时查阅，减少因多次传播、解释而造成的失真。其短处是形成书面文体后，便不易随时修改，有时文字冗长，也不方便阅读；另外，书写、打字、印刷费时费力。但在商务谈判中，人们仍然视书面沟通为正式途径，就因为文书一旦形成，其便具有相对稳定的指导作用、约束作用、交流作用和凭证作用，从而规范人们在商务活动中的行为。

2. 书面沟通的实质

就书面沟通的实质而言，它是信息撰写的过程，其需要对诸如撰写的目的、目标接收者、信息中所要包括的要点以及信息发出的渠道和媒介等方面加以认真的考虑。

1) 了解信息撰写的特性

(1) 写作目的。目的是指你打算实现的目标。假定你打算写一封商务信函，你应首先明了你写这封信的目的。你不妨问问自己：我为什么要写这封信？我写信的目的是为了说服他人采取某种行动，告知他们某件他们所不知道的事情，或者仅仅是使他们感到开心而已？为数不少的人只顾提笔写东西，而不愿首先理顺一下自己的思想。遗憾的是，这种方法是不对的。清楚地了解写作的目的是十分必要的，因为不同的目的要求有不同的写法。例如，有时候写东西是直截了当(比如一个通知)，因为人们希望信息接收者能够明了某些情形或决定；有时给客户或顾客写信，目的是想建立一种良好的形象；还有些时候写信是出于其他的考虑。因此可以说，商务写作对今天的商务谈判人员来讲应该是一种有计划的行动，而不是某种心血来潮的事情。

 应用实例 7-32

亲爱的爱丽丝：

  非常感谢您在我上周四造访时所给予我的时间。我们的谈话是那样的愉快，在我回到办公室后，我还情不自禁地回想着我们的谈话。希望您也同样喜欢我们这次的交谈。

  回来以后，我立刻检查了我们的销售记录，查看了您所要的样式。我跟您说的是对的，这种样式已经售完。但我们习惯的做法是：留下一打以防不时之需。我不知道我们现有的尺寸是否符合您的要求，因为上次谈话时，您并没有告诉我您所需要的尺寸。故而请您来信将您需要的尺寸告诉我。

  假如现有尺寸适合您，我将很高兴地以原价六五折的特价卖给您(每件约合 270 美元)。尽管今天上午另一位客户来电询问与您相同的样式，我还是想先征求您的意见。请尽快将您的决定告诉我。

资料来源：徐宪光. 商务沟通(双语版). 北京：外语教学与研究出版社，2001.

(2) 接收对象。要考虑谁是信件的接收者，即您这封信是写给谁的。你不妨向自己提这样一些问题："我的目标接收者是谁？有多少人？""他们是什么文化背景？""他们的年龄层次如何？""我写的内容他们会感兴趣吗？""怎样才能激发他们的积极性？"等。

对接收者加以分析是必要的，因为这将有助于我们找到适当的写作方式。例如，给业内人士写信与给一般消费者写信不同——前者所用语言应当简明扼要，而后者则将需一些热情语句以资鼓励，而后再运用一些技巧来说明你给他/她写信的原因。

(3) 主要思想。需要考虑的第三个方面是你信中的要点问题。不管要发出什么样的信息，都应该问问自己：所发信息的要点是什么，这些要点真的称得上是"要点"吗，什么是展开要点的适当方法，哪一点在前、哪一点在后，等等。从功能的角度上看，要点构成了信息的核心，因为要点最能够代表你的目的。因此，对你所写的内容一定要有明确的想法。要点的表述有着种种方式。例如，对常规写作来说，用阿拉伯数字一一标出自己的想法是很普遍的做法。你可以使用"首先、其次、最后/最终……的表述方式，这样可以使接收者清楚地了解你的信息中有多少要点。你还可以采用强调的方法，即将有关要点大写或用粗体显示，以引起接收者即刻的注意。要注意要点排列上不要混杂，即不要把主要点与次要点混在一起——主从不分，这会给接收者带来理解上的困惑。因此，在开始列出我们的想法时，比较明智的做法把有关想法比较一下，按主要点的标准来仔细掂量每一个想法，这样做必然会最大限度地降低对这些想法乱做排序的概率。

(4) 渠道和媒介。最后要考虑的是发出信息的渠道和媒介问题。对信息撰写的考虑是重要的，然而对信息发出渠道及媒介的考虑也不可忽略。在你想到这一点时，你应对不同渠道或媒介的不同效果做一比较。

例如，作为一名首席执行官，你有一些重要的决定要宣布，最快捷的做法是通过公司内部网来发布信息，因为你公司的员工查看其电子信箱的邮件已是很普遍的事情。再进一步说，在你的属下接到你所宣布的决定后，你还可以通过内部网得到属下的一些反馈信息。而当你所拟发出的信息较为正式或较为严肃(但并非十分紧急)时，你可采用备忘录或是信函的形式。但如果你所发信息要求有公众效应——如新产品的促销等，你得为它挑选最为恰当的渠道，这可以是电视或电台广告以及一些畅销报刊；你甚至还可以召开新闻发布会，向那些记者和有关人士介绍有关情况。当然你还有其他渠道可供选择，例如直接邮寄有关函件。这样你可以使某一特定信息的效果做到最大化(但与此同时直邮的成本也更高)。

2) 运用技巧来建立主要思想

什么是主要思想？主要思想是指信息中的核心要点。无论我们发出何种信息，也不论信息的长短如何，每则信息里都有一个核心观点(亦可将其称作为"主题")，这就是本书所讨论的"主要思想"。

有人对题目和中心思想产生误解，认为两者是一回事，但实际上两者并不相同——题目是一则信息的标题和总题目，接收者从中可以了解到该信息究竟会涉及哪些内容；主要思想则是对题目做出解释，其为题目的展开奠定了基础。

假定你给总经理送上一份题为"培养'员工忠诚'刻不容缓"的报告，报告的目的是劝最高管理层采取行动，来关心员工们面临的现实问题。报告中的主要思想是对员工的"感情投资"将比那些一般性号召更为有效、更能够创造生产价值。这一点全球通用。

与写上一篇长报告相比，让你的目标接收者了解你的主要思想要容易得多，因为在主要思想的后面有许多次要观点有待于你的概括；此时此刻，建立主要思想已成为一种真正的挑战。正因为如此，人们需要有关的技巧来实现自己的目标。

(1) 建立主要思想的技巧。主要思想从来就不是自然而发，而是靠人建立起来的。因此你得要动足脑筋，把各种各样的可能性都考虑进去，然后你还要在你的目标接收者那里测试你所搜集到的事实和数据等，这样你才有可能找到解决问题的最佳答案。对主要思想的建立有以下建议。

① 随意排列法。"随意排列法"与阿历克斯·奥斯本所创立的"头脑风暴法"类似。你可以用一支记号笔写在一张大纸上，你也可以在屏幕上写——即把涌上心头的无论何种想法用键盘输入计算机里。你可以从任意一点开始，譬如你现实所面临的问题、你的担心、问题的起因和答案、你本人所提建议正反两方面的看法等，这将有助于你发掘自己所有的想法，无论高明与否，并将它们排列在你的面前。这样你可以从两个方面来很好地加以理解，即你个人对建立主要思想理解如何以及你的"头脑风暴"又如何帮助你做到这一点。

② 记者提问法。记者的特点，是从5个W(即何人、何故、何事、何时以及何地)和一个H(怎样)出发，来提出种种问题；这样，他们就能够从特定的人和事那里得到他们所需要的信息；同样的方法适用于主要思想的建立。对那些意在传递信息的信件而言，可以采取那些记者们所采用的方法，即向自己提类似的问题，这将有助于加深对主要思想的理解。

③ 接收者角度的问答法。没有什么能比从接收者的角度提出问题更重要及更实际的做法了。比如说，你可以问自己这样一些问题："你知道他们最关心的是什么？""你在多大程度上能够使你的接收者信服？""什么事情使他们最感困惑？""他们会喜欢我的写作方式吗？""我直接写信给他们是否会使他们感到不快？"等。这些问题给了我们一个反思我们信中所写内容的机会。人们应尽力回答这些问题，直到自己的目标接收者可能提出的所有问题全部回答完毕为止，这样做有益于把注意力放在信息中主要思想的建立上。

(2) 根据篇幅来调节主要思想。除了对建立主要思想的考虑外，另一方面需要加以考虑的是在撰写信息时，主要思想的建立要考虑到函件的篇幅。事实上，人们不可能随心所欲地撰写信函——想写多长就写多长。在大多数情况下，必须按一定的篇幅要求去写作。与此同时，还应考虑到以下因素。

① 主题的特性。当主题不难理解时(譬如周末的安排或是晚会的准备等)，你无需多费笔墨。可是，当主题所涉及的内容复杂或某些概念比较新颖时(譬如酒店管理或是"泰穆歇尔"计划等)，你得对应写内容与该如何去写之间认真构思一番。这样做使你能够确保主要思想得以充分展开。而你的目标接收者将能够对此充分理解。

② 接收者对主题熟悉的程度。接收者对主题熟悉的程度对你的信息准备工作有着较大的影响。假定你打算就产品促销的一些新思路写一份报告。当你了解到接收者中多数人是营销专业人士时，你会将你的准备工作从一般性介绍转向某些具体内容的描述，譬如顾客满意度的问题。由于顾客满意度并不是什么全新的概念，你不妨把注意力集中于在竞争性背景下对顾客满意度的衡量上。

例如，A公司最新的问卷调查表明75%的顾客对A公司产品及其售后服务的质量表示满意，A公司对此项调查结果十分开心。然而B公司却获得了顾客85%的满意度，他们现时的目标，是追求最好——顾客100%的满意度。在这种情况下，A公司在顾客的客源上毫无疑问是输给了B公司，你接下去可以就两家公司所面临的为赢得各自的顾客而展开的激烈竞争提出一些可行的建议，你甚至可将此作为一个案例来征求信息接收者的意见和看法。通过这样的调整，你将原先对你不利的处境调整到对你有利的位置上——你告诉接收者一些新的有参考价值的东西;由于你的接收者多半为营销业内人士,因此他们清楚地知道你报告中的要点所在,以及他们能够从中了解到哪些东西。

3) 如何组织信息

人们每天都可以看到各种各样的信息。但不妨问自己一个问题,什么样的信息我们喜欢看?很可能我们所喜欢的信息带有以下特征。

(1) 事由清楚,目的明确。事由清楚、目的明确,可以省去信息接收者很多麻烦,使他们能够很好地理解信息。当信息是以备忘录或是以信函形式编写时,在其格式的左上方,总是有一行标明为"事由",这使得接收者可以很方便地将该信函归档留作将来参考之用。

然而,有时候有些编写者提笔写信时,根本不提事由一事。在这种情况下,编写者尤其要在信中将其事由写清楚,以便于接收者理解。

(2) 事实和数字与主题和目标紧密相关。如果没有足够的经过编写人仔细挑选的事实及(或)数字,没有什么信息会令人感到信服;然而,事实和数字需要编写人方面作认真的筛选工作。

(3) 想法排列有序,有所需的支撑性信息。编写信息时难办的事情之一,就是把所有想法按逻辑顺序编排,这样使接收者能较容易地从一点转向另一点。可是有些人不喜欢这种写法,认为这样做有点伤脑筋。但是,无论人们喜欢与否,有时候不得不这样去编写信息,这尤其是当写投诉信或是要求赔偿时。无论是在哪一种情况下,都应明确陈述自己的想法,这对讲明有关事理来说,是至关重要、必不可少的方式方法。

 本章小结

沟通包含着意义的传送和理解,没有沟通,人们之间的谈判就不可能进行。沟通过程包括信息的传递与信息的反馈。每一个完整的沟通过程,都包括以下 6 个要素,即发信者或信息源、接收者、编码、解码、渠道或称媒介、信息、反馈。有效沟通具有及时性、完整性和准确性等 3 方面的特征。谈判双方在商务谈判中应遵循一定的沟通原则。有效沟通包括语言沟通、行为沟通和书面沟通等 3 种主要途径。要提高商务谈判的有效性,谈判人员就要掌握语言沟通、行为沟通和书面沟通的原则和技巧,从而提高自己的沟通能力。

 关键术语

沟通、有效沟通、开放性问题、封闭性问题、TPO 原则

习　　题

1. 选择题

(1) "为什么要更改原已定好的计划呢?请说明理由好吗?"属于(　　)发问方式。
　　A. 强调式　　　　B. 探索式　　　　C. 诱导式　　　　D. 证明式

(2) 人际距离中,熟人区指的是( )。
   A. 0.5米以内   B. 0.5~1.2米   C. 1.2米以上   D. 3.6米以上
(3) 在商务谈判中,最好的提问技巧是提一些( )。
   A. 使对方捉摸不透的问题   B. 对方敏感而且难以回答的问题
   C. 使对方感兴趣的话题   D. 对方能回答的问题
(4) 视线接触对方脸部的时间正常情况下应占全部谈话时间的( )。
   A. 20%~30%   B. 30%~60%   C. 70%~90%   D. 无所谓
(5) 在商务谈判中,两臂交叉于胸前,一般表示( )。
   A. 紧张   B. 不耐烦   C. 充满信心   D. 保守或防卫

2. 判断题(对的打√,错的打×)
(1) "您第一次发现商品含有瑕疵是在什么时候?"这种商务谈判的发问类型属于封闭式发问。( )
(2) "这样的事,你们是绝对不会干的,对吗?"这种商务谈判的发问类型属于暗示性的问题。( )
(3) 无效回答的信息量等于零。 ( )

3. 简答题
(1) 你如何理解沟通?沟通过程中包括哪些要素?
(2) 有效沟通的特征是什么?
(3) 要提高语言沟通的有效性需要从哪些方面提高自己?
(4) 行为沟通的语言有哪些?如何从行为上传达正确的信息提高沟通效果?

4. 思考题
多年来公司的劳资关系一直非常糟糕,到处是争执,工会之间的矛盾,低生产率而高成本,很坏的风气。假设你是公司的新老板,对这些问题的解决办法?
   A. 对大家讲明生活的现实,让他们明白谁是老板。
   B. 随着问题的出现一件一件地提出来解决。
   C. 说服工人们相信,就生产率谈判对他们有多大好处。
   D. 重组企业管理班子,寻求合作。
   E. 搞一个忠于你的新的管理班子。
   F. 照通常那样行事,但是抓住每一次机会来表明你所说的话是表里如一,不夸张也不缩小,要使自己站在丝毫没有讨价还价余地的地位上。

案例分析

房地产买卖谈判

谈判双方:Y先生,精明的律师,他是一位大客户的代理律师;X先生,有名的房地产经纪人,他因开发公司,"聚集"大片的整块房地产闻名。
谈判对象:一栋位于快速成长市区的房子。此房子的地点价值远远大于其居住价值。
谈判地点:律师办公室。
为了便于了解、分析,让我们假设此房子的公平市价是25万美元。而由房地产经纪人开始谈判。
"你好,Y先生,我很高兴见到你。如同我在电话中所说,我的委托人对×××(×××是讨论中的这栋房子的地址)很有兴趣。我想亲自造访，与你商谈价钱。"

"很好，X先生。或许你已知道，我的委托人拥有这栋房子，所以任何我收到的出价，必须书面呈交他们，然后由他们决定。此栋房子对适当的人来说是颇有价值的房地产。"

"那是自然了。不过，我不断接到许多买主打来的电话，而由于我向委托人了解所有的情况，上个星期我便拒绝了一位买主，因价钱谈不来。"

"Y先生，你是知道的，出价并不是摆在博物馆里的东西，事情变化快速，你我都清楚，时机很重要，若不是我的委托人对此栋房子颇有兴趣，我也不会占用你宝贵的时间了。"

"是的，的确如此。X先生，对了，请问你的委托人是谁呢？"他拿起一支笔，一本正经的样子。

"Y先生，很自然地，我的委托人目前宁愿在背后。"(他说这句话时，面不改色。)

"他觉得既然他是相当知名的人士，他对×××有兴趣，正在议价的情报对他没有好处。"

"是的，我了解。那么，让我们继续，请问你的出价是多少？"

两人原先是站着。此刻，房地产经纪人站直身躯，开始走向对手，就像在递交皇冠一样。"我代表我的委托人，出价17.5万美元，现金交易。此出价有效期限10天，这10天足够你和你的委托人商谈了。"说完这些话时，此经纪人站在律师面前，朝下看着律师，很明显地对律师施以压力，要他采取对经纪人有利的行动。

"哈！哈！17.5万美元。很好，冲着你的面子，X先生，我会把你的出价转告我的委托人。不过我可以告诉你，上星期他们拒绝了一项更为优惠的出价。"

经纪人说道"我说过，时机永远是考虑的因素(回到他提过的论点)。再者，此出价是来自一位支票信誉极好，所有银行、董事会都会见票即付的人士。而要将此信誉卓著的支票开给你的人就在你身边。"

"X先生，我说过我会把你的出价让我的委托人了解。麻烦您是否可以书面报价，以便呈递。"

"抱歉，先生，我不能这么做！"

"为什么呢？难道你的出价诚意不够吗？"律师带着讥刺的口气问道。

"我的出价是很有诚意的。不过我常常因留下书面报价单而受害匪浅。一旦你的委托人拥有报价单，他们会以此作为压榨我竞争对手的工具。抱歉，Y先生。不过你可信赖我所说的话和我的信誉。我无法违背己愿，写下书面的报价。"

你会察觉到此谈判的清晰、明确。虽然这次会谈因出价太低并无结果。而从谈判经过来看，你或许会认为此买主——经纪人的委托人——其实就是经纪人本人。不过，观察两位老练的对手试探彼此，以友善、风趣的对话进行谈判，虽然彼此都很清楚对方所玩的花样，但此过程是很有参考价值的。的确，此谈判也不是没有成功的可能。假使房地产税即将到期，或房主需要一笔钱来支付律师的费用和其他开销的话，那么，X先生便很可能为自己买得一件廉价品。

资料来源：候清恒. 疯狂谈判. 北京：中华工商联合出版社，2006.

根据以上案例所提供的资料，试分析：

(1) 回顾前文，仔细分析谈判双方在整个谈判过程中是如何入题、阐述自己的观点和表达自己的态度的？

(2) 在谈判中双方提问、应答使用了什么技巧？

(3) 在谈判中是否有行为语言，想起到什么作用？

(4) 请思考这段案例你能学到什么？

第 8 章

商务谈判的礼仪

本章教学要点

知识要点	掌握程度	相关知识
礼仪的含义及作用	了解礼仪的含义及作用 熟悉交往中的一般礼仪	礼仪的含义 礼仪的作用
迎送客人的礼仪	熟悉与掌握迎送客人的礼仪	确定迎送规格 客人的抵达和离开的时间 做好接待的准备工作
互相介绍的礼仪	熟悉与掌握互相介绍的礼仪	介绍的顺序 介绍的称谓
名片使用的礼仪	熟悉与掌握名片使用的礼仪	名片的规格 名片的使用 名片的递接礼仪
双方约会的礼仪	熟悉与掌握双方约会的礼仪	约会的礼仪 应约的礼仪 拒绝约会的礼仪
招待宴请的礼仪	熟悉与掌握招待宴请的礼仪	宴请的种类 宴请活动组织安排 赴宴礼仪
参观游览的礼仪	熟悉与掌握参观游览的礼仪	参观游览的形式 参观游览的礼仪
赠送礼物的礼仪	熟悉与掌握赠送礼物的礼仪	针对不同对象馈赠不同礼品 馈赠礼品的时机 接受礼品的礼仪
签字仪式的礼仪	熟悉与掌握签字仪式的礼仪	签字前的准备 签字人的选择与参加人的确定 签字仪式的安排

商务谈判(第 2 版)

本章技能要点

技能要点	掌握程度	应用方向
迎送客人的礼仪	能够做好迎送客人的工作	迎接客人的到来与欢送客人离去；接待的准备工作
互相介绍的礼仪	能够得体有效地介绍我方	向客人介绍自己或同行
名片使用的礼仪	能够恰当有效地使用名片	名片的制作与递接
双方约会的礼仪	能够合理有效地与对方约会	与对方约会、应约、拒绝约会
招待宴请的礼仪	能够做好招待宴请的工作	宴请活动组织安排 赴宴
参观游览的礼仪	能够安排好参观游览的工作	参观公司、工厂等 陪同客人游览名胜古迹等
赠送礼物的礼仪	能够恰到好处地送客人礼物	馈赠礼品与接受礼品
签字仪式的礼仪	能够安排好签字仪式的工作	达成协议后准备签字

■ 导入案例

艾丽是个热情而敏感的女士，目前在中国某著名房地产公司任副总裁。有一次，她接待了来访的建筑材料公司主管销售的韦经理。韦经理被秘书领进了艾丽的办公室，秘书对艾丽说："艾总，这是××公司的韦经理。"

艾丽离开办公桌，面带笑容，走向韦经理。韦经理伸出手来，让艾丽握了握。艾丽客气地对他说："很高兴你来为我们公司介绍这些产品。这样吧，让我看一看这些材料，我再和你联系。"韦经理在几分钟内就被艾丽送出了办公室。几天内，韦经理多次打电话，但得到的是秘书的回答："艾总不在。"

到底是什么让艾丽这么反感一个没说一句话的人呢？艾丽在一次讨论形象的课上提到这件事，余气未消："首次见面，他留给我的印象不只是不懂基本的商业礼仪，他还没有绅士风度。他是一个男人，位置又低于我，怎么能像个王子一样伸出高贵的手让我来握呢？他伸给我的手不但看起来毫无生机，握起来更像一条死鱼，冰冷、松软，毫无热情。当我握他的手时，他的手掌也没有任何反应。我的选择只有感恩戴德地握住他的手，只差要跪吻他的高贵之手了。握手的这几秒钟，他就留给我一个极坏的印象。他的心可能和他的手一样的冰冷。他的手没有让我感到他对我的尊重，他对我们的会面也并不重视。作为一个公司的销售经理，居然不懂得基本的握手方式，他显然不是那种经过高度职业训练的人。而公司能够雇用这样素质的人做销售经理，可见公司管理人员的基本素质和层次也不会高。这种素质低下的人组成的管理阶层，怎么会严格遵守商业道德，提供优质、价格合理的建筑材料？我们这样大的房地产公司，怎么能够与这样作坊式的小公司合作？怎么会让他们为我们提供建材呢？"

资料来源：[加]英格丽•张. 你的形象价值百万. 北京：中国青年出版社，2005.

匈牙利谈判家、外交官涅尔基什•亚诺什在他的著作《谈判的艺术》中曾这样说："我开始从事自己的职业时，持这样的观点：在这一工作中所见到的是'贵族'式的狡猾奸诈，卖弄辞藻、看重身份、讲究礼节、故作文雅，这一切不仅使我怀疑这些注重外表的人是否真诚，而且还怀疑他们智力是否健全。不久我便懂得，事实并非如此。原先我所鄙视的他们的讲究穿着很快使我产生这样的看法，即在考究的服饰、礼貌的待人接物等外表现象后面的则是坚定、清醒、沉着的意志和力量，这种意志和力量是看不起这些细节的那些谈判

第 8 章 商务谈判的礼仪

新手所不得不重视的。"

涅尔基什·亚诺什的这段话详细深刻地揭示出礼仪在谈判中的重要作用，端庄的仪容仪表、礼貌周到的言谈举止、彬彬有礼的态度，虽然不是决定谈判成功与否唯一的因素，却是保障谈判过程得以顺利进行的重要前提。

8.1 礼仪的含义及作用

8.1.1 礼仪的含义

礼仪产生于原始宗教，是原始人类对大自然和神灵的崇拜形式。在当时条件下，人们对自然界和自身的一些现象无法作出解释，就把它们看作是大自然的恩赐与惩罚，是神灵的意志，于是开始对自然及神灵产生了敬畏，以求赐福和精神上的安慰，或免除灾祸。为了表示对这种崇拜的虔诚，就创造出了各种方式和程序，随即形成一整套的仪式和行为规范，这就是礼仪的起点。

礼仪，是礼和仪的总称。"礼"最初的意思是敬神。东汉许慎在《说文解字》中说："礼，履也，所以事神致损也。"在敬神的基础上，礼的含义逐渐拓宽，引申为礼貌、尊敬，范围也扩及到人，于是产生了一系列对人表示尊敬的礼节、礼貌。同时，也包含了为表示敬意或为显示隆重而举行的仪式。随着社会的发展，"礼"又成了衡量社会行为和道德的规范及法则的总称。"仪"本意指法度、准则和规范，后来才有了仪式是礼节的含义。

可见，礼仪是人类社会活动的行为规范，是人们在社交活动中应该遵守的行为准则。礼仪具体表现为礼貌、礼节、仪表、仪式等。

礼貌指人与人之间在接触交往中，相互表示敬重和友好的行为。

礼节指在交往场合，送往迎来。相互问候、致意、祝愿、慰问等方面惯用的形式。

仪表指人的外表，包括容貌、姿态、服饰、个人卫生等内容。

仪式指在比较大的场合举行的，具有专门规定了的程序化行为规范的活动，如发奖仪式、签字仪式、开幕仪式等。

礼仪就其本身来说，其形式是物质的，体现在人的口头语言、书面语言、形体语言、表情语言、界域语言、服饰语言等诸多方面，作用于人的感官。但礼仪的含义是精神的、意识的，反映不同的意识形态，其随着生产力的发展而发展，随着经济基础的变化而变化。今天礼仪规范已被列入正式的国际公约，成为各国正式交往不可缺少的行为准则。

8.1.2 礼仪的作用

在商务交往中，礼仪的作用是显而易见的，主要表现为以下几个方面。

1. 规范行为

礼仪最基本的功能就是规范各种行为。在商务交往中，人们相互影响、相互作用、相互合作，如果不遵循一定的规范，双方就缺乏协作的基础。在众多的商务规范中，礼仪规范可以使人明白应该怎样做，不应该怎样做，哪些可以做，哪些不可以做，有利于确定自我形象，尊重他人，赢得友谊。

2. 传递信息

礼仪是一种信息，通过这种信息可以表达出尊敬、友善、真诚等感情，使别人感到温暖。在商务活动中，恰当的礼仪可以获得对方的好感、信任，进而有助于事业的发展。

3. 协调人际关系

人际关系具有互动性。这种互动性表现为思想和行为的互动过程。如当你走路妨碍了对方，你表示歉意后，对方还你以友好的微笑；当你遭天灾人祸，朋友会伸出友谊之手援助你。人与人之间的互谅、互让、相亲相爱等，都是这种互动行为产生的效应，而这些互动行为往往是以礼仪为手段去完成行为的过程。

4. 树立形象

一个人讲究礼仪，就会在众人面前树立良好的个人形象；一个组织的成员讲究礼仪，就会为自己的组织树立良好的形象，赢得公众的好感。现代市场竞争除了产品竞争外，更体现在形象竞争。一个具有良好信誉和形象的公司或企业，就容易获得社会各方的信任和支持，就可在激烈的竞争中立于不败之地。所以，商务人员时刻注重礼仪，既是个人和组织良好素质的体现，也是树立和巩固良好形象的需要。

在前述导读案例中，不难看出，中方的相关人员不太了解或不太注重与人交往的着装礼仪和行为礼仪，致使给对方以不好的印象。因此，作为商务谈判人员应该注重运用礼仪来规范自己的着装和行为，从而在对方心目中树立良好的形象。

8.1.3 交往中的一般礼仪

1. 守时守约

守时守约是最基本的礼貌。参与各种活动，都要按约定的时间到达，既不要太早，也不要太晚。若登门拜访，则需要提前约好，不要贸然造访。如果遇到特殊情况不能按时赴约，则需要设法提前通知对方。

约会见面的事情在日常生活中频繁发生，即使是朋友之间，迟到、失约也会严重影响一个人的声誉。

在商业礼仪中，如果由于某种原因不能如期赴会，一般要提前 24 小时通知对方。这种情况大多数是由于个人身体健康不允许，或者是其他极其特殊的原因造成的。人们的时间一样的珍贵，无论是领导还是下级，尊重别人的时间是对别人的基本尊重，也是对自己的基本尊重。

通常，在约会中赴会者应该提前 5 分钟到达。如果将要迟到时，应该礼貌地打电话告诉对方："我由于某种原因，将会迟到 15 分钟，请您原谅。"这样，人们会原谅你的迟到，因为你懂得时间的价值，懂得尊重别人。人们会尊重一个懂得信守自己承诺、尊重他人的人。遵守时间、准时赴约的人，能够赢得对方对你无言的信任，赢得尊重。对于商人而言，没有比商业信誉更为重要的"不可见资本"了。在正式的商业交往中，人们只能从交往的礼仪等行为判断对方。而有无准确的时间观念是对合作伙伴的为人和生活原则的考验。遵守时间，是在商业活动中建立个人信任的第一步。

第8章 商务谈判的礼仪

 应用实例 8-1

刚归国的于泽,结识了新朋友飞和慧。飞和慧都是房地产行业的成功新秀。三个人组成了业余羽毛球小组,每周在固定的时间进行两次锻炼。泽自愿做了小组的负责人,负责预订场地。泽总是遵守时间,在约定的时间之前,在体育场等待。飞和慧两个人不是迟到就是无故不来。有一次当泽打电话询问时,慧若无其事地说:"我正在和别人吃饭、你打完球也来吧!"于是飞和慧都不来,留下泽一人沮丧地在球场上等待。

在此之后,学聪明了的泽,先问飞和慧的时间,确定他们晚上没有客户,再订下球场,但是,飞和慧迟到和失约的事依然发生着。两个月后,三个人终于发生了冲突。忍无可忍的泽对飞说:"如果你们不能来,能否预先电话通知我,以便我有时间找别人。否则,让我在这里苦等就是浪费时间。"飞说:"这又不是什么大不了的事,何必那么认真?要是不忙,我们能不准时来吗?"泽说:"如果你们尊重别人,也让别人尊重你,就要遵守时间,你们是商人,遵守诺言是商人的信誉,你们如果和客户这样交往,怎么让他们信任你?"不愉快的飞说:"我和客户从来都是守约的。中国人的观念不同于西方,你要改一改你的严谨不变的信条,你要学会融进中国文化,否则你会碰得头破血流。"泽不解地问:"难道不守时间也是中国人的文化?"下一次,泽学得更聪明,他雇了一位球技高超的陪练。从此,他再也不用为他们长期不守时而与他们发生冲突。

不久,慧由于生意发展的需要,想和泽合作,泽婉言谢绝了。严谨的泽认为一个不守时间的人做事"没谱",他不想承受已经能够看到的挫折。

资料来源:[加]英格丽·张. 你的形象价值百万. 北京:中国青年出版社,2005.

2.尊妇敬老

在许多国家的社会场所和日常生活中,都奉行"女士优先"的原则。如上下电梯、进出门厅等,应让妇女和老人先行,男士应帮助开门和关门。同桌用餐,两旁若坐着老人和妇女,男子应主动照料,帮她们入座。

3.举止得体

在谈判活动或其他活动中,谈判人员要端庄稳重,落落大方。要站有站相,坐有坐姿,不要放声大笑或高声谈论。在公共场所,应保持安静,不要喧哗。在听演讲、看演出等隆重场合,要保持肃静,不要交头接耳,窃窃私语,或者表现出不耐烦的情绪。如果是陪同宾客走入房间,应先请客人坐到各自的座位上,然后,自己轻步入席。在剧场、商店、博物馆、会议厅等场合不得吸烟,在火车上、飞机上往往也分吸烟与不吸烟的座位。在工作、参加谈判和进餐中,一般不吸烟或少吸烟,在大街上不要边走边吸烟。当新到一个地方,进入办公室或私人住宅,不知道是否允许吸烟时,可先询问一下主人:"允许吸烟吗?"如果对方不吸烟,或有女宾在座,若欲吸烟,应征得对方同意以示礼貌。如果在场的人较多,或在座的身份高的人士不吸烟,最好不要吸烟。一个人的文明程度的高低,代表着他的身份和个人素质。

4.尊重风俗

常言道:"三里不同风,十里不同俗","入境问禁"、"入乡随俗"。不同的国家、民族,由于不同的历史、文化、宗教等原因,各有其特殊的风俗习惯和禁忌,应该了解和尊重。譬如天主教徒忌讳"13"这个数字,尤其是"13日,星期五",遇上这个日子,不

353

宜举行宴请；印度、印度尼西亚、马里、阿拉伯国家等，不能用左手与他人接触或用左手传递东西；使用筷子的国家，用餐时不可用一双筷子来回传递，也不能把筷子插在饭碗中间，日本人特别注意使用筷子的礼节，有"用筷子十忌"；保加利亚、尼泊尔等一些国家，摇头表示同意，点头表示不同意；比利时人最忌讳蓝色，但挪威、瑞士、荷兰对它又特别偏好等。不了解或不尊重本国和其他民族的风俗习惯，不仅失礼，严重的还会影响相互关系，妨碍商务往来，酿成外交事件。除了要学习、了解之外，在没有把握的情况下，可多观察、仿效别人。

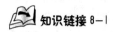 知识链接 8-1

日本的风俗与禁忌

日本人有送礼的癖好。每年的"岁暮"和"中元"是送礼最多的时候。他们既讲究送礼，也讲究还礼。不过日本人送礼和还礼一般都是通过运输公司的服务员送上门的，送礼与受礼的人互不见面。

日本人喜欢名牌货，但对狐图案的东西反感。

日本人喜欢红色和黄色，但忌讳绿色，认为是一种不吉利的颜色。

在日本，不要送菊花，因为菊花是日本皇室的专用花卉，一般来说人们是不能接受的。

新加坡的风俗与禁忌

新加坡人喜欢红色、绿色、蓝色，视黑色为不吉利。

在商品上不能用释迦牟尼的形态，禁止使用宗教用语。

进清真寺要脱鞋。在一些人家里，进屋也要脱鞋。

新加坡的街道、公共场所都很整洁，千万不要随地扔烟头。

在新加坡，最通常的打招呼的方式是人们见面时握手，对于东方人可以轻轻鞠一躬。

新加坡人接待客人一般是请客人吃午饭或晚饭，客人可以带一束鲜花或一盒巧克力作为礼品。

在新加坡，避免谈论政治和宗教。可以谈谈旅行见闻，你所去过的国家以及新加坡的经济成就。

印度的风俗与禁忌

印度人喜爱红色、蓝色、黄色、紫色等鲜艳的色彩，不欢迎黑色和白色。

在印度，不能用左手与他人接触或用左手传递东西，因为在印度把左手看成是低贱的或不洁净的。

在印度人家里吃饭时，记住使用右手。客人可以给主人带些水果、糖果作为礼品，也可以给主人的孩子带些礼物。很多妇女不同客人聊天，也不同客人一起吃饭。

男人相见或分别时，有时握手。男人不要和印度妇女握手，应双手合十，轻轻鞠躬。

已婚印度妇女的标志是前额眉心处有一红点。

印度人喜欢谈论文化方面的成就、印度的传统以及外国的事和外国人的生活。

阿拉伯不同国家的礼俗与禁忌

在科威特、巴林等海湾国家的阿拉伯人家中做客，你最好保持好的食欲，因为吃得越多，主人越高兴。

在埃及人面前，不能把两手的食指碰在一起，他们认为这个手势是不雅的。

第8章 商务谈判的礼仪

伊拉克人忌讳蓝色，认为蓝色是魔鬼的象征；他们除不吃猪肉以外，还不吃辣椒和蒜。

阿拉伯各国都禁用六角星做图案。

俄罗斯的风俗与禁忌

在称呼上，"您"和"你"有不同的界限，"您"用来称呼长辈、上级和熟识的人，以示尊重；而"你"则用来称呼自家人、熟人、朋友、平辈、晚辈和儿童，表示亲切、友好和随便。

俄罗斯商人喜欢喝酒、抽烟和跳舞。俄罗斯人不论男女，几乎没有不喝酒的，而且大多爱喝烈性酒如伏特加之类。俄罗斯人吸烟也很普遍，而且爱抽烈性烟。跳舞是俄罗斯人的传统，一般每周末都举行舞会。

俄罗斯人大都讲究仪表，注重服饰。每逢节庆或谈判活动等，衣服一定要烫平，胡子要刮净。在公共场所从不将手插在口袋里或袖洞里。天热也不轻易脱下外衣。在城市里，俄罗斯人目前多穿西装或套裙，妇女往往还要穿一条连衣裙。

俄罗斯人忌讳别人送钱，认为送钱是一种对人格的侮辱。但他们很爱外国货，外国的糖果、烟酒、服饰都是很好的礼物。如果送花，要送单不送双，双数是不吉利的。

对颜色的好恶和东方人相似，喜红忌黑；对数字，他们却和西方人一样，忌讳"13"，但对"7"这个数字却情有独钟。

喜欢向日葵商标图案。

俄罗斯人特爱整洁，随便乱扔东西，会受到众人的鄙视。

俄罗斯人豪爽大方，忌讳别人说他们小气。忌讳以历史上的某些有争议的领袖人物及当前的改革等作为话题。

英国的风俗与禁忌

英国人，尤其是苏格兰人、威尔士人和爱尔兰人，讨厌人们把他们统称为英国人，因为英国人的原意仅指英格兰人，若以不列颠人相称，则会令所有的人满意。

通常英国人不邀请公事交往的人去家里吃饭，公务宴请大部分在酒店、餐馆进行。但一旦你被邀请，送给女主人最合适的礼物是鲜花和巧克力。注意不要送百合花，百合花意味死亡。

在英国，请人吃饭喝酒或去剧场看芭蕾舞、话剧等，都算是送礼或还礼的一种形式。

在英国不要系带条纹领带，否则会被认为是军队或学生校服领带的摹制品，会遇到麻烦。

英国和欧美许多国家一样忌数字"13"，忌用人头像作商品装潢，忌白象、猫头鹰、孔雀商标图案，喜欢蔷薇花。

法国的风俗与禁忌

在法国，初次结识一个法国人时就送礼是很不恰当的，应等到下次相逢时再送。送的礼品应表达出对主人的智慧的赞美，但不要显得过于亲密。

一般情况下法国人不请别人到家中做客，一旦你被邀请，可以给女主人带上一束鲜花或一盒巧克力。菊花是不能随便赠送的，在法国只在葬礼上才用。

法国人对他们的烹调艺术津津自得，晚餐更是一丝不苟。即便是一顿很随便的工作餐，客人也应对每一道菜表示赞赏。

法国人忌墨绿色，他们认为那是纳粹军人服装颜色。

在法国，避免谈论政治和钱，不要涉及对方个人的私事。

德国的风俗与禁忌

德国人不喜欢请客吃饭,但喜欢送礼,以表示友谊。德国人对于送礼喜欢赠送给个人而不是公司。

在德国,送花时要讲究花的颜色,如红色的玫瑰象征着年轻美丽,一般是送给自己的妻子、未婚妻或女友的,如果送给有夫之妇,便会引起她丈夫的误解。

在应邀做客时,可给女主人带一束庄重的白丁香花,或者郁金香、铃兰花、野花。

在赠送鲜花时,枝数以单枝为宜,颜色以红色和蓝色为好,红色表示真诚的友谊,蓝色表示忠诚。在悲哀时刻,可赠送紫色的花。

意大利的风俗与禁忌

意大利人喜欢绿色,意大利的国旗就是绿白红三色竖长方形旗,其中绿色象征郁郁葱葱的山谷。

意大利人的主餐在中午,一顿午餐能延续两三个小时。执意拒绝午餐或晚餐的邀请是不礼貌的。

意大利人的谈话内容包括政治、足球、家事、工作和当地新闻。意大利人不喜欢谈论美国的橄榄球和政治。

在意大利,公事交往中通常也送礼。

在意大利不要赠送手帕。因为他们认为手帕是最亲爱的人离别时擦眼泪的用物,送手帕象征着情人的离别。如赠送丝绸头巾,会收到意想不到的好效果。不要赠送菊花,因意大利习惯用菊花吊唁逝者,菊花盛开的时节,正是扫墓的时节。

意大利人忌数字"13"和"星期五"。因为犹大坐的是13号座位,"最后的晚餐"是13人,星期五;亚当、夏娃吃禁果是在13日,星期五;中古时期刽子手的薪金是13个钱币,绞环是13个绳圈,绞台有13级等。

一些东欧国家的风俗与禁忌

波兰盛行吻手礼,他们认为吻手礼象征着高贵,连街头执勤的女警,也要求人们行吻手礼;喜欢谈论和赞美他们的国家和文化,也乐于谈及你的个人家庭生活,但忌讳谈及"二战"中的苏联和法国;一切有战略意义的地点和建筑都严禁拍照;洗手间的表示方式极为独特,"△"符号表示男用,"○"符号表示女用,去波兰进行商务活动或旅游时切勿误进。

在匈牙利、罗马尼亚、保加利亚等国,每年6~8月是商人的度假月,在此期间商务活动不宜往访。还有圣诞节及复活节前后两周期间也不宜往访。

多数东欧人家中都铺有地毯,客人进门时最好脱鞋,以示对主人生活习惯的尊重。

匈牙利人习惯以白色代表喜事,黑色表示庄重或丧事。

保加利亚人和阿尔巴尼亚人习惯"点头不算摇头算"。保加利亚人喜欢玫瑰花,不喜欢鲜艳明丽的色彩。阿尔巴尼亚大多数人信仰伊斯兰教,在南斯拉夫也有为数众多的穆斯林,他们遵循伊斯兰教教义。在阿尔巴尼亚的某些乡村,男女有别较为严格,有些地方还设有不许女人进入的"男人堂"。

加拿大的风俗与禁忌

赴约时要求准时,切忌失约。

加拿大人喜欢枫叶,国旗上就印有五个叶瓣的枫叶,有"枫叶之国"之称。日常生活中忌白色的百合花,白色的百合花只在开追悼会时才使用。

销往加拿大的商品，必须有英法文对照，否则禁止进口。

切勿将加拿大与美国相比较，这是加拿大人的一大忌讳。

当听到加拿大人自己把加拿大分为讲英语和讲法语的两部分人时，切勿发表意见。因为这是加拿大人国内民族关系的一个敏感问题。

8.2 迎送客人的礼仪

迎来送往是商务谈判中经常发生的行为，是常见的社交活动，也是商务谈判中一项基本礼仪。一般来说，在谈判中，对重要客商、初次打交道的客商要去迎接；一般的客商，多次来往的客商，不接也不失礼。总之，谈判一方对应邀前来参加谈判的人员，对将要到来和即将离去的客人，都应根据其身份、交往性质、双方关系等因素，综合考虑安排相应的迎送。

8.2.1 确定迎送规格

对来宾的迎送规格，一般遵循"对等原则"，如果需要顾及双方关系和业务往来等具体情况，也可以安排破格接待。

对等原则，即确定迎送规格时，应主要根据来访者的身份和访问的目的，适当考虑双方的关系，同时注重通用惯例，综合平衡进行迎送工作。在实际接待过程中，当因为机构设置不同，当事人身体不适或不在迎送地等一些原因而不能完全对等接待时，可灵活变通，由职位和身份相当的人代主人来迎送。当事人不能亲自出面迎送时，还应从礼貌出发，自己或通过别人向迎送对象做出解释，表示歉意。

破格接待，是指在迎送者和陪同者身份、数量以及迎送场面等方面给予客人以较高的礼遇。对于破格接待应十分慎重，非有特殊需要，一般都按对等原则来接待。如果我方经常有迎送活动，尤其是有同时进行的迎送活动时，应妥善安排，不能造成厚此薄彼的印象。如果我方安排了破格迎送和接待，就应该利用介绍、会见等适当方式，让对方明白我方进行了破格迎送和接待，这样才能收到破格接待的效果。

8.2.2 掌握抵离时间

迎送人员必须及时准确掌握客人的抵离时间，提前到达机场、车站或码头，以示对对方的尊重，绝不能让客人等候。客人经过长途跋涉到达目的地，一下飞机有人在等候，一定会感到十分愉快。如果客人第一次来这个地方，则能因此而获得安全感。

当原定抵离时间发生变动时，应及时通知全体迎送人员和有关部门，同时对原定迎送计划做出相应的调整。

迎送人员应在客人抵达前到场，送行应在来客登机(车、船)前到场。总之，要做到既顺利接送来客，又不过多耽误时间。

关于迎送过程中的有关手续和购买票证等具体事务，应指定专人办理，如办理车票、飞机票、船票、出入境手续、行李提取、行李托运等。如果客人人数众多，可请他们派人配合办理。有些重要的来访团体，人数和行李都很多，应将主要客人或全部客人的行李提前取出，及时送往住地，以便对方及时更衣，开始活动。

8.2.3 做好准备工作

每一次迎送活动，都应指定专人负责迎送具体事宜，或组织迎送工作小组具体办理。迎送人员应及时将有关迎送信息、迎送计划和计划变更情况通知有关部门和有关人员，也应及时向迎送人员反馈迎送信息。

在迎送活动中，应及早安排汽车、办理住房事宜。如果有条件，应在客人到达之前，将宾馆和乘车号码等通知客人。也可以将住房表和乘车表等，在客人刚到达时，及时发放到每个人手中。这样既可以避免混乱，又可以使客人心中有数，主动配合我方的迎送工作。

客人刚刚抵达住所后，一般不要马上安排活动，让客人稍事休息，至少也应给客人留出更衣的时间。

8.2.4 迎送礼仪中有关事宜

1. 献花

在某些迎送场合，要举行相应的欢迎仪式或给客人献花。献花是对来客表示亲切和敬意的一种好方法。尤其是来客中有女宾或携有女眷时，在其尚未到达旅馆之前，预先在其房间摆一个花篮或一束鲜花，会给她们一个惊喜，有时甚至会达到意想不到的效果。如果安排献花，必须使用鲜花，不得用塑料花或绢花等代替。献花时要保持花朵整洁、鲜艳。献花者通常由少年儿童或青年女子充当，也可由女主人向女宾献花。献花活动通常在主人与客人握手以后进行。

送花时要尊重对方的风俗习惯，尽量送对方最喜欢的，不能犯其禁忌。如日本人忌讳荷花和菊花；意大利人喜爱玫瑰、紫罗兰、百合花等，但同样忌讳菊花；俄罗斯人则认为黄色的蔷薇花意味着绝交和不吉祥等。如果对方是夫妇同来，我方送花者应以负责人夫妇的名义或公司的名义送给对方夫妇。给对方女性送花，最好以我方某位女性人员的名义或单位的名义赠送，切忌以男性的名义送花给交往不深的女性。

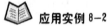

应用实例 8-2

张先生是公司的销售经理，一次他精心挑选自己最爱的黄菊花去迎接一位法国客户。当法国客户一下飞机，他就迎上去将鲜花送给了这位客户，这位客户立即铁青着脸转头就走，张先生莫名其妙地站在那里。原因是张先生选择了错误的花束，菊花虽然是中国人比较喜欢的花束，但是在法国人眼里则认为是一种诅咒，法国客户当然生气了。

资料来源：孙绍年. 商务谈判理论与实务. 北京：清华大学出版社，交通大学出版社. 2007.

2. 陪车

在迎送活动中，为了表示我方的热情和关心，一般情况下，都安排陪车，即主人陪同客人乘车前往住地、活动地点、车站、码头或飞机场等。

主人陪车时，应先由主人或陪同人员打开车门。上车时，先请客人从右侧车门上车，主人再从左侧车门上去，以避免从客人膝前穿过。若客人先上车，坐到主人位置上，则不必请客人移动位置。一般应将客人安排到主人的右侧。司机旁边的座位不宜安排客人就座，而应安排陪同人员乘坐。如果客人夫妇同时与主人乘坐一车，应请客人夫妇坐在后面，主人坐在前排司机旁边。待客人上车坐稳后,主人或陪同人员应帮助客人关闭车门。然后,由车体尾部绕到自己座位一侧,开门上车。切不可让客人在车内变动位置,或与客人从同一车门上车。

8.3 互相介绍的礼仪

介绍是谈判双方互相认识和了解、增强信任的开端,也是双方建立联系和进一步合作的基础。得体的介绍可以降低人们戒备心理,增强合作意识,提高谈判成功的概率;反之,不得体的介绍可能给谈判带来不必要的麻烦。不管是通过他人介绍还是自我介绍,要高度重视介绍中的一些礼仪礼节。

8.3.1 介绍的顺序

(1) 先把年轻的介绍给年长的。
(2) 先把职位、身份低的介绍给职位、身份高的。
(3) 先把男性介绍给女性。即使女性只有十八九岁或刚涉足谈判工作不久的也应如此。
(4) 先把未婚的介绍给已婚的。
(5) 先把客人介绍给主人。
(6) 先把个人介绍给团体。

 应用实例 8-3

在某次谈判开始时,谈判组负责人向对方介绍我方谈判人员。一般先说:"刘董事长,请允许我向您介绍我公司的销售经理张××"。然后再说:"小张,这位是××公司的刘董事长。"先称呼某人,是表示对他(她)的一种敬意。

8.3.2 介绍的称谓

介绍时称谓要适当、有礼。否则,如果不加以注意,称谓错误,不仅会使对方不高兴或反感,而且还会影响谈判的顺利进行。在对外谈判交往中对一般男士均称"先生",女性称"小姐"。对已婚女性称"夫人"或"太太",在不知其婚姻状况时称"女士"。对有职衔的,在一些场合称其职衔更合适。要注意国内外称谓礼节上的一些差别,以免弄巧成拙。不同国家、民族的语言、风俗习惯不同,反映在称谓方面,有着不同的礼节。

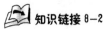 知识链接 8-2

日本人习惯用"先生"来称呼国会议员、老师、律师、医生、作家等有身份的人,对其他人则以"桑"相称。在正式场合,除称呼"先生"和"桑"外,还可称其职务,以示庄重。对政府官员要用其职务加上"先生"来称呼。在日本,对妇女一般不称女士,而称"先生"。

阿拉伯人对称呼不大计较,一般称"先生"、"女士"即可。但是由于受宗教和社会习俗等方面的影响,同阿拉伯妇女接触时不宜主动与之打招呼,多数情况下可以微笑或点头示意,就算礼节周到。

在中国,德高望重的女士,有时也称"先生"。如很多的人尊称全国人大副委员长、著名社会学家雷洁琼教授为"先生"。对年纪较大的人,习惯上不直呼其名,而应称"某先生"、"某公"、"某翁"、

"某老"等以示特别尊重。

美国人随便，容易接近，很快就可直呼其名。对妇女，一般称夫人、女士、小姐，不了解其婚姻情况的女子可称其为女士。

对英国人则不能单独称"先生"，而称"某先生"。

8.3.3 介绍的其他礼节

（1）不把妇女引见给男士，除非这位男士是国家或地方高级领导人，或是一些重要组织的领袖。

（2）直接报出双方的姓名。如果能表示出热诚的态度，则比任何言辞更让人感觉可亲。

（3）当两位客人正在交谈时，切勿介绍第三者。

（4）在介绍之后，要进行致意或行礼和寒暄等应酬。

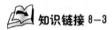 知识链接 8—3

致意与行礼的种类与做法

致意、行礼是一种常用的见面礼节，主要采用面部表情、肢体动作等非语言形式来表达。

致意

1. 举手致意

举手致意，一般不必出声，只要将右臂伸直，掌心朝向对方，轻轻摆一下手就可以了，不需反复摇动，适用于向距离较远的熟人打招呼。

2. 点头致意

点头致意，其正确做法是头向下微微一动，幅度不宜过大，也不必点头不止，适用于不宜交谈的场合，如会议、会谈的进行之中等。

3. 微笑致意

微笑致意，即指面部带有不明显、不出声的笑，适用于谈判活动开始与不相识者见面之时，也可用于向在同一场合多次见面的相识者致意。

4. 欠身致意

欠身致意指全身或身体的一部分稍微向上向前，表示对他人的尊敬，适用范围较为广泛。

5. 脱帽致意

脱帽致意，如果戴着帽子，向对方脱帽致意最为礼貌。其方法是微微欠身，以距对方稍远一些的那只手脱帽，并将其置于大约与肩平行的位置。这样的姿势优雅，同时便于与对方交换目光。

当对方向自己致意时，不管这时的心情怎样，感觉如何，都要马上用对方采用的致意方式向他致意，毫无反应是失礼的。请记住，致意是以动作向对方表示问候，因此双方都不可对自己致意的动作马马虎虎。

行礼

1. 鞠躬礼

鞠躬礼作为一种交际的礼节，主要表示下级对上级、同级之间、初次见面的朋友之间对对方的由衷的尊敬或深深的感谢之情。行鞠躬礼时，双手应摊平扶膝，与受礼者相距 2～3 步远，面对受礼者，身体上部向前倾 15°～90°，前倾度数越大则表达的敬意越深。行鞠躬礼时必须注目，不可斜视，受礼者也同样。

行礼时不可戴帽。脱帽时,脱帽所用的手应与行礼之边相反。如向左边的人行礼,应用右手脱帽;向右边的人行礼,则用左手脱帽。

礼毕恢复直立姿势时,双眼应有礼貌地注视着对方,如视线移向别处,会让人感到即使行礼也不是诚心诚意的。上级或长者还礼时,可以欠身点头或同时伸出右手以答之,不鞠躬也可。

鞠躬礼盛行于日本、朝鲜等国。日本人习惯行 60°～90° 的鞠躬礼,双手摊平扶膝,同时表示问候。

2. 握手礼

在许多国家,握手已成为一种常用的见面礼。在介绍认识时,握手也是一种最自然而常见的礼节。除此之外,握手还是一种祝贺、感谢、慰问或相互鼓励的表示。既然如此,握手也是有着一定礼仪规范的。

一般来说,握手的时间要短,特别是初次见面握一下即可。握手时身体稍稍前倾,双足立正,伸出右手,距受礼者约一步,右手 4 指并拢,拇指张开,向受礼者握手,礼毕后松开。

握手的力量要适度,过重过轻都不好。握手时应双目注视对方,切不可左顾右盼或低着头,一边与人握手,一边与另外一个人交谈是十分失礼的。男性在握手前应摘下手套、帽子,女士与人握手时也应先脱去右手手套,但有地位者则不必。除年老体弱及有残疾的人外,一般应站着握手。

3. 拥抱礼

拥抱礼是指两人相对而立,右臂偏上,左臂偏下,右手扶在对方左后肩,左手扶对方右后腰,按各自的方位,两人头部及上身都向左相互拥抱,然后头部及上身向右相互拥抱,再次向左拥抱后,礼毕。它是一种在欧美各国熟人、朋友之间表示亲密感情的礼节。

4. 合十礼

合十礼又称合掌礼,是南亚和东南亚一些佛教国家流行的见面礼节,即把两个手掌在胸前对合,掌尖和鼻尖基本平行,手掌向外倾斜,头略低。遇到这种情况应以合十礼相还。

5. 接吻礼

接吻礼是上级对下级、长辈对晚辈以及朋友、夫妻之间表示亲昵、爱抚的一种见面礼节,多采用亲脸或额头、贴面颊、吻手或接吻等形式。见面时如表示亲近,可女子之间相互亲脸,男女之间互贴面颊,长辈亲晚辈的额头,男子对高贵的女宾行吻手礼等。吻礼多见于西方、东欧、阿拉伯国家。

8.4 名片使用的礼仪

名片是自己的替身,是商务活动中不可缺少的。名片被用作各种正式宴会、舞会、茶会等聚会的请柬或回帖;祝贺或劝慰之词,也常写在名片上寄给亲友;介绍友人相识或托人取物,也常以名片作为简单的介绍信。此外,送礼时,名片也常被夹在礼品中,既简单又体面。在商务谈判中与对方人员初次见面时,互赠名片既简单又礼貌。

8.4.1 名片的规格

名片的大小尺寸通常因上面字数多少而定,一般多为 6 厘米×9 厘米。男士的名片可稍狭长一点,女士的名片可稍小一点。名片通常选用白色、乳白色、黄色卡片纸。通常,政府机构的人或职务较高的人用白色较好,企业、公司人员用黄色,商业人员还可用彩色。

名片的字体多采用仿宋体、楷体或手写体,若印外文则可选用罗马字体或草写体。采用横排的名片,一般把姓名印在中间,把地址及电话、电传号码以较小的字体印在名片的右下角,竖排的名片则把地址等印在左下角。

8.4.2 名片的使用

名片不能像散发传单那样使用。在我国，事先约好后访问时，可自然拿出名片再交谈，在有介绍人介入商谈的场合，应经过介绍、握手之后，再进行交谈。这时，如果想让对方记住自己的名字，临别时可递上名片并告诉地址。

8.4.3 名片的递接

名片的递送先后没有太严格的礼仪讲究。一般是地位低的人先向地位高的人递名片，男士先向女士递名片。当对方不止一人时，应先将名片递给职务较高或年龄较大的人，如分不清职务高低或年龄大小时，则可先和自己的左侧方的人交换名片。

向对方递送名片时，应面带微笑，注视对方，将名片正对着对方，用双手的拇指和食指分别把握名片上端的两角递送给对方。递送时，可以说"我是某某，这是我的名片，请笑纳"，"我的名片，请您收下"之类的客套话。

接受他人递过来的名片时，除女性外，应尽快起身或欠身，面带微笑，用双手的拇指和食指捏住名片下方两角，并视情况说"谢谢"，"能得到你的名片，十分荣幸。"等名片接到手后，应十分珍惜，切不可在手中玩弄，应认真看一下，千万不要随意放在桌子上，或随便握在手上。如是初次见面，最好将名片内容读一下。

8.5 双方约会的礼仪

约会是为了交际行为如期实现而预先进行的约定。约会，可以避免吃"闭门羹"，也免得打乱别人的正常安排，使双方都有所准备。

8.5.1 约会

如果想约会某人，应预先考虑好时间和地点，再写信或打电话告诉对方，征求其意见。由于约会一般不涉及隆重、盛大的仪式，使用口头方式居多。如果约会期限较长，或口头约会不便，可以写个说明约会事宜的简单的信笺。

在一般情况下，提出约会者特别是约会信已经寄出或打电话通知对方后，不要擅自取消约会。如果因为特殊原因必须取消约会，则应设法及早告诉对方，而且要解释致歉。当约会之日到来之时，提出约会者应按预定的时间，早些到达见面地点，准备与被约者见面。当然，不要太早于约见时间，否则会打乱对方的工作安排，从而影响谈判效果。提出约会者如迟于被约会者达到会面地点是一种极失礼的行为。

 应用实例 8—4

某公司新建的办公大楼需要添置一系列的办公家具，价值数百万元。公司的总经理已做了决定，向 A 公司购买这批办公用具。这天，A 公司的销售部负责人打电话来，要上门拜访这位总经理。总经理打算等对方来了就在订单上盖章，定下这笔生意。

不料对方比预定的时间提前了 2 个小时，原来对方听说这家公司的员工宿舍也要在近期内落成，希望员工宿舍需要的家具也能向 A 公司购买。为了谈这件事，销售负责人还带来了一大堆的资料，摆满了台面。

总经理没料到对方会提前到访,刚好手边又有事,便请秘书让对方等一会儿。这位销售员等了不到半小时,就开始不耐烦了,一边收拾起资料一边说:"我还是改天再来拜访吧。"这时,总经理发现对方在收拾资料准备离开时,将自己刚才递上的名片不小心掉在了地上,对方却并没发觉,走时还无意从名片上踩了过去。但这个不小心的失误,却令总经理改变了初衷,A公司不仅没有机会与对方商谈员工宿舍的设备购买,连几乎到手的数百万元办公用具的生意也告吹了。

资料来源:金依明,杜海玲. 商务谈判实务. 北京:清华大学出版社,2010.

8.5.2 应约

当有人向你提出约会的要求后,要认真考虑是答应还是拒绝。一旦答应赴约,一定要守约。没有特殊原因或正当理由,不要随便失约。在决定赴约后,应立即写信或打电话告诉对方。如因特殊原因,实在不能赴约又无法及时通知对方,事后一定要尽快向对方说明原因,最好当面解释致歉。

8.5.3 拒绝约会

拒绝约会可能有多种原因。如果确实另有安排,无法按时赴约,可以说明情况,并同时向对方提出另行约会。如果从心里不想与对方见面,可以找借口推脱,方式要委婉。

8.6 招待宴请的礼仪

在谈判活动中,招待宴请本身就是谈判双方的一种礼仪形式,通过招待宴请,可以增进相互之间了解和信任,联络感情,进而达成在某些严肃谈判场合难以达成的协议,促使谈判成功。

8.6.1 宴请的种类

1. 宴会

宴会为正餐,即坐下进食,由服务员顺次上菜。宴会是较为隆重的正餐,可分别在早上、中午、晚上举行,而以晚宴最为隆重。宴会一般分为以下几种类型。

1) 正式宴会

正式宴会多用于规格高而人数少的官方活动。正式宴会的宾主均按身份排位就座。正式宴会十分讲究排场。正式宴会对餐具、酒水、陈设以及服务员的仪表和服务方式要求很高。通常情况下,正式宴会中,中餐用四道热菜,西餐用两三道热菜,另外还有汤、冷盘、点心、水果等。

2) 便宴

便宴是招待宾客的一种非正式宴请形式,多适合于宾主的日常性友好交往,以午宴和晚宴居多。举行此类宴会时,宾主可不排座次,可不做正式讲演,一般是相互之间进行随意而亲切的叙谈。

3) 家宴

家宴即在家中招待客人。西方人喜欢这种形式,以示亲切友好,以为上礼。家宴新鲜、难忘。往往有主妇亲自掌勺，家人共同招待，不拘束。

2. 招待会

招待会是指各种非正式的、较为灵活的宴请形式。这种宴请形式通常不排座次，可以自由走动，备有食品、酒水、饮料及冷食等。常见招待会有冷餐会和酒会等。

1) 冷餐会

冷餐会，又称自助餐。这种宴请形式灵活方便，易于操作。冷餐会一般不安排席位，菜肴以冷食为主，也可用热菜，连同餐具陈设在餐桌上，供客人自取。客人可以自由活动，可以多次取食。酒水放在桌上，由客人自取，也可由服务员端送。

2) 酒会

酒会，又称鸡尾酒会。这种招待宴请形式比较活泼，便于宾主之间进行广泛的接触和交流。酒会以酒水为主，略备小吃。不设座椅，仅设小桌或茶几，以便客人随意走动。

3) 茶会

茶会，这是一种更为简便的招待形式。举行的时间一般在16：00左右，茶会通常设在客厅，厅内设茶几和座椅，不排座位。如果是为某贵宾举行的茶会，在入座时，可有意的将主宾同主人安排在一起，其他人随意就座。茶会备有点心和地方风味小吃。

4) 工作餐

工作餐，工作餐是近年来较为流行的一种非正式简便宴请形式，特点是利用进餐时间，边吃边谈问题。在活动繁多、安排其他类型宴请有困难时，往往采取这种宴请形式。

在中国招待外国客商的礼仪

当外国客商到达下榻旅馆并安顿好后，按照中国的传统习惯就要设宴招待以示欢迎。

招待外国客商应该根据各国风俗习惯和物产情况区别对待，最好以对方国家的稀缺之物待客。例如，对日本客人来说，甜瓜是很珍贵的，但是对南美客人来说则是一种极为便宜的水果；用香蕉、菠萝招待欧美客人可以，但若用来招待东南亚客人则不太合适；对日本客人来说，牛肉价格很贵，而对欧美一些客人来说，这便是一种便宜之物等。除水果、菜肴外，酒类也是宴请中不可缺少的东西。大部分客商都比较重视酒的等级，往往根据其品级来判断宴会的标准。接待单位可以用中国茅台、五粮液、竹叶青、汾酒、洋河大曲、董酒等名酒，或者用绍兴酒、金奖白兰地等具有中国特色的酒待客，客人们会感到满意。因为用中国生产的酒来招待客人，特别是初次来华的客商，他们会感新鲜稀奇，效果会更好。

设宴招待客商，不要在对方下榻的旅馆进行，因为客商对于住宿旅馆的菜肴可以随时品尝。再有外商大多数将自己下榻的旅馆当作自己临时的家，所以若在对方投宿旅馆设宴招待，无异于在客人家中招待客人。

8.6.2 宴会活动组织安排

1. 确定宴请的目的、名义、对象、范围与形式

1) 确定宴请目的

宴请的目的是多种多样的，可以是为某一个人，也可以为某一事件。例如，为代表团

来访(作为驻外机构,可以为本国代表团前来访问,也可以为驻在国的代表团前往自己的国家访问),为庆祝某一节日、纪念日,为外交使节或外交官员的到离任,为展览会的开幕、闭幕,为某项工程动工、竣工,等等。在国际交往中,还可以根据需要举办一些日常的宴请活动。

2) 确定宴请名义和对象

确定宴请名义和对象,其主要依据是主、客双方的身份,主、客身份应对等。身份低的人邀请对方高级人士,使对方感到受冷落、不礼貌。反之,身份高的人邀请对方低级人士,则使对方感到无所适从。日常交往的小型宴请,可根据具体情况以个人名义或夫妇名义出面邀请。

3) 确定宴请范围

确定宴请范围,即确定请哪些人士、什么级别、多少人、主人一方请什么人作陪等。确定宴请范围要考虑多方面的因素,包括宴请的性质、主宾的身份、国际惯例、对方招待我方的做法以及政治气候等。多边活动尤其要考虑政治关系、对政治上相互对立的国家是否邀请其人员出席同一活动,要慎重考虑,除非是为了斡旋。

4) 确定宴请形式

宴请采取何种形式,在很大程度上取决于当地的习惯做法。目前,世界各国的礼宾工作都在简化,宴请范围呈缩小趋势,形式更为简便。冷餐会和酒会等被广泛采用。

2. 确定宴请时间和地点

1) 确定宴请时间

宴请时间应对主、客双方都合适,注意尊重对方在时间上的禁忌和不便。如对基督教人士的宴请时间不宜选择在 13 日,伊斯兰教徒在斋月内白天是禁食的,宴请应安排在日落以后进行。小型宴会主办以前,应先就时间征询主宾的意见,最好在适当的时候当面邀请主宾,也可以用电话联系。

2) 确定宴请地点

宴请地点要根据活动性质、规模大小、宴请形式、主人意愿和实际可能等情况具体选定。选定场所要能够容纳全部人员。举行小型正式宴会,在可能的情况下,应在宴会厅外另设休息厅,供宴会前简短交谈使用,待主宾到达后,一起进入宴会厅入席。

3. 发出邀请

各种宴请活动,一般用发请柬的形式来发出邀请。请柬具有礼貌和对客人起备忘的功能,也是进入宴会的凭证。请柬一般提前一周或两周发出,以便对方及早安排、及早答复。

4. 现场布置

冷餐会的菜台应用长条桌,通常靠四周陈摆;也可根据宴会厅情况,摆在房间的中间。如果安排坐下用餐,可摆四五人一桌的方桌或圆桌,座位数要略多于全体宾主人数,以便席间宾主可以自由就座、活动交谈。

酒会一般摆小圆桌或茶几,以便放花瓶、烟缸、干果和小吃等。主宾席背向其他参加者的一边或背向主宾席的座位可不安排座人。当主宾身份高于主人时,可以将其安排在主人席位上,以示敬重,而主人则坐在主宾席上,第二主人坐在主宾的左侧。如果我方出席人员中有身份高于主人者,也可由身份高者坐主位,主人坐身份高者左侧,主宾做身份高者右侧。也可在座位安排好后,制作席位卡。我国习惯中文写在上面,外文写在下面。

8.6.3 宴会程序

1. 迎接、小叙

一般情况下,由主人到门口迎接客人。有时,正式场合可在存衣处与休息厅之间由主人及其主要陪同人员排成行列迎宾。宾主握手后,由工作人员引导客人进入休息厅。客人进入休息厅后,要有相应身份的主方人员陪坐小叙,并由招待员送饮料。如果没有休息厅,则可直接进入宴会厅,但不入座。

2. 开宴、致词

宾客到齐后,由主人陪同客人步入宴会厅,宴会即可开始。宴会开始后,宾主要适当祝酒。如果有讲演,应事先落实讲稿。通常双方事先交换讲话稿,由举办宴会的一方先提供。讲话的时间,一般安排在宾主就坐以后,或在热菜上桌之后、甜食上桌之前。冷餐会和酒会的讲话时间可灵活掌握。

3. 宴毕、告辞

食完水果,主人与主宾起立,以示宴会结束。这时,客人应向主人道谢,并称赞主人的饭菜。宴后,宾主可以再次进入休息厅小饮片刻或直接道别。主宾告辞时,主人应送至门口。主宾离去后,主方人员依序排列,再与其他客人一一致意,相互告别。

8.6.4 赴宴礼仪

1. 赴宴

1) 应邀

接到宴会的邀请后,能否出席,应尽早答复对方,以便主人安排。在接受邀请后,不得随意改变主意。应邀出席前,要核实活动举办的时间、地点等。

2) 掌握出席时间

出席宴请活动,抵达时间的迟早、逗留时间的长短,在某种程度上反映了对主人的尊重程度,要根据活动的性质和习惯来掌握。迟到、早退或逗留时间过短,被视为失礼或有意冷落主人。一般客人应提前一点达到,身份高者可略晚抵达。当然,赴宴的时间不宜太早,也不宜太迟。因为太早可能会使对方不方便,妨碍准备工作的进行;太迟会使对方感觉你对其不够尊重。在席间,确实有事需提前退席,应向主人说明后悄然离去或事先打招呼,届时离席。

3) 抵达

抵达宴请地点时,应先到衣帽间,脱下大衣和帽子。然后前往主人迎宾处,主动向主人问好。如果宴请属吉庆活动,应表示祝贺。

4) 入座

出席宴请活动,应客随主便,听从主人的安排。入座前应先了解清楚自己的桌次座次,不宜随便乱坐。应按主人给你安排的座位就座,不要随心所欲地找熟人或与想要结识的人为邻。如果左右领座是长者或女士,应先主动协助他们坐下,然后自己再入座,宜从右侧入座。

5) 进餐

进餐时,第一次动筷要等主人招呼了再开始。如果有几桌筵席,则不宜在主宾席尚未进餐时率先进餐。进餐时,夹菜不要去拣大块或精食,宁可少吃一口,不可多贪一勺,坚持先人后己,否则会降低自己的身份。当然,更不能狼吞虎咽,放口大嚼。遇到从未吃过的菜,在没有弄清楚怎么吃法的情况下,不要抢先动筷,以免闹出笑话来。

用餐时一般不要把桌面弄得很乱,不要用筷子或刀叉指点议论他人。不要只顾吃喝而沉默不语或高谈阔论、反客为主。要配合主人的安排,善于调节宴席上的气氛。席间说话时嘴里不可有食物,不可唾沫横飞。打嗝、打哈欠、剔牙缝均是不礼貌的行为,实在忍不住要咳嗽、打喷嚏时,可用手帕捂住嘴。席间若有人失手碰倒了碗或杯子,弄洒了汤菜甚至弄脏了你的衣服,你应表现大度,并用语言或行动来宽慰对方。

 应用实例 8-5

不要轻举妄动

有一次一个中国人到美国,刚下飞机就去赴宴。服务员们在每个人的旁边都上了一碗水,这时由于这位中国人刚下飞机特别的口渴,所以就拿起碗就咕噜咕噜地喝了下去,这时大家都在惊讶地盯着他。他的导师是其中权位最高者,为了挽回这个尴尬的场面,也顺手地拿起碗把水喝了下去,大家看导师喝了也都喝了下去。饭后,别人告诉他那碗水是饭前用来洗手的,这时他觉得很内疚,要是早知道多好呀! 就不会让导师跟着他一起喝这碗水了。

6) 祝酒

作为主宾参加宴请,应了解对方的祝酒习惯,即为何人何事祝酒、何时祝酒等,以便做必要的准备。碰杯时,主人先和主宾碰杯,人多时可同时举杯示意。祝酒时,注意不要交叉碰杯。碰杯时,要目视对方,微笑致意,嘴里同时说着祝福的话。在正式宴会上,由男主人向来宾提议,提出某个事由而饮酒。在饮酒时,通常要讲一些祝愿、祝福类的话甚至主人和主宾还要发表一篇专门的祝酒词。要是致正式祝酒词,就应在特定的时间进行,并不能因此影响来宾的用餐。祝酒词适合在宾主入座后、用餐前开始。也可以在食完热菜后、甜品上桌前进行。

宴会上相互敬酒,表示友好,活跃气氛,但切忌喝酒过量,逞强好胜,否则会失言失态。一般应控制在自己酒量的 1/3 为宜,不可贪杯。不要强行劝酒。如果自己不会喝酒,可用其他饮料代替,陪着大家齐饮。当别人第一次向你敬酒时,应起身回敬,说声"谢谢",不要自己先喝,需待对方"请"过之后才可举杯。

 应用实例 8-6

宴 会 祝 词

今天,在迎来了五年一度的经贸盛会——中国哈尔滨第五届边境、地方经济贸易洽谈会之际,我谨代表洽谈会筹备委员会热烈欢迎国内外工商界新老朋友到会,洽谈贸易和经济技术合作项目,进一步加强相互了解,加深友谊,共同促进双方友好合作的发展,并预祝各位在本届洽谈会上取得丰硕成果。让我们共同干杯!

7) 纪念品

有时,宴会主人为客人准备小纪念品或一朵鲜花。宴会结束时,主人请客人带上,可说一两句赞扬纪念品的话。应注意,除主人特别示意作为纪念品的东西外,各种招待用品,包括宴会剩余的糖果、水果和香烟等,都不要拿走。

2. 餐姿、餐巾与餐具

1) 餐姿

餐桌前的坐姿和仪态很重要,适度文雅和细心,可以防止餐桌上许多不快之事发生,且能获取众人的赏识与尊敬。从椅子的右侧入座后,理想的坐姿是身体挺直而不僵,仪态自然,身体与餐桌应保持两个拳头左右宽度的距离,两只手搁在桌沿上,眼睛不要东张西望,更不要斜视看人。开席前不要摆弄碗筷。就座后,尚未上菜前最好不要静坐等待,一般应与座位两边的人轻声交谈,内容可限在相互了解的方面,但不要夸夸其谈,否则会给人以不稳重的感觉。

2) 餐巾

餐巾须等主人动手摊开使用时,客人才能将其摊开膝盖上。进餐前用餐巾纸擦拭餐具是极不礼貌的行为。如果发现不洁餐具,可要求服务员调换。餐巾的主要作用是防止油污、汤汁滴到衣服上,也可用来轻擦嘴边油污,但不可用来擦脸、擦汗。离座取食时,可将餐巾放到椅座上;用餐完毕,餐巾放于座前桌上左边,不可胡乱揉成一团。

3) 餐具

中餐宴请外商时,既要摆放碗筷,也要摆放西餐刀叉,以中餐西吃为宜。西餐刀叉的使用是右手持刀,左手持叉,将食物切成小块后用叉送入口中。吃西餐时,按刀叉顺序由外往里取用,每道菜吃完,将刀叉并拢放于盘中,以示吃完;否则摆成八字或交叉型,刀口向内。除喝汤外,不要使用汤匙进食。

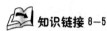知识链接 8-5

筷子文化十五忌

疑筷:忌举筷不定,不知夹什么菜好。
脏筷:忌用筷子在盘里扒拉夹菜。
指筷:不能拿筷子指人。
抢筷:就是两个人同时夹菜,结果筷子撞在一起。
刺筷:就是夹不起来菜就用筷子当叉子,扎着夹。
横筷:这表示用餐完毕,客人和晚辈不能先横放筷子。
吸筷:即使筷子上有汤汁也不能嘬筷子。
泪筷:夹菜时,菜上挂汤淋了一桌。
别筷:不能拿筷子当刀使用,如撕扯肉类菜。
供筷:忌讳筷子插在饭菜上。

拉筷：正嚼着的东西不能拿筷子往外撕，或者当牙签。
粘筷：筷子上还粘着东西时不能夹别的菜。
连筷：同一道菜不能连夹3次以上。
斜筷：夹菜要注意夹自己面前的菜，夹远处的菜，不要斜着伸筷子够菜。
分筷：摆筷子，不要分放在餐具左右，只有在吃绝交饭时才这样摆。

3. 吃喝禁忌

(1) 再难吃的东西多少要吃几口，不要轻易拒绝主人送过来的食物。
(2) 用西餐时，不要一次取食过多，应量需取食。取食的顺序一般是冷菜、汤、热菜、甜点、水果、冰激凌；取食时不要谈话，以免污染食物。
(3) 不要将自己用过的餐具放在大家共同吃的食物旁边。
(4) 吃面条之类食物时，不要吸食出声，应用叉、筷卷起一口之量，小口进食。
(5) 未经主人示意，不要用手撕食物。
(6) 喝汤时，宜先试温，待适合时再食，忌用口吹或吸食出声。
(7) 宴席中最好不要抽烟。

 应用实例 8-7

在一次商务谈判中，小王负责宴会问题，为此她首先落实了酒店的宴会厅和菜单，为晚上的正式宴请做准备。算了算宾主双方共有8位，小王安排了席位卡，因为是熟人，又只有几个客人，所以没有递送请柬，可是她还是不放心，就又拿起了电话，找到了对方公关部张经理，详细说明了晚宴的地点和时间，又认真地询问了他们老总的饮食习惯。张经理告诉说他们的老总是山西人，不太喜欢海鲜，非常爱吃面食。小王听后，又给酒店打电话，重新调整了晚宴的菜单。

随后，小王提前半个小时到酒店，看看晚宴安排的情况并在现场做准备工作。到了酒店小王找到领班经理，再次讲了重点事项，又和他共同检查了宴会的准备。宴会厅分内外两间，外边是会客室，是主人接待客人小坐的地方，已经准备好了鲜花和茶点，里边是宴会的房间，中餐式宴会的圆桌上已经摆放好各种餐具。

小王知道对着门口桌子上方的位子是主人位，但为了慎重从事，还是征求了领班经理的意见。从带来的席位卡中先挑出写着自己老板名字的桌卡放在主人位上。再将对方老总的席位卡放在主人位子的右边。想到客户公司的第二把手也很重要，就将他的席位卡放在主人位子的左边。小王又将自己的顶头上司市场总监的席位卡安排在桌的下首正位上，再将客户公司的两位业务主管，分放在他的左右两边。为了便于沟通，小王就将自己的位子与公关部李经理安排在同一方向的位置。

晚宴的一切准备工作就绪了。小王看了看时间还差一刻钟，就来酒店的大堂内等候。提前10分钟看到了总经理一行到了酒店门口，小王就在送他们到宴会厅时简单地汇报了安排。小王随即又返身回到了酒店大堂，等待着张总裁一行人的到来。几乎分秒不差，她迎接的客人准时到达。

晚宴按小王精心安排的情况顺利进行着，宾主双方笑逐颜开，客户不断夸奖菜的味道不错，正合他们的胃口。这时领班经理带领服务员像表演节目一样端上了山西刀削面。客人看到后立即哈哈大笑起来，高兴地说道，你们的工作做得真细致。小王的总经理也很高兴地说，这是小王的功劳。

看到宾主满意，小王心里暗自总结经验，下午根据客人的口味调整菜单去掉了鲍鱼等名贵菜肴，不仅省钱，还获得了客人的好感。总之，一个重要商务活动要想成功，关键是要充分准备，必要的商务礼仪是制胜法宝！

资料来源：冯砚，丁立. 商务谈判. 北京：中国商务出版社，2010.

8.7 参观游览的礼仪

参观游览是人们到达一个陌生地方以后首先考虑的活动内容，也是东道主招待客人的主要方式。

8.7.1 参观游览形式

1. 参观企业或机构

如果邀请其他公司代表到本公司所在地进行谈判，可以安排与会者参观本企业。这种参观形式，比较适用于在本地有大规模生产线、厂房及配套设施的企业，在不涉及商业机密的前提下，主办方应积极热情地陪同宾客参观并详细介绍。作为引导，要走在客人前面。上楼、下楼都走在客人前面，距离为一、两个台阶，不要走得太快。同时，要让客人走楼梯的内侧，主人走外侧。进乘电梯时，主人要先进去，按住按钮，再请客人进来。出电梯时，要请客人先出去。

在参观活动中，宾客不能提出令主办方为难的要求，如参观高科技企业的核心生产车间等，在安排参观一些有特殊性要求的场所时，如钢铁、化工企业，要注意相应安全措施，宾客也要配合，以避免不必要的麻烦。

 知识链接 8-8

中方安排国外客商参观工厂的礼仪

在安排客商参观工厂或生产基地时，必须明确，大部分客商只想了解工厂的经营情况或生产基地的环境条件和生产能力等。因此，不必用热情招待占去太多的参观时间，而是要在预定的时间内，有秩序、有步骤、全部仔细地将预定参观地点参观完毕，客商就会感到满意。一般在客商尚未到达之前，应该搞好参观地的环境卫生，不随便挂标语，写好欢迎标语，准备好参观时穿的服装，准备好中英文的公司简介和产品简介，必要时还要竖起对方国旗和我国国旗。准备好茶点和饮料，还要备好一份小小的纪念品，以加深客商对参观地的印象。此外，还要选择好接待人员，如工厂领导、技术主管、供销主管、财务主管以及翻译等。接待人员应走在客人的左边稍前一点。上楼梯时让客人走在前面，下楼梯时让客人走在后面。在前面，反而会使客人感到拘束或不便。在参观完毕后或参观途中，如果已到进餐时间，可以让客人简单地进餐，绝对不能因为对方是客就要盛情款待，这样会适得其反，会引起对方的反感与猜疑。若未到吃饭时间或虽到吃饭时间，但事先没做准备而使进餐有困难时，就不应勉强。不过，此时应尽快结束参观，为客人安排交通工具直接将客人送往需到达的下一个目的地。否则，将会适得其反。

 应用实例 8-8

进餐不是随便请的

中国江苏某企业老板在参加别人的宴会中认识了美国某企业老板，恰恰双方在业务上有共同点，也就是大家都需要彼此的产品。因此，双方都愿意在今后的日子里有所往来。在那以后的某天，美国公司的老

第8章 商务谈判的礼仪

板发传真给中国企业的老板,告知他有笔业务,希望与他合作。中国企业老板喜出望外,积极为即将到来的谈判做精心的准备。

在美国企业老板来临时,中国企业老板热情接待,领美国企业老板及其随从参观了厂房、机器设备、办公楼、产品等硬件设施,美国企业老板对此非常满意,并且表示愿意合作,之后双方签订了一份协议,美国企业老板说要等归国后与董事会商量后再与中国企业老板签订正式的合约。这时,已经是下午2点钟,中国企业老板盛情邀请美国企业老板到酒店就餐。美国企业老板说自己在下午6点钟还有一个约会,所以就算了吧。但是中国企业老板执意如此,美国企业老板无法,但要求要一切从简。中国企业老板带领美国企业老板到了本地最负盛名的酒家,点了整整一桌的酒菜,而参与者仅有4个人,宴会整整持续了2个小时,此时已是下午4点钟,而到达另一个约会地点需2个小时,不巧的是中国企业的老板由于兴奋过度喝多了,他的司机不得不先送他回家,再送美国企业老板到达指定地点参加宴会。等到达时,已经整整晚了1个小时。美国企业老板企业老板在归国后非常气愤,这是他有生以来第一次失约,他将此视为奇耻大辱,所以就终止了与中国企业老板的合作。

标语不是随便挂的

德国西子食品公司总裁S先生到我国某食品厂实地考察联合生产项目,他看到工厂内笔直的大道,翠绿的树木,幽静的厂区,交口称赞。然而当他一眼看到围墙上用红绿广告色刷着的巨大汉字时表现出疑惑,便问:"为什么要在墙上写字,这样不是把墙弄脏了吗?"翻译解释道:"那是宣传标语,让全厂动手,打击偷盗。"没等翻译说完,S先生转身就问厂长:"全厂都来抓小偷,那么生产怎么办?这里的治安太可怕了。"说完拉着翻译就走了。任凭厂长和陪同人员如何解释,S先生都听不进,他只是说:"小偷太多,全厂抓小偷,不可思议,不可思议。"S先生的轿车在一片挽留、抱怨、沮丧声中驶出了工厂。你们说,一条标语吓走了外商,值不值得人们深思。听罢领导的解释,几位商场负责人点头称是,随后摘掉了所有的"请顾客自重,偷一罚十"的牌子。

资料来源:张勤. 行政谈判. 北京:经济科学出版社,1995.

2. 游览名胜古迹

在商务谈判活动中,为轻松一下紧张的神经,为增进彼此的感情,为缓解正式场合谈判的紧张气氛,有必要安排一些游览活动,在安排游览名胜古迹时,要适时、适度,还要根据不同对象进行不同安排。

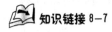

中方安排国外客商游览活动的礼仪

如果客商是第一次来中国或很久未来中国(包括港、澳、台同胞和海外侨胞来大陆),只要时间允许,陪其参观当地有代表性的名胜古迹,如北京的故宫、上海的外滩、武汉的黄鹤楼等是应当的。但是如果客商是经常来华且当地的名胜古迹已去多次,就不要墨守成规,硬在商务谈判活动中安排一次游览,否则会让客商不高兴。同时,在安排活动时,除非是策略上的需要,否则不要安排得过于疲劳,以免影响正常的商务谈判活动。此外,在安排游览陪同人员时,最好安排一个对游览地点情况熟悉的人,以便随时进行介绍和讲解,这样会使客商感到更加满意。

8.7.2 安排参观游览应注意的问题

(1) 不要将时间安排得太紧,应预留一点自由活动的时间。

(2) 如果是派人陪同参观游览,应先将情况介绍清楚。应向客人说明几个参观项目总共要花多少时间,只去重点项目要花多少时间,建议去哪些地方,便于共同做出计划。

(3) 在陪同客人参观的过程中,应边看边介绍情况。不要因为陪同者对本地、本企业内容毫无新鲜感,便无精打采,显示出不屑一顾的神情,或只顾自己走,不管客人对什么感兴趣。

(4) 摄影。如果客人携带照相机,应介绍哪些地方是最佳摄影点;哪些地方不允许照相,请对方谅解并表示歉意。如果客人需要留影或集体合影,应主动配合。

8.8 赠送礼物的礼仪

谈判人员在相互交往中馈赠礼品,一般除表示友好、进一步增进友谊和今后不断联络感情的愿望外,更主要的是表示对本次合作成功的祝贺,以及对再次合作能够顺利进行所做的促进。因此,选择适当的时机,针对不同对象选择不同礼品馈赠,便成为一门敏感性、寓意性很强的活动。礼物一般应偏重于意义价值,同时又给人带来惊喜。

8.8.1 馈赠礼品

在商务谈判活动中,馈赠礼品是不可缺少的重要内容,小小的一点礼物,往往可以增进双方的友谊,还有利于巩固彼此的交易关系。但是,送什么、怎样送、何时送,是需要认真考虑的。

馈赠礼品,首先要注意对方的文化背景,切忌触犯对方的禁忌。由于谈判人员所属国家、地区间有较大差异,文化背景各不相同,爱好和要求必然存在差别。因此,必须注意根据对方的习俗、兴趣与爱好选择合适的馈赠礼品。例如,在阿拉伯国家,不能以酒作为礼品,不能给当事者的妻子送礼品;在英国,人们普遍讨厌有送礼单位或公司印记的礼品;在法国,一般不能送菊花;在意大利,不要赠送手帕,因为人们认为手帕是最亲爱的人离别时擦眼泪的用物,送手帕象征着情人的离别;在日本,狐狸是贪婪的象征,所以日本人不喜欢有狐狸图案的礼品。

应用实例 8-9

国内某家专门接待外国游客的旅行社,有一次准备在接待来华的意大利游客时送每人一件小礼品。于是,该旅行社订购制作了一批纯丝手帕,是杭州制作的,还是名厂名产,每个手帕上绣着花草图案,十分美观大方。手帕装在特制的纸盒内,盒上又有旅行社社徽,显得是很像样的小礼品。中国丝织品闻名于世,料想客人会很喜欢。

旅游接待人员带着金装的纯丝手帕,到机场迎接来意大利的游客。欢迎词致得热情、得体。在车上他代表旅行社赠送给每位游客两盒包装精美的手帕,作为礼品。没想到车上一片哗然,议论纷纷,游客们显出很不高兴的样子。特别是一位夫人,大声叫喊,表现极为气愤,还有些伤感。旅游接待人员心慌了,好心好意送人家礼物,不但得不到感谢,还出现这般景象。

第8章 商务谈判的礼仪

在国际商务谈判中，要注意，欧美国家的人在送礼方面较注重的是礼物的意义而不是其货币价值，因此，在选择馈赠礼品时不必追求礼品的贵重，有时馈赠贵重的礼品效果反而不好，对方会怀疑此举是否想贿赂或另有图谋，这样，不但不能加深相互间的友谊，反而会引起对方的戒备心理。但是，在亚、非、拉和中东地区，人们往往较注重礼物的货币价值，所以，在与这些国家进行的商务谈判中，赠送礼品不仅要投其所好、投其所需，而且还要分量足够，才能产生一定效果。

给德国人赠送礼品，应尽量选有民族特色、带文化味的东西。不要给德国女士送玫瑰、香水或内衣。因为它们都有其特殊的意思，玫瑰表示"爱"，香水和内衣表示"亲近"，即使女性之间，也不适宜送这类物品。用刀、剪和餐刀、餐叉等西餐餐具送人，有"断交"之嫌；这也是德国人所忌讳的，在服饰和其他商品包装上禁用此类符号。德国人忌讳茶色、红色和深蓝色。

法国人爱花，生活中离不开花，在他们看来，不同的花代表不同的含义。百合花是法国的国花。他们忌送别人菊花、杜鹃花、牡丹花和纸做的花。法国人喜欢有文化和美学素养的礼品，唱片、磁带、艺术画册等是法国人最喜欢的礼品。他们非常喜欢名人传记、回忆录、历史书籍，对于鲜花和外国工艺品也很感兴趣，讨厌那些带有公司标志的广告礼品。公鸡是法国的国鸟，它以其勇敢、顽强的性格而得到法国人的青睐。野鸭商标图案也很受法国人的喜爱。但他们讨厌孔雀、仙鹤，认为孔雀是淫鸟、祸鸟，并把仙鹤当作蠢汉和淫夫的代称。法国人不喜欢无鳞鱼，所以也不大爱吃此类鱼。

赠送礼品还要讲究数量。我国一向以偶数为吉祥，而日本则以奇数表示吉利，西方国家忌讳"13"。如果到日本人家里做客，切记不能带16瓣的菊花，因为那是皇室的标记。礼品不能是"4"的倍数，数字"4"有不健康、生病的含义。不能单独送梳子，在日文中梳子同"苦死"发音相同，意为极其辛苦。

赠送礼品还要注意时机和场合。一般情况下，各国都有初交不送礼的习惯。此外，英国人多在晚餐或看完戏之后乘兴送礼；法国人习惯下次重逢时送礼；在日本通常是第一次见面时送出；但法国人则希望下一次重逢时馈赠礼品；我国则在离别前赠送礼品。在欧洲，送给家庭的礼品，千万不要拖到饭后，以免给主人造成你怕付饭费的不良印象。

礼品的细节处理要仔细。当选择了称心的礼品后，在礼品送出之前再做一番最后处理，使礼品更加出色，让对方一眼就能感受赠送者的心意。礼品上如有价格标签，必须事先撕掉，然后包上对方喜欢的外包装。例如，在德国，礼品包装是非常重要的，但不能用白色的、空白的或棕色的礼品纸或绸带包装；在日本，包装时，禁用暗灰色、黑色、白色和大红色的纸包装。

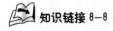知识链接 8-8

中外商务谈判活动中馈赠礼品的礼仪

在中外商务谈判活动中，中方谈判人员应认识到并不一定是贵重礼物就会使对方高兴。相反，如果送一些具有感情、富于特色且价格并不昂贵的礼物往往会使客商感到满意。因此，选择馈赠礼物要根据客商的民族、习惯、兴趣与爱好来决定。一般而言，对欧美客商，适宜送比较轻便的礼物，如玉雕、贝雕、手工刺绣等手工艺品或挂毯、壁毯等工艺品；对于日本及东南亚一带的国家和地区的客商，适宜送手工刺绣、玉雕、贝雕、字画、图章等；对于港、澳、台地区的客商，除上述礼物之外，也适宜赠送花瓶、本地的土特产等。总之，要遵循"礼轻人情重"这一原则，以达到既少花钱又能增进友谊的目的。

8.8.2 接受礼品

接受别人礼品时，应双手捧接，并立即表示感谢。在西方国家，受礼后要当着客人的面打开礼物并轻声称赞。因为按照欧美人的习惯，受礼时若不是对礼物当即表示赞赏及表示感谢的话，送礼者就认为这份礼物不受欢迎，或者对方不接受自己的情谊。所以，不管受礼者是否真正喜欢别人送的礼物，一般都要边拆看边说些"这正是我所需要的"、"太好了，我很喜欢它"等有礼貌的话。这一点，与中国人的受礼习惯是截然不同的。

一般而言，接受别人礼物应回赠相应的礼物，或以适当的方式表示感谢。但要注意各国的风俗习惯。例如，在日本，送礼作为形式比内容更重要。不要因收到日本人所送礼品简单或不值钱而感到受了侮辱。日本人送你礼品之后，不要马上把回礼拿出，应在以后的某次会谈中，再把你的礼品回赠对方。这样做的意义在于表明你早有准备，是诚心诚意的。

8.9 签字仪式的礼仪

双方经过会谈磋商，就某项重要交易或重大经济合作项目达成协议后，一般都要举行签字仪式，这时要注意以下一些方面。

8.9.1 签字前的准备

安排签字仪式，首先，要做好文本的准备工作，及早对文本的定稿、翻译、校对、印刷、装订、盖章等做好准备；其次，准备好签字用的文具。同时，要安排好签字地点，既可在谈判间也可在宴请的饭店设桌签字。政府间的签字还要准备小国旗，重要的签字仪式还要干杯或举行宴会庆祝。

8.9.2 签字人的选择

主谈人有时不一定是合同的签字人。签字人应视协议或合同文件的性质由各方商议确定，但双方签字人的身份应大体相当。商业合同一般应由企业法人代表签字，政府部门代表一般不签字。在目前的商务业务中，签字人为4种情况：①金额与内容一般(成交额百万美元以内，货物普通)的合同由业务员或部门经理签字；②金额较大、合同内容一般(成交额百万美元以上)的合同由部门经理签字；③成交额在500万美元以上多由公司或商社领导签字；④金额大(千万美元以上)、合同内容系高技术领域的合同多由公司或商社领导签字，与合同相关的协议由政府代表、企业代表共同签字。其中，属于由企业非法人代表签字的情况时，签字人在签字之前，还应出示由其所属企业最高领导人签发的授权书。属于由企业法人代表签字的情况时，签字人在签字之前，还要以某种形式证实其身份。

签字人的选择主要是出于对合同履行的保证之考虑。复杂的合同涉及面广。上级、有关政府部门了解、参与后，执行中若产生问题容易理解，对合同的顺利执行有所保证。

8.9.3 参加人的确定

参加签字仪式的有双方参加会谈的全体人员,如果一方要求未参加谈判的人员出席,对方应予同意,但双方人数应大体相等。

重大合同即涉及政府参与的合同的签字仪式比较隆重,参加的人比较多和重要。这时,需选择较高级的饭店(如北京饭店、长城饭店)或隆重的会堂(如人民大会堂)作签字仪式举办地点。签字在一个厅,宴会为另一厅。安排高级领导(部级或国家领导)会见对方代表团成员。签字时,专设签字桌,后排站高级领导及双方贵宾(包括使领馆的代表),请新闻界(如记者,电视台工作者)参加。

8.9.4 签字仪式的安排

签订协议通常使用长方形(或椭圆形)桌子,宾主相对而坐。客人面对正门,主人背门而坐。如果长桌的一端向正门,则以入门的右方为客方,左为主方。对一些重大协议(如条约等)的签订,只有代表双方的两人签字时,则两人坐在一起签字,其他人站在后面或旁边。协议签订完毕,双方签字人应起立握手致意,互祝双方为签订协议而作的成功努力,其他人员则应鼓掌响应。

应用实例 8-10

张先生是市场营销专业本科毕业生,就职于某大公司销售部,工作积极努力,成绩显著,3年后升职任销售部经理。一次,公司要与美国某跨国公司就开发新产品问题进行谈判,公司将接待安排的重任交给张先生负责,张先生为此也做了大量、细致的准备工作。经过几轮艰苦的谈判,双方终于达成协议。可就在正式签约的时候,客方代表团一进入签字厅就转身拂袖而去,是什么原因呢?原来在布置签字厅时,张先生错将美国国旗放在签字桌的左侧。项目告吹,张先生也因此被调离岗位。由此可见,在国际商务谈判时,应按国际通行的惯例(国际惯例的座位次序是以右为上,左为下)来做,否则,哪怕是一个细节的疏忽,也可能导致功亏一篑、前功尽弃。

资料来源:罗树民,等.国际商务谈判.上海:上海财经大学出版社,2004.

本章小结

商务谈判礼仪是谈判顺利进行的重要前提,是影响谈判结果重要因素之一。
迎送客人时要注意确定迎送规格、掌握客人抵离时间等问题。
无论是举办宴会还是参加宴会,要注意各种宴会礼仪礼节。
赠送礼品要选择适当,价值适中,符合各国文化习俗和习惯。
安排参观游览的时间不要太紧张,应做好相应的介绍工作。
名片递送要得体,符合规范,以发挥其应有的效果。
与对方约会应注意选择合适的时间,对于对方的约会应及时回复。
签字仪式的安排要准备充分,签字人的选择要恰当。

关键术语

礼仪、禁忌、对等原则、破格接待、宴会、招待会、祝酒、名片、介绍

习 题

1. 选择题

(1) 参加日本人的婚礼时,有人送了一束白色的百合花,你觉得这种做法(　　)。
   A. 符合礼仪规范,因为白色百合花代表百年好合,爱情纯洁美好
   B. 不符合礼仪规范,因为在日本百合花只有在丧事时使用
   C. 如果换成其他颜色或搭配一些其他祝愿类花就会更好

(2) 面对商务礼仪交往中世界上各个国家的礼仪标准大不相同,我方应该做的是(　　)。
   A. 以各国标准为主,交往中哪个是主方就参照那个国家的礼仪标准
   B. 以综合国力为主,交往中哪个国家强就参照哪个国家的礼仪标准
   C. 经过不断的磨合和交流寻求一套大家认可的礼仪规则系统

(3) 在法国,下面的(　　)礼仪是不恰当的。
   A. 如果在很好的朋友之间相互送礼物增进感情是允许的
   B. 在与法国人进行业务洽谈中用英语是最佳选择
   C. 只有非常熟悉的和关系非常好的人之间才能直呼其名

(4) 在涉及公司业务的场合中,你的配偶、朋友都参加的情况下,在互相介绍中,你应该(　　)。
   A. 先介绍自己的配偶和朋友,再介绍老板
   B. 先介绍老板,再介绍自己的配偶和朋友
   C. 先介绍谁都可以

(5) 在下面(　　)国家盛行吻手礼。
   A. 德国　　　　　　B. 法国　　　　　　C. 波兰

(6) 下面商务礼仪运用不合规范的是(　　)。
   A. 一般而言,正式的商务场合而且是第一次见面是不行亲吻礼的
   B. 与泰国人见面时行握手礼
   C. 递名片时一定要双手接双手送

(7) 名片是现代商务活动中必不可少的工具之一,有关它的礼仪当然不可忽视,下列做法正确的是(　　)。
   A. 为显示自己的身份,应尽可能多的把自己的头衔都印在名片上
   B. 为方便对方联系,名片上一定要有自己的私人联系方式
   C. 在用餐时,要利用好时机多发名片,以加强联系
   D. 接过名片时要马上看并读出来,再放到桌角以方便随时看

2. 判断题(对的打√,错的打×)

(1) 当进行正式宴会时,一定要在主人宣布开饭之后再动筷吃饭。　　　　　　(　　)
(2) 女性不能采用跷二郎腿的姿势就坐。　　　　　　　　　　　　　　　　　(　　)
(3) 如果下属不听你的话,就要严厉地斥责他,让他有所畏惧。　　　　　　　(　　)
(4) 在乘坐电梯时,应该先到先行。客人先上,主人可以后下,一边扶着门,一边为客人指路。(　　)
(5) 商务场合,以右为上;政务场合,以左为尊。　　　　　　　　　　　　　(　　)

第8章 商务谈判的礼仪

3. 简答题

(1) 迎送礼仪有哪些原则?

(2) 宴请有哪些种类? 宴会程序、礼仪包括哪些?

(3) 赠送礼品应注意什么?

(4) 名片递接应注意什么?

(5) 介绍的顺序有哪些?

4. 思考题

在一次商务谈判中,某谈判人员首先进行自我介绍。此时,他最好的介绍方法是(　　)。

A. 我是×××,请多指教。

B. 我是××集团总裁×××,是××大学毕业的,×××教授是我的老师,×××部长曾是我的同学,我曾在××公司当过总经理。

C. 我是××集团总裁×××,请多指教。

 案例分析

礼仪下的谈判交锋

20世纪80年代初,日本大阪电器株式会社与美国家用计算机公司根据双方高层人士达成的合作意向,派员工洽谈一项微机软件的专利购销合同。日方代表是技术部正副经理山田规和片冈聪,美方则是总经理助理高韩。

高韩是中国台湾人,留美获法学学位后曾在纽约一家律师事务所短期供职,取得律师资格后受雇于计算机公司,因纪轻、头脑灵活、办事认真而受到总经理器重。山田规与片冈聪是久经征战的谈判老手,素以老练沉稳著称,尤善把握促使对方妥协让步的火候,这对"黄金搭档"认定与对手见面之际即是谈判开始,而对手离开日本时,才是谈判的结束。

9月10日下午,高韩带着一大堆分析日本人心理的书和株式会社的情况简报飞抵大阪机场。日本代表山田规和片冈聪恭恭敬敬把高韩送上一辆大轿车的丝绒正座的椅背上,自己却挤在折叠侧椅上正襟危坐。

"你们为什么不和我坐在一起呢?正座很宽敞。"高韩客气地说。"哦,不,你是重要人物,我们尊贵的客人,您应该舒服地休息一下。"片冈聪礼貌回答,高韩感觉很舒服。

车行不久,山田规亲切地问:"高韩先生,您会说本地话吗?""你是指日语吗?"高韩反问道。"是的,在日本我们谈判时都用日语。"山田规谨慎地说。"这个,我不会,我想谈判时可以用英语。不过,我可以学几句对话,我带着日文字典呢。"高韩很有把握地说。

山田规接过仔细一看,班机是9月25日15:00,看完又郑重地递给片冈聪,仿佛把这件尊贵客人交办的同事必须一丝不苟地完成似的。

大轿车很快在一座高级宾馆门前停下,日方一直把高韩送进预定的套间。高韩性急地问:"什么时候开谈?"山田规笑吟吟地答道:"早点开谈当然很好,可并不重要,我们是贵公司的老客户,双方有着良好的合作记录。我们从来没有使贵公司任何一位贸易代表感到为难。请放心,凡是可以做出的让步,我们一定说服董事长同意。"此番表白无疑是释放一颗"定心丸",高韩全无拒绝之意。山田规又说:"助理先生首次来日本,我们非常希望您休息得好一些,顺便浏览一下日本的风光,领略一下日本民族的风土人

377

情,欣赏一下日本传统文化。即使开始谈判,我们也将尽力使您劳逸结合,让您休闲、工作皆有所获。"说罢双双鞠躬,告辞离开。

第二天一早,日方的盛情款待便开始了。高韩白天被主人带去游览山川风光、名胜古迹,晚上被领着听"雪浪花"、泡歌伎馆。自然景观尚未看完,人文景观接踵而来,从天皇的皇宫到东京的神社全部看了一遍。主人甚至还替高韩报名参加日本禅宗的英语讲座,使之在了解日本宗教过程中加深体会日本人的"好客文化"。同时,东道主用独具风味的日本料理、大和民族的传统晚宴招待客人。

很快过去了11天,到了9月22日上午双方才坐到谈判桌前,然而例行公事的寒暄、"开谈"等谈判程序又用去了半天。下午各方报价,高韩的卖价是1 000万美元,山田规的买价是800万美元,双方差额达200万美元。于是开始了讨价还价,按惯例各方一上来都是坚守自己的意愿。谁知谈判尚未深入,却又不得不提早结束,因为主人安排打高尔夫球的时间到了。高韩至此感到自己受到捉弄,但又无可奈何。

9月23日上午,继续交锋。距归期只有两天的高韩直接压盘,用900万美元的报价把双方差额降为100万美元。但日方代表毫不让步,说自己开价是经董事长批准的最高限价,所以800万美元是无权更改的。高韩顿时急躁起来。但不论高韩怎样论述,日本代表只是静静听着,至此,谈判陷入僵局。

9月24日上午举行会谈,高韩首先发言:"美国名人杰姆斯·猩克曾说过,只要在事情结束前到达,你就决不会太迟,所以我认为,尽管我们双方正式开谈的时间晚了一些,但要达成令各方满意的协议还是来得及的。二位,我们大多数重要的让步都会在接近截止时限的那一刻发生。你们知道了我的截至期限就在明天,但是请两位考虑一下,如果我改变截止期限,将会发生什么结果?"

日方代表很是震惊,沉默片刻之后,两人以"说服董事长"为由,匆忙离开谈判厅,紧急商量对策。下午再谈,山田规说:"我们几次恳求董事长,总算使他同意让价10万美元。"高韩说:"按谈判讨价还价的程序看,我们还得争论三个回合,但没时间了。明天上午我得收拾行李,如果没有成交的可能,我就打道回府了。"这一招确实有效,山田规和片冈聪当即决定做出大幅度的让步。

9月25日一早,山田规约谈的电话打到宾馆,并且保证以诚恳的妥协态度协商交易。第三回合谈判准时开始。片冈聪说:"高韩先生,我们诚心诚意接您的,只是安排得过于紧凑,请不要介意。我们之间是有希望成交的,经董事长同意本公司同意让价50万美元,我们希望以850万美元成交。"

高韩笑着说:"贵公司在让价方面确实做出了努力,但调整的50万美元仍不是我们公司所能接受的最低价。看来,我只能把谈判经过如实向总经理汇报了。最后,再次谢谢你们的款待。"高韩走出谈判厅,认为谈判破裂无疑。

午饭过后,日方送高韩到机场,山田规似乎异常恳切地说:"为了促成我们之间首次交易,我提议将价格提高到880万美元。您如果同意,我们现在就签订合同。"于是,在大轿车上,双方就合同条款谈判。就在即将到达机场时,双方以880万美元完成了这笔交易。高韩回到美国,总经理劈头说:"日本人报价应是950万美元。"

根据以上案例所提供的资料,试分析:

(1) 社交礼仪在谈判中有什么作用?
(2) 你赞同日本人的做法吗?
(3) 美方代表如果要避免自己的失误,应该怎样做?

商务谈判的风格

本章教学要点

知识要点	掌握程度	相关知识
亚洲商人的谈判风格	了解、掌握	亚洲商人谈判风格的特点
欧洲商人的谈判风格	了解、掌握	欧洲商人谈判风格的特点
美洲商人的谈判风格	了解、掌握	美洲商人谈判风格的特点
大洋洲商人的谈判风格	了解、掌握	大洋洲商人谈判风格的特点
非洲商人的谈判风格	了解、掌握	非洲商人谈判风格的特点

本章技能要点

技能要点	掌握程度	应用方向
能够了解亚洲商人的谈判风格并采取相应的谈判策略	了解、掌握	与亚洲商人谈判
能够了解欧洲商人的谈判风格并采取相应的谈判策略	了解、掌握	与欧洲商人谈判
能够了解美洲商人的谈判风格并采取相应的谈判策略	了解、掌握	与美洲商人谈判
能够了解大洋洲商人的谈判风格并采取相应的谈判策略	了解、掌握	与大洋洲商人谈判
能够了解非洲商人的谈判风格并采取相应的谈判策略	了解、掌握	与非洲商人谈判

■ 导入案例

各国人员谈判风格与文化背景

案例1： 在餐厅，盈满啤酒的杯中发现了苍蝇。在场的各国人员是这样进行谈判的。

英国人以绅士风度吩咐侍者：换一杯啤酒来。

法国人干净利索地将啤酒倾倒一空。

西班牙人不去喝它，只留下钞票，不声不响地离开餐厅。

日本人会让侍者把餐厅经理叫来，训斥一番：你们就是这样做生意吗？

沙特阿拉伯人会把侍者叫来，把啤酒杯递给他，说：我请你喝。

美国人比较幽默，他会对侍者说：以后请将啤酒和苍蝇分别放置，由喜欢苍蝇的主人自行将苍蝇放进啤酒里，你觉得怎么样？

资料来源：方百寿.贸易口才.沈阳：辽宁大学出版社，1996.

案例2： CBS是美国哥伦比亚广播公司，其以播送新闻迅速、全面而著称。NHK是日本广播协会，是日本唯一的公共广播电视台，在世界上有着规模最大的广播电视系统。

1974年美国总统福特访问日本时，由美国哥伦比亚广播公司现场直播，而当时日本只有广播协会NHK拥有卫星转播系统，所以就必须与日本广播协会谈判关于转播福特在日活动租用日本广播协会器材、工作人员、保密系统及电传问题的合作事宜。

在福特总统预定出访的前两周，CBS从纽约派遣了一个小组到日本谈判，其负责人是一个年轻的高级官员。这位美国人大模大样，以直言不讳的态度向比他年长许多的NHK主管提出种种不合理的要求，其中包括超出实际需要近两倍的人员、车辆及通信设备等。

日本人非常恼火，这哪里是请别人帮忙，分明是来讨债的，但日本人并不公开指责美国人，只是敷衍了事。第一轮谈判结束时，双方未达成任何协议。这使得一向以播送新闻迅速、全面而著称的CBS陷入了困境。无奈两天以后，CBS另一位要员飞抵东京，他首先以个人名义就本公司年轻职员的冒犯行为向NHK方面表示道歉，一再诚恳地请求NHK协助转播访问事宜，询问日本方面能提供哪些帮助。NHK方面转变了态度并表示支持，双方迅速达成了协议，事情有了圆满的结局。

当CBS的年轻谈判员得知自己的行为方式无助于解决问题时，十分惊讶，并向日方表示赔礼道歉。

资料来源：王福祥.商务谈判理论与实务.北京：科学出版社，2008.

上述两个案例表明，世界各国文化习俗的不同，使不同国家的商人形成不同的谈判风格。自改革开放以来，我国大力发展与加强同世界各国和地区的经济、贸易与投资往来。因此，在对外商务活动中，我国拟进行商务谈判的人员就必须了解不同国家和地区的商人的谈判风格及其差异，并采取相应的对策。

谈判风格，是指在不同环境中生活的谈判人员，在谈判思维、谈判行为、谈判语言、谈判策略等方面具有不同的特点。不同的谈判风格影响谈判的速度、谈判的节奏，影响谈判的方式方法，影响谈判的议题，影响谈判的气氛、谈判的态度，影响谈判的沟通和结果。

为在国际商务谈判中，能够灵活运用各种谈判技巧，了解谈判的主动权，取得谈判的成功，作为一名合格的谈判人员就要了解谈判对方的文化风俗和谈判风格。本章将对世界各地主要国家和地区的商人的谈判风格加以概括介绍。

第 9 章 商务谈判的风格

9.1 亚洲商人的谈判风格

9.1.1 日本商人的谈判风格

日本位于太平洋西侧，是由北海道、本州、四国、九州 4 个大岛和上千个小岛组成的岛国，面积 37.78 万平方千米，人口数量达 12 737 万(截至 2010 年年底)。日本为单一民族的国家，除大和族外，只有少数阿伊努人居住在北海道，通用日语。日本是信仰多种宗教的国家，固有的宗教是神道，同时还信奉佛教、基督教和天主教。日本商人是东方民族经商的代表，其谈判风格有以下特点。

(1) 日本商人在正式谈判之前喜欢和人接触。以了解对方及增进感情，在建立了友好的人际关系基础上才考虑成交。他们愿与熟人长期打交道，不喜欢也不习惯直接的纯粹的商务活动。

(2) 日本商人很重视信息收集工作。在谈判前，日本商人会通过各种渠道收集与谈判有关的各种信息，如市场信息、对手情况等。

(3) 日本人的等级观念根深蒂固，非常重视尊卑秩序。日本企业都有尊老的倾向，一般能担任公司代表的人都是有 15～20 年工作经历的人。他们讲究资历，不愿与年轻的对手商谈，因为他们不相信对方年轻的代表会有真正的决策权。因此，日本商人非常注重与之交往对方的身份地位以及年龄和性别，要求对方在这些方面与之相适应。

 应用实例 9-1

美国一家公司与日本一家公司进行一次比较重要的贸易谈判，美国派出了认为最精明的谈判小组，大多是 30 岁左右的年轻人，还有一名女性。但到日本后，却受到了冷落的待遇，不仅总公司经理不肯出面，就连分部的负责人也不肯出面接待。在日本人看来，年轻人，尤其是女性，不适宜主持如此重要的会谈。结果，美方不得不撤换了这几个谈判人员，日本人才肯出面洽谈。

资料来源：周忠兴. 商务谈判原理与技巧. 南京：东南大学出版社，2004.

(4) 日本商人十分讲究礼节和礼貌。与日本人初次见面，互相鞠躬，互递名片，一般不握手。没有名片就自我介绍姓名、工作单位和职务，如果是老朋友或者是比较熟悉的就主动握手或拥抱。他们常用的寒暄语是"您好"、"您早"、"再见"、"请休息"、"晚安"、"对不起"、"拜托您了"、"请多关照"、"失陪了"等。日本人鞠躬很有讲究，往往第一次见面时行"问候礼"，即 30°；分手离开时行"告别礼"，即 45°。

(5) 日本商人十分注重面子。日本人认为，脸面是受尊敬的标志，是自信的源泉，是关系自己的地位和别人的地位的一件极为微妙、重要、无所不在的事情。日本人为了保全面子，有时几乎到了荒谬可笑的程度。

 应用实例 9-2

曾有一个美国人从日本进口木制马桶座圈。他初次订货 3 000 个，每个 4 元。这种木制马桶座圈销路很好，于是他发电给日本厂家，欲将月发货量由 3 000 个改为 8 000 个，日方回电每个要付 7.5 美元。由于这几乎是前一批订货的价格的两倍，所以美国人想价格可能是弄错了。他又向对方发电，可回电还是一样："没错，每个 7.5 美元。"这自然使生意告吹。

381

几年后,这位美国人把此事讲给一位日本商人听,后者根本不感到意外。他解释说:"你不知道是怎么回事。那家日本公司每月不可能交付 8 000 个马桶座圈,因为他们根本没有这种生产能力。但是,如果对方向你说实话,他就会感到丢脸。所以他漫天要价,知道你也不可能销售。"

(6) 日本商人彬彬有礼地进行讨价还价。在谈判过程中日本商人喜欢且善于讨价还价,一般报价虚头很大,杀价也较狠。

(7) 日本商人在谈判时说话态度暧昧。其行为不大坦率,尽量避免正面回答问题,常常给人含糊不清、甚至是使人误会的回答。

 应用实例 9-3

一个到日本去谈判的美国商务代表团,碰到这样一件尴尬的事,直到他们要起程回国前,才知道贸易业务遇到了语言障碍,没有了达成协议的希望。因为在谈判时,就价格的确定上,开始没有得到统一,谈判快要告一段落时,美方在价格上稍微作了点让步,这时,日本方面的回答是"Hi!(嘿)"。结束后,美方就如释重负地准备"起程回国"。但结果其实并非如此。

因为日本人说"嘿",意味着"是,我理解你的意思(但我并不一定要认同你的意见)"。

资料来源:李品媛. 现代商务谈判. 大连: 东北财经大学出版社, 2005.

 知识链接 9-1

对日本人而言,在谈判时要是他直接说"不(No)",他觉得这会让对方丢面子,因而从来不明确地表达。此外,对日本人而言,"是的(Yes)"有 4 种不同的意思:①表示一方知道另一方正在同他说话,但他并不一定理解了谈话的内容;②表示对方所说的是可以理解的和说清楚的;③表示他已经理解了对方的建议;④表示完全同意。因此,当与日本人进行交流或谈判时,"不(No)"与"是的(Yes)"的准确含义需根据说话的情景来进行判断,必要时可请对方予以确认,以免产生误解。

(8) 日本商人团体倾向强烈,强调集体决策。在谈判中,日本商人协同作战,配合默契,集体决策。参加谈判的每一个人都对某一问题具有决策权,都有责任保证谈判成功。同时,对于较重要的问题,日本商人谈判组的成员一般不能马上做出决定,而需要通过国内公司有关人员层层上报批准,才能予以答复。

 知识链接 9-2

47 个浪人的故事

47 个浪人(Ronin)曾是一个地方大名(封建主)的仆从,这个地方大名就是来自赤穗的浅野良矩。在江户的将军府中,浅野良矩和另两个大名奉命接待天皇(天皇居住在京都)的一位使者。这 3 个大名被送到了另一个大名那里,此人名称吉良义央,是官廷礼节专家,他将检查 3 位大名所学到的所有官廷礼节形式是否正确。另外两个大名给了这位专家丰厚的礼品,但是浅野良矩觉得这没有必要,因而他没有送礼。结果吉良义央大大地侮辱和嘲笑了他一番。在 1701 年 4 月 21 日的指导性训练中,浅野良矩终于勃然大怒,在将军的客厅里用剑向吉良义央刺去,尽管吉良义央只受了轻伤,但是将军非常生气,他命令浅野良矩在同一天里自杀。浅野良矩服从了将军的命令。

当浅野良矩的 47 个仆人听到了主人的死讯,他们召开了一个会议来决定该怎么办。他们的首领,小石内藏助劝说大家暂时不要动手,为的是以后能在敌人最不防备时一下子进行袭击。于是,这 47 个人足

第9章 商务谈判的风格

足分散了一年。小石内藏助在这一年中狂饮欢宴,其他所有的浪人也都装作是不忠实的仆人纷纷地离去,有的甚至带着他们的全家。终于,小石内藏助觉得时机成熟了,1703年1月30日的晚上,47个仆人用武力占领了吉良义央的城堡,杀死了吉良义央。那天夜里他们把吉良义央的头供奉在浅野良矩的墓上作为祭品。

将军得知了此事,虽然他很同情他们所干的事,但仍决定浪人不得凌驾于法律之上。他命令这些浪人们在1703年3月剖腹自杀。

资料来源:(美)马克·齐默尔曼. 怎样与日本人做生意. 上海:上海科学技术文献出版社,1989.

(9) 日商在签约前习惯于对合同进行详细审查。在谈判中,日本人经常主动地承担合同的整理和审查工作,他们不顾疲劳,夜以继日地工作。这一过程虽然较长,但是,一旦做出决定,他们就能很快地执行。

(10) 日本商人的时间观念较强。日本的生活充满竞争,生活节奏快,因此,日本商人很注重时间价值,性格有时显得急躁。

知识链接 9—3

美国谈判学专家罗伯特·M.马奇认为,日本人的谈判方式很具有东方特色,与美国人相比,"第一,谈判方式不同。美国人自我主张性强,说话合情合理,具有重点,同时直截了当,富有竞争性;日本人个性很强,说话间接含蓄,待人接物彬彬有礼。第二,发生争论时所持态度不同。美国人期待争论,日本人则回避争论。第三,谈判过程中首当其冲、最先裸露的是各自所属的文化。"

美国学者韦恩·卡肖研究了日本工商企业的谈判方式,向外国谈判人员提供了以下谈判要诀。

(1) 只要是正式的谈判,就不能让妇女参加。日本妇女是不允许参与大公司的经营活动的,一些重要的社交场合也是不带女伴的。

(2) 千万不要选派年龄小的人去同日本人谈判。因为日本企业内部很讲究论资排辈,到了能够参与谈判的时候,已有一定年纪了。而如果谈判对方派乳臭未干的年轻人去同日本的高级经理人员谈判,有不尊重人家之嫌。

(3) 不要把日本人礼节性的表示误认为是同意的表示。在谈判中,日方代表可能会不断点头,并且嘴里说:"哈依(是)!"但是日本人这样说往往是在提醒对方,他在注意听。

(4) 当日方谈判代表在仔细推敲某一个问题时,总是一下子变得沉默不语。这一点常常使外国人莫名其妙。有趣的是,每当日方代表沉默时,西方人就容易掉进圈套。等他们醒悟过来时,已是后悔莫及。

如美国国际电话电报公司与日本公司谈判,在一切都谈妥后,美国人就在双方均已认可的合同上签了字。可当这份合同送到日本公司的总裁那里请他签字时,这位总裁却坐在那里一动不动,沉思默想。见此情形,美国人以为日本人不肯签字,于是急忙提出再付给日方25万美元。其实,美国人只要再耐心等几分钟,他就能为公司省下这一大笔钱。

(5) 故意含糊其辞,是日本谈判代表的又一特点。日本人自己总是不愿明确表态,他们常常说:我想听听贵公司的意见。这一手就足以将外国谈判代表引入歧途。

(6) 日本谈判代表的报价,往往水分很高,他们把这称为"戴帽子",然后慢慢地讨价还价。

有一次,上海某公司的业务员,上午和一位日商洽谈,他开了一个水分很高的价,日本人笑了笑,和中方人员耐心地谈了一上午,最后以降价60%成交。中方人员觉得这样报价不错。下午来了个美国人,中方人员如法炮制,结果美国人大吼一声:"这简直是讹诈!"然后拂袖而去。

要想在同日本人的谈判中取得成功,要诀就是要善于隐藏自己的真实想法;要有修养,要彬彬有礼;要有无限的耐心。一句话,要像地道的日本人。

资料来源:林逸仙,蔡峥,赵勤. 商务谈判. 上海:上海财经大学出版社,2004.

9.1.2 韩国商人的谈判风格

韩国位于朝鲜半岛南半部,面积 99 262 平方千米,人口数量达 4 891 万(截至 2010 年年底),民族为朝鲜族,语言为朝鲜语。韩国商人的谈判风格具有以下特点。

(1) 韩国商人重视谈判前的准备工作。韩国商人在谈判前,通常要对对手进行咨询了解。一般是通过海内外有关机构了解对方的情况,如经营规模、范围、企业知名度、经营能力等。对谈判的内容和对方的情况会摸得十分清楚,因此提出的方案常常使人很难找到破绽。

(2) 韩国商人注重谈判礼仪。韩国商人很注意选择谈判地点,一般喜欢选择有名气的酒店。如果他们是东道主,他们会提前一点到达。如果是对方选择的,他们会推迟一点到达。在进入谈判地点时,一般是地位高的谈判决策者走在最前面。

(3) 韩国商人重视良好谈判气氛的建立。韩国商人十分重视谈判开局的气氛,他们会全力营造良好的谈判气氛。他们一见面总是热情地打招呼,向对方介绍自己的姓名、职务等。就座后,请喝对方喜欢的饮料,和对方聊一些话题如天气、旅游等,来和对方拉近距离。然后,才正式开始谈判。

(4) 韩国商人逻辑性强,做事有条理。他们会首先从原则的讨论开始,让对方先接受这次谈判中解决问题的一系列原则。当原则达成一致,再从若干个具体问题上着手进行协商。问题明确后,再从解决的措施上讨论。由浅入深、由粗而细、由表及里,到条款讨论时就停留在咬文嚼字上了。

(5) 韩国商人注重谈判技巧的运用。在谈判开始后,他们往往要与对方明确谈判的主要议题。虽然每次谈判的议题不会相同,但一般包括以下 5 个方面的内容,即阐明各自的意图、报价、讨价还价、协商、签订合同。他们善于讨价还价,甚至到最后一刻,仍会提出"再优惠一点"的要求。他们的让步,往往是一种以退为进的思想体现,充分体现了韩国人的顽强精神。他们常常会根据对手的不同特点,谈判的不同情况,使用"声东击西"、"疲劳战术"、"先苦后甜"、"化整为零"、"挤牙膏"等各种策略。此外,在签约时,他们喜欢用对方国家的语言、英语、韩语这 3 种文字签订合同,3 种文字具有同等法律效力。

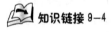知识链接 9—4

与韩国商人往来主要应注意的问题

(1) 前往韩国进行商务访问的最适宜时间是 2~6 月、9 月、11 月和 12 月上旬,尽量避开多节日的 10 月以及 7~8 月中旬和 12 月中下旬。

(2) 韩国商务人士与不了解的人来往,要有一位双方都尊敬的第三者介绍和委托,否则不容易得到对方的信赖。为了介绍方便,要准备好名片,中英文或韩文均可,但要避免在名片上使用日文。

(3) 到公司拜会,必须事先约好。会谈的时间最好安排在上午 10:00 或 11:00 左右,下午 2:00 或 3:00。

(4) 在商务谈判中,至关重要的是首先建立信任和融洽的关系,否则谈判要持续好长时间,尤其是在韩国进行长期的业务活动,需要多次访谈才能奏效。

(5) 韩国商人不喜欢直说或听到"不"字,也比较看重感情,只要感到对方稍微有点不尊重自己,生意就会告吹。

(6) 韩国人重视业务中的接待，宴请一般在饭店举行。吃饭时所有的菜一次上齐。饭后的活动，有的是邀客人到歌舞厅娱乐，喝酒、唱歌，拒绝是不礼貌的行为。

9.1.3 中国商人的谈判风格

中国位于亚洲东部，太平洋西岸，陆地国土面积 960 万平方千米，人口数量达 133 972 万人(截至 2010 年 11 月 1 日)。中国商人的谈判风格具有以下特点。

(1) 中国人接待客人非常热情、殷勤和慷慨，几乎每一个去中国谈判的人都感受到温暖的感觉。招待客人时，每次宴请点的菜肴都很多，并频频举杯祝酒，同时主人要致祝酒词或讲很长的一段话。

应用实例 9—4

在 20 世纪 80 年代，中日出口钢材谈判中，尽管我方提出了合理报价，经过反复磋商，仍未与日方达成协议，眼看谈判要不欢而散。我方代表并没有责怪对方，而是用一种委婉谦逊的口气，向日方道歉："你们这次来中国，我们照顾不周，请多包涵。虽然这次谈判没有取得成功，但在这十几天里，我们却建立了深厚的友谊。协议没达成，我们不怪你们，你们的权限毕竟有限。希望你们回去能及时把情况反映给你们总经理，谈判的大门随时向你们敞开。"

日方谈判代表原认为一旦谈判失败，中方一定会给予冷落的待遇，没想到中方在付出巨大努力、精力而未果的情况下，一如既往地给予热情的招待，非常感动。回国后，他们经过反复核算、多方了解行情，认为我方提出的报价是合理的。后来主动向我方投来"绣球"，在中日双方的共同努力下，第二次谈判终于取得了圆满成功。

资料来源：杨晶. 商务谈判. 北京：清华大学出版社，2005.

(2) 在洽谈生意时，中国人一般要求在本国进行。这样做，就能利用主场谈判的优势控制议事日程，掌握谈判的节奏。

(3) 在谈判过程中，中国人会仔细地观察对方，建立一套对方好恶的标准，并能挑起相互竞争的外商之间的矛盾。他们能使客人相信他们的诚意，期待着建立同客人的友谊，让客人不好意思在一开始就进行一本正经的洽谈。他们能使客人感到是有求于人的，因此他们常常要求客人展示其产品或设备的性能。

(4) 在开局阶段，中国人很少提出自己对产品的要求和建议。他们总是要求对方介绍产品的性能，认真倾听对方关于交易的想法和建议，而他们却很少表明自己的立场和看法。

(5) 在谈判中，常有他们带来的技术专家参与进来，用竞争者的产品特点来探求其产品、技术方面的资料。

(6) 在实质性谈判阶段，中国人要求首先达成一般原则框架，然后才详细地洽谈具体的细节。他们认为这可以避免争吵，以便更快地达成协议。一般原则框架通常采用意向书和会谈记录。中国人在谈判中都有详细的会议记录，即使谈判人员中途被全部撤换，中方代表仍然对以前的洽谈内容了如指掌。在具体的细节谈判中，中国人善于采用各种策略，迫使对手做出让步。

(7) 中国人在原则上寸步不让，表现出非常固执的态度。在谈判中，如果发现达成的一般原则框架中的某条原则受到了挑战，或谈判内容不符合长期目标，或者提出的建议与目前的计划不适合,中国人的态度就严肃起来,表示出在这方面不折不挠的决心。同时,在具体的事务上,中国人表现出极大的灵活性。例如,在努力争取达成原则性框架协议时,中国人往往表示出当到具体安排阶段时,什么事都可以办到的。

(8) 中国人是富有耐心的。中国悠久的历史文化环境,培养了他们善于忍耐的性格,与眼前利益相比,他们更愿意选择具有长远利益的方案。在做东道主时,他们并不急于谈判,而是耐心地认识和熟悉对方,并尽可能地建立起一种长久而牢固的关系。

(9) 在谈判人员的组成上,中国人往往派为数众多的洽谈人员,包括谈判专家、技术专家、法律专家,等等。由于人数多,必然延长洽谈的时间。

(10) 在谈判中,如果对方提出的问题超过自己作决定的权限,或自己难以回答,中国人常常把这些问题带回去,向上级请示,或者大家再进行讨论,直到对这些问题有确切的把握,并能避免所有可能的错误。

(11) 中国人很看重面子。在商务谈判中,中国人常给对方面子,他们很少直截了当地拒绝对方的建议。同时,他们也需要对方给自己面子,地位越高的人,越讲究面子。因此,在谈判中当你强迫对方做出让步时,千万注意不要使他在让步中感到丢面子。可以说,如果你能帮助中国人得到面子,你就可以得到许多东西;反之,任何当众的侮辱或轻蔑,尽管是无意的,仍会造成很大的损失。

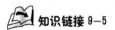 知识链接 9—5

和中国人谈生意是门大学问

(美)大卫·克拉克

每次谈生意,我都会有一种既兴奋又害怕的感觉。前不久,我跟随一个商务代表团到中国谈判组建合资企业。每次到中国谈生意,都会有一种既兴奋又害怕的感觉。渐渐地,在和中国人打交道的过程中,我总结出了自己的经验。

山珍海味和礼节

尽管中国的城市一般不像纽约、伦敦和巴黎,有那么多的夜总会和豪华餐厅,但中国人仍然愿意在酒店举行大型宴会,而且宴席上摆满了山珍海味,有着各种数不清的礼节。他们会安排我们去游览长城、香山和其他一些名胜古迹。我们在北京的每一天晚上都被安排得满满的。尽管存在着文化差异,但我发现中国人很有幽默感,他们的眼睛里闪着光芒。我相信这是他们情感的自然流露,但后来发现,这其实也是谈判的一个组成部分。

筋疲力尽的"推磨"阶段

中国人的时间观念与我们不同。从中国历史上看,中国的大学者们的大智慧是经过长期艰苦的研究和领悟得来的。这些大学者受人尊重,他们的研修活动就是以不变应万变。因此,中国人是不会像西方人那样看重时间的。中国人凡事看得远,显得从容不迫,他们的"文明"要比我们长远得多,而科学技术对中国人而言,仅是他们生活和文明的一个方面。中国人凡事力求完美,尽力完善我们的协议,以便在谈判结束时每个人都很愉快。因此,当宴会和游览告一段落时,我们发现,访问进入了漫长而令人筋疲力尽的"推磨"阶段。我们声明,我们保证提供世界上最好的设备及其技术支持。我们想从庞大的中国市场分得一杯羹。但令人意外的是,我们的中国伙伴却并不急于进入正题。他们转而问我们是谁,从什么地方来,住得怎么样,吃得怎么样,觉得宴会怎么样,问我们喜不喜欢前一天看的杂技表演。一句话,他们愿意同我们讨论任何事情,除了给我们一部分中国市场和向中国转让技术。我们代表团中的老总们感到很伤心,他们本想带着成捆的订单,或至少是一份合资企业的合同踏上归途。

"关系"和"面子"

与西方商业文化相反,中国人的东方气质决定他们比较含蓄内敛,他们要谈成一桩生意更在乎的是周围人的看法。生活中,左右逢源是最好不过的,这就是中国人所说的"关系"。这个观点深深植根于中国文化中,它暗示每一群人都有可能凌驾于另一群人之上。但是,它也意味着一种"低调"的处事态度。因此,中国人的谈判团队中最安静、最不起眼的那一位往往才是该团队的真正负责人。通常,在肤浅层次上,"关系"意味着中国人力求与谈判对手建立某种特殊关系,他们友好地欢迎西方人,这有助于缓和谈判出现分歧时的气氛。与"关系"紧密相连的是"面子",这反映了中国人对自尊的敏感度。任何不自在的行为和言语都有可能让人"丢面子"。因此,如果一个西方人在谈判桌前哪怕有轻微的局促不安,都会使中国人丢"面子",从而有可能导致谈判失利。

"兵不厌诈"

谈判充满了从"兵法"或"游击战"发展而来的、有时令西方谈判人员毛骨悚然的战略和战术。他们有时用"擦边球"来迷惑对方,有时则让对方落入设置好的圈套。这种方式的游戏,被战略家们称为"兵不厌诈"。这些战略和战术包括下面几种。

敌疲我扰(将对手安排在偏僻的令人不太舒服的位置或者利用时差所造成的疲倦);

磨掉对手的锐气,中国有五千年的历史,似乎对引进技术再等五年也在情理之中;

提起过去西方列强对中国犯下的罪行,让西方谈判对手感到内疚;

分化、离间对方谈判团队,使用中国文化中的"迷惑术"来混淆对方视线,让谈判对手摸不透谈判底牌;

以退为进,作些小让步;

充分利用中国传统文化的方方面面来获得西方人的尊重,比如讲座、饭局礼节、讲究形式的拜访及传统的郊游等;

充分利用对手的旅行时间,谈判的最后"让步"往往安排在机场大门口。

"学无止境"

与中方谈判对手在一起时,最需要足智多谋。令人奇怪的是,中方一般不认为达成协议就可以结束谈判了,他们通常还要对已经签订的合同条款提出改动意见。这对西方人来说,是缺少信用的表现,但这也是中国人长期以来形成的哲学观念——"学无止境"。接下来,谈判被看作永恒友谊的一部分和一起工作的象征。这种"综合诉求"旨在平衡游戏中各个要素,以便在不期而遇时能达到和谐。

资料来源:冯砚,丁立. 商务谈判. 北京:中国商务出版社,2010.

9.1.4 越南商人的谈判风格

越南全称是越南社会主义共和国，位于中南半岛东部，面积 329556 平方千米，人口数量达 9826 万（2021 年）。越南商人的谈判风格具有以下特点。

(1) 越南商人十分偏重个人交情，绝不与不相识的人有商务往来，被他认为是"自己人"有绝对的好处，甚至可以说是成败的关键。

(2) 越南商人一般能准时参加会议，并希望对方也能这样做，因为迟到会被认为是对他们的不尊敬。在越南照相时，忌讳三个人合影，他们认为这个数字不吉利。

(3) 越南商人见面时习惯打招呼问好，或点头致意，或行握手礼，或按法式礼节相互拥抱。越南人忌讳别人拍他的肩膀或用手指着他大声叫嚷，认为这是无礼的举动。

(4) 越南商人很注重个人外表，在重要场合着装正式。因此，若商务伙伴穿着不得体，会被认为是不专业、不敬业、没有诚信谈生意，这将会导致生意失败。

(5) 越南商人很重视"面子"，如果在谈判时出现了错误，不喜欢被对方当面指出来，纠错可以在休息时或私底下进行；决策特别慢，在讨价还价时并不会明确地表明态度，但却希望对方对价格和条件做出重大的让步。因此与越南人做生意，必须多次联系，要有耐心。

(6) 越南商人不接受价值过大的礼品，否则会有受贿之嫌。因此，为表达对其的尊重和赞赏，可以赠送其诸如酒、茶等礼物。

9.1.5 新加坡商人的谈判风格

新加坡全称是新加坡共和国，是东南亚地区的一个岛国，由新加坡岛和附近的 50 多个小岛组成，面积 647 平方千米，人口数量达 508 万(截至 2010 年)。新加坡商人的谈判风格具有以下特点。

(1) 新加坡商人乡土观念很强。在新加坡人口中，华人占绝大多数，约占 76.3%，其次是马来人，再其次是印度人、巴基斯坦人、白人、混血人等。因此，华人(包括华侨和新加坡籍华人血统者)在对外贸易中占有垄断地位。他们具有强烈的民族意识和家乡归属感，乡土观念很强，同祖国有着深厚的感情。

(2) 新加坡商人勤勉、能干，具有强烈的团体同甘共苦精神。

(3) 新加坡商人很讲面子，重信用。在谈判中如果遇到重要的决定，往往不喜欢立书面的字据，感情和信用往往在商务谈判中起决定性作用。但是一旦签订了合同，就绝对不会违约。同时，对对方的背信行为是深恶痛绝的。因为华侨一般很珍惜同对方已经建立起来的合作关系和朋友关系并且注重信义。一旦双方有了良好交往，就可以长期保持下去。

(4) 新加坡商人在谈判中态度热情，讲究礼貌。在新加坡，从公共场所到一般家庭，从老年人到小学生，任何不讲礼貌的行为都会受到公众的谴责。讲文明、懂礼貌，是新加坡人的基本行为准则，而且已经成为一种社会公德。

(5) 新加坡商人忌讳跷二郎腿。在与新加坡人谈生意时，不要跷二郎腿，否则会丧失成交的机会。假如不知不觉地把一只脚颠来颠去，以至鞋底朝向了对方，这笔买卖就告吹了。哪怕是无意中稍微碰了对方一下，也会被认为是不可忍受的。

 应用实例 9-5

西欧有位客商有一次到东南亚某国去谈判一笔交易，开始时双方气氛热烈，谈判进行得很顺利。但当

第9章 商务谈判的风格

谈判结束，双方要签订协议时，西欧的那位客商由于兴奋得意而跷起了二郎腿。谁知此后形势急转直下，对方冷着脸要求与西欧客商重新谈判。原来是西欧客商以跷二郎腿表达自己兴奋得意的心情，而对方则是把对着别人跷二郎腿的体态语看作是对别人的恶意。

资料来源：张晓豪，焦志忠. 谈判控制. 北京：经济科学出版社，1995.

9.1.6 印度尼西亚商人的谈判风格

印度尼西亚共和国(简称印尼)是地跨赤道及亚洲、大洋洲的群岛国家，面积 1 904 443 平方千米，人口数量达 23 456 万(截至 2010 年年底)。印度尼西亚的语言非常统一。除了在雅加达、班顿等大城市中用英语外，一般使用马来语。该国 90%的人是伊斯兰教徒，伊斯兰教的影响也扩大到商业社会。印度尼西亚商人的谈判风格具有以下特点。

(1) 印尼人特别注重宗教信仰。伊斯兰教的教义规定，该国每年有一个月的"斋月"，每天从日出到日落不能吃东西及喝水。在这期间，事务性的工作还是可以勉强支持过去，但体力劳动则难以维持。因此，与印尼商人做生意需要特别注意他们宗教信仰。

(2) 印尼人具有互助精神。印尼人严格遵守教义教规，在日常生活和工作中，都非常强调一种兄弟般的互助精神。

(3) 印尼人很有礼貌，绝对不讲人的坏话。除非是深交，否则很难听到他们的真心话。在洽谈时，若是交往不久，那么虽然表面上看起来谈判气氛十分友好，洽谈得很投机，但是他们心里想的是否与表面的行为完全一致，就很难说了。相反若平日相处能够推心置腹，那么往往可以成为好朋友的。

(4) 印尼人很喜欢有人到家里访问。客人无论什么时候访问，都会受到欢迎。因此，在印尼经常去他家里拜访，可以加深交情，使谈判能够顺利进行。

9.1.7 泰国商人的谈判风格

泰国(全称泰王国)位于中南半岛中部，南濒暹罗湾，西南临安达曼海，面积 513 115 平方千米。人口数量达 6 765 万(截至 2010 年年底)，泰人约占 40%，老挝人约 35%，还有马来族、高棉族和华族等少数居民。90%以上的居民信奉佛教，佛教为国教。各族都讲自己的语言，泰语为国语。泰国商人的谈判风格具有以下特点。

(1) 他们不信赖外人，全靠家庭来掌管生意，不铺张浪费。

(2) 同业间互相帮助，但不会结成一个组织共担风险。这可能是因为彼此过于谨慎。因此，与泰国商人建立亲密的交情，要花很长一段时间，但一旦建立了友谊，就会完全依赖你，遇有困难时也会通融你。在商业上的交往，不仅要给予精明能干的印象，而且更重要的是要给予诚实而富于人情味的印象。

(3) 泰国人注重对颜色的运用。如泰国人惯用不同的颜色表示一星期内的不同日期，星期日用红色，星期一用黄色，星期二用粉红色，星期三用绿色，星期四用橙色，星期五用淡蓝色，星期六用紫红色。人们常按不同的日期穿着不同色彩的服装。过去白色用于丧事，现在改用黑色。

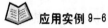 应用实例 9—6

有一位美国广告商在泰国首都曼谷开了家公司，别人告诉他买卖不会好，因为该公司的对面有一尊大

佛像，公司的地形又高于佛像的位置。美国商人未加理会，结果他的公司门庭冷落，无人光顾。美国商人无奈，只好把公司迁到一个没有佛像的地区，生意很快兴旺起来。

资料来源：劳动和社会保障部教材办公室，上海市职业培训指导中心．商务谈判．北京：中国劳动和社会保障出版社，2006．

9.1.8 菲律宾商人的谈判风格

菲律宾共和国(简称菲律宾)位于亚洲东南部的菲律宾群岛上，北隔巴士海峡与我国台湾省遥对，南与马来西亚、印度尼西亚隔海相望，面积 29.97 平方千米，人口数量达 9 401 万(截至 2010 年年底)。菲律宾是个岛国，资源丰富，教育普及，居民中有 42 个种族，其中马来裔人、印尼裔人占 90%以上。居民大多信天主教。全国通用泰加洛语和英语。菲律宾商人的谈判风格具有以下特点。

(1) 菲律宾商人天性和蔼可亲，善于交际应酬，作风落落大方。

(2) 菲律宾商人喜欢聚会。他们在商务活动中经常举行聚会，一般是在家中进行。稍微正式一点的聚会，请帖上会注明"必须穿着无尾礼服等正式服装"，若没有无尾礼服，可以穿当地的正装，即香蕉纤维织成的开襟衬衫式衣服。

同菲律宾商人做生意，最容易取得沟通的途径是入乡随俗，融合到他们的风土人情中去。在社交场合，尽可能做到应酬得体，举止有度，言行中表现出良好的修养和十足的信心。

9.1.9 印度商人的谈判风格

印度共和国(简称印度)约三分之二的国土位于印度半岛上，面积 297.47 平方千米，人口数量达 121 594 万(截至 2010 年年底)，主要信奉印度教。印度商人的谈判风格具有以下特点。

(1) 印度商人善于讨价还价。他们的计算能力很强，对于利益相当计较，不会轻易放过任何一个可以增加盈利的机会。印度人对于价格的重视远远超过了质量。即使报给他们的价格是市场上最便宜的他们也是照砍不误。

(2) 印度商人在谈判中喜欢辩论，往往强词夺理，通常比较固执。即使签字画了押的合同，他们也能从一些条款中找出点麻烦，以至要求增加对他们有利的条款。

(3) 印度商人城府很深，最擅长的招数是拖。用此招可以充分消磨对方的意志，从而能够彻底探清对方的底牌。对于你要急于了解的信息，他们是软硬全不吃，有时甚至一个是或否的简单结果他都不会给你。总之，要从他们口中获取信息是困难的，除非这种信息对他们很有利，此时他们又会大吹特吹一通。

(4) 印度商人的责任感不强。在商务谈判中不愿意作出责任性的决定，遇到问题时也常常喜欢找借口逃避责任。在工作出现失误受到指责时，他们会不厌其烦地重复解释。

(5) 印度商人疑心很重。要在商务往来中建立相互信任的关系需要很长的时间，而且无论如何也不会亲密到推心置腹的地步。在没有利害关系时，他们还是较好相处的；一旦发生利弊冲突，他们就会判若两人，层层设防、处处猜疑。

(6) 印度商人的传统观念和保守思想较重。印度的企业家(包括技术人员在内)一般都不愿意把自己掌握的技术和知识教给别人。

第9章 商务谈判的风格

(7) 印度税收很高,逃税情形很普遍。因此,对印度公司进行资信调查很困难。有时即使调查到一些数据,是否真实可靠也很难分辨。所以,同印度人进行商务交往,最好委托本国驻印机构帮助调查,或亲自进行调查,以避免上当受骗。此外,由于印度法制不健全,社会监督不严,因而整个社会包括工业、商业和国际贸易等领域普遍存在着行贿受贿的现象。

(8) 印度视牛为神圣的动物,印度教徒不吃牛肉。信奉伊斯兰教的印度人不吃猪肉。虔诚的教徒不喝酒。视孔雀为祥瑞,并把其定为国鸟。

 应用实例 9-7

我国的一家外贸企业与印度某商贸公司新近做成一笔生意。为表示合作愉快,加强两公司今后的联系,努力成为密切的商业伙伴,中方决定向印方赠送一批具有地方特色的工艺品——皮质的相框。中方向当地的一家工艺品厂定制了这批货,这家工艺品厂也如期保质保量地完成了。当赠送的日子快要临近时,这家外贸公司的一位曾经去过印度的职员突然发现这批皮质相框是用牛皮做的,这在奉牛为神明的印度是绝对不允许的,很难想象如果将这批礼品赠送给印方会产生什么后果。幸好及时发现,才使我国的这家外贸公司没有犯下错误,造成损失。他们又让工艺品厂赶制了一批新的相框,这回在原材料的选择上特地考察了一番。最后将礼品送给对方时,对方相当满意。

资料来源:杨晶. 商务谈判. 北京:清华大学出版社,2005.

9.1.10 阿拉伯诸国商人的谈判风格

阿拉伯诸国,主要是指以阿拉伯种族为主的分布于从大西洋到阿曼湾的 22 个中东和北非国家。这些国家具有异常丰富的石油和天然气资源,但经济大都不太发达,有些国家的工业基础依然十分脆弱。阿拉伯诸国商人的谈判风格具有以下特点。

(1) 阿拉伯诸国商人性情生硬固执,脾气倔犟,不轻易理睬人和相信人。

(2) 阿拉伯诸国商人封建意识比较严重,等级观念根深蒂固。

(3) 阿拉伯人大都信奉伊斯兰教,具有沙漠地区的传统,十分好客。

(4) 阿拉伯诸国商人认为,一见面就谈生意是不礼貌的事。因此,他们特别重视谈判气氛的建立,一般要用一些时间同对方商谈社会问题或其他问题。但忌讳谈论中东政治问题和有关国际的石油政策。在谈判双方接触了几次之后才可以进入商谈。

(5) 阿拉伯诸国商人在谈判时缺乏时间观念,说话慢慢吞吞,一副悠然自得的样子。在谈判过程中常常会随意中断谈话。例如,有时谈判正进入关键阶段,正好有另一位商人前来谈判或一些突然来访的客人,阿拉伯人就会中断谈判,前去迎接,与其谈判或与新来的客人聊天,使原来的谈判失去势头。同时,在谈判中决策过程很长,这往往取决于亲疏关系。

(6) 阿拉伯人做生意喜欢讨价还价。阿拉伯人自尊心很强,他们认为如果不还价就买走东西的人是小看他,而即使讨价还价后什么也未买的人是尊重他。阿拉伯商人认为没有讨价还价就不是场严肃的谈判。在阿拉伯国家,无论大店、小店均可以讨价还价,标价只是卖主的报价。

(7) 中下层人员在谈判中具有举足轻重的作用。在阿拉伯国家,谈判的决策是由企业的高层作出的,但决策的意见和依据,是由精通业务的中下级人员提供的。阿拉伯国家的企业首脑和政府部长们，往往把自己视为战略家和总监，而不喜欢处理日常事务，缺乏实际业务经验，只得依靠自己的下级工作人员和助手。因此，在谈判中，外国谈判者常常需要和两种人打交道，即决策者和专家及业务人员。前者对一些宏观的、原则性的问题感兴趣，不喜欢对方的长篇大论；而后者，却希望对方尽可能多提供内容详实的技术业务资料，以便进行仔细的论证。

(8) 在商业交往中，阿拉伯人习惯使用"IBM"（I 表示神的意志；B 表示明天再谈；M 表示不要介意）。因此阿拉伯人有时就以"神的旨意"为借口来终止谈判或反悔已做过的承诺，这时如果能找到对方最信任的人或其长辈进上一言，也许会改变"神的旨意"。

(9) 在阿拉伯国家，初次见面时送礼可能会被视为行贿。不能把酒作为礼品，最好送些办公室里可以用得上的东西，切勿把用旧的物品赠送他们。绝对不可送礼给有商务往来的熟人的妻子。如果被邀请去其家里做客，要给女主人带礼品。同时，不要盯住主人的某件物品看个不停，这是很失礼的举动，因为这位阿拉伯人一定会要你收下这件东西。

(10) 流行代理谈判。几乎所有的阿拉伯国家都坚持让外国公司通过阿拉伯代理商来开展业务，不管他们的生意伙伴是个人还是政府部门。长期以来，有许多阿拉伯人成功地充当了外国公司的代理，在代理工作中积累了大量的经验。这在一定程度上为外国公司提供了交易的便利。例如，一个好的代理商可以帮助雇主同政府部门搞好关系，早日获得政府的支持；可以保证货款回收、劳务使用、运输、仓储、销售等环节活动的正常进行。

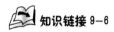

同阿拉伯商人谈判的要诀

1. 要尊重阿拉伯人的宗教习惯

伊斯兰教规定的一些特殊活动，如礼拜、献金、绝食、朝圣等，在阿拉伯人的眼里是至高无上、神圣不可侵犯的。因此，尽管没必要为了商务谈判而皈依伊斯兰教，但学点有关知识，了解其历史和如何予以尊重，还是十分明智的。也就是说，如果对阿拉伯人的举止感到奇怪，千万不要用语言或表情来加以嘲笑，绝对不能对他们的信仰和习俗发表任何贬低或者开玩笑性质的言论。否则，会产生很深的误会甚至怨恨，谈判告吹自不必说了。

2. 谈判节奏要缓慢

在商务交往中，阿拉伯人看了对方某项建议后，会将其交给手下去证实是否有利可图并且切实可行。如果感兴趣，他们会安排专家和对方会谈，以慢条斯理的谈判节奏，推动谈判进程。请千万记住，同阿拉伯人打交道，往往欲速则不达。因为他们喜欢用悄无声息的方式来开展自己的业务，而不是那种紧张逼人的竞争推销方式。因此，不管实际情况如何，都要显得有耐心、很镇定。倘若原定计划不能实现，也应从容不迫。如果阿拉伯人感到某外国公司把他拖进了繁忙的日程，他很可能把该公司排斥出他的日程。

3. 善用拜访策略

阿拉伯人有好客和讲礼貌的传统，对远道而来并且登门拜访的外国客人十分尊重，不管手头上有什么重要事情，他们都会想方设法来欢迎他。但你不能说"如果我们谈判成功，你将发财"之类的话。你应该告诉主人，来拜访他是为了得到他的帮助。在首次拜访结束之时，要有礼貌地感谢对方的盛情款待，并借机询问是否可以再来拜访。但这只是第一步，即使谈判有所进展，也不见得一直能稳定发展下去。因为在阿拉伯国家，客商在时，才会考虑其要求。一旦客商离开，他们可能就会去处理其他问题，直到客商下次再来。但一个合同生效后，拜访次数可以减少，但定期重温良好的关系，这是在阿拉伯国家取得成功的关

第9章 商务谈判的风格

键。它使崇尚兄弟之情的阿拉伯人,看到你是重信义、讲交情的人,而这种印象将使你获得意外的回报。

4. 在谈判中采用图文并茂的表达方式以增强说服力

如果某个公司要销售的是市场研究、高新技术等难以理解的产品,就应该使抽象的产品形象化。因为许多阿拉伯人不习惯花钱买原始理论和统计数据,他们不欣赏看不见、摸不着的产品。

5. 根据阿拉伯语言习惯做好翻译工作

假如在谈判中必须提供一些抽象介绍和说明,哪怕成本高些,也应尽可能雇佣最好的翻译,以免因用语不当而造成灾难性的后果。比如,无意冒犯了他们的宗教、自尊,或者因为表达不符合习惯而使对方看不懂。

6. 留心图片的内容和使用是否正确

如果需要阿拉伯人看图片,要注意图片的顺序是否正确,因为他们看图片的顺序是从右到左。同时,还应注意以下问题:阿拉伯人的服装,在外国人眼里可能都差不多。但他们往往能一眼看出哪些是讨厌的邻居的衣服,哪些是可恶的邻国人的服饰,哪些是异教徒的打扮。假如你把着叙利亚人的产品给也门人看,那效果很可能适得其反。为了在阿拉伯市场进行有效促销,不应用别出心裁的破格手法设计图片。阿拉伯人有强烈的民族主义观念,并且对于他们的邻邦疑虑重重,适用于各阿拉伯国家的图片是不存在的。

7. 不要派妇女到阿拉伯国家谈判

在许多阿拉伯国家,妇女是不能抛头露面的。如果谈判小组里有妇女,她应该处于从属的地位。当她要发表意见时,应该由谈判小组的男性成员转述,以示对他们民俗的尊重。

8. 了解不同国家的礼俗与禁忌

在科威特、巴林等海湾国家的阿拉伯人家中做客,你最好保持好的食欲,因为吃得越多,主人越高兴。在埃及人面前,不能把两手的食指碰在一起,他们认为这个手势是不雅的。伊拉克人忌讳蓝色,认为蓝色是魔鬼的象征;他们除不吃猪肉以外,还不吃辣椒和蒜。

资料来源:林逸仙,蔡峥,赵勤. 商务谈判. 上海: 上海财经大学出版社, 2004.

应用实例9-8

我同阿拉伯人谈生意
俊 明

在西亚、北非的阿拉伯人世界里,有着迷人的神奇色彩,特别是在那里有着丰富的石油和旅游资源。这里的生意场,更展示着奇特的色彩。

那是1993年冬,黎巴嫩、以色列战事频繁,我去叙利亚大马士革洽谈贸易。

接待我方的客户卡麦芝先生,50多岁,身材魁梧,和蔼热情,他和他的一位朋友及女儿一起来参加洽谈。同所有的阿拉伯人一样,卡麦芝一见面不是先谈生意,而是谈了好长时间的客套话,又给我倒水,送饮料。这种以礼待客的做法,在阿拉伯商场是需要注意的,如果一见面就谈生意被认为是极不好的习惯。即使最忙的政府官员,都要花额外时间先接待客人以示礼貌,因此不管有多忙,都应该抽出一点时间来对待这种接待。

洽谈业务进行了一个半小时,还没有达成共识。在谈判之中,我发现洽谈进行得缓慢而稳重,对样本、样品和报价都问得很细。实际上,我在阿联酋、科威特和突尼斯洽谈业务时,都有这种感觉,迅速做出决定,不是阿拉伯人的习惯,模棱两可,犹豫不决,多花时间,多提问题,是常见的事。所以,我们和卡麦芝先后经过3次洽谈,才签订了合同。

在阿拉伯的生意场上,拜访是做好生意的一个好方法。我到埃及的一家客户洽谈钢材业务,洽谈中,我发现客户很重视陪我们走访客户。这家客户劳埃先生主动陪我们从开罗到亚历山大去看一家钢铁厂,在

393

工厂除了看生产环节，还陪我们到工厂的销售、生产、原料等各个业务部门，回到开罗后，还走访与此生意有关的政府部门。开始，我们感到时间短，侧重销售环节就可以了，通过走访，我们了解了他们的做法，一是礼节上的表示，二是为加深对客户的印象。

我公司和科威特一家客户洽谈废钢板业务，这批1万多吨废钢板，是海湾战争中被炸油库的钢板。从签订合同到执行合同中，我发现阿拉伯人做生意，非常注意个人关系，这也是在阿拉伯国家做生意的关键，因此尽早了解对方，是很重要的。由于我们派人赴科威特，直接与供货商洽谈，并到仓库看货，使这笔生意及时到货，并取得了好的效益。

阿拉伯对宗教是十分虔诚的。有一次，我们从苏伊士到西奈的一个工厂去，半路上，正赶上斋月祷告的时间到了，我们的车子立刻停了下来，客户和司机都来到路旁教堂里去祷告，我们等了好长时间，我们感觉斋月最好不安排拜访。

在阿拉伯国家，你若去拜见高级官员，或财大气粗的富翁，有的要等上两三天，你要有耐心，因而要给自己留有足够的时间。

在阿拉伯国家做生意要注意客户的信誉。在沙特阿拉伯国际博览会，一家新户同我公司签订了无帽螺丝钉合同，尽管只有10吨货，但由于这个商人只是小商小贩，资信不好，以运费高等为由不履约，给我们造成了损失。

同阿拉伯人做生意，还有许多学问。阿拉伯人说"是"时，意思可能是"也许"，当他说"也许"时，很可能是说"不"。你很少得到一个直接的"不"的答复，因为这被认为是不礼貌的。他会说"inshiiah"代替"不"，意思是"如果真主愿意的话"，而且，还发现"Yes"未必是"是"，一个微笑和一个缓缓点头似乎表示同意，但事实上只是一种礼貌。阿拉伯人很友善，对客人表示不同意是不礼貌的行为。

9.2　欧洲商人的谈判风格

9.2.1　俄罗斯商人的谈判风格

俄罗斯位于欧亚大陆北部，地跨东欧北亚的大部分领土，面积1 707.54 平方千米，人口数量达14 037万(截至2010年年底)，拥有俄罗斯族等100多个民族，多信奉东正教。俄罗斯商人的谈判风格具有以下特点。

(1) 俄罗斯人性格开朗豪放，喜欢说笑、热情好客。在迎接贵宾时，俄罗斯人通常会向对方献上面包和盐。他们讲礼貌，见面时总是问好。

(2) 俄罗斯人非常看重个人关系，愿意与熟识的人谈生意。俄罗斯人的商业关系是以个人关系为基础建立起来的，如果没有个人关系，一家外国公司即使进入了俄罗斯市场，也很难维持其成果。

(3) 俄罗斯商人是非常精通古老的以少换多的谈判之道的行家。在价格谈判阶段，无论外商的开盘价是多么低，他们也决不会相信，更不会接受，反而会千方百计地迫使外商降低价格。他们会使用各种手段来达到目的，如开空头支票、虚张声势、欲擒故纵等。

(4) 俄罗斯人重视合同的履行。一旦达成谈判协议，他们会按照协议的字面意义严格执行。同时，他们很少接受对手变更合同的要求。在谈判中，他们对合同的每个条款，特别是技术细节十分重视，并在合同中精确表示各条款。

(5) 俄罗斯商人受到官僚主义办事作风的影响，增加了谈判的难度。他们不会让自己的工作节奏去适应外商的时间表。谈判期间，如果外商向他们发信或传真，征求他们的意

第9章 商务谈判的风格

见，往往得不到回应。谈判之后，一般不会迅速向上级做详细汇报，除非外商供应的商品正好是他们很需要的商品。

(6) 俄罗斯人比较遵守时间。在商务往来中，会见要事先预约，并准时赴约。

(7) 与俄罗斯人打交道时，要称呼对方的名字和父名，只称呼其姓是不礼貌的。因为俄罗斯人的姓名一般由3节组成，排列通常是名字、父名、姓。此外，俄罗斯人的地位意识较强，称呼时要加头衔，如部长、主任等。

(8) 俄罗斯人常有较多的身体接触，但不善于使用手势和面部表情。如见面和离开时，都要和对方有力地握手或拥抱。

9.2.2 英国商人的谈判风格

英国领土由大不列颠岛全部、爱尔兰岛东北部及周围 5 500 多个小岛组成，面积24.41万平方千米，人口数量达 6 222 万(截至 2010 年年底)。英国商人的谈判风格具有以下特点。

(1) 英国人比较注重传统，办事喜欢按程序进行。英国人还比较保守，对新鲜事物不是很积极。

(2) 英国人一般比较冷静和持重，不愿意跟陌生人交谈，不喜欢表露自己的感情。因此英国商人与对方接触，开始时往往保持一定距离，然后才慢慢地接近对方。

(3) 在谈判过程中英国商人讲究礼貌，善于与人打交道，对老朋友和老客户态度友好，十分健谈，但对初交者则比较谨慎。

(4) 在需要英国商人必须做出决策时，他们会毫不犹豫地做出决定。遇到有纠纷时，也会毫不留情地争辩。即使是他们自己的错误，也不会轻易认错和道歉。

(5) 英国人很注意逻辑，凡是自己所想的事，总要想办法做出逻辑性很强的说明。

(6) 英国商人的经商能力较差，对谈判工作常常准备不足。与英国人打过交道的人普遍有这种感觉，即英国人常常不按时交货。

(7) 在谈判过程中不喜欢讨价还价，但喜欢认真解决每一个细节问题，否则绝不会同意签字。

(8) 英国人的时间观念很强，洽谈生意要事先约会且准时到达。另外，英国人不喜欢进餐中谈及生意。

(9) 英国人讨厌把皇家的事作为谈资，也讨厌对方问及他们的私事和向其打听别人或别的公司之事。英国人有两个最爱谈的话题是天气和新闻。

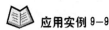

中国上海某进出口公司李经理到英国与某公司的爱德华先生进行商务谈判。这是李经理初次跟英国人谈判，开局时，李经理为了创造和谐的谈判气氛，讲了一些在英国的见闻，紧接着谈论了英皇室查尔斯王子和戴安娜、卡米拉等人的是是非非，并把它当作笑料。爱德华先生开始还听着，后来见李经理越讲越起劲，便非常生气地结束了这次会谈。李经理误以为是对方对这次贸易没有诚意，而不再约见对方。

此次商务谈判中，由于李经理不了解英国商人讨厌对方把皇室的事作为谈笑的资料等的谈判风格，而误以为对方没有合作诚意，造成谈判破裂，失去了一单生意。

资料来源：金依明，杜海玲. 商务谈判实务. 北京：清华大学出版社，2010.

(10) 英国人的家庭收入比较高，生活比较优裕，他们往往在礼拜天一家人出去旅行。英国每年冬、夏两季有3～4周的假期，他们常常利用这段时间出国旅游。因此，在夏季以及从圣诞节到元旦这段时间内，英国人较少做生意。英格兰从1月2日开始恢复商业活动，而苏格兰则要等到4日以后。所以，与英国人洽谈生意，就要注意避开这些节假日。

9.2.3 法国商人的谈判风格

法国领土略呈一个不规则的六边形，三边临海，三边靠陆，面积551 602平方千米，人口数量达6 296万(截至2010年年底)。法国商人的谈判风格具有以下特点。

(1) 法国的居民主要是法兰西人，法语是官方语言，谈判时往往要求用法语作为谈判语言。

(2) 法国商人勤劳俭朴，天性乐观，生活节奏感鲜明，工作时态度很认真很投入，时间观念较强，讲究效率。

(3) 法国商人在谈判之初往往闲聊一些社会新闻或文化生活等问题，以便和对方建立感情。只有当他们认为感情建立起来之后，才开始进行实质性谈判。一旦到了最后要做决定阶段，则会高度集中精力，运用他们的才智来对付各种情况。此外，法国商人在和谈判对方成为好朋友之前，是不会同对方做大笔生意的。与法国人交谈不要过多地提及个人问题，法国人不喜欢涉及他的家庭私事和生意秘密。

(4) 在谈判过程中，法国商人在谈妥了主要问题之后，就急着等对方签约，而不太注意谈判的细节问题。但是，合同签好后却往往要求更改。因此，与其签约，最好用书面合同加以确认，以确保其履行合约。

(5) 法国商人个人办事的权力很大，在商谈时负责人可以立即做出决定。因此，要求对方也能立即决策，否则会使对方不满意。

(6) 法国人在就餐时忌讳谈生意。在法国，无论是家宴还是午餐招待，都不会被看作是交易的延伸。因此，如果将谈判的议题带到餐桌上来，法国人会极为不满；当你要招待对方时，若流露出此次招待想促使生意更为顺利时，他们马上会断然拒绝你的好意。

(7) 法国人一般都很注重衣着。他们认为衣着代表一个人的修养与身份、地位。因此，在与法国人谈判时必须注意自己的服饰。

(8) 法国人很珍惜假期。每年8月份，大部分法国人会放下工作去旅游度假，而且有时他们会毫不吝啬地把一年辛辛苦苦挣来的钱花得精光。因此，与法国人做生意要避开他们的假期。

9.2.4 德国商人的谈判风格

德意志联邦共和国(简称德国)是一个中欧西部国家，面积356 970平方千米，人口数量达8 160万(截至2010年年底)。德国商人的谈判风格具有以下特点。

(1) 德国商人性格刚强，坚持己见。在谈判中缺乏通融性，不愿意向对方做较大的让步，表现得十分固执、毫无讨价还价的余地，而且喜欢强调自己方案的可行性。

(2) 德国人对本国产品的质量、性能十分自信，在他们购买其他国家产品时常常把本国产品作为选择的标准。

(3) 德国商人在谈判中稳重而严谨，谈判前的准备工作做得很充分。会谈时喜欢围绕谈判议题进行认真的商谈。他们对签订合同非常审慎，对合同的每一个细节问题都要弄清楚方才与对方签约。一旦签订了合同，就会信守合同。

(4) 在商务谈判中德国商人极强调个人才能，他们都是靠自己的技巧、知识来做生意。他们认为，公司只是一个商务活动的场所而已，生意的做法应该是个人式的。

(5) 德国西部商人比较注重形式，尤其是其北部的商人，要穿上坎肩并喜欢戴上毡帽以显示自己的身份。在谈判中重视以职衔相称，多次使用更好。商人见面或者离开，总是互相把手握了又握。

9.2.5 意大利商人的谈判风格

意大利是亚平宁半岛国家，面积 301 277 平方千米，人口数量达 6 021 万(截至 2010 年年底)，多为意大利人，多信奉天主教。意大利商人的谈判风格具有以下特点。

(1) 意大利商人很注重发挥个人的作用。在做生意方面意大利商人个人权力很大，出面谈判的人可以决定一切，并且做生意是以个人对个人的关系为基础的。因此，同他们做生意就必须先同他们建立友好的人际关系，与他们相处得好或坏是生意能否做成的决定因素之一。

(2) 意大利商人精明能干。他们的国际贸易业务水平较高，谈判技巧熟练，公司中具备丰富知识的职员为数较多。

(3) 意大利商人善于社交，谈话投机，但这并不意味着他们一见面就会立即做成生意。他们在做生意时比较专注、认真，很少出现丝毫的马虎。因此，同他们打交道时，不要被他们那种爽快的作风所迷惑而疏于防范。

(4) 意大利人的国家意识比较淡薄。他们一般不习惯提及国名，而只提故乡的名字。

(5) 意大利人喜欢争论。如果允许，他们会整天争论不休，特别是在价格方面，更是寸步不让。他们对产品质量、性能以及交货日期等事宜都不太关心，却宁愿多节约一点，力争少付款。

(6) 意大利商人在业务交际时，大多是招待午餐的，他们在私下交际时几乎不会招待晚餐。

(7) 意大利商人常常不遵守约会时间，甚至有的时候不打招呼就不赴约，单方面推迟会期。

9.2.6 葡萄牙商人的谈判风格

葡萄牙位于欧洲南部的伊比利亚半岛，面积 92 072 平方千米，人口数量达 1 070.79 万(截至 2009 年年底)，多为葡萄牙人，多信奉天主教。葡萄牙商人的谈判风格具有以下特点。

(1) 葡萄牙人善于社交，性格随和。因此在初次认识时就会表现出一股亲密感来，但是，当你被他的亲密所感动而进一步接近他的时候，他却又退缩了，所以很难和他们开诚布公地谈生意。

(2) 葡萄牙人总是以自我为中心。因此，协调性较差，存在着无法把个人的能力结合起来以发挥团体的力量的弱点。

(3) 葡萄牙人做生意时时间观念不强。通常交易是用汇票支付的，但常常会违约，例如，做了 100 元的交易，约定 70% 的货款在 120 天以后汇付。但到了约定日期，往往不能得到如数汇付，而只付 40 元，剩下的 30 元则要再延后 120 天汇付。此外，约会时也经常迟到。

（4）葡萄牙人穿着比较讲究。即使在很热的天气也是西装革履，在工作和社交等场合一般都戴领带。因此，与他们谈判时，你也应该穿西装，戴领带。

（5）葡萄牙人是乐于加班的，只要不影响个人的私生活。在工作之余，也与客户进行交际，但共进晚餐的机会不多。

9.2.7 西班牙商人的谈判风格

西班牙位于欧洲南部的伊比利亚半岛，面积 505 925 平方千米，人口数量达 4 602 万(截至 2010 年年底)。西班牙商人的谈判风格具有以下特点。

（1）西班牙人天性开朗而温顺，但略显傲慢。在谈判时西班牙商人常常有一种居高临下的优越感，仿佛自己是世界的主人。

（2）西班牙商人考虑问题比较注重现实。多数西班牙人性格属于现实主义，他们对工作、生活中的各种关系和事物的安排都是十分严肃认真的。

（3）西班牙人一般不愿意承认自己的错误。他们即使按照合同遭受了一点损失，也不愿公开承认在签订合同时犯了错误，更不会主动进行修改。

（4）西班牙人出于社交礼仪和传统习惯，拒绝别人时绝不说"不"；即使是同意了，也只是说"可以考虑考虑"。

（5）西班牙人的工作缺乏计划性，因为他们认为桌面上的数字总归是假的，实际情况还是要等到实施之后才能知道。因此，他们事业的成败经常是靠运气。

（6）在西班牙，有一种投机性的掮客。因此，在和西班牙人打交道时，必须小心辨别。

（7）西班牙人通常在晚餐上谈生意或庆祝生意成功，他们的晚餐大多从晚上九点以后开始，一直到午夜才结束。

（8）西班牙人也是乐于加班的。与葡萄牙人不同的是，虽然已经请好了假，如果公司有所求，也会在了解情况之后延期休假或取消休假。

9.2.8 奥地利商人的谈判风格

奥地利是欧洲中部的内陆国家，面积 83 858 平方千米，人口数量达 840.25 万(截至 2010 年 9 月 30 日)，多为奥地利人，多信奉天主教。奥地利商人的谈判风格具有以下特点。

（1）奥地利人善于交际，易于亲近。奥地利人的性格是快活而开朗，待人和蔼可亲。但是，他们还有一种藏而不露的排他性格，往往会在处理纠纷时显露出来。

（2）奥地利人喜欢招待客人。一般是在自己家中，不过在餐厅招待的时候也很多，而且菜肴均很丰富。如果你在奥地利逗留时间较长，就不要总是让对方破费，在对方招待 3 次之后要回请对方一次。适合招待的时间是周末下午。

（3）奥地利人很注重头衔，在称呼、写信时要更加谨慎，不要把其头衔写错。

（4）奥地利人事的浪费比较明显，特别是在洽谈生意中，看不出到底谁是洽谈负责人。

9.2.9 瑞士商人的谈判风格

瑞士是一个被北部的侏罗山和南部的阿尔卑斯山脉所包围，而在中央高地上遍布着牧草地带的山国。面积 41 284 平方千米，人口数量达 778.6 万(截至 2009 年 12 月)，多为日耳曼族人，信奉天主教和基督教。瑞士商人的谈判风格具有以下特点。

(1) 由于大自然的原因，瑞士居民团结一致，因而又具有一定的排他性，待人十分严格。

(2) 瑞士商人作风保守，慎重，遵守时间。与他们做生意，需要花相当长的时间与他们交朋友，建立信任关系，因此要有耐心。

(3) 瑞士商人愿意和固定的商务伙伴交易，而且一旦决定购买你的产品，几乎就会一直无限期地购买下去，很少中断交易，如果他们说了"不"，别人很难改变他们的主意。

(4) 瑞士商人非常注重老公司，愿意同成立时间较早的公司打交道。

(5) 瑞士商人注重合同，诚实无欺。

(6) 给瑞士公司发信函时，最好只写公司名，不写具体人名，否则当收信人不在时，公司任何人也不会过问。

9.2.10 北欧诸国商人的谈判风格

北欧一般指欧洲北部的斯堪的纳维亚半岛、日德兰半岛、冰岛等地区，主要包括挪威、瑞典、芬兰、丹麦、冰岛这 5 个国家，这 5 个国家的商人的谈判风格大致相同，一般而言，具有下面的特点。

(1) 北欧人大多数心地善良，容易相信别人的解释，朴素大方，沉着老练而不急躁，和蔼可亲，性格直爽。对外国人也不会存在着"伺机打击"的不友好意图，充分地显示出欧洲"北方人"独特的风格。

(2) 北欧人做事计划性强，看不出有丝毫浮躁的样子，属于务实型。凡事都喜欢按部就班，规规矩矩。因此，办起事来很缓慢。例如，在谈判中，必须按谈判程序逐一进行，并且注意到每一细节问题。

(3) 北欧诸国的事业环境比较松弛，一般而言都比较悠闲，加之思想比较保守，因此这些国家的商人在做决定时往往优柔寡断，反复考虑。不过，在谈判过程中，北欧人却反应机敏，善于把握时机签约成交。一旦签了合约，就能信守合同。

(4) 北欧人很注重官衔，说话时喜欢对方称呼他们的职衔。如果不知道他们的准确职衔，就称呼他为经理，即使不对，他也会高兴的。

(5) 在北欧，当买卖做成后，便开始庆贺。一般不要拒绝邀请，否则将会引起误会。当被邀请到他们家去做客时，要准时到达，还要带一束 5 枝或 7 枝的单枝数鲜花给女主人。在主人敬酒之前，不要先品尝。

(6) 瑞典、挪威、丹麦这 3 国在对外贸易中，中间商起着很大作用。有些中间商不但索取的佣金高，而且也不负责任，对这点应予以注意。

(7) 北欧人有谈判之后去洗蒸气浴的习惯。如果你被对方邀请去洗蒸气浴，表明你是很受欢迎的,并且受到了良好的招待。因此,如果你到北欧去谈生意,可以不失时机地发出邀请或接受邀请,以增加与对方接触交流的机会。

(8) 北欧人特别珍惜阳光和假期。由于这些国家所处纬度较高,冬季时间较长,北欧人在夏天与冬天分别有 3 周与 1 周的假期。因此,与北欧人做生意或谈判应该尽量避开这段时期。

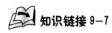

知己知彼 百战百胜——看欧洲企业的个性脸谱

现在,越来越多的外国企业走进中国,与中国企业"过招儿"或是聘请中国人为其打工。俗话说:"知己知彼,百战百胜。"了解得多一些,才能更好地与他们打交道。

英国企业

英国人使用谨慎的言词、有限的手势、低接触的形体语言,喜欢保持坚定沉着的姿态。

企业与人员的特点如下。

(1) 守时,时间观念强。
(2) 重要问题都在面对面的会议上解决,而非通过电话或书面文件。
(3) 注重礼节、等级和地位差异。
(4) 保守而不善表达。

西班牙企业

西班牙是欧洲面积第 2 大国,地区特色鲜明。汽车制造业是西班牙的重要出口产业。

企业与人员的特点如下。

(1) 注重关系网、重视礼节。
(2) 工作努力、节俭,感情内敛,缺乏幽默。
(3) 喜欢使用含义丰富、拐弯抹角的语言。
(4) 重视社会地位和等级,女性很少能担任较高的职务。
(5) 注重敏捷的思维和自主性,商务谈判时容易激动。

荷兰企业

荷兰是经济大国,属于经济开放型国家。荷兰的银行业已成为其日益重要的支柱产业之一。服务业、保险业和酒店管理在市场上也有一定的领导地位。

企业与人员的特点如下。

(1) 重视对雇员的培养和分配。
(2) 企业管理层次清晰,管理人员的素质高,重视新知识、新技术。
(3) 比较正式、保守,在商务谈判时要穿正式西装,谈判也不喜欢拐弯抹角。
(4) 时间观念强,讲究准时。
(5) 做生意喜欢相互招待宴请。

瑞 典 企 业

瑞典人以强大的机械制造业倍感自豪,如爱立信、伊莱克斯等大公司就是中国人所熟悉的品牌企业。企业与人员的特点如下。

(1) 注重平等、效率。
(2) 生意为先,通常无须第3方的介绍或推荐,瑞典人会采取主动自荐。
(3) 讲究高效率的瑞典人磋商时喜欢立刻进入正题。
(4) 谈判开始的提价符合实际,而不是以一个夸大的数字开始。
(5) 感情保守的交流方式及出名的谦让和克制力。

丹 麦 企 业

丹麦的工业相当发达。目前世界海上航行船舶的主机大多是由丹麦制造或用丹麦专利生产的。丹麦善于结合本国特点,设计制造出有自己特色的产品,这也是他们的成功之道。

企业与人员的特点如下。

(1) 具有适应发展、抓住机遇的能力。
(2) 中小企业居主导地位。
(3) 实行职业轮换的制度,保证整个劳动力的更新。
(4) 工作时间内十分严肃,态度保守、认真。
(5) 凡事按部就班,计划性强,做生意采取较温和的姿态。
(6) 拥有很强的法制观念,很注意道德。

资料来源: 知己知彼 百战百胜——看欧洲企业的个性脸谱.
http://edu.sina.com.cn/l/2004-09-03/83077.html.

9.3 美洲商人的谈判风格

9.3.1 美国商人的谈判风格

美利坚合众国(简称美国),面积 9 372 614 平方千米,人口数量达 31 028 万(截至 2010 年年底),主要为欧洲白人移民后裔,信奉基督教新教、天主教、犹太教和东正教。美国商人的谈判风格主要具有以下特点。

(1) 历史上美国是个移民国家,开放程度较高,因此美国人的性格通常是比较外向、热情奔放、坦率开朗、好客自信。他们交往比较随便,说话滔滔不绝,喜欢交际。

(2) 美国人具有强烈的进取精神,喜欢追求物质上的实际利益,因此美国人在谈判中往往以获得最大的经济利益为目标,时间观念很强,办事干脆利落,不喜欢漫天要价。

(3) 美国人在谈判过程中精力充沛,果敢自信,热情洋溢,态度明朗。如果他们感到有些问题不清楚,会毫不客气地向对方询问;对他们所不能承担的要求,也会直言拒绝。因此,与美国人做生意时,"是"和"否"必须表达清楚,不要含糊其辞;有疑问时,应不客气地向他们问清楚,这样做他们不但不会不高兴,反而会对你有好的印象。

(4) 美国人在交谈时,很注意对方的表情神态,对谈话人不予理睬、不以为然被视为不尊重别人,而与人交谈时摇头晃脑、或者做搓手、抖动双腿、挖耳朵、剪指甲等动作,则是一种不礼貌的行为。

(5) 在美国谈生意不必过多地握手,可以直截了当地进行,不必过多的客套。洽谈活动可以在吃早点的时候立即开始,美国人有边进餐边谈生意的习惯。

(6) 与美国人谈话时,绝对不要指名批评某人或指责某些客户的某些缺点,避免把处于竞争关系的公司的问题披露出来,加以贬抑。否则,会遭到对方蔑视的。

(7) 在实质性谈判阶段,美国人喜欢一个条款一个条款、一个问题一个问题的讨论,进行讨价还价,施展计谋。同时,美国人在谈判桌上喜欢搞全盘平衡的"一揽子交易"。美国谈判人员较注重大局,善于通盘筹划,他们虽讲实力,但在权衡利弊时,更倾向于从全局入手。

(8) 美国人很重视律师和合同的作用,他们在谈判过程中经常要有律师参加,并严守合同信用。

(9) 万一双方发生了纠纷,要注意与美国人谈判的态度,必须诚恳认真,绝对不要笑。因为在美国人看来,出现了纠纷而争论时,双方的心情都很恶劣,笑容必定是装出来的,这就会使对方更为生气,甚至认为你已经自认理亏了。

(10) 在美国,如果出席家庭宴会,一般应带上些小礼品。中国人做客可赠送一些小工艺品,如茶叶、丝绸、字画、泥塑、檀香扇、唐三彩马、瓷器等。如果赴宴时不带礼品,在美国人看来,这意味着准备回请一次。

9.3.2 加拿大商人的谈判风格

加拿大位于北美洲大陆北部,面积9 970 610平方千米,人口数量达3 423.8万(截至2010年10月1日),主要为英裔、法裔和土著人。加拿大的商人之中90%为英国系和法国系,其谈判风格主要具有以下特点。

(1) 英裔商人较保守,谈判态度严谨,在每一个细节问题尚未了解和解决之前是绝对不会签约的。但是,一旦签订了合同,就会信守合同。

(2) 法裔商人刚开始接触时态度非常和蔼可亲,容易接近,对对方很热情,照顾得无微不至。但是,一旦坐下来正式进入洽谈,就判若两人,讲话慢慢吞吞,令人难以捉摸,要达成交易是很费劲的。即使谈判双方签订了合同,仍会令对方感到不安。因为法国系商人对签约比较马虎,往往当合同的主要条款谈妥后就要求签字。他们认为次要的条款可以待签字后再谈,而正是这些次要条款往往导致日后产生纠纷。因此,同其谈判,要尽量在签约时对每一个条款均加以确认,以免引起麻烦和纠纷。

(3) 与加拿大商人谈判,首次见面一般要先作自我介绍,在进行口头介绍的同时递上名片。

(4) 加拿大人有较强的时间观念。他们十分讲究工作效率,一般会在事前通知你参加活动的时间。

(5) 加拿大人喜欢别人称赞他的衣服。因此,在正式的商务谈判场合中,你的衣着一定要整齐庄重。

9.3.3 南美洲诸国商人的谈判风格

南美洲位于西半球南部，大西洋和太平洋之间，包括委内瑞拉、圭亚那、苏里南、法属圭亚那、哥伦比亚、厄瓜多尔、秘鲁、玻利维亚、巴拉圭、巴西、阿根廷、智利、乌拉圭13个国家。总面积约1 797万平方千米，总人口约3.38亿。民族成分复杂，有印第安人、白人、黑人及各种不同的混血型，其中以印欧混血型最多。南美洲诸国商人的谈判风格主要具有以下特点。

(1) 南美商人的生活节奏比较慢，性情悠闲开朗，时间观念不太强。由于气候的关系，早上起得晚，午饭后必须睡午觉。与南美商人谈判时常听他们说"明天就办"，但到了明天，却仍然是这一句话。

(2) 南美商人谈判节奏缓慢。南美商人休假较多，在洽谈中经常会遇到参加谈判的人突然请了假，如果遇到这种情况，只好等他休假回来才能继续谈判。因为南美各国的工业水平很低，企业家的企业意识也很低，所以工作时间短而松懈。

(3) 南美人具有强烈的民族自尊心，以自己国家悠久的传统历史和独特的文化而自豪，因此和南美商人打交道时，要尊重他们的历史文化，尊重他们的人格。南美商人总希望谈判双方能够在平等互利的基础上进行商务谈判。在谈判中，南美商人忌讳谈论政治问题。

(4) 在订立合同条款时一定要写清楚，以免事后发生麻烦与纠纷，因为南美各国对进出口的限制和外汇管制差别很大。

(5) 南美商人不太重视合同的严肃性。与南美商人做生意时，即使双方已经签订了合同，他们也往往不遵守付款或交货的日期。

(6) 和南美商人做生意，一旦双方成为知己，生意就非常好做。需要注意的是，与南美商人做生意，首先要表现出对他们的风俗习惯和信仰的尊重与理解，努力取得他们的信任。同时，避免流露出与他们做生意是对他们的恩赐的表情，一定要坚持平等互利的原则。

(7) 由于南美各国的金融界人员知识水平较高，工人常常发生罢工，有时会持续一个月的时间。在此期间，金融活动也就只好停顿。因此，与南美国家进行贸易往来时，必须考虑这个因素。

(8) 到南美诸国谈生意，宜穿深色服装。在南美诸国，不要赠送与刀剑有关的礼品，因为南美人认为，赠送刀剑或与刀剑有关的礼品意味着割断双方的关系。但在中国，作为中国传统工艺品的小刀剑，已逐渐为人们所喜爱。

9.4 大洋洲商人的谈判风格

9.4.1 澳大利亚商人的谈判风格

澳大利亚包括澳大利亚大陆和塔斯马尼亚等周围岛屿，面积7 692 000平方千米，人口数量达2 206.6万(截至2009年9月)。澳大利亚的人口中，90%是欧洲系人，其中尤以英国系人和法国系人居多。澳大利亚商人的谈判风格主要具有以下特点。

(1) 澳大利亚商人成见较重，非常注重与人交流的第一印象。重视友情，相信老朋友。

(2) 澳大利亚商人很重视办事效率。在谈判中，不喜欢这种一开始报高价然后再慢慢讨价还价的做法，他们不愿意把时间浪费在讨价还价这种事情上。因此，他们进口货物，大多采用投标的方式，不给对方讨价还价的机会。在谈判中，澳方派出的谈判人员一般都具有决策权，同时也要求对方如此，否则他们会不高兴，甚至不理你。

(3) 澳大利亚商人讲究实际，通常注重超额利润，所提出的建议一般非常接近对方可接受的水平。

(4) 澳大利亚商人责任心极强，注重信用，一旦签约，很少违约。

(5) 澳大利亚行业范围狭小，信息传递很快。因此，在谈判中讲话要小心。

(6) 澳大利亚的一般员工很遵守工作时间，下班时间一到，就会立刻离开办公室。但是经理一级的人员却都具有很强的责任心，对工作很热情，待人很随和，也愿意接受招待的邀请。需要注意的是，不要以为在一起喝过酒生意就好做了。他们的看法是公私分明，招待归招待，和生意无关。

 应用实例 9-10

1974 年，日本砂糖公司与澳大利亚砂糖交易所鉴定长期合同，由澳大利亚给日本提供砂糖，并订下砂糖固定价格和交易数量。后来，国际砂糖价格狂跌，日本砂糖公司出现赤字。从 1976 年 7 月至 1977 年 11 月 16 个月内，日本向澳大利亚多次提出降低砂糖价格的要求，同时日方还采取措施，码头连续 3 个月拒收澳大利亚的砂糖。在砂糖交易纠纷中，日方以为自己是澳方老主顾了，在日方陷入危机时，澳方理应帮助。已签订的合同并不重要，主要是情谊，谋求人与人之间的通融性和相互尊重。而澳方则认为合同是神圣的东西，是合理合法的，法律是超越一切人情的固定原理。

资料来源：蒋春堂. 谈判学. 武汉：武汉测绘科技大学出版社，1994.

9.4.2　新西兰商人的谈判风格

新西兰是由太平洋西南部德南岛、北岛和几十个小岛组成，面积 270 534 平方千米，人口数量达 436 万(截至 2010 年 4 月)。1907 年新西兰独立前是英国的殖民地，现为英联邦成员国。国民绝大部分是英国移民的后裔，讲英语。新西兰商人的谈判风格主要具有以下特点。

(1) 新西兰商人责任心很强，注重信誉。新西兰商人进行交易基于公平的原则，做生意不讨价还价，一旦报出一个价格就不能变更。

(2) 新西兰商人都很精明。新西兰是一个依赖于酪产品的农业国，工业品则大部分依赖进口。由于经常进口外国产品，商人都变得非常精明。在务商谈判中，新西兰商人很精于谈判，有时很难对付。

(3) 新西兰的国民福利水平相当高，因此，在精神上新西兰人过着充裕而满意的生活。但是由于新西兰的税率很高，如一年所得超过 100 万美元时，税率占 45%，每增加 100 美元，则高达 75%，因此，很多员工拒绝加班，过着优雅的生活。

(4) 新西兰人，见面一般行握手礼。新西兰的毛利人会见客人的最高礼节则是碰鼻礼。新西兰人守时惜时，待人诚恳热情。新西兰人喜欢狗，珍爱几维鸟，钟爱银蕨。

9.5 非洲商人的谈判风格

一般而言，非洲商人性格刚强生硬，脾气很倔犟，比较好客，自尊心很强。非洲商人与谈判对方见面时，通常的习惯是握手，同时希望对方称呼他们的头衔。在非洲，有些"皮包商"做生意往往只为骗取必要的许可证再转卖出去，或为了拿到你提供的样品，积极找你谈生意并一口答应你的条件和建议，得手后便逃之夭夭。非洲国家的法制不健全，很难依靠法律追究他们的责任。因此，要避免与那些"皮包商"做生意。非洲各国国内部族中的对立意识很强，非洲各部族内的生活，带有浓厚的家庭主义色彩。非洲诸国在历史、文化等方面有着很大的不同，即使是在各区域内(东非、西非、中非、南非、北非)，各国的国情、生活等也都各具特色。

9.5.1 东部三国商人的谈判风格

东部三个国家(坦桑尼亚、肯尼亚、乌干达)建立了经济共同市场且是西欧共同市场的准加盟国。他们在极力注视着与本国产品有竞争性的外国产品的输入，因而建立关税壁垒以尽量保护本国产品。东非这三个国家除了资源贫乏外，人口也较少，因此，产业很难成长。目前，当地资本虽有所发展，但由于缺乏经验以及商业阅历浅，致使推销网也不够可靠。因此，与当地人洽谈生意时不能草率从事，否则说不定会弄得不可收拾。此外，东非人性格比较强悍。

9.5.2 尼日利亚商人的谈判风格

位于西非的尼日利亚，人口数量达 15 605 万(截至 2010 年年底)，经济实力较强，虽以农业为主，但石油储量丰富，工业发展迅速。尼日利亚不为本国的产品所牵制，而是巧妙地运用关税政策，低价进口外国产品，以便为国民提供质优价廉的物品使用。尼日利亚的政治掌权人物、商务管理人员都受过高等教育，精明强干。尼日利亚商人的性格比较温和柔顺。

9.5.3 刚果(金)商人的谈判风格

位于非洲中部的刚果(金)，人口数量达 6 672 万(截至 2010 年年底)，是世界上有名的矿产国。刚果商人比较缺乏商业上的知识和技巧，据说有些商人根本就不考虑应将他们的产品卖给哪一个国家以及什么时候卖最为有利。其主要的原因是，过去一直是印度人掌握着刚果经济的大部分，当地人无法参与。

9.5.4 南非商人的谈判风格

南非是非洲经济实力最强的国家，人口数量达 4 991 万(截至 2010 年年底)，工业化进展较快，黄金和钻石的生产流通是其经济的重大支柱。在谈判中，南非一般派出具有决定权的负责人担负谈判任务，属于权力集中型。因此，商谈不会拖延太多时间。同时，他们也希望对方出面谈判的人具有决定权。在正式的商务交往中，南非人普遍遵守国际通行的礼仪准则，非常重视正式场合的着装，比较遵守约定，讲究信誉。

9.6 东西方国家商人的谈判风格比较

欧洲各国、美国、日本是与我国贸易往来较频繁的国家,如表 9-1～表 9-3 所列对这 3 种类型国家的商人的谈判风格加以比较。

表 9-1 欧洲各国、美国和日本谈判风格的比较

欧洲各国	美 国	日 本
传统的个人主义	个人奋斗的个人主义	传统的集体主义
个人领导	个人领导	集体一致领导
背景决定地位	成功决定地位	职务决定地位
注重诚实	注重奖励	注重名誉
没有耐心	非常没有耐心	很有耐心
简短的准备	很少的准备	长时间的准备
公平报价	合理报价	漫天报价
适当让步	很少让步	很大让步
有一定权力	有全部权力	没有权力
采用说服策略	采用进攻策略	采用协调一致策略
提供允诺	进行威胁	信守合同
注重逻辑	注重事实	侧重直觉
追求满意的交易	追求最好的交易	追求长期的交易
避免损失	获得胜利	取得成功
讲究礼仪	不拘礼节	讲究礼貌
注意人际关系	重视法律	重视人际关系

表 9-2 美国和日本谈判方式的对比

美 国	日 本	持这种看法的百分比
直接式	间接式	61%
快 速	慢 速	49%
着眼于短期合同	着眼于长期合同	37%
灵 活	僵 硬	33%
不太重视面子	很强调面子	32%

表 9-3 美国人与日本人谈生意的成功因素对比

原 因	很重要的成功因素	重要的成功因素	不太重要的成功因素
美方代表的准备工作	67%	23%	5%
美方代表的耐心	59%	30%	8%
美方代表的诚意	59%	28%	16%
个人关系	33%	39%	18%
美方代表熟悉日本经商法	31%	38%	26%
美方代表熟悉日本社会风格	22%	31%	33%

资料来源:刘铭君,屠梅曾,肖林.现代经济谈判制胜方略.上海:上海中医学院出版社,1993.

第9章 商务谈判的风格

中西文化冲突与我国跨文化商务谈判对策

1. 中西方文化差异与文化冲突对谈判活动的影响

涉外商务谈判的我方优势首先来自于对对手的了解,并且能在此基础上发挥自己的长处,制约对手的长处。搞好谈判,除了谈判者的个人气质、谈判心理因素外,在不同的文化观念、国家制度等影响下形成的谈判习惯及体现在这些习惯中的谈判作风,对于谈判活动的成败,甚至国家与国家之间的交往方式和交往关系,都将产生深刻的影响。因此,正确认识东西方文化的不同及其冲突,是十分必要的。

不同的文化特性往往集中地体现在一个国家的国民性上。所谓国民性,是指一个国家和民族所共有的建立在共同的文化观念、价值判断和行为方式上,有别于其他民族的特性。国民性形成的基础就是其特有的文化根基。中西方由于文化传统和文化观念的不同,在谈判过程中对问题的看法往往容易产生对立或误解。中国的国民性中有一个很突出的现象,那就是十分看重面子或者说体面。在谈判中,如果要在体面和利益这二者中作出选择,中国人往往会选择体面;而西方人则不一样,他们则看重利益,在体面和利益二者中会毫不犹豫地选择利益。中国人对于谈判的结果是否能为自己脸上争光,看得十分重要,以至有的西方谈判家们在他们的著作中,告诫在和中国人谈判时,一定要注意利用中国的这种国民性。很显然,只有正确地认识并妥善地把握中西方存在的国民性的差异,才能有效地帮助人们及时地纠正自己的缺点,强化自身的优势,利用对方的缺点,瓦解对方的优势。

在国际谈判的领域,中西文化差异主要体现在以下两个方面。

(1) 认识客观事物的思维差异。中国作为四大文明古国之一,常以自己的悠久历史和文化而自豪,这种自豪感使中国人富有浓烈的民族感情、宏放的气魄和极强的爱国之心,这对于民族的进步和发展有着积极的作用。然而,由于历史悠久,文化昭昭,也往往容易产生一种自傲的偏见,形成一种面子心理,使自己背上沉重的包袱,甚至故步自封,这种面子心理甚至渗透到所有的领域。英国谈判学家比尔·斯科特在他的谈判学著作中曾对此作过专门分析,他说:中国人极重面子,在谈判中,如果要迫使中国人做出让步,则千万注意,不要使他在让步中丢面子。同样地,如果我们从原来的强硬立场上后退,也不必在他们面前硬撑,这对我们来说是极为重要的。最后的成交协议,必须是彼此的同事认为是保住了他的面子,或为他增光的协议。

还有一种有趣的现象,那就是有的中国人虽然要面子,但又决不准别人当众说给了他面子,否则,也会使他感到不自在。美国人卢西恩·W·派伊在他的《谈判作风》一书中指出,利用帮助中国人得到面子的办法可以得到很多东西。任何时候,如果不给面子,就可能造成损失。看来,西方人对我国的面子观念还是看得比较透彻的。能否在谈判领域乃至所有的领域克服自身的偏见,是我国能否迎头赶上世界先进水平,再次成为世界强国的一个重要问题。西方国家的国民性,虽然也千差万别,但确有着一定的共性。在此,特以美国人为例来说明,美国人的国民性,在西方恐怕是最有典型意义的。美国人的国民性特点,既与他们取得的经济成就有密切的关系,也与其历史传统息息相关。他们崇尚奋斗和独立行动,性格外露,充满自信,热情奔放,美国人的这些特性在社交中随处可见。他们在参与国际事务中,很精于使用各种手段,配合外交谈判,从而谋得利益。由于美国人具有这种特点,所以,他们对表面的、仪式性的东西看得极淡,而对实质性的问题却非常敏感,对直率的谈判对手怀有好感。这一些,相对于中国人的谈判作风而言,具有较大的差异性。

(2) 伦理和法制观念的差异。在调节人的行为和处理纠纷方面,中西方有着更大的差异。这种差异主要表现在以下两个方面。

① 中国文化习惯于回避从法律上考虑问题,而是着重于从伦理道德上考虑问题;而大多数西方人却

恰恰相反，他们更多的是从法律上考虑问题。在中国，伦理至上的观念始终占据着人们思想的重要地位，一旦发生纠纷，首先想到的是如何赢得周围舆论的支持，崇尚得道多助，失道寡助，这在中国人看来认为有着极其特殊的内涵和意义。于是，很多应该利用法律来解决的问题，中国人感到不习惯，而是习惯于通过组织、通过舆论来发挥道德规范化的作用。西方人则与此不同，他们对于纠纷的处置，惯用法律的手段，而不是靠良心和道德的作用。西方很多个人和公司都聘有法律顾问和律师，遇有纠纷时则由律师出面去处理。一些在中国人看来非得通过复杂的人际关系网去解决的纠纷，在西方人看来却未必如此。

② 中国人在数千年的封建文化孕育下建立在社会等级观念上的平均主义倾向，在社会生活的各个领域中发挥着特殊的作用。其中官本位的思想又显得十分的突出，它使一些人崇尚官吏而藐视制度、藐视法律，习惯于依靠当官的后台来做交易。美国学者帕伊感慨地在其著作中写道：许多我们会见过的美国工商业者告诉我们，他们已经学会在中国人中间，只须用口头约定，点一点头，或者握一下手，来决定协议或协议生效的可能。列述这些差异，只不过从重点说明，中西方的文化差异，对于交往和谈判带来的影响是深刻而复杂的。人们必须深刻而又清醒地认识到这一点。

2. 我们的对策

从中西方文化的差异中，绝不可以就认为外国的月亮比中国圆。客观地看，中西方文化各具优劣势。人们研究中西方文化差异及其冲突的目的就在于清醒地认识自我，恰当地了解别人，以使人们的涉外谈判真正做到兴利除弊，扬长避短。笔者认为，从以上的认识出发，人们在涉外谈判中要特别注意以下几个问题。

(1) 先谈原则还是先谈细节。按照中国文化特点，在谈判时，一般注重先谈原则，后谈细节；而西方恰恰相反，他们比较注重先谈细节，避免讨论原则。这种差异常常导致中西方交流中的困难。中国人喜欢在处理麻烦的细节问题之前先就双方关心的一般原则取得一致意见，把具体问题安排到以后的谈判中去解决。这种思维定势在多数情况下，可使我方在以后的讨价还价中，处于较为有利的地位。西方人由于对中国人的这种谈判方式不能够适应，谈判的结局往往是比较有利于中国人。西方人通常认为细节是问题的本质，因而他们比较愿意在细节问题上多动脑筋，而对于原则性问题的讨论则显得比较松懈。很多事实表明，先谈原则必然会对后面的细节讨论产生制约作用。例如，我国政府在中美建交、香港回归、澳门回归等一系列重大涉外谈判中，始终坚持台湾是中华人民共和国不可分割的一部分这一前提原则，在这一原则的总揽下，已预先确立了细节谈判的基调，成为控制谈判范围的框架，这就赢得了细节谈判的优势。正是我国政府这一谈判策略的成功应用，使上述外交谈判取得了圆满的成功，赢得了国际社会的普遍赞誉和良好的声誉。

(2) 重集体还是重个人。应当说，中西方在谈判过程中，都是既重集体又重个人的。但相比较而言，西方人比较侧重于强调集体的权力，强调个人的责任，即分权。而中国人则比较强调集体的责任，强调个人的权力，即集权。这种差异导致谈判场合中出现这样两种现象。西方人表面看来是一两个人出场，但他们身后却往往有一个高效而灵活的智囊群体或决策机构，决策机构赋予谈判者个体以相应的权限，智囊群体辅助其应对谈判中的复杂问题；中方则是众人谈判，一人决策。可以想象，如果决策的人是行家里手倒也还好，但如果决策者是外行，那么谈判的风险和结果就难以预料了。因此，在谈判中，应当科学而恰当地处理好集体与个人、集权与分权之间的关系，以在与西方人的谈判中始终处于较为主动的地位。

总之，由于中西方文化差异的影响，在谈判桌上各自的谈判作风表现出很大的不同。有时谈判桌上的困难甚至完全是由谈判作风的不同而导致的。因此，了解中西谈判作风的差异，有助于找到建设性的沟通渠道，发现导致彼此误解或对立的真正原因，并且有效地利用在谈判作风方面的某些优势，克服某些方面的弱点，积极驾驭谈判过程，把握谈判的方向和进度，这是中国的谈判人员应当予以重视的。

资料来源：赵伟君. 中西文化冲突与我国跨文化商务谈判对策.

第 9 章　商务谈判的风格

本章小结

由于世界各国的历史传统、政治制度、经济状况、文化背景、风俗习惯以及价值观念存在明显差异，所以各国谈判者在商务谈判中都会具有不同的谈判风格。一个合格的谈判人员必须熟悉各国文化的差异，把握对方的价值观念、思维方式、行为方式和心理特征以及相应的谈判风格，确定不同的谈判策略，从而巧妙地加以利用，掌握谈判的主动权，取得预期的谈判效果。

关键术语

谈判风格、"IBM"

习　题

1. 选择题

(1) 在谈判中，(　　)商人喜欢且善于讨价还价。
　　A. 日本　　　　　　B. 英国　　　　　　C. 美国　　　　　　D. 澳大利亚
(2) 在商务交往和谈判中，(　　)商人时间观念不强。
　　A. 日本　　　　　　B. 英国　　　　　　C. 美国　　　　　　D. 阿拉伯
(3) 在谈判过程中强调集体决策的国家是(　　)。
　　A. 日本　　　　　　B. 意大利　　　　　C. 德国　　　　　　D. 法国
(4) 在商务交往中，(　　)商人疑心很重。
　　A. 日本　　　　　　B. 英国　　　　　　C. 美国　　　　　　D. 印度
(5) (　　)商人精明能干，善于社交。
　　A. 意大利　　　　　B. 英国　　　　　　C. 葡萄牙　　　　　D. 西班牙

2. 判断题（对的打√，错的打×）

(1) 日本人在谈判时，一般而言，是比较注重尊敬的。　　　　　　　　　　　　　　(　　)
(2) 在谈判中，相较日本人而言，美国人通常拥有全权。　　　　　　　　　　　　　(　　)
(3) 在谈判中，相较日本人而言，欧洲人比较注重逻辑推理。　　　　　　　　　　　(　　)
(4) 意大利人忌讳绿色，而日本人喜欢绿色。　　　　　　　　　　　　　　　　　　(　　)
(5) 阿拉伯诸国商人在谈判过程中常常会随意中断谈判，前去迎接新来的客人，与之谈判或聊天。　　　　　　　　　　　　　　　　　　　　　　　　　　　　　　　　　　　(　　)

3. 简答题

(1) 韩国商人、俄罗斯商人、德国商人的谈判风格如何？
(2) 人们在商务谈判中的行为受文化的影响很大，试举例评论之。
(3) 与他国商人进行商务交往或谈判，对其与我方不同的谈判风格，你的态度如何？

4. 思考题

你正在为从英国制造商那里购买一套动力系统而进行谈判,你可能感觉到最难达成协议的是什么?
A. 价格条款　　B. 信用条款　　C. 交货条款　　D. 质量条款

案例分析

日航缘何贱买麦道客机

日本航空公司决定从美国麦道公司引进10架新型麦道客机,指定由常务董事任领队,财务经理为主谈人,技术部经理为助谈人,组成谈判小组去美国洽谈购买事宜。

日航代表飞抵美国稍事休息,麦道公司立即来电,约定明日在公司会议室开谈。第二天,3位日本绅士仿佛还未消除旅途的疲劳,行动迟缓地走进会议室,只见麦道公司的一群谈判代表已经端坐一边。谈判开始,日航代表慢吞吞地啜着咖啡,好像还在缓解时差所带来的不适。精明狡猾而又讲究实效的麦道主谈人,把客人的疲惫视为可乘之机,在开门见山地重申双方购销意向之后,迅速把谈判转入主题。

从早上9点到11点30分,3架放映机相继打开,字幕、图表、数据、电脑图案、辅助资料和航行图表应有尽有,欲使对方仿佛置身于迪斯尼乐园的神奇之中,会不由自主地相信麦道飞机性能及其定价都是无可挑剔的。孰料日方3位谈判代表自始至终默默地坐着,一语不发。

麦道的领队大惑不解地问:"你们难道不明白?你们不明白什么?"

日航领队笑了笑,回答:"这一切。"

麦道主谈人急切地追问:"这一切是什么意思?请具体说明你们什么时候开始不明白的?"

日航主谈人随意地说:"对不起,从拉上窗帘的那一刻起。"日方助谈人随之咧咧嘴,用点头来赞许同伴的说法。

"笨蛋!"麦道领队差一点脱口骂出声来,泄气地倚在门边,松了松领带后气馁地呻吟道:"那么你们希望我们再做些什么呢?"日航领队歉意地笑笑说:"你们可以重放一次吗?"别无选择,只得照办。当麦道公司谈判代表开始重复那两个半小时的介绍时,他们已经失去了最初的热忱和信心。是日本人开了美国人的玩笑吗?不是,他们只是不想在谈判开始阶段就表明自己的理解力,不想用买方一上来就合作这种方式使卖方产生误解,以为买方在迎合、讨好卖方。谈判风格素来以具体、干脆、明确而著称的美国人哪会想到日本人有这一层心思呢?更不知道自己在谈判开始已输了一盘。

谈判进入交锋阶段,老谋深算的日航代表忽然显得听觉不敏,反应迟钝。连日来麦道方已被搅得烦躁不安,只想尽快结束这场与笨人打交道的灾难,于是直截了当把皮球踢向对方:"我方的飞机的性能是最佳的,报价也是合情合理的,你们有什么异议吗?"

此时,日航谈判代表似乎由于紧张,忽然出现语言障碍。他结结巴巴地说:"第……第……第……","请慢慢说。"麦道主谈人虽然嘴上是这样劝着心中却不由得又恨又痒。"第……第……第……","是第一点吗?"麦道主谈人忍不住地问。日航主谈人点头称是。"好吧,第一点是什么?"麦道主谈人急切地问。"价……价……价……","是价钱吗?"麦道主谈人问。日航主谈人又点了点头。"好,这点可以商量。第二点是什么?"麦道主谈人焦急地问。"性……,性……,性……","你是说性能吗?只要日航方面提出书面改进要求,我方一定满足。"麦道主谈人脱口而出。

至此,日航一方说了什么呢?什么也没说。麦道一方做了什么呢?在帮助日方跟自己交锋。他们先是帮日方把想说而没有说出来的话解释清楚,接着还未问明对方后面的话,就不假思索地匆忙做出许诺,结果把谈判的主动权拱手交给了对方。

第9章 商务谈判的风格

麦道轻率地许诺让步，日航就想得寸进尺地捞好处。这是一笔价值数亿美元的大宗贸易，还价应按国际惯例取适当幅度。日航的助谈人却故意装着全然不知，一开口就要求削价20%。麦道主谈人听了不禁大吃一惊，再看看对方是认真的，不像是开玩笑，心想既然已经许诺让价，为表示诚意就爽快地让吧，于是便说："我方可以削价5%。"

双方差距甚大，都竭力为自己的报价陈述大堆理由，第一轮交锋在激烈的争辩中结束。经过短暂的沉默，日方第二次报价削减18%，麦道还价是6%，于是又唇枪舌剑，辩驳对方，尽管已经口干舌燥，可谁也没有说服谁。麦道公司的主谈人此刻对成交已不抱太大希望，开始失去耐心，提出休会："我们双方在价格上距离很大，有必要为成交寻找新的方法。你们如果同意，两天以后双方再谈一次。"

休会原是谈判陷于僵局时采取的一种正常策略，但麦道公司却注入了"最后通牒"的意味，"即价钱太低，宁可不卖"。日航谈判代表将不得不慎重地权衡得失，价钱还可以争取削低一点，但不能削得太多，否则将触怒美国人，那不仅丧失主动权，而且连到手的6%让价也捞不到，倘若空手回日本怎么向公司交代呢？他们决定适可而止。

重新开始谈判日航一下子降了6%，要求削价12%；麦道公司增加1%，只同意削价7%，谈判又形成僵局。沉默，长时间的沉默。麦道公司的主谈人决定终止交易，开始收拾文件。恰在此时，口吃了几天的日航主谈人突然消除了语言障碍，十分流利地说道："你们对新型飞机的介绍和推销使我难以抵抗，如果同意削价8%，我方现在就起草购销11架飞机的合同。"(这增加的一架几乎是削价得来的)说完他笑吟吟地站起身，把手伸给麦道公司的主谈人。"同意！"麦道的谈判代表们也笑着起身和3位日本绅士握手："祝贺你们用最低的价钱买到了世界最先进的飞机。"的确，日航代表把麦道飞机压到了前所未有的低价位。

日本航空公司以最低的价格购进了世界上最先进的飞机，这由于他们的谈判代表在谈判中充分利用了美国人率直的谈判方式和谈判风格。而相反的是，美国麦道公司的失利则主要是因为他们没有充分了解日本人的谈判方式和谈判风格。其实这种不同的谈判方式和谈判风格正是来自于他们之间的文化差异。

资料来源：冯砚，丁立. 商务谈判. 北京：中国商务出版社，2010.

根据以上案例所提供的资料，试分析：
(1) 美、日两国商人的谈判风格有何不同？
(2) 日本商人是如何赢得胜利的？
(3) 在与美日两国商人进行谈判时应注意哪些问题？

商务谈判的后续工作

本章教学要点

知识要点	掌握程度	相关知识
合同的履行与管理	了解、掌握	合同履行的相关内容 合同管理制度的具体内容
争议的处理	了解、掌握	合同争议产生的原因 解决争议的方法
谈判的总结	了解、掌握	谈判总结的内容、步骤

本章技能要点

技能要点	掌握程度	应用方向
能够对所签订的合同进行切实履行,建立必要的合同管理制度	了解、掌握	签合同后履行和管理合同
能够针对不同类型的争议,采取相应的争议解决方法	了解、掌握	处理各种争议和进行谈判
能够科学地进行谈判的总结,并写出相应的谈判总结报告	了解、掌握	对谈判行为进行总结

第10章 商务谈判的后续工作

■ 导入案例

一场索赔的交锋

我国从日本 S 汽车公司进口大批 FP-148 货车，使用时发现货车普遍存在质量问题，因而蒙受了巨大经济损失。为此，我方向日方提出索赔。

中日双方在北京举行谈判，双方挑选的都是精明强干的人员。我方在谈判前，先摸清对方的情况，制订出几套谈判方案，不打无把握之仗。

双方步入豪华的谈判室，彼此见面时，弯腰鞠躬，彬彬有礼，谈笑风生，气氛是那样的轻松、和谐。似乎这里不是在谈判，而是在友好交谈。越是这样，越让彼此感到对手不凡，使得每个人的心弦都绷得很紧。因为这是关键性的一搏，结局如何，那不是十万八万的小数目，而是几亿、十几亿巨额的得与失，气氛缓和只是战略上的需要，但战术上不得不倍加的认真。

我方代表简介 FP-148 货车损坏的情况，这是开场白，引而不发，对索赔金额的问题一字不提。

日方深知，FP-148 货车的质量问题是无法回避的。他们采取避重就轻的策略，如有的车子轮胎炸裂，挡风玻璃炸碎，电路有故障，铆钉震断，有的车架偶有裂纹……

果不出我方所料，日方所讲的每一句话，言词谨慎，都是经过反复研究和推敲的。因此我方认为有必要予以回击："贵公司的代表都到过现场，亲自察看过。经商检和专家小组鉴定，结果是铆钉非属震断，而是剪断的；车架出现的不仅仅是裂纹，而是裂缝、断裂！而车架断裂不能用'有的'或'偶尔'等词表述，最好还是用比例数字来表达，这样更为科学准确……"

日方怵然一震，连忙改口："请原谅，比例数字未做准确统计。"

"贵公司对 FP-148 货车质量问题能否取得一致看法？"

"当然，我们考虑贵国的实际情况不够……"

"不，贵公司在设计时就应该考虑到中国的实际情况，因为这批车是专门为中国生产的，至于我国的道路情况，诸位先生都已实地察看过，我们有充分的理由否定那种由中国道路不佳所致的说法。"

日方步步为营，我方步步逼近，气氛紧张。

日方对这批车辆损坏程度提出了异议："不至于损坏到如此程度吧？这对我们公司来说，是从未发生过，也是不可理解的。"

我方拿出商检证书："这里有商检公证机关的公证结论，还有商检拍摄的录像，如果……"

"不！不！不！对商检公证机关的结论，我们是相信的、无异议的。我们是说贵国是否能做出适当的让步，否则我们无法对公司交代。"

对 FP-148 货车损坏归属问题取得了一致的意见，日方的一位部长不得不承认，这属于由设计和制作上的质量问题所致。这样一来，在谈判中，天平失去了平衡，这是个大前提，为下一步索赔金额打下了坚实有力的基础。

随即，围绕着索赔金额，进行报价、要价、提价、压价、比价，开展了一场拉锯战。

我方的一位代表，专长经济管理和统计，精通测算。在他的笔记本上，在大大小小的索赔项目旁布满了密密麻麻的数字。他在谈判前，翻阅了许多国内外的有关资料。他深知，在技术业务谈判中，不能凭大概，更不能靠"浑身是胆雄赳赳"，只能依靠科学的依据、准确的计算和豁达的气度，才能折服对方。根据多年的经验，他不紧不慢地提出："贵公司对每辆车支付的工时费是多少？这项总额又是多少？"

"每辆十万元，共计五亿八千四百万元。""不知贵方报价是多少？"

"每辆十六万元，此项共计九亿五千万元。"

413

久经沙场的日方主谈人淡然一笑，与助手耳语了一阵，神秘地看了一眼中方代表，问："贵方报价的依据是什么？"

我方将车辆损坏的各部件，需要如何维修、加固、花费多少工时，逐一报出单价。"我们提出的这笔加工费不高。如果贵公司感到不合算，派人维修也可以。但这样一来，贵公司的耗费恐怕是这个数的好几倍。"

日方对此测算叹服了："贵方能否再压一点？"

"为了表示我们的诚意，可以考虑，但贵公司认为每辆出多少价钱合适？"

结果是日方对该项费用共支付七亿七千六百万元。

中日双方争议最大的项目，是间接经济损失赔偿金，因为这项金额达几十亿元！

日方在谈这项损失费时，也采取逐条报出，每报完一项，总要间断地停一下，环视一下中方代表的反应，仿佛给每一笔金额数目都要写上不留余地的句号。结果是日方提出支付三十亿元。

我方代表琢磨着每一笔报价的奥秘，把那些"大概"、"大约"、"预计"等含糊不清的字眼都挑了出来，指出里面埋下的伏笔。

在此之前，我方有关人员昼夜奋战，液晶体数码不停地在电子计算机的荧光屏上跳动着，显示出各种数字。在谈判中，当我方报完每个项目和金额，并讲明这个数字测算的依据后，日方在那些有理有据的数字上，打的都是惊叹号。最后，我方提出赔偿间接经济损失费七十亿元！

日方代表听了这个数字后，惊得目瞪口呆，连连说："差额太大！"于是，开始进行无休止的报价、压价。

"贵方提的索赔额过高，若不压半，我们会被解雇的，我们是有妻儿老小的……"日方代表哀求着。

"贵公司生产如此低劣的产品，已经给我国造成了非常大的经济损失！"继而又安慰到："我们不愿意为难诸位代表。如果你们做不了主，请贵方决策人来与我方谈判。"

双方各不相让，只好暂时休会。

即日，日方代表接通了北京通往该国S汽车公司的电话，与公司决策人密谈了数小时。

接着，谈判又开始了。先是一阵激烈鏖战，继而双方一语不发，气氛显得很沉闷。至此，谈判的热度，骤然降到冰点。

我方代表打破僵局："如果贵公司有谈判的诚意，彼此均可适当让步。"

"我公司愿付四十亿元，这是最高突破数了。"

"我们希望贵公司最低限度必须支付六十亿元。"

这样一来，谈判又出现了新的转机，但差额毕竟还有二十亿元。为了提出大家能接受的方案，双方决定将最后的各报价金额相加，除以二，即五十亿元。

除上述两项费用达成协议外，日方愿意承担下列3项责任：①确认出售到中国的全部FP-148型货车为不合格品，同意全部退货，更换新车；②新车必须重新设计试验，精工细作和制造优良，并请中方专家试验和考查；③在新车未到之前，对旧车进行应急加固后继续使用，由外方提供加固和加固工具等。

经过一系列的谈判活动，谈判双方就所谈内容取得了一致意见，最后签订了协议或合同。但这并不意味着谈判工作的全部结束，因为谈判双方还必须履行所签的协议或合同。在执行协议或合同过程中，若出现各种争议则需要进行解决，同时还要对前面刚刚结束的谈判工作进行及时的分析总结，积累谈判经验与吸取谈判教训，以更好地指导未来的谈判活动。所有这一切都构成了谈判的后续工作。做好谈判的后续工作，具有重要意义。

资料来源：李襄明. 商业谈判实务. 北京：地质出版社，1995.

第10章 商务谈判的后续工作

10.1 合同的履行与管理

10.1.1 合同的履行

谈判双方经过协商达成交易,并以签订合同的方式加以认可。合同一旦签订,就具有法律效力。双方当事人必须按照合同的规定,履行各自应该承担的义务并取得应有的权利。在履行合同时,谈判双方都应遵循"重合同,守信用"的原则,保证按时、按质、按量交货、提供服务或履行义务。这里,按时履行尤为重要。通常在合同中作出规定:当事人不能在规定地点履约,将被认为是履约延迟;权利人不能在履约地点接受履约,也要承担延迟的责任。当然,如果在双方协商同意的情况下,可以提前或推迟履行合同、改变履约地点。

按照国际贸易商品买卖合同,合同履行的方式主要有3种:①支付价款,按约定金额全部付清;②按合同规定标的物交货,标的物的质量、包装、数量等都要符合合同的规定;③来料加工、来料装配、补偿贸易等合同可以分批履约或待全部履约后按合同规定结算。

合同履约有3种条件:①同时条件,指合同中所规定的双方同时履约的条款。例如,销售合同中的CAD(cash against delivery),一手付款,一手交货,即买方只有做好付款的准备,才能要求得到货物;卖方也只有做好交货准备,才能要求得到货款。②前提条件,指合同中所规定的要求合同一方履行某种义务并作为对方履约的前提的条款。例如,在国际贸易中,卖方3月交货是以买方在2月15日前开出以卖方为受益人的不可撤销的即期信用证为条件。③待履行条件,是指合同中所规定的允许合同一方在合同履行后具有一定权利的条款。例如,合同中的品质索赔条款规定:货物到达目的地后,一旦出现质量问题,买方必须在45天内向卖方提出索赔,否则便失去了获得索赔的权利。

在合同履行的过程中,往往会出现一些意外事件,存在一些复杂情况。因此,为了保证合同的有效履行,就要抓紧履约,及时检查督促合同的客户。在实际工作中,应当紧紧抓住货(备好货源)、证(催证、审证)、船(有时是车或飞机在CIF或C&F条件下办理)、汇(制单结汇)4个主要环节。根据各地外贸企业长期的实际经验,运用"四排"、"三平衡"的方法,能够增强合同履行的有效性。"四排"是指排有证有货、有证无货、有货无证、无证无货;"三平衡"是指货、证、船的平衡。无货的要及时准备货源,无证的要抓紧催证,有证有货就要抓紧办理运输,及时发运。

10.1.2 合同的管理

合同是具有法律效力的文件,履行合同是商务活动的具体体现,而合同管理则是企业提高经营管理水平的重要措施。因此,要加强对合同的管理,就必须根据企业组织及业务情况,建立必要的合同管理制度,以备不时之需。

1. 合同的审核制度

因合同条款的拟定是由外销员负责办理,所以有关业务部门负责人应负责审核。审核合同的重点:合同是否符合政策,客户是否可靠,价格是否合理,货源是否落实,支付方式是否合适,以及合同条款是否具体、完整等。要避免开口合同或权利和义务不清的弊病。

对于一般性合同,可由业务部门自行审核。例如,有特殊条款,业务部门应与合同管理、行情调研等有关人员共同研究。

对于总公司、兄弟公司、交易会、出国小组和驻外商务机构所签订的合同,外销员在收到时应认真审核。如果发现问题,应由业务部门及时与有关方面联系,设法解决。

凡独家发盘、经销、包销、代理等合同(协议),业务部门与行情部门联系后,应报企业领导人批准。

凡接受国外来样、定牌、无牌、定型包装的合同,以及新商品、新品种的第一笔合同在签约前,业务部门应与行情、包装等有关部门取得联系;取得一致意见后,报企业领导人审批。

企业的合同管理人员,应争取参加洽谈交易和签订合同的活动。

2. 合同的登记制度

合同签订以后,要建立合同登记卡,可以每一份合同建立一张卡片;要在卡片上载明合约编号、国别地区、客户名称、成交日期、付款方式、品名、数量、单位、总值、交货时间、价格条件等。同时,可将登记卡做成不同的颜色,以分辨出在不同的场合所签订的合同。

3. 合同进程管理制度

在履行合同过程中,要掌握货源、来证、托运、结汇等进程,做好资料的登记管理工作。需要登记积累的资料主要包括:信用证开列记录、调整价格和变更交货期记录以及信用证展期与其他业务动态记录。同时,要保证外贸业务的各个环节都要有联系单和复核制度,使外贸企业内部各部门之间及企业与各有关部门之间能够及时沟通情况,密切配合。合同、信用证和出运分析是合同过程的原始记录。

4. 合同履约率的检查制度

履约率是企业的一个重要考核指标,通过它可以反映出企业的经营管理和经济效益的状况。合同履约率包括当月履约率和累计履约率两种。前者是以合同某一规定装运交货时限作为计算依据,后者则以包括延期或提前履行合同所有的实际交货数作为计算依据。

1) 当月履约率计算方法

当月履约率＝(本月某类商品应履约的实际出口总金额/本月某类商品应履约合同的总金额)×100%

2) 累计履约率计算方法

累计履约率＝(本月某类商品实际出口合同累计总金额/本月某类商品应履约合同的总金额)×100%

在履行合同的过程中,由于市场的变化、政策的变化以及证、货、船等环节上的衔接不利等主客观原因,延期或未能履行合同的情况时有发生。因此,要分析原因,加强合同的管理工作,才能提高合同的履约率。

第 10 章　商务谈判的后续工作

5. 逾期合同检查制度

对合同的履行情况，要坚持每月检查一次，并且在每年两届广交会前开展合同大清理工作。由外销员和合同员参加，必要时要有领导参加，对所有的合同都要进行检查，查明情况，分析过期原因，并弄清责任。如果是己方的责任，业务部门要及时采取有力措施，以确保合同的履行。如果是对方的责任，有以下几种情况。

(1) 凡已对客户做过工作而且确属无法履行的合同，则应办理撤约手续。同时根据具体情况，按规定向对方索赔。

(2) 对畅销商品，客户逾期不来信用证的，应通知期限来证，如再逾期则做撤约处理。

(3) 对滞销商品及价格有下降趋势的商品，可普遍进行催开信用证。需要时可在调查研究弄清情况的基础上，经过审批手续，采取某些变通的方法，促使客户履约开证。

6. 合同岗位责任制度

为确保合同的履约率、提高工作效率，有关人士认为有必要建立以合同为中心的岗位责任制，并进行明确分工。按合同履行进程和工作流转环节，该制度主要包括外销业务员、货源业务员、综合单证员和合同员的岗位责任制。

7. 撤销和索赔确定制度

在执行合同过程中，要结合"出口合同执行情况月报"的要求，按期检查合同的执行情况。如果合同逾期是客户的责任，致使我方遭受损失时可以向客户提出异议和索赔要求。对长期不能履行的合同，应整理后单独列出，经领导审批后予以撤销；对日常经营中需要撤销的合同，应由外销员填写撤约报告单，经领导审批后予以撤销。这种工作制度的建立有利于把握需要执行的合同数目，使执行合同的工作更加有的放矢。

8. 信用证和收汇的管理制度

对于卖方来说，履行合同的最终目的是要安全、及时收汇，因此有必要建立信用证和收汇的管理制度。该制度主要包括：检查、督促催证、复核来证、督促出运，防止信用证误期、货物运出后要检查收汇情况，尤其是对无证收汇和寄售商品收汇的检查，要与银行联系并定期催索应收或未收的账款。

 应用实例 10-1

鲅鱼出口合同执行诉讼案

1. 背景

北京某进出口公司(以下称甲方)与连云港某水产公司(以下称乙方)于 1994 年初签订了一份出口冷冻鲅鱼到日本的合同，合同金额 200 多万元。该合同于当年 12 月到期，后因为日方对规格有了新的要求，所以甲乙双方协商修改原合同内容并重新签订了一份合同。但没有撤销合同，而是只将修改后的合同执行完毕。

两年多后，甲方收到法院的一份传票。该传票的内容是乙方诉甲方未履行合同，并因此造成乙方损失，需赔偿 300 多万元。甲方很惊讶，查阅原合同有效期为 1994 年 12 月，但现在已是 1997 年 2 月中旬，且已过诉讼期。再仔细看法院转来的乙方证据,发现在复印的合同特殊条款一栏中有一段补充规定:将合同有效期延长三个月,即至1995年3月15日。据此条款原合同仍在诉讼时效内。

2. 处理过程

甲方组织人员在察看了自己的合同卷后,更加感到吃惊!该业务部门有近百个合同,按编号查,该合同号前后的合同卷均有,独独没有该合同号的合同卷!没有文字凭据怎么办?甲方决定将具体办事业务人员组织起来调查,想从此证明:(1)合同与已执行完的合同是一回事,仅没有以书面材料废除原合同。(2)原合同没有特殊条款,双方人员在两年前会面时,没有签补充协议或补充条款以延长合同有效期一事。

甲方通过关系向主办法官表示:案卷丢失,但疑问集中在补充协议的延期问题上。复印件不足为证,我们需要看对方原件,为的是用对方原件到公安部门进行笔迹鉴定,查证该协议是两年前写的还是现在写的。若为前者,我方有责任(没撤销原合同);若为后者,系对方诈骗。

法官表示理解,于是通知乙方送原件到法院,乙方没有理会,法官二次催促乙方送原件到法院,仍无回音。在法官三次催促后,乙方主动撤诉,不再向甲方索赔。该案在甲方尚未应诉前即结案。

资料来源:丁建忠. 商务谈判教学案例. 北京:中国人民大学出版社,2005.

10.2 争议的处理

合同签订以后,当事人双方在执行合同的过程中难免会出现一些争议,这就需要采取措施加以解决。下面就对争议及其解决方法加以阐述。

10.2.1 争议的含义及产生原因

在国际贸易中,争议是指买卖双方的任何一方认为另一方未能全部或部分履行合同所规定的责任与义务所引起的纠纷。

在执行合同的过程中,引起争议的原因很多,概括起来主要有以下3个原因。

(1) 买方责任。例如,不按合同规定日期开立信用证,不按时付款赎单,无理拒收货物,在FOB价格条件下未按时派船接运货物等。

(2) 卖方责任。例如,未按期交货,所交货物品质、规格、数量和包装等与合同规定不符。

(3) 合同条款规定得不够明确具体,所引起的对条款的理解或解释不一致。

总之,不论争议是由何种原因引起,只要出现争议,双方就要着手解决争议。一般可以通过协商、调解和仲裁的方法加以解决。

10.2.2 解决争议的方法

在商务合同中,一般都订有仲裁条款。在履行合同的过程中,一旦发生争议,任何一方都可以依据仲裁条款找到一个适当的解决方法。在仲裁条款中,一般规定三种解决争议的形式:双方协商解决;由双方领导部门或第三个官方机构或民间机构出面调停;由国际仲裁机构或双方指定的仲裁人组成的仲裁庭裁决。当事人一般都不主张把争议提交给法院审理,因为法院审理时要把案情公布于众,这对保守商业、技术秘密不利,同时对当事人形象和产品的商标形象不利;诉讼可能很费时间,容易造成存货的积压和交易的中断;诉讼的费用可能很高;有时尽管赢得官司,但可能难以收到所判的罚款。所以在当今的商务活动中，大都愿意采取协商、调解和仲裁三种方式去解决争议。当然，在一些情况下，也不排除合同双方当事人采取诉讼的方式解决争议。

1. 协商

协商解决争议，是指合同双方当事人通过谈判协商解决问题。

该种方法适合解决比较小的分歧。例如，对于在执行合同期间发生的对合同条款解释所存在的分歧。再有，如果当事人双方有长期的贸易往来关系，即使出现一些较大的分歧，如产品不合格、货物短缺、损坏等，往往也可以通过协商的方法加以解决。

协商解决争议的方法能及时解决问题，有利于加强双方的友好关系，进而有利于双方的团结。当使用协商方法不能解决争议时，这就需要第三者出面调解。

 应用实例10-2

1973年，我方某进口公司与国外某公司就船上交货及理舱条件(FOB stowed)签订了购买一些原料的合同。在执行合同过程中，最初国外某公司未按合同规定的交货期交货，要求修改交货时间。尔后，我方某进口公司由于租船困难，延迟装运，致使全部合同执行完毕时间较原合同规定交货装运期迟达一年半之久。国外某公司借此按照合同规定，要求我方某公司承担全部责任并提出赔偿迟装费和利息损失，总金额的数值相当大。对此，我方公司根据合同条款规定和执行情况，进行了有理、有利、有节的斗争，致使国外某公司不得不承认对延迟装运也负有相当责任。经过协商，国外某公司自己负担损失46%的损失，我方某公司负担54%的损失，双方达成和解，协议解决了纠纷。

资料来源：蒋春堂. 谈判学. 武汉：武汉测绘科技大学出版社，1994.

2. 调解

调解解决争议，是指经由第三方劝说当事人双方消除纠纷。这里的第三方既可以是合同双方主管的上级，也可以是双方的外交机构及政府部门或者是双方当事人所承认的公正的第三者和商会性质的机构或较有名望的贸易法律方面的名人。

目前比较有名的调解章程是《联合国国际商事仲裁商法委员会的调解规则修正草案》和《国际商会调解和仲裁规则》。在调解的做法上这两个章程基本相同，但又有所区别。上述两个章程对调解的程序规定有所不同，具体包括以下几点。

(1) 上述两个章程对调解程序的规定有所不同。联合国商法委员会的调解程序规定：一方当事人向另一方当事人发出书面调解邀请，简要提出争议的内容，如果另一方当事人接受调解邀请，则调解程序开始。而国际商会的调解程序是申请调解的当事人应通过本国的商业方面的委员会或直接向国际商会的国际总部提申请，一般还要付一笔预付金。

(2) 上述两个章程对调解人的人数规定有所不同。前者规定一般需要有一个调解人，除非双方要求，可以有两个或三个调解人。而后者规定必须有三个调解人，即由一名主席、两名调解人组成调解委员会。

(3) 上述两个章程对调解费用的规定有所不同。前者规定调解费用由当事人双方平均分担，事后支付。后者则要求由申请调解的当事人担负调解费用，并要预支一笔金额作为调解委员会的活动费用。

这两个章程都承认调解的结果没有强制性。只有当事人双方接受调解方案时，争议才可消除。否则，可由当事人自由提交仲裁或向法院提出诉讼。

应用实例 10-3

1979年,美国的一个小孩S·T因燃放中国进出口公司出口的带响"空中旅行"烟花而受伤。原告根据美国产品责任法向当地法院控告中华人民共和国,要求损害赔偿600万美元。中国方面采取了正确态度和灵活做法,通过美国友好律师从中调解,原告撤回上诉,并与律师达成协议,接受由中国贸易促进委员会征募的95 000美元,从而通过调解方式解决了纠纷。

资料来源:蒋春堂. 谈判学. 武汉:武汉测绘科技大学出版社,1994.

3. 仲裁

仲裁解决争议,是指当事人双方把他们之间的争议交给仲裁机构进行裁决。

一般来说,在国际贸易合同中都订有仲裁条款,一旦发生争议,双方均按仲裁条款加以解决。相反,如果在合同中未订立仲裁条款,一旦发生争议,双方又愿意通过仲裁方式加以解决,就必须重新订立一个"提交仲裁的协议",这样仲裁机构才会受理争议案件。仲裁条款和提交仲裁的协议具有同等效力,均可作为仲裁机构受理争议案件的依据。它们的作用:①双方当事人均受仲裁条款或协议的约束,如果发生争议,应以仲裁的方式解决,而不向法院起诉。②使仲裁员和仲裁庭取得对有关争议案件的管辖权。③排除法院对有关争议案件的管辖权。

国际仲裁的程序按照受理的仲裁机构的章程各不相同,目前比较有影响的仲裁机构是国际商会在巴黎的仲裁院。由于这个仲裁机构有近90个成员国,所以它具有较高的威信。该机构每年的仲裁案件比较多,由此形成一系列的仲裁规则的判例,从而对仲裁法理作出了贡献。此外,比较有影响的仲裁机构还有英国伦敦国际仲裁院、东欧经互会的莫斯科仲裁院、瑞典斯德哥尔摩仲裁院及我国的国际贸易仲裁中心等。

仲裁的裁决一般是终局性的,对双方当事人都有约束力,如果败诉方不自动执行裁决,胜诉方有权向法院提出申请,要求予以强制执行。

应用实例 10-4

1973年,我国C.T.出口公司同英国V公司签订了一项合同。该合同项下的货物共计3 000吨,规定分三批装运。其中第一批1 000吨货物由于C.T.出口公司未能按期装运,英国V公司要求赔偿由此引起的损失。1974年4月,英国V公司向中国对外贸易仲裁委员会正式提出仲裁申请,要求卖方赔偿由于未能按期装运的1 000吨货物而引起的损失。1974年10月,中国对外贸易仲裁委员会对该案进行了审理,最后裁决由中国C.T.出口公司向英国V公司赔偿11 530元人民币结案。

资料来源:蒋春堂. 谈判学. 武汉:武汉测绘科技大学出版社,1994.

4. 诉讼

诉讼解决争议,是指当事人双方把他们之间的争议交给法院进行审理。

若争议双方不能通过协商、调解或仲裁方式解决争议,可通过诉讼解决纠纷。诉讼涉及一国的司法管辖权,某国是否对某一争议案件享有管辖权,需由法律规定,而不能由当事人选定;诉讼应遵循法院所在国的程序法,不由当事人选择;诉讼活动产生的判决具有国家强制执行效力,当事人无条件执行判决;国际上不存在进行国际经济贸易诉讼的国际法院,诉讼只能在某一国的法院进行。

第10章 商务谈判的后续工作

应用实例 10-5

1974年波兰出售一批食糖给英国，合同规定"1974年11月～12月交货"；还规定"如发生政府干预行为，合同应予延长，以至撤销"。1974年8月，波兰连降大雨，甜菜严重欠收。1974年11月5日波兰政府禁止食糖出口，此项禁止直到1975年7月仍有效。英国进口商因波兰公司未能出口食糖而提出损失赔偿，但波兰公司认为它是由于不可抗力的原因而不能履行义务，双方提请诉讼解决。经过英国法庭审理，最后波兰公司胜诉。

资料来源：蒋春堂. 谈判学. 武汉：武汉测绘科技大学出版社，1994.

10.3 谈判的总结

人们无论做什么工作，都要善于总结经验、吸取教训，这样才能有所进步，谈判也不例外。总结是必要的，而且十分关键。因此，谈判结束后，谈判人员还应该做的一项重要的后续工作就是总结谈判的经验与失误，以指导今后的谈判工作。即要对过去的谈判工作进行全面系统的分析总结，只有这样才能不断提高谈判人员的谈判水平，进而提高企业或公司的经济效益。同时，鼓励先进，促进落后，充分调动谈判人员的工作积极性和创造性。

10.3.1 谈判总结的内容

谈判总结的内容比较广泛，它不仅包括直接的谈判过程情况，而且包括与谈判有直接关系的其他内容。概括地说，主要有己方谈判的情况、己方所在单位的情况和对方谈判的情况。

需要注意的是，无论谈判成败均应总结，而且要以事实为基础。即总结经验，肯定成绩，找出不足。总结不是一次性结束或定论某个事件，而是从某个事件中悟出更为广泛的具有指导性的规律。因此，即使是同类性质的事件，也要坚持再总结。通过再总结会发现随着时间变迁、人物更换和内容变动后，又会有新的体会与收获。

1. 己方谈判的情况

它构成谈判总结工作的主要方面，具体包括以下几点。

(1) 谈判的准备工作情况。

(2) 谈判的目标实现情况、谈判的总体情况、谈判的成果综合分析、谈判的效率等。

(3) 谈判过程的具体情况，包括谈判的程序、谈判技巧的应用、避免和打破僵局的能力和表现等情况。

2. 己方所在单位的情况

这方面的总结是为了解本单位各方面的工作对谈判的影响程度，改善所在单位的经营管理，为今后的谈判创造各种有利条件，具体包括以下几点。

(1) 本单位对谈判人员所确定的职责，给予的权力及管理情况的适应性。

(2) 本单位所规定的谈判原则和交易条件的合理性。

(3) 本单位提供或要求提供的产品品种、规格、质量、数量、价格及服务等方面的可行性。

3. 对方谈判的情况

该方面的总结对己方今后的谈判具有一定的学习和借鉴意义，不可忽视。通过与对方谈判的情况，如所使用的谈判技巧、对谈判计划的制订所提出的建议和要求等情况的分析研究，可以看出对方的谈判风格，还能获得一定的信息，以便在今后的谈判中对症下药、有的放矢地采取相应的策略，从而取得较好的谈判成果。同时，又可为本单位的经营开发、改善经营管理提供服务。

10.3.2 谈判总结的步骤

一般而言，谈判的总结步骤主要包括回顾、分析、提出对策和写出报告4个程序。

1. 回顾

通过对谈判记录和资料进行全面系统整理，形成一个真实反映谈判的情况、可供分析研究的完整材料，因为谈判的总结工作要以事实为基础。

2. 分析

该程序是总结工作的一个十分重要的步骤。要根据具体情况对总结内容的3个方面加以具体分析。总结经验，肯定成绩，找出不足，在此基础上对谈判工作做出客观的评价。

3. 提出对策

经过对谈判情况的分析，找出谈判中所存在的问题之后，就要有针对性地提出措施和建议并加以解决，以便有利于今后谈判工作的顺利进行。同时要注意所提出的措施和建议要具体明确，具有可行性。

4. 写出报告

商务谈判总结的形式可以多种多样，静思、反省、脑中理出头绪，或默念、商讨、书写。不过，最好的总结方式是写出谈判总结报告，再与同事们探讨，使总结的规律、提出的建议能为人们所承认，使其更具有理论价值，从而进一步丰富商务谈判的理论、方法与技巧。

谈判总结报告是谈判总结工作的不可缺少的步骤和结果。总结报告一般应包括以下内容：谈判的目标、谈判的过程和概况、谈判的成果及问题、谈判的分析评价及各方面的工作建议等。必要时，还需把一些谈判中所涉及的重要数据、图表、资料、文件作为附件，以便为以后的谈判工作和实施管理提供详细的信息情报。

本章小结

商务谈判不是一个孤立的活动，而是反复连续进行的一个完整的过程。谈判成功并不意味着谈判工作的全部结束，还需要做好一系列的谈判的后续工作。商务谈判的后续工作主要包括以下3个方面，即合同的履行与管理、争议的处理和谈判的总结。这些都为加强谈判管理和今后的谈判创造了良好的条件。

谈判后应及时、认真履行合同，同时要对所签合同进行管理。合同管理制度具体包括合同的审核制度、合同的登记制度、合同进程管理制度、合同履约率的检查制度、逾期合同检查制度、合同岗位责任制度、撤销和索赔确定制度以及信用证和收汇的管理制度。

在执行合同的过程中，谈判双方难免由于主客观原因发生争议，解决争议的方法有协商、调解、仲裁和诉讼 4 种方式。其中前 3 种方式多被采用，特别是仲裁方法。

谈判总结是必要的，具有重要作用。谈判总结的内容包括己方谈判的情况、己方所在单位的情况和对方谈判的情况。谈判总结的步骤可分为回顾、分析、提出对策和写出报告 4 个阶段。

关键术语

前提条件、待履行条件、履约率、贸易争议

习　　题

1. 选择题

(1) 合同双方当事人通过谈判协商解决问题的解决争议方法是(　　)。
　　A. 协商　　　　　B. 调解　　　　　C. 仲裁　　　　　D. 诉讼

(2) 经由第三方劝说当事人双方消除纠纷的解决争议方法是(　　)。
　　A. 协商　　　　　B. 调解　　　　　C. 仲裁　　　　　D. 诉讼

(3) 当事人双方把他们之间的争议交给仲裁机构进行裁决的解决争议方法是(　　)。
　　A. 协商　　　　　B. 调解　　　　　C. 仲裁　　　　　D. 诉讼

2. 判断题（对的打√，错的打×）

(1) 仲裁的裁决一般是终局性的，对双方当事人都有约束力。　　　　　　　　(　　)
(2) 谈判总结包括对己方谈判的情况、己方所在单位的情况和对方谈判的情况的总结。　(　　)
(3) 一般而言，谈判的总结主要包括回顾、分析、提出对策和写出报告 4 个步骤。　(　　)

3. 简答题

(1) 如何加强对进出口贸易合同的管理？
(2) 处理商务合同争议有哪几种方法？它们各有哪些特点？
(3) 谈判总结工作的内容和步骤有哪些？

4. 思考题

供货商控告某公司对某项双方有争议的账目拒付货款，假设你是该公司的律师，并正在为此案进行辩护。当知道即将举行法庭听证时，你应该(　　)。
A. 建议与对方律师私下会面，讨论如何不去法庭，把这件事私下了结。
B. 要求得到一本关于对方费用的分类细账。
C. 告诉对方，你将为此案辩护到底，因为你的客户对对方的行为感到非常愤怒。
D. 建议你的客户现在答应对方一些优惠条件，以节省拆讼所需费用。

案例分析

乳清粉结块质量索赔的谈判

北京某外贸进出口公司(以下称 A 公司)与欧洲荷兰供货商(以下称 B 公司)在 2000 年 6 月份分两次签

订了 A 公司向 B 公司购买 400 吨乳清粉的合同，其中装运条款中规定 B 公司须于 7 月、8 月分别将 200 吨货物均等装船发至天津新港。两笔合同签订生效后，A 公司按合同要求，在当月通过北京市某商业银行分别开出了两份信用证。信用证条款规定：第一批 200 吨乳清粉，最晚于 7 月 15 日前从荷兰鹿特丹港发运；第二批 200 吨乳清粉于 8 月 31 日前发运。8 月中旬，A 公司向开证行承兑并取得单据后，按常规办理通关手续，准备接收第一批货物。打开货柜舱门后，发现相当一部分货物已结块。在排除了运输途中由于船东原因造成货柜进水等船东或保险公司的责任后，A 公司随即紧急电告 B 公司并快递照片，通报了货物结块的严重情况，认为 B 公司发运的货物存在质量问题，提出了 B 公司应当赔偿并暂停第二批货物发运的要求。荷兰 B 公司在回电中称，该公司在发运时货物品质良好，没有结块，质量符合合同要求，关于赔偿事宜，B 公司将派人实际调查后再做决定；第二批乳清粉已经集港，将按合同和信用证条款，如期发运。

此后，A 公司一方面与 B 公司保持联系商谈处理事宜，一方面主动销售这第一批已结块的 200 吨乳清粉，以避免由于夏季高温，结块现象不断严重而造成更大的损失。虽已降至半价，但仍无法全部销售出去，且剩余部分结块情况已十分严重，货值较低。A 公司遂向 B 公司正式提出索赔 60% 的货值的要求，合 54 000 美元。B 公司对于 A 公司的索赔要求既不确认，也不承诺，甚至提出异议，其主要理由是在发运货物时，货物未曾结块，品质符合双方订立的合同条款，买方所需的货运单据也已按信用证要求提交了。此时，A 公司也同时收到开证行要求承兑第二批 200 吨货物提货单据的通知。经审核货运单据，由国外生产商提供的品质证书上，没有任何结块的描述，与第一批品质证书上一样，完全符合合同对品质的要求。这样 A 公司处在十分被动的局面：一方面，先期收到的 200 吨货物已产生损失，且能否得到 B 公司的赔偿，形势十分不明朗；另一方面，第二批货物来源于同一供货商、同一生产厂家，质量是一样的，结块的可能性非常大。在不得已的情况下，A 公司通过审查 B 公司转交过来的提货单据内容与信用证内容的不符和错误，按国际商会《跟单信用证统一惯例》（UCP500）条款所规定的严格的单单一致、单证一致的规则，在得到开证银行认可的前提下，办理了拒付手续，同时也通知了 B 公司，并声明在得不到 B 公司对于赔偿的明确答复和不能确定第二批货物是否仍然结块的情况下，不能继续使用信用证支付手段。此时，B 公司心里也明白：首先，货物往回发运已不可能，若不尽快通关，将不断产生高额滞港费，不管将来货物卖给谁，这部分天天在增加的费用，只能由 B 公司承担；其次，第一批货物结块是个不争的事实，第二批货物结块可能性很大，若真的结块，处理起来也很困难。因此，这时 B 公司反而焦急起来，表示愿意与 A 公司尽快处理相关事宜。此时，A 公司加大了索赔力度，一是要求 B 公司按合同品质条款，重新发货并赔偿损失，宣称若 B 公司不马上答应解决方案，将通过司法程序扣押第二批货物。

于是双方又坐到一起，进行协商谈判。首先，对于第二批货款，不按信用证条款进行支付，由 B 公司授权国外银行先放单给 A 公司，在办理完通关手续后，视货物状况再做决定。其次，同意赔付 A 公司第一批货物的损失，条件是 A 公司接收第二批货物。当 A 公司办完一切手续后，打开第二批货物舱门，发现这 200 吨货与第一批一样，结块严重。在事实面前，B 公司同意第二批货物按 A 公司的要求重新作价出售给 A 公司，并立即补偿 A 公司第一批货物的损失。至此，A 公司与 B 公司在这两笔乳清粉买卖交易中的分歧和纠纷得到了妥善解决。

资料来源：丁建忠. 商务谈判教学案例. 北京：中国人民大学出版社，2005.

根据上述案例所提供的资料，试分析：

(1) A 公司与 B 公司是通过哪一种争议解决方法解决乳清粉结块质量争议的？
(2) A 公司获得索赔成功的原因是什么？
(3) A 公司的拒付是否构成违约？为什么？

参 考 文 献

[1] [美]杰勒德·I·尼尔伦伯格. 谈判的艺术[M]. 上海：上海翻译出版公司，1986.
[2] 龚荒. 商务谈判——理论·策略·实训[M]. 北京：清华大学出版社；北京交通大学出版社，2010.
[3] 白远. 国际商务谈判理论案例分析与实践[M]. 北京：中国人民大学出版社，2002.
[4] 汤秀莲. 国际商务谈判[M]. 天津：南开大学出版社，2003.
[5] 张利. 国际经贸谈判面面观[M]. 北京：经济科学出版社，1995.
[6] 贾书章. 现代商务谈判理论与实务[M]. 武汉：武汉理工大学出版社，2007.
[7] 林逸仙，蔡峥，赵勤. 商务谈判[M]. 上海：上海财经大学出版社，2004.
[8] 周琼，吴再芳. 商务谈判与推销技术[M]. 北京：机械工业出版社，2005.
[9] 甘华鸣，许立东. 谈判[M]. 北京：中国国际广播出版社，2001.
[10] 杨群祥. 商务谈判[M]. 大连：东北财经大学出版社，2001.
[11] 张恒杰，等. 国际商务谈判要略[M]. 北京：东方出版社，1994.
[12] 蒋春堂. 谈判学[M]. 武汉：武汉测绘科技大学出版社，1994.
[13] 孙绍年. 商务谈判理论与实务[M]. 北京：清华大学出版社；北京交通大学出版社，2007.
[14] 张利. 国际经贸谈判面面观[M]. 北京：经济科学出版社，1995.
[15] 孙绍年. 商务谈判理论与实务[M]. 北京：清华大学出版社；北京交通大学出版社，2007.
[16] [美]洛斯著，李春华译. 谈判大师手册[M]. 海南出版社，1998.
[17] 樊建廷. 商务谈判[M]. 大连：东北财经大学出版社，2001.
[18] 刘园. 国际商务谈判考试指南[M]. 北京：对外经济贸易大学出版社，2002.
[19] 王守锦. 警惕技术失密[M]. 科学学与科学技术管理，1992：8.
[20] 蒋春堂. 经济谈判案例精选评析[M]. 武汉：武汉测绘科技大学出版社，1998.
[21] 冯砚，丁立. 商务谈判[M]. 北京：中国商务出版社，2010.
[22] 关兰馨. 第一流的商务谈判[M]. 北京：中国发展出版社，1998.
[23] 方百寿. 贸易口才[M]. 沈阳：辽宁大学出版社，1996.
[24] 李爽. 商务谈判[M]. 北京：清华大学出版社，2007.
[25] 刘园，李志群. 国家商务谈判理论、实务、案例[M]. 北京：中国对外经济贸易出版社，2001.
[26] 王海云. 商务谈判[M]. 北京：北京航空航天大学出版社，2007.
[27] 唐齐千. 谈判艺术与礼仪[M]. 北京：民主与建设出版社，1998：16~17.
[28] 杨晶. 商务谈判[M]. 北京：清华大学出版社，2005.
[29] 王永年，宋念杰. 商战韬略[M]. 北京师范大学出版社，1992.
[30] 夏国政. 经贸谈判指南[M]. 北京：世界知识出版社，1999.
[31] 丁建忠. 商务谈判[M]. 北京：中国人民大学出版社，2003.
[32] [英]图德·里卡德，苏珊·莫杰. 创造性团队领导手册[M]. 北京：商务印书馆国际有限公司，1999.
[33] 齐宪代. 谈判谋略[M]. 北京：经济科学出版社，1995.
[34] 王政挺. 中外谈判谋略掇趣[M]. 北京：东方出版社，1992.
[35] 张晓豪，焦志忠. 谈判控制[M]. 北京：经济科学出版社，1995.
[36] 赵景华. 国际工商谈判技巧[M]. 济南：山东人民出版社，1994：285.
[37] 高建军，卞纪兰. 商务谈判实务[M]. 北京：北京航空航天大学出版社，2007.
[38] 罗树民. 国际商务谈判[M]. 上海：上海财经大学出版社，2004.
[39] 袁革. 商贸谈判[M]. 北京：中国商业出版社，1995：78~79.
[40] 李先国，杨晶. 商务谈判理论与实务[M]. 北京：中国建材工业出版社，1999.

[41] 唯高．讨价还价实用方法与技巧[M]．北京：中国华侨出版社，2000．

[42] 李品媛．现代商务谈判[M]．大连：东北财经大学出版社，2005．

[43] 晓石，晓牧．智谋大师[M]．成都：四川出版社，1996．

[44] 海云明．情感智商[M]．北京：中国城市出版社，1997．

[45] [美]罗伯特·怀特沙特．脸部语言[M]．天津：百花文艺出版社，2001．

[46] 潘马琳．商务谈判实务[M]．郑州：河南人民出版社，2000．

[47] 金依明，杜海玲．商务谈判实务[M]．北京：清华大学出版社，2010．

[48] 吴建伟，沙龙谢尔曼．商务谈判理念的演进：从对抗到合作．

[49] 张勤．成功的经济谈判[M]．北京：中国经济出版社，1994．

[50] 贾蔚，栾秀云．现代商务谈判理论与实务[M]．北京：中国经济出版社，2006．

[51] 张煜．商务谈判[M]．成都：四川大学出版社，2005．

[52] 张祥．国际商务谈判——原则、方法、艺术[M]．上海：上海三联书店，1995．

[53] 陈福明，王红雷．商务谈判[M]．北京：北京大学出版社，2006．

[54] 周乾．交易谈判技巧[M]．济南：山东人民出版社，1988．

[55] 周忠兴．商务谈判原理与技巧[M]．南京：东南大学出版社，2004．

[56] 余凯成．组织行为学[M]．大连：大连理工大学出版社，2001．

[57] 梁莉芬．商务沟通[M]．北京：中国建材工业出版社，2003．

[58] 李言．跟我学谈判口才[M]．北京：中国经济出版社．2006．

[59] [加]英格丽·张．你的形象价值百万[M]．北京：中国青年出版社，2005．

[60] [美]马克·齐默尔曼．怎样与日本人做生意[M]．上海：上海科学技术文献出版社，1989．

[61] 刘铭君，屠梅曾，肖林．现代经济谈判制胜方略[M]．上海：上海中医学院出版社，1993．

[62] 李寰明．商业谈判实务[M]．北京：地质出版社，1995．

[63] 方其．商务谈判——理论、技巧、案例[M]．北京：中国人民大学出版社，2004．

[64] 赵国柱．商务谈判[M]．杭州：浙江大学出版社，2000．

[65] 鲁小惠．商务谈判理论与实务操作技巧[M]．南京：南京大学出版社，2005．

[66] 牟传珩．再赢一次[M]．青岛：青岛海洋大学出版社，1993．

[67] 吕晨钟．学谈判必读的95个中外案例[M]．北京：北京工业大学出版社，2005．

[68] 郭芳芳．商务谈判教程——理论、技巧、实务[M]．上海：上海财经大学出版社， 2006．

[69] 周海涛．商务谈判成功技巧[M]．北京：中国纺织出版社，2006．

[70] 王福祥．商务谈判理论与实务[M]．北京：科学出版社，2008．

[71] 代桂勇，秦泗美．商务谈判[M]．济南：山东科学技术出版社，2010．

[72] 陈岩．国际商务谈判学[M]．北京：中国纺织出版社，2010．

[73] 徐宪光．商务沟通(双语版)[M]．北京：外语教学与研究出版社，2001．

[74] 候清恒．疯狂谈判[M]．北京：中华工商联合出版社，2006．

[75] 张勤．行政谈判[M]．北京：经济科学出版社，1995．